우루과이라운드와 한국경제

산업별 최종 협정 내용과 대응전략

대우경제연구소 編

머 리 말

　지난 1986년 9월 우루과이 푼타델에스테에서의 GATT각료회의 선언을 통하여 공식출범한 우루과이라운드가 7년 3개월만인 1993년 12월 15일 드디어 타결되었다. 우루과이라운드는 GATT 제8차 다자간무역협상으로서 협상대상 및 참가국의 광범위성에서 기존의 라운드와는 차원이 다른 가장 포괄적인 협상이라 할 수 있다.

　우루과이라운드의 타결로 1995년 7월 새로이 출범할 것으로 예상되는 세계무역기구(WTO) 체제는 '90년대 중반 이후 적어도 2000년대 초까지 장기간 동안 국제통상질서를 규율하게 될 것이며, 따라서 향후 세계 각국의 수출입 및 경제성장에 지대한 영향을 미칠 것이다.

　이번 우루과이라운드는 과거 수차례에 걸친 라운드와는 다른 몇 가지 중요한 특징을 갖고 있는데, 이는 첫째 GATT체제로서는 전혀 새로운 서비스무역, 지적재산권 보호, 무역관련투자조치분야에 다자간 국제무역규범을 도입하였다는 점, 둘째 기존의 GATT체제 내외에 존재하던 많은 수입제한적 예외규정들, 예컨대 다자간섬유협정(MFA), 회색지대조치, 농산물에 대한 예외, 국제수지 목적의 수입제한 등이 철폐되거나 제한되어 다자간자유무역이 크게 강화되었다는 점, 셋째 동경라운드협정 중 반덤핑·보조금·상계조치·수입허가절차·기술장벽·관세평가 등이 세계무역기구의 전회원국에 적용되게 되었다는 점, 마지막으로 우루과이라운드의 결과를 강력히 이행할 세계무역기구가 창설된다는 점 등이다.

이러한 통상환경의 대변혁은 한국의 수출이나 해외투자에 많은 기회를 주는 것은 물론이지만, 그만큼 국내시장개방의 부담도 피할 수 없게 되는 등 향후 한국경제에 적지 않은 위협을 가할 것이다. 즉, 우루과이라운드는 무역의존도가 53.7%(1992년 기준)에 달하는 한국의 경제전반, 무역 및 산업에 커다란 영향을 미칠 것이며, 따라서 국내업계는 이에 대한 심도있는 영향분석 및 적절한 대응책의 모색이 요구되고 있다.

우루과이라운드가 타결되고 1995년 7월 발효를 앞두고 있는 현 시점에서 이 책은 우루과이라운드 최종협정의 내용을 구체적으로 살펴보고, 향후 예상되는 국제무역질서의 변화와 주요 무역상대국 및 한국의 통상제도 변화내용을 파악한 후 우루과이라운드협정이 한국의 경제 및 주요 산업에 미치는 영향을 분석하여 국내업계가 장단기적으로 추진해야 할 적절한 대응전략을 모색하는 데 그 주된 목적을 두고 집필했다.

이 책은 크게 3부로 구성되어 있다. 제1부에서는 우루과이라운드의 최종협정 내용을 다루었다. 즉, 우루과이라운드의 출범배경 및 경과 그리고 최종협정의 구체적 내용을 정리하고 기존의 GATT 등 국제무역규범과의 비교를 통하여 그 의의를 평가해 보았다.

제2부에서는 우루과이라운드협정에 따른 대내외 통상질서의 변화와 대응전략을 다루었다. 여기서는 우루과이라운드 이후 전반적인 국제통상질서의 변화전망과 주요 선진국 및 개발도상국의 통상규제제도 변화전망, 그리고 우리 나라의 시장개방과 통상규범의 변화전망을 각각 살펴보았으며, 이에 따른 정부의 정책과제를 찾아보았다. 또한 이상의 통상환경변화와 정책과제를 전제로 기업이 향후 중점적으로 추진해야 할 대응전략을 제시하였다.

제3부에서는 우루과이라운드가 한국의 경제 및 산업에 미치는 영향을

분석하고, 산업별 대응전략을 제시하였다.

여기에서는 자동차·전자·일반기계·섬유·철강·화학·음식료·조선·중전기·종이·가구 등 한국의 주요 제조업과 1차산업인 농업을 포함하였으며, 서비스업에서는 금융·건설 및 엔지니어링·통신서비스·운송·유통을 다루었다.

한편, 이 책은 분석내용상 다소 한계가 있음을 부인하기 어렵다. 이는 각국이 관세·서비스·정부조달·농산물 등에 대한 최종적인 이행계획표를 1994년 2월 15일까지 공식문서로 제출하고, 금년 4월에 최종 서명하도록 되어 있어 현재로서는 보다 구체적이고 정확한 자료에 접근할 수 없기 때문이다. 다만, 보다 신속한 분석을 위해 그러한 한계는 감수할 수밖에 없었으며 보다 정확한 내용의 반영은 추후의 과제로 미루기로 한다.

이 책은 1994년 5월로 창립 10주년을 맞는 大宇經濟硏究所가 그 기념사업의 일환으로 그동안의 사회적 보살핌에 다소나마 보답한다는 차원에서 발간하게 되었음을 밝히며, 아무쪼록 이 책이 정부기관, 산업계 및 기타 관심있는 일반인들에게 도움이 되었으면 한다.

이 책이 나오기까지는 연구총괄 및 집필을 맡았던 산업조사실 崔承鎭 주임연구원을 비롯하여 우루과이라운드 연구팀의 李鍾國, 姜明均, 都喆煥 주임연구원, 그리고 기업분석실의 河上注 실장을 비롯한 각 산업담당 연구원, 경제조사실의 금융담당 연구원 등 10여 명이 많은 수고를 하였고, 金賢靜양의 협조도 컸다. 또한 이 책의 출간을 흔쾌히 맡아준 韓國經濟新聞社 출판국 여러분께 심심한 사의를 표한다.

1994년 2월

大宇經濟硏究所

所長　李漢久

차   례

머리말 / 1

제2부 UR 이후 대내외 통상환경변화와 대응전략

제3장 UR 이후 국제통상질서의 변화전망 · 153

제3부 UR 타결이 경제 및 산업에 미치는 영향과 대응전략

제 **1** 부

UR 최종협정의 내용과 평가

UR의 배경과 경과

1. UR의 배경

GATT와 전후 국제무역질서의 조류

2차대전 후 1947년 10월 제네바에서 23개국이 조인하여 1948년 1월에 발효된 GATT(General Agreement on Tariffs and Trade ; 관세 및 무역에 관한 일반협정)는 국제무역의 기본질서를 규율하는 국가간의 협정으로서 지난 45년간 내국민대우, 최혜국대우, 자유무역, 공정무역의 기본원칙을 추구하면서 세계무역의 확대에 지대한 역할을 해왔다.

GATT체제하에서 국제무역질서의 조류는 '60년대까지의 자유무역기 → '70년대의 신보호무역기 → '80년대 초의 관리무역기 → '80년대 중반 이후 현재까지의 무역질서 혼재기(신무역질서 모색기)를 거쳐왔으며, GATT는 이러한 시대상황에 대응해서 7차례의 다자간무역협상(Round)을 타결시켜 국제무역의 자유화를 촉진시켜 왔다. [1]

〈표 1-1〉 GATT 다자간무역협상의 성과(관세부문)

구 분	기 간	개 최 지	참가국	관세양허품목 수(금액)	인하율
1차 협상	1947.4. ～ 10.	Geneva(스위스)	23	45,000개(100억 달러)	n.a.
2차 협상	1949.4. ～ 10.	Annocy(프랑스)	33	5,000개(n.a.)	n.a.
3차 협상	1950.9.～1951.4.	Torquay(영국)	34	8,000개(n.a.)	n.a.
4차 협상	1956.1. ～ 5.	Geneva(스위스)	22	3,000개(25억 달러)	n.a.
딜론라운드	1961.5.～1962.7.	″	45	4,400개(49억 달러)	7%
케네디라운드	1964.5.～1967.6.	″	48	30,000개(400억 달러)	35%
동경라운드	1973.9.～1979.4.	″	99	27,000개(1,550억 달러)	33%
UR	1986.9.～1993.12.	″	(117)		(33%)

자료 : John H. Jackson & William J. Davey, 《*International Economic Relations*》, West Publishing, 1986 재인용 및 수정.

이 중 제 1 차협상부터 제 6 차 GATT 다자간협상인 케네디라운드(1964 ～1967)까지는 선진국들간의 관세인하가 주요 내용이었고, 7차 협상인 동경라운드(1973～1979)는 관세인하 이외에 비관세장벽의 완화를 본격 적으로 다루어 별도의 9개 다자간무역협정(Multilateral Trade Negotiation Code : MTN Code)을 체결하였으며, GATT규정 및 동경라운드의 협정 정은 '80년대 국제무역질서를 주도했다. [2]

UR 출범의 배경

UR이 출범하게 된 배경은 다음과 같은 GATT 내외부적 요인에서 찾을 수 있다.

---

1) KOTRA, 《UR과 신국제질서》, pp.35～43, 1992.6.
2) 9개의 동경라운드 다자간협정은 GATT 전체약국에 적용되는 것이 아니라 협정에 참여하는 일부 복수국간에만 적용되며, 동 협정에는 반덤핑, 보조금·상계관세, 기술장벽, 수입 허가절차, 관세평가, 항공기교역, 정부조달, 낙농품, 우육협정이 있었다. 우리 나라는 반 덤핑, 보조금·상계관세, 기술장벽, 관세평가 등 4개 협정에 가입하고 있으며, 이번 UR에 서는 정부조달협정에 가입하도록 되어 있다.

〈그림 1-1〉 '80년대 국제무역질서의 기본구조

〈기본질서〉	GATT규정 (4부 38조)	− 최혜국대우원칙 − 내국민대우원칙 − 자유무역원칙 − 공정무역원칙
	MTN Code	− 무역확대 : 관세인하, 정부조달, 항공기교역 − 관리규범 : 기술장벽, 관세평가, 수입허가절차, 보조금·상계관세, 반덤핑관세, 낙농품, 우유
〈특수질서〉	중진국규제론	− Graduation(예외조항 졸업) : Framework규정 − Selectivity(선별규제)　　 : Safeguard규정 − Ceiling(특별제한)　　　　 : GSP제도
	개발도상국우대론	− Preferential Trade(특혜부여) : GSP제도 − Enabling Clause(예외인정) : Framework규정
〈예외질서〉	다자간섬유협정(MFA)	

자료 : KOTRA, 《UR과 신국제질서》, 1992. 6.

　먼저 GATT체제 외부요인으로서 '80년대 들어서 제2차 오일쇼크로 인한 세계 경기침체, 유럽의 높은 실업률, 과다한 외채 및 인플레이션으로 인한 개발도상국 경제의 침체, 선진국간 무역불균형의 확대, 특히 강대국인 미국의 재정 및 경상수지적자 등으로 세계의 경제가 불균형국면으로 빠져 들면서 세계무역질서는 보호무역주의에 휩싸이게 되어 GATT체제를 크게 위협했던 점을 들 수 있다. 특히, GATT체제를 벗어난 수출자율규제(voluntary export restriction)와 시장질서유지협정 등 회색조치(grey area measures)의 남발 및 반덤핑·상계관세제도의 남용 등이 GATT의 위상을 위축시켰으며, 경제의 블록화가 진전되면서 보호무역적인 지역주의의 부작용에 대한 우려가 점증해 갔다. 한편, 미국과 농산물수출국(호주·뉴질랜드 등)이 무역적자를 쌍무적 통상압력을 통하여 해결하고자

하는 경향이 심화되면서 국가간의 마찰이 커져갔다.

또한, 경제의 서비스화 진전에 따른 서비스무역의 중요성 증대, 지적
재산권을 둘러싼 마찰의 증대에도 불구하고 그동안 GATT체제 밖에서 머
물러 있던 서비스분야, 지적재산권, 무역관련투자조치 등의 새로운 분야
를 GATT체제 내로 흡수해야 한다는 요구가 선진국인 미국·일본·EC를
중심으로 제기되었다. 1982년 당시 세계무역에서 서비스부문이 차지하는
비중은 24. 3%에 달해 서비스분야의 다자간무역규범의 도입이 적극 추진
되었다.

또, 한 가지 들 수 있는 것은 그동안 GATT규정상의 많은 예외규정과
GATT체제 밖의 예외질서의 존재로 인해서 무역질서가 문란해지자 이에
대한 시정이 GATT의 중요한 과제로 부각되어 왔다는 점이다. 즉, 농산물
에 대한 수입제한(GATT 제11조 2항), 웨이버(동 제25조 5항)[3], 국제
수지를 이유로 한 수량제한(동 제18조 B, BOP조항), 조부(祖父)조항
(Grandfather조항)[4], 잔존수입제한조치[5] 등과 같이 GATT상의 명시적
규정에 의거하여 예외가 인정되거나 묵인되어 온 각종 예외가 많으며, 특
히 농산물의 경우 수입제한뿐만 아니라 과다한 보조금의 지급, 과잉생
산, 덤핑수출 및 수출보조금의 지급 등으로 무역질서가 크게 혼란에 빠지

---

3) 웨이버(Waiver)는 GATT 제25조 5항에 의거해 가장 포괄적으로 인정되는 예외조항으로
    서 GATT상의 각종 의무(수량제한금지, 양허 등)를 면제받을 수 있으며, 체약국의 과반수
    참여, 2/3 이상의 찬성에 의해 결정된다. 현재 동 조항에 의거 예외를 인정받고 있는 나라
    는 미국(농산물 14개 품목), 룩셈부르크(특정농산물), 페루(국제수지방어를 위한 수입부
    과금 허용, 세제개혁에 따른 양허표 재교섭 유예) 등 31개국(39건)이 있으며, '50~'60
    년대 선진국의 편의에 따라 남용되어 온 것으로 비판을 받아왔다.
4) GATT 가입시 국내법을 GATT 제 규정과 일치시킬 수 없을 경우 편법에 의해 예외를 인
    정하는 것으로, 엄밀히는 GATT 본 협정문이 아닌 GATT 잠정적용의정서(원체약국의 경
    우) 또는 가입의정서(GATT 성립 후의 가입국의 경우)에 의해 수출입제한을 지속적으로
    유지해 오고 있다.
5) GATT상 인정되었던 수입제한조치의 당위성이 소멸된 후에도 각국이 수입제한을 유지해
    오고 있는 것을 말하며, 선진국들도 다수의 잔존수입제한품목을 유지해 오고 있다.

〈표 1-2〉 UR 출범시 각국의 참여 배경

구 분	협상 참여 배경
미 국	− 재정적자, 무역적자 심화 − 경쟁력 우위부문인 서비스, 지적재산권의 국제무역규범 추진 의도 ○ 신협상분야의 GATT질서 내 편입
일 본	− 미국의 집중적 통상압력을 다자간협상으로 분산하려는 의도 − ANIEs의 책임분담론 제기 − 개발도상국의 시장개방확대 기대

E C	− 미국과의 쌍무적 무역마찰 회피
	  ○ 농산물 · 철강 · 항공기 · 공작기계 · 섬유 등에서 마찰 심화
	  ○ 미국의 내수확대 요구
	− 개발도상국의 시장개방확대 기대

온건개발도상국 (NIEs, ASEAN)	− 미국의 다각적이고 일방적인 통상압력의 수용 불가피 − 다자간무역규범의 개선 기대(반덤핑 · 상계관세 · 긴급수입제한조치 등)
강경개발도상국 (인도, 브라질 등)	− 가장 늦게 협상에 참여 ○ 특히 서비스, 지적재산권분야의 의제 채택에 반대 − 농산물 수출확대 기대 − 서비스분야 개발도상국 유보제안(선진국) 수용

자료 : 대우경제연구소.

게 되었다. 또한 섬유류의 무역은 GATT와는 별도로 다자간섬유협정 (Multi-Fiber Arrangement regarding International Trade : MFA)을 맺어 국별 쿼터에 의해 이루어졌는데, 쿼터 철폐를 통한 GATT체제로의 복귀 요구가 점점 강해져 왔다. 이상과 같이 GATT의 기본원칙 중의 하나인 자유무역을 저해하는 각종 예외의 축소 필요성이 UR 출범의 한 배경이 되었다.

GATT체제의 내부요인으로서는, 첫째 GATT가 국제기구가 아닌 단순 한 협정이라는 데서 오는 한계, 둘째 만장일치제에 따른 의사결정상의 제 약, 셋째 사법권부재로 인한 분쟁해결능력의 취약 등으로 GATT체제가 크게 흔들리고 그 기능이 약화되어 갔다는 점을 들 수 있다.

이에 따라 GATT의 재정비 필요성이 대두되었고 다자간무역규범을 재정립하기 위한 협상이 논의되기 시작하였다. UR은 1983년 5월 윌리엄스 버그경제정상회담에서 미국·일본에 의해서 처음 문제가 제기된 이후 미국·일본→ EC → 온건개발도상국(NIEs, ASEAN) → 강경개발도상국(인도·브라질·아르헨티나 등)의 순으로 세계 대부분의 국가가 동의했으며, 1986년 9월 우루과이 푼타델에스테(Punta del Este)에서 개최된 GATT각료회의를 통하여 협상의 개시가 선언됨으로써 정식 출범하였다.

2. UR의 경과

UR은 첫째 포괄분야가 광범위하다는 점(크게 15개 협상분야로 구분), 둘째 협상참가국 수가 사상최대이며(참가국 수 117개) 각국의 이해관계가 분야마다 서로 다르게 얽혀 있다는 점, 셋째 협상분야간 상호 연관성이 높아서 분야별로 구분해 타결지어 나갈 수가 없다는 점 등으로 볼 때, 당초부터 타결이 어려울 것으로 예견되어 왔다.

UR이 1986년 9월에 공식출범한 이후 2년여가 경과한 1988년 12월에 몬트리올각료회의에서 중간평가가 이루어졌고, 특히 관세에 대해 최소한 동경라운드에서의 목표(가중평균관세의 1/3 이상 인하)에 합의했다. 서비스분야에서는 점진적 자유화 등이 협상목표로 합의되었으며, 국별 무역정책검토제도(Trade Policy Review Mechanism : TPRM)[6]를 실시하도록

---

6) 무역정책검토제도(Trade Policy Review Mechanism)란 GATT가입국의 무역정책에 대한 정기적이고 집단적인 평가와 검토를 통하여 각국의 무역정책 및 관행의 명료성 증대와 이해 증대를 도모함으로써 다자간자유무역체제를 강화하고자 하는 것으로서 몬트리올 중간 평가에서 확인되어 1989년 4월 합의되었으며, 1989년부터 이미 시행 중이다. 국별 검토주기는 무역규모에 따라 차이를 두어 1~4위 교역국(미국·일본·EC·캐나다)은 2년마다, 5~20위 교역국(한국 포함)은 4년마다 실시하도록 되어 있다.

하는 등 일부 상당한 진전이 있었으며, 협상목표가 구체화되었다.

이 후 1989년 6월부터 1990년 6월까지 국별 입장제안 및 실질협상을 거쳐 1990년 7월 제네바 무역협상위원회(Trade Negotiation Committee : TNC)에서 15개 협상그룹별 의장초안이 제출되었고, 1990년 12월에 개최된 브뤼셀각료회의에서 일괄타결을 시도했다. 그러나 많은 기술적 문제를 포함하여 각국별 입장대립, 특히 미국 · EC[7]간 농산물보조금 감축문제, 서비스시장의 개방 등에서 의견차이로 합의에 실패해 당초의 목표시한이었던 1990년 12월을 넘기게 되었다.

1991년 2월에 협상재개가 공식선언된 이후, 1991년 4월에는 15개 협상그룹이 7개로 통합조정되었고, 동년 12월에는 던켈 최종협정초안(Dunkel Clean Text)[8]이 제시되었으며, 각국이 협상기초로서 이를 수용할 의사를 보임으로써 큰 진전을 보게 되었다. 그 직후 쟁점분야에 협상노력을 집중시키기 위해서 7개 협상그룹을 4개로 축소통합하여 협상을 추진했으나 1992년에는 별다른 진전이 없었다. 다만, 1992년 11월 대통령선거를 앞둔 미국이 EC와의 농산물분야 협상에서 보조금 감축 등에 대한 소위 블레어하우스협정을 맺어 타결의 실마리를 찾는 듯했지만, 동 협정에 대한 프랑스의 강력한 반발과 여러 분야에서 각국간의 이견해소 실패로 제2차 목표시한으로 삼았던 미국대통령의 신속처리권한(Fast Track Authority)의 시한인 1993년 2월을 그대로 넘겼다.

---

7) EC(유럽공동체)는 1994년 1월부터 EFTA(유럽자유무역지역)와 통합되어 EU(유럽연합)로서 출범하였으나 UR협상과정 및 타결시점이 EU 출범 전이었다는 점, 그리고 연구상의 편의성 등을 감안하여 EU의 출범을 고려대상에서 제외하였다.

8) 던켈 최종협정초안(Dunkel Clean Text ; Draft Final Act Emboding the Results of the UR of Multilateral Trade Negotiations)은 각 협상그룹별 의장들이 협상분야별로 작성한 초안을 당시 GATT사무총장이었던 던켈이 자신의 책임하에 종합하여 각국이 서명하면 그대로 발효될 수 있도록 되어 있는 중재안으로서, 미합의 쟁점분야에 대해서도 던켈의 책임하에 빈 칸이 없도록 명료화 · 수량화하였으며, 세부쟁점에 대한 논의가능성을 배제하고 협정내용 전체에 대한 포괄적인 수용여부에 대한 결정을 하도록 되어 있다.

1993년 4월 클린턴 미국대통령의 신속처리권한의 연장이 신청된 후 7월에 개최된 동경 G7정상회담 및 4국(미국·일본·EC·캐나다) 통상장관회담을 계기로 협상이 재개되어 공산품분야의 관세인하(무세화 및 관세조화 등)가 합의되었고 서비스분야에 대한 타협안이 마련되어 UR타결에 중대한 진전을 이룩했으며, 이어서 열린 7월의 제네바 무역협상위원회에서는 협상진전상황이 전반적으로 검토되고 최종타결시한으로 설정된 1993년 12월 15일을 염두에 둔 협상일정이 구체적으로 결정되었다.

1993년 9월부터 농산물·관세인하 등 시장접근분야, 서비스 등 쟁점분야를 중심으로 본격적인 협상에 들어갔으며, 11월에는 NAFTA(북미자유무역협정)가 미국 의회비준을 통과했고, APEC(아시아태평양경제협력체) 정상회담이 성공적으로 개최되어 최종타결의 분위기가 성숙되어 갔다.

결국 1993년 11월부터 12월 중순에 걸쳐 최대의 난제였던 농산물분야에서 보조금 감축을 둘러싼 미국·EC(특히 프랑스)간의 협상, 쌀시장개방을 둘러싼 미국·일본간의 협상, 서비스시장개방에 대한 선진국·개발도상국간 양허협상, 세계무역기구(WTO) 창설에 대한 미국과 여타국과의 대립 등이 전격 합의에 이르면서 12월 15일 최종타결선언이 이루어졌다.[9] 우루과이라운드 공식출범 7년 3개월만에 대단원의 막을 내린 것이다.

한편, 각국은 협상이 종료된 1993년 12월 15일까지의 시장접근 협상결과, 즉 공산품·농산물·서비스 각 분야별 양허내용을 공식 문서화하여 최종적인 국별 이행계획서(최종양허표)를 1994년 2월 15일까지 제출해야 한다. 이 후 최종협정문과 각국의 최종양허표는 3월 31일까지 GATT사무국 및 다자간 확인절차를 거쳐 조문화작업을 완료하도록 되어 있으며, 1994년 4월 12일 모로코의 마르케츠에서 개최되는 각료회의(통상장관회담)에서 최종의정서를 정식 채택하고 각국이 서명함으로써 우루

---

9) 다만 최종타결 직전단계에서 서비스분야 중 금융·해운·기본통신서비스분야 등은 후속협상으로 넘어갔다.

〈표 1-3〉 UR의 추진 경과

구 분		시기	추진 경과	주요 내용
I 단계	협상초기 (1986. 9. ~ 1988. 11)	1986. 9.	– 우루과이 푼타델에스테 GATT각료 회의에서 UR협상 개시 선언	– 협상의제별 논 의 대상/방법,
		1987. 1.	– TNC(무역협상위원회)회의에서 UR 협상구조 및 협상계획 합의	각국의 입장 확인
	중간평가 (1988. 12. ~ 1989. 4)	1988. 12.	– 몬트리올각료회의에서 UR 중간평가	– 과거 2년간 협상 성과의 평가 – 분야별 방향 합의
	실질협상 (1989. 5. ~ 1990. 7)	1989. 6. ~1990. 6. 1990. 7.	– 국가별 관심사항 서면 제출 – 미국 휴스턴 G7정상회담에서 연내 타결을 위한 정치적 결의 표명	– 각국 입장 조정, 합의점 도출 시도
	협상마무리 / 실패 (1990. 7. ~ 1990. 12)	1990. 7.	– 제네바 TNC회의에서 15개 협상그 룹별 의장초안 제출	– 15개 의제에 대한 보고서 작성
		1990. 10.	– 농산물 Country List 제출	– 대부분의 협상그
		1990. 12.	– 브뤼셀 GATT각료회의가 농업, 서비 스분야 등에서 합의를 못보고 종결	룹이 최종협정안 미제출
II 단계	협상재개 (1991. 1. ~ 1991. 10)	1991. 1. 1991. 2. 1991. 3.	– TNC 개최 – UR협상 재개 선언 – 부시 미국대통령 Fast Track 2년 연장 요청(협상시한 1993. 2.)	– 협상그룹 재편 (15개 → 7개) – 분야별 협상 재개
		1991. 4. 1991. 5.	– 15개 협상그룹을 7개로 개편 – 미국 의회 Fast Track 연장 승인	
	협정초안 작성 및 분야별 협상 (1991. 11. ~ 1992. 7)	1991. 11.	– 던켈 총장 UR 최대현안인 농업분야 에 관한 실무검토서 제출	– 던켈안을 최종 협상초안으로
		1991. 12.	– UR 최종협정문 초안(Dunkel Clean Text) 제출	하여 분야별 협상
		1992. 1.	– 향후 협상 협의를 위한 TNC회의	
		1992. 7.	– 뮌헨 G7정상회담, UR 조기타결합의	
		1992. 7.	– GATT총장 주재 Green Rome회의에 서 협상 전반에 대한 상황 평가	
	협상부진 / 실패 (1992. 8. ~ 1993. 2)	1992. 11.	– 소강국면 이후 미국·EC간 농산물 분야 블레어하우스협정 체결, 프랑 스의 강력한 반발로 교착	– 주요국의 정치 상황을 배경으 로 부진·실패
		1993. 1. 1993. 2.	– TNC회의 (이후 협상 중단) – 미국대통령 Fast Track 시한 만료	(7개월간 중단)
III 단계	협상재개 / 최종타결 (1993. 4. ~ 1993. 12)	1993. 4.	– 미국 클린턴 Fast Track 연장 신청 (시한 : 1993. 12. 15)	– 4자회담을 필두 로 협상 재개

구 분		시기	추진 경과	주요 내용
		1993. 7.	－동경 G7정상회담에서 협상 논의 ○ 미국·EC·일본·캐나다 4자회담	(8개 품목 무세 화 합의)
		1993. 7.	－TNC회의 개최 ○ 협상 진전상황 점검, 일정 확정	－농산물, 서비스, 다자간무역기구
		1993. 9～	－쟁점분야별 집중 협상	창설 등의 쟁점사
		1993. 11.	○ 다자간, 2국간 협상 전개	항 합의
		1993. 12.	－최종타결 합의(1993. 12. 15)	→ 최종타결

주 : 대우경제연구소.

과이라운드협정이 공식 확정되게 된다.

3. UR의 협상체계와 협상분야의 구성

UR은 '90년대 및 2000년대의 새로운 세계무역질서를 확립한다는 기본 목표 아래 국제무역에 있어서 시장개방 확대, GATT체계 및 규율의 강화, 신분야에 대한 국제규범의 마련을 구체적 목표로 설정하였으며, 출범 당시에는 15개 협상그룹이었으나 7개 협상그룹, 4개 협상그룹으로 통합·조정되면서 진행되었다.

UR 출범 당시의 협상그룹을 보면 협상을 총괄하는 무역협상위원회 산하에 상품협상그룹(Group of Negotiations on Goods : GNG), 서비스협상그룹(Group of Negotiations on Services : GNS) 및 보호주의조치의 동결/철폐(Standstill/Rollback : SS/RB)의 감시기구를 두었으며, 상품협상그룹 산하에는 다시 14개의 협상그룹을 두었다(그림 1-2 참조). 이들 15개 협상그룹은 그 성격에 따라 ① 신협상분야 ② 시장접근에 관한 분야 ③다자간규칙에 관한 분야 ④ GATT제도 강화에 관한 분야의 네 가지로 나눌

<그림 1-2> UR의 협상분야 구성

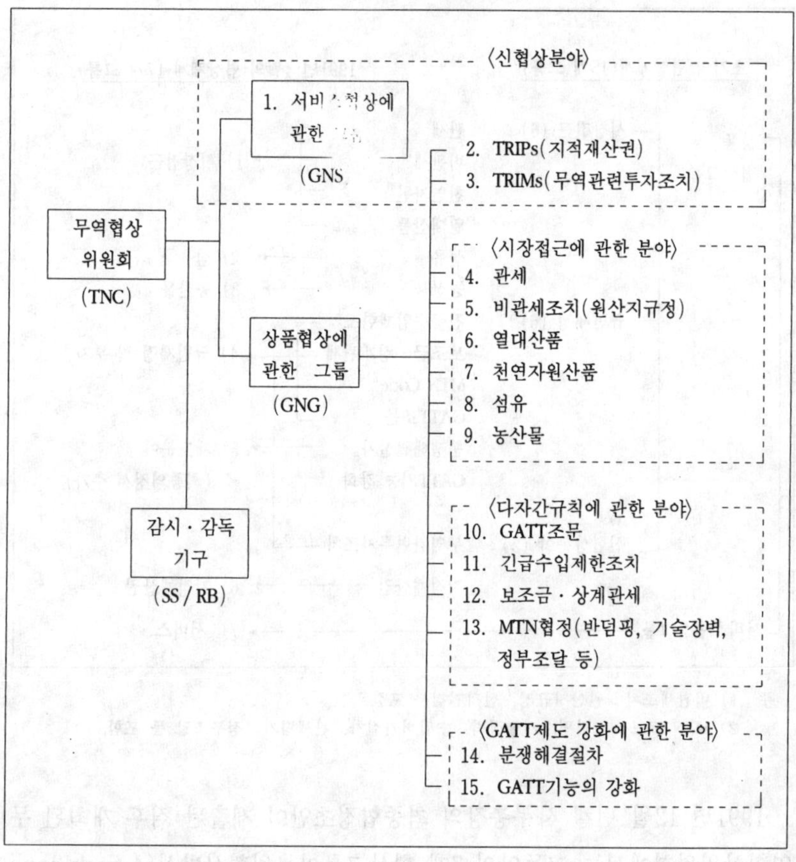

자료 : 대우경제연구소.

수 있다.

  UR 출범 당시 설정되었던 협상타결 1차시한인 1990년 12월을 넘긴 이후 1991년 4월 협상을 재개하면서 협상의 효율성을 높이기 위해 15개 협상그룹은 7개 그룹으로 통합되는데 ① 시장접근 ② 섬유 ③ 농산물 ④ 규범제정 및 투자 ⑤ 제도 ⑥ 지적재산권 ⑦ 서비스협상그룹 등으로 재편성되었다.

〈그림 1-3〉 UR협상체계의 변화 (1991년 4월)

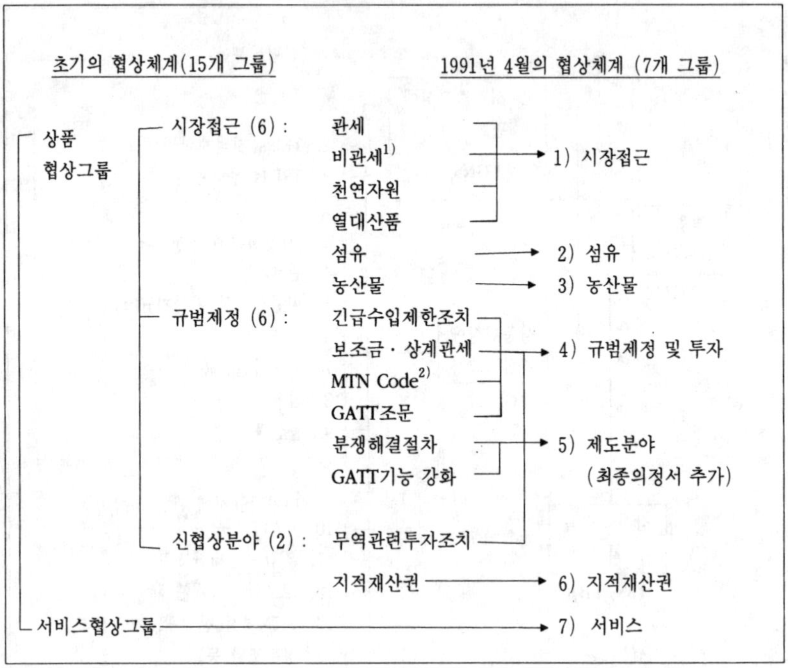

초기의 협상체계(15개 그룹)　　　　　1991년 4월의 협상체계 (7개 그룹)

상품
협상그룹

시장접근 (6) :　관세
　　　　　　　비관세[1]
　　　　　　　천연자원　　　→ 1) 시장접근
　　　　　　　열대산품
　　　　　　　섬유　　　　　→ 2) 섬유
　　　　　　　농산물　　　　→ 3) 농산물

규범제정 (6) :　긴급수입제한조치
　　　　　　　보조금·상계관세
　　　　　　　MTN Code[2]　　→ 4) 규범제정 및 투자
　　　　　　　GATT조문
　　　　　　　분쟁해결절차　　→ 5) 제도분야
　　　　　　　GATT기능 강화　　　(최종의정서 추가)

신협상분야 (2) :　무역관련투자조치

　　　　　　　지적재산권　　　→ 6) 지적재산권

서비스협상그룹　　　　　　　→ 7) 서비스

주 : 1) 비관세조치 : 원산지규정, 선적전검사 포함.
　　 2) MTN 코드 : 반덤핑, 기술장벽, 수입허가절차, 관세평가, 정부조달 등 포함.

1991년 12월 던켈 사무총장의 최종협정초안이 제출된 직후 개최된 무역협상위원회에서는 그동안의 7개 협상그룹이 4원협상방식(4 track approach)으로 추진되도록 개편되었으며, 또한 개별분야별 논의가 아닌 전체차원에서 진행되도록 바뀌었다.

이에 따라서 특히 1993년 하반기부터 최종타결에 이르기까지 UR협상은 농산물을 포함한 시장접근 및 서비스의 양허협상에 집중되었으며, 한편으로는 최종협정문의 법제화 및 최종마무리작업과 함께 세계무역기구(World Trade Organization : WTO)의 창설논의가 결실을 보게 되었다.

4원(元) 협상추진방식 ─┬─ 시장접근(농산물협상 포함) 양허협상
　　　　　　　　　　　├─ 서비스 양허협상
　　　　　　　　　　　├─ 최종협정문의 법제화작업
　　　　　　　　　　　└─ 최종협정안에 대한 마무리작업
　　　　　　　　　　　　　(fine tuning)

제 2 장

UR 최종협정의 내용과 평가

1. 최종협정문 개요

우루과이라운드의 다자간무역협상 결과로서 나온 최종협정문의 내용을 크게 구분하면, 첫째 최종의정서(Final Act), 둘째 WTO(세계무역기구)의 설립협정 및 그 부속서로 첨부된 각종 다자간 및 복수국간 무역협정, 셋째 각료 결정 및 선언(Ministerial Decisions and Declarations)으로 되어 있다.

최종의정서(Final Act Emboding the Results of the Uruguay Round of Multilateral Trade Negotiations)는 우루과이라운드의 결과 및 향후 절차 등에 대한 포괄적인 선언을 담고 있다. 이 최종의정서에는 최종협정문이 WTO의 설립협정과 각료 결정 및 선언으로 구성되어 있음을 언급하고 있으며, 협정의 발효목표시기와 각국의 협정 수락절차 등에 대해서도 간략하게 규정하고 있다(표 2-2 참조).

WTO 설립협정(Agreement Establishing the World Trade Organiza-

〈표 2-1〉 UR 최종협정문의 구성

I. 최종의정서(Final Act Emboding the Results of the Uruguay Round of Multilateral Trade Negotiations)

II. 세계무역기구 설립협정 (Agreement Establishing the World Trade Organization)
   ─부속서 1A : 상품무역협정
      1. GATT 1994
         (a) 제 2 조 1 b(양허표상의 기타 과세 및 부과금)의 해석에 대한 양해각서
         (b) 제 17 조(국영무역기업)의 해석에 대한 양해각서
         (c) 국제수지(BOP)조항에 대한 양해각서
         (d) 제 24 조(관세동맹 및 지역협정)의 해석에 대한 양해각서
         (e) 제 25 조(웨이버)의 해석에 대한 양해각서
         (f) 제 28 조(관세양허재협상)의 해석에 대한 양해각서
         (g) 제 35 조(협정의 부적용)의 해석에 대한 양해각서
      2. GATT 1994에 대한 UR의정서(관세양허이행)
      3. 농산물협정
      4. 식품위생 및 동식물검역조치협정
      5. 섬유류협정
      6. 기술장벽협정
      7. 무역관련투자조치협정
      8. 제 6 조(반덤핑)의 이행에 대한 협정
      9. 제 7 조(관세평가)의 이행에 대한 협정
      10. 선적전검사협정
      11. 원산지규정협정
      12. 수입허가절차협정
      13. 보조금 · 상계조치협정
      14. 긴급수입제한조치협정
   ─부속서 1B : 서비스무역 일반협정 및 부속서
   ─부속서 1C : 위조상품무역을 포함한 지적재산권의 무역관련측면에 대한 협정
   ─부속서 2 : 분쟁해결 규칙 및 절차에 대한 양해각서
   ─부속서 3 : 무역정책검토제도
   ─부속서 4 : 복수국간무역협정
      1. 민간항공기협정
      2. 정부조달협정
      3. 국제낙농협정
      4. 우육협정
   ─서명(117개 국가 및 EC의 서명란)

III. 각료 결정 및 선언(Ministerial Decisions and Declarations)
  1. 최빈국 우대조치에 대한 결정
  2. 경제전반의 정책결정에 대한 세계무역기구의 공헌에 대한 선언
  3. 통고절차에 대한 결정
  4. 관세평가
    (a) 공표된 금액의 진실성 또는 정확성을 의심할 만한 이유가 세관 당국에 있을 경우
        에 대한 결정
    (b) 국영무역기업에 의한 수입 및 최소금액에 관한 협정
  5. 기술장벽
    (a) 세계무역기구·국제표준화기구의 표준정보시스템에 대한 양해각서 제안
    (b) 국제표준화기구·국제전자기술위원회 정보센터출판의 검토에 대한 결정
  6. 식량 순수입 개발도상국 및 최빈국에 대한 개혁정책의 부정적 효과에 관련된 조치에
     대한 결정
  7. 서비스무역 일반협정
    (a) 서비스무역 일반협정을 위한 기구에 대한 결정
    (b) 서비스무역 일반협정을 위한 특정 분쟁해결절차에 대한 결정
    (c) 제 14 조 문단 (b)에 관한 결정
    (d) 기본통신협상에 대한 결정
    (e) 금융서비스 이행에 대한 양해각서
    (f) 금융서비스에 대한 결정
    (g) 전문직서비스에 대한 결정
    (h) 자연인의 이동에 대한 결정
  8. 정부조달협정 제24 조 2의 이행에 대한 결정
  9. 분쟁해결의 규칙 및 절차에 대한 양해각서의 적용·검토에 대한 결정
 10. GATT 분쟁해결규칙 및 절차의 개선에 대한 결정
 11. GATT 1994 제 6 조의 이행에 대한 협정
    (a) 우회금지에 대한 결정
    (b) 분쟁해결패널의 검토기준에 대한 결정
 12. GATT 1994 제 6 조의 이행에 대한 협정 또는 보조금·상계조치협정 1994 제 5 부에
     따른 분쟁해결에 대한 결정

자료 : GATT TNC, *THE URUGUAY ROUND*(MTN/FA), 1993. 12. 15.

tion)은 UR 최종협정의 본문에 해당하는 것으로서 국제무역을 규율하는
세계무역기구의 설립 및 운영에 대해서도 상세한 규정을 두고 있으며, 그
동안의 협상 결과물인 다자간무역협정(Multilateral Trade Agreements :
MTA)과 복수국간무역협정(Plurilateral Trade Agreements : PTA)을 부속

〈표 2-2〉 UR 다자간무역협상의 결과를 구현하는 최종의정서(Final Act) 전문

1. UR 다자간무역협상을 종결짓기 위한 회합에서, 무역협상위원회(TNC)의 회원국인 각국 정부 및 EC(여타 참가국)의 대표들(이하 참가국)은 첨부된 부속서류에 서술하였듯이 WTO 설립협정과 각료 선언 및 결정(Ministerial Declarations and Decisions)이 협상결과를 구현하고, 최종협정문의 주요 부분을 구성한다는 데 합의한다.
2. 현행 최종의정서를 채택함으로써 참가국들은
   (a) 각료 선언 및 결정을 채택하고
   (b) 관련 참가국의 적절한 절차에 따라 본 협정의 승인을 얻기 위해서 각국 주무당국에 WTO 설립협정을 제출하는데 동의한다.
3. 참가국들은 가능한 한 빨리 그리고 1995년 7월 1일 이전에 발효되도록 모든 참가국들이 WTO 설립협정을 채택함이 바람직하다는데 동의한다. 1995년 이전에 각료들은 푼타델에스테 각료 선언의 마지막 문항에 의거하여 협정발효시기를 포함한 결과의 국제적 이행에 대한 결정을 위해 1995년 초 이전에 회합한다.
4. 참가국들은 WTO 설립협정이 WTO 설립협정 제14조에 의거하여 UR 다자간무역협상의 모든 참가국들에 의해 서명 또는 기타 방법에 의해 전체적으로 수용되도록 개방하는데 합의한다. WTO 설립협정의 부속서 4에 포함되어 있는 복수국간무역협정(Plurilateral Trade Agreement)의 수용 및 발효는 동 협정의 조항을 따른다.
5. WTO 설립협정을 수락하기 전에 GATT 1947의 체약국이 아닌 참가국들은 먼저 GATT 1947에의 가입을 위한 협정을 종결짓고 GATT 1947의 체약국이 되어야 한다. 최종의정서 날짜 당시 GATT 1947의 체약국단이 아닌 참가국들에 대해서는 양허표가 확정되는 것이 아니며, GATT 1947에의 가입 및 WTO 설립협정의 수락을 위해 추후 양허표가 완성되어야 한다.
6. 본 최종의정서와 부속서들에 기술된 협정의 전문들은 GATT체약국단의 사무총장에게 기탁되고, 사무총장은 협정사본을 UR 다자간무역협상의 각 참가국에게 신속히 송부해야 한다.

서로 두고 있다. 부속서에는 총 24개의 다자간무역협정(GATT조문의 해석에 대한 양해각서 7개, GATT 1994에 대한 의정서 등을 포함)과 복수국간무역협정 4개(항공기·낙농·우육·정부조달협정)가 포함되어 있다. 다자간무역협정은 WTO 전회원국에 적용되며, 복수국간무역협정은 별도로 동 협정에 가입한 일부의 국가간에만 적용된다.[1]

---

1) 따라서 기존 GATT체제에서 별도로 가입한 일부 국가에만 적용되던 동경라운드 MTN협정 (9개) 중 기술장벽, 반덤핑, 관세평가, 수입허가절차, 보조금·상계조치협정은 WTO 전회원국에 적용한다.

〈표 2-3〉 UR 최종협정의 성격별 구분(본 연구에서의 분류)

1. 세계무역기구 설립협정(Agreement Establishing the WTO)

2. 다자간무역협정(Multilateral Trade Agreements)
   가. 상품무역
     1) 시장접근분야
        가) 관세
        나) 섬유류
        다) 농산물
     2) 규범분야
        가) GATT조문의 해석에 대한 양해(7개 조문)
        나) 긴급수입제한조치
        다) 보조금 · 상계조치
        라) 반덤핑
        마) 기술장벽
        바) 수입허가절차
        사) 원산지규정
        아) 선적전검사
        자) 식품위생 및 동식물검역조치
        차) 무역관련투자조치
   나. 서비스무역
   다. 지적재산권

3. 제도에 관한 협정
   가. 분쟁해결 규칙 및 절차
   나. 무역정책검토제도

4. 복수국간무역협정 : 정부조달

주 : 다자간무역협정 중 관세평가와 복수국간무역협정 중 항공기 · 낙농 · 우육은 이번 UR협정에
  서는 별로 다루지 않아 분석에서 제외함.

한편, 각료 결정 및 선언(Ministerial Decisions and Declarations)은 협정형태는 아니지만 WTO 설립협정 및 다자간 및 복수국간의 무역협정을 보완하고 있으며, 대부분 UR 타결 직전의 중요 결정사항을 담고 있다.

이 책에서는 이상과 같은 최종협정내용을 연구목적상 그 성격에 따라 크게 ① WTO 설립협정 ② 다자간무역협정(MTA) ③ 제도에 관한 협정

④ 복수국간무역협정(PTA)으로 구분하여 협정문의 구체적 내용을 정리하고 그 의의를 평가하고자 한다. 먼저 다자간무역협정에는, 첫째 상품무역협정(이를 시장접근분야와 규범분야로 구분), 둘째 서비스무역의 일반협정 및 부속서, 셋째 지적재산권협정이 포함된다.

제도에 관한 협정으로는 분쟁해결 규칙 및 절차에 대한 양해각서가 이에 포함된다. 복수국간무역협정은 4개가 있지만, 이번 UR에서 다룬 정부조달협정만을 살펴보기로 한다. 한편, 최종협정문에 중요한 일부를 형성하는 각료 결정 및 선언은 그 내용에 따라 협정문의 내용에 포함시켜 살펴볼 것이다.

2. 세계무역기구 설립협정의 내용과 평가

개 요

세계무역기구(World Trade Organization : WTO)[2]는 종래의 GATT가 가지고 있는 문제점, 즉 사법권의 부재로 실질적인 구속력이 없으며, 전원합의제(concensus)라는 의사결정방식으로 인해 통상문제의 해결능력이 부족하다는 한계를 극복하기 위해서 설립된 것으로서 UR의 가장 중요한 성과 중의 하나이다.

WTO는 캐나다와 EC가 1990년에 각각 제안한 후 1991년 11월에 공동으로 제안하여 본격적으로 논의되기 시작하였으며, 협상 막바지까지 미국의 반대에 부딪쳤으나 결국 타결되었다. WTO는 본래 다자간무역기구

---

2) 1993년 12월 15일에 발간된 최종협정문에서는 MTO(Multilateral Trade Organization ; 다자간무역기구)로 명명되어 있으나 협상 막바지단계에서 미국의 제안으로 WTO로 개칭되었으며 이 책은 이를 반영하였다.

(Multilateral Trade Organization : MTO)라는 명칭으로 추진되다가 협상 타결을 위한 최종 무역협상위원회에서 미국의 제안에 의해 WTO로 개칭되었다.

WTO 설립협정은 UR협상에서 각 분야별 모든 협정문을 부속서로 두고 있어 UR 최종협정문의 근간을 이루고 있으며, 국제무역질서를 기존 GATT체제에서 WTO체제로 전환시키는데 핵심적 역할을 하게 되었다.

최종협정문의 주요 내용

세계무역기구 설립협정

① 개 요
- 회원국들은 무역과 경제분야에서의 상호협력관계가 생활수준을 높이고 완전고용을 확보해 주며, 실질소득과 유효수요의 지속적인 증대 및 재화·서비스의 생산과 무역을 확대시킨다는 것을 확신한다. 지속적인 발전이란 목적에 의거하여 세계자원의 최적사용을 허용함과 동시에 환경을 보호·보존하며, 경제개발수준이 다른 각 국들의 요구와 관심(needs and concerns)에 모순되지 않도록 환경보호를 위한 수단을 강구해야 함을 인식한다.
- 개발도상국, 특히 최빈국들은 자국의 경제개발목적과 균형있는 국제무역에서의 성장분배를 확보하기 위해 적극적인 노력이 필요하다는 것을 인식한다.

② 기구의 설립
- 본 협정에 의거하여 세계무역기구(이하 「WTO」)가 설립된다.

③ 협정의 범위
- 본 협정은 본 협정의 부속서에 포함된 협정 및 관련 법제와 관계된 문제에 있어서 회원국간 무역관련활동에 대한 공통의 제도적 틀을 제공한다.
- 부속서 1, 2, 3에 포함된 협정 및 관련 법제(이하 「MTA」; 다자간무역협정이라 함)는 본 협정의 핵심을 이루며, 모든 회원국에 적용된다.
- 부속서 4에 포함된 협정 및 관련 법제(이하 「복수국간 무역협정」이라 함)도 본 협정의 일부이며, 단 본 협정을 수락한 회원국들에만 적용된다.
- UR의 결과 체결된 부속서 1 A의 「관세 및 무역에 관한 일반협정」(이하 「GATT 1994」)은 기존의 관세 및 무역에 관한 일반협정(이하 「GATT 1947」)과는 법적으로 구분된다.

④ WTO의 기능

- WTO는 본 협정과 다자간무역협정(MTA)의 수행·관리·운영을 맡고 그 목적을 촉진시킨다. 또, 복수국간무역협정의 수행·관리 및 운영을 위한 틀을 제공한다.
- WTO는 본 협정에 부속된 관련된 문제에서 추가적인 무역협정체결을 위한 협상을 비롯하여 회원국들간의 다자간무역관계에 관한 협상을 위한 토론장 및 각료회의의 결정에 따른 동 협상결과의 이행을 위한 틀을 제공한다.
- WTO는 부속서 2의「분쟁해결규칙 및 절차에 대한 양해각서」및 부속서 3의「무역정책검토제도(TPRM)」를 실행한다.
- 국제적 정책결정의 조화와 통일을 위해 IMF, IBRD 및 기타 기구와 협력을 강화한다.

⑤ WTO의 조직

- 전회원국의 대표로 구성되는 각료회의를 설치, 최소한 2년에 1회 개최한다.
  - 각료회의는 WTO의 기능을 수행하고, 필요한 조치를 취한다.
  - 각료회의는 본 협정과 MTA의 의사결정을 위한 개별적 요구에 의거 MTA하의 모든 문제에 대한 의결권을 갖는다.
- **총회(General Council)는 전회원국의 대표로 구성되며, 필요에 따라 개최한다.**
  - 총회는 각료회의 휴회기간 동안 WTO 및 기타 다자간협정을 운영·감독하는 한편, 산하 각 위원회를 위한 의사규칙(rules of procedures)을 제정·승인한다. 또, 총회는 부속서 2의 분쟁해결규칙 및 절차에 대한 양해각서에 규정된 분쟁해결기구 및 부속서 3의 무역정책검토제도에 규정된 무역정책검토기구의 책임을 이행하기 위해 필요에 따라 개최한다.
  - 분쟁해결기구와 무역정책검토기구는 자체적으로 의장을 두며, 임무이행을 위해 필요하다고 판단되는 때는 의사규칙을 제정한다.
- **총회 산하에 상품무역이사회, 서비스무역이사회, 무역관련지적재산권이사회를 설치하며, 각 이사회는 총회의 일반지침을 준수한다.**
  - 각 이사회는 해당 협정 및 총회가 부여한 기능을 수행하고, 총회의 승인에 따라 자체적인 의사규칙을 제정한다.
  - 각 이사회에는 모든 회원국의 대표들이 참여하며, 동 기능수행을 위해 필요시마다 개최된다.
  - 위의 3개 이사회는 각각의 부속기구(subsidiary body)를 설치한다.
- **각료회의는 무역개발위원회, 국제수지위원회, 예산재정관리위원회 등을 설치한다.**

⑥ 기타 기구와의 관계

- 총회는 WTO의 협정과 관련된 여타 정부간 기구와 효과적인 협력을 위해 적절한

협정을 체결하며, WTO의 협정과 관련된 사항에 대해 비정부기구와 협의, 협력을
위해 적절한 협정을 체결할 수 있다.

⑦ 사 무 국

- 사무총장을 최고책임자로 하는 WTO사무국을 설치한다.
  ◦ 각료회의는 사무총장을 임명하고 사무총장의 권한, 의무, 수임조건, 임기를 기
    술한 규칙을 채택한다.
  ◦ 사무총장은 사무국 직원을 임명하고 각료회의의 규정에 의거하여 근무조건, 의
    무 등을 확정한다.
- 사무총장과 사무국 직원의 직무책임은 독립적이며, 국제적 성격을 갖는다. 따라서
  사무총장과 사무국 직원은 자신의 임무를 수행하는데 있어서 어떠한 정부나 WTO
  외부의 기구로부터 훈령을 구하거나 받을 수 없으며, 국제기구관리로서 지위를 손
  상시키는 행위는 삼가해야 한다.
  ◦ WTO회원국들은 사무총장 및 사무국 직원 임무의 국제적인 성격을 존중해야 하
    며, 이들이 임무를 수행하는데 있어서 여타의 영향력을 행사하려고 해서는 안
    된다.

⑧ 예산과 기여금

- 사무총장은 WTO의 연간 예산안 및 재정보고서를 예산재정관리위원회에 제출한다.
  ◦ 동 위원회는 사무총장이 제출하는 연간 예산안 및 재정보고서를 검토하고 총회
    에 권고한다.
  ◦ 연간 예산안은 총회의 승인을 얻어야 한다.
- 예산재정관리위원회는 총회에 다음의 사항을 포함한 재정규칙(financial regula-
  tions)을 제안한다.
    ⓐ WTO의 지출경비를 회원국들간에 배분하는 분담금 비율
    ⓑ 분담금 체납회원국에 대한 행정조치
  ◦ 재정규칙은 GATT 1947의 규칙과 관행을 따른다.
- 총회는 WTO회원국의 과반수 참여, 2/3 이상의 찬성에 의해 재정규칙과 연간 예
  산안을 채택한다.
- 각 회원국은 총회가 채택한 재정규칙에 따라 WTO지출분담금을 WTO에 신속히
  납부해야 한다.

⑨ WTO의 지위

- WTO는 법인적 성격을 가지며, 기능수행상 필요한 경우 각 회원국에 의해 법적 능력(legal
  capacities)을 보장받는다.
- WTO, WTO직원과 회원국의 대표는 WTO와 관련하여 각 회원국으로부터 독자적

으로 기능을 수행하는데 필요한 만큼의 면책특권을 보장받는다. 이러한 면책특권
은 1947년 10월 21일 UN총회에서 승인된 전문기구들(special agencies)의 면책특
권에 관한 회의에서 규정한 것과 유사하다.

⑩ 의사결정
- WTO는 GATT 1947하에서 전원합의의 의사결정관행을 계속 따른다. 단, 기타 조항이 있는
  경우를 제외하고 전원합의에 의해 결정에 이르지 못할 경우 투표로 정한다.
  ○ 각료회의와 총회에서 각국은 하나의 투표권을 행사한다. 유럽공동체(EC)는 WTO회원국
    숫자 만큼 투표권을 행사한다.
  ○ 각료회의와 총회의 의결은 본 협정 또는 MTA에서 따로 규정하지 않는 한 투표의 과반수로
    한다.
- 각료회의와 총회는 독자적으로 본 협정과 MTA규정을 해석할 권한을 가진다.
- 예외적 상황에서 각료회의는 본 협정이나 MTA에 의한 회원국의 의무에 대한 웨이버를 결정
  할 수 있으며, 이 경우 회원국 3/4의 승인을 얻어야 한다.
  ○ 각료회의에서는 웨이버 부여결정시 결정을 정당화하는 예외상황, 웨이버 적용조
    건, 웨이버의 종료일자를 명시해야 한다.
  ○ 웨이버를 1년 이상 주는 경우에는 웨이버 부여 후 1년 이내에 각료회의에서 검토해야 하
    며, 웨이버 종료시까지 매년 검토해야 한다. 이때 각료회의는 웨이버 부여를 결정한 예외
    상황이 계속 존재하는지, 웨이버에 첨부된 조건이 충족되었는지를 조사한다. 연례정기검토
    에 의해 각료회의는 웨이버를 연장·수정·종료할 수 있다.

⑪ 개   정
- WTO의 회원국은 본 협정과 부속서 1의 MTA의 조항 개정안을 각료회의에 제출하
  여 발의할 수 있다. 또, 총회도 각료회의에 MTA의 조항 개정안을 제출할 수 있다.
  ○ 개정안이 각료회의에 공식적으로 제출된 후 90일 동안(각료회의에서 기간이 더
    필요하다는 결정을 하지 않으면) 각료회의는 전원합의에 의해 수락여부를 의결
    한다.
  ○ 합의에 도달하면 각료회의는 수락을 위해 회원국들에게 개정안을 제출한다. 각
    료회의에서 정해진 기간 내에 합의에 이르지 못하면, 각료회의는 회원국들에게
    개정안을 제출할지의 여부를 회원국 2/3 이상의 투표에 의해 의결한다.
- 본 조항과 다음 열거된 조항에 대한 개정은 전회원국이 수락해야만 효력이 있다.
  ○ 본 협정의 9조 (의사결정)
  ○ 부속서 1A상 GATT 1994의 1, 2조 (1조 : 일반적 최혜국대우, 2조 : 양허표)
  ○ 부속서 1B상 GATS의 2조 1항 (서비스무역 일반협정상의 최혜국대우)
  ○ 부속서 1C상 위조상품거래를 포함한 지적재산권의 무역관련측면에 관한 협정의
    제4조 (지적재산권협정상의 최혜국대우)

- 본 협정 또는 위에서 언급한 조항을 제외한 부속서 1A와 1C 중 회원국의 권리와 의무를 변경하는 성격의 MTA의 조항 개정은 회원국 2/3의 수락에 의하고, 수락한 회원국에 대해서만 효력을 가지며, 그 후 각 회원국별 개별수락에 의해 효력이 발생한다.
  ○ 본 협정 또는 위에서 언급한 조항을 제외한 부속서 1A와 1C 중 회원국의 권리와 의무를 변경하지 않는 성격의 MTA의 조항 개정은 회원국 2/3의 수락에 의해 효력이 ·발생한다.
  ○ 각료회의는 회원국 3/4의 다수결로 각료회의에서 결정한 기간 내에 수락하지 않는 회원국이 자유로이 WTO에서 탈퇴하거나 또는 각료회의의 동의를 얻어 계속 회원국으로 남아 있도록 전조항에 의해 발효된 개정안의 성격을 규정할 수 있다.

⑫ 원(原)회원국
- 본 협정과 MTA 및 GATT 1994에 부속된 양허 및 이행스케줄과 부속서 1B의 GATS에 부속된 국별 이행계획서를 수락한 국가로서 본 협정이 발효되는 일자의 GATT 1947 체약국 및 EC는 WTO의 원회원국이 된다.

⑬ 가   입
- 대외무역관계 및 본 협정과 MTA상의 여타 사항을 수행하는데 있어서 완전한 자치권을 보유하고 있는 모든 관세영역 및 정부는 자신과 WTO간의 합의조건에 따라 본 협정에 가입할 수 있다.
- 가입결정은 각료회의에서 하며, 각료회의는 WTO회원국 투표의 2/3 다수결로 가입조건에 대한 합의사항을 승인한다.

⑭ 특정회원국간 MTA 부적용
- 특정회원국이 WTO 가입시 타회원국과 본 협정 및 부속서 1, 2의 MTA를 적용하지 않기로 한 경우에는 이들 회원국간에는 협정이 적용되지 않으며, 제12조(가입) 조항에 의해 가입한 회원국과 타회원국 사이에 적용된다.
  ○ 단, 적용에 동의하지 않은 회원국이 가입조건에 대한 합의사항을 각료회의가 승인하기 전에 각료회의에 협정부적용 의사를 통고한 경우에 한해서 협정이 적용되지 않는다.
- 각료회의는 회원국의 요청이 있을 경우, 본 조항의 운영상황을 검토하고 적절한 권고를 한다.

⑮ 협정의 수락, 발효, 기탁
- 본 협정과 MTA는 본 협정 제11조(원회원국) 조항에 의거 WTO의 원회원국이 될 자격이 있는 EC와 GATT 1947 체약국에 대해 서명 또는 기타 방법으로 수락을 위하여 개방된다.
  ○ 본 협정과 MTA는 UR 다자간무역협상의 결과를 구현한 최종의정서의 3항에 의거 각료들이

정한 일자에 발효되고, 각료들이 달리 결정하지 않는 한 협정발효일 2년 내에 수락되어야 한다.
  ○ 본 협정의 발효 이후 수락한 경우 수락문서를 기탁한 날로부터 30일 후부터 발효된다.
  ○ 본 협정의 발효 이후 본 협정을 수락하는 회원국은 본 협정 발효와 동시에 개시되는 기간에 걸쳐 이행해야 하는 MTA상의 양허 및 의무를 본 협정 발효시 본 협정을 수락한 것과 같이 이행해야 한다.
- 본 협정 발효시까지 본 협정문 및 MTA는 GATT 1947의 사무총장에게 기탁된다.
  ○ 사무총장은 신속히 본 협정 및 MTA의 확인 정본 및 수락통고문을 각각의 본 협정 서명국에게 송부해야 한다.
  ○ 또한, 본 협정·MTA 및 모든 개정안은 본 협정 발효시 WTO사무총장에게 기탁한다.

⑯ 탈 퇴
- 회원국은 본 협정으로부터 탈퇴할 수 있다. 탈퇴는 본 협정과 MTA에 적용되며, WTO사무총장에게 탈퇴보고서를 제출한 날로부터 6개월이 지나면 효력이 발생한다.

⑰ 기타 조항
- 본 협정과 MTA들에 달리 규정되지 않는 한 WTO는 GATT 1947의 체약국단 및 GATT 1947의 틀 내에서 설립된 기구의 결정, 절차 및 통상적인 관행을 따른다.
  ○ 본 협정조항과 MTA조항 사이에서 상충될 경우에는 본 협정의 조항이 우선한다.
- 본 협정의 어느 조항에 대해서도 유보는 허용되지 않으며, MTA조항에 대한 유보는 동 협정에 명시된 규정에 의해서만 행할 수 있다.
  ○ 본 협정은 UN헌장 제102조에 의거 등록되어야 한다.

평 가

  WTO는 그동안 GATT체제하에서 저해되어 온 자유무역질서를 보다 강화하고 기존의 GATT 및 이번 UR에서 개정 또는 새로이 제정된 모든 국제무역규범을 관장하는 매우 강력한 다자간국제무역기구이다.

  WTO는 정식적인 국제기구로서 산하에 각료회의, 총회, 3개 무역이사회, 3개 위원회, 사무국 등 많은 하위기구를 두고 있으며, 특히 법적 구속력과 감시기능을 갖도록 분쟁해결기구와 무역정책검토기구를 두고 있

〈그림 2-1〉 세계무역기구(WTO)의 조직도(안)

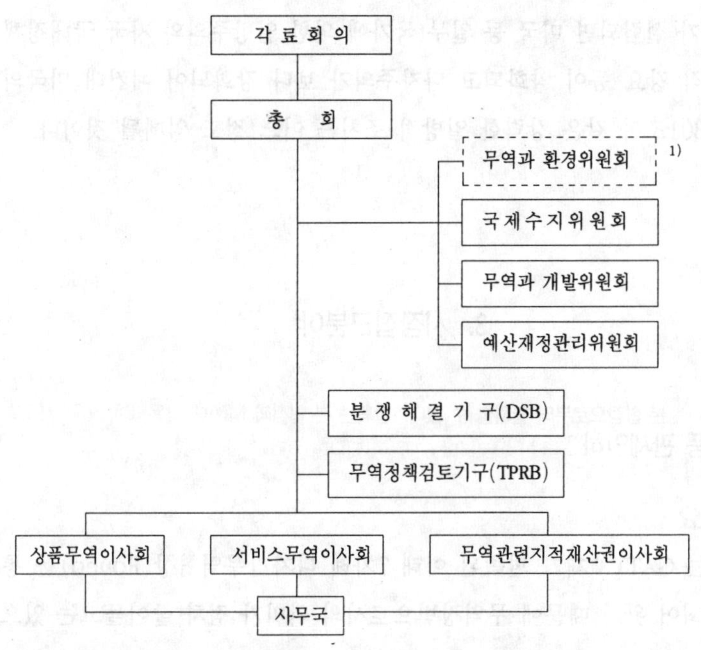

주 : 1) 무역과 환경위원회 설립문제는 추후 논의 예정임.
자료 : 경제기획원, 《UR협정과 대응과제》, 1993. 12. 20.

다. 분쟁해결기구는 모든 무역관련분쟁을 통합 관장하고, 준사법적 기능을 보유하며, 무역정책검토기구는 각국의 무역정책을 주기적으로 검토하여 정책의 투명성을 높이고 분쟁을 사전에 예방하여 다자간무역체제의 효율성을 높이게 된다.

WTO가 기존의 GATT와 크게 다른 것은, 첫째 분쟁해결기구를 통해 준사법적 기능을 갖는다는 점, 둘째 단순한 협정이 아닌 정식의 국제기구로서 다수의 실무적 하위기구를 두어 지속적으로 일관성을 갖고 국제무역에 대한 모든 규범을 관장한다는 점, 셋째 의사결정방식이 GATT의 전원합의제가 아닌 다수결원칙(2/3 또는 3/4 다수결 등)이 도입되어 신속한 합의도출이 가능하다는 점 등이다.

WTO가 설립되면 미국 등 일부 국가에 의한 일방주의와 자국 국내정책의 일방적 강요 등이 약화되고 다자주의가 보다 강화되어 예컨대 미국의 통상법 301조와 같은 강력한 일방적 조치는 어느 정도 억제될 것이다.

3. 시장접근분야

공산품 관세인하

개 요

관세는 GATT체제가 발족된 이래 7차례 다자간무역협상(Round)을 통해 인하되어 왔기 때문에 무역장벽으로서의 의미가 점차 줄어들고는 있으나 여전히 각종 무역장벽 중 가장 확실하고 유효한 수입규제의 수단이 되고 있어 관세인하는 UR의 중심의제 중의 하나로 다루어졌다.

UR 시장접근협상의 한 분야인 공산품(수산물 포함)의 관세인하는 크게 평균관세율의 인하와 관세인하 양허협상으로 구분된다.

최종협정 및 양허협상의 주요 내용

UR의 공산품 평균관세율 인하 목표는 1988년 12월 개최된 몬트리올각료회의 UR 중간점검에서 합의되었는바, 그 내용은 ① UR협상결과 발효 5년 후까지 각국의 1986년 수입액 가중평균관세율이 1/3 이상 인하되도록 하고(관세인하기준은 양허품목인 경우 양허세율로 하며, 미양허품목은 1986년 9월에 적용된 실행세율로 함) ② 가급적 모든 관세가 양허되도록 양허범위를 대폭 확대함으로써 각국이 임의로 관세를 올리지 못하게 하며 ③ 개발도상국은 능력에 맞도록 기여한다는 것 등이다.

　이러한 관세인하는 GATT 1994 UR의정서(Uruguay Round Protocol to the GATT 1994)를 통하여 이행일정이 확정되었는데 그 내용은 다음과 같다.

GATT 1994 UR의정서(일부)

- 각 회원국이 동의한 관세인하가 양허계획에 달리 규정된 경우 이외에는 5회에 걸쳐 균등하게(in five equal rate reductions) 이행한다.
- 회원국의 양허표에 달리 규정하고 있는 경우 이외에는 최초의 관세인하가 WTO 설립협정 발효시에 실시하고, 다음 차례의 인하는 각 연도 1월 1일에 시행하되 WTO 설립협정 발효 후 4년 이내에 양허목표세율(final rate)이 적용되도록 한다.
- WTO 설립협정이 발효된 후에 본 협정을 수락한 회원국은, 양허계획에 달리 규정하지 않는 한, WTO 설립협정이 동 회원국에 대해서 발효되는 첫 날 앞 문장에서 규정된 바에 따라 다음해 1월 1일에 시행하게 될 관세인하분과 이미 발생한 인하분을 합쳐 이행해야 하며, 앞 문장에서 명시된 계획에 따라 나머지 관세인하를 실행해야 한다.

　한편, UR 관세인하 양허협상결과는 크게 두 가지 분야로 구성된다. 즉, 첫째 1993년 7월 동경에서 개최된 G7정상회담시의 Quad(미국·일본·EC·캐나다 4개국) 통상장관회담 합의사항과, 둘째 APEC(아시아태평양경제협력체) 통상장관회담에서의 합의내용 중 미국·EC간의 합의사항으로서 구성된다.

　Quad회담에서는 철강·건설장비·의약품·의료기기·가구·농업장비·맥주·증류주 등 8개 분야 75개 품목(HS 4단위 기준)의 무세화(관세철폐) 및 화학제품 196개 품목(HS 4단위 기준)의 관세조화(관세의 하

<표 2-4> Quad(4국 통상장관회담) 관세인하 합의사항(1993년 7월)

구 분	내 용	이행기간
무세화	-8개 분야 총 75개 품목(HS 4단위 기준) 관세철폐 ㅇ 건설장비(10)·가구 (2) ㅇ 의료기기(13)·맥주 (1) ㅇ 의약품 (10)·증류주 (1) ㅇ 철강 (34)·농업장비(4)	-철강은 10년 내 무세화 -여타 품목 5년 내 무세화
관세조화	-화학제품 196개 품목의 관세인하 ㅇ 국별 관세차이 축소되도록 차등 인하	-1986년 세율기준 ㅇ 0~10% : 5년
고관세품목 관세인하	-현행 관세율 15% 이상인 고관세품목의 관세 50% 인하목표로 최대한 관세인하 ㅇ 섬유·의류·유리제품·신발·세라믹 등(선진국)	- UR 최종타결시 관세를 인하한다는 원칙에만 합의하고 품목, 인하율 은 미정

향평준화)에 합의하였다. [3]

또한, 1993년 11월의 APEC 통상장관회담에서는 APEC국가간의 전자·
비철금속·종이·과학장비·완구·목재·수산물·유채류 등 8개 분야에
대한 무세화 또는 관세인하에 합의하였다. 이를 기초로 하여 동 12월 6일
UR협상의 최종단계에서 미국·EC가 APEC 합의 8개 분야 중 6개 분야에
대하여 비철금속·종이·목재·완구의 무세화 및 전자·과학장비의 대폭
적인 관세인하(일부 무세화)에 합의하였다. [4]

이상과 같은 선진국간 관세인하 합의사항을 기초로 국가별 다자·양자
간 양허협상이 완료되었으며, 각국은 동 협상결과를 자국의 최종관세양허
표(Final Country-Schedule)에 기재하여 1994년 2월 15일까지 GATT사무
국에 제출하도록 되어 있다.

---

3) Quad 합의사항인 무세화 및 관세조화의 구체적인 품목내용(HS 4단위 기준)은 <부록
Ⅱ>를 참고하기 바란다.
4) 미국·EC간 관세인하·무세화 합의사항의 구체적 품목은 <부록 Ⅱ>를 참고하기 바란다.

<표 2-5> APEC 통상장관회담에서의 관세인하합의분야 및 참여국

분 야	참 여 국 가
전 자	한국, 미국, 일본, 캐나다, 호주, 싱가포르, 홍콩, 말레이시아, 필리핀, 태국
종 이	한국, 미국, 일본, 캐나다, 호주, 뉴질랜드, 홍콩
목 재	미국, 캐나다, 호주, 뉴질랜드, 홍콩, 태국, 필리핀
과학장비	한국, 미국, 일본, 캐나다, 호주, 홍콩, 말레이시아, 필리핀
완 구	한국, 미국, 일본, 호주, 홍콩
비철금속	한국, 미국, 일본, 캐나다, 호주, 뉴질랜드, 태국
채유종자	미국, 캐나다, 호주, 뉴질랜드, 말레이시아, 필리핀
수 산 물	미국, 캐나다, 호주, 뉴질랜드, 태국, 필리핀

주 : 1) 품목별 관세인하 또는 무세화 내용은 미확인.
　　 2) UR협상이 아닌 APEC국가간에 합의된 내용임.
자료 : 재무부, 《UR/공산품 시장접근분야 관세협상》, 1993. 12. 16.

<표 2-6> UR협상시 미국 · EC간 관세인하 · 무세화 합의내용(1993년 12월 6일)

분 야	미국 · EC간 합의내용
전 자	− 산업용 · 사무용 전자기기 : 평균 60% 인하 − 반도체, 반도체장비, 컴퓨터 및 주변기기 : 5년 무세화
종 이	− 41개 품목 (HS 47~49류) : 10년 무세화
과학장비	− 17개 품목 : 평균 65% 인하
완 구	− 5개 품목 : 10년 무세화
비철금속	− 주석, 니켈, 구리 : 5년 무세화 − 여타 품목 : 최고세율 5%로 하되, 33% 이상 인하
목 재	− 21개 품목 : 무세화

자료 : 재무부, 《UR/공산품 시장접근분야 관세협상》, 1993. 12. 16.

평 가

　　UR에서의 공산품 관세인하에 대한 협상결과는 평균관세율 인하목표기간을 동경라운드(8년)에 비해 짧은 협정 발효 후 4년까지로 단축하여 교역증진효과를 조기에 실현하고자 하고 있다. 또한 일부 주요 교역품목에 대해서는 무세화, 관세조화 또는 관세의 대폭적 인하에 합의하여 관세가 더이상 무역장벽이 될 수 없도록 하였다. 이에 따라 국가에 따라서는 평균관세율의 인하목표수준이 1986년을 기준으로 1/3을 훨씬 넘도록 되어 있다.

이러한 관세인하목표가 실현되면 각국의 관세장벽수준이 크게 낮아지게 되며, 특히 일본·미국·EC 등 선진국의 평균관세율수준이 4% 이하로 내려가게 될 것이다. [5]

그러나 개발도상국의 입장에서는 관세인하에 따른 장벽완화의 효과는 관세가 이미 낮은 수준에 있는 선진국보다 높은 관세수준을 유지해 오다가 UR에 따라 상당폭 내리지 않으면 안 되는 개발도상국이 더 클 것이다.

섬 유 류

개 요

UR에서 다루고 있는 다자간섬유협정(MFA)은 GATT에서 벗어난 대표적인 예외질서로서 쿼터에 의해 수출입이 관리되는 일종의 수량제한조치에 관한 협정이다. MFA에 의거한 세계섬유류교역은 1974년부터 GATT체제로부터 이탈하여 양국간 쌍무쿼터형식으로 운영되어 왔으며, 현재는 MFA Ⅳ가 1986년 8월에 체결된 이래 2차례의 연장기간이 적용되고 있다.

이렇게 섬유분야가 GATT체제에서 벗어나 있었던 배경은 대체로 다음과 같다. 원래 섬유산업은 서구의 산업혁명 이래 선진국들의 산업발전을 이끌어 온 원동력이었으나 이들 국가에서의 전자·기계산업 등 여타 산업의 비중이 점차 증대함과 동시에 저임노동력을 앞세운 개발도상국들의 동산업투자의 증가로 선진국의 섬유산업 경쟁력이 점차 저하되었다. 그러나 선진국들은 노동고용효과가 큰 전통적인 섬유산업을 완전히 포기할 수 없

---

5) 각국의 양허계획(1993. 11)에 따르면, 1986년 관세수준을 기준으로 UR의 목표기간(19
99년 1월 1일)까지 미국은 수입액 가중평균관세율을 6.2%에서 3.3%로, EC는 6.6%에서
4.0%로, 일본은 3.7%에서 1.0%로 각각 내리도록 되어 있다.

<표 2-7> MFA단계별 기간

구 분	MFA Ⅰ	MFA Ⅱ	MFA Ⅲ	MFA Ⅳ	
체결시기	1973. 12..	1977. 12.	1981. 12.	1986. 8. (1991. 7. 단순 연장)	* 1차연장 (1991. 8. ~ 1992. 12. 31)
규제기간	1974. 1. 1. ~ 1977. 12. 31.	1978. 1. 1. ~ 1982. 12. 31.	1982. 1. 1. ~ 1986. 7. 31.	1986. 8. 1. ~ 1991. 7. 31.	* 2차연장 (1993. 1. 1. ~ 1993. 12. 31)

는 입장이기 때문에 자유로운 무역을 부인하면서까지 일종의 수출제한조치를 요구할 수밖에 없었다.

그러나 UR에서는 GATT체제에서 일탈되어 있는 섬유분야를 GATT체제로 복귀시키자는 차원에서 별도의 섬유협상을 하게 되었다. 이는 미국의 경쟁력 우위분야인 농산물, 투자, 서비스분야, 지적소유권분야를 GATT체제로 편입시키려는 미국의 입장에 대한 반대급부로서 개발도상국들이 섬유의 자유로운 무역을 강력히 주장하였기 때문이다. 또한, 선진국들도 고부가가치 섬유류의 수출시장을 개발도상국에서 확보하려는 의도도 작용했던 것으로 보인다. 즉, 미국의 입장과 개발도상국의 입장이 합치되는 가운데 원칙적으로는 MFA의 점진적인 철폐와 GATT체제로의 점진적인 흡수가 합의된 것으로 볼 수 있다. 결국 30년간 합법적으로 이루어졌던 섬유류의 비자유무역적 성격이 자유무역으로 전환되는 시발점이 UR에서의 섬유류협상이 된 것이다.

이번의 최종협정문은 ① MFA에 의해 규제되고 있는 섬유류를 단계적으로 일정기한 내에 GATT에 복귀시키고 ② 일단 GATT에 복귀된 품목에 대해서는 차별적인 수입규제조치를 발동할 수 없으며 ③ 복귀과정에 규제가 계속중인 품목에 대해서는 현재보다 높은 쿼터증가율을 인정한다는 것 등을 기본골자로 하여 세부 복귀방법을 규정하고 있다.

최종협정문의 주요 내용

섬유류협정

- 협정 적용대상
  - 섬유류협정(Agreement on Textiles and Clothing)이 적용되는 품목의 범위는 부속서상에 명기된 것처럼 HS 6단위 수준에서 결정된다(구체적인 대상품목은 HS 11부(50~63류) 전체와 30~49류, 64~96류 중 일부).
- GATT로의 복귀시한
  - 섬유류교역에서 모든 규제조치를 철폐하고 GATT로 복귀하는 최종시기를 협정 발효 후 121개월째 되는 첫번째 날로 확정한다(규제의 구체적 철폐일정은 아래 내용을 참조).
  - MFA의 수량규제 철폐 이행기간은 크게 1단계(협정 발효 후~36개월), 2단계(협정 발효 후 37~84개월), 3단계(협정 발효 후 85~120개월)로 나뉜다.
- 규제의 단계적 철폐일정
  - 현재 MFA에서 실시되고 있는 모든 수량규제조치는 본 협정 발효 전 60일 내로 TMB(섬유교역감시기구)에 상세하게(규제수준, 성장률 및 융통성 규정 등을 포함) 통고되어야 하며, 본 협정이 발효되는 날부터 GATT체약국간의 모든 규제조치는 본 협정에 의해 통제될 것이다.
  - TMB는 이 통고사항을 모든 회원국에게 고지해야 한다.
  - 본 협정과 GATT 1994의 규정에 의하지 않은 새로운 규제조치의 도입되어서는 안 되며, 본 협정 발효 60일 이내에 통보되지 않은 규제조치는 이후 효력을 상실한다.
  - 단계적 복귀율(각 단계별로 섬유류의 교역을 GATT에 복귀시키는 비율)
    - 각 회원국은 협정 발효와 동시에 부속서상에 명기된 대상품목의 최소 16%(1990년 총수입량 기준)를 GATT 1994에 복귀시켜야 한다(대상품목에 tops & yarns, fabrics, made-up textile products, clothing은 반드시 포함).
    - 잔존품목에 대한 단계적 복귀는 HS 또는 카테고리별로 다음의 3단계로 진행
      - 협정 발효 후 37개월째 되는 첫번째 날에 최소 17%를 복귀 (1990년 총수입량 기준, 적용대상품목은 위와 동일)
      - 협정 발효 후 85개월째 되는 첫번째 날에 최소 18%를 복귀 (1990년 총수입량 기준, 적용대상품목은 위와 동일)
      - 협정 발효 후 121개월째 되는 첫번째 날에 GATT로 완전복귀 ; 모든 규제조치의 철폐
  - 각 회원국의 단계적 복귀계획은 최소한 계획의 발효 12개월 전에 TMB에 통고되어 모든 회원국들에게 배포되어야 한다.

- 쿼터의 증가율
  - 현재 MFA하에서의 쌍무협정에 의한 쿼터수준은 각 단계별로 일정수준의 증가가 보장되어야 한다.
    - 1단계(협정 발효일로부터 36개월까지) : 협정 발효 이전 12개월 동안 발효 중인 MFA 쌍무협정하의 개별규제에 설정된 증가율에 16% 증가
    - 2단계(협정 발효 후 37개월부터 84개월까지) : 1단계 동안의 각규제에 대한 증가율에 25% 증가
    - 3단계(협정 발효 후 85개월부터 120개월까지) : 2단계 동안의 각 규제에 대한 증가율에 27% 증가
  - 단, 2단계와 3단계의 비율은 분쟁해결기구에 의해 본 협정상의 의무를 준수하지 않은 것으로 판명된 특정국가에 대해 달리 규정할 수 있다.
- 모든 수량규제에 적용되는 융통성규정은 협정 발효 이전 12개월의 MFA 쌍무협정에서 규정하는 것과 동일해야 한다.
  - (전용, 이월 및 동 조상의 혼합사용에 대한) 어떤 수량제한도 설정 및 유지되어서는 안된다.
  - 본 조항의 이행에 필요하다고 생각되는 행정조치는 회원국간에 합의하는 바에 따르며, TMB에 통고되어야 한다.
- 자유화품목에 대한 긴급수입제한조치
  - 본 협정에 따라 GATT에 편입된 품목에 대해 복귀 후 1년 내 발동된 긴급수입제한조치는 GATT 제19조의 적용을 받게 된다.
  - 그러나 그 조치가 비관세조치일 경우 수입국은 수출국의 요청에 따라 긴급수입제한조치 발동 전 1년 동안 GATT 제13조 2항 (d)에 정한대로 행해야 한다.
  - 규제수준은 최근 대표적 기간 동안의 수준 이하로 수출을 감소시키지 않아야 하며, 통상통계가 입수 가능한 최근 3년간의 관련회원국으로부터의 평균수출량으로 한다.
  - 긴급수입제한조치가 1년 이상 지속될 경우 규제수준을 적용기간 동안 일정기간을 정하여 점진적으로 자유화되어야 하며, 이때 수출국은 GATT 제19조 3항 (a)에 의거한 양허나 기타 의무사항에 대한 유보권을 행사할 수 없다.
  - TMB는 회원국의 요청이 있을 경우 본 조항의 이행을 검토하여 적절한 권고나 결론을 30일 내에 통고해 주어야 한다.
- 일반적 수입규제
  - 본 협정 발효 후 60일 이내에 GATT 1994에의 일치여부를 불문하고 섬유와 의류제품에 대해 규제를 유지하고 있는 회원국들은(MFA하의 규제 및 본 협정하의 규제 이외) ① 동 규제사항을 TMB에 상세하게 통보하거나 ② 여타 WTO기구에 제출하였던 규제사항에 관한 통보사항을 TMB에 제공해야 한다.
  - GATT규정에 의해 정당화된 것을 제외하고, 동 규제조치는 ① 본 협정 발효 후 1년 내

　　GATT에 일치시키고, 이를 TMB에 통보하거나 ① 본 협정 발효 후 6개월 내 TMB에 제출할 철폐계획에 따라 철폐되어야 한다.

　○ 본 협정의 유효기간 동안 회원국은 섬유 및 의류제품에 대한 새로운 규제를 도입하거나 기존 규제를 변경할 때 효력발생 60일 전에 TMB에 그 사실을 통고해야 한다.

－ 각 회원국은 환적(transshipment), 우회수송(rerouting), 원산지 허위신고시 및 공문서의 위조 등이 동 섬유류협정의 GATT 1994 복귀를 지연시킬 수 있음을 인정하고, 그러한 행위에 대해 필요한 법규정이나 행정절차를 취해야 한다.

　○ 만약 적절한 조치들이 취해지지 않는다면 가능한 한 30일 이내에 즉시 다른 회원국과 협의하되 여기서도 결론에 이르지 못하면 TMB의 권고를 받을 수 있다.

－ 잠정적인 긴급수입제한조치 발동

　○ 회원국들은 MFA의 GATT 복귀기간 동안 잠정적인 긴급수입제한조치의 발동이 필요하다는 점에 인식을 같이한다.

　　• 잠정 긴급수입제한조치의 대상품목은 본 협정의 부속서상에 명기된 대상품목 중 GATT 1994에 통합된(자유화된) 품목을 제외한 모든 품목을 대상으로 한다.

　　• 잠정 긴급수입제한조치는 가급적 발동이 억제되어야 하며 본 협정하의 복귀과정의 효과적인 이행과 본 조의 규정에 일치하도록 발동되어야 한다.

　○ 긴급수입제한조치의 발동은 수입급증으로 수입국 내의 유사상품이나 직접 경쟁관계에 있는 상품에 심각한 피해를 끼쳤거나 실제적인 위협이 되고 있다는 것이 입증되어야 한다.

　　• 아울러 심각한 피해나 실질적인 위협이 기술적인 변화나 소비자 기호의 변화와 같은 다른 요소에 의한 것이 아니라 그 상품의 총수입량 급증에 따른 것이어야 한다.

　○ 심각한 피해나 실제적인 위협을 결정하는데 있어서 회원국은 그 상품의 수입효과와 아울러 관련 경제변수, 즉 생산량, 생산성, 가동률, 재고, 시장점유율, 수출, 임금, 고용수준, 국내가격, 이윤과 투자 등도 검토해야 한다.

　　• 심각한 피해나 실제적인 위협 결정의 유효기간은 최초통지일로부터 90일을 초과해서는 안 된다.

　○ 본 조치를 적용함에 있어 다음과 같은 경우에는 수출국의 이익이 특별히 고려되어야 한다.

　　• 수출국이 저개발국일 경우

　　• 수출 규모가 다른 나라에 비해 작고, 수입국 내의 시장점유율도 또한 극히 낮은 경우

　　• 섬유 및 의류제품 수출의 대부분이 거의 전적으로 모(毛)제품으로 구성되어 있고, 그 교역량 자체도 수입국시장에서는 현저히 적은 규모일 경우

　　• 가공을 위해 다른 회원국에 수출하였던 섬유 및 의류제품을 재수입할 때 수출

국의 섬유류 총수출에서 동 형태의 수출이 상당한 비중을 차지할 경우

○ 긴급수입제한조치를 발동하려는 회원국은 본 조치로 영향을 받게 될 회원국과 협의를 거쳐야 한다.

  • 협의요청시 가능한 한 최신의 관련 정보(심각한 피해나 실제적인 위협을 결정하는데 필요한 관련 경제변수)를 제공해야 한다.

  • 본 조치를 발동하려는 회원국은 규제수준을 제시해야 하며, 그 수준은 협의요청 전 최근 2개월부터 그 이전 12개월 동안의 실제 교역수준 이하로 내려가서는 안 된다.

  • 또한, 회원국은 협의요청 사실과 관련 경제정보 및 규제수준에 대해 TMB에 통고하고 TMB는 이 사실을 다른 회원국에게 고지해야 한다.

  • 협의는 협의요청이 이루어진 날로부터 60일 이내에 지체없이 개최되어야 하고 그 결과는 합의종료일로부터 60일 이내에 TMB에 통고되어야 한다. 그리고, TMB는 양국간의 합의가 본 협정과 일치하는지 검토해야 한다.

  • 만약 협의요청일로부터 60일 이내에 양국간에 합의가 이루어지지 않을 경우 수입국은 본 규정에 따라 독자적으로 긴급수입제한조치를 발동할 수 있으며 이 사실을 TMB에 통고해야 한다.

  • 만약 양국의 요청이 있을 경우에는 TMB가 그 최종판단을 검토한 후에 30일 이내에 양국에 적절한 권고를 내려야 한다.

  • 긴급시에는 5일 이내에 협의와 TMB 통지를 조건으로 우선적인 긴급수입제한조치를 발동할 수 있다.

○ 긴급수입제한조치는 연장없이 3년간 지속되거나 동 품목이 GATT 1994 협정에 통합되는 시점 중 먼저 도래하는 기간까지 지속될 수 있다.

  • 규제조치가 1년을 초과할 때는 후속연도의 규제수준은 첫 해 수준에서 매년 최소한 6% 이상 증가되어야 한다. 단, 관련 제품의 규제수준은 후속 2개 연도 중 1개 연도에 조상이 5%를 넘지 않는 범위 내에서 10%의 조상 및/또는 이월을 할 수 있다.

○ 2개 품목 이상에 대해 규제조치를 받고 있을 때 동 품목의 수출 총액이 총규제량수준 초과하지 않는 범위 내에서 동 품목의 수출은 7%까지 초과할 수 있다(혼합사용 규정).

  • 이들 품목의 규제적용기간이 서로 일치하지 않을 때 동 조항은 중복되는 기간에 대하여 일정비율에 따라 적용되어야 한다.

○ 만약 협정 발효 이전 12개월 동안 MFA에 의해 규제되었던 품목 또는 본 협정에 따라 규제가 취해졌던 품목에 대하여 긴급수입제한조치가 발동된다면, 새로운 규제수준은 협의요청 한 달 이전 2개월부터 12개월 동안의 실제 교역수준 미만으로 내려가서는 안 된다.

○ 그러나 새로운 규제가 ① 규제철폐 통보 날짜(철폐 발효 전 적어도 3개월) 또는 ⑥ 본 조항 또는 MFA규정에 의하여 취해진 규제조치가 철폐된 일자로부터 1년

이내에 발효될 경우 규제수준은 ⓘ 제품이 규제하에 있었던 지난 12개월 간의 규제수준 또는 ⑪ 상기의 규제수준 중 높은 것보다 낮지 않아야 한다.
- GATT 1994의 규율강화
  ○ 모든 회원국들은 복귀과정에서 GATT 1994의 규정과 원칙을 따라야 한다.
    · 관세인하 및 관세동결, 비관세장벽의 철폐, 통관 및 행정적 면허절차의 편의 등을 통해 섬유류시장에 대한 접근을 촉진시켜야 한다.
    · 섬유류교역에 있어서 덤핑 및 반덤핑, 보조금과 상계관세조치, 지적소유권분야에 공정하고 동등한 교역조건을 부여하는 정책을 취해야 한다.
    · 일반무역정책수단을 취함에 있어서 섬유류를 차별대우해서는 안 된다.
  ○ 만약 어느 회원국이 위의 조치들을 취하지 않는다면 다른 회원국은 관련 WTO 위원회나 TMB에 이 사실을 통보할 수 있다.
    · WTO위원회에 의해 내려진 후속결정이나 판정은 TMB의 종합보고서의 일부로 포함해야 한다.
- TMB(Textile Monitoring Body ; 섬유교역감시기구)
  ○ TMB의 구성
    · 회장 및 10명의 인원으로 구성된다.
    · 구성원은 회원국을 폭넓게 대표해야 하며 적당한 기간을 두고 교체되어야 한다.
  ○ TMB의 역할
    · 본 협정의 이행여부를 감독한다.
    · 본 규정에 따라 취해진 제반조치와 그 적합성을 검토한다.

평   가

　섬유류에 대한 최종협정문 내용은 전반적으로 핵심내용인 GATT 복귀시한, 복귀비율 등에 있어서 선진수입국이 다소 양보한 반면, 수출개발도상국의 입장이 상당부분 반영되었다고 평가할 수 있다. 미국·EC 등 선진수입국들은 농산물·서비스·투자 및 지적재산권 등의 자국에 중요한 협상분야가 많으며, 이들 분야에서 원만한 타결을 도출하기 위해서는 전체 개발도상국의 최대관심분야인 섬유류협상에서 어느 정도 양보할 수밖에 없기 때문이다. 수출개발도상국(한국 등 선발개발도상국)의 주장이 반영된 구체적인 예로서는 GATT의 복귀시한과 관련하여 향후 10년에 걸쳐 단계적으로 GATT에 복귀함으로써 수출개발도상국이 점진적으로 대응

할 수 있게 되고, 복귀비율도 3단계에 걸쳐 각각 16, 17, 18%씩 복귀하
도록 한 것을 들 수 있다.

　또한, 본 협정문에서는 협정적용대상을 섬유류 전반이 아닌 MFA 중심
으로 국한시켜 수량제한을 금지하는 GATT체제로의 복귀에 최우선목표를
두었고, 나머지 섬유무역규범은 관세인하, 비관세장벽 철폐, 다자간규칙
등 다른 협상분야의 내용이 적용되도록 하였다.

　한편, 본 협정은 기존 MFA체제를 기본으로 하여 이를 점진적으로 철
폐하도록 하고 있으며 수출개발도상국이 수용하는 데는 큰 무리가 없을
것으로 보인다. 다만, 단기적으로는 현재 많은 쿼터를 보유하고 있는 선
발개발도상국의 경우 쿼터 철폐시 후발개발도상국의 시장잠식으로 수출이
감소할 수 있지만, 주요 선진국의 수출환경 개선 및 관세인하 등을 통해
장기적으로는 수출이 확대될 가능성이 있다.

농 산 물

개 요

　그동안 농업과 농산물은 공산품과는 달리 GATT체제에도 불구하고 예
외조치를 받아왔는데 이는 농업이 한 국가의 식량안보와 밀접한 관련을
맺어왔기에 비통상적인 성격이 강했기 때문이었다. 특히 '70년대 초의
식량파동으로 인해서 당시까지의 많은 식량수입국들이 경쟁적으로 자국의
식량증산을 위하여 가능한 한 많은 정책 지원을 하였고, 그 결과 '80년대
들어서는 인도·중국 등 기존의 대규모 식량수입국가들이 식량을 자급자
족할 수 있게 되면서 기존의 농산물 수출국가들은 공급과잉사태를 맞게
되었다. 이와 같은 농산물의 과잉생산으로 수출국들은 수출보조금을 과도
하게 지원함으로써 재정에 어려움을 겪게 되고 이는 농산물 교역질서의
왜곡으로 이어지게 되었다.

이와 같은 교역질서의 왜곡현상과 농산물의 과잉생산은 장기적·구조적인 문제라는 인식이 회원국들간에 점차 확산되었고, 이를 근본적으로 해결하기 위해서는 농산물도 자유무역의 GATT체제로 편입시켜야 한다는 주장이 생겨나게 되었다. 농산물협상은 이번 15개 UR 전체의 성패에 가장 관건이 되었고 실질적으로 신협상분야의 성격을 띠고 있었기 때문에, 거의 모든 분야에서 각국간 혹은 그룹간에 이견이 많았다.

최종협정문의 주요 내용

농산물협정

① 일반원칙

- 관세화 대상범위 및 관세상당액(tax equivalent) 감축
  - 「예외없는 관세화」를 기본원칙으로 하여, 1986~1988년을 기준연도로 평균관세율을 1995~2001년까지 36％를 감축한다(품목별 최소감축폭은 15％).
  - 관세상당액은 원칙적으로 HS 4단위로 하여 산출하되, 필요한 경우(일부 과채류의 경우)는 HS 6단위 또는 그 이상을 기준으로 하여 산출한다. 관세상당액은 내부가격(internal price)과 외부가격(external price)의 실제차이(actual difference)에 의해 계산한다.
    - 외부가격은 수입국의 단위당 실제평균 CIF의 가격이며, 가격데이터와 동일한 기간 내의 연중평균시장환율에 의해 국내화폐로 환산한다.
    - 내부가격은 국내시장의 대표적인 도매가격 또는 추정치를 사용한다.

② 최소시장접근

- 수입이 아주 적은 품목은 이행 초기연도에 국내소비량의 3％ 이상을 최소시장접근으로 보장하고, 마지막 연도에는 5％까지 확대한다.
- 그러나 다음과 같은 경우 특별대우(special treatment)를 인정한다.
  - ⅰ 식량안보 및 환경보전과 관련한 비교역적 관심(Non Trade Concerns : NTC)품목으로 ⅱ 수입량이 1986~1988년 기준 동 상품 국내소비의 3％ 미만이고 ⅲ 1986년 이후 수출보조지급이 없으며 ⅳ 생산통제가 효과적으로 이루어지는 품목은 관세화를 1995년부터 6년간 유예한다. 즉, 최소시장접근물량은 1995년 동 상품의 기준연도 국내소비의 4％에서 잔여기간 동안 매년 동 상품의 기준연도 국내소비의 0.8％씩 증량한다. 그러나 위의 적용을 받는 회원국 중에서 이행기간 중 동 상품의 특별우대의 적용을 중지할 수 있다.

이 경우, 그 당시까지 이미 발생한 최소시장접근물량을 그대로 유지하고, 향후 잔여 이행기간 동안 매년 동 상품의 기준연도 국내소비의 0.4%씩 최소시장접근 물량을 증가시켜야 한다.

○ 개발도상국 회원국에 대해서는 상기 ①~ⓘⓥ의 조건을 충족시키면서 추가적으로 전통적 기초식량 1개 품목에 대한 관세화를 10년간 유예한다. 즉, 최소시장접근물량은 1995년에는 관련 상품의 기준연도 국내소비의 1%에 1999년에는 기준연도 국내소비의 2%가 되도록 매년 동일률(equal annual installment)로 증량하고, 2000년에는 기준연도 국내소비의 2%에 2004년까지는 기준연도 국내소비의 4%로까지 매년 동일률로 증량한다.

○ 특별대우의 적용을 중지한 경우에는 중지한 연도 초부터 통상관세가 부과된다. 이 경우 적용되는 세율은 특별대우 적용중지 전의 이행기간 동안 최소 15% 감축률을 매년 균등하게 이행할 경우 계산되는 관세율이다. 개발도상국에 대한 최소감축률은 선진국의 2/3수준이 적용된다.

○ 이행기간의 종료 후 동 특별대우의 연장여부문제에 대한 협상은 비교역적 관심사항을 고려하여 이행기간 내에 종결되어야 한다.

- 농산물수입에서는 GATT 1994의 제2조 1항 (b)에도 불구하고, 관세화의 보조장치인 특별긴급수입제한(special safeguard)조치를 적용할 수 있다.

○ 수입수량이 기존 시장접근물량을 기준으로 아래에 규정된 발동수준을 넘어서거나, 수입가격이 관련 상품의 1986~1988년 평균준거가격(reference price)에 상당하는 발동가격보다 낮을 때 발동될 수 있다.

○ 발동수준은 시장접근기회에 근거한 다음 스케줄에 따라 결정되어야 한다.
  • 시장접근기회가 10% 이하인 경우 기초발동수준은 125%이어야 한다.
  • 시장접근기회가 10보다 크고, 30 이하인 경우 기초발동수준은 110%이어야 한다.
  • 시장접근기회가 30보다 큰 경우 기초발동수준은 105%이어야 한다.

○ 동 조항하에서 부과되는 관세인상은 부과되는 해의 말까지 유지하며, 조치가 취해진 해에 효력이 발생하는 일반관세의 1/3을 넘지 않는 수준에서만 부과될 수 있다.

○ 특별긴급수입제한조치를 취한 회원국은 조치실행 10일 이내에 농업위원회에 서면으로 조치사실과 관련 데이터를 통지해야 한다.

③ 국내보조

- 국내보조의 감축은 개별품목단위로 산정한 총량보조측정치(total aggregate measurement of support)를 기준으로 하여, 1986~1988년을 기준으로 계산한 총량보조측정치의 수준을 1995~2001년의 기간 동안 20% 감축한다. 총량보조측정치에는 시장가격지지(market price support), 감축대상 직접보조(non-exempt direct payments), 기타 감축대

상지원(other non-exempt policies)이 포함된다.
  ○ 개발도상국에 대해서는 동 이행기간이 10년까지 인정되며, 최빈국은 이행의무가 없다.
- 감축약속이 면제되는 국내보조정책의 기본조건과 개별정책별 세부조건을 구체적으로 명시하고 있다.
  ○ 기본조건은 무역왜곡효과나 생산에 미치는 효과가 없거나 최소이어야 한다. 구체적으로는 ⓐ 생산자에 대한 가격지지효과가 없어야 하며 ⓑ 해당 보조가 소비자 부담이 아닌 정부의 공공재정계획에 의해 제공되는 보조이어야 한다는 것이다.
  ○ 허용대상이 되는 개별정책조건의 개별정책별 세부조건은 다음과 같다.
    • 정부제공서비스 : 연구사업, 병충해방제, 교육훈련, 지도 및 자문, 유통 및 판매촉진, 하부구조개선지원, 식량안보를 위한 공공재고 보유, 국내식량원조
    • 생산자에 대한 직접지불 : 소득지지(decoupled income support), 소득보험 및 소득안정계획에 대한 정부의 재정지원, 자연재해구호지원, 탈농지원, 휴경보상을 통한 구조조정지원, 투자원조를 통한 구조조정지원, 환경보전지원, 지역원조계획하의 지불 등
- 또한, 회원국에 대해 현행 총량보조측정치를 계산하는데 포함되지 않는 최소허용보조비율도 설정하고 있다.
  ○ 즉, 품목특정적 국내보조(product specific domestic support)에 대해서는 해당 기간 동안 특정품목 총생산액의 5% 미만인 경우, 품목불특정 국내보조에 대해서는 회원국 농업 총생산액의 5% 미만인 경우 AMS의 계산에서 제외된다.
  ○ 개발도상국에 대해서는 동 최소허용보조비율은 10%이다. 또, 직접지불이라고 하더라도 고정된 면적과 산출물에 근거를 두거나(가축의 경우에는 고정된 가축두 수) 기준생산수준의 85% 이하에 대하여 지불하는 등 생산통제조건부로 실시할 경우 감축약속대상에서 제외된다.

④ 수출경쟁
- 감축약속방법
  ○ 수출보조금은 1986~1990년을 기준연도로 이행기간 동안 정부재정지출감축의 경우는 금액기준으로 36%, 수출수량감축의 경우는 농업생산기준으로 24% 감축해야 한다.
- 감축대상 보조금은 다음과 같다.
  ○ 수출 이행을 조건으로 한 정부의 직접보조
  ○ 정부 및 정부대행기관에 의한 저가수출
  ○ 수출농산물에 대한 유통비용 지원
  ○ 수출농산물에 대한 국내운송비 지원
  ○ 수출상품의 원료 농산물에 대한 보조금 등
- 본 협정에서 규정하지 않은 수출보조가 수출보조감축 이행약속을 우회하는 결과 또는 그러한 우려를 초래하도록 운용되어서는 안 된다. 따라서 수출신용, 수출신

용보증, 수출보험 등의 우회적인 지급은 금해야 하며, 국제식량원조시 수혜국에
농산물의 상업적 수출과 직간접으로 연계되지 않아야 하며, FAO의「잉여농산물
처분원칙과 협의 의무」를 준수해야 한다.

⑤ 개발도상국 우대

- 개발도상국에 대해서는 국내보조 및 관세의 감축폭과 이행기간, 최소허용보조 등에서는 우대
를 인정하여 감축률은 선진국의 2/3수준, 이행기간은 10년, 최소허용보조수준은 10％까지로
인정하고 있다. 특히, 개발도상국에서의 농업개발을 촉진시키기 위한 직간접 지원
조치는 개발도상국 개발정책의 일환이라는 사실을 감안하여 ⓐ 농업에 대한 일반
적인 투자보조 ⓑ 마약작물 작목전환촉진 ⓒ 영세농 보조와 농업투입재 보조 및
ⓓ 유통/수송비 보조에 대한 감축의무도 면제하였다. 최빈개발도상국에 대해서는
모든 감축의무를 면제하였다.

⑥ 수출금지와 제한규정

- 회원국이 GATT 1994의 제9조 2항 (a)에 의거 식량에 대한 새로운 수출금지 또
는 제한을 할 경우, 금지 또는 제한이 수입회원국의 식량안전에 미치는 영향을 깊
이 고려해야 한다. 회원국이 수출금지 또는 제한을 하기 전에 조치의 성격 및 기
간 등의 정보를 농업위원회에 미리 서면으로 통지해야 한다.

⑦ 기 타

- 식품위생 및 동식물 검역조치에 관한 협정을 준수한다.
- GATT 산하 농업위원회를 설치하여 농업개혁과 농산물의 무역자유화를 추진하
고, 농업개혁을 지속하기 위해 약속이행 종료 1년 전에 협상을 재개한다.
- 이행계획서 제출의무규정
- 최종협정문의 대상품목은 HS 1~24류, 원피, 원면, 누에고치, 생사 등이며 수산
물은 제외한다.

평 가

최종협정문은 농산물의 자유무역, 공정무역을 실현하고자 하는 시장접
근, 국내보조, 수출보조, 개발도상국의 우대 등에 대해 엄격히 규정하고
보조금에 관해서는 감축폭, 기준연도, 이행기간 등에 대해서도 구체적인
수치를 설정하여 보조금의 허용대상정책의 범위가 넓어졌다(예 : 투자원
조를 통한 구조조정 지원). 그러나 EC가 제기했던 국내지지가격 하락에
따른 보상조치성격의 농가직접보상은 제외되었고, 허용대상정책의 기준

이 소비자 이전이 아닌 재정지출일 것을 강조함으로써 재정이 풍부한 선진국에 유리하게 작성되었다. 수출보조금의 감축은 국내보조와 관세상당치 감축과는 달리 1986~1990년을 기준으로 다른 분야와 비슷하게 감축하도록 되어 있어 가장 무역왜곡효과가 큰 수출보조금의 감축은 상대적으로 미미하다고 할 수 있다.

또한, 본 협정문에서 농업의 비교역적인 성격을 부분적으로 인정함으로써 농산물에 대한 관세화의 유예조치를 도입한 것은 일본·한국 등에 일부 유럽국가의 입장이 반영되었고, 개발도상국의 경우 자국의 농업개발을 촉진시키기 위한 직간접적인 지원조치에 대해서는 국내보조, 관세감축폭 및 이행기간 등에서 우대를 인정하고 있다.

4. 규범분야

GATT조문

개 요

1948년 1월 GATT가 발효된 이래 GATT조문은 수정, 해설주석의 추가, 규정의 신설 등으로 몇 차례의 변경이 있었으며, 이를 통해 GATT의 기능이 강화되었다. 특히, 1965년에는 개발도상국의 무역과 개발문제를 중점적으로 취급한「제4부 무역과 개발(Trade and Development)」이 신설되기도 하였으며, '70년대 말의 동경라운드 후에는 GATT 본 협정문과 비관세장벽을 주로 다룬 9개의 다자간무역협상협약(9 MTN Codes)의 이원적 체계를 갖추게 되었다. 그러나 '80년대부터 가속화되기 시작한 신보호주의의 대두로 애매했던 GATT조문에 보다 명료한 규정과 해설, 보충설명이 필요하게 되었으며, 1986년부터 시작된 UR에서는 GATT조문의 협상그룹에서 이 문제를 중점적으로 취급하기 시작했다.

UR GATT조문그룹에서 당초에 검토한 13개 조항 중 최종협정문으로 확정된 것은 ① 2조 1항 (b) : 관세양허표상의 기타 과세 및 부과금 ② 17조 : 국영무역기업 ③ 18조 B : 국제수지(BOP)조항 ④ 24조 : 관세동맹 및 지역협정 ⑤ 25조 5항 : GATT웨이버(의무면제) ⑥ 28조 : 관세양허 재협상 ⑦ 35조 : GATT협정의 부적용 등이다. 6)

최종협정문의 주요 내용

관세와 무역에 관한 일반협정 1994

① 제2조 1항 (b) : 관세양허표상의 기타 과세 및 부과금
- 관세양허표상에 기재
  - 『관세양허표상에 양허한 관세를 초과하는 통상의 관세는 면제되며, GATT협정 발효일에 발효 중인 법률로서 추가적으로 부과되는 「기타 과세 및 부과금」 또한 면제된다.』는 기존의 GATT 제2조 1항 (b)의 법률적 권리·의무를 명료하게 하기 위해, 거치관세품목(bound tariff items)에 부과되는 「기타 과세 및 부과금」의 성격 및 수준은 해당 품목의 관세양허표에 기재되어야 한다.
  - 그러나 그러한 기재로 인해 기타 과세 및 부과금의 법적 성격이 변하지 않는 것으로 본다.
- 발효일 및 적용수준
  - 「기타 과세 및 부과금」을 거치시킬 일자는 WTO 설립협정 발효일로 한다. 따라서, 양허표상에 기재될 적용수준은 발효일 현재의 「기타 과세 및 부과금」의 수준이다.
- 대상품목
  - 「기타 과세 및 부과금」은 모든 거치관세(all tariff bindings)에 대하여 기재된다.
- 이의제기
  - 이미 양허된 관세품목의 「기타 과세 및 부과금」수준은 최초의 양허표상에 기재된 수준을 초과해서는 안 된다.
  - 각 회원국은 기존 거치수준과 일관성을 유지하기 위해 또는 상기품목의 최초거

---

6) GATT조문 수정 전후의 내용의 비교 및 평가는 〈부록 Ⅰ〉의 부표 Ⅰ-1을 참고하기 바란다.

치시「기타 과세 및 부과금」이 존재하지 않았다는 이유를 들어, WTO 설립협정 발효 후 3년 동안 또는 WTO사무총장에게 양허표를 기탁한 후 3년 동안 각 회원국은 이의를 제기할 수 있다.

- 양허표 기탁 후 수정
  ○ WTO 설립협정 발효 전에는 GATT체약국단의 사무총장에, 그 이후는 WTO사무총장에 기탁시 양허표에서 생략된「기타 과세 및 부과금」은 추후 다시 기재될 수 없다. 단, 양허표 기탁 후 6개월 이내에 이의를 제기하는 경우 구제할 수 있다.

② 제17조 : 국영무역기업

- GATT규정의 확인
  ○ 민간무역업자의 수출입에 영향을 주는 정부조치는 GATT 1994의 무차별대우의 일반원칙을 따라야 한다는 GATT 제 17 조 1항의 국영무역기업(State Trading Enterprises)의 활동에 대한 회원국의 의무를 GATT 제 17 조에서 규정하고 있음을 확인한다. 또, 국영무역기업에 영향을 주는 정부조치에도 GATT 1994 의무가 적용된다.

- 통보대상기업의 정의
  ○ 국영무역기업 활동의 명료성을 보장하기 위해서 국영무역기업의 리스트를 상품무역이사회에 통보해야 한다.
    • 통보대상기업은 법적 또는 헌법적 권한을 포함하여 배타적 또는 특별한 권리 또는 특권을 활용하여 판매 또는 구매과정에서 수출입수준 또는 방향에 영향을 주는 마케팅위원회(Marketing Boards)를 포함한 정부 또는 비정부기업들을 말한다.
  ○ 동 통보의무는 즉각적 또는 최종적인 정부용소비, 위에서 명시한 기업의 재판매 또는 판매용 상품생산을 위한 사용이 아닌 기업 내의 사용목적의 수입품에는 적용되지 않는다.

- 이의제기 및 역통보
  ○ 어떤 회원국이든 타회원국이 통보의무를 적절히 이행치 않는다고 믿을 만한 이유가 있을 경우 관련 회원국에 이의를 제기할 수 있다.
  ○ 동 문제가 만족하게 해결되지 않을 경우, 회원국은 상품무역이사회에 역통보하여 작업반의 검토를 받을 수 있으며, 동시에 관련 회원국에 통보할 수 있다.

- 작업반(working party)의 구성
  ○ 작업반은 상품무역이사회를 대신하여 통보 및 역통보를 검토하기 위해 설치되어야 한다.
  ○ 검토시 상품무역이사회는 GATT 제 17 조 4항 (c)에 저촉되지 않는 범위 내에서 통보의 적정성 및 추가정보의 필요성에 대한 권고를 할 수 있다.
  ○ 작업반의 회원자격은 참가를 희망하는 모든 회원국에 개방되어야 한다. 작업반은 WTO 설립협정 발효 후 1년 이내에 편성되며, 그 이후 매년 최소 1년에 1회

씩 개최해야 한다. 상품무역이사회에 연간보고서를 매년 제출해야 한다.

③ 제12조/18조 B항 : 국제수지조항

a. 국제수지(「BOP」: Balance of Payments)목적의 수입제한조치(이하 「BOP조치」라 함)
　의 적용

－ 한시적 철폐시간표

　○ 국제수지목적을 위하여 취해진 수입제한조치의 철폐일정은 가급적 빨리 공표해야 한다.
　　이러한 철폐일정은 국제수지상황의 변화를 고려하여 필요한 만큼 수정될 수 있
　　다. 그러나 일정이 공표되지 않고 수정할 경우에는 정당한 사유가 있어야 한다.

－ 가격에 기초한 조치

　○ 회원국들은 무역에 대해 최소한의 교란효과를 미치는 조치(이하 「가격에 기초한 조치」)를
　　선호한다고 확신하며, 그러한 BOP조치에는 수입부과금(import surcharge), 수입적립
　　금규정 또는 기타 주로 수입품목의 가격에 대해서만 영향을 미치는 무역제한조치들이 포
　　함된다.

　○ 이 경우 국제수지개선을 목적으로 취해진 가격에 기초한 조치는 GATT 제 2 조의
　　양허관세수준의 초과불인정에 대해 예외로 인정받을 수 있으며, 이때는 반드시
　　본 양해각서의 통보절차에 따라 거치관세 초과금액을 분명히 그리고 별도로 명
　　기해야 한다.

－ 수량제한조치

　○ 심각한 국제수지상황으로 인해 가격에 기초한 조치로는 급격히 악화되고 있는 대외수지를
　　치유할 수 없는 경우에 한하여 특정조건을 전제로 수량제한을 허용한다.

－ 수량제한조치의 관리지침

　○ 수입제한조치는 수입의 일반적 수준을 억제하는 데만 적용하도록 하고 필요한
　　국제수지개선 이상의 수준을 넘지 않도록 해야 한다.

　○ 부수적인 무역보호효과를 최소화하기 위해 제한조치는 명료하게 시행되어야 한다.

　○ 수입회원국의 관계당국은 수입제한 대상품목 선정에 대한 기준을 명확히 해야 한다.

　○ 제12 조 3항, 제18 조 B항 (10)에서 규정하고 있는 필수물품(essential pro-
　　ducts)을 수입하는 경우, 회원국은 통관부과금(surcharge)이나 국제수지를 이유
　　로 한 기타 조치의 적용을 배제하거나 제한할 수 있다. 여기서 필수물품이란 기
　　본소비욕구를 충족시키는 물품 또는 국제수지의 개선에 기여하는 자본재 또는
　　원자재를 말한다.

　○ 수량제한 시행시 재량적 수입허가(discretionary licensing)는 불가피한 경우에만
　　사용하고 점진적으로 폐지되어야 한다. 이 경우 허용가능한 수입수량 또는 금액
　　의 결정기준도 명확하게 명시되어야 한다.

b. 국제수지(Balance of Payments : 이하 「BOP조치」) 협의절차

- BOP위원회

  ○ BOP위원회(이하「위원회」)는 국제수지목적을 위해 취해진 모든 수입제한조치를 검토하기 위해 협의해야 한다.

  ○ 동 위원회의 자격요건은 참가하고자 하는 모든 회원국에 개방되어야 한다. 동 위원회는 1970년 4월 28일 GATT 1947 이사회가 승인한 BOP목적의 수입제한에 관한 협의절차[이하「전면협의절차」(Full Consultation Procedures)]에 따른다.

- 협의요청 및 시기

  ○ 회원국이 새로운 수량제한을 적용하거나 제한조치를 실질적으로 강화하여 기존 제한의 전체 수준을 높이려고 할 경우 그러한 조치를 취한 지 4개월 이내에 위원회와 협의해야 한다.

- 주기적 협의

  ○ 모든 BOP목적의 수입제한조치는 제12조 4항 (b) 또는 제18조 12항 (b)에 의거 위원회에서 주기적으로 검토를 받아야 한다. 단, 협의당사국과 합의하거나 총회가 추천하는 개별검토절차에 의거하여 협의의 주기를 변경시킬 수 있다.

c. 통보 및 자료요청

- 수입제한조치의 철폐일정의 수정뿐만 아니라, BOP목적의 수입제한조치 도입 및 변경은 WTO총회(General Council)에 통보해야 한다. 단, 중대한 변경이 있을 경우에는 공표 전 또는 늦어도 공표 후 30일 이전에 통보되어야 한다.

  ○ 회원국들이 연간베이스로 조사할 수 있도록 법률·규정·정책성명 또는 공표문 등에 관한 모든 변경사항을 종합통보형식으로 WTO사무국에 제출해야 한다.

  ○ 통보대상에는 관세수준, 적용된 조치의 형태, 행정상의 기준, 대상품목 및 이러한 조치에 따라 영향을 받고 있는 무역량 등이 포함된다.

- 회원국의 요청에 따라 위원회는 통보를 검토할 수 있다. 그러한 검토는 통보된 개별문제의 명료화 또는 제12조 4항 (a) 또는 제18조 12항 (a)하의 협의의 필요여부에 대한 조사로 한정된다.

d. BOP협의의 결론

- 위원회는 협의의 결론을 총회에 보고해야 한다.

  ○ 전면협의인 경우

    • 위원회의 보고서에는 사실확인과 이유는 물론 협의계획의 상이한 요소에 관한 위원회의 결론도 지적되어야 한다.

    • 위원회는 동 결론에 GATT 제12조, 제18조 B, 1979년 선언 그리고 본 양해각서 등의 집행을 촉진시키기 위한 권고안을 포함하도록 해야 한다.

  ○ 단순협의인 경우

    • 보고서에는 위원회에서 논의된 주요 사항에 관한 요약 그리고 전면협의가 필요한지 여부를 결정한 사항 등이 포함되도록 한다.

④ 제 24 조 : 관세동맹 및 지역협정
- 서문
  ○ 지역협정의 목적은 협정당사국간 무역을 촉진시키되 비협정회원국에 대하여 장
    벽을 높이지 않는 것이며, 그 결성과 확대의 경우 최대한 여타 회원국의 무역에
    대하여 불리한 영향을 미치지 않도록 해야 함을 재확인하는 데 있다.
a. 제 24 조 5항(관세동맹, 자유무역지역 및 그 잠정협정)
- 관세 및 기타 상업제한의 평가
  ○ 제 24 조 5항 (a)에 의거, 관세동맹 형성 전후에 적용될 관세 및 기타 상업제한의 일반
    적 수준은 가중평균관세율 및 징수관세실적을 종합적으로 평가해야 한다. 동 평가는 관세
    동맹이 제공한 전기의 대표기간 중의 수입통계, 관세기준, 가격과 수량 등을 WTO의 원산
    지별로 구분하여 실시한다.
- 합리적 기간
  ○ 제 24 조 5항 (c)의 합리적 기간은 예외적인 경우에만 10년을 초과한다. 10년이
    불충분하다고 생각하는 회원국은 추가기간의 필요에 대한 충분한 설명서를 상품
    무역이사회에 제출해야 한다.
b. 제 24 조 6항 [제 28 조(양허표의 수정)와의 관계]
- 관세율의 인상 또는 수정
  ○ 제 24 조 6항은 관세동맹을 형성하는 회원국이 거치관세율을 인상하고자 할 때
    따라야 할 절차를 규정하고 있다. 이와 관련, 관세동맹의 결성 또는 관세동맹 결성
    을 위한 잠정협정시 관세양허를 수정 또는 철회하기 전에 제 28 조 절차를 먼저 개시해야
    한다. 그 절차는 1980년 11월 10일 GATT 1947 체약국단이 채택한 세부지침
    (27S/26) 및 GATT 1994의 제 28 조의 양해각서에 자세히 설명되어 있다.
- 보상
  ○ 협상에 의해 상호 만족할 만한 보상조정을 성취할 수 있다는 신뢰하에, 제 24 조
    6항에서는 협상시 관세동맹 결성에 의해 관세동맹의 다른 회원국이 취한 관세인
    하를 적절히 고려할 것을 규정하고 있다.
  ○ 만일 그러한 관세인하가 필요한 보상조정을 충분히 제공해 주지 못한다면, 관세
    동맹은 다른 관세대상품목의 관세율을 인하하는 형식으로 보상해 줄 수 있다.
- GATT의무여부
  ○ GATT 1994에서는 관세동맹 형성 및 관세동맹 결성을 위한 잠정협정으로 인해
    관세인하혜택을 받는 회원국들이 관세동맹의 회원국에게 보상조정을 제공할 어
    떤 의무도 부과하지 않고 있다.
c. 관세동맹과 자유무역지역의 검토
- 작업반에 의한 검토

- ○ 작업반은 GATT 1994의 관련 조항 등에 의거하여 제24조 7항 (a)하의 모든 통보사항을 검토하고, 상품무역이사회에 검토보고를 제출해야 한다. 상품무역이사회는 회원국들에게 필요하다고 생각되는 건의를 할 수 있다.
- 상품무역이사회에 대한 보고
- ○ 관세동맹과 자유무역지역 회원국은 지역협정에 관한 GATT 1947 이사회 지시 BISD(18S/38)에 따라 당해 협정운영에 관해 주기적으로 상품무역이사회에 보고해야 한다. 또한, 협정상 중대한 변경이나 진전사항이 있을 경우에는 그 일이 있을 때마다 보고해야 한다.

d. 분쟁해결
- GATT의 분쟁해결조항
- ○ 관세동맹, 자유무역지역 또는 이를 위한 잠정협정과 관련하여 제24조(지역협정)의 적용으로부터 초래되는 모든 문제는 GATT 1994의 제22조와 제23조의 분쟁해결절차 및 규칙에 대한 양해각서를 따르도록 한다.

e. GATT 제24조 12항(자국의 지방정부 및 관할기관)
- 지방정부의 GATT의무 준수
- ○ 각 회원국은 GATT 1994의 모든 조항을 준수해야 할 책임이 있고, 자국영토 내의 지방정부 및 관할기관이 GATT 1994를 준수하도록 적절한 조치를 취해야 한다.

⑤ 제 25 조 5항 : GATT의무면제
- 의무면제 요청시 필요한 기술
- ○ 의무면제 또는 기존 의무면제의 연장을 요청하는 경우 ⓐ 회원국이 취하고자 하는 조치 ⓑ 회원국이 추구하는 개별정책의 구체적인 목표 ⓒ GATT 1994의 의무에 의거한 조치로 인해 회원국이 정책목표를 달성하지 못하게 되는 이유 등을 기술해야 한다.
- 의무면제의 종료일
- ○ WTO 설립협정의 발효일 현재로 유효한 의무면제는 상기절차와 WTO 설립협정의 제9조의 절차에 따라 연장되지 않는 한, 그 종료일 또는 본 결정이 내려진 일자로부터 2년 중에서 먼저 오는 일자에 종료된다.
- 의무면제에 따른 GATT혜택의 무효화 또는 침해시 해결절차
- ○ ⓐ 의무면제를 받은 회원국이 의무면제조건을 위배한 경우 ⓑ 의무면제조건과 일치하는 조치의 적용 등의 결과, GATT 1994에 의해 부여된 혜택이 무효화 또는 침해되었다고 보는 회원국은 GATT 1994의 제23조를 발동할 수 있다.

⑥ 제 28 조 : 관세양허 재협상
- 주요 공급국과 협상권의 결정
- ○ 양허의 수정이나 철회시 양허에 의해 영향을 받은 상품의 수출이 당해 국가의 총수출에서

차지하는 비율이 가장 큰 회원국(즉, 양허를 수정 또는 철회한 국가의 시장에 대한 상품수출)은 제28조 1항에 규정된 우선협상권이나, 주요 공급적 이해관계를 가지고 있지 않을 경우에 주요 공급국으로서의 이해관계(principal supplying interest)를 가진 것으로 간주한다.

　○ 그러나, 협상권의 재분배시 중소규모의 수출회원국에 유리하도록 상기기준이 적용되었는지 여부를 결정할 때, WTO 설립협정 발효 5년 후에 상품무역이사회에서 재검토할 수 있다.

− 주요 공급적 이해관계국의 주장 서면제출

　○ 주요 공급적 이해관계국이라 생각하는 회원국은 양허를 수정 또는 철회하려는 회원국과 WTO사무국에 증빙자료를 첨부하여 서면으로 주장을 밝혀야 한다.

− 자격결정시 기준은 최혜국대우(MFN)에 기초한 교역

　○ 주요 공급적 이해관계국 또는 실질적 이해관계국을 결정할 경우 MFN에 기초한 교역만을 고려한다.

　○ 단, 비계약적 특혜(non-contractual preferences)하의 무역들도 재협상시에 이에 대한 우대가 종료될 경우, 즉 MFN무역으로 전환될 경우 또는 특혜가 종료되는 경우에 이것도 포함될 수 있다.

− 신상품에 대한 협상권 및 보상기준

　○ 신상품(최근 3년간 무역통계에 나타나지 않은 상품)에 대한 관세양허의 수정 또는 철회의 경우에는 동 상품이 현재 분류되어 있거나 과거에 분류되어 있던 품목군에 대해 최초협상권을 가진 회원국이 동 양허에 대한 최초협상권을 가진 것으로 간주한다.

　○ 주요 공급적 이해관계국 및 실질적 이해관계국의 결정 및 보상의 산정시, 당해 품목에 대한 수입회원국의 상품수요예측치뿐 아니라 수출회원국의 생산능력 및 투자, 수출성장추정치 등을 고려해야 한다.

　○ 주요 공급적 이해관계국 및 실질적 이해관계국이 되는 회원국은 증빙자료를 첨부한 서면으로 양허의 수정 또는 철회를 제안하려는 회원국과 WTO사무국에 권리주장을 제출해야 한다.

− 관세율쿼터(tariff rate quota) 설정시 보상기준

　○ 무제한 관세양허를 관세율쿼터로 대체하는 경우 보상액은 그 양허의 수정에 의해 실질적으로 영향을 받는 무역금액을 초과해야 하고, 보상의 산정기준은 장래 교역전망액이 쿼터의 수준을 초과하는 금액이어야 한다.

　○ 장래 무역전망은 다음 두 방법 중 큰 쪽에 따른다.

　　•어느 경우나 보상책임은 양허의 완전회수에 따른 보상을 초과할 수 없다.

　　① 최근 3년간의 연간 평균무역액을 동 기간 연평균수입증가율 또는 10% 중 큰 숫자로 증액한 것

> ⑪ 가장 최근 교역액에 10%를 가산한 것
>
> ⑦ 제35조 : GATT협정의 부적용
> - 회원국과 GATT 가입신청 중인 정부간의 관세협상이 GATT 1947의 의무적용에 대한 일방적인 불수락으로 인해 억제되는 것은 바람직하지 않으므로, 회원국과 GATT 가입신청 중인 정부는 GATT 제35조상의 권리를 침해하지 않으면서 가입신청 중인 정부가 제출한 관세양허표에 대해 협상을 개시할 수 있다.

평 가

GATT조문의 수정내용은 보다 명료한 규정과 해설, 보충설명을 통하여 GATT규정 자체의 불명료성에 따른 규정운용상의 문제를 해결하고자 한 것이다.

이상 7개 GATT조문에 대한 수정이 갖는 시사점은 다음과 같다.

첫째, 제2조 1항 (b) 「기타 과세 및 부과금」에서는 정상적인 관세 이외에도 양허된 물품의 수입에 부과되는 모든 기타 과세 및 부과금도 관세양허표상에 기재하도록 하여 국별 수입관련정책의 명료성을 높이도록 하였고, 그 기재대상도 모든 거치관세(tariff bindings)를 포함하도록 명시하였다.

둘째, 제17조 「국영무역기업」에서는 국영무역은 수출입의 독점을 통해 무역을 왜곡시키고 있기 때문에 그 활동 및 정부조치에 대한 회원국의 GATT통보의무를 강화하여 명료성을 제고시켰다. 그리고 통보 및 통보 불이행에 대한 이의제기 등을 검토하기 위한 작업반을 설치하여 국영무역기업에 대한 감시기능을 강화하였다.

셋째, 제12조/18조 B항 「국제수지를 이유로 한 수입제한 등」에서는 GATT상 인정되는 국제수지목적의 수입제한조치에 대하여 적용기준을 보다 명료화하였고 그 사용을 엄격화하였다. 또, 수입제한조치의 철폐시간표를 가급적 제시하도록 하여 수입제한이 무기한 지속되는 것을 막고 가능한 한 가격에 기초한 조치만을 인정하였으며, 수량제한조치는 특정조건

하에서 예외적으로 허용함으로써 무역장벽수준을 가능한 한 최소화하도록
유도하고 있다. 아울러 BOP위원회를 두어 BOP목적의 수입제한조치에
대한 협의와 심사를 활성화하고, 수입제한조치의 변경시 통고시한을 설정
하고, 구비서류의 명기로 적용을 엄격화하고 있다.

넷째, 제24조「관세동맹 및 지역협정」에서는 관세 및 기타 상업제한
의 수준에 대한 평가기준(가중평균관세율 및 징수관세실적), 준거자료
등을 규정함으로써 해석상의 불명료성을 제거하였다. 또한, 지역협정 체
결시 이루어지는 관세양허의 수정 또는 철회의 경우 준거해야 할 구체적
인 절차를 명시하였고, 지역협정 구성국간 보상적 조정의무에 대한
GATT규정을 보다 구체화하였다. 아울러, 작업반을 구성하여 작업반으로
하여금 관세동맹과 자유무역지역, 잠정협정 등에 관한 검토보고를 작성하
도록 하였다. 그리고 지방정부 및 관할기관이 GATT의무를 이탈하지 않
도록 단속해야 할 의무를 각 회원국에 부여하였다.

다섯째, 제25조 5항「웨이버(GATT의무면제)」에서는 예외적으로 인정
된 동 규정이 영구적으로 사용되지 않도록 신규로 웨이버를 인정할 때는
기한을 설정하고, 기존의 웨이버도 특정절차에 의거 연장되지 않는 한 그
종료일 또는 연장불가 결정 후 2년 중 먼저 오는 일자에 철폐하도록 하여
남용을 방지하고 있다. 따라서, GATT 창설 초기에 획득한 미국, 스위스
등 기득권 국가의 웨이버는 웨이버 검토절차에 의해 연장되지 않는 한 종
료된다.

여섯째, 제28조「관세양허 재협상」에서는 양허표의 수정, 철회시 협
상권을 갖는 주요 공급적 이해관계국, 실질적 이해관계국의 결정기준 및
준거통계를 구체적으로 명시하고, 아울러 관세율쿼터 설정시의 보상기준
을 명시하고 있다.

마지막으로 제35조「GATT협정의 부적용」에서는 회원국과 GATT 가
입신청 중인 정부간에도 GATT 가입신청 중인 정부가 제출한 관세양허표

에 대해 협상을 개시할 수 있도록 규정을 현실화하였다.

긴급수입제한조치

개 요

긴급수입제한조치는 특정물품의 수입급증이 수입국의 전반적인 경제여건이나 국내경쟁산업에 심각한 피해를 주거나 줄 우려가 있을 때, GATT 제19조에 근거하여 실시하는 GATT가맹국의 대응조치를 의미하는 것으로, 수입을 일시적으로 제한하여 피해를 입은 국내경쟁산업에 적절한 조정기회를 부여함으로써 해당 산업의 경쟁력을 향상시키고 자원의 효율적인 이동을 촉진시키는 데에 그 의의가 있다.

최종협정문은 무차별원칙(MFN)을 원칙적으로 준수하되 수량제한시 예외적인 선별적용을 인정하고, 그동안 논의의 초점이 되어 왔던 회색조치(특정조치)의 철폐기간 및 방법을 규정하고 있다.

최종협정문의 주요 내용

긴급수입제한조치

- 회원국은 관련 회원국이 아래에 명시된 규정에 따라 그 물품이 국내생산에 비해 절대적 또는 상대적으로 증가된 물량으로, 그리고 동종 또는 직접경쟁적인 물품을 생산하는 국내산업에 심각한 피해를 야기하거나 야기할 우려가 있을 정도의 상황 하에 동 회원국의 영토 내로 수입되고 있다고 결정했을 경우에만 관련 물품에 대하여 긴급수입제한조치를 취할 수 있다.
- 잠정조치의 적용기간
  ○ 긴급상황하에서는 잠정조치가 가능하며, 잠정조치의 기간은 200일을 초과할 수 없다. 또한, 본 조치는 조사 후 증가된 수입이 국내산업에 심각한 피해를 주거나 위협하고 있다고 결정되지 않는 경우에는 신속히 환급될 수 있도록 관세인상형태를 취해야 한다.

- 국내산업의 범위
  ○ 국내산업이라 함은 동종 또는 직접경쟁물품의 생산자 전체, 혹은 동종 또는 직접 경쟁물품의 국내총생산량 중 상당부분을 차지하는 생산량의 생산자를 의미한다.
- 선별적용 인정여부
  ○ 수출국(원산지)과 관계없이 수입되는 모든 해당 물품에 대해서 적용되어야 한다.
- 긴급수입제한조치 발동시의 규제조치
  ○ 긴급수입제한조치는 심각한 피해를 방지 또는 구제하고 구조조정을 용이하게 하기 위해서 필요한 범위 내에서 발동되어야 한다.
  ○ 수량제한의 경우 통계가 입수가능한 최근 3년 동안의 평균수입량 이하로 수입량을 감소시켜서는 안 된다.
  ○ 수출국별로 수량제한이 할당될 경우에는 실질적 이해관계가 있는 모든 다른 회원국들과 할당량에 관하여 협의할 수 있다. 또한, 합의가 어려울 경우에는 수출국의 과거 대표적 기간 동안 수출량 또는 수출액이 해당 제품의 전체수입량 또는 수입액에서 차지하는 비율에 근거하여 정한다.
  ○ 수출국과의 협의 및 긴급수입제한조치위원회에의 증거제시를 통해 대표적 기간의 수준 이하로 수입을 감축할 수 있는 경우는 다음과 같다.
    · 대표적 기간 동안 특정수출국으로부터의 수입량이 관련 물품의 총수입량에 비하여 높은 비율로 증가하였을 경우
    · 정당한 사유가 존재할 경우
    · 관련 물품의 전체수출국에게 동 조건이 공평하게 적용될 경우
- 발동기간
  ○ 긴급수입제한조치는 심각한 피해를 방지하거나 구제하고 구조조정을 용이하게 하는 데에 필요한 일정기간, 즉 4년을 초과할 수 없는 기간 내에 적용되는 것이 원칙이나, 다음과 같은 경우 연장이 가능하도록 하고 있다.
    · 심각한 피해를 예방 또는 구제하기 위해 조치의 존속이 필요하다고 인정되는 경우
    · 관련 산업의 구조조정이 이루어지고 있음이 입증되는 경우
    · 기타 본 협정문상의 보상 및 보복과 통보 및 협의절차에 준하여 그 타당성이 인정되는 경우
  ○ 긴급수입제한조치의 총발동기간(잠정조치발동기간＋긴급수입제한조치의 최초발동기간＋연장기간)은 8년을 초과할 수 없다.
  ○ 구조조정을 용이하게 하기 위하여 다음 사항은 지켜져야 한다.
    · 회원국간에 통보된 긴급수입제한조치의 예상기간이 1년 이상일 경우에는 일정기간의 간격을 두고 점진적으로 완화를 증가시켜야 한다.
    · 긴급수입제한조치가 3년 이상 적용되는 경우, 동 조치를 발동한 회원국은 중간시점 이전

　　에 상황을 검토하여 가능한 한 본 조치를 철회하거나 규제의 완화를 가속화해야 한다.
- 긴급수입제한조치의 적용기간이 연장된 경우에도 본 조치의 최초종료일에 비해 규제 정도가 완화되어야 하며 계속해서 완화가 추진되어야 한다.
- 재발동 금지기간
  - 동일한 물품에 대한 긴급수입제한조치의 재발동은 기존의 긴급수입제한조치기간과 동일한 기간이 경과된 후에만 가능하며 최소한 2년이 경과한 후에 가능하다.
  - 단, 예외적으로 180일 이내에 긴급수입제한조치의 재발동이 가능한 경우로서는 동일한 물품에 긴급수입제한조치가 발동된 후 최소한 1년이 경과하였을 때와 과거 5년 동안 3회 이상 동일물품에 대해 발동된 적이 없었을 때에 해당된다.
- 보상 및 보복
  - 긴급수입제한조치를 취하거나 본 조치의 적용을 연장하려는 회원국은 수출국에 대해 그에 상당하는 보상을 하도록 노력해야 하며, 무역상대방이 입는 불리한 영향을 보상하기 위한 적절한 무역조치에 대하여 관련 회원국과 협의해야 한다.
    - 협의개시 30일 이내에 합의에 도달하지 못할 경우, 수출국은 긴급수입제한조치 발동 후 90일 이내에 상응하는 보복조치를 취할 수 있으나 본 조치는 상품무역이사회에 통보된 후 30일이 지나서 적용할 수 있으며, 동 이사회가 이를 반대하지 않아야 한다.
    - 단, 이와 같은 보복조치는 최초 발동 후 3년간은 취할 수 없다.
- 개발도상국에 대한 우대
  - 수입국 내에서 개발도상국으로부터 수입된 물품의 개별적 시장점유율이 3% 미만이고 관련 개발도상국들의 총시장점유율이 9%를 넘지 않을 경우에는 동 개발도상국의 물품에 대해 긴급수입제한조치를 발동할 수 없다.
  - 개발도상국은 본 협정의 최대발동시한(8년)에 2년을 추가하여 긴급수입제한조치를 발동할 수 있다.
  - 개발도상국은 동일한 물품에 대한 긴급수입제한조치의 재발동을 기존 긴급수입제한조치 발동기간의 절반에 해당하는 기간이 경과한 후에 취할 수 있으며, 최소한 2년이 경과한 후에 가능하다.
- 기존 긴급수입제한조치의 철폐시한
  - 기존 긴급수입제한조치는 조치발동 후 8년 이내, 또는 WTO 설립협정 발효 후 5년 이내 중에서 늦은 기간 이내에 철폐해야 한다.
- 회색조치(특정조치)의 철폐기간 및 방법
  - 모든 회원국들은 GATT 제19조(특정물품의 수입에 대한 긴급조치)에 일치하지 않는 조치, 즉 수출자율규제(VER), 시장질서유지협정(OMA), 혹은 기타 유사한 조치들을 적용할 수 없다.
    - 유사한 조치의 예로는 수출조절(Export Moderation), 수출가격 혹은 수입가격 감시제

> 도(Export Price or Import Price Monitoring System), 수출입 감시(Export or Import Surveillance), 강제적 수입카르텔(Compulsory Import Cartels) 및 자의적인 수출입 허가제도(Discretionary Export or Import Licensing System) 등의 보호주의 조치를 들 수 있다.
>
> • 본 조치에는 2개국 이상의 회원국들에 의해 체결된 협정, 합의 및 양해하의 조치뿐만 아니라 일방회원국에 의해 적용되는 조치까지 포함된다.
>
> • 본 협정은 GATT 1994의 19조 이외의 규정이나 본 협정 이외의 부속서 1A상의 다자간무역협정 혹은 GATT 1994 체제 안에서 체결된 의정서 및 협정서에 근거하여 회원국이 조치한 것에는 적용되지 않는다.
>
> ○ 이미 발동 중인 특정조치는 WTO 설립협정 발효일로부터 180일 이내에 긴급수입제한조치위원회에 제출하도록 하기로 한 시간계획표에 따라 4년 이내에 철폐되어야 한다.
>
> • 단, 1개 수입국당 1개의 특정조치에 대해서만은 예외적으로 늦어도 1999년 12월 31일까지는 철폐되거나 본 협정에 일치되는 것이어야 한다. 부속서에 기재된 1999년 12월 31일까지 철폐될 일본의 대EC지역 수출자율규제품목은 자동차관련품목으로서 승용차, 도로외 수송기계, 경상용차, 경트럭(5톤까지) 및 이상 4개 품목의 조립생산품(CKD sets) 등이다.
>
> • 4년 이상의 예외적인 철폐기간을 위해서는 관련 회원국간 상호합의가 있어야 하며, 그에 대한 허용여부의 검토 및 결정을 위해 본 협정 발효일로부터 90일 이내에 긴급수입제한조치위원회에 통보되어야 한다.
>
> ○ 회원국들은 특정조치와 동등한 효력을 갖는 비정부(non-governmental)조치를 공기업 또는 사기업 등이 채택 또는 유지하도록 권장하거나 지원해서는 안 된다.

평 가

우리 나라 등 대다수 국가의 반대에도 불구하고, EC측의 주장대로 일정조건하의 쿼터 조정, 즉 선별적 쿼터 감축이 최종협정문에 반영됨에 따라 수출국입장에 있는 모든 국가, 특히 특정물품의 수출비중이 높은 국가는 더욱 크게 불리하게 될 것으로 보인다. 선별적 쿼터 감축은 대표적 기간 동안 특정수출국으로부터의 수입량이 당해 물품의 총수입량에 비해 큰 비율로 증가할 경우에 한해서 예외적으로 실시하도록 하였는데, 한국과 같이 선진국에의 수출의존도가 높고 상대적으로 시장점유율이 높기 때문에 규제대상이 될 가능성이 클 것으로 예상된다. 또, 이것은 어떤 국가의 수출량이 크게 증가하지 않더라도 여타 경쟁국의 수출량이 정체 또는 감소될 경우에도 규제대상이 될 수 있음을 시사하는 것이다.

반면, 그동안 수출자율규제 등 GATT의 질서를 벗어나 빈번하게 이용되어 왔던 회색지대조치에 대하여 그 종류와 범위를 명시하고, 일정기한 내에 철폐하도록 함으로써 주요 수출국들은 그동안 쌍무협상에 의한 자율규제조치의 장벽에서 벗어날 수 있게 되었다. 다만, 예외적인 선별적용조치가 기존 회색조치의 성격으로 운용될 가능성이 있으며, 선진국의 반덤핑·상계관세 등 기타 선별적 규제수단의 활용이 증대할 가능성도 있다.

보조금·상계관세

개 요

보조금은 정책당국이 특정한 정책목표를 달성하기 위하여 산업 및 기업활동에서 제공하는 각종 지원을 의미하는 것으로서 특정산품에 대한 보조금의 지급은 타회원국의 수출입에 유해한 영향을 주고 정상적인 사업이익에 불리한 장애를 초래할 수 있기 때문에 각국은 무역상대국의 보조금 지급을 규제하려는 입장을 취하고 있다.

한편, 상계관세는 산품의 제조·생산 또는 수출에 직간접으로 부여된 보조금을 상쇄할 목적으로 부과되는 특별관세를 의미한다. 그러나 상계관세조치는 본래의 취지가 불공정한 보조금을 규제하기 위한 것이나 수입국이 자국산업의 보호수단으로 남용하는 경향이 커지면서 국가간 통상이슈로 부각되어 왔다.

GATT상의 보조금·상계관세에 대한 규범은 GATT 제6, 16, 23조 및 동경라운드에서 제정된 보조금·상계관세협정으로 이루어져 있는데, UR에서는 기존 GATT규율의 한계, 즉 보조금 구분 및 대응조치의 불명료성, 상계관세조치의 절차상의 불명료성에 따른 남용가능성 등을 개선하기 위해 하나의 협상의제로 채택되어 최종협정에 이르게 되었다.

최종협정문의 주요 내용

보조금 · 상계관세조치협정

① 보 조 금

- 보조금의 정의

  ○ 회원국 내의 정부나 공공기관에 의한 재정지원(financial contribution)이 행해진 것으로서 보조금이 지급된 것으로 간주할 수 있는 경우는 다음과 같다.

    · 직접적 자금이전(무상지원 · 대출 · 지분참여 등), 잠재적 자금이전(potential direct transfers of funds) 또는 채무부담(대출보증 등)

    · 예정된 정부세입의 포기(조세감면 등의 조세혜택)

    · 정부에 의한 일반 사회간접자본 이외의 재화와 용역의 제공 및 재화의 구매

    · 정부가 자금공여기관 또는 민간기관을 활용하여 상기 역할을 대행할 경우

  ○ 보조금 성격상 특정성(specificity)이 있다고 판단되는 경우, 금지보조금이나 상계가능보조금 및 상계조치에 관한 규정이 적용된다.

- 특정성

  ○ 자금공여기관에 의해 특정기업이나 산업에 지급된 보조금에 대하여 특정성여부를 파악할 수 있는 판단기준은 다음과 같다.

    · 소수 특정기업에 국한된 보조금 운용

    · 특정기업에 대한 지나치게 거액의 보조금 지급

    · 보조금 지급에 있어서 공여기관이 재량권을 행사하는 방식

  ○ 자금공여기관의 관할지역 내에 있으면서 특정지역 내 위치하고 있는 모든 기업에 지급되는 보조금은 특정적(specific)인 것으로 간주한다.

  ○ 금지보조금은 모두 특정적인 것으로 간주한다.

  ○ 특정성의 판정은 명확한 증거를 근거로 명백히 입증되어져야 한다.

- 금지보조금

  ○ 농산물협정에서 제공되는 보조금을 제외한 다음과 같은 보조금 지급은 금지되어야 한다.

    · 법률상 또는 사실상 수출성과(export performance)를 목적으로 하나의 조건 혹은 몇 가지 다른 조건의 결합형태로 일시적으로 지급되는 보조금(「수출보조금 예시목록」에 게재된 것을 포함)

- 수입품을 대체하는 국내생산품 사용에 대하여 하나의 조건 혹은 몇 가지 다른 조건의 결합형태로 일시적으로 지급되는 보조금
- ○ 금지보조금 지급에 따른 피해시정을 위한 조치는 다음과 같은 절차를 따른다.
  - 관련 회원국간 협의가 30일 이내에 이루어져야 하며 협의요청국은 보조금의 존재 및 성격에 대하여 입수가능한 증거를 모두 제출해야 한다.
  - 관련 회원국간 30일 이내에 협의가 이루어지지 않을 경우 분쟁해결기구(DSB)에 패널구성을 요청하며, 패널은 상임전문가그룹(Permanent Group of Experts : 이하 「PGE」)에 금지보조금여부 판정에 대한 협조를 요청할 수 있다. 일단 PGE의 판정이 금지보조금 지급에 대해 긍정적으로 결론이 나면 패널은 수정없이 인정해야 한다.
  - 패널은 PGE의 검토내용을 담은 최종보고서를 관련 회원국들에게 우선 통보하고, 90일 이내에 나머지 전회원국들에게도 회람시켜야 한다.
  - 금지보조금 판정시 패널은 지체없이 관련 보조금 지급국에게 해당 보조금을 철회할 것을 권고해야만 한다.
  - 패널 결정에 불복시 판정보고서 발행 후 30일 이내에 상고기관(appellate body)에 재심을 청구할 수 있으며, 재심결정은 무조건적으로 받아들여야 한다.
  - 분쟁해결기구의 결정이 패널에서 정한 기간 이내에 수용되지 않는 경우 금지보조금으로 영향을 받는 국가에 적절한 대응조치를 취할 권한을 부여해야 한다.
- 상계가능보조금
  - ○ 무역효과
    - 어떤 회원국도 보조금의 지급으로 다른 회원국의 이익에 불리한 효과, 즉 ① 타회원국 국내산업에의 피해(injury) ② GATT 1994 제2조의 양허로 인해 타회원국의 혜택이 무효화 또는 침해되는 것 ③ 또는 타회원국의 이익에 대한 심각한 침해(serious prejudice)를 초래해서는 안 된다(본 규정은 농산물협정 제13조에 규정된 농산물에 대하여 유지되는 보조금에는 적용되지 않음).
  - ○ 심각한 침해
    - 다음과 같은 경우 심각한 침해가 있는 것으로 간주된다.
      - 보조금 지급이 상품가액(ad valorm)의 5%를 초과하는 경우
      - 어떤 산업에서 발생하는 영업손실을 보전하기 위한 보조금
      - 어떤 기업에서 발생하는 영업손실을 보전하기 위한 보조금. 단, 장기적 해결에 필요한 시간을 확보하고 심각한 사회적 문제의 회피를 위하여 지급되는 비반복적인 일회적 조치는 제외
      - 직접적 채무감면, 즉 정부보유 채권의 면제 및 채무상환을 위한 무상지원 등
  - ○ 위와 같은 심각한 침해가 있는 경우에도 보조금으로 인하여 다음과 같은 결과를 초래하지 않았음을 입증할 경우에는 심각한 침해가 없는 것으로 간주한다.

- 보조금으로 인해 보조금 지급 회원국으로의 동종 물품의 수입이 대체 또는 저해되는 경우
- 보조금으로 인해 제 3 국시장에서 다른 회원국의 유사상품 수출을 대체 혹은 저해하는 경우
- 보조금으로 인해 동일시장에서 다른 회원국의 유사상품과 비교하여 현저한 가격인하를 초래하거나 다른 상품의 가격하락, 가격인상억제 및 판매감소를 초래한 경우
- 보조금으로 인해 보조금 지급 회원국의 특정 피보조 1차산품 또는 상품의 세계시장점유율이 과거 3년 평균치와 비교하여 증가하고, 이러한 증가가 보조금 지급기간 중 지속적인 추세를 보일 경우

○ 상계가능보조금이 다른 회원국에 불리한 영향을 주는 경우, 다음 절차를 거쳐 보복조치를 취할 수 있다.

- 농산물협정상 제13조에 규정된 경우를 제외하고, 회원국은 타회원국에 의해 유지되는 본 협정상 규정한 보조금이 자국산업에 피해·무효화·침해 또는 심각한 침해를 초래했다고 믿을 사유가 있을 경우 관련 타회원국에 협의를 요청할 수 있다.
- 60일 이내에(상호합의에 의해 연장 가능) 상호합의에 도달하지 못하면 DSB에서 패널을 구성하여, 본 협정 제10부의 분쟁해결절차에 따라 패널구성일로부터 120일 이내에 심의
- 패널의 판정이 피해긍정적이면 패널은 관련 보조금의 철회나 불리한 효과의 방지를 위한 조치를 권고
- 패널보고서의 내용에 불복시 60일 이내에 상고기관에 재심 청구 가능
- 패널의 판정에 불복하여 불리한 영향을 미치는 관련 보조금을 폐지하지 않음으로써 관련 회원국이 입는 피해에 대하여 적합한 보복조치를 6개월 이내에 취할 수 있는 권한 부여
- 이러한 보복조치가 피해의 정도와 성격에 적합한지 중재

- 허용보조금

○ 제2조의 특정성에 해당되지 않거나 특정적이더라도 다음 경우에 해당하는 보조금인 경우는 허용(non-actionable)되는 것으로 간주한다.

- 연구개발지원

① 기업이나 기업과 계약을 맺고 있는 고등교육기관 또는 연구소에서 행해지는 연구활동에 대하여 산업연구의 경우 소요비용의 75%, 경쟁 전 개발활동의 경우 소요비용의 50%까지 지원이 가능하다.

┌ 산업연구(industrial research) : 신제품, 공정, 서비스의 개발, 또는 기존 제품, 공정, 서비스 개선에 사용될 목적의 새로운 지식발견을 목표로 하는

    └ 연구 또는 조사

   └경쟁 전 개발활동(pre-competitive developement activity) : 산업연구결과를 새로운 제품, 공정, 서비스 개선을 위한 계획, 청사진, 디자인으로 변환시키는 과정으로서 개념화 및 설계, 시험적 제작 등을 포함하며, 기존 상품과 생산라인 등에서의 일상적이고 반복적인 변환과정은 제외

ⅱ 단, 상기지원은 다음과 같은 용도에 한정된다.

  a. 인력비용

  b. 연구활동 전용의 도구·설비·토지 및 건물비용

  c. 연구, 기술적 지식, 특허권 등 연구활동 전용의 상담비용(consultancy cost)이나 관련 서비스비용

  d. 연구활동의 직접적 결과로 발생한 추가적 간접비용

  e. 연구활동의 직접적 결과로 발생한 재료비, 물품비 등 운용비용

· 회원국 내의 낙후지역을 위한 지원 : 지역개발을 위한 일반적 계획에 의하여 회원국 내의 낙후지역을 위한 지원으로서 비특정적이어야 하며, 다음 조건을 만족해야 한다.

ⓘ 낙후지역은 경제적·행정적 특성을 지닌 지정학상의 특정인접구역을 지칭

ⅱ 낙후성은 해당 지역의 경제적 곤란이 일시적이 아니라는 것을 보여주는 중립적·객관적 기준에 근거해야만 인정될 수 있다. 상기기준은 법률, 규정 또는 공식문서에 명시되어야 하며, 입증 가능해야 한다.

ⅲ 상기기준은 아래 요소 중 적어도 하나에 기초한 경제발전지표를 포함해야 한다.

  ┌ 해당 지역의 1인당 소득, 가구당 소득, 1인당 GDP가 전국 평균의 85% 이하일 것

  └ 해당 지역의 실업률이 전국 평균의 110% 이상일 것(위 지표는 3년 동안의 평균치를 기준으로 하며, 복합적 측정치의 사용이나 다른 사항의 고려도 가능)

· 환경보조금 : 기업들이 법이나 규정에 의해 부여된 새로운 환경요건에 기존 설비를 적응시키기 위해 지급되는 보조금으로서 다음 조건을 만족시켜야 한다.

ⓘ 일회적, 비반복적이어야 한다.

ⅱ 적용비용이 20% 이하이어야 한다.

ⅲ 대체비용이나 운영비용은 포함될 수 없으며, 이들 비용은 관련 기업이 부담해야 한다.

ⅳ 기업의 오염 및 공해감소계획과 직접적으로 연관되어야 하며, 제조원가 절감을 보전하지 않아야 한다.

  새로운 장비나 생산공정을 채택한 모든 기업에 혜택이 주어져야 한다.

◦ 본 협정의 제7부(통보와 감시)에 규정된 바대로 허용보조금은 시행 전에 보조

금위원회에 통보해야 하며 회원국은 매년 통보내용을 최신화하여 위원회에 제공해야 한다. 특히, 개별제도의 총비용 및 변경내용에 대한 최신자료를 제출해야 한다.

○ 허용보조금일지라도 치유하기 곤란한 손상을 야기하는 것과 같이 회원국의 국내산업에 심각하게 불리한 영향을 미친다고 믿을 만한 사유가 있는 회원국은 그 보조금 지급 회원국에 협의를 요청할 수 있다.

• 협의요청을 받으면, 당해 보조금계획을 유지하는 국가는 가능한 한 조속히 협의를 개시해야 한다.

• 60일 이내 협의가 이루어지지 않으면 요청국은 보조금 · 상계위원회에 제소

• 보조금 · 상계위원회는 불리한 효과가 있는지를 접수일로부터 120일 이내에 판정하며 긍정적인 결론이 나오면 보조금 지급국에게 동 효과를 제거할 수 있도록 권고

• 6개월 이내 권고 불이행시 적절한 대응조치

② 상계조치

- 조사개시와 후속조치

○ 조사는 일반적으로 피해를 입은 산업으로부터의 서면요청에 의하여 개시되며, 동 요청은 다음 조항에 대하여 충분한 증거를 포함해야 한다.

• 보조금의 존재 및 가능하면 그 규모

• 국내산업의 피해

• 보조금 지급물품의 수입과 추정되는 피해발생과의 인과관계

○ 동 요청은 다음 사항에 대한 충분한 정보를 포함해야 한다.

• 신청인의 신분, 신청인에 의하여 생산되는 동종물품의 수량 및 금액

• 보조금지급관련상품명세, 보조금 지급국가 또는 수출국가, 수출업자나 생산자에 대한 명세, 수입업자의 목록

• 관련 보조금의 존재와 금액, 성격에 대한 증거

• 수입량의 변화, 동종물품가격의 변화, 국내산업에의 영향 등 국내산업의 피해발생에 대한 구체적인 증거

○ 국내산업이 조사요청을 지지하고 있다는 명백한 증거를 확보한 후에 조사가 개시될 수 있다.

• 일반적으로 동종물품 전체생산량의 50% 이상을 생산하는 국내생산자들은 국내산업을 대표한다고 간주한다.

• 확실한 지지도가 25% 이하일 때에는 조사를 개시하지 못한다.

○ 조사의 진행이 통관절차를 방해해서는 안 되며, 조사는 특별한 경우를 제외하고 원칙적으로 1년 이내에 종결되어야 한다(어떠한 경우에도 18개월 이내에는 종결해야 함).

- 보조금액이 상품가액대비 1% 미만이면 무시할 수 있는 수준(de minimus 기준)으로 간
  주하고 조사는 즉각 종결되어야 한다.

- 증거
  ○ 수출자 등 이해당사자에 대하여 조사당국이 요구하는 정보의 통보가 있어야 하며, 질문조
    사내용에 대한 증거자료를 이해당사자들이 서면제출할 수 있도록 충분한 시간이 주어져야
    한다.
    - 상계관세 조사에 이용되는 질문서를 받은 수출자에 대해서 질문서에 대한 답변
      시간을 최소한 30일은 주어야 한다. 특히, 30일 이상의 기간연장에 대한 요청
      이 있을 경우 현실적으로 가능하다면 언제나 연장이 허용되어야 한다.
    - 최종판정이 이루어지기 전에 조사당국은 수출자 등 이해당사자에게 확정적인
      판정의 기초가 될 중요한 사실을 알려주어야 한다.

- 협의
  ○ 조사개시 신청서가 접수되면 가능한 한 신속하게, 또한 조사개시 이전에 정확한
    상황파악을 위하여 쌍방간 합의에 따른 해결책이 모색되어야 한다.
  ○ 조사기간 중에도 계속적으로 협의할 수 있도록 합리적 기회가 부여되어야 한다.

- 수혜자수익개념에서의 보조금규모의 계산
  ○ 상계조치의 목적을 위하여 보조금의 수혜를 계산하는 방법은 법률이나 규정에 명시되어야
    하며, 각 특별사안에 대한 적용은 명확하고 적절하게 설명되어야 한다. 더구나
    이들 방법은 다음 지침과 모두 일치되어야 한다.
    - 정부의 지분참여는 투자의 결정이 민간투자가들의 통상적인 투자관행과 일치하
      는 한 혜택을 부여한 것으로는 보지 않는다.
    - 정부로부터의 대출은 수혜기업이 동 대출대가로 정부에 지불한 금액과 시장에서 실제 조
      달할 수 있는 비교가능한 상업적 차입을 위하여 지불하는 금액간 차이가 없는 한 혜택을
      부여하는 것으로 보지 않는다.
    - 정부에 의한 대출보증은 시장에서 민간금융기관으로부터 제공받는 상업적 차입
      조건과 비교하여 유리하지 않는 이상 혜택으로 볼 수 없다.
    - 적절한 보상조건으로 이루어지지 않는 정부구매나 정부조달은 혜택으로 간주한
      다. 적절한 보상조건은 재화나 서비스의 일반적인 시장조건(가격·품질·조달
      능력·시장성·교통·기타 구입 및 판매조건 등을 포함)에 따라 결정되어야
      한다.

- 피해판정
  ○ 피해의 판정은 명백한 증거에 기초해야 하며, 다음 항목에 대한 객관적 검토가
    이루어져야 한다.
    - 보조금 지급물품의 수입규모 및 동종수입물품의 가격에 미친 영향
    - 보조금 지급물품의 수입이 국내 동종생산업자에게 미친 영향

- ○ 보조금 지급물품의 수입이 보조금의 효과에 의하여 본 협정에서 의미하는 피해를 초래함이 입증되어야 한다. 피해판정시 조사당국은 피해를 초래할 수 있는 다른 요건의 검토내용에 대한 설명을 제공해야 한다.
- 국내산업의 정의
- ○ 국내산업(domestic industry)은 동종상품의 국내생산업자 전체나, 국내생산의 주요 부분을 차지하는 생산자집단으로 해석한다. 예외적으로, 국내생산업자가 수출입에 관여하거나 자체적으로 보조금 지급물품의 수입을 행할 경우에는 나머지 생산업자들을 국내산업으로 해석한다.
- 잠정조치
- ○ 잠정조치는 보조금 지급으로 인하여 국내산업에 실질적 피해나 피해위협이 존재한다는 예비적 긍정판정이 내려진 후 취할 수 있다.
  - •잠정조치는 잠정적 상계관세형태를 취하며, 잠정적으로 계산된 보조금금액에 상당하는 현금예치나 채권담보 형태로 잠정관세를 부과할 수 있다.
- 상계관세 부과
- ○ 상계관세의 부과는 수입국 해당 당국의 결정사항이며, 피해제거에 충분하다면 보조금 규모 범위 내에서 부과되는 것이 바람직하다. 상계관세액은 보조금액을 초과할 수 없다.
- ○ 상계관세는 보조금의 지급으로 피해를 초래한다고 판정된 모든 국가로부터의 수입에 차별 없이 부과되어야 한다.
- ○ 모든 확정상계관세는 부과일로부터 5년 내에 종결되어야 한다. 단, 재심에 의해서 지속될 수는 있다.
- 개발도상국 우대조치에 대한 특별 및 차별대우
- ○ UN이 지정하는 극빈개발도상국이나 소득수준이 천불 미만인 개발도상국에 대해서는 3조 1항(금지보조금)의 수출보조금 금지를 적용하지 않으며, 수출경쟁력을 갖추더라도 8년 내 점진적으로 철폐한다. 또한, 소득수준 천불 미만 개발도상국이 천불을 넘으면 8년 내 폐지한다. 다른 일반개발도상국의 경우 협정 발효 후 8년 내 가급적 점진적으로 철폐한다.
- ○ 수입대체보조금의 금지는 개발도상국의 경우 5년간, 극빈개발도상국의 경우 8년간 유예된다.
- ○ 일반개발도상국은 WTO 설립협정 발효 후 8년 내에 가급적 점진적으로 수출보조금을 철폐하는데, 동 기간 중 수출보조금의 강화는 허용되지 않으며, 개발 필요성이 미진한 수출보조금은 빠른 시일 내에 철폐되어야 한다.
- ○ 어떤 개발도상국이 수출보조금을 8년 이상 운용할 필요가 있어 기간연장을 요청할 경우 동 기간 만료 1년 전에 위원회와 연장문제를 협의해야 한다. 위원회가 연장불허 결정을 할 경우, 개발도상회원국은 유지 중인 수출보조금을 마지막으로 인정된 기간 만료일로부터 2년 이내에 폐지해야 한다.
- ○ 개발도상국의 특정상품이 연속 2년 동안 3.25%의 세계시장점유율을 초과할 경우 수출경쟁력을 갖추었다고 판단하며, 이와 같이 수출경쟁력을 충분히 갖춘 경우에는 2년 기간 동

안에 동 상품에 대한 수출보조금을 철폐해야 한다(분류기준 : HS section heading).

○ 개발도상국을 원산지로 하는 물품에 대한 상계관세 조사는 조사당국이 다음과 같이 결정하면 당장 종결되어야 한다.

 • 당해 물품에 대하여 공여된 전반적 보조금수준(단위당 계산)이 가치의 2%를 초과하지 않을 경우

 • 보조금 지급물품의 수입량이 수입국의 동종물품 총수입의 4% 이하인 경우 (단, 각 개별시장점유율이 4% 이하인 개발도상국으로부터의 수입총액이 당해 수입국의 국내 동종물품 총수입의 9%를 초과하지 않아야 함)

- 경과조치

○ 본 협정의 발효와 동시에, 본 협정에 어긋나는 보조금제도는

 • WTO 설립협정 발효 후 90일 이내에 보조금·상계위원회에 통보

 • WTO 설립협정 발효일부터 3년 이내에 협정에 부합되도록 조정되거나 동 기간까지는 본 협정의 금지보조금조항은 적용되지 않는다.

평 가

최종협정문에서는 보조금의 규율강화를 주장한 선진국의 입장이 대폭적으로 수용된 것으로 평가할 수 있다. 구체적인 내용으로는 기존 GATT 규정에는 명확하지 않았던 보조금의 정의를 새롭게 제시하고, 기존의 수출 및 국내보조금의 구분을 금지, 상계 가능 및 허용보조금으로 세분하였다. 또한, 금지보조금의 개념에는 수출보조금 이외에 국산품 우선 사용을 조건으로 지급하는 보조금도 포함되고, 허용보조금은 일반 이용가능성이 있는 보조금 이외에 연구개발, 지역개발, 환경보존보조금으로 국한(3차 의장안에 포함되었던 구조조정보조금은 제외)하고 수량기준을 동시에 채택함으로써 보조금 운용을 대폭적으로 규제하였다. 나아가 동경라운드협정에서 서명한 개발도상국에 인정되었던 수출보조금에 대한 예외를 이번 UR 최종협정에서는 일부 극빈개발도상국에게만 부여하고, 일반개발도상국은 경과조치(원칙은 3년)상의 우대, 즉 수출보조금의 8년 이내 점진적인 철폐, 수입대체보조금의 5년간의 유예 등을 인정하였다.

상계관세조치에 대해서도 기존의 절차를 한층 명료화했다는 점 이외에

다음과 같이 새로운 의무를 규정하고 있다. 먼저, 상계관세의 부과기간을 원칙적으로 5년 이내로 한정하고(자동소멸시효조항), 제품가격에서 차지하는 보조금의 비중이 1% 미만일 경우에는 상계관세를 부과할 수 없다(de minimus 기준)고 규정하고 있다.

반 덤 핑

개 요

덤핑이란 수출국의 생산자 또는 수출자가 자국 내에서 통상적으로 거래되는 정상가격보다 낮은 가격으로 타국에 수출하는 것으로서 이러한 덤핑수출에 의해 수입국 산업에 피해를 줄 경우 수입국이 해당 물품에 부과하는 특별관세를 반덤핑관세라고 한다.

덤핑 자체는 수출국 기업의 이윤극대화원리에 입각한 것이나, 수입국 내의 효율적인 자원배분을 저해하고 시장질서를 문란하게 한다는 점에서 국제무역상 불공정무역으로 간주되고 있다. 따라서 이에 대한 제재조치로서 GATT상 반덤핑조치가 특별히 용인되고 있는 것이다.

GATT에서의 반덤핑관련규정은 GATT 제6조와 1967년 케네디라운드에서 신설된 국제반덤핑코드(International Anti-dumping Code)를 1979년 4월 동경라운드에서 대폭 수정 보완해서 만든 MTN(Multilateral Trade Negotiation) Code에 있는 「GATT 제6조의 시행에 관한 협정(Agreement on Implementation of Article 6 of the GATT)」이 있다. 그 중 GATT 제6조 1항에서는 『체약국이 정상적인 가격 이하로 수출하여 상대국 산업에 실질적인 피해를 주거나 또는 그 우려가 되는 산업확립을 실질적으로 지연시키는 것은 비난받아야 한다』고 규정하고, 이때 정상가격은 ① 수출국 국내판매가격으로 보며, 국내가격이 없을 경우 ② 제3국에 수출되는 동종상품의 비교가능 최고가격이나 ③ 생산비에 타당한 판매비 및 이윤을

가산한 가격을 기준으로 한다고 규정하고 있다. 또한, MTN 반덤핑협정
(GATT 제 6 조의 시행에 관한 협정)은 GATT 제6조의 규정을 해석하고
시행의 통일성·확실성을 부여하기 위한 시행령적인 성격을 갖추고 있
다. MTN 반덤핑협정은 총 3부 16개 조항으로 구성되어 있으며, 덤핑의
정의, 덤핑 및 피해의 조사와 결정, 가격인상약속, 반덤핑관세의 부과 등
에 대한 세부적인 시행기준 및 절차를 규정하고 있다.

UR 반덤핑협정은 주요 수출국과 수입국의 주장이 절충되어 성립하였으
며, 반덤핑협정의 기본목표는 1979년 4월 동경라운드에서 보완·개정된
「GATT 제 6 조의 시행에 관한 협정」을 개선·명료화하고 필요한 경우 이
를 확대하는 데 있다(1986. 9. 각료선언문 내용).[7]

최종협정문의 주요 내용

반덤핑협정

① 덤핑의 결정

- 정상가격의 인정기준

○ 수출국 내에서 동종상품의 판매실적이 없거나 특수한 시장상황 또는 수출국 내
에서의 소규모판매로 인해 정상가격이 제대로 형성되지 않을 경우, 제 3 국 내의
비교가능가격, 또는 구성가격(수출국 내의 제조원가＋판매비＋이윤)을 정상가
격으로 본다. 그러나 수출국 내 소비용 판매량이 수입국 내 동종물품 판매량의 5％ 이
상일 경우 수출국 내 판매가격을 정상가격으로 인정한다.

- 원가(단위당 제조원가＋판매 및 일반관리비)이하의 판매시 정상가격 인정기준

○ 원가이하의 판매가 상당기간 상당량 계속되고 합리적 기간 내에 총비용을 회수하지 못할
경우 동 판매가격은 정상가격으로 인정되지 않을 수 있다.

• 이 경우 상당기간이란 일반적으로 1년이며, 어떠한 경우도 6개월 이하가 되어
서는 안 된다. 상당량은 개별거래의 가중평균 판매가격이 가중평균 단위비용
이하 또는 단위비용 이하인 판매규모가 총거래량의 적어도 20％ 이상인 경우

---

7) 현행 GATT / MTN 반덤핑협정(Agreement on Implementation of Article VI of the GATT
1994)과 UR 최종협정문의 세부항목별 구체적 내용의 비교 및 평가는 〈부록 Ⅰ〉의 부표 Ⅰ-
4를 참고하기 바란다.

　　　를 말한다.
　○ 그러나 원가이하의 판매가격이 정상가격으로 인정될 수 있는 범위를 정하고 있
　　　는데 ⓐ 조사기간 동안의 가중평균 원가를 상회하면 합리적인 기간 내에 비용의
　　　회수가 가능하다고 본다. ⓑ 제반 비용이 적절하게 반영되지 못했을 경우, 현재
　　　또는 미래의 생산에 기여할 수 있는 일회성 원가항목(non-recurring items of
　　　costs) 또는 조사기간 중 생산개시가동(start-up operation)으로 인해 비용이 영
　　　향을 받는 경우 적절한 비용조정이 이루어져야 한다(→ forward pricing 인정).
－ 구성가격 산정시 이윤산정 기준
　○ 판매관리비, 기타 비용과 이윤 등은 조사대상 수출자 혹은 생산자가 정상거래과정에서 실
　　　현한 실제자료를 기초로 산정되어야 한다. 그러나 실제자료에 근거하여 산정하기 어
　　　려운 경우에는 ⓐ 조사대상 생산자가 원산국 내에 동일부류 물품을 생산하는데
　　　실현/지불한 실제금액 ⓑ 기타 생산자들이 원산국 내의 동종물품을 생산하는
　　　데 실현/지불한 실제금액의 가중평균 ⓒ 원산국 내 동일부류의 물품을 생산,
　　　판매하는 여타 생산자에 의해 실현된 이윤을 초과하지 않는 범위 내에서 기타
　　　합리적인 방법.
－ 수출가격과 정상가격의 비교
　○ 수출가격과 정상가격은 동일한 거래수준, 보통 공장출고단계(ex-factory level)
　　　및 유사한 판매시점에서 비교하여 공정성을 유지해야 한다. 가격비교시 외화환
　　　산이 필요하면 판매일의 환율을 적용하여 조정한다. 일시적인 환율변동은 고려
　　　하지 않으며, 조사기간 중에 지속적인 환율변동을 반영하기 위해 수출자는 최소
　　　한 60일간의 조정기간을 가진다.
　○ 정상가격과 수출가격을 각각 가중평균치 또는 거래별로 비교하는 것을 원칙으로 한다. 그
　　　러나 수출가격이 구매자, 지역 또는 기간별로 상당한 차이가 있고, 가중평균 대 가중평균
　　　또는 거래 대 거래의 비교를 사용해도 이러한 차이를 고려할 수 없다는 적절한 사유가 제
　　　시된다면, 가중평균 정상가격은 개별수출거래가격과 비교될 수 있다.

② 피해의 결정
－ 피해의 정의
　○ 특별한 규정이 없는 한, 피해는 국내산업에 중대한 피해(material injury), 국내
　　　산업에 대한 중대한 피해의 위협 또는 동 산업의 설립에 실질적인 지연
　　　(material retardation)을 말한다.
－ 피해판정시 고려요소
　○ 물량에 미치는 영향은 수입국 내의 생산 또는 소비에 비해 절대적 혹은 상대적
　　　관점에서 상당히 증가하였는지 여부를 고려하고, 가격에 미치는 영향은 수입국
　　　의 동종물품의 가격과 비교하여 상당한 가격인하가 있었는지 또는 그러한 수입

의 영향으로 상당한 정도로 가격하락이 초래되었는지, 예상되었던 가격상승이 현저히 방해받았는지의 여부를 고려한다.

- 피해의 누적조사
  - ◦ 1개국 이상이 반덤핑조사를 받을 경우, 조사당국은 ⓐ 각국의 수입에 따른 덤핑마진이 최소(de minimus) 이상이고 각국의 수입물량이 무시될 수 없을 경우, ⓑ 수입상품들간의 경쟁조건 및 수입상품과 국내동종상품간 경쟁조건의 관점에서 수입효과의 누적평가가 적절하다고 판단된 경우에만 수입의 피해를 누적적으로 평가할 수 있다.

- 덤핑수입과 산업피해간의 인과관계 입증
  - ◦ 덤핑수입과 피해간의 인과관계의 입증은 모든 관련 증거(relevent evidence)의 조사에 근거해야 한다. 특히, 해당 산업에 미치는 영향을 조사할 때는 생산, 매출, 시장점유율, 이익, 생산성, 투자수익률 또는 가동률의 실질적이고 잠재적인 감소 등 산업상황과 관련된 모든 경제요소와 지표에 대해서도 평가해야 한다.

    또, 덤핑수입이 야기하는 피해를 조사할 때, 덤핑 이외 국내산업에 피해를 주고 있는 다른 요소도 조사하여, 이들 요소에 의한 산업피해가 덤핑수입으로 인한 피해에 전가되지 않도록 해야 한다.

    덤핑 이외에 고려해야 할 요소는 덤핑가격하에 판매되지 않는 동 물품의 수량 및 가격, 수요의 감소 또는 소비성향의 변화, 수출입국간 무역제한관행 및 경쟁, 기술진보 및 국내산업의 수출능력, 생산성 등 모든 요소 등이 있다.

③ 국내산업의 정의

- 피해판정시 국내산업이란 동종제품의 국내생산자 전체 또는 물품의 생산량의 합계가 동 물품의 국내총생산액의 상당부분을 차지하는 국내생산자를 말한다.
- 그러나 국내생산자가 수출자 또는 수입자와 특수관계에 있을 때, 또는 국내생산자 자신이 덤핑혐의물품의 수입업자일 때, 국내산업은 동 생산자 이외의 나머지 업체를 말한다.
  - ◦ 다음의 경우에는 특수관계에 있는 것으로 간주한다.
    - •국내생산자와 수출자 또는 수입자 중 일방이 상대방을 직간접으로 통제하는 경우
    - •국내생산자와 수출자 또는 수입자 양방이 동일한 제 3 자에 의해 직간접으로 통제를 받는 경우
    - •국내생산자와 수출자 또는 수입자 양방이 동일한 제 3 자를 직간접으로 통제하는 경우

④ 조사개시 및 조사

- 덤핑혐의의 존재, 정도 및 영향을 결정하기 위한 조사는 국내산업을 대표하여 국

내산업을 대신할 자에 의해 서면신청으로 개시되어야 한다. 만약 특별한 상황하에서 관련당국이 서면신청 전에 조사를 개시하기로 결정한다면, 조사개시를 정당화시킬 수 있기 위해서는 덤핑, 피해 및 인과관계에 대한 충분한 증거가 있을 때만 조사를 계속할 수 있다.
- 그러나 덤핑마진이 수출가격의 2% 미만인 경우(de minimus) 또는 특정국으로부터의 덤핑수입량이 수입국 내 동종물품시장에서 3% 미만의 점유율을 차지할 경우 조사는 즉시 종결되어야 한다. 단, 3% 미만의 개별국들의 덤핑수입량 합계가 7% 이상일 때는 조사를 계속할 수 있다(→ 조사대상 결정의 구체적 기준 설정).
- 조사는 개시 이후 1년 이내에 종결되어야 하며, 특별한 경우에라도 18개월을 초과해서는 안 된다.

⑤ 증 거
- 표본조사에 의한 조사대상 결정
  ○ 조사대상인 수출자, 생산자, 수입자, 또는 제품의 형태가 숫적으로 많을 때는 조사대상 선정시 이용가능한 정보를 근거로 표본조사하여, 합리적인 수의 이해관계자나 제품으로 제한할 수 있다.
- 이해관계자의 범위
  ○ 이해관계자 : 조사대상물품의 수출자, 외국생산자, 수입자, 조사대상물품의 생산자, 수출자로 구성된 무역/기업협회, 수출국 정부, 수입국 내 동종물품 생산자, 생산자로 구성된 무역/기업협회
  ○ 조사대상물품의 산업상 소비자와 대표적 소비자단체는 덤핑, 피해 및 인과관계에 관한 조사와 관련하여 정보를 제공할 수 있는 기회가 부여된다.

⑥ 가격인상약속
- 조사당국은 수출업자로부터 자발적인 수출중지 또는 가격수정 등의 약속이 덤핑의 피해효과를 제거하기에 충분할 경우에는 잠정조치 또는 반덤핑관세의 부과없이 조사를 종결하거나 유보할 수 있다. 이 경우, 가격인상폭은 국내산업에 미치는 피해를 제거할 수 있다면 덤핑마진보다 작은 것이 바람직하다.

⑦ 반덤핑관세의 부과 및 징수
- 반덤핑관세 부과를 위한 모든 요건이 충족될 경우, 반덤핑관세 부과여부와 반덤핑관세의 폭에 대한 결정은 수입국 또는 수입관세지역의 당국이 결정하며, 반덤핑관세액은 덤핑마진을 초과해서는 안 된다.
- 표본조사 제외기업에 대한 반덤핑관세의 부과
  ○ 표본조사에서 제외된 수출자나 생산자로부터 수입된 물품에 대한 반덤핑관세는 다음 수준을 초과할 수 없다.

    ① 표본조사에 선정된 수출자나 생산자에 대해 부과된 덤핑마진 가중평균

    ⓘ 미래 정상가격을 기초로 산정된 경우에는 표본조사에 선정된 수출자 / 생산자의 가중평균 정상가격과 조사에서 제외된 수출자 / 생산자의 수출가격과의 차액

○ 가중평균 산정시 제로 또는 최소마진 개념을 적용한다.

- 신규수출자에 대한 반덤핑관세 부과

○ 덤핑조사기간 동안 반덤핑관세 부과대상물품을 수출한 적이 없는 수출자나 생산자는 동일수출국의 기존 반덤핑관세 부과대상 수출자나 생산자와 관계없음을 증명할 경우, 조사당국은 그들의 개별적 덤핑마진의 결정을 위한 재검토를 신속히 수행해야 한다. 이러한 신규수출자에 대한 재검토가 진행 중일 경우 신규수출자에 대해서는 반덤핑관세를 부과하지 못한다.

⑧ 소급적용의 요건

- 확정반덤핑관세는 ⓐ 과거에 피해를 야기시킨 덤핑 전례가 있거나 수입자가 수출자의 덤핑사실 및 그 피해가능성을 인식하고 있는 경우 ⓑ 단기간의 대량 덤핑수입에 따른 피해로 인해 부과될 확정덤핑관세의 구제효과가 크게 저해될 경우에는 잠정조치 적용 전 90일 이내에 소비용으로 수입된 물품에 대해 부과될 수 있다.

⑨ 반덤핑조치의 기간 및 재심

- 소멸시효의 인정

○ 확정반덤핑관세는 조사당국이 재심과정에서 덤핑종료가 덤핑과 피해의 지속 또는 재발을 초래할 수 있다고 결정하지 않는 한, 관세부과일(또는 최근의 재심일)로부터 5년 이내에 종결해야 한다.

○ 재심은 신속히 진행되어야 하며, 정상적인 경우 재심 개시일로부터 12개월 이내에 종결되어야 한다.

⑩ 협의 및 분쟁해결

- 분쟁해결 절차 및 규칙에 대한 양해각서는 본 협정의 협의 및 분쟁해결에 적용된다.

- 회원국은 타회원국에 의해 본 협정하에서 직간접으로 얻었던 이익이 무효화 또는 침해되거나 본 협정의 목표달성이 저해되고 있는 경우, 상호 만족스런 해결책을 도출하기 위해 서면으로 협의를 요청할 수 있다. 각 회원국은 이처럼 타회원국의 협의요청이 있는 경우에는 호의적으로 고려해야 한다.

- 패널은 당해 사안을 조사하면서 다음 사항을 결정해야 한다.

○ 수입국 조사당국의 사실 설정이 적절한지 또 그같은 사실에 대한 평가가 공정하고 객관적인지를 결정해야 한다. 그러나 위의 상황하에서 패널이 조사당국과 다른 결론에 도달하였다 하더라도 평가는 번복되어서는 안 된다.

> ○ 패널은 협정의 관련 조항을 여러 갈래로 해석할 수 있을 경우, 수입국 조사당국
> 의 조치가 그 중 하나의 해석에 근거하여 취해졌다면 협정에 준거한 것으로 본다.

평 가

그동안의 빈번한 통상마찰사례에서 볼 수 있듯이 반덤핑협정은 UR의 다자간규칙분야 중 수출개발도상국과 수입선진국간의 이해관계가 가장 첨예화하게 대립되었던 분야이다. 이번의 협상결과는 전반적으로 대립되는 양측의 의견이 적절한 수준에서 절충된 것으로 평가된다. 다만, 덤핑과 타행위의 인과관계 입증시 증거요건 및 국내산업에 대한 정의가 불명확하고, 최소기준(de minimus)의 인정시 재량권이 남용될 가능성이 있는 등 일부 규정에는 분쟁의 소지가 있는 부분도 포함되어 있다.

향후 반덤핑협정의 운용시 영향을 줄 것으로 예상되는 주요 내용을 살펴보면 수입국의 덤핑 결정시 비교기준이 되는 정상가격의 인정범위를 확대함으로써 수입국의 자의적인 가격산정을 통한 반덤핑조치의 남용을 억제하였고, 생산개시단계에서의 원가이하의 판매가격설정(forward pricing)을 인정, 구성가격의 이윤산정시 실제자료를 사용해서 5년의 소멸시효 규정과 조사종결시한의 설정(1년) 등으로 수출기업을 보호하고 있다.

결론적으로 이번의 협상결과는 덤핑판정, 조사개시 및 조사요건 등을 현행 반덤핑협정보다 엄격히 규정함으로써 대체적으로는 수출국들에게 유리하게 결정되었지만, 수입국 조사당국의 반덤핑판정에 대한 권위를 강화시켰고, 덤핑판정시 덤핑마진이 가격에 미치는 영향에 대한 객관적인 기준이 마련되어 있지 않아 덤핑 이외의 요소에 의한 산업피해의 책임이 덤핑에 의한 것으로 왜곡될 가능성을 배제할 수 없다. 또한, 전체 UR 각국의 관세양허폭이 확대되고 무세화 및 관세조화, 비관세장벽의 완화 등 개방화의 추세가 진전되면서 반덤핑관세제도의 활용욕구는 더욱 증대될 것으로 보인다.

〈표 2-8〉 반덤핑협정과 기존 반덤핑협정의 비교

구 분	기존 반덤핑협정	UR협정	비 고
원가이하 판매의 정상가격 인정	-통상적인 상거래상 이루어진 가격만 정상가격으로 인정 ＊선진국은 원칙적으로 원가 이하 판매를 정상가격으로 불인정	-다음의 경우 원가이하 판매 가격의 정상가격 인정 ○ 단기간(6~12개월) 이하 이거나, 물량이 적은 경우 (20% 이하) ○ 신제품 출하시 가동 초기 비용조정	-다만, 경기 순환산업의 고려 미반영
구성가격 산정	-원산지국의 생산비에 합리적인 관리, 판매비 및 이윤 가산 ＊미국은 일정기준 사용(관리비는 10%, 이윤은 8%)	-실제자료에 의하여 산정 ○ 예외적인 경우에도 이윤산정 기준 마련	
가중평균에 의한 가격 비교 (정상가격과 수출가격 비교방법)	-동일한 거래수준 및 가능한 동시판매 비교 ＊선진국은 국내가격을 가중평균, 수출가격은 개별거래 가격으로 비교	-양시장 가격은 가중평균치 또는 거래별 비교 ○ 예외적인 경우 국내가격은 가중평균가격, 수출가격은 개별가격으로 비교(target dumping 인정)	-예외적인 경우의 기준 불명료
조사종결을 위한 최소기준	-덤핑마진이나 덤핑수입 규모가 미미한 경우 조사 종결	-덤핑마진율 2%, 시장점유율 3% 이하인 경우 조사 종결	-명료화되었으나 수치 기준 미흡
제소자격	-당해 물품이 국내총생산량의 상당부분을 점하는 국내생산자의 요청	-좌동 -추가 ○ 당해 물품에 대한 국내생산자의 명시적 찬성이 명시적 반대보다 많은 경우	-우리측은 주요 국내생산자의 50% 이상의 찬성을 명시화 할 것을 주장
신규수출자에 대한 조사	-현행 규정없음 ＊미국 등은 기존 반덤핑 관세 부과	-신규수출자에 대한 반덤핑 관세 부과는 신속한 조사 후 부과	
반덤핑관세의 소멸조항 설정	-반덤핑관세는 피해를 야기하는 덤핑 상쇄에 필요한 기간만 인정	-덤핑관세 부과 후 5년 내 철폐 ○ 단, 조사당국의 재심을 통해 연장 가능	-다만, 재심을 통한 연장허용

자료 : 상공자원부, 《UR참고자료》, 1993. 12. 20.

기술장벽

개 요

일반적으로 상품규격의 표준화는 상품을 둘러싼 이해관계자들의 기술적 대화를 증대시키고 시장을 확대시키는 효과를 가져다 주지만, 기술발달의 심화는 표준화 대상범위의 확대와 더욱 세분화된 표준화를 요구하고 있다. 그러나 이와 같은 표준화제도는 일반적으로 각국의 상이한 산업화 과정 및 발전속도로 인해 국가마다 서로 다르게 규정되어 있어 국가간의 교역에 상당한 영향을 미치고 있으며, 「표준화에 대한 국제적 조화」의 필요성이 대두되었다.

이렇게 국가간의 교역에 영향을 미치는 기술장벽을 GATT에서는 『포장, 표시, 등급표시 요구를 포함한 기술규정과 표준, 그리고 기술규정 및 표준에의 적합을 평가하는 절차가 국제무역에 불필요한 장애가 되는 것(동경라운드 기술장벽협정 전문)』으로 암묵적으로 정의하고 있다. 국가간 단순한 표준화의 차이에서 나타나는 잠재적인 기술장벽은 기술규정, 표준 및 적합판정절차의 분야에서, 어느 국가의 고의적인 의도에 의한 실제적인 기술장벽은 강제이행의무가 있는 기술규정과 적합판정절차에서 주로 발생하고 있다. 여기서 표준은 「반복적이며 연속적인 적용을 위하여 승인되었으며 그 준수가 의무적이 아닌 기술명세」로 정의되며, 기술규정은 「적용가능한 행정조항을 포함하여 그 준수이행이 강제적인 기술명세」로 정의된다.

한편, 대부분의 국가가 표준화 목적과는 별도로 ① 인간·동식물의 생명과 보건 ② 안전 ③ 환경보호 ④ 국가안보 등의 부문에 대해 법률적으로 구속력을 가지는 기술명세를 제정하고, 이에 대한 이행의무의 부과와 이에 따르는 국경조치를 취하고 있다. 예를 들어 환경보호를 목적으로 자동차의 배기가스량의 배출상한선을 설정할 경우, 이는 기술장벽의 대상이 되며 특히 강제성을 띤다는 측면에서 기술규정 및 적합판정절차와 동일하다. 또한, 강제규범분야는 각국 고유의 공공부문에 대한 정책적 특성을 반영하는 것이므로 기술장벽의 예외대상으로서 상호 인정되고 있다. 강제이행을 의무화하고 있기 때문에 기술장벽 가능성에 대한 시비도 뒤따르고 있다.

이번 UR협정은 동경라운드의 기술장벽협정(Agreement on Technical Barriers to Trade)을 개정하여 표준·기술규정·적합판정절차의 무역장벽적 기능을 억제하려 한다.

최종협정문의 주요 내용

기술장벽협정

① **적용범위**
- 공산품과 농산품을 포함한 모든 상품에 적용된다.
- 정부기관의 생산 또는 소비를 위해서 정부기관에 의해 기술규정 또는 표준규격 등으로 작성된 구매명세서는 본 협정규정의 적용을 받지 않고 정부조달에 관한 협정에 따르도록 한다.
- 식품위생 및 동식물검역조치에도 적용되지 않는다.

② **기술규정 및 표준**
- 회원국은 기술규정과 관련해 수입되는 상품에 대하여 내국민대우원칙을 준수해야 한다. 또한 가입국은 국제무역에 불필요한 장애를 설정할 목적으로 기술규정을 준비, 채택 또는 적용하지 않는 것을 보장해야 한다.
- 기술규정은 ⓐ 그 채택을 야기한 상황 또는 목적이 더이상 존재하지 않거나 ⓑ 상황 또는 목적이 변화되어 무역에 덜 제한적인 다른 방법이 가능할 경우 동 기술규정을 폐지해야 한다.
- 어떤 기술규정이 필요한 경우 관련 국제표준이 존재하거나 그 완성이 임박한 경우에는 이러한 국제표준 또는 관련 부분을 기술규정의 제정기초로서 사용해야 한다.
- 단, 기후나 지리적 요인 등 기본적인 지역특성의 차이와 기술 자체에 문제가 있는 관련 국제표준은 기술규정의 기초로 사용할 수 없다.

○ 다른 회원국의 기술규정이 자국의 기술규정과 다르더라도 자국의 기술규정의 목적에 부합되면 다른 회원국의 기술규정을 「동등성(equivalency)의 원칙」에 따라 자국의 기술규정과 동등한 것으로 수용할 것을 적극 고려한다.

○ 관련 국제표준이 존재하지 않거나 또는 국제표준의 기술적 내용과 같지 않고, 기술규정이 다른 회원국의 무역에 중대한 영향을 줄 우려가 있을 때는 회원국은 언제든지 다음 사항을 이행해야 한다.

 • 회원국들은 그들이 특정한 기술규정을 도입하려 한다는 사실을 적절한 초기단계에 이해당사자들이 알 수 있도록 간행물에 공표해야 하며,

 • WTO사무국을 통해서 나머지 다른 가입국에 의해 제안된 기술규정의 목적과 합리적 근거에 관한 간단한 설명과 함께 기술규정이 적용되는 물품을 통보해야 한다(통보는 수정이 가능하고 의견이 고려될 수 있도록 초기단계에서 시행되어야 함). 단, 어떤 회원국이 안전, 건강, 환경보호 또는 국가안보상의 긴급문제 발생시 동 이행의무절차를 생략할 수 있다.

- 회원국의 안전, 건강, 환경보호 또는 국가안보 등 긴급한 상황의 경우를 제외하고 회원국은 수출국의 생산자들에게 그들의 상품 또는 생산방법을 수입국의 요구에 적응시킬 수 있는 시간을 가질 수 있도록 기술규정의 공표와 그 시행 사이에 적당한 기간을 허용해야 한다.

- 회원국은 그들의 중앙정부표준기관이 본 협정의 부속서 3(표준의 준비·채택 및 적용에 대한 공정관행규약)을 수용하고 이를 준수할 것을 보장해야 한다. 또한 지방정부 또는 비정부 표준기관도 동 공정관행규약을 수용하고 이를 준수하도록 한다. 회원국은 표준기관이 공정이행규약의 규정을 준수하는 것에 책임을 지는 한편, 공정이행규약을 수용하고 준수하고 있는 표준기관은 본 협정의 원칙을 준수하고 있는 것으로 인정하여야 한다.

③ 기술규정 및 표준에의 적합

○ 적합판정절차(conformity assessment procedures)는 다른 회원국 영역 내에서 생산된 동종물품의 생산자들에게 내국민대우원칙에 입각한 조건으로 접근할 수 있도록 준비, 채택 및 적용되어야 한다. 또한, 적합판정절차가 국제무역에 불필요한 장애가 되거나 이러한 효과를 가지도록 준비, 채택 또는 적용되지 않도록 해야 한다. 특히, 이것은 부적합이 야기한 위험을 고려하여, 수입회원국에게 물품이 적용가능한 기술규정 또는 표준에 일치하고 있다는 적절한 확신을 주는 것 이상으로 적합 판정절차가 엄격하거나, 엄격하게 적용되어서는 안 된다는 것을 의미한다.

○ 회원국은 채택된 모든 적합판정절차를 이해당사자들이 알 수 있도록 신속하게 공표하거나 입수가능하도록 보장해야 한다. 특히 수출국 중 개발도상국의 생산자들에게 그들의 물품 또는 생산방법을 수입국의 요구에 적응시키는 시간을 허용하기 위해서 적합판정절차 관련 요건의 공표와 그 시행 사이에 적당한 기간을 허용해야 한다.

○ 다른 회원국의 적합판정절차가 자국의 절차와 다르더라도 자국의 절차에 상응하는 기술규정과 표준에 대한 적합보증이 이루어지고 있다고 판단되는 경우는 그 결과를 수용해야 한다. 그러나 ⓐ 수출국 내 적합판정기관의 신뢰도를 평가하기 위하여 또는 ⓑ 수출국 내 지정기관에 의하여 작성된 적합판정결과의 원만한 수용을 위하여 상호간의 사전협의가 필요함을 인정해야 한다.

  • 회원국은 자국의 적합판정절차가 가능한 한 상기규정에 따르도록 보장해야 하며, 이와 함께 필요한 경우 서로의 적합판정절차의 결과를 상호 인정하기 위한 협상에 적극 참여해야 한다.

○ 회원국은 자국 내 지방정부기관 및 비정부기관에 의하여 운영되는 적합판정절차가 관련 규정들을 준수하는 것을 보장하기 위하여 가능한 한 적절한 조치를 취해야 한다.

○ 회원국은 지방정부기관 및 비정부기관으로부터의 통보, 정보의 내용, 의견제시 등에 대하여 중앙정부를 통하여 타회원국과의 접촉이 이루어질 수 있도록 요구할 수 있다.

○ 기술규정 또는 표준과의 적합성에 대한 검토가 요구되는 지역에서는 회원국은 가능한 한 언제나 적합판정에 대한 국제제도를 채택하고 그 회원국이 되거나 이에 참여하도록 해야 한다.

④ 정보 및 지원

○ 각 회원국은 다른 회원국들의 문의에 응답할 수 있고, 다음과 같은 관련 서류를 제공할 수 있는 질의처(enquiry points)를 설치해야 한다.

  • 중앙, 지방정부기관 또는 법적 권한을 가진 비정부기관에 의하여 채택되거나 제안된 모든 기술규정

  • 중앙 또는 지방정부기관에 의하여 채택되거나 제안된 모든 표준

  • 중앙, 지방정부기관 또는 법적 권한을 가진 비정부기관에 의하여 운용되고 있거나 제안된 모든 적합판정절차

  • 국제 및 지역(regional) 표준기관과 적합판정제도들에의 참가상황, 그리고 본 협정범위 내의 쌍무 및 다자간 관련 사항, 중앙 또는 지방정부기관의 참가 및 회원자격 등에 관련한 적절한 정보의 제공

  • 질의처들의 정보제공범위

○ 기술규정, 표준 또는 적합판정절차와 관련된 문제에 대하여 한 국가가 다른 회원국과 합의하였을 경우에는 관련 회원국들 중 적어도 한 국가는 합의관련상품을 WTO사무국에 통보해야 하며, 요청이 있을 경우 다른 회원국과도 협의해야 한다. 사무국은 접수한 통보내용의 사본을 모든 회원국 및 이해관계가 있는 국제표준기관과 적합판정기관에 배포해야 한다.

⑤ 공정이행규약(부속서 3)

  ○ 본 규약은 기술규정이나 적합판정절차에 대한 것이 아닌 표준에 관한 규약으로 중앙정부기관, 지방정부기관 또는 비정부기관 등에 관계없이 WTO무역에 대한 기술장벽협정회원국 영역 내에 소재한 모든 표준기관에 가입이 개방되어 있다. 이와 관련하여 모든 통보는 ISO / IEC정보센터에 직접 또는 ISO / IEC국가 회원기관을 통하여 하거나 ISONET의 관련 국가회원 및 국제지부를 통하여 이루어진다.

  ○ 표준에 관하여 표준기관은 WTO의 다른 회원국산 물품에 대해 무차별대우를 해야 한다.

    • 표준이 국제무역에 불필요한 장애를 설정하거나, 그러한 효과를 가질 목적으로 준비, 채택 또는 적용되지 않아야 한다.

  ○ 표준기관은 기채택표준 또는 미래 채택할 주제 사안과 관련하여 국제표준기관의 국제표준 준비시 능력범위 내에서 적절한 방법으로 협조해야 한다.

  ○ 표준기관은 도안이나 외형적 특성보다는 성능의 관점에서 표준을 명시해야 한다.

  ○ 표준기관은 표준채택 전 WTO회원국 내 이해당사자들이 표준제정 계획안에 대하여 의견을 제시할 수 있도록 최소한 60일 이전에 공표해야 한다.

  ○ 표준은 채택되면 즉시 공표되어야 한다.

  ○ WTO회원국 내 이해당사자들로부터 요청이 있을 경우, 표준기관은 자신이 제정한 표준 또는 자신의 업무계획을 즉시 제공하거나 제공 약속을 해야 한다.

평 가

이번 UR 기술장벽협정은 동경라운드의 기술장벽(TBT)협정에 비하여 내용이 보다 명료화되었으며, 이행의무를 강화하는 등 전반적으로 더욱 실효성있는 협정으로 평가되고 있다. 이번 최종협정문에서 가장 특기할 만한 내용은 기술규정 및 표준의 정의에 제품의 특성은 물론「관련 공정 및 생산방법(PPMs)」을 포함하고 있다는 점으로 이의 채택여부는 이번 TBT협상의 최대쟁점이다. 이는 PPMs가 최종제품의 품질을 보장하는 방법 또는 수단으로서의 중요성이 부각된 것으로, 대부분 PPMs에 대한 규제는 주로 ① 작업장 안전문제 ② 환경보호 또는 ③ 자원보존의 분야에 대해서 이루어진다. 또한, 다른 하나의 쟁점사항이었던 지방정부의 의무 이행에 대해서도 이번 UR 최종협상에서는「중앙정부 바로 밑의 지방정부」까지도 통보의무를 이행하도록 한다.

특히, 이번 UR협정에서는 표준, 기술규정, 적합판정절차 등의 채택 및 시행에 있어서 절차적 사항을 강화하였다. 즉, 명료성의 확보, 제정절차에의 타국 참여허용, 적합성검사나 인증절차에 있어서의 내국민대우 등이 규정되었다.

수입허가절차

개 요

수입허가절차란 수입을 위한 선행조건으로 신청서나 기타 서류의 제출을 요구하는 수입허가제도의 운영에 사용되는 행정절차를 말하며, UR에서는 MTN Code의 하나였던 수입허가절차협정이 내용의 불명료성으로 인해 무역왜곡효과를 갖는 등 수입허가절차를 제대로 규율하지 못하고 있다는 판단에 따라 협상을 진행시켜 동 협정을 개정하기에 이르렀다.

원래 본 협정은 GATT체약국이 희망에 따라 가입할 수 있는 임의협정이었으나 UR에서는 단일채택대상으로 규정되어 WTO회원국 전체에 적용되었다.

본 협정은 중립성과 공정성을 기본운용원칙으로 하고 공표의무, 허가관련접촉기관, 자동수입허가와 비자동수입허가에 관한 규칙들을 마련하였다.

최종협정문의 주요 내용

수입허가절차협정

① **일반원칙**

- 정의

  ○ 수입허가란 수입국 관세영역으로부터 수입을 위한 선행조건으로서 관련 행정기관에게 신청서나 기타 서류(관세 목적으로 요구되는 이외의)의 제출을 요구하는

　　수입허가제도의 운영에 사용되는 행정절차를 말한다.
- 운용원칙
  ○ 수입허가절차에 대한 규칙은 중립성이 유지되어야 하고, 공정하고 공평한 방법으로 운용되어야 한다.
  ○ 수입허가절차의 부당한 운영으로 야기될 수 있는 무역왜곡을 방지한다.
  ○ 수입허가절차가 개발도상국 회원국의 경제개발 목적과 재정 및 무역상 필요하다는 점을 고려한다.
- 공표의무
  ○ 동 절차에 필요한 규칙과 모든 정보는 정부들과 무역업자들이 그러한 정보를 알 수 있도록 수입허가에 관한 위원회(이하 「위원회」)에 통보된 자료원에 공표되어야 하며, 가능한 한 발효일 21일 전에(늦어도 발효일보다는 전에) 공표되어야 한다.
  ○ 신청인에게는 신청서 제출을 위한 합리적인 기간이 허용되어야 하며, 어떠한 신청서도 신청서에 포함된 기본적인 내용을 변경시키지 않는 사소한 서류상의 오류를 이유로 거부되어서는 안 된다.
- 허가관련접촉기관
  ○ 신청자는 신청과 관련하여 1개의 행정기관에만 신청하도록 해야 한다.
  ○ 부득이 1개 이상의 행정기관과 접촉해야 하는 경우에도 신청자가 3개를 초과하는 행정기관과 접촉하도록 해서는 안 된다.

② 자동수입허가

- 자동수입허가의 운용
  ○ 동 절차는 자동허가 대상수입에 대한 규제효과를 유발하는 방법으로 운용되어서는 안 되며, 특히 다음의 경우가 아니면 무역규제효과를 갖는 것으로 간주한다.
    • 자동허가 대상품목의 수입을 하는데 필요한 수입국의 법적 요건을 충족시키는 모든 개인, 회사 또는 기관은 수입허가를 신청하는데 동등한 자격을 부여받아야 한다.
    • 허가신청서가 물품의 통관 이전에 공휴일을 제외하고는 언제라도 제출될 수 있어야 한다.
    • 허가신청서가 적당하고 완전한 형태로 제출되었을 때, 행정적으로 가능한 한 접수 후 지체없이 승인되어야 하며, 늦어도 10일 이내에 승인되어야 한다.

③ 비자동수입허가

- 비자동수입허가는 상기 자동수입허가에 규정된 정의에 해당하지 않는 수입허가절차를 말한다.
- 비자동수입허가는 규제조치의 부과로 야기되는 효과에 추가하여 수입에 대한 무역규제 또는 왜곡효과를 가져서는 안 된다.

- 다음 사항에 관한 모든 관련 정보를 공표해야 한다.
  ○ 규제조치의 운용
  ○ 최근 기간 동안 인정된 수입허가
  ○ 그러한 허가의 공급국간 배분
  ○ 가능한 경우 수입허가대상품목에 대한 수입통계(즉, 금액 및 / 또는 물량)
  ○ 개발도상국 회원국은 이러한 의무에 대하여 추가적인 행정 또는 재정상의 부담을 지지 않
    는다.
- 허가라는 수단으로 쿼터를 운영하는 회원국은 물량 및 / 또는 가격으로 적용될 쿼
  터 총량과 쿼터의 개시일 및 마감일, 그리고 이에 대한 모든 변경사항을 시한 내에
  공표해야 한다.
- 신청처리기간
  ○ 회원국이 어쩔 수 없는 이유로 불가피한 경우를 제외하고는 신청서가 선착순으
    로 고려되어 접수되는 경우에는 30일, 모든 신청서가 동시에 검토되는 경우에는
    60일을 초과해서는 안 된다. 투자의 경우에 신청서처리기간은 공표된 신청기간
    마감일의 다음날에 개시되는 것으로 간주된다.

평   가

본 협정은 그동안 내용이 불명확함으로써 무역을 왜곡시키고 있는 각
국의 수입허가절차를 효과적으로 규율하기 위한 것이다. 이번 UR에서는
각국의 수입허가관련 규칙 및 절차가 보다 명료하고 단순해지도록 하고,
중립성·공정성을 유지하여서 비관세무역장벽으로서 기능하지 않도록 하
였다. 수입허가절차협정은 원래 동경라운드 다자간무역협상 협정(MTN
Code)의 하나로 동 협정에 별도로 가입한 국가에만 적용되었으나 이번
UR에서는 동 협정을 개정하고 이를 모든 WTO회원국에 적용하도록 하였
다. 따라서 과거 동 협정에 가입하지 않았던 국가들, 특히 개발도상국의
수입허가절차가 크게 개선되어 수입관련 각종 행정절차에 의한 비관세장
벽이 완화될 것이다.

원산지규정

개 요

원산지규정이란 특정제품의 원산지를 결정하기 위한 제반 기준 및 절차 등을 일컫는 것으로, 정의상 그 자체가 무역의 흐름에 영향을 끼칠 목적을 갖춘 무역조치는 아니다. 그러나 각종 특혜제도의 시행 및 반덤핑관세·상계관세의 부과, 쿼터 적용 등 제반 무역판결조치에 있어서 원산지의 식별이 필요하게 됨에 따라 무역거래에 중요한 영향을 주고 있다.

또한 최근 들어 경제의 세계화 및 지역주의화가 동시에 진행되면서 원산지의 식별 자체가 복잡해지면서, 원산지의 식별에 대한 수요도 크게 늘어나고 있다.

그러나 원산지규정에 관한 국제규범은 GATT협정문에도 마련되어 있지 않으며, 특히 각국의 원산지규정이 서로 다르고 불명료하여 자의적 운용에 의한 수입장벽적인 기능이 심화되고 있다는 인식하에 UR협상 의제로 다루어지게 되었으며 명료하고 통일성있는 원산지규정의 제정을 목표로 협상이 진행되었다. UR 원산지규정협정(Agreement on Rules of Origin)은 EC, NAFTA(북미자유무역협정) 등과 같이 역내국간의 특혜 부여시 또는 선진국의 개발도상국에 대한 GSP(일반특혜관세제도) 운용시 적용되는 특혜원산지규정을 제외하고, 최혜국대우원칙, 반덤핑·상계관세, 원산지표시, 쿼터 운용 등에 적용되는 비특혜원산지규정의 통일적 운용원칙과 국제통일원산지규정의 기초를 마련하였다.

최종협정문의 주요 내용

원산지규정협정

(1) 적용범위

- 원산지규정은 비특혜무역관련수단, 즉 MFN원칙(GATT 1994의 제 1, 2, 3, 11, 13조), 반덤핑 및 상계관세(제 6 조), 긴급수입제한조치(제 19 조), 원산지표시요건(제 9 조) 및 기타 모든 차별적 수량규제 또는 관세쿼터, 정부조달 및 무역통계 작성에 적용된다.

(2) 원산지규정의 적용상 지켜야 할 원칙

(가) 과도기간 중의 원칙

- 회원국이 일반적으로 적용되는 행정결정을 내릴 경우, 다음과 같은 충족요건을 분명하게 규정해야 한다.
  - 세번(細番)변경기준이 적용될 경우, 세번변경으로 인정되는 세번단위를 당해 원산지규정 및 이에 대한 모든 예외규정에 분명히 명시해야 한다.
  - 부가가치비율기준(ad valorem percentage criterion)이 적용될 경우 비율산정방법을 원산지규정에 명시해야 한다.
  - 제조나 가공공정기준이 적용될 경우 관련물품의 원산지를 부여하는 공정을 정확히 규정해야 한다.
- 관련된 무역정책수단 또는 조치에도 불구하고, 원산지규정은 무역목적의 달성을 위한 직간접적 수단으로 사용되어서는 안 된다.
- 원산지규정은 국제무역을 제한, 왜곡 또는 교환시키는 효과를 초래해서는 안 된다. 원산지규정은 원산지를 결정하기 위해 제조 또는 가공공정과 관련없는 특정조건을 충족하도록 요구하거나 과도하게 엄격한 요건을 부여해서는 안 된다. 그러나 제조나 가공과 직접적으로 관련이 없는 원가는 부가가치비율기준을 적용하기 위해 포함될 수 있다.
- 수출입에 적용되는 원산지규정은 상품이 국내산인지 여부를 결정하기 위한 원산지규정보다 엄격하지 않아야 하고, 모든 회원국에 무차별적으로 적용되어야 한다.
- 원산지규정은 일관성 및 통일성이 있으며, 공정하고 합리적으로 시행되어야 한다.
- 원산지규정은 포지티브기준을 근거로 한다. 네가티브기준은 포지티브기준을 명료하게 하기 위해서 또는 포지티브기준을 적용할 필요가 없는 개별적 경우에만 허용된다.
- 원산지규정과 관련하여 일반적으로 적용되는 법률, 규칙 및 사법적·행정적 결정은 GATT 1994 제 10 조 1 항의 규정에 따라 공표되어야 한다.

- 수출국, 수입국 또는 정당한 사유를 가진 개인의 요청에 따라서 실시되는 원산지
  판정은 평정요청 후 150일을 넘지 않는 범위 내에서 가능한 한 빨리 내려져야 한다.
  ○ 판정요청은 당해 물품의 거래가 이루어지기 전에 접수되어야 하나, 그 후의 접
    수도 가능하다.
- 기존의 원산지규정을 변경하거나 신규규정을 도입할 경우 회원국의 법률 및 규정
  에 따라 소급적용해서는 안 된다.
- 원산지결정과 관련하여 취해진 모든 행정조치는 결정을 내린 당국과 독립되어 있
  고, 판정을 수정 또는 번복할 수 있는 사법, 중재 또는 행정재판 또는 절차에 의
  해 신속하게 검토될 수 있다.
- 해당 당국은 본래 비밀이거나 원산지규정을 적용하기 위해 비밀보장을 조건으로 제공받은 모
  든 정보를 엄격하게 비밀로 유지해야 하며, 정보를 제공한 개인이나 정부의 특별허가없이 공
  개해서는 안 된다.

(나) 통일원산지규정

① 목적과 원칙
- 각료선언은 다음 원칙에 따라 원산지통일화작업을 착수해야 한다.
  ○ 모든 목적별로 동등하게 적용되어야 한다.
  ○ 원산지는 완전생산국가 또는 1개국 이상이 생산에 관련된 경우는 최종적인 실질적 변경이
    발생한 국가에 부여한다.
  ○ 원산지규정은 무역상의 목적을 직간접적으로 추구하기 위한 수단으로 사용되어
    서는 안 되며, 세계무역을 제한하거나 왜곡 또는 교란시키는 효과를 초래하여서
    는 안 된다.
  ○ 원산지규정은 객관적이고 이해가능하며 예측가능해야 한다.
  ○ 원산지규정은 일관성이 있어야 한다.

② 작업계획
- 통일원산지규정을 제정하기 위한 작업은 WTO 설립협정 발효 후 가능한 한 빨리 개시되어야
  하며, 개시 후 3년 내 완결되어야 한다.
- 원산지규정위원회(이하「위원회」) 및 기술위원회에서 동 작업을 실시한다.
- 관세협력이사회(Customs Co-operation Council : CCC)의 세부지원사항을 규정하
  기 위해 위원회는 기술위원회에 통일원칙에 근거하여 원산지결정기준 설정작업의
  결과에 대한 해석과 의견을 제출하도록 요청해야 한다. 통일화작업이 정해진 시간 내
  에 종결될 수 있도록 HS상품분류를 기준으로 작업을 실행해야 한다.
  ⓐ 완전생산 및 최소공정 또는 작업
    •기술위원회는 한 국가에서 모든 생산이 완료된 상품 및 원산지를 판정하는데

영향을 미치지 않는 최소공정 또는 작업에 대한 정의를 통일시켜야 하고, 이러한 작업결과를 위원회로부터 요청을 접수한 후 3개월 내에 제출해야 한다.

ⓑ 실질적 변형-세번변경

- 기술위원회는 실질적 변형기준으로 특정상품 또는 상품군의 원산지를 판정할 때 세번변경기준을 사용하고, 필요하면 동 기준을 충족시키는 범위 내에서 관세코드를 최소한으로 변경하는 것도 고려해야 한다.
- 기술위원회는 HS코드의 분류를 감안하여 상기작업을 상품별로 구분하고, 분기별로 위원회에 결과를 제출한다. 기술위원회는 위원회의 요청접수 후 1년 3개월 내 상기작업을 완수해야 한다.

ⓒ 실질적 변형-보조기준

- HS코드만으로는 상품군 내지 개별상품에 대해 실질적 변형을 나타낼 수 없을 경우, 기술위원회는 부가가치기준 및/또는 제조나 가공공정기준을 포함한 기타 요건을 보완적 또는 배타적으로 사용할 수 있다.
- 이 경우, HS코드분류를 감안하여 상기작업을 상품별로 구분하고 분기별로 위원회에 결과를 제출한다. 기술위원회는 위원회의 요청 후 2년 3개월 내에 상기작업을 완수해야 한다.

(3) WTO의 역할

① 기 구

- 본 협정에 의하여 원산지규정위원회와 원산지규정에 관한 기술위원회가 설치되어야 한다.
- 위원회는 각 회원국의 대표로 구성된다. 의장을 선출하고 회원국들이 본 협정의 활동 및 추가된 목적과 관련된 사항에 대해 협의하고, 협정 내 및 상품무역이사회가 부여한 책임을 시행할 기회를 부여하기 위해 1년에 1회 이상 회의를 개최한다.
- 원산지규정에 관한 기술위원회는 관세협력이사회의 지원을 받으며, 원산지규정의 통일화작업에서 요구하는 기술적 작업을 수행한다. 동 위원회의 사무국은 관세협력이사회 사무국이 담당한다.

② 원산지규정의 수정 및 신규도입을 위한 절차 및 필요정보

- WTO 설립협정 발효시 각 회원국은 WTO 설립협정 발효일에 있던 자국의 기존 원산지규정 및 그와 관련한 사법판정 및 일반적 행정결정을 협정 발효 후 90일 이내에 WTO사무국에 제출해야 한다.
- 기존 원산지규정을 최소수정 이상으로 수정을 하거나, 신규원산지규정을 도입하려는 회원국은 관련 회원국이 원산지규정의 수정 또는 신규도입 의도에 맞출 수 있도록 수정 또는 신규원산지규정의 발효 최소 60일 전에 공표해야 한다.

평 가

이번의 최종협상 결과는 국제적으로 통일된 단일 원산지규정을 제정하기 위한 기초를 마련하였다는데 그 의의가 있다. 그동안 각국이 자의적으로 운용해 오던 원산지규정에 대해 합리적·객관적으로 운용하기 위한 원칙을 명시함으로써 국제무역환경 및 해외투자환경이 크게 개선될 수 있을 것으로 전망된다.

본 협정의 구체적 내용을 살펴보면, 그 적용범위는 MFN원칙(GATT 1994의 제1, 2, 3, 11, 13조), 반덤핑 및 상계관세(제6조), 긴급수입제한조치(제19조), 원산지표시요건(제9조), 여타 모든 차별적인 수량규제나 관세쿼터 등의 적용과 같이 비특혜적인 통상정책수단의 적용 그리고 정부조달 및 무역통계의 작성 등에 적용하기로 하고, 그동안 쟁점이 되어 왔던 특혜무역(자유무역지대, GSP에서 관세특혜를 부여하는 경우)에 관해서는 본 협정에서 규정한 각종 기준을 적용하지 않고, 단지, 본 협정의 기본원칙을 적용해야 한다는 선언 만을 해두고 있다. 통일원산지규정은 본 협정 발효 후 작업을 개시하여 3년 내에 마련하고, 과도기적으로는 3개의 원산지 판정기준별 요건을 적용할 것을 명시하였다.

원산지규정이 국별로 차이가 커 UR협정 최종타결시까지 국제통일규정을 마련하지는 못하고, 과도기간 중의 원산지규정의 운용원칙에 대해서만 명시하였지만, 협정 발효 후 즉시 통일화작업을 개시하여 3년 내에 마치도록 함으로써 장기적으로는 원산지규정의 무역장벽적 운용은 크게 억제되고 무역 및 해외투자환경이 크게 개선될 것이다.

선적전검사

개 요

선적전검사제도는 개발도상국 수입국이 다국적기업의 관세포탈 등 불합리한 거래관행을 방지하기 위하여 시행하고 있는 제도로서 회원국지역에 수출될 상품의 세번, 환율 및 재무조건을 포함한 품질, 수량, 가격검증과 관련된 모든 활동을 총칭한다. 그러나 동 제도는 운영과정에서 자의성이 개입되어 무역왜곡 가능성이 항상 존재해 왔으며, 이에 따라 선진국들이 개발도상국의 선적전검사제도의 무역왜곡효과를 배제하고자 이에 대한 다자간규범의 제정을 주장하여 협상이 이루어졌다.

최종협정문의 주요 내용

선적전검사협정

① 정 의
- 선적전검사(Preshipment Inspection)는 사용회원국의 영역으로 수출될 물품의 관세분류 환율 및 금융조건을 포함한 품질, 수량, 가격검증과 관련된 모든 활동을 말한다.

② 사용회원국의 의무
- 무차별원칙
  ○ 선적전검사활동은 무차별적으로 시행되어야 하며, 모든 수출업자에게 객관적이고 동등한 절차와 기준을 적용해야 한다.
- 정부측의 요구
  ○ 사용회원국은 자국의 법률, 규정 및 이행요건에 의한 선적전검사과정에서 GATT 1994의 제3조 4항(내국민대우원칙)을 준수해야 한다.
- 검사지역
  ○ 모든 선적전검사활동은 상품의 수출관세영역 또는 쌍방이 합의하거나 상품의 복합성으로 인해 수출관세영역에서 실행될 수 없는 경우 상품이 제조되는 관세영

역에서 실행된다.
- 표 준
  ○ 수량, 품질검사는 구매계약에서 합의한 표준에 따르며, 표준이 없는 경우에는 국제표준을 적용한다.
- 명료성
  ○ 사용회원국은 수출업자에게 검사요건 충족에 필요한 모든 정보리스트를 제공해야 한다. 선적전검사기관은 수출국의 요구가 있을 때는 실질적인 정보를 제공해야 한다. 이때 실질적인 정보란 선적전검사활동과 관련된 사용회원국의 법률 및 규제조치, 검사절차 및 기준, 가격 및 환율검정목적의 절차 및 기준, 검사기관에 대한 수출업자의 권리, 항소절차 등이다.
  ○ 추가적인 절차의 요건 및 기존 절차를 변경하였을 경우 관련 수출업자에게 검사일의 변경을 통보해야만 선적에 적용할 수 있다.
  ○ 그러나 GATT 1994의 제 20 조(GATT의무의 일반적 예외) 및 제 21 조상(안전보장을 위한 예외)의 긴급상황에서는 수출입업자에게 알리기 전에 추가적인 절차요건 또는 변경을 선적에 적용할 수 있다.
- 영업비밀정보의 보호
  ○ 사용회원국은 선적전검사기관이 제 3 자에게 영업비밀정보를 누설하지 않는다는 것을 보장해야 한다. 특히, 사용회원국은 선적전검사기관이 수출업자에게 특허, 허가 또는 비공개된 가공공정 및 특허계류 중인 공정에 대한 생산정보, 비공개된 기술자료, 제조원가를 포함한 내부가격, 이익수준 및 수출업자와 공급업자간 계약조건 등의 정보를 요구하지 못하도록 보장한다.
- 지 연
  ○ 사용회원국은 선적전검사과정에서 선적전검사기관의 불합리한 검사지연을 방지해야 한다. 선적전검사기관과 수출업자가 검사일을 일단 합의하면, 수출업자와 선적전검사기관 사이에 상호합의에 의해 재조정하지 않는 한 검사일에 실행해야 한다. 사용회원국은 최종서류의 수령 및 검사완료 후 5일 이내에 검사결과보고서를 발급하거나, 비발급시는 그 사유를 기재한 세부적인 서면 해명서를 제출해야 한다.
- 가격검증
  ○ 수출가격의 검증을 위한 가격을 비교할 때, 사용회원국은 동일수출국에서 동일시기에 수출되는 동일 또는 유사한 상품의 가격을 관습적인 상거래관행에 따라 조정한 가격 또는 표준할인을 뺀 가격을 기준으로 한다.
- 항소절차
  ○ 선적전검사기관은 수출업자의 청원 또는 고충을 접수·검토 및 결정하기 위한 선적전검사 행정사무소를 각시 및 항만에 설치하고, 이를 위한 행정관리를 임명해야 한다.

- 적용배제
  - 부분선적을 제외하고 사용회원국은 사용회원국이 규정한 선적의 최소가치(a minimum value)보다 적은 선적에 대해서는 검사를 면제한다.

③ 수출국의 의무
- 무차별
  - 수출회원국은 선적전검사활동과 관련된 법률 및 규정이 무차별적으로 적용되도록 해야 한다.
- 명료성
  - 수출회원국은 기타 정부 및 무역업자에게 선적전검사활동과 관련된 모든 법률 및 규정을 신속히 공표해야 한다.

④ 독립재심절차
- 선적전검사기관과 수출업자간의 분쟁은 상호간에 해결하도록 유도해야 한다. 그러나 고충 제출 후 2일 내에 분쟁이 해결되지 않을 경우, 각 당사국은 독립재심을 청구할 수 있다.
- 회원국은 다음과 같은 합리적인 절차가 제정되고 유지될 수 있도록 가능한 한 합리적인 조치를 취해야 한다.
  - 본 절차는 수출국의 대표기관과 선적전검사기관의 대표기관으로 구성된 독립기관에 의해 관리된다.
  - 상기의 독립기관은 ⓐ 선적전 검사기관을 대표하는 단체가 지명한자 ⓑ 수출자를 대표하는 단체가 지명한 자 ⓒ 독립기관이 지명한 독립된 무역전문가 등의 전문가목록을 작성해야 한다.
  - 분쟁을 제기한 수출업자 또는 선적전검사기관은 독립기관에 패널설치를 요청한다. 패널은 선정에 의해 3개의 회원국으로 구성된다.
  - 패널의 판정은 다수결원칙에 따라 투표로 채택되어야 하며, 분쟁판정은 독립재심요구 후 8일(영업일자 기준) 내 행해지며 분쟁당사자에 전달된다. 시간제한은 분쟁당사국 합의에 의해 연장될 수 있다.
- 패널판정은 분쟁당사자인 선적전검사기관 및 수출업자에 대해 구속력을 가진다.

⑤ 통 보
- 회원국은 선적전검사와 관련된 법률 및 규칙뿐만 아니라 본 협정과 관련된 법률 및 규칙의 사본을 WTO사무국에 제출해야 한다.
  - 동 법령개정시에는 공표 후 즉시 WTO사무국에 통보해야 한다.

⑥ 검 토
- 각료선언은 WTO 설립협정 발효 후 그 이듬해 말 및 그 후 매 3년마다 본 협정의 규정, 시행 및 운용상황을 검토해야 한다.

⑦ 협 의
- 회원국은 요청에 의해 본 협정의 운용에 영향을 미치는 사항에 대해서 타회원국과 협의할 경우 GATT 1994의 제22조(협의)가 적용된다.

⑧ 분쟁해결
- 본 협정의 운용에 대해 회원국간에 분쟁이 발생할 경우, GATT 1994의 제23조(무효화 또는 침해)가 적용된다.

⑨ 최종규정
- 회원국은 본 협정의 이행을 위해 필요한 조치를 취해야 한다.
- 회원국은 자국 법령 및 규칙이 본 협정조항에 위배되지 않도록 해야 한다.

평 가

본 협정문에서는 선진국과 개발도상국의 입장이 비교적 균형되게 반영되어 있으나 가격검증기준에 관해서는 개발도상국의 입장이 반영된 반면, 분쟁해결을 위한 독립재심결과의 처리에 대해서는 선진국의 입장이 많이 반영된 것으로 평가되었다.

본 협정이 발효될 경우 수입국의 선적전검사와 관련한 자의적 운영이 사실상 방지되기 때문에 동남아 및 중남미 등 개발도상국에 대한 선진국 및 선발개발도상국의 수출여건은 다소 개선될 것이다.

식품위생 및 동식물검역조치

개 요

그동안 GATT 1947 제20조 (b)항 (「인간 및 동식물의 생명 혹은 건강의 보호를 위하여 필요한 조치」는 GATT의무의 일반적인 예외로 인정되어 시행가능함)을 회원국들은 농축산물의 수입에 대한 규제수단으로서 자의적으로 활용해 왔다. 그러나 본 식품위생 및 동식물검역조치하에서는 GATT 1994 제20조 (일반적 예외 (b)항) 및 본 협정의 관련 조항에 근

거하여 각 회원국들이 인간·동물 또는 식물의 생명과 건강을 보호하는데
필요한 조치를 채택할 수 있는 수준과 평가방법을 규정함으로써 조치적용
의 명료성과 예측가능성을 확대하고 있다. 특히, 본 조치가 GATT 1994
에서 독립협정으로 다루어지게 된 것은 농산물협정에 의해 농산물이 무역
대상으로 포함되었기 때문에 이를 강화하기 위한 것으로 보인다.

최종협정문의 주요 내용

식품위생 및 동식물검역조치협정

① 기본권리와 의무
- 기본권리
  ○ 회원국은 본 협정조항과 불일치하지 않는 한 인간·동물 또는 식물의 생명 또는
    건강을 보호하는데 필요한 식품위생 및 동식물검역조치(The Application of
    Sanitary and Phytosanitary Measures)를 채택할 권리가 있다.
- 의 무
  ○ 식품위생 및 동식물검역조치는 인간·동물 또는 식물의 생명 또는 건강보호를 위해 필요한
    범위 내에서만 적용되며, 과학적 원칙에 근거를 두어야 하고 충분한 과학적 증거를 가지고
    있어야 한다.
  ○ 식품위생 및 동식물검역조치는 타회원국들에 대해 임의 또는 불공정하게 차별대우해서는
    안 된다.
  ○ 본 협정의 관련 조항에 따른 식품위생 및 동식물검역조치는 GATT 1994조항 특
    히 20조 (b)항, 즉「인간 및 동식물의 생명 혹은 건강의 보호를 위하여 필요한
    조치」에 따른 회원국들의 의무에 의거해야 한다.

② 조 화
- 국제간의 광범위한 조화(harmonization)목적
  ○ 식품위생 및 동식물검역조치는 국제표준, 지침 또는 권고 등을 따라야 한다. 국제표준,
    지침 또는 권고에 의거한 식품위생 및 동식물검역조치는 인간·동물 또는 식물
    의 생명과 건강을 보호하는데 필요한 것으로 간주하며, GATT 1994 및 본 협정
    의 관련 조항과 일치해야 한다.
- 조화의 예외
  ○ 회원국들은 과학적인 증명 또는 회원국이 본 협정 내「적정한 동식물보호수준의

결정 및 평가위험」의 관련 조항에 의거하여 적절한 보호수준을 결정하였다면 관
련 국제표준, 지침 또는 권고에 근거한 규정보다 더 강도 높은 수준의 동식물위생보호를
위한 식품위생 및 동식물검역조치를 도입 또는 유지할 수 있다.

③ 동등성

- 회원국들은 타회원국의 동식물위생규정이 자국의 규정과 다르거나, 동일상품을 거
  래하는 타회원국의 규정과 다르다고 하더라도 수출국이 그들의 조치가 수입국의
  위생 및 검역의 적정보호수준을 달성한다는 것을 수입국에게 객관적으로 증명한다
  면 동일하게 받아들여야 한다.

④ 위험평가, 위생 및 검역의 적정보호수준 결정

- 보호수준의 및 위험평가시 일반원칙
  - 인간의 생명 또는 건강에 미치는 위험에 대응하여 위생 및 검역의 적정수준이라
    는 개념을 적용하는 것에 대해 일관성을 유지하기 위해, 각 회원국은 상이한 상
    황에서 적정하다고 판단한 보호수준이 국제무역에서 차별대우 또는 제한을 가져
    오는 임의 또는 불공정한 차별을 초래하지 않도록 한다.

- 위험평가방법 및 위험평가시 고려사항
  - 회원국은 관련 국제기구에 의해 개발된 위험평가기법을 참작하여, 여건에 따라 적절하게
    위생 및 검역조치가 인간·동물·식물의 생명 또는 건강에 미칠 위험평가에 근거한다는 것
    을 확신해야 한다.
  - 위험평가에 있어, 회원국은 이용가능한 과학적 증거, 관련 제조 및 생산방법,
    관련 검사, 사료채취 및 시험방법, 특정질병 또는 역병의 유행, 역병 또는 질병
    무지역의 존재, 관련 생태 및 환경조건 등을 고려해야 한다.

- 보호수준의 결정시 고려사항
  - **동식물위생보호의 적정수준을 결정할 때, 회원국들은 (–)무역효과를 최소화하도록 해야**
    한다.
  - 동물 또는 식물의 생명 또는 건강에 대한 위험을 평가하고, 위험에 대한 동식물
    위생보호의 적정수준을 얻기 위한 규정을 결정함에 있어 회원국은 다음과 같은
    관련 경제요소를 고려해야 한다.
    - 역병 또는 질병이 유입, 발병 또는 만연될 때 생기게 될 생산 또는 판매손실,
      수입국에서의 방역 또는 박멸비용 및 대체방법의 소요비용효과 등

⑤ 역병·질병 무지역과 낮은 수준의 역병·질병유포를 포함한 지역조건에의 적응

- 식품위생 및 동식물검역조치는 상품의 원산지와 상품의 목적지 등의 위생 및 검역
  특징에 부합해야 한다. 각 지역의 위생 및 검역의 특징을 평가함에 있어 회원국은
  특정질병 또는 역병의 발생수준, 박멸 또는 방역계획의 유무, 관련 국제기구가 개

발한 적절한 기준 또는 지침을 고려해야 한다.
- 특히 회원국은 역병 또는 질병 무지역과 제한적 발생지역을 결정할 때 지리적 · 생
  태학적 · 역학적 위생 및 검역관리의 효율성과 같은 요소를 고려해야 한다.
- 국경 내 지역이 역병 또는 질병 무지역과 제한적 발생지역이라고 주장하는 수출국
  은 그러한 지역들이 각각 역병 또는 질병 무지역과 제한적 발생지역이라는 것을
  수입국에 객관적으로 보여주는데 필요한 증거를 제시해야 한다.

⑥ 명 료 성
- 회원국은 수락된 모든 동식물위생규정을 관심있는 타회원국이 알 수 있도록 신속하게 공표해
  야 한다.
  ○ 긴급한 경우를 제외하고, 회원국은 수출국 특히 개발도상국 회원국의 생산자에
    게 시간적 여유를 주고, 수입국의 요구에 따라 상품 및 생산방법을 변경할 수
    있도록 동식물위생규정(regulation)의 공표와 발효 사이에 합리적인 시간간격을
    두어야 한다.

⑦ 개발도상국에 대한 예외규정
- 동식물위생규정의 적용 및 준비에 있어, 회원국은 개발도상국 회원국, 특히 최빈
  개발도상국의 특별요구를 고려해야 한다.
  ○ 개발도상국 회원국이 본 협정조항에 동의한다는 관점에서 위생 및 검역규제위원
    회는 개발도상국 회원국의 재정, 무역 및 개발의 욕구를 고려하여 본 협정하의
    의무에 대해 전체 또는 부분적으로 적용기간을 구체적으로 유예할 수 있다.
  ○ 회원국은 관련 국제기구에 개발도상국 회원국이 적극적으로 참여할 수 있도록
    유도해야 한다.

⑧ 관 리
- 위생 및 검역규제위원회(이하 「위원회」)의 운영방법
  ○ 위원회는 정기적인 협의를 해야 하며, 합의에 의해 결정한다.
- 위원회의 기능
  ○ 본 협정조항을 이행하고 동 목적의 촉진을 실행하는데 필요한 기능을 수행한다.
  ○ 위원회는 개별 동식물위생이슈에 대해 회원국 사이의 특별 협의 또는 협상을 장
    려해야 한다. 위원회는 국제표준, 지침 또는 권고를 장려하고 식품 · 음료 및 식
    량의 오염허용치의 설정과 음식첨가제의 사용승인을 위한 방법론과 국제 및 국
    내시스템간의 협조와 통합을 증가시키기 위한 기술적 협의와 연구를 지원해야
    한다.
  ○ 위원회는 동식물위생보호분야에서의 관련 국제조직, 특히 국제수역(獸疫)사무
    국 및 국제식물보호협약 사무국 등으로부터 본 협정의 관리를 위해 최대한의 과

> 학적이고 기술적인 충고를 듣고 불필요한 노력의 중복을 피하기 위해 긴밀한 접
> 촉을 유지해야 한다.
> ○ 위원회는 국제표준, 지침 또는 권고의 사용여부 및 국제조화과정의 감시절차를
>   개발해야 한다.
>
> ⑨ 최종규정
> – 최빈개발도상국 회원국은 WTO 설립협정 발효일 이후 5년 동안 수입 또는 수입상품에 영향을
>   미치는 위생 및 검역규제에 대해 본 협정의 적용을 유예할 수 있다.
> ○ 기타 개발도상국 회원국도 본 협정을 기술전문지식, 하부기술관련조직 및 재원부족으로 실
>   행하지 못하는 경우와 수입 또는 수입상품에 영향을 미치는 기존의 위생 및 검역규제에 대
>   해 본 협정의 적용을 WTO 설립협정 발효일 후 2년 동안 유예할 수 있다.

평 가

본 조치는 회원국에게 인간 및 동식물의 생명과 건강보호를 위하여 식품위생 및 동식물검역조치를 취할 권리를 부여하고, 이를 위해서는 「필요한 범위 내에서」, 「과학적 원칙 및 충분한 증거를 확보」해야 한다고 규정함으로써 본 조치가 농축산물 수입에 대한 자의적 규제수단으로 작용하는 것을 방지하고 있다. 이러한 원칙은 각국이 동식물위생보호의 수준과 위험평가를 하는데 있어서도 마찬가지로 적용되며 각 회원국들은 가능한 한 본 조치로 인한 무역감소효과를 최소화하도록 하고, 객관적인 평가방법 사용을 위해 관련 국제기구에 의해 개발된 평가방법을 사용해야 된다고 규정하고 있다. 또한, 개발도상국들에게는 위의 원칙을 지킨다는 관점하에서 본 협정하의 일부 또는 전체의 의무를 기간이 한정된 특별예외를 부여할 수 있다고 함으로써 개발도상국 회원국의 참여를 적극 지원하고 있다.

그러나 농산물이 자유무역대상으로 포함되고 회원국들이 그동안 자의적으로 활용해 오던 본 조치를 객관화·명료화시키는 데에 본 협정의 취지가 있는 만큼 회원국들의 부담은 그만큼 더 커지게 되었다.

무역관련투자조치

개 요

무역관련투자조치(Trade-Related Investment Measures : TRIMs)란 외
국인투자와 관련하여 무역의 흐름을 제한하거나 왜곡시키는 효과를 가져
오는 제도적 장치로서 투자유치국이 부과하는 각종 투자이행의무를 말
한다.

UR TRIMs협상은 투자조치의 무역왜곡 및 무역제한효과를 방지함에 있
어서 법적 구속력을 지닌 다자간규범을 최초로 제정하고, WTO체제를 공
고히 한다는 데서 그 의의를 찾을 수 있다. 그러나 미국을 비롯한 선진국
과 개발도상국 모두 무역관련투자조치의 무역제한 및 왜곡효과의 시정이
바람직하다는 것을 인정하면서도 무역관련투자조치의 정의 및 대상에 있
어서는 근본적인 시각차가 있어 협상에 난항을 겪었다.

이번 UR 최종협상에서 타결된 핵심내용은 상품무역과 관련된 투자이행
조건의 금지로 요약될 수 있다.

최종협정문의 주요 내용

무역관련투자조치협정

① 적용범위
- 본 협정은 상품무역과 관련된 투자조치(이하 「무역관련투자조치, 즉 TRIMs」)에
  적용된다.

② 내국민대우와 수량제한금지원칙에 저촉되는 조치
- 회원국은 GATT 1994의 제3 조(내국민대우) 및 제11 조(수량제한의 일반적 금지)에 저촉되는
  무역관련투자조치를 취해서는 안 된다(이에 해당하는 TRIMs의 예시목록은 다음과 같이 부속
  서에 명시됨).

- 부속서상의 예시목록
    - 내국민대우(GATT 제3조 4)원칙에 상치되는 투자제한조치
    ① 투자유치국에서 국산품이나 국내에서 조달된 제품의 사용이나 구매를 강요하는 것
    ⓘⓘ 수입물품의 구매나 사용이 투자유치국 국산품의 수출과 연계되어 있을 경우
    - 수량제한금지(GATT 제11조 1)원칙에 상치되는 투자제한조치
    ① 투자유치국 국내에서의 생산에 필요한 물품의 수입을 제한하거나 이들 국내생산제품의 수출물량이나 금액과 연계하여 제한하는 것
    ⓘⓘ 외환조달상의 규제를 통하여 투자유치국 국내생산에 필요한 제품수입을 제한하는 것(국내생산에 소요되는 물품의 수입을 위한 외화취득을 당해 기업의 외화획득과 연계)
    ⓘⓘⓘ 투자유치국에서 수출이나 수출을 위한 판매를 특정제품, 물량, 금액으로 제한하거나 국내생산물량, 금액과 비례하여 제한하는 것
  ○ GATT 1994에서 인정하는 모든 예외조치를 본 협정에서도 인정한다(선언적 의미).

③ 개발도상국에 대한 우대

- 개발도상국 우대조항인 GATT 1994의 제18조(경제개발에 대한 정부의 지원) GATT의 BOP조항에 관한 양해각서 및 1979년의 국제수지에 관한 무역조치선언에 의거하여 개발도상국은 다른 회원국들의 이해하에 내국민대우 및 수량제한금지원칙에 위배되는 조치에 대해 일시적인 예외가 허용된다.

④ 통보 및 경과규정

- 각 회원국은 본 협정 발효 후 90일 이내에 본 협정과 합치되지 않은 모든 무역관련투자조치를 상품무역이사회에 제출해야 하며, 일반적으로 또는 구체적으로 적용되는 무역관련투자조치는 그 주요 특징과 함께 통보해야 한다.
- 통보된 무역관련투자조치는 WTO 설립협정 발효일로부터 선진국은 2년 이내, 개발도상국은 5년 이내, 최빈개발도상국은 7년 이내에 모두 철폐해야 한다.
- 개발도상국 및 최빈개발도상국은 특별한 경제적 곤란이 있을 경우, 무역관련투자조치의 제거에 대한 경과기간 연장을 신청할 수 있으며, 상품무역이사회는 관련국의 개발, 재정, 무역상 필요를 고려하여 경과기간을 연장해 줄 수 있다.
- 경과기간 중 회원국은 본 협정에 의거하여 통보된 무역관련투자조치의 조건을 WTO 설립협정 발효시의 무역관련투자조치의 조건을 변경하여 본 협정의 제2조(내국민대우 및 수량제한)와 불일치하도록 해서는 안 되며, 본 협정 발효 전 180일 이내 도입된 무역관련투자조치는 경과조치혜택을 받을 수 없다.
- 기존 업체에게 불이익을 주지 않도록 하기 위하여 경과기간 중 다음과 같은 경우의 신규투자에 대하여도 이사회에 통보된 무역관련투자조치를 적용할 수 있다.
  ○ 신규투자의 제품이 기존 업체의 것과 동종일 경우

◦ 신규투자와 기존 기업간 경쟁조건의 왜곡을 시정할 필요가 있을 경우

⑤ 명 료 성

- 회원국은 GATT 1994의 제10조(무역규제의 공표 및 시행), 통지, 협의, 분쟁해결 및 감시에 대한 1979년 양해각서상의 통보에 대한 양해, 그리고 통보절차에 대한 각료급 결정사항 등에서의 명료성 및 통보의무에 대한 약속을 이행한다.
- 각 회원국은 지방정부와 지방자치단체를 포함하여 무역관련투자조치와 관련된 정보를 담고 있는 간행물을 WTO사무국에 통보하여 명료성을 보장해야 한다.

⑥ 무역관련투자조치위원회 구성

- 무역관련투자조치에 관련하여 WTO의 전체회원국이 참가하는 무역관련투자조치위원회를 구성한다.
- 1년에 적어도 한 번 이상, 또는 요청이 있을 때마다 회의를 수시로 개최할 수 있는 동 위원회는 본 협정의 운용과 시행을 검토하고 그 결과를 상품무역이사회에 보고한다.

⑦ 상품무역이사회에 의한 검토

- 본 협정의 발효 후 5년 이내에 상품무역이사회는 협정의 운용상황을 검토하여 필요시 수정해야 한다.
- 상품무역이사회는 투자정책 및 경쟁정책에 대한 조항의 추가여부도 검토해야 한다.

평 가

본 협정문에서는 금지대상 무역관련투자조치협정(Agreement on Trade-Related Investment Measures)의 범위가 신규투자를 대상으로 한 강제적 조치로 대폭 축소되었지만, 심각한 무역왜곡효과를 갖는 조치를 전반적으로 금지하기 위한 WTO 다자간규범이 마련되었다는 데서 그 의의가 크다고 하겠다. 또한, 기존의 금지대상 무역관련투자조치의 점진적 철폐로 해외투자환경은 점차 개선될 것으로 보인다.

이번의 협정내용에서 주목해야 될 부분은 대체로 다음과 같이 요약된다.

첫째, 무역관련투자조치의 범위에 대한 명확한 정의가 미흡하다.

둘째, 선진국이 주장해 왔던 무역관련투자조치는 국산부품사용의무, 판매시장 지정조치(production mandates), 특정제품 국내제조의무(local manufacturing requirements), 외환통제(foreign exchange restrictions), 무역수지균형을 위한 기업활동제한, 기술이전의무, 외국인 지분참여제한 (limits on equity participation) 등이며, 이 중 가장 빈번한 마찰대상인 기술이전의무 및 외국인 지분참여제한은 선진국간의 입장차이로 제외되었다.

셋째, 개발도상국에 대하여는 전반적인 예외를 인정하지 않아 참여폭을 넓혔으나, 금지대상투자조치 철폐의 경과기간이 장기간이고 특정의 경우 연장이 가능하여 선발개발도상국 이하의 국가에 있어서는 실효성의 확보가 어려울 수 있다.

본 협정이 선진국이 본래 의도하던 바에는 훨씬 미치지 못하지만 선진국간에도 외국인투자제도에 대한 입장이 다른 상황이기 때문에 WTO체제를 벗어나는 또 다른 규범이 제정될 전망은 없으며, 향후 본 협정에 대한 수정·보완 기회가 주어져 있으므로 이에 대한 논의는 계속될 것이다.

정부조달(복수국간협정)

개 요

그동안 정부조달시장분야는 공공기관의 특성을 인정하여 GATT 제 3 조 8항 및 제 17 조 2항에 근거하여 최종수요자로서의 정부기관의 물품구매에 있어서는 내국민대우, 무차별원칙의 적용의무가 면제되어 있었다. 이런 정부조달시장분야의 예외조항을 이용하여 각국 정부는 자국의 산업을 보호하고 특히 국제경쟁력이 취약한 중소기업을 육성할 수 있었다.

그러나 각국 경제에서 공공부문이 차지하는 비중이 커지면서 정부조달상의 차별적 무역관행은 세계무역의 신장을 방해하는 비관세장벽의 하나로 여겨지게 되었다. 각국은 법률이나 정책·관행상으로 자국산 상품이나 서비스의 우선구매원칙을 유지하는 것이 대부분으로 미국의 「Buy American

Act」나 EC의 「EC 내 물품우선구매원칙」 등이 그 대표적인 예이다.

그러나 선진국들의 모임인 OECD를 중심으로 정부조달의 자유화 움직임이 고조된 이후 1981년부터 GATT의 일반협정과는 별도로 협정가입국만을 대상으로 하는 동경라운드 다자간무역협상 협정(MTN Code)의 하나로서 정부조달협정이 제정되어 시행되어 왔다.

현재 24개국이 가입되어 있는 기존 정부조달협정의 주요 내용을 살펴보면, 먼저 가장 핵심적인 특징은 GATT의 기본원칙인 최혜국대우 및 내국민대우의 원칙이 협정가입국간 조달분야에 동일하게 적용된다는 점이다. 또한, 기존 협정의 적용대상은 중앙정부기관의 물품구매에 한정되어 있으며 서비스·수도·전기·운송 및 통신 등은 적용대상에서 제외되며, 일정금액(13만 SDR) 이상의 조달계약에 대해서만 적용된다.

이러한 정부조달협정은 적용대상계약의 종류와 대상기관의 범위 등에서 많은 제약이 있고 조달절차에서도 내외차별적 조치가 지속되고 있다는 비판에 따라 UR에서 정부조달확장협상이 진행되기에 이르렀다. 다만, UR 정부조달협정은 여전히 WTO 전회원국이 아닌 일부 복수국간에만 적용되는 소위 「복수국간협정(Plurilateral Agreement)」의 하나로 되어 있다.

최종협정문의 주요 내용

정부조달협정

① 대상 및 범위
- 협정의 적용대상은 다음과 같다.
  - 본 협정은 중앙 및 지방정부, 정부의 통제 또는 영향력하에 있는 민간기업의 조달에 관한 법령, 규제, 절차 및 관행에까지 적용된다.
  - 구입 옵션의 부여에 관계없이 구매, 리스, 임대, 고용구매 등을 포함한 모든 형태의 계약에 적용된다.
  - 본 협정의 부속서에 포함되지 않는 기관이라도 조달상 특정한 요구가 있을 경우에는 본 협정이 적용된다.

- 협정의 적용범위는 회원국의 양허안에서 정한 하한선 이상의 조달로 한다.

② 내국민대우와 무차별원칙

- 본 협정이 적용되는 정부조달에서 모든 법령, 규제, 절차, 관행상 국내업자와 다른 회원국의 공급업자 또는 회원국의 공급업자간에 무차별대우를 한다.
- 본 협정이 적용되는 정부조달에 관한 법령, 규제, 절차, 관행상에 있어서 조달주체는 다음 사항을 확신해야 한다.
  - 현지 설립된 공급자를 외국과의 협력관계 및 소유 정도에 따라 다른 현지공급자들에 비해 불리하게 대우해서는 안 된다.
- 그러나 동 원칙은 관세와 수입과 관련된 부과금(charge)에는 적용되지 않는다.

③ 원산지규정

- 본 협정이 적용되는 정부조달에 있어서, 원산지규정을 정상적인 무역과정에서의 원산지규정과 달리 적용해서는 안 된다.

④ 개발도상국에 대한 특별대우

- 개발도상국의 경제발전 유도목적
  - 회원국은 개발도상국, 특히 최빈개발도상국의 ⓐ 무역수지 및 외환보유고 ⓑ 경제개발의 유지발전을 위한 유치산업의 보호 ⓒ 정부조달에 전적으로 의존하는 산업의 보호 ⓓ 경제개발의 진작 등과 관련하여 경제발전과 재정 및 무역에서의 특별대우요구에 대해 배려한다.
  - 개발도상국으로부터 수입을 촉진해야 한다.
- 예외인정의 범위
  - 개발도상국은 본 협정의 회원국과 조달주체, 물자 및 서비스에 대해 내국민대우원칙에서 상호 수용가능한 예외를 위한 협상을 할 수 있다.
  - 본 협정 발효 후 개발도상국은 조달양허상의 명단의 수정조항과 관련하여 조달주체를 수정할 수 있다. 단, 위원회에 서면으로 명단의 수정을 요구해야 한다.
- 개발도상국에 대한 기술적 원조
  - 개발도상국의 요청이 있을 경우에는 선진국은 정부조달에서 개발도상국의 문제해결을 위해 필요하다고 생각되는 모든 기술적 원조를 제공해야 한다.
- 검 토
  - 위원회는 동 조항의 운용과 실효성을 매년 검토해야 하며, 동 조항의 운용 후 3년에 한번씩 그 효과를 평가하기 위해 당사국이 제출한 보고서를 검토한다.

⑤ 기술적 사양

- 품질, 실적, 안전, 규격, 기호, 용어, 포장, 성분, 상표부착, 생산과정 및 방법 등에 관한 기술적 사양이 국제무역에 불필요한 장애가 되어서는 안 된다.

- 기술적 사양은 ⓐ 디자인이나 외양보다는 실적의 중시 ⓑ 국제표준, 국내기술규
제 및 국내인증표준에 근거하되 특정상표, 명칭, 특허, 디자인, 특정원산지 및 특
정생산자를 요구할 수는 없다.
- 조달주체는 경쟁을 방해하는 효과를 가질 수 있는 방식으로 조달에 상업적으로 관
심을 가질 수 있는 기업으로부터 특정조달에 대한 사양작성에 사용될 수 있는 조
언을 구하거나 수용해서는 안 된다.

⑥ 입찰절차
- 일반조항
  ○ 입찰절차는 무차별적으로 적용되어야 하며, 본 협정 내 입찰관련조항에 의거해야 한다.
  ○ 조달주체는 특정조달과 관련하여 특정공급자에게 경쟁을 방해할 수 있는 정보를
    제공해서는 안 된다.
- 정의
  ○ 공개입찰절차 : 관심있는 모든 공급자는 입찰에 참여할 수 있다.
  ○ 선택입찰절차 : 입찰및 납기의 시간제한에 의거하여 선택된 공급자만이 입찰에 참여한다.
  ○ 제한입찰절차 : 대응구매조항의 조건하에서만 개별적으로 공급자와 접촉한다.

⑦ 입찰자격
- 입찰자격심사과정에서 최혜국대우와 내국민대우원칙이 적용되어야 한다.
- 입찰절차는 다음과 같다.
  ○ 입찰참여조건은 관심있는 공급자가 조달과정을 효율적으로 수행할 수 있을 정도
    로 충분한 시간을 두고 공고해야 한다. 입찰참여조건은 계약을 완수하는 데에는
    필수적인 것에 한정해야 한다.
  ○ 공급자에 대한 심사절차, 소요시간 등이 외국공급자를 공급자명단에서 제외시키거나 특정
    조달에서 제외시키기 위한 목적으로 활용되어서는 안 된다.
  ○ 조달주체가 유자격공급자의 항구적인 명단을 갖고 있을 경우, 공급자는 항시 유
    자격심사를 요구할 수 있으며, 유자격공급자일 경우 빠른 시일 내로 명단에 올
    려야 한다.
  ○ 조달주체는 유자격공급자가 되기를 희망하는 공급자에게 이에 관한 결정사항을
    통보해야 한다.

⑧ 예정된 조달의 입찰공고
- 제한입찰의 경우를 제외한 모든 예정된 조달은 입찰공고되어야 한다.

⑨ 선정절차
- 선택입찰절차에 있어서 가장 효과적으로 국제경쟁을 유도하기 위해 조달주체는 국내 및 외국
의 공급자를 최대한 입찰에 초청해야 한다.

- 유자격자의 항구적인 명단을 가지고 있을 경우에, 조달주체는 명단 내에서 입찰참가자를 선정할 수 있다. 선정은 명단 내에서 공급자에게 동일한 기회를 부여해야 한다.

⑩ 입찰과 납기의 시간제한
- 국내 및 외국공급자가 입찰절차 마감 전에 입찰을 준비 · 제출할 수 있도록 시간제한은 충분히 제공되어야 한다.
- 시간제한은 다음과 같다.
  ○ 공개입찰절차인 경우, 입찰접수시기는 공고 후 40일 이상이어야 한다.
  ○ 선택입찰절차인 경우는 두 가지로 나뉜다.
    • 유자격자명단에 의존하지 않는 경우, 입찰참가지원서 제출시기는 공고 후 25일 이상이며, 입찰접수는 입찰초청 공고 후 40일 이상이어야 한다.
    • 유자격자명단에 의존하는 경우, 입찰접수는 최초의 입찰초청일로부터 40일 이상이어야 한다
  ○ 그러나 별도의 고시가 12개월 이내에 40일 이상 공고되었을 경우에는 입찰접수기간은 40일에서 통상적인 경우는 24일, 특정의 경우(국가비상사태 등)에는 10일로 단축될 수 있다.

⑪ 제한입찰
- 제한입찰은 경쟁의 회피 및 국내와 외국공급자간의 차별수단으로 사용되는 경우가 아닐 경우 가능하며, 다음의 경우에는 허용된다.
  ○ 입찰자가 없을 때, 담합에 의한 입찰 · 입찰요건을 충족시키는 입찰자가 없을 때
  ○ 예술적 이유 또는 특허, 저작권보호 또는 기술적 사유로 특정공급자만이 공급할 수 있을 때
  ○ 예측하지 못했던 긴급한 사유로 공개 · 선정절차를 거치지 못했을 때
  ○ 기존 조달의 연속으로 공급자를 전환하면 큰 장애가 있을 경우
  ○ 조달주체요구에 의한 연구개발의 기제품구입 등

⑫ 대응구매
- 자격심사와 유자격자 선정 또는 입찰의 평가 · 낙찰과정에서 대응구매를 요구하거나 고려해서는 안 된다.
  ○ 정부조달에서의 대응구매는 국내부품사용의무(local content), 기술면허(licensing of technology), 투자요구, 대응무역(counter-trade) 또는 기타 요구에 의해 국가발전을 촉진하고 국제수지의 균형을 이루기 위해 사용되는 조치이다.
- 개발도상국의 경우, 경제개발 등 경제정책과 관련하여 국내부품의 사용과 같은 대응구매를 위한 조건을 협상할 수 있다.
  ○ 단, 동 요구는 조달과정에의 참여자격에 대해서만 사용되며, 계약사정을 위해

사용되어서는 안 된다.

⑬ 예외조치
- 본 협정은 국가방위목적을 위해서는 적용되지 않는다.
- 차별대우가 목적이 아닌 공중도덕·공공질서·공중보건·지적재산권 보호조치의
  강화, 그리고 장애자 및 자선단체 또는 죄수들이 공급자인 물자 및 서비스 등에
  대해서는 예외가 인정된다.

⑭ 최종규정
- 수정, 조달주체의 전환 및 예외적인 경우 부속서 II-V와 관련한 수정은 본 협정상
  상호 협상내용의 향후 변화결과에 대한 정보를 첨부하여 위원회에 통보해야 한다.
  ○ 순수한 형식상 수정(조달주체의 이동) 또는 미미한 수정의 경우는 위원회에 통
    보된 후 30일 이내에 회원국의 이의가 없으면 효력이 발생한다.
  ○ 기타의 경우는 위원회의 의장은 위원회의 회의를 소집해야 한다.
- 정부의 조달주체에 대한 통제 및 영향력이 제거되었다는 이유로 특정조달주체를
  협정의 부속서에서 철회하려고 할 경우, 회원국은 위원회에 통지한다.
- 회원국은 본 협정을 철회할 수 있다.
  ○ 철회효력은 WTO사무총장이 서면으로 철회통지서를 받은 날로부터 60일 후에
    발생한다.
  ○ 본 협정회원국이 WTO의 효력발생 후 1년 이내 WTO의 회원국이 아니거나
    WTO에서 탈퇴하였다면, 본 협정의 철회는 같은 날 효력을 발생한다.

평 가

본 협정문에서는 적용 대상 및 범위에 대해 중앙정부 이외 지방정부와
정부 통제하의 민간기업에까지 적용이 확대되고, 물품뿐만 아니라 건설
등 모든 서비스분야까지 확대되어 해외서비스공급자의 참여폭이 확대되었
다. 또한, 조달절차의 개선을 위한 관련 규정의 상세화 및 대응구매 금지
조항을 신설하였고, 구제조치의 개선을 위한 입찰이의신청기구(入札異議
申請機構)를 설치하기로 하였다.

이에 따라 본 협정가입국들인 선진국 및 선발개발도상국간에 정부조달
분야의 건설·서비스무역이 확대되게 되었으며, 입찰절차의 불명료성과
내외차별적 조달관행이 크게 개선될 것이다. 한편, 정부조달협정은 일부

복수국간에 적용되는데 장기적으로는 개발도상국들의 참여도 늘어나 정부 조달시장의 개방국들은 점차 늘어날 것으로 보인다.

5. 서비스무역

개 요

'70년대 후반 이후, 세계경제에서는 서비스산업과 서비스무역이 차지하는 중요성이 점차 증대해져 선진국, 특히 미국의 비교우위가 상품에서 서비스로 이전함에 따라 서비스의 국제무역확대에 대한 미국 내 업계의 관심이 고조되고 있는데 반해, 서비스무역을 다루는 다자간규범의 부재로 인해서 국제간 분쟁이 발생할 가능성이 높아졌다. 따라서, 미국은 꾸준히 서비스무역의 자유화문제를 다자간차원에서 논의할 것을 주장하였으며, 이러한 미국의 주장에 대해 기타 선진국들은 대부분 서비스무역의 중요성에 인식을 같이하고 미국의 입장에 동조하였으나, 개발도상국들은 자국의 산업보호라는 측면에서 강력히 반발을 하고 있다.

그러나 선진국이 개발도상국의 입장, 즉 국내법과 정책을 충분히 인정하고 또한 개발도상국의 경제발전개념이 중요시되어야 한다는 점을 명시함으로써 GATT체제 밖에 있던 서비스무역은 1986년 UR의 출범과 함께 신협상분야로 정식 채택되었다. UR 서비스무역협상은 ① 공개주의와 점진적 자유화원칙 ② 무역상대국의 경제성장과 개발도상국의 경제발전촉진 ③ 각국의 국내법과 정책목표 존중 등을 기본원칙으로 서비스무역에 대한 다자간원칙 및 규정체계를 수립하는 것을 목표로 하였다.

이번에 타결된 최종협정문은 ① 서비스무역 일반협정 ② 부속서(최

혜국대우 면제조항, 자연인의 이동, 금융서비스, 통신서비스, 항공운수
서비스, 기본통신협상, 해운서비스협상 등에 대한 부속서) ③「각료결
정」 및 「양해사항」으로 구성되어 있다.

〈표 2-9〉 상품 및 서비스의 세계무역액 추이

(단위 : 10억 달러, %)

구 분		1988	1989	1990	1991
상품 수출(A)		2,860 (13.9)	3,088 (8.0)	3,447 (11.6)	3,506 (1.7)
	농산물 수출	387 (13.2)	405 (4.7)	427 (5.4)	428 (0.2)
	광산품 수출	365 (0.8)	422 (15.6)	468 (10.9)	444 (−5.1)
	공산품 수출	2,007 (16.8)	2,152 (7.2)	2,435 (13.2)	2,522 (3.6)
상업서비스 수출(B)		630 (12.7)	705 (11.9)	855 (21.3)	890 (4.1)
B/A*100		22.0	22.8	24.8	25.4

주 : ( ) 안은 전년비 증감률임.
자료 : 대외경제정책연구원, 《UR 총점검》, 1993.12.

최종협정문의 주요 내용

서비스무역 일반협정

① 범위 및 정의
- 서비스협정의 대상은 서비스무역에 영향을 미치는 제반 조치이며, 이는 중앙, 지
  역 또는 지방정부뿐만 아니라 이들로부터 권한을 위임받은 비정부기관에 의해 취
  해진 것을 말한다.
- 서비스무역은 서비스공급이 국경간이동, 소비자이동, 서비스공급체의 상업적 주재, 자연인의
  이동(노동이동)에 의해 이루어진 것으로 정의된다.

② 일반적 의무 및 규칙(모든 서비스분야, 모든 국가에 일률적으로 적용되는 내용)
- 최혜국대우원칙의 준수
  ○ 각 회원국은 「제 2 조 면제에 대한 부속서」에 기재된 조치를 제외하고는 한 국가
     에게 부여한 대우보다 불리하지 않은 대우를 다른 국가에게 즉시 그리고 무조건적으로 부
     여해야 한다.
- 공개주의
  ○ 본 협정의 운영에 영향을 주는 제반 조치(법률, 규정, 행정지침 등)를 의무적으로 공개해

야 하며, 서비스교역에 관련되거나 영향을 끼치는 국제협정도 한 회원국이 서명한 경우 마찬가지로 공개되어야 한다.

◦ 그러나 동 원칙은 법시행을 지체시키거나 공중의 이익에 반하고, 특정기업의 정당한 상업적 이익을 침해하는 기밀사항까지 공개하도록 하는 것은 아니다.

- 개발도상국의 무역비중 증대도모

  • 국가간 양허협상을 통해 개발도상국의 무역비중 증대가 촉진되어야 한다.

  • 선진국은 WTO협정 발효 후 2년 이내에 개발도상국의 서비스공급자에게 각국의 시장정보(서비스공급자의 상업적·기술적 형태, 서비스기술의 유용성 등)를 제공할 수 있는 연락처를 설치하여 개발도상국의 시장접근을 촉진하도록 해야 한다.

- 경제통합

  ◦ 서비스무역의 자유화를 추구하기 위한 회원국간의 경제통합을 인정하되, 역외국가에 대해 경제통합 이전과 비교하여 각 서비스분야 및 업종에 대해 전반적인 서비스무역 장벽수준을 증대시켜서는 안 된다.

- 국내규제

  ◦ 양허한 업종의 서비스무역에 대한 모든 조치가 합리적·객관적이며 공평하게 집행되도록 해야 한다.

  ◦ 또한 인가가 필요한 경우 인가신청 후 국내법하에서 합리적인 기간 내에 결정사항을 통보해야 하며, 신청자의 요청이 있을 경우 부당한 지연없이 그 신청의 처리 현황에 대한 정보를 제공해야 한다.

  ◦ 서비스이사회는 적절한 기구를 설치하여 자격요건 및 절차, 기술표준, 면허요건과 관련된 조치들이 무역장벽이 되지 않도록 해야 하며, 필요한 규율을 개발해야 한다.

  ◦ 하가절차일 경우라도 그 자체가 서비스공급을 제한하는 조치여서는 안 된다.

- 인 정

  ◦ 각 회원국은 인가기준과 서비스공급자의 자격요건 등과 관련하여 특정국가에서 취득한 학력, 경력, 면허, 자격 등을 상호협의하거나 자발적으로 인정할 수 있으며, 독자적으로 인정할 경우 자국 내에서 인정될 수 있는 기준을 충분히 설명해야 한다.

  ◦ 각 회원국은 WTO 설립협정의 발효 후 12개월 내에 자국의 상호인정제도를 서비스이사회에 통보해야 한다.

  ◦ 독점 및 배타적 서비스공급자

  ◦ 최혜국대우원칙과 자유화약속을 위배하는 방향으로 행동하지 않도록 해야 한다.

- 영업관행

  ◦ 각 회원국은 서비스공급자의 특정영업관행이 경쟁을 제한하고 서비스무역을 규제할 수 있음을 인정해야 하며, 이 경우 상대국의 요청이 있으면 동 행위의 철폐를 논의하기 위한 협의에 임해야 한다.

○ 또한, 요청상대국에게 제공정보의 비밀보호와 관련한 상호 만족스런 합의도출을 전제조건으로 국내법에 관련된 유용한 정보도 제공해야 한다.

－ 긴급수입제한조치

○ 긴급수입제한조치에 대한 다자간협정은 무차별의 원칙하에서 진행되고 그 결과는 WTO 설립협정의 발효 이후 3년 이내에 완료되어야 한다.

－ 지급 및 이전

○ 제12조(국제수지옹호를 위한 제한조치)에 해당되는 상황 이외에는 양허사항과 관련된 경상거래에 대한 국제간 지불과 이전을 제한해서는 안 된다.

○ IMF의 요청이 있거나 제12조의 상황으로 인해 양허한 분야와 관련된 자본거래에 대해 규제를 하지 않는 한 본 협정 내 어떤 조항도 IMF회원국의 권리와 의무에 영향을 주어서는 안 된다.

－ 국제수지 옹호를 위한 제한조치

○ 심각한 국제수지문제와 대외금융상 어려움 및 위협이 있는 경우 각 회원국은 양허한 분야의 서비스무역에 대하여 제한조치를 도입하거나 유지할 수 있다.

○ 본 조항은 차별적으로 운용되지 말아야 하며, 일정기간 동안만 한시적으로 취해져야 하고, 상황에 따라 점진적으로 철회되어야 한다.

○ 본 조치들은 총회에 즉시 통보되어야 한다.

－ 정부조달

○ 정부조달에 대한 법률, 규칙, 요건 등에는 최혜국대우, 시장접근, 내국민대우가 적용되지 않는다.

○ WTO 설립협정 발효 후 2년 내에 본 협정상의 서비스의 정부조달에 대한 다자간협상이 개시되어야 한다.

－ 일반적 예외

○ 비무역적 예외사유 : 공중도덕 및 공공질서의 보호, 인간 및 동식물의 생명 및 보건, 범죄·사기의 방지, 개인 프라이버시의 보호, 국가안보 등을 위해 취해지는 조치들은 본 협정이 규정하는 모든 사항에 대해 예외를 인정받을 수 있다.

○ 조세문제

  ┌ 내국민대우에 대한 예외 : 공평하고 효과적인 소득세를 부과하기 위해 취해지는 차별적인 직접세 부과는 가능
  └ 최혜국대우에 대한 예외 : 이중과세 방지협정에 따른 조치는 가능

－ 보 조 금

○ 회원국은 보조금이 어떤 상황에서는 서비스무역 왜곡효과를 가져온다는 것을 인정하며 동 효과를 피하기 위하여 다자간규칙을 만드는 협상을 해야 한다. 그러나 개발도상국에 대해서는 보조금이 개발도상국의 발전에 일정한 역할을 담당하고 있다는 것을 인정해야 한다.

○ 다른 회원국의 보조금 지급에 의해 부정적인 영향을 받고 있다고 생각하는 회원국은 해당 회원국에게 협의를 요청할 수 있으며, 그 국가는 협의에 긍정적으로 임해야 한다.

③ 구체적 약속(Specific Commitments ; 서비스무역의 자유화 추진방식과 직결되는 구체적 약속을 규정)

- 시장접근

○ 각 회원국은 다른 회원국의 서비스 및 서비스공급자에게 자국의 양허계획서에 명시한 제한 및 조건하에서 제공되는 대우보다 불리한 대우를 해서는 안 된다.

○ 양허계획서에 기재하지 않은 이상 서비스공급자 수, 서비스 총거래액 및 총자산, 총영업회수 및 총산출량, 서비스공급자가 고용하는 총자연인의 수, 상업적 주재의 특정형태, 외국인의 주식취득이나 개인의 총주식취득액 등 외국자본 참여에 대한 제한 등 각종 제한조치를 자국의 일부 지역 혹은 전영토에 걸쳐 유지하거나 채택해서는 안 된다.

- 내국민대우

○ 양허계획서에 기재된 조건 및 자격요건에 대해 각 회원국은 자국의 유사한 서비스 및 서비스공급자에게 부여하는 대우보다 불리하지 않은 대우를 다른 회원국에게도 부여해야 한다.

- 추가적인 자유화약속

○ 시장접근 및 내국민대우에 대한 사항 이외에 서비스무역에 영향을 미치는 모든 조치(자격, 표준 및 면허 등)에 대한 양허협상을 할 수 있으며, 이러한 약속은 각 회원국의 양허계획서에 기재되어야 한다.

④ 점진적 자유화 (서비스일반협정 체결 이후 양허협상관련규정)

○ 양허협상의 추진

○ WTO 설립협정 발효 후 5년 내에 보다 높은 수준의 자유화를 달성하기 위해 후속협상 및 주기적 협상을 해야 하며, 동 협상은 효율적인 시장접근에 반하는 역효과를 제거 또는 감소하는 방향으로 진행되어야 한다.

- 양허표 기재사항(구체적 자유화약속의 기재사항)

○ 시장접근에 대한 제한 및 조건

○ 내국민대우에 대한 조건 및 자격요건

○ 추가약속과 관련된 조치들

○ 약속이행에 대한 구체적인 일정

○ 약속의 발효시기

- 양허표의 수정

○ 약속발효일로부터 3년 경과 후 언제든지 양허표상의 약속을 본 규정에 따라 수정 및 철회할 수 있다.

○ 수정 및 철회의사는 양허표의 수정 및 철회 시행시점 3개월 전에 서비스이사회

에 통보되어야 한다.

⑤ 최종조항

- 협정혜택부여거부
  - 비회원국으로부터 공급되는 서비스 또는 회원국일지라도 한 국가가 협정의 적용에 동의하지 않을 경우 양국가간에 협정이 적용되지 않는다.
    - 해상운송서비스의 경우, 비회원국의 법에 따라 등록된 선박이거나 회원국일지라도 한 국가가 협정에 동의하지 않는 가운데 제공되는 서비스에 대해서는 본 협정이 적용되지 않는다.

⑥ 부속서 및 기타 합의사항

- 최혜국대우의 면제에 대한 부속서
  - 서비스이사회는 최혜국대우 면제기간이 5년 이상인 모든 면제조치를 검토해야 하며, 첫 검토는 협정 발효 후 5년 이내에 실시한다.
  - 서비스이사회의 검토에서는 면제이유가 계속해서 존재하는지와 추가 검토일자를 정해야 한다.
  - 면제기간은 원칙적으로 10년을 초과해서는 안 되며, 어떤 경우라도 그러한 면제조치는 후속 무역자유화협상의 대상이 된다.
- 자연인의 이동에 대한 부속서
  - 동 부속서는 입국 및 일시체류 등이 약속된 서비스공급자나 서비스공급자에게 고용된 자연인에 대해 영향을 주는 조치들에 적용된다.
  - 서비스일반협정은 회원국의 취업시장에 접근하거나, 시민권·영주권 및 영구취업을 원하는 자연인에 영향을 주는 조치에는 적용되지 않는다.
  - 자연인의 이동에 대해 각 회원국들은 국가간 양허협상을 할 수 있다.
- 금융부속서
  - 금융감독규제는 그 남용을 방지하기 위해 협정상의 의무와 자유화약속을 침해하지 않는 범위로 한정한다.
  - 금융서비스는 서비스일반협정 제1조 2항에 정의된 서비스를 의미하며, 중앙은행 및 통화당국의 활동이나 사회보장제도, 연금제도와 같은 법적·제도적인 활동 등은 금융서비스에서 제외된다.
  - 양허방식
    - 회원국은 다른 국가의 금융관련 제반 조치를 인정할 수 있으며, 그러한 인정은 조화를 통해 이루어지거나 그렇지 않으면 협정체결이나 자발적 부여에 기초한다.
- 금융서비스에 대한 제2 부속서
  - WTO 설립협정 발효일 후 4개월부터 60일의 기간 내에 최혜국대우에 일치하지 않는 금융서비스에 관한 조치를 그 부속서에 기재할 수 있다.

ㅇ 또한, 동 기간 내 자국양허표에 기재된 자유화약속의 전부 또는 일부를 개선·
  수정 또는 철회할 수 있다.
- 통신부속서
  ㅇ 본 부속서는 통신서비스가 독립된 경제활동분야이면서 다른 경제활동을 뒷받침
    하는 전달수단임을 인식하고, 공중통신전송망(Public Telecommunications
    Transport Networks : PTTN)과 공중통신전송서비스(Public Telecommunications
    Transport Services : PTTS)의 접근 및 이용에 영향을 미치는 조치에 관한 본 협
    정의 조문을 구체화하기 위한 것이다.
- 범 위
  • 본 부속서는 PTTN과 PTTS의 접근 및 이용에 영향을 미치는 모든 조치에 적용되지만, 라
    디오와 TV 유무선방송에는 적용되지 않는다.
  • 자국의 양허계획서에 기재해야만 TTN과 TTS에 대한 의무가 발생한다.
  • 일반대중에게 제공되지 않는 TTN과 TTS를 제공해야 할 의무는 없다.
  ㅇ 공개주의
  • 본 협정 제 3 조(공개주의)를 적용함에 있어 회원국들은 PTTN, PTTS에서의 접
    근 및 이용에 영향을 미치는 조건에 대한 관련 정보를 일반대중에 공개할 의무
    가 있다.
  • 공개해야 할 관련 정보는 서비스요금 및 조건, 기술적 인터페이스, 관련 기관에 대한 정
    보 및 신고·등록 또는 면허에 필요한 요건 등이다.
  ㅇ PTTN, PTTS에의 접근 및 이용
  • 회원국의 양허계획서에 포함된 서비스 공급을 위한 PTTN 및 PTTS에의 접근과 이용은 합
    리적이고 무차별적으로 허용되어야 한다.
  • 다른 회원국의 서비스공급자에게 사설전용회선을 포함한 회원국의 국경 내 또
    는 국경간 제공되는 PTTN, PTTS에의 접근과 이용을 보장해야 한다.
  • 다른 회원국의 서비스공급자의 기업 내 통신을 위해서나 데이터베이스 또는 기
    계로 판독할 수 있는(machine-readable) 형태로 저장된 정보에의 접근을 위한
    PTTN 및 PTTS를 이용할 수 있도록 보장해야 한다.
  • PTTN, PTTS에의 접근 및 이용에 관한 서비스 재판매, 공동사용이 제한될 수
    있으며 상호 접속을 위한 기술적 요건이 부과될 수 있다.
- 항공부속서
  ㅇ 협정적용대상
  • 본 부속서는 정기/부정기 항공운송과 항공보조서비스의 국제무역에 영향을 미
    치는 조치들에 적용된다.
  • 본 부속서는 항공기 수리 및 유지, 항공운송서비스의 판매 및 마케팅, 컴퓨터 예약서비
    스 등에 적용된다.

○ 서비스이사회는 동 분야에서의 보다 나은 적용을 위해 최소 5년마다 주기적으로 항공운송 서비스와 동 부속서의 이행을 검토해야 한다.

⑦ 각료 결정 및 양해사항

① 기본통신협상에 관한 결정

– 기본통신(전기통신전송망과 서비스)무역의 점진적 자유화를 위해 협상을 자발적으로 개시한다.

– 협상 진행을 위해 기본통신협상그룹이 창설되며, WTO의 모든 회원국에 개방된다.

○ 각료결정일 현재 참가희망국 : 호주, 캐나다, 핀란드, 헝가리, 일본, 한국, 멕시코, 뉴질랜드, 노르웨이, 스웨덴, 스위스, 미국, EC, 홍콩, 칠레, 슬로바키아, 터키

– 협상그룹은 본 결정일로부터 1개월 이내에 1차 회의를 개최하고 1996년 4월 30일 이전에 협상을 종결해야 한다.

⑪ 금융서비스에 관한 결정

– 회원국은 WTO 설립협정 발효 후 늦어도 6개월 이내에 금융분야 자유화약속의 전부 또는 일부를 개선, 수정, 철회할 수 있다.

– 동 기간 내에 금융분야, 최혜국대우 면제에 관한 자국입장을 최종결정할 수 있다.

⑫ 전문직서비스에 관한 결정

– 전문직서비스분야의 자격요건과 절차, 기술표준 및 면허요건에 관한 조치들이 불필요한 무역장벽이 되지 않도록 보장하는데 필요한 규범을 조사, 보고, 권고하기 위해 작업반이 설치되어야 한다.

– 작업반은 우선 회계분야의 다자간규범을 정립하기 위한 권고를 해야 한다.

⑬ 자연인의 이동에 관한 결정

– 서비스 공급목적의 자연인 이동에 대한 추가적 자유화협상은 UR 타결 후에도 지속되어야 한다.

– 동 협상을 수행하기 위해 자연인의 이동에 관한 협상그룹이 설립된다.

– 동 그룹은 본 결정일로부터 한 달 이내에 첫 회의를 개최하여 WTO 설립협정 발효 후 6개월 내에 협상을 종결한다.

⑭ 해운서비스협상에 관한 결정

– 해상운송서비스분야의 협상은 서비스무역에 관한 일반협정의 틀 내에서 자발적인 원칙에 따라 개시된다. 동 협상은 국제해운, 부대서비스 및 항만시설에의 접근과 사용에 관한 약속을 목표삼아 정해진 기한 내에 규제를 철폐하도록 하는 광범위한 것이다.

– 동 위임사항을 수행하기 위해 해상운송서비스협상그룹(NGMTS)이 설립된다.

– 동 그룹에서의 협상은 참여의사를 밝힌 모든 정부와 EC에 개방되어야 한다. 지금까지 협상

참가의사를 밝힌 정부는 아르헨티나, 캐나다, EC와 그 회원국들, 핀란드, 아이슬란드, 인도네시아, 한국, 말레이시아, 멕시코, 폴란드, 뉴질랜드, 노르웨이, 필리핀, 루마니아, 싱가포르, 스웨덴, 태국, 터키, 미국 등이다.
- 동 그룹은 동 결정일로부터 한 달 이내에 첫번째 회의를 개최해야 한다. 동 협상을 타결하고 1996년 6월 이전에 최종보고서를 작성해야 한다.

평 가

본 협정은 서비스산업의 방대성 및 특수성, 분야간 이질성 등에도 불구하고 최초로 다자간규범이 제정되어 서비스무역에 대한 자유화의 기본틀이 마련되었다는데 그 의의를 찾을 수 있다.

이번의 최종협정문에서 각 주요 쟁점별 합의내용 및 그 영향을 살펴보면,

먼저 정의 및 범위에 대해서는 「서비스무역」에 대해 포괄적으로 정의하고 있고 그 범위는 무역이 가능한 모든 서비스업종을 대상으로 하도록 규정하였다. 따라서 금융·운송·통신 등 전형적인 서비스산업뿐 아니라 회계·엔지니어링·설계·광고 등의 사업서비스에까지 적용범위가 확대되었고, 외국서비스공급자의 상업적 주재를 통한 서비스공급유형도 투자의 개념이 아니라 서비스무역으로 간주하고 있다.

둘째, 첨예하게 대립되어 왔던 최혜국대우원칙 적용에 있어서는 「즉시 그리고 무조건적으로」 최혜국대우원칙을 적용한다고 하면서도 「제2조(최혜국대우)의 면제에 대한 부속서」에서 예외규정(최혜국대우의 면제)을 두고 있어, 다자간국제규범으로서의 적합성에 많은 문제를 내포하고 있다. 이러한 예외규정으로 각 회원국들은 자국의 이해관계를 고려하여 특정서비스분야를 MFN원칙의 적용대상에서 제외시켜 일부국간의 협정을 유도할 수 있으나 이를 악용하면 타국에 대한 시장개방의 압력수단으로까지 작용할 수 있다.

셋째, 특정서비스공급자의 영업행위가 규제될 수 있다는 제9조 규정을 서비스일반협정에 포함된 것은 개발도상국의 입장이 반영된 것으로 볼

수 있다.

넷째, 정부조달협정과의 관계에 대해서는 정부조달서비스에는 일단 서비스일반협정의 주요 규정적용이 배제되지만 국가간 협상에 따라서는 자유화 약속을 할 수 있도록 규정하고 있다.

다섯째, 서비스분야의 보조금 지급을 금지하는 아무런 실질적인 의무규정이 없으며, UR 이후 후속협상을 통하여 구체적인 규정을 제정하기로 하였다. 서비스산업에 있어서 보조금은 기술적으로 매우 복잡한 문제이기 때문에 시간 및 정보부족 등으로 이번 UR에서는 구체적인 규정을 마련하지 못했다. 그러나 본 협정문 제15조에서 보조금의 왜곡효과 및 협의요청권을 인정하고 있어서 동 협의에서 만족할 만한 합의가 이루어지지 않는 경우에는 분쟁의 제기가 가능하게 되었다.

여섯째, 시장접근에 대해서는 양허표상에서 명시한 규제 이외의 다른 제한이 없는 것으로 간주하는 방식(negative list system)을 취하고 있어 향후 후속 협상대상이 명확해질 뿐만 아니라, 보다 효과적인 자유화가 추진될 것으로 보인다. 그러나 합법적 국내규제와 시장접근을 제한하는 무역장벽조치가 명확히 구별되지 않는 「회색지대」가 있어 자유화의 약속을 위한 양허협상이 어려웠고, 향후에도 국가간 분쟁의 소지가 남아 있다.

마지막으로 내국민대우원칙은 전통적 내국민대우의 개념보다 진일보한 동일한 경쟁조건의 개념, 즉 형식에 상관없이 자국 서비스 및 서비스공급자에게 유리하게 경쟁조건을 적용할 수 없도록 하고 있다.

한편, UR 타결 최종단계에서 첨예한 이해대립이 있었던 기본통신, 금융, 해운 등의 분야는 후속협상이 예정되어 있어 동 부문의 자유화가 보다 넓어지는 쪽으로 협상이 진행될 것이다. 이에 대한 각료결정사항에 따르면 기본통신협상은 1996년 4월 30일까지 종결해야 하고 금융서비스분야 양허표 수정기한은 WTO협정 발효 6개월 내이며, 해운서비스협상은 1996년 6월까지 타결되어야 한다.

6. 지적재산권

개 요

지적재산권은 산업적 발명, 저작, 문예적 창작 등에 대한 배타적 소유권을 의미하며, 국제적으로 통용되고 있는 지적재산권의 정의는 특허권, 산업디자인(意匠權), 상표권, 저작권 등의 여러 가지 재산권으로 구성되는 광의의 개념이다.

일반적으로 지적재산권은 크게 산업재산권, 저작권 및 신지적재산권의 3대 분야로 구분된다. 산업재산권은 다시 특허권·의장권·상표권·지리적 표시권 등으로 나눌 수 있고, 저작권은 저작재산권과 저작인접권으로, 신지적재산권은 산업저작권(컴퓨터프로그램 및 S/W권, 반도체칩회로설계권 등)·첨단산업재산권(생명공학기술권 등)·정보재산권(영업비밀권 등)으로 나눌 수 있다.

그동안 지적재산권의 국제적 보호는 UN 전문기구인 WIPO(세계지적재산권기구)를 중심으로 파리협약, 베른협약, 로마협약, 특허협력조약, 세계저작권협약, 제네바협약 등의 국제협약에 의해 시행되어 왔으나, 보호수준이 미흡하고 GATT 다자간규범 내에 있지 않아 무역마찰의 주요 이슈가 되어 왔다. 특히, 위조상품의 무역에 대한 규율의 미흡, 기존 협약의 속지주의(지적재산권 보호를 각국 국내법에 위임) 채택, 신기술분야에 대한 보호의 미흡 등에 대한 개선요구가 점증하고, 미국을 중심으로 한 선진국이 국제경쟁력 제고를 위한 수단으로서 지적재산권 보호요구를 강화하면서 지적재산권 보호강화문제는 UR 다자간협상의 의제로 채택되어 지적재산권에 대한 최초의 다자간규범이 마련되었다.

지적재산권의 무역관련측면(Trade-Related Intellectual Properties : TRIPs)에 대한 협정은 내국민대우와 최혜국대우를 기본원칙으로 하여 저작 및 저작인접권, 특허, 상표, 산업디자인, 지리적 표시, 반도체칩회로설계, 영업비밀 등 8개 분야에 대한 보호범위와 기간 및 시행절차, 분쟁해결의 절차 등을 규정하고 있다.

최종협정문의 주요 내용

지적재산권협정

① 일반규정 및 기본원칙(협정 전체에 적용되는 내국민대우, 최혜국대우, 권리소멸 등에 관한 일반원칙을 규정)
- 내국민대우
  - 각 회원국은 지적재산의 보호에 있어서 타회원국에게 내국민에게 부여하는 것보다 불리한 대우를 해서는 안 된다.
  - 그러나 이미 파리협약(1967), 베른협약(1971), 로마협약 및 집적회로에 관한 지적재산권협약(Agreement on Trade-Related Aspects of Intellectual Property Rights, including Trade in Counterfeit Goods)에서 예외로 인정된 것은 기협약에 따른다.
  - 실연가(performer), 음반제작자 및 방송사업자의 경우에는 본 협정에서 규정된 권리에 대해서만 적용된다.
- 최혜국대우
  - 한 회원국이 다른 회원국에게 부여하는 각종 특혜조치들은 기타 다른 회원국들에게도 즉각적이고 무조건적으로 부여한다.
- 권리의 획득 및 유지에 관한 다자간협정
  - 내국민대우와 최혜국대우의무는 세계지적재산권기구(World Intellectual Property Organization : WIPO) 주최의 다자간협정에서 결정된 절차에는 적용되지 않는다.
- 권리소진
  - 분쟁처리를 위해 본 협정상의 그 어느 것도 지적재산권의 권리소진문제를 제기하는데 사용되어서는 안 된다.

② 보호기준 (지적재산권의 유용성 · 범위 및 사용)

ⓐ 저작권 및 저작인접권

- 컴퓨터프로그램 및 자료편집물
  - 컴퓨터프로그램은 베른협약상의 어문저작물(literary works)로서 보호되어야 한다.
  - 자료편집물의 경우 그 내용에 지적 창조성이 나타나 있을 때는 보호를 받을 수 있으나, 정보 또는 자료 그 자체까지 보호하는 것은 아니며, 또 그 정보나 자료 그 자체의 저작권을 침해하지도 않는다.
- 대여권(rental rights)
  - 컴퓨터프로그램이나 영상저작물(cinematographic works)의 저자 및 저작권상속자에게 그들 작품의 원본 및 사본을 상업적 목적으로 공중에게 대여하는 것을 허가하거나 금지할 수 있는 권리를 부여한다.
  - 그러나 영상저작물의 경우 대여행위가 저자 및 저작권상속자의 배타적 권리를 심각하게 침해하는 저작물의 광범위한 복제가 발생하지 않는다면 동 의무에서 면제된다. 또한, 컴퓨터프로그램의 경우 프로그램 자체가 대여의 본질적인 대상이 아닐 경우에는 동 의무는 적용되지 않는다.
- 보호기간
  - 저작물(사진작품이나 응용예술작품은 제외)의 보호기간은 저작물의 출판연도 말로부터 50년까지이며, 저작물이 완성된 지 50년 이내에 출판되지 않은 경우에는 저작물 완성연도 말로부터 50년까지 보호된다.
- 실연가, 음반제작자 및 방송사업자의 보호
  - 실연가 및 음반제작자 : 실연 및 제작이 이루어진 연도 말로부터 50년간 보호
  - 방송사업자 : 방송된 연도 말로부터 20년간 보호

ⓑ 상표

- 보호대상
  - 상표는 한 회사의 상품이나 서비스를 다른 회사의 것과 구별짓는 표식이나 표식의 조합(표식 이외에 이름, 문자, 숫자, 도형 및 색채의 조합도 포함)으로 구성된다.
  - 자체로서 식별력이 없는 상표도 사용에 의해 특별 현저성이 인정될 수 있다.
- 상표권자의 권리
  - 상표권자가 등록한 상표와 유사하여 혼동이 일어날 경우에는 상표권자는 유사상표의 사용을 방지할 수 있는 배타적 권리를 가진다.
  - 상표의 유명성의 여부는 상표 사용의 증대로 얻어진 지식을 포함한 일반대중의 관련분야상표에 대한 지식을 고려하여 결정한다
- 보호기간

    ◦ 최초등록과 갱신등록은 7년 이상의 기간으로 한다(상표의 등록은 무한정 갱신이 가능하다).
- 사용요건

    ◦ 등록을 유지하기 위해 상표의 사용이 요구되는 경우에 상표권자가 뚜렷한 이유 없이 등록 후 3년 동안 상표를 사용하지 않으면 등록은 취소될 수 있다.

    ◦ 동 상표가 부착된 상품이나 서비스에 대한 수입제한조치 등 상표권자의 의지와는 관계가 없는 상황 발생은 뚜렷한 이유로 간주될 수 있다.

ⓒ 지리적 표시

- 보호대상

    ◦ 한 상품의 품질이나 명성, 기타 특성이 본질적으로 지리적 원산지에 기인한다는 것이 인정되면 그 회원국의 영토나 지역 등의 지리적 표시는 보호의 대상이 될 수 있다.

- 보호방법

    ◦ 실제 원산지가 아닌 곳에서 생산된 제품을 일반대중이 실제 원산지로 오인할 경우 동 권리를 가진 국가는 무단사용을 방지하는 법적 수단을 강구할 수 있다.

    ◦ 또한, 파리협약이 규정한 부정경쟁행위를 방지하기 위한 법적 조치를 강구할 수 있다.

- 국제협상 및 예외

    ◦ 지리적표시의 보호를 강화하기 위해 회원국간의 쌍무협상이나 다자간협상을 할 수 있다.

    ◦ TRIPs이사회는 본 규정의 이행을 검토할 수 있으며, 협정 발효 후 2년 내에 첫 번째 검토가 이루어져야 한다.

    ◦ 회원국들은 협정 발효 전까지 존재하던 지리적 표시의 보호를 약화시켜서는 안 된다.

    ◦ 이미 일반상품 명칭화된 지리적 표시는 보호되지 않는다.

ⓓ 산업디자인

- 보호요건

    ◦ 독창적으로 창작된 산업디자인으로서 새로운 것이거나 독자적이어야 한다.

    ◦ 잘 알려진 디자인이나 디자인의 조합과 구별이 되지 않을 경우에는 새롭거나 독자적이지 않은 것으로 간주한다.

- 보호기간은 최소 10년으로 한다.

ⓔ 특허

- 보호대상

    ◦ 모든 기술분야에서 제품이든 제조공정이든간에 새롭고, 창조적이며 산업적으로 이용가능성이 있는 발명은 특허를 받을 수 있다.

    ◦ 발명지, 기술분야 및 제품의 수출입과 관련하여 특허는 차별없이 이용이 가능하고 향유되어야 한다.

- 비보호대상
  - ○ 인간 및 동식물의 생존과 건강을 보호하고 환경오염을 방지하기 위해 필요한 경우 발명품을 특허보호대상에서 제외하거나 회원국 국내에서 영업적인 실시를 금지할 수 있다(단, 국내법 규정만으로는 안 됨).
  - ○ 진단, 치료 및 수술도 특허의 보호대상에서 제외된다.
  - ○ 미생물 이외의 동식물 발명 등도 특허보호대상에서 제외된다(단, 식물변종은 특허나 특별시스템으로 보호해야 함). 이 경우 협정 발효 후 4년 내에 재검토가 이루어져야 한다.
- 강제실시권(특허권자의 허가없이 강제적으로 특허를 사용)의 요건
  - ○ 합리적 조건으로 특허권자에게 사용허가를 얻으려고 노력했는데도 불구하고 합리적인 기간 내에 허가를 받지 못한 경우에만 본 조치를 실시할 수 있다.
  - ○ 국가비상사태 혹은 긴급상황, 공공 비영리목적의 사용의 경우에 본 조치를 실시할 수 있다.
  - ○ 「1차 특허」 없이는 「2차 특허」가 불가능한 경우, 강제실시권을 허용하기 위해서는 「2차 특허」는 「1차 특허」와 관련하여 중요한 기술적 진보가 있어야 하며, 1차 특허권자는 합리적 조건으로 2차 특허를 사용할 수 있는 크로스 라이센스를 맺을 수 있는 권리를 갖는다.
- 강제실시권의 성격
  - ○ 허가된 목적 이외의 사용 불가
  - ○ 비배타적 권리
  - ○ 양도 불가(기업 내 양도나 선의의 사용은 가능)
  - ○ 사용허가국의 국내시장의 공급을 위해서만 허가
  - ○ 강제실시권의 행사 후 특허권자에게 경제적 가치를 고려한 보상 지급
- 보호기간
  - ○ 특허 보호기간은 신청일로부터 약 20년간
- 제조공정에서의 입증 책임
  - ○ 제조공정의 특허 침해시 입증책임은 침해추정자(alleged infringer)에게 있다.

ⓕ 집적회로배치설계권

- 규제대상
  - ○ ⓘ 보호되는 배치설계 ⓘ 보호된 배치설계가 내장된 집적회로 또는 ⓘ 불법적으로 복제된 배치설계를 계속 포함하고 있는 집적회로 내장제품을 권리소유자의 허가없이 상업적 목적으로 수입, 판매 혹은 유통시키는 행위는 불법적인 것으로 간주한다.
  - ○ 단, 불법적으로 복제된 집적회로나 동 회로가 포함된 최종제품을 선의로 구매한 업자(최종제품 제조자 포함)는 규제대상에서 제외한다. 이 경우 선의의 구매자가 배치설계가 불법으로 복제되었다는 것을 통고받은 이후에 재고로 남아 있는 집적회로나 통

고 이전에 주문한 집적회로에 대해서는 권리소유자에게 합리적인 수준에서 로열
티를 지불해야 한다.
- 보호기간
  ○ 등록되어야만 보호받을 수 있는 경우 : 등록신청일 혹은 최초의 상업적 이용일로부터 10년
  ○ 등록하지 않아도 보호받을 수 있는 경우 : 최초의 상업적 이용일로부터 10년
  ○ 위의 조항에도 불구하고 배치설계의 창안 이후 15년을 초과할 수 없다.
ⓖ 영업비밀(Protection of Undisclosed Information ; 부정경쟁행위를 방지하기 위해
미공개정보를 보호)
- 보호대상
  ○ 업계사람들에게 일반적으로 알려지지 않았거나 접근되지 않는 비밀
  ○ 상업적 가치가 있는 비밀
  ○ 정보관리자가 비밀을 유지하기 위해 상당한 노력을 기울이고 있는 비밀
- 새로운 화학적 물질을 사용하여 개발한 의약품이나 농약의 판매허가시 제출된 미
공개 실험자료나 데이터 등은 부정한 영업행위에 이용되지 않도록 보호되어야 한
다(단, 공중을 보호하기 위한 경우는 제외).
ⓗ 라이센스계약에서의 반경쟁행위의 통제
- 회원국들은 지적재산권과 관련하여 경쟁을 제한하는 라이센스 관행이나 조건이 무역에 부정
적인 영향을 끼치며, 기술의 이전 및 보급을 저해하고 있다는데 동의한다.
- 회원국은 관련 시장의 경쟁에 역효과를 끼치는 지적재산권의 남용을 구성하는 라
이센스 관행이나 조건 등을 국내법상에 명시할 수 있다(그러한 관행의 구체적인
예로는 배타적인 grantback규정, 유효성분쟁 금지규정, 강제일괄 라이센싱 등임).

③ 지적재산권의 시행절차
ⓐ 일반적 의무
- 회원국은 지적재산권의 침해행위에 대해 이러한 행위를 근절시키고 예방하기 위한 효과적인
조치들이 취해질 수 있도록 국내법규하에서 시행절차를 마련해야 한다. 그러나 이러한 절
차가 합법적인 무역에 장애가 되어서는 안 된다.
- 또한, 시행절차는 공정하고 형평성이 있어야 하며, 필요없이 복잡하거나 비용·시
간 소진적이어서는 안 된다.
ⓑ 민사·행정절차 및 구제
- 증거제출 및 판단절차
  ○ 정당한 이유없이 필요한 정보에의 접근을 거부하거나 합리적 기간 내에 필요정
    보를 제공하지 않은 경우, 또는 시행절차를 방해할 경우 기제출된 정보를 근거
    로 사법당국은 예비 및 최종판결을 내릴 수 있다.
- 중지명령

   ○ 사법당국은 지적재산권을 침해한 수입품에 대해 세관통관 즉시 상업적 유통채널에의 유입을 막을 수 있다.
- 손해배상
   ○ 사법당국은 지적재산권의 침해자가 권리소유자에게 지적재산권의 피해에 상응하는 충분한 배상을 하고, 권리소유자의 소송비용까지 침해자가 부담하도록 명령할 수 있다.
- 기타 조치
   ○ 사법당국은 지적재산권의 침해를 효과적으로 막고, 권리소유자의 보호를 위해 적절한 배상 없이 침해물품에 대해 유통채널로의 유입을 배제할 수 있다.
   ○ 또한, 동 물품의 제조에 쓰여지고 있는 재료 및 도구에 대해서도 침해를 예방하는 차원에서 마찬가지의 조치를 취할 수 있다.
   ○ 본 조치를 취할 때 피해의 심각성과 명령조치와의 균형이 필요할 뿐만 아니라 제 3 자의 이익도 신중히 고려되어야 한다.
ⓒ 잠정조치
- 잠정조치의 발동요건
   ○ 지적재산권의 침해를 예방하고, 특히 세관통관된 수입물품이 상업적 유통채널로 유입되는 것을 막기 위해
   ○ 침해와 관련된 증거보전을 위해
- 본 조치는 국내법에서 허용하거나 혹은 기간에 대한 규정이 없는 경우 근무일 기준으로 20일(달력 기준으로는 31일) 내에 본 안에 관한 결정을 위한 절차가 개시되지 않으면 피고측의 청구로 철회 또는 효력이 중지된다.
- 만약 본 조치가 발효되고 난 후 지적재산권에 대한 침해가 없었다는 것이 입증되면 사법당국은 동 조치로 입은 피해에 상당하는 적절한 보상을 요청자가 피고에게 할 것을 명하는 권한을 갖는다.
ⓓ 국경조치와 관련된 특별요건
- 세관당국에 의한 통관정지
   ○ 회원국은 위조상표물품이나 저작권 불법복제물품이 수입되고 있다는 확실한 믿음을 갖고 있는 권리소유자로 하여금 관련 행정·사법기관에 서면으로 동 물품의 세관에 의한 통관정지조치를 청구할 수 있는 절차를 채택한다.
   ○ 본 조치는 상표권이나 저작권 이외의 지적재산권에도 동일하게 적용될 수 있다.
   ○ 또한, 수입물품 이외에 수출상품에도 압류가 가능하도록 조치를 마련해야 한다.
- 권리소유자는 세관당국에 통관정지요청을 할 때 수입국 법률에 의거하여 자신의 지적재산권이 침해받고 있다는 충분한 증거를 제시해야 한다.
- 예치금 또는 공탁금
   ○ 본 조치의 남용을 방지하기 위해 통관정지 요청자는 세관당국에 예치금 또는 공탁금을 기

　　탁해야 한다.
　○ 또한 산업디자인, 특허, 배치설계 및 영업비밀 등에 관한 본 조치가 사법당국이
　　나 기타 독립적인 기관에 의해서가 아니라, 세관당국에 의해 내려진 경우 해당
　　상품의 소유자, 수입업자, 상품의 수탁자 등은 권리소유자를 충분히 보호할 만
　　한 금액을 예치하고 우선 통관할 수 있다.
－ 통관정지기간
　○ 통관정지의 요청자에게 정지통보를 한 후 10일(근무일 기준) 이내에 세관당국
　　에 소송절차가 피고가 아닌 당사자에 의해 개시된 것이 통보되지 않거나, 관할
　　당국에 정지기간을 연장하는 잠정조치가 통보되지 않는 한 해당 물품은 통관되
　　어야 한다.
　○ 이러한 통관정지기간은 10일간(근무일 기준) 더 연장될 수 있다.
－ 통관정지 요청자가 잘못된 정지요청으로 수입업자, 상품수탁자 및 해당 상품 소유
　자에게 피해를 입혔을 경우 통관정지 요청자는 그들에게 충분한 배상을 해야 한다.
－ 지적재산권이 침해받고 있다는 명백한 증거가 있을 경우, 관할기관은 직권조치를 발동할 수
　있다.
－ 여행자의 개인화물이나 탁송물품과 같이 비상업적 성격의 소량물품에 대해서는 본
　조치는 적용되지 않는다.

④ 권리의 획득·유지 및 관련 내부절차

－ 권리의 획득 및 유지절차 (Acquisition and Maintenance of Intellectual Property
　Rights)는 합리적이어야 하며, 본 협정의 규정에 위배되지 않아야 한다.
－ 등록이 되어야만 권리행사를 할 수 있는 지적재산권인 경우에는 보호기간이 부당하
　게 단축되지 않도록 각 회원국은 합리적인 기간 내에 등록절차가 이루어지도록 보
　장해야 한다.
－ 어떤 절차이든간에 최종행정적인 결정은 사법기관이나 준사법기관에 의해 재검토
　되어야 한다.

⑤ 분쟁예방 및 해결

－ 명료성의 요구
　○ 각 회원국은 지적재산권의 이용가능성, 범위, 획득, 시행 및 남용방지 등에 관한 법률, 규
　　제 및 행정·사법적인 결정 등을 공개해야 한다.
　○ 또한, 각 회원국은 자국의 법률 및 규제 등을 무역관련지적재산권이사회(Coun-
　　cil for TRIPs)에 통보해야 한다.
　○ 각 회원국은 자국의 법률 시행에 방해가 되거나 공중의 이익에 반하며, 특정한
　　공사기업의 정당한 상업적 이익에 손상을 줄 비밀정보는 공개하지 않아도 된다.
－ 분쟁해결절차

○ GATT 1994의 제22, 23조의 규정과「분쟁해결규칙 및 절차에 관한 양해각서」를 준용한다.

⑥ 경과조치
- 협정 발효 후 1년 동안은 경과기간으로서 본 협정이 적용되지 않는다.
- 그러나 개발도상국의 경우에는 4년의 경과기간을 추가할 수 있다(중앙계획경제에서 자유시장체제로 전환과정에 있는 국가나 지적재산관련법률의 준비 및 시행에 있어서 문제에 봉착해 있는 국가도 포함).
- 개발도상국 중 물질특허가 없는 국가는 5년의 경과기간을 추가할 수 있다.
- 최빈개발도상국은 1년의 경과기간 후 추가로 10년의 경과기간을 적용할 수 있다.

⑦ 제도적 규정
- 무역관련지적재산권이사회(Council for TRIPs)를 설치하고 다음 기능을 수행하도록 한다.
  ○ 회원국들의 지적재산권관련의무 이행을 감시
  ○ 회원국간의 분쟁해결을 지원
  ○ 세계지적재산권기구(WIPO)와의 협력을 위해 첫 회기 이후 1년 이내에 적절한 조치를 마련
- 기존 지적재산권 대상의 보호
  ○ 본 협정은 협정적용일 이전에 발생한 행위에 대해서는 적용하지 않는다.
  ○ 협정적용일 현재 존재하고 있는 지적재산권에 대해서는 본 협정을 적용한다.
  ○ 협정적용일 현재 공유권(public domain)상태에 있는 사안에 대해서는 본 협정을 적용하지 않는다.
  ○ 협정적용일 이전에 구입한 원본이나 사본에 대해서는 대여권을 적용하지 않는다.
  ○ 협정인지일 전에 정부에 의해 사용허가권이 부여된 기술분야의 특허권에 대해서는 권리소유자의 허락없이도 사용할 수 있다.
  ○ 협정적용일 현재 계류 중인 출원은 보다 향상된 보호(any enhanced protection)를 위해 청구범위를 수정할 수 있다.
  ○ 협정발효일 현재 의약 및 농약품에 대한 특허보호제도가 없는 회원국의 경우, 협정발효일부터 동 제도를 도입해야 한다.
  ○ 물질특허제도가 없는 회원국에서 협정 발효 이후에 특허출원되어 계류 중에 있을 때, 물질특허제도가 있는 국가에서 특허가 승인되어 판매허가가 난 경우 물질특허제도가 없는 국가에서 5년 동안 판매독점권을 부여한다.
- 검토 및 수정
  ○ TRIPs이사회는 개발도상국에 대한 경과조치 이후 본 협정의 이행여부를 검토해야 한다(향후 2년마다 재검토 실시).
  ○ 수정은 보호의 수준을 높일 경우에만 허용된다.

- 유보
  ○ 회원국의 합의없이 본 협정을 유보할 수 없다.
- 국가안보를 위한 예외
  ○ 각국의 안보이익에 반하는 정보의 공개를 강요할 수 없다.
  ○ 회원 각국이 자국의 안보이익 보호를 위해 취하는 조치를 제한할 수 없다.
  ○ 세계평화를 위한 UN헌장의 의무 이행에는 본 협정이 적용되지 않는다.

평 가

그동안 다수의 국제협약에 의해 규율되었던 지적재산권이 이번 UR협정에 의해 WTO의 다자간체제로 편입되었다. 특히, 기본원칙으로 최혜국의 대우원칙이 지적재산권에 처음으로 도입되었으며 또한 기존 국제협약상의 보호수준보다 강화된 수준에서 지적재산권의 구체적 보호대상과 보호기간을 명시하였고, 지적재산권 보호에 대한 각국의 관계법이 상이함을 고려하여 적절한 시행절차를 마련하도록 규정하였다. 아울러 국제간 분쟁에 대한 협의 및 해결은 GATT 1994의 제22조와 23조의 규정과 본 협정 「분쟁해결규칙 및 절차에 관한 양해각서」를 준용해서 분쟁해결의 통일성과 효율성을 기하도록 하였다.

협정내용을 구체적으로 살펴보면, 컴퓨터프로그램의 보호범위와 관련하여, 컴퓨터프로그램의 표현 자체는 보호대상에 해당되나 아이디어, 절차, 작동방법, 수학적 개념 등은 포함되지 않아 기존 프로그램을 이용한 새로운 프로그램 개발이 가능하게 되었다. 한편, 특허권자의 승인없이 강제적으로 사용할 수 있도록 하는 강제실시권에 있어서는 발동요건, 즉 「합법적 기간 내에 합법적인 계약요건으로 권리자로부터 라이센스를 받을 수 없는 경우」에 대해 구체화하는 것은 각국법에 맡겨져 있어 보다 신축적인 운영이 가능하게 되었다.

7. 제도분야

분쟁해결규칙 및 절차

개 요

분쟁해결절차는 어느 한 회원국이 타회원국의 조치로 인하여 자국에 직간접적으로 침해 또는 무효화되었을 경우 신속히 해결함으로써 회원국의 권리와 의무를 보존하고, WTO가 기능을 효과적으로 수행할 수 있도록 하는 제도이다. 또한 동 절차는 회원국간 발생하는 무역분쟁에 대해 WTO규정을 합리적으로 적용함으로써 WTO 및 WTO규정의 권위를 강화시켜 준다.

GATT의 관련 규정과 UR협정의 개요

기존의 GATT규정에는 여타의 GATT역할과 구분될 수 있는 명확한 단일 분쟁해결절차가 마련되어 있지 않았다. 다만, 회원국들이 분쟁해결에 이용할 수 있는 절차규정이 30여 가지(GATT 제 6 조 7항, 제 12 조 4항, 제 16 조 1항, 제 19 조 2항, 제 22 조, 제 23 조, 제 24 조 7, 10항, 제 25 조 5항 등)있으며, 특히 분쟁해결과 관련하여 가장 핵심적인 조항은 제 22 조(협의)와 제 23 조(무효화 또는 침해)라고 할 수 있다. 제 22 조는 비교적 단순한 조항으로서 무역분쟁 발생시 우선 양국간 협의를 하도록 하고 타결되지 않을 경우, 회원국 공동의 협의에 부쳐질 수 있도록 한다는 일반적인 의무를 규정하고 있으며, 제 23 조는 GATT에서 부여한 회원국의 권리나 이해관계가 무효화 또는 침해를 받았을 경우 이를 해결하는 기본절차를 규정하고 있다. 특히, 제23조의 분쟁해결절차는 무역분쟁의 발생 및 양국간 협의, 패널의 설치 및 활동, 이사회의 결정 및 권고, 보복조치 등으로 구분되며 그 내용은 그림 2-2와 같다.

한편, 1979년 동경라운드협상에서 제정된 MTN Code에는 해당 분야에 관련된 고유의 분쟁해결절차규정이 있으며, MTN Code별 분쟁해결절차의 내용과 GATT 제22, 23조와의 관계는 표 2-10과 같다.

〈그림 2-2〉 GATT 제23조의 분쟁해결절차

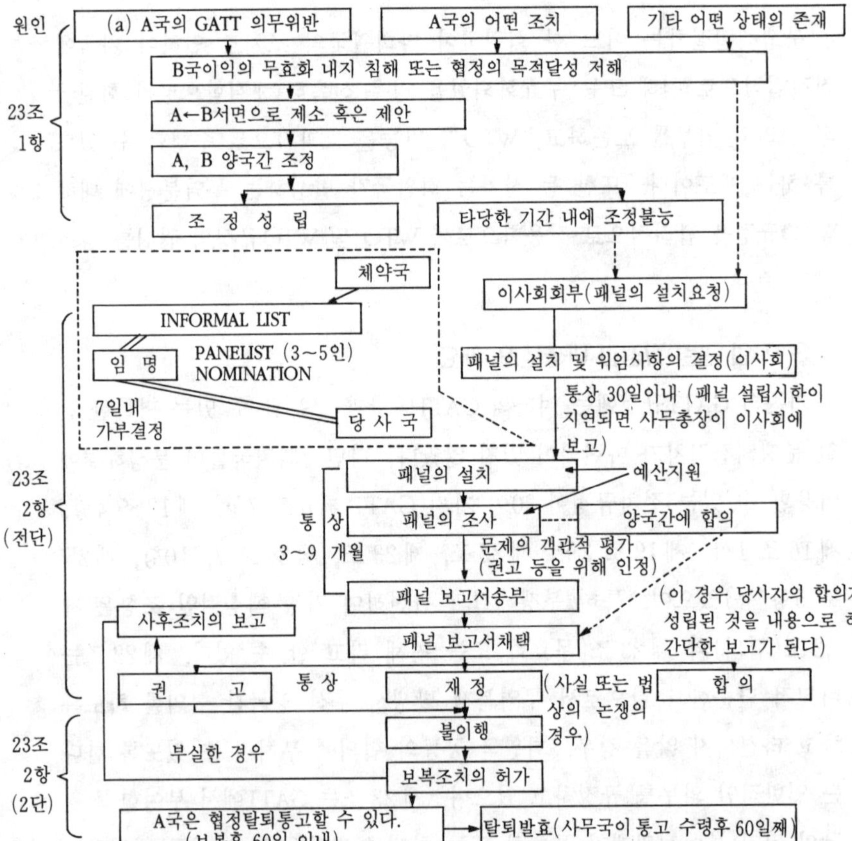

자료 : KIET, 《국제통상협상의 중요내용과 대책》, 1990. 6.

〈표 2-10〉 주요 MTN Code별 분쟁해결절차

MTN Code	분쟁해결절차	비고(제22, 23조와의 관계)
1) 반덤핑협정	협의(Consultation) → 조정(Conciliation), 협의결렬시 반덤핑위원회 조정 → 패널의 설치 → 동경라운드 분쟁해결 준용	－ 협정비가입국의 경우는 GATT 제 22, 23조에 의거한 분쟁해결절차 사용 가능 － 패널설치 후 GATT 제23조 세부 절차인 동경라운드 분쟁해결 합 의사항 준용(제14조 7항)
2) 보조금 및 상계관세 협정	협의(조사개시 전, 조사 중, 보조금의 성질 및 범위 등 각 단계에서 협의 가능) → 보조금 및 상계관세위원회의 조정 → 패널 조치(위원회 의장의 구성원 작성) → 위원회에 보고서 제출 → 위원회의 독자적인 권고 및 적절한 상계관세조치 허가	－ 이사회 대신 위원회가 분쟁해결 핵심 역할 － 제23조 규정 적용문제에 대한 해석이 포함됨
3) 관세평가협정	협의 → 관세평가위원회의 조사 → (관세평가 기술위원회 : 기술적인 문제의 경우) → 패널 → 위원회에 보고 → 사실 발표 및 권고 → 협정상의 의무적용 면제허가 → 임시	－ GATT 제23조 규정 준용 전에 동 협정상의 분쟁해결절차를 이행해 야 함(제18조 11항)
4) 기술장벽에 관한 협정	협의 → 기술장벽위원회의 조사 → (전문기술 자집단 ; technical expert group) → 패널 설치 → 위원회 보고서 채택 → 권고 → 협정상의 무적용 면제허가 → 임시	－ GATT 제22조에 의뢰한 경우 결정은 GATT규정에 의해서만 내려 야 함(제14조 23항)
5) 수입허가절차 에 관한 협정	협의(수입허가위원회가 협의장소 마련) → 기타 분쟁해결절차는 제22, 23조에 의거 함.	－ GATT 제22, 23조가 본 협정의 분쟁해결절차임(제4조)
6) 민간항공기 무역에 관한 협정	협의 → 민간항공기위원회 검토 및 판결, 권고	－ 당사자간의 합의에 따라 제22, 23조 준용 가능(제8조 6항)
7) 정부조달에 관한 협정	협의 → 정부조달위원회 검토 → 패널 구성 (위원회 의장) → 위원회 보고서 제출 → 위원회의 사실보고·권고 및 판정 → 동 협정 적용의 정지허가	－ GATT 제22, 23조 관련 규정 없음
8) 국제낙농협정	관련 조항 없음	－ GATT관련규정 준용 가능
9) 우육협정	관련 조항 없음	－ GATT관련규정 준용 가능
10) TSB	협의(양자간 협상) → TSB조사 → 적절한 권고 → 위원회 또는 GATT이사회(권고후 계속 문제존재시) → GATT 제23조	－ TSB에서 미결된 분쟁에 대한 GATT 제23조 적용 명문화

자료 : KIET, 《국제통상협상의 중요내용과 대책》, 1990. 6.

GATT의 분쟁해결절차는 각국이 국제관습법상의 분쟁해결수단인 일방적 보복조치에 의존하는 것을 배제하기 위해 다양한 외교적 또는 법적인 조치를 허용하고 있다. GATT상의 의무 위반인 경우는 물론 GATT를 위반하지 않은 조치라 하더라도 그로 인하여 일방 회원국의 이익이 침해를 받은 경우에도 분쟁해결절차를 준용할 수 있도록 함으로써 그 적용범위가 광범위해졌다. 그러나 GATT 제23조를 위시한 위의 분쟁해결절차관련규정은 그 보충규정에도 불구하고 개발도상국에 불리하게 운용되어 온 측면이 강하고, 또한 강대국이 강력한 경제력을 배경으로 무역분쟁을 GATT 밖에서 해결하려는 경향이 심화되면서 회원국의 불만이 커져왔다.

따라서 회원국들은 각종 비관세조치에 따라 증가되는 무역분쟁을 효과적으로 해결할 수 있는 제도를 정비할 필요성을 느끼게 되었고, 세계무역의 다자간원칙을 준수하고 보호주의의 확산을 방지하기 위해서는 GATT의 분쟁해결절차 강화가 필요하다는 데 인식을 같이하여 이번 UR협상에서 별도의 협상의제로 채택되기에 이른 것이다.

최종협정문의 주요 내용

분쟁해결규칙 및 절차에 대한 양해각서

① 범위와 적용
- 본 양해각서의 규정 및 절차는 본 양해각서의 부록 1에 명시된 협정(이하 「관련 협정」; covered agreement)들의 분쟁해결규칙 및 절차와 협의에 적용된다. 또, WTO 설립협정 조항 및 본 양해각서하의 권리와 의무에 대한 회원국간 분쟁해결 및 협의에도 적용된다.
- 그러나 본 양해각서 부록 2의 「관련 협정하의 특별 또는 추가적인 분쟁해결규칙 및 절차」는 본 규칙 및 절차에 우선한다.
  - 본 양해각서의 규칙 및 절차와 부록 2의 특별 또는 추가적인 규칙 및 절차간에 차이가 있을 경우에는 후자가 우선한다.
  - 또, 검토대상이 되는 관련 협정하의 특별 또는 추가적인 규칙 및 절차가 상충되고, 분쟁당사국들이 패널설치 후 20일 내에 규칙과 절차 선택에 동의할 수 없을

경우 분쟁해결기구(Dispute Settlement Body : DSB)의 의장은 각 회원국의 요청 후 10일 이내에 적용할 규칙 및 절차를 결정해야 한다. 이 경우 분쟁해결기구의 의장은 원칙적으로 특별 또는 추가적인 규칙 및 절차들이 본 양해각서하의 규칙 및 절차와 상충되지 않는 범위 내에서만 사용해야 한다.

② 집 행
- 분쟁해결기구는 WTO 설립협정상의 규칙, 절차 및 관련 협정하에서 달리 규정하지 않는 한 관련 협정들의 협의 및 분쟁해결조항을 집행한다.
- 분쟁해결기구의 권한
 ○ 분쟁해결기구는 패널의 설치와 패널 및 상소보고서의 작성·결정 및 권고사항의 이행감시, 관련 협정하의 양허 및 기타 의무의 유보에 대한 승인 등의 권한을 가진다.
 ○ 관련 WTO이사회 및 위원회에 개별 관련협정들의 조항과 관련된 분쟁의 진전상황을 통보해야 한다.
- 분쟁해결기구의 운영방법
 ○ 본 양해각서하에 허용된 시간범위(time-frame) 내에서 기능을 수행하기 위해 필요하다면 자주 협의해야 한다.
- 의사결정은 전원합의에 의한다.

③ 일반규정
- WTO의 분쟁해결시스템은 다자간무역체제의 안전성과 예측가능성을 높이는 핵심요소이므로, 관련 협정들하의 회원국의 권리와 의무를 보호하고, 국제법의 해석에 의한 통상적인 규정에 따라 관련 협정의 기존 조항을 명확히 하는 역할을 수행한다는 것을 인정한다. 그러나 WTO 설립협정에 의해 설치된 분쟁해결기구의 권고 및 결정도 관련 협정들에 규정된 권리와 의무를 확대 또는 축소시킬 수 없다.
- 중재재정(arbitration awards)뿐 아니라 관련 협정들의 협의 및 분쟁해결규칙 및 절차하에 제기되는 모든 문제의 해결책은 관련 협정들과 일치해야 하며, 본 협정에 의거하여 회원국의 이익을 무효화 또는 침해해서는 안 되고, 각 협정의 목적달성을 방해해서도 안 된다.

④ 협 의
- 협의요청이 관련 협정에 따라 이루어지는 경우, 동 요청을 접수한 회원국은 상호간 달리 합의하지 않는 한, 요청접수 후 10일 이내에 요청에 응하고 요청일로부터 30일 이내에 협의에 임해야 한다. 이것이 충족되지 않을 경우 직접 패널설치를 요구할 수 있다. 모든 협의요청은 분쟁해결기구와 관련 이사회 및 위원회에 요청사유를 서면으로 기재하여 통보한다. 협의결과 협의요청일로부터 60일 이내에 협의를 통해 분쟁해결에 실패할 경우 협의요청국은 패널설치를 요구할 수 있다.

- 부패성 물품을 포함하여 긴급한 경우에는 요청일로부터 10일 이내에 협의에 임해
  야 하며, 요청일로부터 20일 이내에 분쟁해결에 실패할 경우 협의요청국은 패널설
  치를 요구할 수 있다.
- 협의 중 회원국은 개발도상국 회원국의 특별문제 및 이해관계에 대해 특별한 고려
  를 해야 한다.

⑤ 패널의 설치

- 제소국의 요청사항이 의제로 상정된 분쟁해결기구회의에서 패널설치를 전원합의에 의해 부결
  하지 않는 한, 가장 가까운 시일 내의 분쟁해결기구회의까지는 패널이 설치되어야 한다.
- 패널설치의 요청은 서면으로 이루어지며 요청서에는 협의개최여부 문제가 되는 특
  정조치를 명시하고, 문제를 명확히 하기 위해 제소의 법적 근거에 대한 간단한 요
  약을 첨부해야 한다.
- 패널은 자격있는 정부 및(또는) 비정부인사로 구성된다.
  - ○ 구체적으로 살펴보면 패널업무의 수행 및 패널제소 등의 경험이 있는 자,
    WTO회원국 및 GATT 1947 회원국의 대표 경험이 있는 자, 관련 협정의 위원
    회 및 이사회의 대표자 및 회원국의 무역정책 실무경험이 있는 자 등이다.
- 패널은 분쟁당사국이 패널설치 후 10일 내 5명의 패널리스트(penalist)로 구성하기
  로 합의하지 않는 한 3명의 패널리스트로 구성된다.
  - ○ 패널설치 후 20일 이내에 패널리스트 구성에 합의하지 못할 경우, 사무총장은
    일방 당사국의 요청에 따라 분쟁당사국과 협의 후 분쟁해결기구의 의장 및 관련
    위원회 또는 이사회 의장과 협의하여·패널리스트를 지명하여 패널을 구성하고,
    요청일로부터 10일 이내에 패널구성에 대해 통보해야 한다.

⑥ 패널절차

- 패널의 조사기간은 패널구성 및 위임사항 등에 관한 합의시점으로부터 최종보고서가 분쟁당
  사국에 제시되는 시점까지로 6개월을 초과하지 않도록 한다.
  - ○ 부패성 물품 등의 긴급상황시는 보고서를 3개월 내에 분쟁당사국에 제출하는 것
    을 목표로 한다.
  - ○ 6개월 내 또는 긴급상황시 3개월 내 보고서를 제출할 수 없을 때 패널은 분쟁해
    결기구에 추정보고서 제출기간과 연기사유를 서면으로 통보하며, 이 경우에도
    패널설치에서 회원국에 대한 보고서 제출일까지는 9개월을 넘지 못한다.

⑦ 중간검토단계

- 패널은 분쟁당사국으로부터 보고서 초안에 대한 의견을 접수한 후 동 국가들에게
  보고서 초안의 서술부문과 패널의 조사부문 및 결론 등이 포함된 중간보고서를 제
  시해야 한다.

◦ 분쟁당사국들로부터 견해표명이 없을 경우 중간보고서는 최종보고서로 간주된다.

⑧ 패널보고서의 채택
- 분쟁해결기구는 구성회원국들이 패널보고서를 충분히 검토할 수 있도록 보고서가 배부된 지 20일 이내에는 채택되지 않도록 고려해야 한다.
- 패널보고서에 반대하는 회원국들은 동 보고서가 심의되는 분쟁해결기구의 회의를 개최하기 최소 10일 전까지 반대사유를 서면으로 제출해야 한다.
- 분쟁당사국이 분쟁해결기구에 상소결정을 공식적으로 통보하지 않거나 분쟁해결기구가 전원합의에 의해 보고서를 채택하지 않기로 결정하지 않는 한, 동 보고서는 배부일로부터 60일 이내에 채택된다.

⑨ 상설상소기구
- 상설상소기구는 패널판정에 대한 상소를 접수하는 기구로서 분쟁해결기구에 의해 설치된다. 인원은 7인으로 구성되며 한 사건에 3인씩 교대로 상소업무를 담당한다.
  ◦ 구성원의 임기는 4년이며, 1회에 한해 연임할 수 있다.
  ◦ 단, 본 양해각서 발효일 후 즉시 임명되는 7명 중 3명의 임기는 2년이며, 추첨에 의해 결정된다.
- 제3자가 아닌 분쟁당사국만이 패널의 결정에 상소할 수 있다.
- 상소기구는 패널의 결정사항 및 결론(legal findings)을 지지·수정 또는 취소할 수도 있다.

⑩ 권고 및 결정의 이행에 대한 감시
- 패널 혹은 상소기구의 보고서가 채택된 후 30일 이내에 개최되는 분쟁해결기구에서 관련 회원국은 분쟁해결기구의 권고 및 결정의 이행에 관해 자국의 계획을 분쟁해결기구에 통보해야 한다.
  ◦ 즉시 권고 및 결정을 이행할 수 없을 경우에는 해당 회원국은 합리적인 기간을 제시해야 한다.
- 패널 또는 상소기구가 보고서 제출기간을 연장하는 경우를 제외하고 분쟁해결기구에 의한 패널설치일로부터 합리적인 기간의 종결까지, 즉 보고서 제출기간은 분쟁당사국이 달리 합의하지 않는 한 15개월을 초과할 수 없다.
- 분쟁해결기구의 권고 및 결정에 따라 취해지는 조치의 존재여부, 혹은 관련 협정과의 일치여부에 대해 이견이 있을 경우 이러한 분쟁은 가능한 한 원패널에 회부하여 분쟁해결절차를 거치도록 한다.
- 분쟁해결기구는 채택된 권고나 결정의 이행을 계속해서 감시해야 한다.
- 개발도상국 회원국에 의한 제소인 경우, 분쟁해결기구는 관련 조치가 개발도상국의 무역 및 경제에 미치는 영향까지 신중히 고려하여 그에 적합한 조치를 취해야

한다.

⑪ 보상 및 양허의 정지

- 보상, 양허나 기타 의무의 정지는 권고 및 결정이 합리적인 기간 내에 이행되지 않을 경우에 취할 수 있는 임시조치이다.
  - 보상은 자율적이나 관련 규정들과 일치해야 한다.
  - 합리적인 기간의 소멸 후 20일 이내에 만족할 만한 보상합의가 이루어지지 않을 경우, 분쟁해결절차를 발의한 당사국은 분쟁해결기구에 당해 회원국에 대한 양허나 기타 의무적용의 정지에 대한 승인을 요청할 수 있다.
- 제소국은 양허나 기타 의무를 정지하려고 할 때는 다음의 원칙과 절차를 준수해야 한다.
  - 패널이나 상소기구가 의무위반, 무효화 또는 침해사실을 발견한 분야와 동일한 분야에 먼저 적용
  - 동일분야에 대한 양허나 기타 의무의 정지적용이 현실적이지 못하거나 효과적이지 못할 경우에는 동일협정 내의 타분야에 적용 가능
  - 동일협정하의 타분야의 양허나 기타 의무의 정지적용이 현실적이지 못하거나 효과적이지 못하고 상황이 매우 심각할 경우에는 관련된 타협정하의 양허나 기타 의무의 정지 가능
- 관련 회원국이 이미 제시된 양허의 정지수준에 동의하지 않을 경우나 상기원칙 및 절차가 준수되지 않을 경우에 동 건은 중재절차를 밟게 된다.
- 분쟁해결기구에 의해 승인된 양허나 기타 의무적용의 정지수준은 무효화 또는 침해수준과 동등해야 한다. 그러나 분쟁해결기구는 관련 협정이 정지를 금지하면 양허 및 기타 의무의 금지를 승인해서는 안 된다.
- 양허나 기타 의무적용의 정지는 일시적이어야 하며 관련된 협정과 일치하지 않는 조치가 제거되거나, 권고나 결정을 이행해야 할 회원국이 무효화 및 이익의 침해에 대한 해결책을 제공하거나, 상호 만족스런 해결에 도달할 때까지만 적용된다.

⑫ 다자간무역체제 강화

- 회원국이 관련 협정하의 의무 위반이나 이익의 무효화 또는 침해, 혹은 관련 협정의 목표달성 저해 등의 행위를 시정하고자 할 때에는 다음과 같은 본 양해각서상의 규칙과 절차를 준수해야 한다.
  - 본 양해각서상의 분쟁해결규칙과 절차와 분쟁해결기구가 채택한 패널 및 상소기구의 보고서나 재정판정서의 결정 및 권고를 준수해야 한다.
  - 권고 및 결정의 이행을 위한 합리적인 기간을 결정할 때 본 양해각서 제21조(권고 및 결정이행에 대한 감시)의 절차를 따라야 한다.
  - 양허나 기타 의무의 정지수준은 본 양해각서 제22조(보상 및 양허의 정지)의

절차를 따라 결정해야 하며, 양허나 기타 의무의 정지 이전에 분쟁해결기구의 승인을 받아야 한다.

⑬ 최빈국에 대한 특별절차

- 최빈개발도상국이 관련된 분쟁의 원인 및 분쟁해결절차를 결정하는 모든 단계에서는 최빈개발도상국에 대한 특수상황을 특별히 고려해야 한다.
- 최빈개발도상국에 대한 특별조치로 인해 타회원국의 이익이 무효화되거나 침해되었을 경우, 제소국들은 보상요구를 자제하거나 양허 혹은 기타 의무적용의 정지승인 요청을 자제해야 한다.

⑭ 중 재

- 본 양해각서에서 달리 규정한 경우를 제외하고 중재의뢰는 분쟁당사국의 상호합의에 의해 중재절차가 실질적으로 시작되기 충분한 시간 이전에 모든 회원국에 통보되어야 한다.
- 기타 회원국은 중재의뢰에 합의한 국가들의 동의하에 중재절차에 참가할 수 있다.
- 소송당사국들은 중재재정을 준수하는데 합의해야 한다. 중재판정 내용은 관련된 협정의 이사회나 위원회와 분쟁해결기구에 통보되어야 한다.

⑮ GATT규정을 위반하지 않는 분쟁

- 패널 또는 상소기구는 일방 분쟁당사국의 이익이 무효화 또는 침해되었을 경우, 혹은 관련 협정의 목적달성이 저해된 경우에는 GATT 1994 제23조 1항 (b)에 근거하여 결정 및 권고만을 할 수 있다.
- 패널은 일방 당사국의 이익이 무효화 또는 침해되었을 경우 혹은 GATT 1994 제23조 (a)와 (b)조항 이외의 적용으로 인해 협정의 목적달성이 저해된 경우에는 GATT 1994 제23조 1항 (c)에 근거하여 결정 및 권고만을 할 수 있다.

〈부록 1〉 양해각서의 관련협정
- WTO 설립협정
- 부속서 1A : 상품무역협정
- 부속서 1B : 서비스무역에 대한 일반협정
- 부속서 1C : 위조상품거래를 포함한 지적재산권의 거래에 관한 협정
- 부속서 2 : 분쟁해결규칙 및 절차에 대한 양해각서
- 부속서 4 : 민간항공기협정
　　　　　　　정부조달협정
　　　　　　　국제낙농협정
　　　　　　　우육협정

〈부록 2〉 관련 협정하의 특별 또는 추가적인 분쟁해결규칙 및 절차

협 정	규칙과 절차
반덤핑	제17조 4~ 7항
기술장벽	제14조 2~ 4항, 부속서 2
보조금 · 상계관세	제4조 2~12항, 제6조 6항
	제7조 2~10항, 제8조 5항
	주석 33, 제25조 3~ 4항
	부속서 V
관세평가	제19조 3~ 5항, 부속서 II 2(f),
	제3, 9, 21조
농산물	
식품위생 및 동식물 검역조치	제36조
섬 유	제2 조 14항, 21항, 제4조 4항,
	제5조 2항, 4항, 6항, 9항,
	제6조 9~11항, 제8조 1~12항
서비스일반협정	제 XXII 3항, 제 XXIII 3항,
금융서비스	제4조 1항
항공서비스	제4조
서비스협상에 대한 각료결정	제1~ 5조

〈표 2-11〉 현행 분쟁해결절차와 UR 분쟁해결절차의 비교

구 분	현행 분쟁해결절차	UR 분쟁해결절차
분쟁해결의 기본 방식	-전원합의 관행에 의한 협의중심의 분쟁해결 ○ 법규에 대한 엄격한 복종보다는 양 당사자간의 협의에 의한 해결 도모	-기존의 전원합의 관행을 유지하되 분쟁해결의 사법적 성격을 대폭 강화
관련 규정 및 체제	-여러 규정에 의한 다원적 분쟁해결 체제 ○ GATT 제22, 23조 : 기본규정 ○ 협의, 통보, 분쟁해결에 관한 양해 각서 : 일반절차규정 ○ MTN Code상의 개별분쟁해결절차 : 특수절차규정	-WTO 산하에 설치되는 분쟁해결기구 가 분쟁해결규칙 및 절차에 관한 양 해각서에 따라 모든 분쟁을 통합관리 하는 단일화된 분쟁해결체제 -기존의 개별분쟁해결위원회는 분쟁 해결기능을 상실하고, 분쟁을 위해 필요한 고유의 업무만 수행

평 가

본 협정문은 각종 관세 및 비관세조치와 관련된 무역분쟁을 해결하는데 그 한계를 보여온 기존의 GATT규정에 비하여 체계화되고 통합적이며 구체적이다. 특히, 상소제도의 도입 및 절차 마련, 보상·보복조치의 인정 등 기존의 GATT 분쟁해결절차에 비해 분쟁해결방식에 있어서 사법적 성격을 대폭 강화하고 있으며, 보다 단일화된 분쟁해결체제를 지향하고 있는 것으로 평가된다.

각 부문별 협정내용을 평가해 보면,

첫째, 한 회원국으로부터 협의요청이 있을 경우 협의시한을 구체적으로 설정함으로써 협의불응에 대한 시간지연을 방지하였으며, 특히 부패성 물품이 관련된 경우에는 협의개시일 또는 패널설치요구기한을 단축함으로써 협의기간 장기화에 따른 불이익을 최소화하도록 규정하였다.

둘째, 비록 엄격한 사법절차가 있지만, 분쟁당사국간 자율적인 알선·조정·중개를 장려하고 있다.

셋째, 패널설치가 이사회의 결정뿐만 아니라 제소국의 요청에 의해서도 가능하게 함으로써 분쟁당사국의 권한을 확대하고, WTO 분쟁해결절차의 활용도를 높이고자 하였고 패널절차에 대한 상세한 규정을 두어 실질적이고 효율적인 분쟁해결체계를 확립하였다.

넷째, 상설 상소검토기구를 두어 법적추리상 예외적인 오류를 교정하고 특히 패널보고서의 자동채택방식으로 인한 패소국의 불이익을 최대한으로 고려하고 있다. 또한 패널, 상소기구에 의한 권고 및 결정을 관련 회원국이 신속히 이행하도록 구체적 절차를 마련하고 있다.

다섯째, 다자간무역체제의 강화 규정을 두어 WTO협정에 위반되는 일방조치의 억제를 유도하였고, 최빈개발도상국의 특수상황(분쟁처리전문가의 부족, 분쟁해결에 장기간 소요에 따른 불이익 등)에 대한 고려를 하도록 유도하고 있다.

이와 같은 최종협정에 따라 미국·EC 등 경제대국의 일방적 보복수단은 상당부분 억제될 것이며, 중간검토단계의 도입·상소검토기구의 도입 등은 약소국들에게 긍정적인 영향을 미칠 것으로 보인다.

무역정책검토제도

개 요

무역정책검토제도는 GATT가입국의 무역정책에 대한 정기적이고 집단적인 평가와 검토를 통해 각국의 무역정책 및 관행의 명료성을 증대시키고, 이해 증대를 도모함으로써 다자간무역체제의 기능을 강화하기 위한 것이다. 동 분야는 UR의 GATT기능강화분야 협상에서 가장 먼저 합의에 도달한 분야로서 1989년부터 이미 시행 중에 있다.

본 협정에서는 각 회원국이 무역정책검토기구의 평가를 받는 검토주기를 무역규모별로 차등을 두어 설정하고 있는데, EC를 비롯한 무역규모 상위 4개국은 2년마다, 한국을 포함한 16개국에 대해서는 4년마다, 그리고 최빈개발도상국을 제외한 기타 국가는 6년의 검토주기를 두고 있다.

최종협정문의 주요 내용

무역정책검토제도

① 목 적
- 무역정책검토제도(Trade Policy Review Mechanism)는 각국의 모든 무역정책 및 관행에 대한 각료회의의 정기적이고 집단적인 평가와 검토를 통해 각국의 무역정책 및 관행의 명료성의 증대와 이해증대를 도모함으로써 다자간무역체제의 기능 강화를 목적으로 한다.
  ○ 그러나, 협정하의 개별의무의 강화 또는 분쟁해결절차를 위한 기준으로 사용되거나 회원국에 대해 새로운 정책약속을 부과하는 수단으로 사용되어서는 안 된다.

- 검토제도에서 실행될 평가는 외부환경뿐만 아니라 관련 회원국의 광범위한 경제 및 개발요구, 정책 및 목적을 기초로 하여 회원국의 무역정책 및 관행이 다자간무역시스템에 미치는 영향을 검토하는 것이다.

② 국내명료성
- 회원국은 무역정책에 관한 정부의사결정의 국내명료성이 회원국들의 경제와 다자간무역제도에 중요한 가치가 있음을 인식하고, 국내제도의 명료화를 자발적으로 수행해야 하며, 각 회원국의 법적·정치적 제도를 고려해야 한다는 것을 인식하면서 국내제도의 명료성을 증대시키기 위해 노력하는데 합의한다.

③ 검토절차
- 무역정책검토기구(Trade Policy Review Body)는 전회원국의 무역정책 및 관행을 주기적으로 검토한다.
  ○ 각 회원국이 다자간무역시스템의 기능에 미치는 영향은 검토빈도를 결정하는데 결정적인 요소이다. EC를 포함한 첫번째 4개의 무역국들(trading entities)은 2년마다. 그 다음 16개국은 4년마다, 최빈개발도상국을 제외한 기타 국가는 6년마다 검토를 받는다.
  ○ 검토대상은 개별회원국의 관련 정책 및 관행을 포함한 모든 무역정책의 구성요소이다. 예외적으로 회원국의 무역정책 또는 관행의 변경이 무역상대국에 중대한 영향을 미칠 경우 관련 회원국은 협의를 거쳐 차기검토를 행하도록 무역정책검토기구에 의해 요구될 수 있다.
- 무역정책검토기구는 검토실행을 위한 기초계획을 수립하여 회원국의 최근보고서에 대해 논의하고 의견도 제시할 수 있다. 무역정책검토기구는 직접적인 관계회원국과 협의하여 각 연도 검토계획을 수립한다. 검토대상 회원국과 협의하여 의장은 무역정책검토기구에서 개인자격으로 참가할 토론자를 선정할 수 있다.
- 무역정책검토기구는 ⓐ 검토대상 회원국이 제출한 보고서 전문 ⓑ 관계회원국이 제공하고, 이용가능한 정보에 근거하여 사무국장의 책임하에 작성한 보고서 등에 따라 작업을 수행한다.
- 검토 중인 회원국의 보고서 및 사무국장이 작성한 보고서는 무역정책검토기구 내의 개별회의에서 세부논의사항과 함께 검토 후 신속히 공표하며, 각료선언에도 발송한다.

④ 보 고
- 명료성을 최대한 증대시키기 위해 각 회원국은 무역정책검토기구에 정기적으로 보고해야 한다.
  ○ 보고서 전문에는 무역정책검토기구가 정한 합의양식에 따라 관련 회원국의 무역정책 및 관행을 기술한다. 동 양식은 1989년 6월 19일에 GATT 1947 체약국에

의해 만들어진 국가별 보고서의 전문양식(outline format)을 따르며, 부속서 1의
MTA 및 복수국간무역협정에 의한 모든 무역정책을 수용할 수 있도록 동 양식은
무역정책검토제도의 경험에 비추어 수정할 수 있다.

○ 검토대상기간 중 회원국은 무역정책에 중요한 변화가 있을 때는 요약보고서를
제출한다. 통계정보의 연례갱신은 합의양식에 따라 제출한다. 최빈개발도상국의
보고서를 작성하는데 겪는 어려움을 특별히 고려해야 한다.

- 사무국장은 개발도상국 회원국, 특히 최빈개발도상국 회원국의 요청에 따라 기술
적인 원조를 제공하도록 한다. 보고서에 포함된 정보는 MTA조항 및 복수국간무역
협정조항의 통보절차와 가능한 최대한 조화되어야 한다.

⑤ GATT 1994의 BOP조항과 GATS의 관계

- 회원국들은 GATT 1994의 국제수지조항 및 GATT상 전면협의를 거쳐야 하는 정부
의 부담을 최소화할 필요성을 인정한다.
- 무역정책검토기구의 의장은 관련 회원국 및 국제수지위원회의 의장과 협의하여 국
제수지협의 일정과 무역정책검토주기를 조화하는 행정협정을 고안한다.

- 단, 무역정책검토는 12개월 이상 연기될 수는 없다.

⑥ 동 기구의 평가

- 무역정책검토기구는 WTO 설립협정 발효 후 5년 내에 무역정책검토기구의 활동을
사정해야 한다. 평가결과는 각료선언에 제출되고 그 후에는 무역검토기구의 결정
또는 각료선언의 요청에 따라 착수한다.

평 가

UR의 GATT기능의 강화분야협상에서 가장 먼저 합의에 도달하여
1989년부터 시행해 오고 있는 본 제도는 회원국의 무역정책에 대한 명료
성을 높여 다자간무역체제의 기능을 강화시켜 줄 것이다.

본 협정은 GATT상 특정의무의 이행이나 새로운 무역정책을 도입해야
할 의무를 부과하는 것은 아니지만, 각국의 무역관련정책을 주기적으로
검토하면서 WTO의 규범과 일치하지 않는 회원 각국의 무역정책에 대한
개선을 촉구하는 효과를 가져다 줄 것으로 보인다.

제 **2** 부

UR 이후 대내외 통상환경변화와 대응전략

UR 이후 국제통상질서의 변화전망

1. UR의 영향범위

UR협정은 1994년 4월 12일에 개최되는 각료회의에서 협상참가국이 서명한 후 국별로 비준절차를 거치게 된다. 국별로 국내비준시기가 달라 UR협정이 발효되는 시기는 UR 최종의정서(Final Act)에서 목표시한으로 명시하고 있는 1995년 7월경이 될 것으로 예상된다.

UR협정에 따라 새로이 만들어지는 국제규범은 '90년대 후반은 물론 2000년대 초반까지 향후 적어도 10년 이상은 국제경제 및 무역질서를 규율해 나갈 것이다. 이는 관세인하계획, 보조금감축계획, 서비스양허계획, 회색지대조치의 철폐계획 등의 시행에 적어도 협정 발효 이후 3~5년 이상이 걸리고 농산물의 보조금 감축 및 관세화 이후의 점진적 관세인하, MFA(다자간섬유협정)의 철폐 등에는 6~10년이 소요될 것이며, 이러한 새로운 규범 시행의 현실적합성 여부를 검증하는 데도 수년이 걸릴 것이기 때문이다. 특히, WTO가 설립됨으로써 향후 WTO체제는 보다 장

〈표 3-1〉 협상내용별 영향의 기간범위

구 분		발효일부터 시행	장기간에 걸쳐 시행	후속협상 진행
시장접근	관 세	－ 무세화 ㅇ 8개 분야 중 국별 　양허표 기재내용 － 관세조화 ㅇ 화학제품 관세인하	－ 관세인하 ㅇ 인하목표 4년에 걸쳐 　달성 ㅇ 무세화·관세조화 품목 　일부는 10년	－ 관세조화 인하대상 　품목 확대 검토 ㅇ 타결 후 3년 이내
	섬 유	－ MFA 대상품목의 16 ％는 GATT로 우선복 귀(쿼터 철폐)	－ MFA 대상품목의 GATT 　복귀(10년간 단계별 쿼 　터 철폐) ㅇ 수량기준 복귀율 ㅇ 다음 4년 후 : 17％ ㅇ 다음 3년 후 : 18％ ㅇ 10년 만기 후 : 49％ － MFA쿼터 확대 ㅇ 협정 발효 이전 12개월 　동안의 증가율 기준 ㅇ 첫 3년 : 16％ ㅇ 다음 3년 : 25％(1단계 　증가율 기준) ㅇ 다음 4년 : 27％(2단계 　증가율 기준)	
	농산물	－ 국별 시장접근 양허 표 기재사항 － 최소시장접근 3％	－ 쌀의 경우 개방유예기간 　인정 － 관세 점진적 인하 ㅇ 관세상당액 평균 36％ 　감축→6년간 － 국내보조금 감축 ㅇ 1986〜1988년 기준 　2000년 까지 20％ 감축 － 수출보조금 감축 ㅇ 1986〜1988년 기준 　1999년까지 재정지출기 　준 36％, 물량기준 24 　％ 감축	
	긴급수입 제한조치	－ 협정내용 대부분	－ 회색조치 4년 내 철폐 ㅇ 쌍방합의시 1개 조치는 　1999년 말까지 철폐	

구 분		발효일부터 시행	장기간에 걸쳐 시행	후속협상 진행
규범분야	보조금·상계관세	- 협정내용 전체	- 금지보조금 철폐 ○ 협정 발효 후 3년 이내 철폐 - 개발도상국 예외허용 ○ 수출성과부 보조금 8년 내 철폐 ○ 수입대체보조금 5년 내 철폐	
	원산지규정	- 협정내용 전체		- 국제통일원산지 규정 제정
	무역관련 투자조치		- 철폐기한 ○ 선진국 : 2년 내 ○ 개발도상국 : 5년 내 ○ 최빈국 : 7년 내(개발도상국, 최빈국은 연장 가능)	- 본 협정의 기능 검토 및 수정 ○ 발효 후 5년 이내 ○ 투자 및 경쟁정책에 대한 조항 추가여부 검토
	GATT조문 반덤핑 기술장벽 선적전검사 동식물위생 정부조달	- 협정내용 전체		
서비스무역		- 국별 초기자유화 양허표 기재사항	- 시장접근/내국민 대우에 관한 업종별 양허계획(대개 5년에 걸쳐 연도별 양허업종 추가) - 개발도상국 예외 허용	- 일반협정상의 보조금, 정부조달, 긴급수입제한조치 등의 의무 규정→발효 후 2~3년 내 - 금융, 기본통신서비스, 해운분야 후속협상
지적재산권			- 협정적용의무 유예 ○ 선진국 : 1년 ○ 개발도상국 : 5년 ○ 물질특허없는 개발도상국 : 6년 ○ 저개발국 : 11년	
제도	WTO 설립 분쟁해결절차	- 협정내용 전체		

구 분		발효일부터 시행	장기간에 걸쳐 시행	후속협상 진행
분	무역정책			
야	검토제도			

자료 : 대우경제연구소.

기간 동안 국제무역질서를 규율해 갈 것이다.

협상내용면에서도 과거의 어느 때보다도 그 영향범위가 넓다. 가장 전통적인 협상대상인 관세인하는 물론, 비관세조치의 철폐와 다자간규칙 및 GATT조문에 대한 수정을 포함하고 있으며, 가장 중요한 특징으로서 그동안 GATT체제에서 규율하지 못했던 서비스무역, 지적재산권, 무역관련투자조치의 철폐 등을 포함하고 있다. 또한 그동안 GATT의 예외질서로서 유지되어 왔던 MFA의 철폐 및 GATT체제로의 복귀, 전반적인 GATT기능의 강화를 위한 제도의 도입 등이 이루어지도록 되어 있다.

UR에 참여하는 국가의 수도 과거 그 어느 때보다도 많은 117개국에 달하여 거의 세계 전체국가간의 무역질서를 규율하게 되었다. 또한 특정국에 대한 GATT의무의 일부 면제,. 개발도상국에 대한 우대 등도 크게 줄어 대부분의 국가에 대한 국제통상규범의 역할을 하게 된다.

2. 국제통상질서의 변화전망

기존의 국제무역규범과 UR에 따른 변화

UR협정은 GATT체제를 중심으로 한 기존의 국제무역규범을 크게 변화시켜 WTO체제를 중심으로 한 새로운 국제무역규범을 성립시킬 것이다. 그동안 국제무역질서를 규율해 온 GATT(1947)규정 및 관련 법제, 동경라운드 다자간무역협정(MTN Code ; 별도로 가입한 복수국간에만 적용), GATT 밖에서 예외질서를 형성해 온 다자간섬유협정(MFA) 등을 크게 변화시킬 것이며, 서비스 등 새로운 분야에 대한 규범도 도입된다.

우선, 국제무역의 기본질서를 형성해 온 GATT규정(4부 38조로 구성)상의 최혜국대우, 내국민대우, 자유무역주의원칙이 UR에 의해 전반적으로 더욱 강화되었으며, 특히 그동안 GATT상의 일반원칙에서 벗어나 예외적으로 인정되어 왔던 각종 예외규정(수량제한금지의 예외규정)이 크게 축소되어 자유무역이 보다 강화되었다는 점이다. 예컨대, GATT규정 중 제25조 5항(웨이버)의 개정을 통해 GATT의무의 면제를 억제 또는 폐지하도록 하였으며, 제18조 B의 개정을 통하여 국제수지 악화를 이유로 한 개발도상국의 각종 수입제한조치 운용을 크게 제한하였다. 또한, 농산물협정을 통하여 그동안 GATT 제11조 2항(농산물 수출입제한규정)에 의거해 인정되어 왔던 각종 수입제한 등의 비관세장벽을 관세화하는 형식으로 개방하고 관세상당액을 점진적으로 인하하여 농산물의 자유무역을 확대하려 한다. 이밖에 WTO의 설립협정을 통하여 조부조항(Grandfather Clause ; GATT 가입 이전의 국내법에 의한 수입규제 존속인정)의 적용을 원칙적으로 폐지하도록 하였다.

동경라운드의 다자간무역협정(MTN Code)도 UR협정을 통해 크게 개편되었다. 즉, 동 협정은 별도로 가입한 국가간에만 적용되었으나 UR협정의 발효 후에는 동 협정 9개 중 반덤핑, 보조금 · 상계관세, 기술장벽, 수입허가절차, 관세평가의 5개 협정이 WTO 전회원국에 적용되는 소위 「다자간무역협정(MTA)」에 편입되었으며, 항공기 · 낙농 · 우육 · 정부조달협정의 4개만이 「복수국간무역협정(PTA)」으로 남게 되었다. 더욱 중요한 것은 이들 협정의 적용이 과거에 비해 자유무역, 공정무역을 확대시키는 방향으로 개정되었다는 점이다. 즉, 반덤핑제도가 보다 엄격화되고 남용이 억제되며, 보조금이 축소되고 기술장벽이 억제되며 정부조달

〈표 3-2〉 기존의 국제무역규범과 UR 이후의 변화

구 분	기존의 국제무역규범	UR 이후 예상되는 국제무역규범
기본질서	– GATT 1947 등 ○ GATT 1947(총 4부 38조) ○ 관련 법제(관세양허관련의정서, 가입의정서, 인정받은 웨이버, 체약국단의 결정사항 등)	– GATT 1994 등 ○ GATT 1947상의 규정 일부 개정 ○ 관련 법제(관세양허관련의정서, 가입의정서, 인정받은 웨이버, 체약국단의 결정사항 등)
	– GATT상 수량제한금지원칙의 예외 인정 조항 ○ 웨이버(제25조 5항) : 각종 GATT의 무 면제 ○ 농산물수량제한(제11조 2항) ○ 개발도상국 우대(제18조 B) : 국제수지목적의 수량제한 ○ 조부조항 : GATT 가입 전의 국내법에 의한 수입규제 존속 인정 ○ 일반적 예외 중 식품위생 및 동식물위생검역조치에 의한 수입제한(제20조 2항) ○ 국가안전보장을 위한 예외 인정(제21조)	– GATT상 수량제한금지원칙의 예외 인정 크게 제한 ○ 웨이버 적용 엄격화(제25조 5항의 해석에 대한 양해각서) ○ 농산물시장개방, 관세화(농산물협정) ○ 개발도상국 우대축소(제18조 B의 해석에 대한 양해각서) ○ 조부조항 적용의 폐지(WTO 설립협정에서 언급) ○ 식품위생 및 동식물검역조치 운용 엄격화, 비관세장벽화 금지(식품위생 및 동식물검역조치협정) ○ 별 변화없음
	– 동경라운드협정(MTN Code) ○ 보조금 · 상계관세 ○ 반덤핑 ○ 기술장벽 ○ 수입허가절차 ○ 관세평가 ○ 항공기 ○ 낙농 ○ 우육 ○ 정부조달	– WTO/다자간무역협정(MTA)에의 편입 및 무역장벽으로서의 운용제한 ○ 보조금 · 상계관세(보조금 폐지 · 축소, 상계관세 운용 엄격화) ○ 반덤핑(운용억제, 남용방지) ○ 기술장벽(무역장벽화 억제) ○ 수입허가절차(〃) ○ 관세평가(〃) – WTO/복수국간무역협정(PTA)에 편입 ○ 항공기 ○ 낙농 ○ 우육 ○ 정부조달(개방확대, 조달절차 명료화)
예외질서	– 다자간섬유협정(MFA) ○ 쿼터에 의한 수량제한	– MFA의 점진적 철폐 ○ 10년에 걸쳐 쿼터 철폐

구 분	기존의 국제무역규범	UR 이후 예상되는 국제무역규범
기 타	– 회색지대조치 ○ 수출자율규제, 시장질서유지협정 등	– 회색지대조치 철폐
		– 신분야 규범제정 ○ 서비스무역, 지적재산권, 무역관련투 자조치 규율

자료 : 대우경제연구소.

〈표 3-3〉 GATT상 인정되는 예외조항(수입제한조치) 및 사례

구 분	GATT 근거조항	주 요 내 용	활 용 국 / 사 례
웨이버	제25조 5항	– GATT상 가장 포괄적 예외조항 – GATT에 별도규정 없는 예외적 사 정하에서 GATT의무 면제 – 체약국단 과반수 참여, 2/3 이상 찬성에 의해 결정 – '50∼'60년대 강대국 편의에 따른 남용 비판	– 농산물 수입쿼터 허용 ○ 미국 ○ 1955. 3. ∼현재 ○ 농산물(면, 낙농품, 땅콩, 설탕 등) 수입쿼터 ○ GATT 제2조 양허의무, 제 11조의 수량제한 철폐의무에 대해 웨이버 부여 ○ 룩셈부르크 : 특정농산물 (1956. 12. ∼현재) ○ 스위스 : 농산물 등 – 국제수지방어 위한 수입부과 금 허용 ○ 페루 : 1958. 11. ∼1961. 6, 1961. 12. ∼1963. 4. – 관세재분류 위한 양허표 재교 섭 유예 ○ 미국 : 1963. 7. ∼1966. 6. – 세제개혁에 따른 양허표 재교 섭 유예 ○ 페루 : 1965. 3. ∼1966. 12. – GSP 독자 실시 ○ 호주(1966. 3), GATT에서는 1971. 6. GSP 정식 인정
면책 조항	긴급 수입	제19조	– 대표적 면책조항 – 특정산품 수입이 국내산업에 심각	– 미국·EC·호주·캐나다 등 선진국들이 주로 활용

구 분		GATT 근거조항	주 요 내 용	활 용 국 / 사 례
	제한 조치		한 피해를 주거나 줄 우려가 있을 때 수입제한 가능 (관세양허나 GATT의무 유보)	총량쿼터, 수출자율규제 (VER), 시장질서유지협정 (OMA) 등 회색지대조치 유도
	반덤 핑	제6조 MTN 반덤핑 협정	— 의무조항의 성격에 가까우나 덤핑 규제를 위한 예외적 조치로서 면책 조항의 성격도 띰 — 수입산품이 정상가격 이하로 판매되어 국내산업에 실질적 피해 또는 국내산업 확립에 실질적 지연을 야기시킬 때 반덤핑관세의 부과 가능	— 상동 ㅇ 또한 가격인상약속(GATT규정에 합치)에 의한 해결이 많음
	양허 철회 재교 섭	제28조	— 관세양허품목 및 세율을 수정·철회할 수 있음 — 원교섭국, 주공급국, 실질이해관계국과 협의, 적절한 보상조치(다른 양허의 제공) 합의 필요	
수량 제한 철폐 의무 에 대한 예외 조항	국제 수지 이외 의 사유 에 의한 특례	—	— 제11조 1항 (수량제한 철폐의무)의 전면수용이 현실적으로 어려운 경우 그 준수를 유예 또는 면제해 주는 특례(다음 ①~④)	
		제11조 2항 (농산물 수출입 제한)	① 주요 농산물에 대한 수출입제한 (특히 국내산품 수량제한을 위한 목적, 국내산품의 일시적 과잉제거 위한 목적, 동 생산품의 수량제한 목적에 필요한 경우)	— 좌측 ①의 경우 ㅇ 미국 : 웨이버 취득, 캐나다산 참치 수입규제 ㅇ 캐나다 : 가금류, 가금류의 식용설육, 밀크·크림, 버터, 치즈 등의 수입규제 ㅇ 스웨덴 : 밀, 메슬린 수입규제 ㅇ EC : 칠레산 사과 수입규제 (1979)
		제17조 2항 (국영무역예외)	② 국영무역에 대한 예외 ㅇ 정부의 최종소비 위한 수입에는 국영무역 규정(무차별대우, 경쟁적 참여)이 적용되지 않음	— 좌측 ②의 경우 ㅇ 일본 : 쌀, 밀, 보리, 유제품, 육류 (육류는 GATT 위배판정) ㅇ 프랑스 : 주류 ㅇ 캐나다 : 밀의 글루텐 ㅇ 오스트리아 : 주류, 연초, 담배

구 분		GATT 근거조항	주 요 내 용	활 용 국 / 사 례
				○핀란드, 노르웨이 등
		제20조 (일반적 예외)	③ 제20조에 의한 일반적 예외 　공중도덕 보호, 보건·위생 등 　10개 항목 규정 ○ 동 조치를 취해도 GATT통보의무 　가 없어 보호주의 조치로 남용가능 　성	− 좌측 ③ 및 ④의 경우 GATT 　에의 통보의무가 없어 문서화 　된 사례는 없음 ○ ③의 경우 : 자동차 안전규제 　법령 ○ ④의 경우 : 군수품(무기, 탄 　약 등)
		제21조 (안전보장)	④ 안전보장을 위한 예외(제21조) ○ 보호주의 조치로 남용가능성	
국제 수지 사유 에 의한 특례		제12조	− 제12조에 의한 수입산품의 수량 또 　는 금액 제한 ○ 주로 선진국이 활용 ○ 자국의 대외재정상황(통화준비) 　개선 및 국제수지방어 목적	− 12조국에서 11조국으로 이행 　한 나라 ○ 서독('57), 이탈리아('59), 　일본('63), 스웨덴('64), 　뉴질랜드('73), 스페인('73), 　핀란드('79), 포르투갈('85), 　그리스('87) 등 − 제12조에 의해 수입규제가 허 　용된 나라 : 폴란드(1992. 　12. ~)
		제18조	− 제18조에 의한 수입산품 수량 또는 　금액제한 ○ 개발도상국의 경제개발계획 수행 　을 지원하기 위해 관세특혜, 수량 　제한 등 보호주의적 수단 허용 ○ A, B, C, D 네 개 구분으로 구성 − 구분 A : 특정산업의 확립 위한 관 　세 재협상 − 구분 B : 국제수지 방어를 위한 수 　입제한 − 구분 C : 특정산업 확립이 달성 곤 　란한 경우 특별조치 − 구분 D : 저개발국이 아닌 개발도 　상국이 특정산업 확립을 위해 특별 　조치가 필요할 때 체약국단의 승인 　을 얻어 시행	− 제18조 B국에서 11조국으로 　이행한 나라 ○ 남아공('72), 칠레('78), 　인도네시아('79), 그리스 　('84), 한국('90) − 제18조 B에 의해 수입규제가 　허용된 나라 ○ 아르헨티나('72), 방글라 　데시('74), 브라질('62), 　콜롬비아('85), 이집트 　('63), 가나('59), 인도 　('60), 페루('68), 필리핀 　('80), 스리랑카('60), 　터키('60), 튀지니('67), 　유고('63) 등

구 분		GATT 근거조항	주 요 내 용	활 용 국 / 사 례
	조부 조항		－ GATT 가입시 GATT 본 협정문이 아닌 GATT 잠정적용 협정서 1 (b)에 의한 수출입제한 지속유지 ○GATT 가입시 국내법을 GATT 제 규정과 일치시킬 수 없을 경우 편 법에 의해 예외인정 ○원체약국 : 잠정적용의정서 ○GATT 성립 후 가입국 : 가입의정 서	－ 원체약국의 수입제한 사례 ○캐나다 : 밀, 보리, 귀리, 곡 분, 전분, 밀의 글루텐 등 ○스위스 : 생축육류, 식용설 육, 밀크·크림, 채소, 배, 사과, 곡물류, 포도주, 담배 등 ○호주 : 정제당, 조당, 당밀
	잔존 수입 제한 조치		－ GATT규정에 합치되지 않은 채 유 지되고 있는 수입규제조치 ○조부조항, BOP 졸업, 기타 GATT 상 수입제한인정의 당위성이 소멸 된 후에도 수입제한을 지속하는 것 ○1950년 11월 GATT 제12조국, 18조 B국이 국제수지 방어를 위한 수입제한조치를 GATT BOP위원회 와 협의할 때 잔존수입제한조치도 포함하도록 함(GATT, *9th Sup- plement BISD* 18, 1961) ○수입제한품목의 목록, 그 후의 품 목변경은 GATT사무국에 통보하 면, 사무국은 모든 회원국에 통보 하여 이해 관계국과의 쌍무협상, GATT 분쟁해결절차에 따르도록 함	－ 선진국 10개국 잔존수입제한 품목 수 : 106개(CCCN 4단위) ○농산물 65개, 광공업품 41개 ○프랑스(46개), 일본(23개), 이탈리아(8개), 스웨덴(6개), 덴마크(5개), 베네룩스(5개), 캐나다(5개), 서독(4개), 영국(3개), 미국(1개)

자료 : KIEP, 《GATT 11조국 이행에 따른 정책과제와 대응방안》, 1990. 3. 등을 참고하여 정리.

시장은 개방이 확대된다는 것이다.

GATT 밖의 예외질서로서 국제무역규범의 한 부분을 형성해 왔던 MFA는
UR협정에 따라 10년에 걸쳐서 철폐되면서 GATT상의 자유무역체제로 복
귀할 것이다.

기타 기존의 GATT규정에 없는 회색지대조치(Grey Area Measures)로
서 쌍무협정을 통해 자유무역을 저해해 왔던 수출자율규제, 시장질서유지

협정 등이 UR협정으로 인해 4년 내에 철폐되지 않으면 안 된다.

한편, 그동안 쌍무협상 또는 관심국간의 국제협약에 의해 규율되던 서비스무역, 지적재산권, 무역관련투자조치에 대한 다자간규범이 새로운 분야로 도입된 것도 큰 변화이다. 특히, 서비스무역 일반협정 및 부속서는 Mini-GATT라 할 만큼 상품무역과는 별도로 서비스무역에 대한 다자간규범을 처음으로 도입하고 있다.

UR 이후 국제통상관계변화의 주요 특징

UR 타결에 따르는 WTO체제의 출범은 향후 국제통상관계에 광범위한 영향을 미칠 것임은 두말할 나위가 없다.

우선 보호무역주의(protectionism)가 어느 정도 약화되고 자유무역(free trade) 및 공정무역(fair trade)이 강화될 것이다. 그동안 수차례에 걸친 GATT 다자간협상을 통하여 인하되어 온 관세는 여전히 보호무역의 주요 수단이 되어 왔는데 이번 UR협상에 따라 발효 후 4년에 걸쳐 평균 33%가 인하될 것이므로 이제는 수입장벽으로서의 역할이 약해질 것이다. 즉, UR협정의 관세인하 목표시기인 '90년대 말에는 미국·일본·EC 등 선진국들의 평균관세율은 3~5% 수준, 선발개발도상국의 평균관세율은 10% 내외수준으로 인하될 전망이다. 더욱이 무세화품목의 경우 관세를 통한 수입장벽의 설정이 앞으로는 불가능해지게 된다. 또한 관리무역의 형태를 유지했던 농산물, 섬유류무역이 점진적으로 자유화되고 회색지대조치는 철폐하도록 되어 있어 각국이 유지해 왔던 보호무역수단은 점차 축소될 수밖에 없을 것이다. 또한 그동안 자국산업 보호를 위해 악용 또는 남용되어 왔던 반덤핑, 보조금·상계관세, 기술장벽 등 동경라운드협정 내용이 크게 개정되어 공정무역여건이 조성될 것으로 기대된다.

UR이 타결됨으로써 향후 국제통상관계는 다자주의(multilateralism)가 강화될 것으로 예상된다. UR은 기본적으로 다자간협상으로서 WTO체제의 출범은 쌍무협상을 억제하는 기능을 할 것이다. 특히, 미국 이외의 주요 선진국 및 개발도상국들은 향후 통상문제 발생시 강력한 준사법적인 기능을 가진 WTO의 분쟁해결기구(dispute settlement body)를 활용하고자 할 것이며, 이는 곧 통상관련분쟁을 국제무역기구를 통해 공식화하고 다자화하는 것을 뜻한다. 따라서 WTO체제의 출범을 계기로 통상문제에 대한 결과지향형접근방식(result oriented approach)을 취해 온 미국에 비하여 국제규범지향형접근방식(rule oriented approach)을 주장해 온 일본·EC·개발도상국 등의 입지가 일단은 상대적으로 유리해질 것으로 보인다.

UR의 타결은 그동안 심화되어 온 지역주의(regionalism)를 다소 약화시킬 것으로 전망된다. 지역경제통합은 일반적 경제효과로서 역내국간에는 ① 무역확대효과(역내관세인하, 비관세장벽의 철폐에 의해 역내국으로부터의 수입품이 국내산품에 비하여 상대적으로 저렴해져 무역이 창출되는 효과) ② 규모의 경제효과(시장확대, 규제의 표준화 등에 의한 역내경제의 확대) ③ 경쟁촉진효과(역내국으로부터의 수입이 용이해져 수입품과 국내품과의 경쟁이 촉진되는 효과) 등 주로 긍정적 효과가 부각되는 반면, 역외국에게는 ① 무역전환효과(상대적으로 저렴해진 역내국으로부터의 수입이 역외국으로부터의 수입을 대체하는 효과)와 ② 투자전환효과(상대적으로 유리해진 역내국에의 투자가 역외국으로의 투자를 대체하는 효과)라는 부정적인 효과를 초래한다. 이와 같은 지역경제통합의 역외국에 대한 차별성 및 보호무역적 효과는 다자간무역자유화를 추구하는 WTO체제의 출범 이후 점차 희석화될 가능성이 높다.

물론 지역블록화는 향후에도 당분간 계속 추진되어 갈 것이며, 장기적으로는 유럽(EC+EFTA, EU)·미주(NAFTA, WHFTA 등)·아시아(AFTA, EAEC 등)의 3극체제로 통합되어 갈 것이다. 그러나 한편으로는

UR 이후 지역블록간의 자유화가 진전되는 중층적 구조를 형성할 것이다. 이러한 지역블록간의 자유화는 개방적 지역주의(open regionalism)로 전환되어 장기적으로는 범세계적 무역자유화와 세계경제통합으로 진전될 가능성을 높여줄 것으로 기대된다.

그러나 이상과 같은 국제통상관계의 긍정적 변화전망에도 불구하고 몇 가지 우려되는 변수도 있다. 첫째, 향후 선진국들이 경기침체나 실업문제 등 국내경제상황이 악화될 경우 각국이 UR협정 및 양허계획을 철저하게 지킬 것인지는 다소 의문시된다는 점이다. 특히 이해관계가 첨예하게 대립될 경우 선진국간의 협력도 기대하기 어려울 수 있어 다자간자유무역화의 속도가 늦춰질 수도 있을 것이다. 둘째, 선진국의 특정국가에 대한 쌍무협상압력은 WTO체제의 출범에도 불구하고 지속될 것이다. 특히 미국의 무역역조개선을 위한 대일통상압력은 여전히 지속될 것으로 보인다. 셋째, 이번 UR협정내용이 매우 포괄적이기는 하나 여전히 계속 논의할 분야가 남아 있다. 예컨대 서비스무역, 지적재산권 보호, 환경보호, 공정경쟁정책, 노동문제 등은 향후에도 국제규범의 강화나 새로운 제정을 위한 긴장관계가 지속될 것으로 보이며, 결국 소위「그린라운드」또는「클린턴라운드」라는 새로운 다자간협상의 장이 태동할 가능성이 크다.

3. UR 이후 국가군간 상대적 위치 변화전망

UR 이후 예상되는 중요한 변화의 하나는 선진국 · 선발개발도상국 · 후발개발도상국 등 국가군간의 상대적 위치가 재편될 것이며, 이들 국가군간 상대적 격차는 장기적으로 더욱 커질 것이다.

〈표 3-4〉 UR 이후 국가군간 상대적 위치변화 결정요인별 평가

구 분	선진국 ←→ 선발개발도상국 ←→ 후발개발도상국		
무역장벽 완화 정도	小	大	大
개방에의 대응능력	大	中	小
대외발언권	大	小	小

자료 : 대우경제연구소.

UR 이후 국가군간의 상대적 위치변화는, 첫째 무역장벽의 완화 정도 및 시기에 있어서의 차이(예컨대 과거에 수입규제가 많았던 나라일수록 무역장벽의 완화부담이 클 것임), 둘째 각국의 개방에 대한 대응능력, 즉 개방에 대한 준비여부, 사회부문간 이해조정능력 및 경쟁력 여하(예컨대 경쟁력이 있는 국가일수록 UR 이후 자유무역체제하에서 더 유리할 것임), 셋째 대외 발언권 또는 협상력(예컨대 UR 협상과정에서 자국의 이해관계를 정확히 파악하여 반영하는 협상력이 큰 나라, 타국의 UR 이행 여부를 향후 지속적으로 감시할 수 있는 나라일수록 유리할 것임) 등에 따라 결정될 것이다.

이상의 세 가지 결정요인을 고려할 때, 선진국일수록 유리하며 따라서 UR 이후 선진국과 선발개발도상국, 선발개발도상국과 후발국간의 상대적 격차는 더욱 확대될 가능성이 큰 것으로 보인다.

특히 국가군별 무역장벽의 완화부담측면에서 볼때, 선진국보다 선발개발도상국, 후발개발도상국의 부담이 상대적으로 크다는 점을 간과할 수 없다. 선진국의 경우 시장개방측면에서 MFA 철폐에 대한 부담은 있으나 점진적이며, 정부조달시장개방의 확대는 주로 선진국간의 무역으로서 상호 시장점유의 확대의미를 가지는 측면이 강하다. 그리고 반덤핑·원산지규정 등 규범분야는 다소 불리하게 작용할 것이다.

반면, 개발도상국의 경우 UR협상에의 참여개시, 협상분야 자체의 설정, 협상진행과정, 최종협정내용의 타결 등에서 미국·EC 등 선진국의 요구 또는 주장을 불가피하게 수용해 가는 형태를 띠었고, 또한 과거와

같은 우대조치 / GATT상 의무의 유보라는 혜택을 받지 못하였다. 오히려 개발도상국일수록 그동안 유지해 왔던 무역장벽을 크게 완화하지 않으면 안 되는 부담을 안게 되었으며, 특히 향후 성장부문인 서비스무역의 자유화, 대폭적인 관세인하 등과 같은 시장개방과 지적재산권 보호 강화 및 무역관련투자조치 철폐 등으로 선진국에 비해 상대적으로 큰 부담을 갖게 된 것으로 판단된다.

〈그림 3-1〉 국가군간 무역장벽 완화부담의 차이

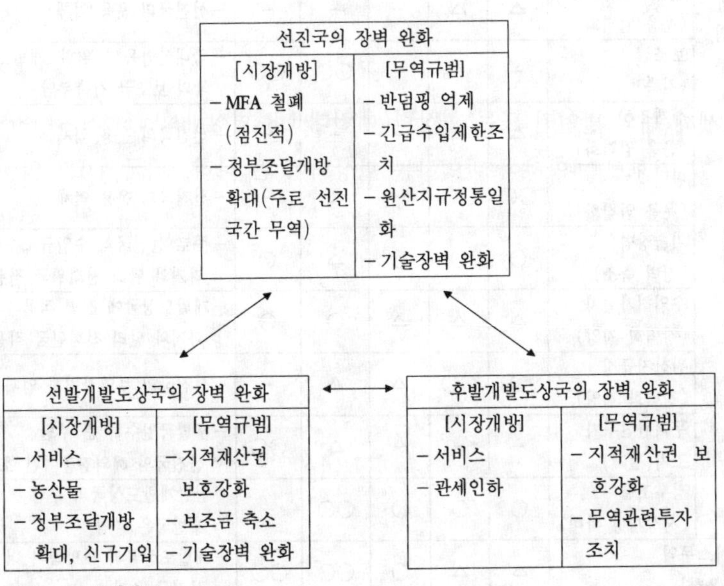

자료 : 대우경제연구소.

〈표 3-5〉 UR 이후 기대되는 무역장벽 완화부담의 국가군간 비교

구 분			무역장벽의 완화 정도				상대적 비교
			선진국			선개국	후발개발	
			미국	EC	일본	(한국)	도상국	
시장접근	관세인하 (무세화, 평준화)		○	○	○	○	○○	－평균관세율이 높은 개발도상 국의 부담이 상대적으로 더 큼
	섬유 (쿼터 철폐)		○○	○○	－	－	－	－MFA 운용해 온 미국·EC 등 선진국의 수입쿼터 철폐부담
	농산물	시장개방	－	△	○○	○○	△	－일본과 한국의 쌀, 기초농산물 시장 개방부담
		보조감축	△	○○	△	○	－	－EC의 보조금 감축부담
규범분야	긴급수입제한조치 (운용 엄격화)		△	△	－	－	－	－선진국의 운용 억제
	보조금 (감축)		－	－	－	○○	○○	－국내산업육성 위한 개발도상 국의 보조금 감축부담
	상계조치 (운용 엄격화)		△	△	－	－	－	－선진국의 운용 억제
	반덤핑 (운용 엄격화)		○○	○○	－	△	－	－선진국의 운용 억제
	기술장벽 (장벽 축소)		○	○	○	△	○	－주로 선진국의 수입규제수단 ○ 과거와 달리 전회원국 적용
	수입허가절차 (장벽화 지양)		△	△	△	○	○	－개발도상국에 전면 적용 ○ 과거와 달리 전회원국 적용
	원산지규정 (장벽화 지양)		○	○○	△	△	－	－선진국의 무역장벽화 억제
	무역관련투자 조치(철폐)		－	－	－	△	○○	－후발국일수록 큰 부담 ○ 선진국의 해외진출여건 호전
	정부조달 (시장개방 확대)		○	○	○	○○	－	－선발개발도상국의 부담 ○ 후발국은 불참
서비스무역 (자유화)			△	△	○	○○	○○	－개발도상국의 개방폭이 더 큼 ○ 선진국 유리
지적재산권 (보호강화, 위조방지)			－	－	△	○	○○	－후발국일수록 큰 부담 ○ 선진국 기술집약산업 유리
제도분야	WTO 설립 분쟁해결절차 무역정책검토제도		○○	－	－	－	－	－미국의 일방적 무역조치 억제

주 : 분야별 국가군간 무역장벽 제거정도의 상대적 비교임(△무역장벽 제거정도가 작음, ○ 큼,
　　○○매우 큼).

자료 : 대우경제연구소.

UR 이후 주요국 통상규제제도의 변화전망[1]

1. 미 국

제2차세계대전의 종전 이래 미국은 GATT의 출범과 발전을 주도하면서 국제무역의 자유화를 추진해 온 국가로서 상대적으로 세계에서 가장 개방적이고 자유로운 통상제도를 유지해 온 국가들 중의 하나였다. 그러나 '70년대 이래 특히 '80년대를 거치는 동안 미국의 산업경쟁력 약

---

[1] 이 책에서는 1994년 1월 현재 각국의 양허안이 명확히 밝혀지지는 않고 있으나 협상참여국들은 자국의 통상규제제도를 궁극적으로는 UR 최종협정에 적합화시키지 않으면 안 된다는 전제하에, 각국의 불공정무역제도 및 관행이 향후 어떻게 변화되어야 할 것인지 당위적 측면에서의 변화전망을 UR협정문(각국의 양허내용 포함)과의 비교를 통하여 살펴본다. 여기서는 한국의 주요 수출대상국인 미국·EC·일본 및 동남아개발도상국을 중심으로 다루었다.

각국의 불공정무역제도 및 관행의 파악은 다음 자료를 중심으로 하였다.

- 일본 통산성(산업구조심의회), 《불공정무역보고서 1993년판》, 1993. 5.
- Services of the Commission of the European Communities, *Report on U.S. Trade and Investment Barriers 1993*, 1993. 4.
- 미국 USTR, *National Trade Estimate Report on Foreign Trade Barriers 1993*, 1993. 5.

화, 무역적자의 지속을 배경으로 점차 보호무역적인 조치 또는 불공정무
역조치들을 도입해 왔으며, 통상정책의 운영관행도 국제규범에서 일탈하는
사례를 많이 보여왔다. 특히 막대한 자국시장의 규모 및 정치력, 쌍둥이
적자로 대변되는 경제상황의 긴박성 등을 배경으로 타국에 대해 일방적인
규제조치를 취하거나 통상제도를 악용 내지 남용한다는 지적이 많았다.

타국의 비판을 받고 있는 미국의 정책·관행 중 UR 이후 상당한 변화
가 예상되거나 변화가 요구되는 분야는 ① 관세 ② 다자간섬유협정
(MFA) ③ 보조금(농산물수출지원) ④ 원산지규정 ⑤ 반덤핑 ⑥ 정부조
달 ⑦ 기술장벽 ⑧ 일방적 조치 등이다. 이밖에 지적재산권, 긴급수입제
한조치, 상계관세조치, 기타 GATT 예외규정에 근거한 수량제한 등도 어
느 정도 수정이 이루어져야 할 것으로 보이고 서비스무역, 무역관련투자
조치 등은 상대적으로 큰 변화가 없을 것으로 보인다.

시장접근분야

관세인하

미국은 UR 관세양허계획에 따라 우선 공산품의 수입액 가중평균관세율
을 1986년 9월 기준 6.2%에서 1995년부터 1999년 1월 1일까지 3.3%로
인하해야 한다. 또한 1993년 7월 Quad합의 및 1993년 12월 미국·EC간
합의에 의거 무세화품목의 관세철폐 및 관세조화품목의 관세인하를 특정
기한(원칙 5년, 일부 10년 또는 15년) 내에 이행해야 한다.[2] 이밖에 섬
유, 신발, 세라믹, 유리 등 고관세품목은 EC와 고관세를 인하한다는 원
칙에만 합의했으므로 자국의 사정에 따라 점진적인 관세인하가 이루어질
것이다.

---

2) 무세화 및 관세조화 합의내용은 제 1 부 2 장 중의 관세분야 최종협정의 내용 및 평가를 참
   조하기 바란다.

〈표 4-1〉 미국의 무세화 및 관세조화 양허품목의 현행 관세율 현황

구　분		현행 관세율(중심세율)			
무세화 품목	1993. 7. 4자회담 합의	− 건설장비	: 2.5%	− 의료기기	: 대체로 5% 이하
		− 농기계	: (이미 0%)	− 의약품	: n. a.
		− 철강	: 6.2% 내외	− 증류주	: 0.4~33.9 c/ℓ
		− 가구	: 2.5~7.5%	− 맥주	: 1.6 c/ℓ
	미국· EC합의	− 전자	: 대체로 5% 이하	− 과학기기	: 대체로 5% 이하
		− 종이	: 0~5.3%		
		− 목재	: 0.8%(합판)		
관세조화품목		− 화학	: 5.7, 6.2, 8%	− 비철금속	: 대체로 5% 이하
		− 수산물	: (이미 0%)		
고관세품목 관세인하		− 섬유	: 일부 42%	− 신발	: 일부 62%
		− 세라믹	: 일부 35%	− 유리	: 일부 38%

주 : 품목별 평균관세율이 아닌 중심세율을 관세율표를 통해 개략적으로 살펴본 것임.

섬　유

　미국은 현재 다자간섬유협정(MFA)에 의거하여 33개 MFA회원국 및 비 MFA 5개국/지역과 쌍무협정을 체결하여 섬유류무역을 제한하고 있는데, 섬유류수입물량의 약 85%(103억 Square Meter Equivalent, 1990년)가 MFA에 의거한 것이다. 이번 UR 섬유류협정에 따라 미국이 유지해 온 섬유류 쿼터는 1995년부터 2004년까지 10년에 걸쳐 철폐될 것이며, 이에 따라 개발도상국으로부터의 수입이 점차 늘어날 것이다. 1993년 현재 미국의 국별 쿼터규제품목 수는 한국 64개, 말레이시아 28개, 파키스탄 25개, 인도네시아 19개 등이다.

농 산 물

　GATT 제 25 조 5항의 웨이버(GATT의무 면제)조항의 적용을 인정받아 미국은 농사조정법 제 22 조에 의해 14개 농산물(CCCN 기준)에 대한 수입제한을 유지해 오고 있는데, 이번 UR협상과정에서 점진적 개방을 약속함에 따라 낙농품류(8개), 땅콩·설탕함유제품·면(綿)류(4개) 등의 개방(관세화 및 관세상당액의 점진적 인하)이 이루어질 것이다.

한편, 현재 시행되고 있는 농산물보조금으로는 수출지원보조금으로서 수출진흥프로그램(Export Enhancement Program : EEP), 마케팅촉진프로그램(Marketing Promoter Program : MPP)이 있으며, 국내보조금으로서 마케팅론(Marketing Loan)이 있어 이에 대한 개편이 이루어질 것이다.

또한 「1979년 육류수입법」에 근거한 수입제한조치 발동시 개시되었던 대미수출자율규제는 UR협정 발효 후 4년 내에 철폐될 것이다.

규범분야

반덤핑제도, 원산지규정, 정부조달분야에서 가장 큰 변화가 예상되며, 최근 들어 무역규제조치로서의 활용이 감소하고는 있으나 여전히 그 운용이 문제시되어 왔던 긴급수입제한조치, 상계관세조치, 기술장벽 등이 보다 더 억제됨으로써 무역장벽적 기능이 상당폭 완화될 것으로 기대된다.

특히 반덤핑제도는 EC와 함께 그동안 조치의 남용 및 자의적인 적용이 많다는 비판을 받아왔는데, UR협정내용에 따라 그 제도 및 운용관행이 상당폭 개선될 것으로 보인다. 즉, 덤핑마진의 산정시 동일단계에서의 가격비교, 네가티브 덤핑마진의 인정, 초기투자단계에서의 원가이하 판매시 Forward Pricing의 인정, 구성가격 산정시 실제가격에 기초한 이윤율 적용 등은 미국의 반덤핑조치를 억제하는 역할을 할 것이며, 소멸시효(sunset)가 인정됨에 따라 기존의 초장기적으로 지속되어 온 반덤핑조치에 대한 재심이 활발히 이루어질 것이다. 따라서 그동안 빈번했던 일본·독일·중국·한국·대만·브라질 등 주로 대미무역흑자국에 대한 반덤핑 규제조치의 사례가 어느 정도 억제될 것으로 예상된다.

또한 원산지규정의 경우 그 제도 및 관행에 포함된 무역장벽적 요소로

〈표 4-2〉 미국의 반덤핑조사 현황(1980. 7. ～1991. 5)

(단위 : 건)

구 분	1981	1982	1983	1984	1985	1986	1987	1988	1989	1990	1991	총 계
조사개시	13	25	38	44	61	65	40	33	62	27	57	465
덤핑관세부과	4	3	7	22	13	25	30	22	27	17	19	189
가격인상약속 등	1	1	1	0	0	0	2	1	0	0	0	6
잔존조치											204	

주 : 각 연도는 전년도 7월～금년 6월임(1991년은 5월 말까지임). 잔존조치는 1991년 5월 말 기준임.

자료 : GATT, *Trade Policy Review Mechanism U. S. A.* , 1991. 11.

〈표 4-3〉 미국의 상계관세조치 현황(1980. 7. ～1991. 5)

(단위 : 건)

구 분	1981	1982	1983	1984	1985	1986	1987	1988	1989	1990	1991	총 계
조사개시	7	75	35	22	60	43	13	13	16	6	5	293
상계관세부과	3	9	23	11	21	17	16	10	11	4	2	127
가격인상약속	0	0	0	0	6	1	2	1	0	0	0	10
잔존조치	48	n. a.	53	56	86	76	89	88	91	82	81	–

주 : 각 연도는 전년도 7월～금년 6월임(1991년은 5월 말까지임).

자료 : GATT, *Trade Policy Review Mechanism U. S. A.* , 1991. 11.

〈표 4-4〉 각국의 연대별 긴급수입제한조치 발동 사례

(단위 : 건)

구 분	1970～1974	1975～1979	1980～1984	1985～1989	1990～1992
미 국	3	6	4	0	0
EC	1	2	7	7	2
캐나다	6	7	3	1	0
호 주	1	16	4	0	0
기 타	1	4	5	6	4
합 계	12	35	23	14	6

자료 : 일본 통산성(산업구조심의회), 《불공정무역보고서 1993년판》, 1993. 5.

는 원산지결정기준인 실질적 변형 유무판정이 개별사안별로 달리 결정됨에 따른 규정의 명료성 및 예측가능성 결여문제와 원산지규정이 특정의 무역목적에 이용되는 사례(예 : 덤핑대상에 포함시키기 위한 원산지의 자의적 판정) 등이 있으며, 이러한 요소는 UR협정이 요구하는 원산지규정

<표 4-5> 미국의 정부조달양허의 금액하한

(단위 : 1,000 SDR)

분 야	중앙정부	지방정부	정부투자기관
물 품	130	355	400
건 설	5,000	5,000	5,000
서 비 스	130	355	400

자료 : 상공자원부, 《GATT / 정부조달 확장협상 최종협정문(각국 양허표)》, 1993. 12. 15.

의 통일적 운용, 무역장벽수단으로서의 운용금지원칙 등에 의거 상당히 개선될 것으로 기대된다.

한편, 정부조달시장은 UR협정에 따라 1996년 1월부터 개방대상기관 (기존 규정에 따른 중앙정부뿐만 아니라 주정부 및 그 통제하에 있는 기관을 포함)이 확대되고 개방대상계약(물품 이외에 건설, 서비스를 포함)도 확대되며(표 4-5 참고), 조달절차상의 내외차별관행이 개선될 것이다.

일방적 무역조치

미국의 경우 무역분쟁시 GATT 국제규범을 준수하지 않고 자국의 일방적인 절차만을 밟아 보복조치를 취하는 소위 일방적 무역조치를 발동하는 사례가 있어 왔다. 그러나 UR협정에 따라 다자간무역기구인 WTO가 설립되고, 준사법적 기능을 갖는 분쟁해결기구가 운영될 것임에 따라 미국의 일방적 무역조치는 상당히 억제될 것으로 예상된다.

미국이 무역분쟁에 대하여 GATT 국제규범을 제대로 준수하지 않고 일방적 절차를 밟아 보복조치를 취하는 통상규제제도로는 ① 통상법 301 조 ② 슈퍼 301 조 ③ 스페셜 301 조 ④ 전기통신조항 ⑤ 정부조달제재조항 등이 있으며, 이 중 슈퍼 301 조와 스페셜 301 조는 통상법 301조 조사개시를 위한 특별절차이고 전기통신조항은 관련 무역협정 위반시 301조 조사

〈표 4-6〉 미국의 일방적 무역조치제도 현황

구 분	관련 법조항	내 용
통상법 301 조	− 1974년 통상법 제301조 이하 (1988 종합무역법 제1301조에 의거 개정)	− 불공정무역관행에 대한 일방적 판단에 의해 보복조치(의무적 보복, 재량적 보복규정이 있음)
슈퍼 301 조	− 1974년 통상법 제310조 (1988 종합무역법 제1302조에 의거 신설)	− 의회가 1989년, 1990년의 2년에 한해 미무역대표부의 301조 조사를 의무화함(최근 부활 움직임이 있음)
스페셜 301 조	− 1974년 통상법 제182조 (1988 종합무역법 제1303조에 의해 개정)	− 지적재산권분야에 대하여 301조 절차를 밟되 조사기간을 단축함
전기통신조항	− 1988년 전기통신무역법 (1988 종합무역법 제1371∼82조)	− 전기통신(기기 및 서비스)에 관한 통상협정 준수 여부 검토 후 자동적으로 301조의 보복조치를 의무화함
정부조달 제재조항	− 연방 Buy American Act (1988 종합무역법 제8003조에 의해 개정)	− 외국의 정부조달상 차별적 취급에 대해 동경라운드 정부조달협정의 분쟁해결절차에 의해 1년 이내에 해결되지 않거나, 상대국이 개선하지 않을 경우 동 품목의 미국정부조달시장에의 참여를 금지시킴

자료 : 일본 통산성 (산업구조심의회), 《불공정무역보고서 1993년도판》(1993.5)을 참고하여 대우
경제연구소에서 정리.

〈표 4-7〉 미국의 일방적 무역 조치 사례

구분	대상국	건수	안 건 (제재발동 또는 조사개시일)	비 고
통상법 301 조	EC	3	감귤류 관세차별(1985.6), 파스터 보조금(1985.11) 홀몬주입 쇠고기 기술장벽(1989.1)	제재조치 발동
	일본	3	피혁 수입제한(1985.9), 혁제신발 수입제한(1985.12) 반도체협정(1987.4)	
	캐나다	1	연질목재 보조정책(1986.12)	
	브라질	2	정보산업보호정책(1987.11), 의약품 지적재산권 (1990.6)	
슈퍼 301 조	일본	3	인공위성 정부조달(1989.6), 슈퍼컴퓨터 정부조달(〃) 목재 기술장벽(〃)	조사개시
	인도	2	투자진입장벽(〃), 보험진입장벽(〃)	
	브라질	1	수입허가제(〃)	
스페셜 301 조	중국	1	저작권, 상표, 영업비밀 등 (1991.5)	조사개시
	인도	1	특허, 저작권, 서비스마크(1991.5) (제재 : 1992.6)	
	대만	1	저작권, 상표(1992.4)	

구분	대상국	건수	안 건 (제재발동 또는 조사개시일)	비 고
	태국	1	특허(1991. 5)	
전기통	EC	1	정부조달관행 기준인증절차, VAN서비스(1989. 2)	조사개시
신조항	일본	1	MOSS 협정 위반(1989. 2)	
	한국	1	VAN서비스, 정부조달관행, 투사판행, 관세(1989. 2)	
정부조	EC	1	중전기기, 전기통신기기(1992. 2)	차별관행
달제재	일본	1	건설, 건축, 토목서비스(1993. 4)	시정
조항	노르웨이	1	전자통신요금 징수시스템(1991. 4)	

자료 : 일본 통산성(산업구조심의회), 《불공정무역보고서 1993년도판》, 1993. 5.

가 아닌 301조 보복조치를 의무화한 특별절차이다. 결국 일방적 보복조치를 의무화한 것으로서 비난의 대상이 되는 핵심내용은 통상법 301조 규정이다. 또한 정부조달제재조항은 그 자체만으로도 일방적 조치를 의무화한 완전한 규정으로서 「Mini 301조」라 할 수 있다. 이러한 일방적 무역조치에 의한 조사 또는 제재조치의 사례는 앞의 표 4-6과 같다.

기 타

이밖에 서비스무역분야와 지적재산권보호분야에 있어서 타국에 비해 문제가 되는 장벽은 비교적 적다. 다만 금융부문의 주(州)차원에서의 내외차별대우, 해운분야에서 특정화물에 대한 미국적선 우대정책, 항공서비스부문에서의 외국인 주식매입한도 제한, 전문직서비스에서의 내외차별대우 등이 UR의 발효 이후 개선될 것으로 기대되며 지적재산권보호분야에서는 특허권의 인정·분쟁의 처리에 있어서 외국인에 대한 차별대우가 개선되어 외국기업의 지적재산권 보호수준이 보다 더 높아질 것이다. 즉, 특허인정시 발명주의(특허법 제104 조)가 아닌 출원주의가 채택되며 (1993년 5월 국제특허법협상에서 이미 수용하기로 결정), 지적재산권 국제분쟁처리기한이 너무 짧은 점(ITC의 조사판정기간 12개월, 최장 18개월인 반면 내국인의 경우 연방지방법원 특허소송 평균심리기간이 약 31개

〈표 4-8〉 UR 이후 기대되는 미국의 무역장벽 완화내용

구 분		UR 이후 변화가 요구되는 주요 무역장벽	장벽완화 정도		
			소	중	대
시장 접근	관 세	−평균관세율이 이미 낮은 수준이므로 인하폭도 작을 것 　○ 평균관세율(수입액 가중) : 6.2% →3.3%, 　○ 양허범위 100% −무세화, 관세조화 합의품목 관세 철폐 또는 인하 −일부 고관세품목 관세 인하(원칙만 합의, 미양허) 　○ 섬유, 의류, 신발류, 유리제품 등의 일부에서 기대		○	
	섬 유	−쿼터 1995~2004년에 걸쳐 철폐			○
	농산물	−『1933년 농사조정법』제22조에 근거한 수입제한의 점진적 　철폐(GATT / 웨이버조항 관련) −『1979년 육류수입법』에 근거한 수입제한시 유도되는 수출자 　율규제 철폐 −수출관련보조금 축소	○		
다자 간규 칙	긴급수입 제한조치	−최근 들어 사용되지 않고 있어 변화는 별로 없을 듯 　○ 단, 제소 자체가 유도하는 수출자율규제 4년 내 철폐		○	
	보조금	−금지, 축소대상 보조금이 타국에 비해 별로 없음	○		
	상계조치	−상계관세 판정에서 엄격성 제고, 자의적 적용 제한		○	
	반덤핑	−적용요건 엄격화, 자의적 해석 · 적용 감소 기대 　○ 덤핑결정 엄격화 : 동일단계 가격비교, Negative마진 인정, 　　실제가격에 기초한 이윤 적용, 초기투자단계에서의 Forward 　　Pricing 인정 　○ 소멸시효의 적용 강화			○
	기술장벽	−기술명세 자체가 갖는 무역장벽요소 제거 　○ 기술명세 제정절차, 적합판정과 관련된 무역장벽요소는 거 　　의 없음		○	
	원산지규정	−규정의 명확성, 예측가능성 제고 　○ 실질적 변형판정이 개별사안에 따라 달라지는 문제 개선 　○ 자의적 판정 억제		○	
	정부조달	−국산물품 우선구매관행 시정 기대 −적용대상기관, 대상계약 확대(지방정부, 서비스 포함) −내외차별 축소			○
서비스무역		−가장 개방된 나라로서 변화의 폭은 크지 않을 듯 −다소 문제시되고 있는 내국민대우 개선 기대 　○ 은행 : 시장진출 · 영업활동시 주차원의 차별대우 개선 　○ 증권 : 차별대우 거의 없음. 단, 투자자문서비스업의 SEC 　　등록의무 폐지 기대 　○ 보험 : 주차원의 차별대우 개선	○		

구 분		UR 이후 변화가 요구되는 주요 무역장벽	장벽완화 정도		
			소	중	대
		○ 해운 : 시장접근 제한, 특정화물 미국 국적선 우선사용 의무 개선 기대 ○ 항공서비스 : 외국인의 항공사주식 매입한도 완화 ○ 전문직서비스 : 주차원에서의 자격취득요건 개선			
지적재산권		- 내국민대우 강화, 자의적 적용 축소 기대 ○ 1930년 관세법 제 337 조(분쟁시 절차상의 엄격한 기간 제한) 개선 ○ 특허법 제 104 조 국내외발명지별 차별대우 개선 ○ Hilmer 독트린(외국인의 외국출원보다 늦게 미국기업이 국내 출원할 경우 인정) 폐지	○		
제도 분야	WTO, DSB, TPRM	- 일방적 무역조치(통상법 301 조, 슈퍼 301 조, 스페셜 301 조, 전기통신조항, 정부조달 제재조항 등) 점진적 개선			○

자료 : 대우경제연구소.

월로 내외차별적 요소에 해당됨)도 또한 개선될 것이다.

2. EC

EC의 전반적인 무역장벽은 미국·일본에 비해 비교적 비슷하거나 낮은 편이라는 것이 일반적 견해이다. 공산품 양허율은 98%, 관세율 20% 이상인 고관세품목이 타선진국에 비하여 적다는 데서 이와 같이 볼 수 있다. 그러나 GATT를 비롯한 국제규범에 일치하지 않는 통상규제제도·관행이 다수 지적되고 있고, 특히 다양한 무역특혜협정으로 인하여 상대국별 차별대우가 매우 크다는 것이 특징이다. 즉, 특혜수혜의 정도가 EFTA —EC 준회원국(터키, 몰다, 키프러스) —ACP국(African, Caribbean and Pacific, 66개국) —Maghreb 및 Mashreg(지중해연안국) —기타 개발도상국(GSP수혜국) 등의 순으로 계층구조를 띠고 있고, 이에 따라 특혜관세하의 수입은 57.2%(1990년 기준)에 달하였으며, 특히 EFTA, ACP, 지중해연안국으로부터의 수입이 전체의 35%를 차지하고 있다.

또한 역내산업보호를 이유로 민감품목, 즉 섬유·신발·가죽제품·철강·선박·자동차·가전제품 등은 특히 높은 장벽(반덤핑, 수출자율규제 등)을 유지해 왔기 때문에 동 품목의 주요 수출국인 일본·한국 및 동남아국가에 대한 무역장벽은 타선진국에 비해 상당히 높은 편이라고 하겠다.

타국의 비판을 받고 있는 EC의 정책·관행 중 향후 UR협정내용에 일치되도록 상당부분 수정이 이루어져야 할 것으로 예상되거나 변화가 요구되는 분야는 ① 관세 ② 원산지규정 ③ 다자간 섬유협정(MFA) ④ 농산물(보조금) ⑤ 반덤핑 ⑥ 기술장벽 ⑦ 정부조달 등으로 판단된다. 이밖에 지적재산권, 서비스시장접근, 긴급수입제한조치, 상계관세조치, 기타 GATT 예외규정에 근거한 수량제한 등도 어느 정도 수정이 이루어져 전반적으로 대EC통상환경은 개선될 것으로 기대된다.

시장접근분야

관세인하

EC는 공산품의 수입액 가중평균관세율을 1986년 9월 6.6%에서 1995년부터 1999년 1월 1일까지 4.0%로 인하하도록 되어 있으며, 양허범위는 100%가 된다. 또한 선진국간에 합의된 바에 따라 무세화 및 관세조화를 이행해야 한다.[3] 이밖에 섬유·신발·세라믹·유리 등 고관세품목은 미국과 고관세 인하원칙에만 합의하였으므로 자국의 양허계획에 따라

---

3) 무세화 및 관세조화 합의내용은 제1부 2장의 관세분야 최종협정의 내용 및 평가를 참조하기 바란다. 단, EC는 가구 및 농업기계 일부 품목의 경우 조건부 참여를 하였다.

관세가 점진적으로 인하될 것으로 기대된다. [4]

섬 유

EC는 현재 MFA에 의거하여 26개 개발도상국에 대하여 123개 섬유제품의 수입수량제한을 실시하고 있는데 해당 제품을 3개 그룹으로 구분하고 특히 그룹 I(면사·면직물·견직물·스웨터·셔츠 등)에 대하여는 총 수입량의 결정 후 각국별 쿼터를 배정하여 엄격히 운용하며, 그룹 II·III은 연간수입증가량을 규제해 오고 있다. 이로 인해 EC와의 특혜무역협정국 및 기타 MFA에서 제외된 개발도상국으로부터의 수입이 증가해 왔다. 그러나 향후에는 UR협정에 의거하여 1995년부터 10년에 걸쳐 쿼터 규제가 철폐될 것이며 따라서 MFA 참여 개발도상국으로부터의 수입이 점차 확대될 것이다. 1993년 현재 EC의 국별 쿼터규제품목 수는 한국 49개, 파키스탄 18개 등이다.

농 산 물

EC는 적극적인 농업지원정책으로 '70년대 말 이후 미국에 이어 세계 제 2 위의 농산물 수출국이 되었으며, 현재에도 여전히 많은 수입제한과 보조금 지급이 이루어지고 있다. 특히, EC의 농업정책을 대표하는 공동농업정책(Common Agricultural Policy : CAP)의 기본목적은 농산물의 역내무역자유화, 역내농산물가격의 적정유지 등이지만 실질적으로는 농가소득 증대를 목표로 역외수입제한과 과잉생산문제를 해소하기 위한 수출지원을 주내용으로 하고 있다.

EC는 전체농산물 생산의 25%를 차지하는 과일·채소·화훼류·포도주(식탁용 제외)·계란 등 주식이 아니거나 생산주기가 짧은 농산물에 대해 역외수입을 제한하고 있으며, 3개 회원국 이상이 동시에 수입수량제

---

4) 확정적 내용은 양허계획표가 제출됨으로써 밝혀질 것이다.

⟨표 4-9⟩ EC의 무세화 및 관세조화 양허품목의 현행 관세율 현황

구 분		현행 관세율(중심세율)		
무세화품목	1993. 7. 4자회담 합의	− 건설장비 : 6.5% − 농기계 : 3.5% − 철강 : 대체로 5% − 가구 : 5.6%	− 의료기기 : 4.6~6.3% − 의약품 : 5.2% − 증류주 : 9~30ECU / ℓ − 맥주 : 24%	
	미국· EC 합의	− 전자 : 5% 내외, 14% − 종이 : 9% − 목재 : 0, 4.9, 10%	− 과학기기 : 5.3%, 7.2%	
관세조화품목		− 화학 : 8% 내외 − 수산물 : 15%	− 비철금속 : 3% 내외	
고관세품목 관세인하		− 섬유 : 17% 내외 − 의류 : 20% 내외	− 신발 : 22% 내외	

주 : 품목별 평균관세율이 아닌 중심세율을 관세율표를 통해 개략적으로 살펴본 것임.

한을 실시하고 있는 품목은 다음과 같다.

전체농산물의 3% 정도인 올리브유나 해바라기씨 등의 채유종자 및 담배 등 EC 역내 생산량이 적은 농산물의 경우 관세 및 수입수량제한 외에도 역내가격과 수입가격의 차이 만큼을 추가적으로 보조하고 있으며, 전체농산물의 70%를 차지하는 우유·육류·곡물 등의 주요 농산물은 역내 최저가격설정과 수입부과금을 부과함과 동시에 과잉생산의 해소와 수출촉진을 위한 보조금을 지급하고 있다.

UR의 농산물협상은 미국·EC간 최종협상의 타결시까지 가장 큰 쟁점이었으며 최종협정에 따라 수입제한의 관세화 및 최소시장접근방식에 의한 개방, 관세상당액의 인하(6년간 36%), 국내보조금 감축(6년간 20%) 및 수출보조금 감축(6년간 36%)이 불가피하게 되었다.

규범분야

UR 이후 다자간무역규범은 미국과 마찬가지로 반덤핑제도, 원산지규

〈표 4-10〉 EC의 농산물 수입수량제한

품 목	회 원 국
감자 및 제조감자	독일, 덴마크, 스페인, 프랑스, 그리스, 아일랜드, 포르투갈
토마토를 포함한 야채류	스페인, 프랑스, 그리스
바나나	스페인, 프랑스, 영국, 그리스, 이딜리아, 포르투살
포도, 멜론, 살구	스페인, 프랑스, 포르투갈
커피	전회원국

자료 : EC, *Regulation No. 196/91,* OJ(1991) L21, Vol. 34, January.

〈표 4-11〉 곡물에 대한 EC의 공동농업정책 적용내용

(단위 : 100만 ECU)

구 분	1987	1988	1989	1990
생산비 직접보조	235.5	393.3	342	369
drum밀 생산보조	256.2	275.1	348	437
정부매입	937.2	1,274.7	1,358	1,808
소생산자지수	16.9	40.8	122	103
전체지원액	1,445.8	1,956.9	2,170	2,717
수입부과금	378.7	677.5	906	1,280

자료 : Commission of EC, 1990, 「Agricultural Situation in the Community」, 1990.

정, 정부조달분야에서 가장 큰 변화가 예상되며, 최근 무역규제조치로서의 활용이 줄고는 있으나 여전히 그 기능이 문제시되어 왔던 긴급수입제한조치, 상계관세조치, 기술장벽 등이 보다 억제됨으로써 무역장벽적 기능이 상당폭 완화될 것으로 기대된다.

EC는 미국·호주·캐나다와 함께 반덤핑제도를 자주 활용한 국가의 하나로서 그동안 조치의 남용 및 자의적인 적용이 많았다는 비판을 받아 왔으며, UR협정내용에 따라 그 제도 및 운용관행이 상당폭 개선될 것으로 기대된다. 따라서 그동안 빈번했던 일본·유고·미국·캐나다·홍콩·싱가포르·한국·대만 등에 대한 반덤핑규제의 사례가 어느 정도는 억제될 것으로 보인다.

원산지규정에서는 UR 발효 이후 경우에 따라 다른 동 규정의 차별적 적용과 자의적인 운용경향이 개선될 것으로 기대된다. 즉, 그동안 EC의

〈표 4-12〉 EC의 반덤핑조사 현황(1980. 7. ~1989. 6)

(단위 : 건)

구 분	1980	1981	1982	1983	1984	1985	1986	1987	1988	1989	총 계
조사개시	25	47	55	36	49	36	24	39	40	27	378
덤핑관세부과	7	10	7	20	5	8	4	8	18	9	96
가격인상약속 등	46	6	35	27	27	4	25	9	0	5	183
잔존조치	53	69	111	156	187	166	187	169	133	120	—

자료 : EC집행위원회,
　　　KIEP, 《GATT 및 주요 선진국의 반덤핑제도와 우리 나라 제도의 개선방안》, 1993. 1.

〈표 4-13〉 EC의 정부조달양허의 금액하한

(단위 : 1,000 SDR)

분 야	중앙정부	지방정부	정부투자기관
물 품	130	200	400
건 설	5,000	5,000	5,000
서 비 스	130	200	400

자료 : 상공자원부, 《GATT/정부조달 확장협상 최종협정문(각국 양허표)》, 1993. 12. 15.

무역장벽적 운용 사례로 지적되어 왔던 Negative List방식의 원산지 부여 조건은 UR협정에서 금지하고 있으며, 역내국간 원산지규정 적용의 비일관성, 비통일성은 개선될 것이다.

또한 EC는 기술장벽이 타국에 비해 높은 것으로 지적되고 있는데 기술규정, 적합판정절차(인증제도)의 국별 차이, 과도한 기술규정(전기제품, 건축자재 등), 적합판정절차에 있어서의 정보의 비공개성 등이 UR의 발효 이후 점진적으로 개선될 것으로 기대된다.

정부조달시장의 경우 다른 정부조달협정 가입국과 마찬가지로 EC도 적용대상기관(주정부 및 그 통제하에 있는 기관 포함)이 확대되고 적용대상계약(건설, 서비스 포함)이 확대되며, 조달절차상의 내외차별관행이 개선된다.

〈표 4-14〉 UR 이후 기대되는 EC의 무역장벽 완화내용

구 분		UR 이후 변화가 요구되는 주요 무역장벽	장벽완화 정도		
			소	중	대
시장 접근	관 세	−평균관세율이 이미 낮은 수준이므로 인하폭도 작을 것 　ㅇ 양허안 : 6.6% →4.1% −일부 고관세품목 관세인하 기대 　ㅇ 운송기계, 필름, 알미늄제품 등의 일부 품목 −8개 분야 무세화 및 2개 분야 관세조화 합의품목 관세 철폐 　/ 인하		○	
	섬 유	−쿼터 점진적 철폐 (10년 시한) 　ㅇ 26개 개발도상국 대상, 123개 품목의 수량제한 철폐			○
	농산물	−쿼터에 의한 수입제한 완화, 관세·관세상당액 인하 　ㅇ 과일, 채소, 화훼류, 포도주 등 −보조금 축소 　ㅇ 수출보조금 향후 6년간 재정지출기준 36% 감축 　ㅇ 유지종자 재배면적 축소(현재 550만 ha→1999년 512. 　　83 만 ha) 　ㅇ 국내보조금 향후 6년간 20% 감축			○
규범 분야	긴급수입 제한조치	−최근 들어 별로 사용되지 않고 있어 변화는 미미할 듯 　ㅇ 단, 제소 자체가 유도하는 수출자율규제 점진 철폐		○	
	상계조치	−최근 별로 사용되지 않아 UR에 따른 영향도 미미 　ㅇ 판정의 엄격성 제고, 자의적 적용 억제	○		
	반덤핑	−적용요건 엄격화, 자의적 해석·적용 감소 기대 　ㅇ 덤핑결정 엄격화 : 동일단계 가격비교, Negative마진 인 　　정, 실제가격에 기초한 이윤 적용, 초기투자단계에서의 　　Forward Pricing 인정 　ㅇ 미조사기업에의 과도한 반덤핑관세 부과 억제			○
	기술장벽	−과도한 기술규정 완화(특히 프랑스·이탈리아·스페인·포 　르투갈 등 라틴계) −역외국 인증기관에 대한 차별 완화 −제정절차에 있어서 정보의 비공개성 시정			○
	원산지규정	−사안에 따라 달라지는 비일관성, 자의성 시정 −역내국간의 비통일성 개선 −원산지를 부여하지 않는 요건을 정하는 Negative List의 적 　용 폐지 기대			○
	정부조달	−역내국산물품 우선구매관행 시정 기대 −적용대상기관, 대상계약 확대(지방정부, 서비스 포함) −내외차별 축소			○

구 분	UR 이후 변화가 요구되는 주요 무역장벽	장벽완화 정도		
		소	중	대
	−입찰절차상의 과다한 정보제공·서류제출부담 완화			
	−입찰시 심사기준, 낙찰내용에 대한 정보공개 강화			
서비스무역	−미국과 마찬가지로 가장 개방된 나라 중 하나	○		
	−불충분하게 이루어지고 있는 내국민대우의 개선 기대			
	○ 은행·증권 : 현지법인 설립, 인수, 합병시 상호주의 적용을 통한 대EC 진출제한요소의 일부 완화 기대			
	○ 시청각 : 방송시간의 50% 이상을 유럽제작분에 유보하고 있는데 이의 개선 예상			
지적재산권	−이미 높은 보호수준에 있어 큰 변화는 없을 듯	○		
	−문제시되어왔던 상호주의는 UR협정이 최혜국대우를 기본원칙으로 함에 따라 개선될 것임			
	−특허권으로 보호되지 않고 있는 생명공학적 발명의 보호수준 강화 예상(특히 식물변종의 보호)			
	−위조상품의 수입에 대한 제재 강화 예상			

자료 : 대우경제연구소.

기 타

이밖에 서비스무역분야에서는 법적으로 외국인 서비스공급자에게 차별적인 조치는 별로 없고 다만 전반적으로 적용되고 있는 상호주의는 EC의 일방적 판단에 의거한다는 비판이 있으며, 특정국업자에 제한을 가한다는 점에서 최혜국대우원칙과의 마찰이 예상된다.

지적재산권보호분야에 있어서도 타국에 비해 문제시되는 장벽이 적으므로 상호주의에 입각한 상대국별 차별대우, 생명공학 일부에서의 보호수준의 미흡 등이 UR 발효 이후보다 개선될 것으로 보인다.

3. 일   본

일본은 통상제도적인 측면에서 볼때, 선진국 중에서도 장벽이 가장 낮은 국가의 하나로 평가되고 있다. 공산품 평균관세율(MFN 기준 수입가중평균, 1988년)이 2.8%로 미국·EC에 비하여 낮으며, 반덤핑·긴급수입제한조치·상계관세조치 등 비관세장벽이 낮다. 1989년 12월 1,004개 공산품의 관세철폐 결정으로 1993년 현재 공산품 평균관세율은 약 2% 정도로 추정된다.

그러나 무역거래실적으로 보거나 여러 가지 구조적 장벽(structural barriers)으로 볼때, 일본은 매우 폐쇄적인 시장의 하나로 지적되고 있다. 구조적 장벽으로는 ① 정부의 과도한 규제 및 복잡한 규제구조 ② 정부정책의 명료성(transparency) 및 책임성(accountability)의 부족 ③ 정부·민간의 밀접한 관계 ④ 기업 구매관행의 폐쇄성(배타적인 기업태도 및 기존 공급관계의 중시) ⑤ 외국인투자에 있어서의 제약과 정부관료의 재량적 관행 ⑥ 외국기업에 의한 기업매수의 제약(높은 부동산가격, 계열사간 주식의 상호보유, 낮은 수준의 유통주식 비율, 경영철학 등) ⑦ 복잡하고 경직된 유통시스템 ⑧ 마케팅·판촉에 대한 제한 : 공정거래위원회의 규칙에 의한 판촉 제한 ⑨ 내외차별적 세제(예 : 酒税의 경우 최대 9배 차이) 등을 들 수 있으며, 이들 구조적 장벽은 주로 미국·일본간 구조협의(Structural Impediments Initiative)에서 다루어졌으며 그동안 일본 정부는 유통체계 및 수입 인프라스트럭처 개선을 위한 투자, 경쟁의 촉진, 독점금지법의 개정, 외환관리법의 개정, 공시규정의 개정 등을 시행해 왔으나 구조적 문제는 여전히 무역 및 투자장벽으로 남아 있다.

무역장벽으로 비판을 받는 일본의 정책·관행 중 UR협정에 따라 변화가 예상되거나 변화가 요구되는 분야는 ① 관세 ② 농산물 ③ 기술장벽 ④ 정부조달 ⑤ 서비스무역 ⑥ 지적재산권 보호 등으로 판단된다. 이밖에 무역관련투자조치, 원산지규정, 긴급수입제한조치, 상계관세조치, 반덤핑제도, 보조금(농산물 이외) 등은 법제면에서 UR협정에 일치시킬 것이나 현재 무역규제수단으로는 크게 활용되지 않고 있으며, UR 이후에도 별로 활용되지는 않을 것으로 보인다. 다만 구조적 장벽문제는 미국·EC 등을 중심으로 한 쌍무적인 차원에서 지속적인 논의가 이루어질 것이다.

시장접근분야

관 세

일본은 공산품 관세양허 협상결과 공산품의 수입액 가중평균관세율을 1986년 9월 기준 3.7%에서 1995년부터 1999년 1월 1일까지 1.0%로 인하하도록 되었다. 양허범위는 98%의 수준에 이르게 된다. 관세인하율은 미국·EC 등 타선진국에 비해 가장 큰 73%에 달하며, 인하 후 관세수준도 가장 낮은 수준으로 일부 품목을 제외하고는 거의 관세장벽이 없어지게 된다. 또한 타선진국과 마찬가지로 1993년 7월의 Quad 합의품목 및 1993년 11월의 APEC 합의품목도 양허계획에 따라 무세화하며, 고관세품목에 속하는 일부 의류·피혁제품에 대한 관세가 상당폭 인하될 것이다. 다만 증류주·가구 등에는 이행기간에서 조건부 참여를 하게 되었다.

농 산 물

UR협정에 따라 문제시되는 일본의 농업관련정책은 비관세장벽에 집중되는데 이는 이미 관세가 상당히 인하되어 있기 때문이다. 일반적으로 공

<표 4-15> 일본의 무세화 및 관세조화 양허품목의 현행 관세율 현황

구 분		현행 관세율(중심세율)			
무세화 품목	1993.7. 4자 회담 합의	− 건설장비	: 4.2%	− 의료기기	: 0∼5.8%
		− 농기계	: 4.2%	− 의약품	: 5.8%
		− 철강	: 4.9, 5.8%	− 증류주	: 35%, 27¥/ℓ
		− 가구	: 4.8%	− 맥주	: 15%
	APEC 합의	− 전자	: 대체로 4% 내외	− 과학기기	: 0∼4.8%
		− 종이	: 4.2%		
		− 목재	: 0∼15%(가공도별 세율격차 존재)		
관세조화품목		− 화학	: 5.5% 내외	− 비철금속	: 5.5% 내외
		− 수산물	: 5%		
고관세품목 관세인하		− 의류	: 10% 내외	− 신발	: 10, 27%

주 : 품목별 평균관세율이 아닌 중심세율을 관세율표를 통해 개략적으로 살펴본 것임.

산품보다는 고관세이나 동경라운드 이후 관세가 9.7%에서 8.6%로 인하되어 낮아진 편이다. 다만, 자국시장의 보호를 위해 일부 종량세·종가종량선택세가 적용되거나, 슬라이드관세(수입품가격이 비쌀 때는 관세를 낮추고 쌀 때는 높게 적용 ; 양파가 해당), 차액관세(일정수입제한 가격설정으로 수입가격과의 차액을 징수하는 것으로 EC의 가변부과금과 흡사 ; 돼지고기·햄·베이컨 등이 해당), 계절관세(계절에 따라 가격차가 큰 농산물을 대상으로 관세율을 계절에 따라 다르게 적용 ; 바나나·오렌지·자몽·포도 등이 해당), 관세할당(일정량의 수입까지는 관세를 부과하지 않거나 적은 관세율을 적용하지만, 그 이상이 될 때는 보다 높은 2차 세율 적용 ; 천연주스·고기용 비육 송아지·전분용 옥수수 등이 해당) 등이 시행되고 있다.

비관세장벽 중에서는 국영무역을 통한 국내가격지지정책과 잔존수입제한이 UR협정에 따라 바뀔 것이다. 즉, 국영무역은 식량청이나 축산진흥사업단 등을 통해 국가가 쌀·밀·쌀보리·탈지분유·버터·생사 등 6개 품목을 독점적으로 수입판매하는 것으로 UR협정에 따라 관세화 및 관세상당액의 6년간에 걸친 점진적인 인하가 이행되어야 한다. 다만, 쌀은 예외를 인정받아 관세화를 6년간 유예하여 2000년에 관세화의 실시시기 및 관세율협상을 하게 되었으며, 최소시장접근은 일반원칙인 3~6%보다 높여 1995년에 국내수요량의 4%(40만 톤), 6년째인 2000년에는 국내수요량의 8%(80만 톤)로 확정되었다. 한편, 식량관리법(1942)에 의거한 이중가격제는 국내가격지지효과를 갖고 있어 UR 이후 개편되지 않으면 안 될 것이다.

잔존수입제한품목인 쌀가루·크림·전분·잡콩·땅콩 등 10여 개 품목도 관세화를 통한 개방 및 관세상당액의 6년에 걸친 36% 감축이 이루어지게 된다.

규범분야

다자간규범에서는 이미 언급한 바와 같이 기술장벽 및 정부조달분야의 UR협정에 따른 변화가 클 것이며 기타 무역장벽적 조치로 활용될 수 있는 무역관련투자조치, 원산지규정, 긴급수입제한조치, 반덤핑제도, 상계관세조치, 보조금(농산물 이외) 등은 현재까지 별로 활용되지 않았으며, 향후에도 UR협정을 반영하여 무역장벽적 운용으로 활용되지는 않을 것으로 보인다.

일본의 경우 기술장벽적 요소로 지적받아 온 것으로는, 첫째 기술규정 및 적합판정절차가 지나치게 엄격한 내용을 갖고 있고 그 적용절차가 복잡하다는 점(예 : 시험검사기간의 지연), 둘째 임의준수사항인 표준제도가 사실상 강제화된다는 점(예 : 통신장비의 경우 표준준수 요구), 셋째 기술규정, 표준, 적합판정절차에 대한 정보의 대외공개, 제정절차에의 외국인의 참여보장 등이 미흡하다는 점, 넷째 강제준수사항인 기술규정의 적합성 평가를 후생성이 주로 담당하는데 외국의 시험자료를 인정하지 않고 자국시험검사기관이 중복적으로 조사한다는 점 등이며, 이번 UR의 기술장벽협정 발효시 이들 문제는 상당히 개선될 것이다.

한편, 일본의 정부조달시장은 GATT MTN 정부조달협정 발효(1981)에 따라 개방되어 13만 SDR 이상의 물품계약에 대해 내국민대우, 무차별원칙을 적용해 왔으며, GATT 정부조달협정 가입국 이외의 비가입국에게도 무차별원칙에 의거 개방하고 있고 특히 일본은 미국·EC와는 달리 법규상 구체적인 국산품구매제도가 존재하지 않는다. 한편, 정부조달협정상의 양허기관에 포함되지 않는 NTT도 미국·일본 쌍무협정(1980. 12)에 따라 양허대상에 포함되어 NTT의 조달계약은 여타의 외국에도 개방되었다. 1990년 실적기준 양허기관 총조달액은 65억 SDR, 하한선 이상 조달액은 27억 SDR이었으며, 이 중 13.8%인 3.7억 SDR이 외국산조달액이었다. 그러나 정부조달제도 및 관행상의 문제점을 보면 단독입찰은 크게 줄어들었지만, 첫째 소규모로 분산된 조달체계로 인해 중앙집중적 조달체계를 갖는 타선진국에 비해 외국업체의 진입이 어렵다는 점, 둘째 경쟁입찰자격 심사시 과다한 서류제출 부담, 일본 내 영업년수 및 실적 등에 대한 고려가 외국업체에 대한 차별적 기능을 한다는 점 등을 들 수 있다. UR협정이 발효되면, 우선 조달시장개방 양허계획에 따라 적용대상기관 및 적용대상계약의 확대와 함께 조달절차의 명료성, 내국민대우 개선 등이 기대되며 경쟁입찰자격심사의 개선 등도 예상된다.

기 타

서비스무역과 관련하여 일본의 서비스시장은 정책이나 각종 행정지침 및 그 집행의 비공개성, 자의성, 복잡한 관행과 구조적 장벽 등으로 인하여 시장접근 및 영업활동에 있어서 내국민대우가 저해되고 있으며, 일부 상호주의의 적용으로 최혜국대우가 지켜지지 않는 경우가 적지 않은 것으

〈표 4-16〉 일본의 정부조달시장개방 양허안

(단위 : 1,000 SDR)

분 야	중앙정부	지방정부	정부투자기관
물 품	130	200	130
건 설	4,500	15,000	15,000
서비스			
○ 농업, 엔지니어링, 기타 기술서비스	450	1,500	450
○ 기타 서비스	130	200	130

자료 : 상공자원부, 《GATT / 정부조달 확장협상 최종협정문(각국 양허표)》, 1993. 12. 15.

로 지적되어 왔다. 이러한 문제는 UR의 타결로 다소 완화될 것으로 기대되는데 금융서비스의 경우 은행·증권·보험사의 설립인가시 행정지침의 불투명성, 자의적인 규정 운용, 인가처리 소요기간의 장기화 등 특히 은행의 지점설립인가시 상호주의 적용 등의 시장접근에서의 개선이 기대되며, 영업활동상 행정지침의 비공개성, 내외차별대우의 개선도 기대된다. 기타 서비스(건설·전문직서비스·통신·항공 등)의 경우 일본 특유의 관행, 정보 및 절차의 비공개성, 까다로운 자격요건 등으로 시장접근 또는 내국민대우상의 장애요인도 개선될 것으로 기대된다.

지적재산권보호제도의 경우 일본은 미국의 스페셜 301 조에 의한 우선감시대상국의 지정, 미국·일본간 구조협의에서의 논의, 미국·일본·EC 3국간 협상 등에서 보듯이 타선진국에 비하여 보호수준이 낮은 것으로 평가되고 있다. UR 발효 이후 일본의 지적재산권보호제도는 투명성이 높아지고 시행절차도 개선될 것이며, 그동안 주된 지적사항이었던 특허취득에 소요되는 기간의 단축(신청에서 취득까지의 소요기간 : 미국 2년 미만, 일본 5~6년 소요), 상표등록소요기간의 단축(미국 1년 이하, 일본 3년 소요) 등이 기대된다.

〈표 4-17〉 UR 이후 기대되는 일본의 무역장벽 완화내용

구 분		UR 이후 변화가 요구되는 주요 무역장벽	장벽완화 정도		
			소	중	대
시장 접근	관 세	− 평균관세율이 이미 낮은 수준이므로 인하폭도 작을 것임 ○ 양허안 : 3.7% → 1.0% − 일부 고관세품목 관세인하 ○ 수산물, 조제식료품류, 신발, 피혁·피혁제품, 모피, 플라스틱제품, 섬유 및 의류, 화학제품 등 − 8개 분야 무세화 및 2개 분야 관세조화 합의품목 관세 철폐 / 인하		○	
	섬 유	− 타선진국과 달리 MFA에 의한 쿼터제한 없음	−		
	농산물	− 잔존수입제한품목인 주요 곡물과 낙농식품의 개방 및 관세화 ○ 쌀가루·크림·전분·잡콩·땅콩 등 ○ 쌀은 최소시장접근(4~8%)허용, 관세화의 유예기간 (6년) 설정 − 고관세·관세상당액의 인하 ○ 바나나·오렌지·자몽·옥수수·쇠고기·마가린 등 − 국내보조금 축소 ○ 이중곡가제를 이용한 실질적 시장가격지지정책 제한			○
규범 분야	긴급수입 제한조치, 상계조치, 반덤핑	− 특기사항 없음	○		
	기술장벽	− 수입급증품목의 수입억제수단으로서의 활용경향 감소 − 임의준수사항의 표준의 강제화는 억제될 것임 − 제정절차에 있어서 정보의 공개, 외국이해관계자의 참여 등의 개선 기대 − 시험검사의 지연경향 억제			○
	원산지규정	− 특기사항 없음	○		
	무역관련 투자조치	− 특기사항 없음	○		
	정부조달	− 다른 선진국에 비해 외국산의 조달비율이 큰 편임 (조달협정대상계약의 14% 수준이 외국산, 1990년 실적 기준) − 타국과 마찬가지로 적용대상기관, 대상계약 확대 (지방정부 포함, 건설, 서비스 포함) − 조달절차의 개선		○	

구 분	UR 이후 변화가 요구되는 주요 무역장벽	장벽완화 정도		
		소	중	대
	○ 경쟁입찰자격 심사시 내외차별관행 시정			
서비스무역	− 금융서비스분야		○	
	○ 시장접근의 개선			
	・은행, 증권, 보험사 설립인가시 자의성, 진입장벽 축소			
	・대기업의 계열관계 등에 의한 구조적 장벽 축소			
	・상호주의 적용 지양			
	○ 내국민대우 개선(영업활동상의 차별 완화)			
	・불투명한 행정절차, 정부의 자의적 규정운용에 의한 차별대우 축소			
	・정보의 공개성 개선			
	・신상품 도입상의 차별적 제한 제거			
	− 기타 서비스(건설, 전문직서비스, 항공, 통신 등)			
	○ 시장접근에 장애가 되는 일본 특유의 관행, 정보의 비공개성, 계열관계, 외국인에 대한 배타성의 점진적 개선 기대			
지적재산권 보호	− 특허신청에서 특허부여까지의 소요기간 단축		○	
	○ 현재는 평균 5~6년 소요(미국 : 19개월)			
	− 상표등록절차에 장기간 소요			
	○ 평균 3년 소요(미국 : 1개월)			

4. 개발도상국

'60년대부터 제 3 세계의 발언권의 강화, '70년대 선진국의 일방적인 특혜부여(GSP ; 일반특혜관세), 특정지역국들에 대한 특혜관세 적용, GATT에서의 개발도상국 우대조항의 도입·강화(케네디라운드) 등으로 개발도상국은 점차 선진국 중심이었던 GATT체제 내로 편입되어 왔다.

그러나 여전히 동경라운드에서 확립된 다자간협정(MTN Code)인 보조금·상계관세, 정부조달, 기술장벽, 수입허가절차, 관세평가, 반덤핑 등에의 참여는 저조하며 또한 개발도상국이 갖고 있는 통상규제정책은 자국산업의 육성을 위해 대부분 GATT상 우대조치, 예외인정을 근거로 극히 보호주의적인 성격을 띠고 있다.

주로 미국·EC·일본 등 선진국에 의해 국제무역규범에 위배되는 것으로 지적되는 개발도상국의 불공정무역장벽은 관세, 비관세장벽(수입제한 등), 서비스, 지적재산권, 투자장벽, 기술장벽 및 정부조달 등이며, 이들은 대부분 UR협정에서 다루어져서 UR의 발효와 함께 무역장벽수준은 점차로 낮아질 것으로 예상된다.

다만, 개발도상국의 경우 서비스를 비롯한 대부분의 협상분야에서 우대조치의 적용을 받아 이행기간(예 : 무역관련투자조치의 철폐기한, 지적재산권협정의 의무유예기간)이 선진국에 비해 3~4년 정도 길며, 이행수준(예 : 농산물보조금 감축폭)도 낮다.

UR협정에 따라 주요 개발도상국들의 통상규제정책·제도 자체에 상당한 변화가 예상되거나 변화가 요구되는 분야는 ① 관세 ② 보조금 ③ 무역관련투자조치 ④ 서비스무역 ⑤ 지적재산권 보호 등으로 판단된다. 이밖에 선발개발도상국의 경우 기술장벽, 정부조달제도의 변화가 예상되며, 개발도상국 전반적으로는 GATT 예외규정에 근거한 수량제한의 금지 또는 완화가 시장개방에 큰 변화를 가져올 것이다.

관세인하

동남아 개발도상국 중 특히 아세안국가들은 '80년대 중반 이래 관세인하를 추진해 왔으나 아직도 관세수준은 상당히 높은 편이다. 즉, UR 몬트리올 중간점검 합의에 따른 공산품 평균관세율 인하기준이었던 1986년 9월의 평균관세율은 태국 35.7%, 인도네시아 20.0%, 말레이시아 9.7%였다. 단, 홍콩은 평균관세율이 0%로서 자유무역의 모델국가이며, 싱가포르는 광공업품관세율이 0.4%(양허세율)로 극히 낮다.

개발도상국의 경우 선발국 이외에 후발개발도상국은 무세화나 관세조화에 참여하지 않아 수입액 가중평균관세율 인하, 즉 1986년 9월 기준 관세율을 1995년부터 1999년 1월 1일까지 33% 이상 인하하는 양허계획표를 이행하게 될 것이다. 그러나 개발도상국의 관세율수준이 상당히 높은 수준에 있어 선진국에 비하여 관세인하에 따른 시장개방의 확대효과는 적지 않을 것으로 평가된다.

규범분야

동경라운드까지만 해도 개발도상국은 다자간규범분야에 적극적으로 참여하지 않아 그동안 무역장벽적 운용사례가 거의 없었으나, UR 타결로 정부조달협정 등 일부를 제외한 대부분의 다자간무역협정(MTA)이 WTO의 모든 회원국에 적용됨으로써, 홍콩·싱가포르를 제외한 대부분의 개발도상국은 그동안 자국산업의 보호·육성을 위해 운용해 왔던 보조금제도, 기술장벽, 무역관련투자조치 등을 UR협정에 따라 폐지하거나 또는 무역장벽적 조치를 완화하지 않으면 안 되게 되었다.

특히 보조금제도, 무역관련투자조치는 개발도상국의 일반적인 자국산업의 보호 및 육성수단이었으나 각종 수출보조금은 8년 이내에, 수입대체보조금은 5년 이내에 폐지하지 않으면 안 되며, 무역관련투자조치는 5년 내(선발개발도상국의 경우 선진국과 같이 2년 내) 폐지해야 한다. 이러한 무역관련투자조치의 예를 들면, 인도네시아는 국산화법령에 근거한 국산품 사용의무가 있고, 태국의 경우 공업성령에 의해 부과되는 자동차관련 각종 국산화의무 비율, 말레이시아의 경우 자동차관련 각종 국산화의무 등이 이에 해당된다. 이밖에 수출입연계, 외환수지균형, 수출이행의무 등은 철폐되어야 할 것이다.

또한, 기술장벽의 경우 홍콩·싱가포르·대만은 무역장벽적 기능이 문제시되지 않으나, 태국·말레이시아는 많은 문제가 지적되어 왔기 때문에 상당한 개선이 예상된다.

한편, 별도로 협정가입국간에만 적용되는 정부조달협정의 경우 홍콩, 싱가포르 등 일부를 제외하고는 가입을 하지 않고 있어 별 영향은 없을 것이나 장기적으로는 개발도상국의 참여가 확대될 것이다.

서비스무역

동남아 개발도상국의 서비스시장은 UR에서 새로운 무역규범이 도입됨에 따라 큰 변화가 불가피할 것이다. 시장개방일정은 확정된 각국 양허안에 따라 추진될 것이나 전반적으로 개발도상국의 시장개방 및 내국민 대우 이행이 크게 진전될 것으로 보인다. 예컨대 금융서비스의 경우 주요 무역장벽으로 지적되어 왔던 지점·자회사의 설립제한, 소유지분의 제한이나 법률·회계·건축 등 전문직서비스의 경우 소유지분제한, 합작사 설립의무 등이 상당폭 완화될 것으로 보인다.

지적재산권

UR협상 중 선진국이 강력히 추진하였던 지적재산권의 무역관련측면에 대한 협정은 개발도상국의 경우 5년간의 의무이행유예기간이 있으나 현행 제도에 장기적으로 큰 변화를 줄 것이다. 특히 위조상품 수출에 대한 규제조치의 강화, 지적재산권 보호수준 강화, 지적재산권의 취득절차 용이화 등으로 선진국의 대개발도상국 진출여건이 크게 개선될 것이다.

기 타

UR 이후 개발도상국 전반에 큰 영향을 미칠 것으로 보이는 중요한 사항의 하나로서 GATT조문 협상에서 다룬 GATT 제18조 B(BOP ; 국제수지)조항의 수정, 즉 국제수지 악화를 이유로 한 각종 수입제한의 예외적 인정이 크게 축소된다는 점이다. 이에 따라 향후 개발도상국의 BOP 또는

〈표 4-18〉 UR 이후 기대되는 개발도상국의 무역장벽 완화내용

구 분		UR 이후 변화가 요구되는 주요 무역장벽	장벽완화 정도		
			소	중	대
시장 접근	관 세	− 관세인하양허(최종양허표는 1994년 2월 확정 제출) ○ 태국 : 광공업품 평균관세율 큰폭 인하 기대(1986년 9월 기준 35.7%→18%(1992년 5월 제안)　． ○ 인도네시아, 말레이시아는 관세인하 양허내용 불명 ○ 홍콩 : 광공업·농업품 평균관세율 0% ○ 싱가포르 : 광공업품 평균관세율 0.4% − 품목별 관세인하는 최종양허표 제출 후 밝혀질 것임 (고관세품목을 예시하면 다음과 같음) ○ 인도네시아 : 운송기계(평균 33.3%), 전기제품(평균 26.1%), 섬유 및 섬유제품(평균 28.0%) ○ 태국 : 운송기계(평균 63.6%), 전기기계(평균 35.8%) ○ 말레이시아 : 전기기계(평균 50%), 운송기계(평균 22.6 %)			○
규범 분야	보조금	− 수출보조금은 대개 8년 이내, 수입대체효과를 가져오는 보조금은 5년 이내 철폐 ○ 예컨대 개발도상국에 일반화되어 있는 국산품사용장려와 관련된 보조금은 수입대체보조금으로서 5년 내 철폐 ○ 말레이시아 : 국산품사용을 조건으로 한 보조금, 자동차 국산화율 일정수준 달성시 세제우대 등 철폐 예상		○	
	무역관련 투자조치	− 가장 대표적인 투자조치로서 국산품사용의무(local content) 점진적 철폐 기대 ○ 인도네시아 : 투자조정처의 투자허가시 국산화 요구, 국 산화법령에 의한 국산품사용의무 ○ 태국 : 공업성령에 의해 부과되는 자동차관련 각종 국산 품사용의무 요구 ○ 말레이시아 : 자동차관련 각종 국산화의무, 국민차의 경 우 국산화율 40% 이상일 경우 세제우대조치			○
서비스무역		− 시장접근 개선 ○ 금융분야 ・지점, 자회사 설립제한(태국 : 은행·보험, 말레이시 아 : 보험) ・지분제한(필리핀 : 은행·보험, 인도네시아 : 은행· 보험, 태국 : 금융·보험, 말레이시아 : 보험) ○ 기타 서비스 ・진입금지, 지분제한 등			○

구 분	UR 이후 변화가 요구되는 주요 무역장벽	장벽완화 정도		
		소	중	대
	− 외국기업에 대한 각종 차별조치의 점진적 개선 기대 ㅇ 인도네시아 : 외국은행의 대출의무비중 설정 ㅇ 필리핀 : 외국은행의 Universal banking면히 제한 ㅇ 태국 : 외국은행 ATM 독자운용 불가			
지적재산권 보호	− 지적재산권 보호수준의 전반적 강화 ㅇ 제도의 정비, 단속 · 처벌강화를 통한 복제방지 진전			○
수입제한 완화	− 아세안국가의 경우 주로 자국의 유치산업보호를 위해 수입금지 실시 중이며, 점진적 개방 진전 기대 ㅇ 인도네시아 : HS 4단위 기준 74개 품목 ㅇ 태국 : 수출입관리법에 의거, 농산품, 섬유, 기계류, 전기기기, 중고차 등 37개 품목 ㅇ 말레이시아 : 관세법에 의거 완전수입금지품목, 조건부 수입금지품목, 국내산업보호 위한 잠정적 수입제한품목, 품질 · 안전증명을 요하는 품목으로 구분하여 수입제한. 이 중 특히 국내산업보호 위한 잠정적 수입제한품목 20개(HS 4단위), 조건부수입금지품목 중 국내산업 보호 목적으로 보이는 품목 71개는 점진적 개방 기대			○

자료 : 대우경제연구소.

국내유치산업 보호를 이유로 한 수입제한조치는 보다 엄격히 운용되어야 하며, 점차 폐지되지 않으면 안 될 것이다.

더욱이 UR 이후 강력한 WTO체제하에서 자유무역주의가 확산되고, 수입제한조치에 대한 다자간 논의 및 감시가 강화될 것이므로 개발도상국의 BOP조항 졸업 및 GATT 제11 조(수량제한금지원칙)국으로의 이행이 적극 추진되어 개발도상국의 시장개방은 촉진될 것이다. 이미 말레이시아는 1968년 11월, 인도네시아는 1988년 5월, 태국은 1990년 5월에 「GATT 11조국」으로 이행하였기 때문에 그동안 원용해 왔던 GATT 제18 조 B(국제수지 옹호)항을 원용할 수 없어 일정 유예기간 후에는 수입개방을 하지 않으면 안 된다.

UR 이후 한국의 시장개방과 통상규범의 변화전망

1. 개 황

한국의 통상정책은 '60년대는 경제개발 5개년계획의 출범과 함께 수출주도형 경제성장정책을 추진하였고 '70년대는 중화학공업의 육성을 통한 산업구조고도화정책을 추진하였으며, 그동안 적극적인 수출산업 보호·지원과 소극적인 수입자유화정책을 기본적 특징으로 하는 통상정책을 수행해 왔다(표 5-1 참고). 그러나 '80년대 들어 경제의 개방화, 자율화정책을 추진하면서 한국의 통상정책에도 큰 변화가 생겼다. 특히 선진국의 보호주의 강화에 따른 쌍무적·상호주의적 개방압력 및 1986년 국제수지 흑자 등에 의해 커다란 영향을 받게 되었다.

수입자유화계획 발표, 1987년 대외무역법 제정을 통한 선진무역제도 도입, 차별적 수출지원제도의 축소·폐지를 추진해 왔으며, 1988년에는 IMF 8조국으로의 이행을, 1989년에는 GATT 11조국으로의 이행(GATT BOP조항, 즉 개발도상국의 국제수지옹호를 위한 예외인정조항 졸업)을

〈표 5-1〉 한국의 연대별 통상정책의 변화

구분	'60년대	'70년대	'80년대~현재
기본 경제 정책	− 수출주도형 경제성장정책 − 기간산입 및 사회간접자 　본 확충	− 중화학공업 육성 통한 산업 　구조고도화정책 − 자력성장기반 조성	− 경제 자율화 · 개방화 　정책 ㅇ경쟁촉진 및 자율화 ㅇ시장개방 및 국제화 − 사회복지 · 형평 증진
수출 관련 통상 정책	− 적극적 외자도입 ㅇ외자도입촉진법(1960) − 수출지원 ㅇ금융, 세제지원 　(수출금융, 수출용 원자재 　수입금융 등)	− 수출산업 전략적 육성 ㅇ국민투자기금 설립(1974) − 수출단지 조성, 수출자유 　지역 설치(1974) − 관세환급제도(1975), 관세 　지불유예제도(1977), 수출 　용 자본재수입에 대한 관세 　분할 지급(1974) − 종합무역상사 육성(1975) − 수출보험제도 도입	− 수출지원책 축소 ㅇ중립적 · 비차별적 지원으 　로 전환 − 대기업에 대한 수출금융 　폐지 및 기타 기업에 대한 　융자단가 인하(1988) − 관세징수유예제도 폐지 　→ 관세환급제도로 전환 　(1988)
수입 시장 개방 관련 통상 정책	− GATT 가입(1967) − 수입자유화조치 　(Negative System으로 　전환, 1968) − 비관세조치에서 관세조치 　에 의한 규제방식으로 전환 − 국제수지방어, 외채부담, 　개발도상국 예외조항 등에 　근거한 수량제한조치 유지	− GATT 동경라운드 참여 　(1973~1979) − 농산물 생산 유인책 ㅇ고미가정책(1968~), 　이중곡가제(1969~) 도입 − 수입규제의 실질적 완화 추 　진('70년대 중반 이후) ㅇ그러나 오일쇼크, 보호주 　의 분위기, 중화학공업 육 　성 등의 영향으로 수입개방 　부진	− 대외개방정책 적극 추진 ㅇ외국인투자, 기술도입촉 　진 위한 법제 개선 ㅇ관세인하 ㅇ시장개방 − 자본시장국제화 장기계획 　(1981) − 수입자유화 예시제 (1984) − 수입감시제 폐지(1988) − 대외무역법 개정(1987)으 　로 무역규제 완화 − IMF 8조국 이행(1988) − GATT 11조국 이행(1989) − UR 적극 참여(1986~)

자료 : 경제기획원, 우리 나라의 GATT / TPRM(무역정책검토제도)실시결과보고서(1992.8),
　　　 KIEP, 무역관련정책 및 제도의 현황과 개선방향 등을 참고로 작성.

천명하였다.

　그러나 이와 같은 개방화 · 자율화 추진에도 불구하고 한국은 여전히
미국 · EC 등 선진국으로부터 쌍무협상을 통하여 무역장벽을 낮추어야 한

다는 압력을 받아왔다.

미국이 한국의 주된 무역장벽으로 지적하고 있는 것으로는 ① 수입정책 중 관세, 수량제한(수입제한잔존품목), 수입통관절차 ② 기술장벽 중 표준·검사·인증제도 ③ 정부조달 중 국산품우선구매 ④ 지적재산권 보호 미흡 ⑤ 서비스무역장벽 ⑥투자장벽 ⑦ 기타 조선보조금 등이 있다. (미국 USTR의 1993 National Trade Estimate Report on Foreign Trade Barriers에서의 지적사항).

한편 일본은 《불공정무역보고서 1993년판》에서 ① 수입선다변화품목제도(대일차별조치) ② 지적재산권보호제도(미국·EC 우대) ③ 반덤핑제도(피해인정기준의 애매성) ④ 원산지규정(과도한 부담) ⑤ 기술인증제도 ⑥ 정부조달시장개방 등을 지적하고 있다.

수출주도의 경제성장을 하면서 무역을 중시해 온 한국은 UR협상을 국내시장에 대하여는 앞에서 언급한 바와 같은 선진국으로부터의 쌍무적 시장개방압력을 다자화시키면서 점진적인 국제화·개방화를 추진하는 한편, 해외시장에 대하여는 각종 관세 및 비관세장벽의 완화, 반덤핑, 상계관세, 일방적 무역조치 등의 억제 등 광범위한 무역자유화의 혜택을 활용하기 위하여 UR에 적극적으로 협상에 참여하였다.

UR이 타결됨에 따라 한국은 주요 수출대상국에 대한 진출기회가 보다 확대된 반면, 향후 장기적으로 UR협정 및 양허계획에 따라 국내시장을 보다 개방하고, 통상규범을 이번에 마련된 국제규범에 일치시키고 운용관행도 보다 국제화하지 않으면 안 되게 되었다.

이하 UR 최종협정문 및 양허계획에 따른 한국 국내시장의 개방과 통상규범의 변화의 전망을 살펴본다.

<표 5-2> 한국의 관세부문 양허 현황

(단위 : 개, HS 10단위)

구 분	양 허 범 위			관세율(1999.1)	
	총품목 수	양허품목 수	양허범위	평균관세율	인하율
공산품	8,705	7,990	91.8%	8.1%	-54.8%
수산물	338	144	42.6%	13.6%	-31.6%
합 계	9,043	8,134	90.0%	8.1%	-54.6%

자료 : 재무부, 1993. 12. 16.
　　　경제기획원, UR 국별 이행계획서 의결, 1994. 2. 14.

<표 5-3> 한국의 관세율인하 예시계획 및 UR에 따른 관세율인하목표

(단위 : %)

구 분	관세율인하 예시계획				UR에 따른 인하목표	
	1991	1992	1993	1994	기준연도(1986)	목표연도(1999)
관세율	11.4	10.1	8.9	7.9	17.9	8.1

자료 : 재무부, 《분야별 UR협정과 대응과제》, 1993. 12. 18.

2. 시장접근분야

관　세

UR에서 공산품 관세협상의 타결내용은 ① 1988년 12월 몬트리올각료회의 합의사항인 평균관세율 인하 및 양허품목(최고관세율을 제시하는 품목)의 확대 ② 1993년 7월 4자(Quad ; 미국·EC·일본·캐나다) 통상장관회담에서의 무세화·관세조화의 합의 및 ③ 1993년 11월 APEC정상회담 및 미국·EC간 협상에서의 무세화·관세조화 합의 등으로 구분된다.

최종 확정된 한국의 관세인하 양허계획(이행계획서, 1994. 2. 14)에 따르면, 공산품(수산물 포함)의 평균관세율을 1986년 평균양허세율 17.9%

〈표 5-4〉 한국의 무세화 및 관세조화 양허안 내용(Quad 합의품목 중 참여품목)

| 구 분 | 선진국 합의품목 | | 한국의 관세양허안 내용 | | 관세율 |
	분 야	품목수	품목수	무세화 / 관세조화 참여품목	(1994)
무세화 (UR타결 후 5년 내 관세 철폐)	건설장비	10	10 (조건 부 4)	크레인, 굴착용 기계, 분쇄·혼합·반죽기 등, 토목공사용 기계, 무한궤도식 트랙터, 덤프차 (비고속도로용)＊등	8% (＊10%)
	의료기기	13	11 (조건 부 7)	방사성원소＊, 조제시약, 전기신경자극기, 신체장애자용 차량, 신체장애차량 부품, 정형 외과용 기기, 비중계 등	8% (＊0%)
	의 약 품	10	6 (조건 부 2)	탈지면·거즈·붕대 등, 기타 의료용품	8%
	철 강	34	34	철의 반제품, 철의 봉, 형강, 철의 선, 스텐레 스강, 기타 합금강, 철강제구조물, 철강제망 등 (10년에 걸쳐 무세화)	8%
	가 구	2	2 (조건 부 1)	의자와 그 부분품, 기타의 가구와 그 부분품	8%
	맥 주	1	－	(불참)	30%
	증 류 주	1	－	(불참)	30%
	농업장비	4	4 (조건 부 3)	농업·원예용 기계, 착유기와 낙농기계	8%
	(소 계)	75	67	(조건부 17개 포함)	－
관세 조화 (5년 내 5.5～ 6.5% 로 인하)	화학제품	196	193	HS2801～51 탄소, 염산, 황산, 질산, 인산 등 HS2903～34 알코올, 페놀과 페놀알코올, 에테 르, 아세텔, 알데히드, 히드라진 등 HS3005～06 탈지면·거즈, 의료용품 HS3101～05 동식물성비료, 질소비료, 인산비 료, 칼슘비료, 광물성/화학비료 HS3201～15 (3204 제외)유연제, 착색제 레이크안료, 페인트와 바니쉬 등 (이하 생략)	8%

주 : 조건부 품목은 UR규정상 이행기간(5년)을 초과하여 8～10년의 이행기간을 확보한 품목임.
자료 : 재무부, 1993. 12. 16.

에서 UR협정 발효일부터 인하하기 시작하여 1999년 1월 1일에 8.1%로 54.6%를 인하하게 된다. 또한 최고관세율을 •제시하는 양허품목을

<표 5-5> 미국·EC간 및 APEC 합의분야별 한국의 참여내용

분　　야	미국·EC 합의내용	우리의 참여방안
전　　자	－ 산업용·사무용 전자기기 : 평균 60% 인하 － 반도체, 반도체장비, 컴퓨터 및 주변기기 : 5년 무세화	－ 반도체 : 5년 무세화 － 반도체장비 : 국산화 불가품목 10년 무세화 － 컴퓨터 및 주변기기 : 일부 품목 10년 무세화
종　　이	－41개 품목(HS 47~49류) : 10년 무세화	－38개 품목 : 10년 무세화 －3개 품목 : 15년 무세화
완　　구	－5개 품목 : 10년 무세화	－10년 무세화
비철금속	－주석, 니켈, 구리 : 5년 무세화 －여타 품목 : 최고세율을 5%로 하고 33% 이상 인하	－구리 중 일부 품목 : 10년 무세화 －여타 품목 : 50% 인하 (1986년 10~25%→5~13%)
과학장비	－17개 품목 : 평균 65% 인하	－평균 65% 인하 (1986년 15~30%→8~13%)

주 : 1) APEC정상회담 및 미국·EC간 합의품목은 전자, 종이, 과학장비, 완구, 비철금속, 목재 6개 분야이며 수산물, 채유종자는 미국·EC간 최종합의에서 제외됨.
　　2) 목재분야는 미국·EC간 21개 품목에 대하여 무세화하기로 합의하였으나 우리 나라는 불참하였음.
자료 : 재무부, 1993. 12. 16.

총 9,043개(HS 10단위 기준) 중 8,134개로 확대하여 품목 수 기준으로 90%, 수입액 기준으로 87.5%를 양허하게 되었다. 그동안 자율적으로 추진해 온 관세율인하 예시계획에 따라 이미 낮은 수준에 있고 1994년에는 7.9%로 계획되어 있어 UR에 따른 평균관세율의 인하부담은 별로 없는 것으로 평가된다.

한편, 4국 통상장관회담에서의 무세화 합의품목(8개 분야 75개 품목, HS 4단위 기준)의 경우 한국은 철강·건설장비·농업기계·의료기기·의약품·가구 등 6개 분야 67개 품목의 무세화에 참여하였으며, 이 중 17개 품목은 UR규정상의 이행기간인 5년(단, 철강은 10년)을 초과하여 8~10년의 이행기간을 조건부로 참여하였다. 맥주 및 증류주와 의료기기 중 2개 품목(X선기기, 의료·수의용기기), 의약품 중 4개 품목(비타민·페니실린·항암제 등)의 무세화에는 불참하였다. 화학제품의 관세조화(196개 품목)에는

의약품, 벤젠 등 3개 품목을 제외한 193개 품목에 참여하였다. APEC정
상회담 및 미국·EC간 협상에서의 무세화·관세인하 합의품목(6개 분
야) 중 한국은 목재를 제외한 전자, 종이, 완구, 비철금속(무세화·관세
인하), 과학장비(관세 65% 인하) 등 5개 분야에 참여하였으며,[1] 이행기
간을 기본원칙인 5년이 아닌 8~10년으로 조건부 참여를 하였으나 일부 무
세화에 따른 관세장벽의 완전제거로 수입확대의 부담이 예상된다.

농 산 물

UR 농산물협정의 주요 내용은 이미 제1부에서 살펴본 바와 같이 ①
시장접근 ② 국내보조금의 감축 ③ 수출보조금의 감축 등으로 이루어져
있다. 한국은 농산물협상에서 결국 개발도상국 우대적용을 받았으며, 쌀
에 대해서는 개발도상국 특별대우(special treatment)를 받아 다음과 같은
내용의 시장개방 및 보조금의 감축이 이루어져야 할 것이다.

수입제한 등 모든 비관세장벽을 관세화하여 개방하되, 1986~1988년
을 기준으로 산정된 관세상당치는 1995~2004년 동안 산술평균 24%만
큼 인하해야 한다. 다만 품목별 인하율은 품목간에 조정할 수 있으며, 품
목별 최저감축폭은 10%이다. 관세화에 의한 개방품목은 최소시장접근이
보장되어야 하며, 최소시장접근물량은 1986~1988년 국내소비량 기준으
로 1995년에는 3%에서 점진적으로 확대하여 2004년에는 5% 이상이어
야 한다.

농산물협정의 대상이 되는 한국의 품목은 HS 10단위로 1,305개나 이
중 1,067개 품목은 이미 수입자유화가 되어 있고, 나머지 238개는 수입
제한품목으로서 원칙적으로 예외없는 관세화를 통해 개방하고, 최소시장

---

1) 4국 통상장관회담 및 미국·EC간 최종협상에서의 무세화·관세조화 합의품목별 우리 나라
   의 양허세율, 이행기간, 1994년 현행 관세율 등의 내용은 〈부록 Ⅱ〉를 참고하기 바란다.

접근물량 또는 현행 시장접근물량을 보장해야 한다. 수입제한품목 238개 중 특별법상의 제한품목이 143개이며, GATT 국제수지(BOP)조항에 의한 제한품목이 95개이다.

쌀의 경우 특별대우규정(Annex 5 ; 제 4 조 2항에 대한 특별대우)의 적용을 받아 10년간, 즉 1995~2004년까지 관세화를 유예하고, 유예기간 중 최소시장접근물량은 1986~1988년 소비량 기준으로 1995년에 1% (1994년 2월 15일 제출한 이행계획서에는 1988~1990년 기준 1%로서 5.1만 톤을 제시함)에서 시작하여 1999년에 2%에 이르기까지 매년 0.25%씩 증량하였고, 2000년부터는 2%에서 시작하여 2004년 4%(이행계획서상 20.5만 톤)에 이르기까지 매년 0.5%씩 증량해야 한다. 관세화 유예기간의 연장여부는 2004년 말까지의 재협상결과에 따르며, 유예기간 연장시에는 추가적 양보를 하고, 관세화하기로 한 경우에는 기준연도 관세상당치로부터 10%를 낮춘 수준에서 시작한다.

쌀 이외의 14개 기초농산물의 경우 UR 타결시 최종양허내용은 다음 표 5-6과 같다. 이밖에 BOP품목 중 사과·포도주스·과즙음료 등은 1995년 1월부터 자유화하고, 포도·사과주스는 1996년 1월부터 자유화하기로 되어 있다.[2]

한편, 한국의 경우 수출보조금은 거의 관련이 없으며, 국내보조금의 경우 감축대상으로 분류되는 경우 1995~2004년에 걸쳐 13.3%(개발도상국 우대적용)를 감축해야 되는데, 보조상당액의 규모가 UR규정상 최소 허용보조(개발도상국의 경우 10%)수준을 넘는 쌀·콩·보리·옥수수·유채 등의 경우 감축대상이 될 소지가 크지만 여타 품목은 별 문제가 없을 것이다. 농산물수매제도에서 이중곡가제 채택에 의한 시장가격지지는 감축대상의 국내보조가 되므로 그 운용이 제한을 받을 수밖에 없다. 더욱

---

2) 구체적인 개방계획(품목별 개방 및 보조금 감축계획)은 제 3 부 8장(농업)에 실었다.

〈표 5-6〉 한국의 14개 기초농산물 최종양허내용

구 분	품 목	내 용
특별법상의 제한품목	보리·콩 감자·고구마 옥수수	−1995년 관세화방식으로 시장개방 ○ 관세상당치의 점진적 인하 ○ 최소시장접근물량 또는 현행 시장접근물량 보장 (1995년 3%→2004년 5%)
BOP품목[1]	쇠고기	−2001년 전면개방 −1993~2000년 기간 동안 쿼터에 의한 수입제한 유지 ○ 쿼터물량은 1995년 123천 톤에서 2000년 225천 톤으로 확대 − 관세율인상(현행 20% → 1995년 43.6% → 2000년 41.6% → 2004년 40%)
	돼지고기 닭고기 오렌지	−1997년 7월 전면개방(관세율은 상향조정) −1995~1997년 7월 쿼터에 의한 수입제한 유지 (현행세율 적용, 쿼터물량은 확대)

	낙농제품	−가공치즈, 유아용 조제분유 등 4개 품목은 1995년 1월부터
		  실행세율로 자유화
		−유장분말 등은 1995년 1월부터 자유화하되, 이행기간 동안
		  수입쿼터 설정
		○ 쿼터초과물량에 대하여는 관세율을 20%에서 99%로 인상

	고추·마늘 참깨·양파	−1995년 전면개방 ○ 관세상당치에 근접하는 품목별 고율관세 적용

주 : 1) BOP품목은 1989년 GATT 18조 BOP조항 졸업으로 1997년 7월 전면개방하도록 계획되
　　　 어 있던 품목임.
자료 : 경제기획원, 《UR협정과 대응과제》, 1993. 12. 20. 등을 참고하여 작성.

이 관세화방식에 의한 개방시 관세상당액 산정의 기준연도가 1986~
1988년으로 되어 있어 UR협정 발효 이전 수매가격의 인상은 국제가격과
의 가격차를 확대시키므로 수매가격 인상보다는 직접소득보상 등 다른 정
책수단이 취해져야 할 것이다.

　한국의 농산물시장개방은 쌀의 경우 장기간 관세화유예 및 개발도상국
우대적용으로 일단 큰 부담은 덜었으나 여타 농산물의 시장개방, 기타 최
소시장접근물량 보장, 그리고 장기적으로는 모든 농산물의 시장개방으로
농업부문의 구조조정이 점차 가속화될 것이며, 정부의 42조 원 상당의 농
업구조개선사업 등이 보다 적극적으로 추진될 것이다.

3. 규범분야

긴급수입제한조치

UR의 긴급수입제한조치협정은 긴급수입제한조치의 발동요건, 시행수단, 시행기간, 재발동요건 및 기간, 기존긴급수입제한조치의 철폐기한 등에 있어서 남용을 억제하고 적용을 보다 엄격화하도록 한다. 반면에 긴급수입제한조치에 의한 수량제한시 선별적용의 인정, 최초발동 3년간의 보상의무·보복의 면제 등으로 긴급수입제한조치의 실효성을 높였으며, 회색지대조치는 협정 발효 후 4년 이내 철폐하도록 하였다. 이에 따라 '80년대 말부터 긴급수입제한조치제도를 활용해 온 한국의 관련 법제의 개정과 운용의 개선으로 국제규범을 따라가야 할 것이다.

한국의 긴급수입제한조치관련제도는 1986년 12월 제정된 대외무역법에 산업영향조사제도라는 이름으로 마련된 후, 1989년 11월 GATT 11조(수량제한금지원칙)국으로 이행함에 따라 1989년 12월 대외무역법을 개정하여 산업피해구제제도로 변경되어 시행되고 있다. 긴급수입제한조치의 발동요건, 판정기준, 조사절차, 구제조치 등에 대하여는 제도는 대외무역법 제32~36조, 동 법 시행령 제64~74조에 규정되어 있다. 피해구제수단으로서의 관세는 긴급관세, 조정관세, 할당관세 등이 활용될 수 있도록 되어 있다. 그러나 이번 UR에서 긴급수입제한조치협정이 마련됨에 따라 한국은 관련 규정인 대외무역법 시행령 등에 이를 반영해야 하며 여기에는 첫째 긴급수입제한조치 발동요건(대외무역법 제32조)으로서「실질적 피해」개념을 보다 명확화하여 자의적인 운용의 여지를 축소해야 하

〈표 5-7〉 한국의 긴급수입제한조치제도 현황

구 분	제 도 현 황
근거법	- 대외무역법 제32~36조(동 법 시행령 제64~74조), 무역위원회고시 제90-1호 ㅇ GATT 관련 규정 : GATT 제19조
개 요	- 무역위원회는 1989년 12월 개정된 대외무역법을 통하여 수입수량 급증으로 인한 국내산업의 피해여부를 조사하고 동 조사 결과에 따라 산업피해의 판정 및 구제조치의 건의를 상공자원부장관에게 함
주요 내용	- 발동요건은 수입수량의 증가, 동종 또는 직접적인 경쟁관계에 있는 국내산업의 실질적인 피해 또는 피해우려, 수입증가와 산업피해와의 인과관계 등임 ㅇ 실질적인 피해유무 결정시 검토사항 ⅰ) 공장폐쇄를 포함한 국내산업의 생산시설의 상당한 유휴여부 ⅱ) 상당수 업체가 합리적인 이윤수준에서 국내생산활동을 수행할 수 없는 상태인지 여부 ⅲ) 국내산업의 상당한 실업 또는 불완전한 고용여부 등 - 무역위원회는 산업피해 결정일로부터 60일 이내에 다음과 같은 구제조치를 건의할 수 있으며, 상공자원부장관은 구제조치를 결정함 ㅇ 수입물품의 수량 및 품질에 관한 제한 ㅇ 관세율의 조정 ㅇ 기술 및 생산성의 향상 등을 위한 산업지원 관계법령에서 정하고 있는 각종 지원 ㅇ 조사대상인 산업의 업종에 대한 공업발전법에 의한 합리화 업종의 지정 ㅇ 특정물품 또는 특정무역업자에 대한 수입의 중지 또는 금지 ㅇ 기타 국내산업의 구제를 위하여 대통령이 정하는 조치

자료 : KIEP, 《우리 나라 세이프가드제도의 개선과 활용방안》(1991. 8) 등을 참고하여 작성.

고, 둘째 발동요건으로서 「수입증가와 산업피해와의 인과관계」에 대한 규정도 신설해야 하며, 셋째 산업피해구제조치의 방법으로서 규정된 기술·생산성 향상 지원 및 산업합리화업종 지정은 UR협정에 맞지 않는 것으로서 다른 관세 또는 비관세조치로 전환되어야 할 것이다. 구제수단으로 활용되는 관세법상의 긴급관세, 할당관세, 조정관세제도 및 그 발동요건 등을 국제규범에 일치시켜야 한다. 넷째 구제수단의 발동시에는 주요 이해당사국과의 협의절차가 명시되도록 해야 할 것이며, 다섯째 보다 명료한 산업피해판정기준을 설정해야 한다.

한국이 긴급수입제한조치관련제도를 도입한 이래 이의 활용실적을 보

〈표 5-8〉 한국의 긴급수입제한조치관련시행 현황

대상품목	신청자	신청일	피해판정일	구제조치
세라믹압전착화소자	서형산업	1987. 11. 24.	신청철회	−
앙고라 토끼털	양토협동조합	1988. 3. 31.	1988. 10. 28.	
새우젓	수협	1987. 7. 1.	1988. 12. 27.	− 수입제한 ㅇ 수산청장 추천
고추가공제품	농협	1989. 5. 17.	1989. 9. 28.	− 수입제한 ㅇ 보사부 추천
돼지고기 통조림	육가공협회	1989. 7. 24.	1989. 12. 19.	− 관세율 30%→50%
집성운모절연제품	대한마이카	1989. 8. 8.	1989. 12. 23.	−
스테아린산	비누세제조합	1989. 8. 31.	1989. 12. 23.	−
초산에틸	한국알콜산업	1989. 9. 27.	1989. 12. 23.	−
압연기용률	강원산업	1989. 9. 27.	1989. 12. 7.	−
L-LDPE 필름	양토협동조합	1989. 11. 1.	1990. 3. 20.	− 관세율 13%→25%
우모분	단미사료협회	1990. 2. 20.	신청철회	−
코코아분유	유가공협회	1990. 3. 6.	1990. 10. 15.	
나무젓가락	목할저류제품 조합	1990. 5. 11.	1990. 10. 15.	− 관세율 13%→53%
활석분	대한광업회	1990. 8. 25.	1991. 2. 18.	− 관세율 13%→53%
팝콘옥수수	농협중앙회	1990. 11. 16.	N. A.	− 국산품우선구매
당면	면류공업조합	1991. 3. 22.	N. A.	− 관세율 13%→60%
컴퓨터주기판	전자공업회	1991. 10. 28.	1992. 3. 25.	− 관세율 11%→25%
이쑤시개 및 기타	목환봉협회	1991. 12. 19.	1992. 5. 19.	− 관세율 ㅇ 단판 : 9% − 51%
우산 및 우산틀	양산공업조합	1991. 12. 23.	1992. 5. 19.	− 관세율 11%→72%
볼베어링	한국정밀	1992. 1. 11.	신청철회	−
식물성 매트류	담양죽세공예 협동조합	1992. 7. 21.	신청철회	−
미역	완도군수협	1992. 11. 7.	신청철회	−

자료 : 상공자원부 무역위원회.

면 위의 표 5-8과 같으며, 대부분 긍정판정을 내려 산업피해구제기능을 일부 수행해 왔다. 그러나 향후 UR 발효 이후에는 그 운용이 국제규범에 일치하도록 객관적으로 엄격하게 운용되어야 할 것이다. 다만, 최초발동 후 3년간 보상의무·보복이 면제되고 한국의 시장개방이 확대되면서 긴급수입제한조치제도(산업피해구제제도)는 국제규범을 지키는 선에서 보

<표 5-9> 한국의 수출자율규제품목 현황

(단위 : 개, 억 달러)

구　　분	품목 수	수출액(1992)	해당 품목 예시
협정에 의한 수출제한	37	12	
정부간 협정	20	4	승용차 · 견직물 · 사과 · 배 등
업계간 협정	17	8	1종 양식기 · CPT · 전자렌지 등
자율적 수출제한	143	93	
합　　계	180	105	

주 : HS 6단위 기준임.
자료 : 상공자원부, 《UR 참고자료》, 1993. 12. 20.

다 활성화될 가능성이 큰 것으로 보인다.

한편, 회색지대조치의 철폐규정에 따라 한국의 대외무역법 및 동 법 시행령에 명시된 구제조치 중 회색조치로 분류될 수 있는 것, 즉 수출입 질서 유지를 위한 무역업자 상호간의 협약 및 외국업체와의 협약 인정(법 제47 조)과 상공자원부장관의 조정명령 인정(법 제48 조), 국산품구매협약, 시장질서유지협정 등의 권고(시행령) 등에 대한 규정은 폐지 또는 개정되어야 할 것으로 보인다. 이에 따라 현재 시행되고 있는 수출자율규제 품목은 협정 발효 후 180일 내에 WTO에 통보되는 시간계획서에 의거하여 철폐되어야 할 것이다. 한국은 총 180개 품목에 대하여 수출자율규제가 실시되고 있으며 이 중 37개 품목이 협정에 의한 자율규제이다.

보조금 · 상계관세

이번 UR협정은 보조금을 금지보조금, 상계가능보조금, 허용보조금으로 구분하는데 금지보조금은 일정경과기간(원칙적으로 3년, 개발도상국은 우대) 내에 폐지하도록 하고 있으며, 상계관세조치는 상대국의 보조금 지급에 의한 자국피해 발생시 발동하되 그 요건을 엄격화하였는데, 한국은 매우 다양한 산업지원제도를 운용하고 있어 향후 많은 제도변화가 요구된다.

즉, UR협정을 수용하여 한국은 금지보조금 중 수출성과부 보조금은 협정 발효 후 8년 이내에, 수입대체효과 보조금은 5년 이내에 폐지해야 하며, 세계시장점유율이 2년연속 3.25%를 넘는 품목에 대한 수출보조금은 2년 내에 폐지해야 한다. 따라서 각종 수출지원 및 산업지원제도를 전면적으로 재검토하여 금지보조금·상계가능보조금을 가능한 한 특정성이 없거나 무역왜곡효과가 없는 허용보조금 또는 보조금이 아닌 지원제도로 전환시켜 나가야 할 것이다. 이에 따른 국내기업의 부담이 커질 것이므로 현재 한국이 운용하고 있는 각종 지원제도 중 잠정적으로 분류해 보면 금지보조금과 상계가능보조금에 해당되는 것으로 보이는 것은 다음 표 5-10과 같으며, 금지보조금 중 2년 내 폐지의무가 부과될 가능성이 많은 품목, 즉 세계시장점유율 3.25% 이상인 품목은 주로 섬유·직물·의류·철강·전자제품·신발·완구 등이며, 그 구체적인 품목을 예시하면 표 5-11과 같다.

한편, 한국이 상계관세제도는 관세법 제13조, 동 시행령 제4조 13, 17항, 덤핑방지관세 및 상계관세 운영규정(재무부 고시 제89-6호)에 의거하여 그 운영은 재무부가 총괄하고 보조금 조사는 관세청이 담당하고 있으며, 국내산업피해조사는 상공자원부 무역위원회가 담당하도록 하고 있으나 실제 산업피해구제제도로서 활용된 바가 없으며, 단기적으로 많은 산업지원제도가 시행되고 있는 한국의 입장에서 그 활용은 부진할 것이나 장기적으로는 상계관세제도의 정비 및 상대국의 보조금 지급에 대한 정보수집 강화를 통하여 그 활용도가 높아질 가능성이 있다.

반덤핑제도

UR 반덤핑협정은 반덤핑의 남용 및 자의적 운용을 방지하기 위해 덤핑

〈표 5-10〉 한국의 금지보조금 및 상계가능보조금 현황(잠정적 분류)

① 금지보조금(12개)

－확실한 금지보조금－

명　칭	성격(수단)	목 적 및 대 상
수출용 원자재 공급지원제도	수출지원(금융지원)	구매곤란을 겪는 중소기업에 대한 수출용 원자재 획득지원
수출손실준비금 손금산입	수출지원(조세지원)	외화획득산업에서 발생한 손실의 보전
해외사업 소득공제	수출지원(조세지원)	대외무역법에 의한 산업설비 수출사업
해외사업 손실 준비금 손금산입	수출지원(조세지원)	대외무역법에 의한 산업설비 수출사업
해외시장 개척 준비금 손금산입	수출지원(조세지원)	대외무역법에 의한 산업설비 수출사업
해외 접대비 손금 인정	수출지원(조세지원)	외화획득사업 영위자의 조세부담 경감
외화획득사업용 자산에 대한 특별감가상각	수출지원(조세지원)	제조업, 광업, 수산업 분야의 중소수출기업 투자 촉진
특별설비자금	투자촉진지원(금융지원)	중소기업 등의 수출촉진과 경쟁력 제고를 위하여 설비자금 확충 공급

－금지보조금 해당여부 논란소지－

명　칭	성격(수단)	목 적 및 대 상
무역금융	수출지원(금융지원)	수출촉진 및 외화획득률 제고
수출산업설비자금 대출제도	수출지원(금융지원)	수출기업의 설비 촉진, 소재부품의 국내개발 촉진
유망중소기업 발굴 및 지원	중소기업지원(금융지원)	수출 또는 수입대체가 크게 증대되는 중소기업의 발굴, 집중육성
중소 소재·부품 운전자금	중소기업지원(금융지원)	수입대체 소재·부품을 생산하는 국내 중소기업에 운전자금 지원

② 상계가능보조금 (10개)

명　칭	성격(수단)	목 적 및 대 상
신기술 기업과 사업에 대한 세액공제 또는 특별상각	기술개발지원(조세지원)	신기술 기업화 사업용 자산 투자금액 중 일정률을 법인세나 소득세에서 공제 또는 취득가격 일정률의 특별상각 인정
공업발전기금 중 합리화 사업자금	구조조정지원(금융지원)	공업의 균형적 발전과 합리화 촉진

명 칭	성격(수단)	목 적 및 대 상
석유사업기금 중 산업구조조정자금	구조조정지원(금융지원)	공업의 균형적 발전과 합리화 촉진
합병 또는 자산 양 수도 원활화 지원	구조조정지원(조세지원)	합병지원, 자산처분지원
정리기업 인수 원 활화 도모	구조조정지원(조세지원)	산업합리화 지원
사업전환 또는 주 력업종 육성	구조조정지원(조세지원)	시설투자와 노후시설 개체
국민투자기금	투자촉진지원(금융지원)	중화학공업관련분야의 시설투자 촉진
특정설비투자지원	투자촉진지원(조세지원)	생산성 향상, 에너지절약, 공해방지 등 시설투자 지원
임시투자세액 공제	투자촉진지원(조세지원)	투자활성화를 위하여 투자금액에 대한 소득세 또는 법인세 공제
중소기업구조조정 기금	중소기업지원(금융지원)	중소기업의 경영안정을 도모하고 기술개발과 정보화를 적극 추진

자료 : KIEP, 《UR 총점검》, 1993. 12.

〈표 5-11〉 한국의 세계시장점유율 2년 연속 3.25% 이상 품목 현황

(단위 : 천 달러, %)

세 번 (SITC)	품 명	수출액		시장점유율	
		1990	1991	1990	1991
611	leather	304,255	502,762	3.1	5.4
612	leather manufactures	155,023	166,766	4.7	4.7
625	rubber tyres	872,850	897,033	5.5	5.6
651	textile yarn	867,503	976,284	3.5	3.9
653	woven man fabric	3,103,626	3,728,582	13.3	14.7
654	other woven textile	372,866	484,733	4.4	5.7
655	knitted fabrics	336,072	520,010	5.2	6.9
656	lace, ribbons	156,996	199,577	5.3	6.1
657	special textile fabric	545,965	638,022	4.7	5.2
658	textile articles(nec)	325,746	340,802	3.7	3.7
661	building products	318,054	317,514	4.2	4.1
672	iron steel primary forms	923,612	1,097,126	4.9	5.7
674	iron steel plate	1,612,547	1,713,485	4.3	4.7
677	iron steel wire	130,017	140,372	4.1	4.8
679	iron steel casting	124,236	139,884	5.0	5.6
693	wire products	213,204	198,912	6.0	5.9

세 번 (SITC)	품 명	수출액		시장점유율	
		1990	1991	1990	1991
696	cutlery	241,194	264,529	8.8	8.9
697	base metal household equipment	383,849	411,137	6.2	6.1
761	television receivers	1,506,998	1,632,984	9.3	9.1
762	radio broadcast receivers	1,377,336	1,230,282	10.2	8.1
763	sound recorders	1,407,974	1,544,356	8.7	9.5
764	telecom. equipment	1,981,036	2,072,408	3.4	3.2
771	electric power equipment	355,762	391,785	3.2	3.2
775	household equipment	839,757	1,029,709	3.8	4.3
776	transistors	5,363,900	6,630,536	8.4	9.3
786	trailers	1,103,712	975,050	16.6	14.1
793	ships & boats	2,800,572	4,129,112	9.8	12.9
831	travel goods	1,096,832	1,036,063	12.8	11.4
842	men's outwear(not knit)	1,142,651	1,011,780	6.1	4.2
843	women's outwear(not knit)	1,300,207	1,211,850	4.6	3.9
844	under garments(not knit)	623,077	633,540	8.0	7.3
845	outwear(knit)	1,563,040	1,503,618	5.9	5.6
846	under garments(knit)	751,464	745,856	5.7	4.9
847	textile clothing accessory	423,020	470,525	8.5	9.6
848	nontextile clothing(headgear)	2,216,149	1,956,621	21.2	19.1
851	footwear	4,164,054	3,679,006	14.4	12.4
883	cinema film	38,146	57,316	11.4	18.7
894	toys goods	1,154,470	1,092,901	4.8	4.0
898	musical instrument	1,137,527	1,184,644	5.9	5.7
899	other manufactured goods	529,130	574,817	4.4	4.4
941	zoo animals, pets	22,424	19,414	7.3	0.7

자료 : UN, 《*International Trade Statistics Yearbook*》, 1993.12.

결정·조사절차 등에 대하여 과거에 비하여 훨씬 엄격한 규정을 도입하였으며, 이에 따라 한국의 반덤핑제도도 UR협정에 일치하도록 정비되어야 할 것이다.

한국의 반덤핑제도는 관세법 제10조 및 동 시행령 제4조, 덤핑방지관세 및 상계관세 운영규정(재무부 고시 제89-6호), 수입에 의한 산업피해조사의 운영·절차 등에 관한 규정 제31~32조 등에 근거를 두고 시

〈표 5-12〉 한국의 반덤핑제도 현황

구 분	제 도 현 황
근거법	- 관세법 제10조 / 시행령 제4조 2-8, 17 - 덤핑방지관세 및 상계관세 운영규정(재무부 고시 제89-6호) - 수입에 의한 산업피해조사의 운영·절차 등에 관한 규정 제31조 및 32조
관련 기관	- 재무부(덤핑조사, 부과의 총괄) - 관세청(덤핑여부 및 덤핑률 산정) - 상공자원부(국내산업의 피해여부 조사)
주요 내용	1) 덤핑의 결정 - 이해관계인의 요청시 3개월 내 예비조사 및 조사개시를 결정하며, 조사개시 후 1년 이내 조사종결함 - 이해관계인으로서 국내생산자는 당해수입물품과 동종 동질물품 또는 유사물품의 국내생산자 전체, 국내총생산량의 상당부분을 점하는 국내생산자집단(단, 특수관계인 제외) - 서면신청 및 증거제출 규정 - 정상가격의 선정 ㅇ 국내통상거래가격이 없을 경우 제3국 수출가격, 구성가격을 적용 - 덤핑가격과 정상가격의 비교는 동일한 시기 및 동일한 거래단계에서 이루어지도록 조정 2) 산업피해의 조사 - 실질적 피해조사시 고려사항을 규정함 - 덤핑수입과 국내산업 피해간의 인과관계를 고려함 3) 국내산업 보호 필요성에 의한 덤핑조사 - 구체적 규정(운용규정 제18조)을 두고 있으나 통상마찰을 야기할 소지가 있음 4) 덤핑방지관세 부과 - 덤핑마진 이하 만큼 부과 - 특별한 사유가 없는 한 소급적용 불가 - 잠정조치 가능하되 기간은 4개월을 초과할 수 없음 - 가격인상약속 - 재심은 당국의 판단에 의해 필요한 때 또는 관세부과 또는 가격인상약속 시행일로부터 1년 경과 후 이해관계인의 요청으로 가능 - 소멸시효는 3년임

행되어 왔으며, 특히 1986년 2월 GATT MTN 반덤핑협정에 가입하면서 활용되기 시작하였다.

국내업계의 반덤핑관련제소에 의한 조사건수는 1992년 12월 말 현재 7건이며, 이 중 3건은 조사중지, 1건은 무피해판정, 1건은 피해판정에 의한 반덤핑관세부과, 나머지 2건은 진행 중이었다. 또한 1993년 들어 1993년 8월 현재 2건이 제소된데 이어 유리장섬유(미국·일본·대만산), 소성인산석회(러시아산), 전선보호용 튜브(대만산) 등 3건이 제소준비 중에 있어 반덤핑조치가 1992년 말 이후 급속히 늘고 있다.

이러한 한국의 반덤핑제도 및 관행은 수입규제수단으로서의 운용가능성이 있는 것으로 지적되고 있어 보다 엄격히 제한적으로 운용되지 않으면 안 될 것이다. 즉, 국내생산자에 대한 정의의 명확화와 정상가격인정기준의 구체화·엄격화가 예상되며, 단순히 국내산업 보호를 위한 덤핑조사(관세법 제10조 1항)는 어려워질 것이다.

한편, 소멸시효는 반덤핑관세부과 또는 가격인상약속 확정 후 3년으로 규정되어 있어 UR협정안(5년)보다 오히려 엄격한데 5년으로 바뀌어야 할 것이다.

기술장벽

UR협정에서는 기술규정, 표준, 적합판정절차(인증제도)가 무역장벽적 기능을 할 수 없도록 하고 동 협정상의 의무를 지방정부, 지방 및 비정부 표준기관으로 확대하였으며, 기술장벽관련정보의 통고의무를 강화하였는데 이에 따라 한국은 관련 법령의 정비 및 운용의 개선이 요구될 것이다.

한국은 1963년에 ISO/IEC 등 국제표준기관들에 가입하고 1980년에는 동경라운드 기술장벽협정(TBT협정)에 가입하였으며, 공업진흥청의 국제표준과를 질의처(inquiry point)로 두고 있다. 한국의 기술장벽관련분야는 공업표준화법·공산품품질관리법에 바탕을 두고 있는 8,500여 개의 표준화제도(임의규범분야)와 HS 10단위 기준 2,000여 품목을 포괄하는 45개 개별법에 의한 기술규정제도(강제규범분야)가 있다. 그동안 한국의 기술규정과 표준화에 대한 국제적인 조화는 어느 정도 진전되었다고 볼 수 있으며(8,500여 KS규격 중 85%인 7,000여 종이 국제표준에 일치), 적합판정절차의 운용에 있어서도 내국민대우원칙과 최혜국대우원칙이 비교적 충실히 지켜지고 있는 것으로 평가되고 있다. 그러나 기술명세(기술규정 및 적합판정절차) 제정절차에서 통고의무를 이행하지 않아 미국 등 선진국의 불만이 제기되어 왔으며, 주요 기술관계법의 개정시 TBT협정에 규정된 통고의무를 소홀히 하여 실제 2차례에 걸쳐 미국으로부터 지적받은 바가 있다.

UR협정 발효 후에는 기술장벽과 관련된 한국의 공업표준화법 및 공산품품질관리법에 의한 표준화제도, 기타 통합공고상의 45개 개별법에 규정된 기술규정이 무역장벽적 기능을 하지 않도록 기술장벽협정에 적합화시켜야 할 것이다. 특히 질의처(inquiry point) 설치의무규정에 따라 공업진흥청, 국립농산물검사소, 국립수산물검사소 등의 대외정보기능이 강화되어야 할 것이다.

원산지규정

한국의 원산지규정은 대외무역관리규정에 설정되어 있으며, 원산지표시대상품목, 수입선다변화품목, 수입제한품목의 확인시 적용된다. 기본골격은 1973년에 체결된 「통관절차의 간소화 및 조화에 관한 국제협약(교또협약)」의 원산지관련부속서에 근거를 두고 있다. 1990년에 원산지규정 및 원산지 증명에 관한 부속서에는 가입하였으나 원산지증명서 관리부속서에는 가입하지 않고 있으며, 최근까지 주로 수출과 관련한 원산지증명발급제도에 치중한 나머지 수입과 관련한 규정은 상대적으로 미비하였다. 1991년 7월 1일부터는 개방화에 따라 수입질서 내지 소비자보호라는 측면에서 원산지표시제도를 실시하고 있고 관세청에서는 원산지의

〈표 5-13〉 한국의 원산지규정 현황

구 분	제 도 현 황
근거법	- 대외무역관리규정
개 요	- 교또협약에 입각한 한국의 원산지규정은 관세 및 비관세 원산지관련제도들에 통일적으로 적용되며 원산지확인절차에 관한 규정은 원산지관리세칙에 마련되어 있음
주요 내용	- 실질적 변형기준으로서 세번(細番)변경을 원칙으로 하고 보조조항으로서 부가가치 기준과 주요 가공공정 기준을 채택하고 있음 ○ 수입선다변화정책과 관련된 품목들의 경우, 다변화 대상국이 제3국에서 조립공정을 거쳐 반입하는 경우 세번변경만으로는 원산지확인이 어려운 품목들이어서 35%의 부가가치 기준을 적용하고 있음 - 통관시 원산지확인 대상품목은 다음과 같음 ○ 원산지표시 대상물품 : HS 10단위 3,180개 ○ 수입선다변화품목 : HS 10단위 268개 ○ 수입지역제한물품 : HS 10단위 323개

확인절차를 위해 새로이 원산지관리세칙을 마련하여 운용하고 있다.

UR 원산지규정협정은 각국의 원산지규정이 명료해야 하고 무역장벽적 운용을 못하도록 하고 있으며, 장기적으로는 국제통일원산지규정을 제정하도록 하고 있다. 따라서 한국도 원산지표시제도 및 그 운용관행을 개선하지 않으면 안 될 것이다.

한국의 원산지규정에서 개선이 필요한 부분은, 첫째 범용부품의 구성부품에 대한 원산지확인요구가 과도한 부담을 주고 있는 문제, 둘째 원산지 판정에 있어서 부가가치기준을 적용할 경우 대외무역관리규정에는 부가가치기준의 적용비율이 35%로 명시되어 있으나 실제로 관리하는 관세청의 원산지관리세칙에는 이에 대한 기준이 없다는 점 등으로 향후 원산지규정이 수입장벽적 기능을 하지 않도록 바꾸어야 할 것이다. 또한 향후에는 반덤핑·상계관세제도 등의 시행에 대비하여 원산지판정기준이 보다 명료화되어야 할 것이며, 현행 원산지규정의 WTO에의 통보에 의하여 투명성을 높이도록 한다.

수입허가절차

UR 수입허가절차협정은 기존 협정인 동경라운드 MTN Code(별도 가입국에게만 적용되는 다자간무역협정)상의 내용과는 큰 차이가 없으나 수입허가절차가 더욱 명료화, 구체화되어 무역장벽으로서 운용되지 않도록 하고 있다. 한국은 UR협정이 발효되기 이전에는 기존의 동경라운드의 수입허가절차협정에 가입하지 않아 이의 적용을 받지 않았지만, 이번 UR수입허가절차협정은 모든 WTO회원국에 적용되는 다자간무역협정(MTA)에 포함됨으로써 한국도 신규로 전면적으로 적용받게 된다.

따라서 한국은 수입허가와 관련된 법령 및 제도를 정비하지 않으면 안 되며, 특히 대외무역법에 의거한 수출입승인제도, 수출입공고제도, 통합공고제도, 별도공고제도, 수입선다변화제도 등 각종 수입관리제도는 수입제한목적으로 운용되는 면이 많기 때문에 상당부분 정비되어야 할 것이며, UR협정에서 요구하는 각종 통보·협의 등의 의무를 이행함으로써 궁극적으로 수입허가절차가 무역장벽으로서 운용되지 않고 중립성, 공정성을 유지하도록 해야 할 것이다. 더욱이 앞에서 언급한 대외무역법상의 각종 수입관리제도는 UR협정이 요구하는 각종 수량제한금지나 비관세장벽의 철폐라는 입장에서도 수입장벽적 역할을 하지 않도록 개선되지 않으면 안 될 것이다.

수출입승인제도의 사전적 수량제한기능은 철폐되어야 하고 수출입공고상의 잔존수입제한품목은 주로 농산물로서 농산물협정하의 이행계획서(양허표)에 따라 개방될 것이나, 수입절차상의 공정성·중립성이 제고되어야 한다. 통합공고에 의한 45개 개별법상의 수량규제적 수입추천 및 수입자격제한제도의 정비를 통해 수입제한기능이 금지되어야 하며, 별도공고 특히 수입선다변화제도는 수입허가절차협정의 운용원칙(중립성, 공정

〈표 5-14〉 수입허가절차와 관련한 한국의 수입제한조치 현황

구 분		통상규제제도 · 정책
수출 입 승인 제도	근거 법	– 대외무역법(1987) 제18~31조 – 동 시행령 제25~63조 – 동 관리규정 제3-1-1~3-10-2조 등

	주요
	내용
		– 모든 물품의 수출입을 하고자 하는 자는 당해물품, 거래형태 또는 대금결제방식
		  등에 대하여 상공자원부장관의 승인을 얻어야 함
		 ○ 승인권한은 대부분 외국환은행에 위임
		– 수출입승인을 얻기 위해서는 해당 생산업 또는 생산자협회로부터 수출입추천을
		  받아야 함
		– 자동승인품목 : 대부분의 품목이 이에 해당
		– 승인면제대상 : 대외무역법 시행령 제33조, 관리규정 3-4-1의 별표 3-1, 3-2
		  에서 구체적으로 나열됨
		– 외화획득용 원료 · 기재는 수출입공고 및 별도공고에서 수입제한품목이더라도
		  상공자원부장관은 수입승인 가능

수출 입 공고	근거 법	– 대외무역법(1987) 제18조 1항에 의거한 상공자원부 고시(수출입공고) ○ GATT 관련 규정 : 제18조 B(국제수지 옹호목적의 예외인정)

	주요
	내용
		– 국제수지 옹호 및 국내산업 보호를 목적으로 수입수량 및 품질을 제한함
		– 수입품목을 자동승인품목, 제한승인품목, 금지품목으로 구분하고, 그 구체적
		  제한사항, 승인절차를 규정함
		– Negative System으로 운영함
		– 수입업자는 관련 기관 · 단체로부터 수입추천을 받아야 함
		– 수출입공고상 수입제한품목 수(1991년 12월 말 현재)
		 ○ 총 283개(농림수산품 273개, 공산품 10개)
		 ○ 수입자유화계획 ┌ 1992 : 43개(모두 농산물)
		              ├ 1993 : 45개(공산품 1개 포함)
		              └ 1994 : 45개(공산품 1개 포함)

통합
공고
	근거
	법
		– 대외무역법(1987) 제18조 2항
		  수입절차에 관한 45개 개별법
		 ○ GATT 관련 규정 : 제20조(일반적 예외)
		              제21조(안전보장을 위한 예외)
		              제11조 2 c항(수량제한의 일반적 금지에 대한 예외) 등

	주요 내용	– 각 정부부처별로 수시 고시하던 수출입제한내용을 통합 · 조정 · 고시하는 제도 – 수출입공고와 독립적으로 운용됨 ○ 즉, 수출입공고에 의해 자유화된 품목이라도 통합공고에 의해 제한될 수 있음 – 통합공고는 원칙적으로 수량제한보다는 45개 개별법에 의해 수입상품의 질과 수 입절차를 관리하는 제도이나 사실상의 수량제한적 요소가 다수 게재되어 있음
별도	근거	– 수출입공고 본문 제3조 2항, 제7조

구 분		통상규제제도 · 정책
공고	법	– 대외무역법 제19조 2항, 동 법 시행령 제35조
	주요 내용	– 목적 : 수출입공고 보완(수출입공고 본문규정에 의거) 및 수출입공고를 적용하지 않는 별도의 공고를 통한 관리(대외무역법 규정에 의거) – 목적이 다른 상기의 두 가지 별도공고는 성격상 서로 다른 제도이나 수출입별도공고라는 제도하에 함께 운용됨 · 수출입공고 본문규정에 근거한 별도공고 : 주로 중고품의 수출입과 그 절차를 규율 ○ 대외무역법에 근거한 별도공고 : 다음 목적상 필요한 물자의 수출입을 규율 · 방위산업용 원료 · 기재의 수입 · 항공기 및 동 부분품의 수입 · 수입선다변화품목의 수입 · 주요 원자재의 안정적 확보 · 물자수급의 원활 · 국내물가의 안정 · 과학기술의 발전 · 통상정책상의 필요
수입 선 다변 화	근거 법	– 대외무역법(1987) 제19조 2항 및 시행령 제35조 5항 상기법에 의한 별도공고 (상공자원부 고시)
	주요 내용	– 개요 ○ 국가별 수출 · 수입의 균형을 유지하기 위해 특정품목에 대하여 상공자원부장관이 별도공고에 의해 수출입의 승인을 할 수 있음 ○ 과거 5년간의 적자가 가장 큰 국가에 대하여 수입제한품목을 설정할 수 있음
		– 지정방법 ○ 업계 및 협회의 건의를 받아 상공자원부장관이 매년 수입선다변화품목 공고를 통하여 발표
		– 지정대상 ○ 무역역조개선효과와 수입선다변화효과가 큰 품목 ○ 내수용으로는 수입량이 많거나 덤핑 등으로 수입급증이 예상되는 품목 ○ 국내유치산업보호 육성이 필요한 품목
		– 수입선다변화품목의 지정추이

연 도	1981	1982	1985	1988	1990	1991	1992	1993. 2.
품목 수(개)	924	913	591	344	268	258	258	258

주 : 1988년부터 HS 10단위, 그 이전에는 CCCN 8단위임.

자료 : KIEP, 무역관련 정책 및 제도의 현황과 개선방향(1992. 2) 등을 참고하여 재정리.

성), GATT 제11조 1항(수량제한금지), 제13조(수량제한의 무차별적용

원칙)를 위배하는 것으로 UR에 따른 분쟁해결절차의 강화 및 WTO 설립, 일본의 요구 등으로 점진적인 축소와 함께 궁극적으로는 폐지가 불가피할 것이다.

무역관련투자조치

한국의 경우 UR협정에 의해서 폐지가 요구되는 무역관련투자조치는 정책·제도상으로는 별로 없는 것으로 보인다. 즉, 1987년 7월 국산화요건, 기술이전요구 등 GATT상 금지하는 무역관련투자조치가 공식적으로 폐지되었으며, 1989년 한·미협상을 통하여 투자인가시 이행조건 철폐 및 내국민대우, 자유화품목 지속확대, 신청절차 간소화(심사기간 60일 이내) 등으로 실질적 자유화가 진전되어 왔으며, 1992년 5월에는 외국인 투자활성화시책에 따라 생산제품의 제한, 국산부품사용의무 등 160개 잔존허가조건이 폐지되었다.

그러나 정책의 운용관행상 유지되고 있는 각종 투자관련제한조치사항은 폐지되어야 할 것이다. 특히 행정지도에 의한 국산부품사용의무는 실질적으로 협정 발효 후 2년 이내에 폐지되어야 할 것이며, 이밖에 투자개방이 되었더라도 행정지침, 관행상 부여되는 이행조건, 신고제로의 전환에도 불구하고 사실상 요구되는 정부승인, 투자신청, 신고, 승인절차상 요하는 서류의 과중한 부담 및 중요 정보공개요구 등도 개선되어야 할 것이다.

한편, 기술이전의 요구나 외국인투자 지분제한의 철폐문제는 이번 UR협정에서 제외되기는 하였으나 동 문제에 대해 향후 쌍무적 압력이 지속될 것이고, UR협정 발효 후 5년 이내에 본 협정의 기능을 검토·보완하도록 되어 있어 장기적으로는 외국인투자와 관련된 제반 제한조치는 상당히 개선되지 않으면 안 될 것이다. 따라서 외국인투자금지업종(외자도

〈표 5-15〉 외국인투자개방 5개년계획에 의한 개방업종 수

(단위 : 개)

구 분	1993	1994	1995	1996	1997	합계	개방유보
농림 · 어업 · 광업	5	5	1	3	9	23	11
제조업	2	1	1	3	5	12	10
도 · 소매, 소비자용품 수리업	1	2	9	1	8	21	4
운수 · 창고 · 통신업	2	8	3	1	9	23	17
부동산임대 및 사업서비스업	3	2	3	6		13	15
기타 공공 · 사회 및 개인서비스업	3	8	3	3	2	19	12
건설업		12		29		41	-
전기 · 가스 및 수도사업		1			1	2	1
숙박 및 음식점업		1				1	6
교육 · 보건 · 사회복지사업			13	1		14	-
금융 및 보험업					1	1	19
업종 수 합계	16	40	33	46	35	170	97

자료 : 외자도입심의위원회, 《외국인투자개방 5개년계획》, 1993. 6. 22.

입법상의 투자제한)의 자유화 지속확대, 즉 외국인투자개방 5개년계획
(1993. 6. 22)이 지속적으로 추진될 것이며[3], 그밖에 개별법에 의한 외국
인소유지분제한(예 : 중소기업 고유업종, 중소기업 계열화지정업종, 합작
의무업종 등)도 점진적으로 완화될 전망이다.

정부조달

정부조달확장협상에서 옵저버자격으로 참여했던 한국은 UR 타결과 함
께 정부조달협정에 가입하게 되어 한국의 정부조달시장이 본격적으로 개
방될 것이다. 개방시기는 협상과정에서 신규가입에 따른 사전준비기간의
필요성이 인정되어 협정상의 발효시기보다 1년 늦춰진 1997년 1월이다.

현행 한국의 정부조달제도는 예산회계법(기본법), 조달기금법(정부조
달기금 설치 · 조달절차 · 범위 등을 규정)에 근거하고 있으며, 조달청에

---

3) 보다 구체적 내용은 〈부록 Ⅳ〉를 참고하기 바란다.

의한 중앙집중조달방식을 취하고 있다. 정부조달은 일반경쟁을 원칙으로 하며, 제한적으로 지명경쟁, 제한경쟁, 수의계약 등도 인정된다. 물품 및 용역의 조달절차로는 내자구매절차(국내업체만 참여), 외자구매절차 (국제입찰에 의한 일반경쟁구매 실시), 비축물자구매절차(내외자구매절차에 준함), 시설공사계약절차(일반경쟁구매 실시) 등이 시행되고 있다.

한국은 한·미통신협상(1989)에서의 정부조달협정 가입약속을 계기로 기존 협정에의 가입안 제출(1990. 6), 정부조달확장협상 참여결정(1991. 8), 일반통신장비 조달시장개방(1992. 1), 협정가입수정안 제출(1992. 5), 교환기 등 통신망장비 대미개방(1993. 1) 등을 추진하면서 UR 정부조달확장협상에 참여하여 가입하게 된 것이다.

UR 정부조달확장협상의 타결 및 한국의 가입으로 관련 국내제도의 정비는 물론 양허계획에 따라 정부조달시장을 개방하도록 되어 있다. 우선 「정부조달협정에 따른 물품 등의 조달에 관한 예산회계법 시행령 특례규정(1991. 12. 국회 통과)」은 기존의 정부조달협정 가입에 대비한 것으로서 재개정을 통하여 정부조달제도가 내국민대우, 최혜국대우를 보장하도록 해야 하며, 입찰절차도 협정내용을 반영해서 개선함으로써 공개성, 명료성이 보장되어야 한다.

보다 중요한 것은 양허내용인데, 개방대상기관은 대통령비서실 및 경호실 등 일부 기관을 제외한 42개 중앙정부기관, 6개 특별시 및 직할시와 9개 도가 모두 포함되며, 기타 정부투자기관의 관리기본법상의 23개 기관이 포함되었다. 양허대상기관 및 품목분야별 개방대상계약 하한은 다음 표 5-16과 같으며, 중앙정부기관은 대한민국 정부조직법에 따라 그 보조기관, 특별지방행정기관 및 부속기관을 포함하고, 지방정부기관은 대한민국의 지방자치법에 따라 그 직속기관, 사업소를 포함한다.

단, 중앙정부기관의 경우 예산회계법 및 동 시행령에 따른 수의계약구매, 지방정부기관의 경우 지방재정법 및 동 시행령에 따른 수의계약구

〈표 5-16〉 한국의 정부조달시장개방 양허안

(단위 : 억 원)

구 분	해 당 기 관	대상계약	금액 하한
중앙정부	− 42개 중앙정부기관(대통령비서실 및 경호실 제외) ㅇ 산하 보조기관, 특별지방행정기관 및 부속기관 포함	물 품 서비스 건 설	1.3 1.3 50.0
지방정부·자치단체	− 6개 특별시·직할시 및 9개 도 ㅇ 직속기관, 사업소 포함	물 품 서비스 건 설	2.0 2.0 150.0
정부투자기관	− 한국산업은행, 중소기업은행, 국민은행, 주택은행, 한국담배인삼공사, 한국조폐공사, 한국전력공사, 대한석탄공사, 대한광업진흥공사, 한국석유개발공사, 한국종합화학공업(주), 대한무역진흥공사, 한국도로공사, 대한주택공사, 한국수자원공사, 한국토지개발공사, 농어촌진흥공사, 농수산물유통공사, 한국통신, 한국관광공사, 국정교과서(주), 근로복지공사, 한국가스공사(총 23개)	물 품 건 설	4.5 150.0

주 : 1) 1 SDR(특별인출권)은 약 1,000원으로 환산함.
    2) 금액하한은 조달대상계약의 개방 하한선임.
    3) 한국전력공사의 경우 HS 8504, 8536, 8537, 8544에 해당되는 품목은 제외됨.
    4) 한국통신의 경우 일반통신장비 및 통신망장비는 제외됨.
자료 : 상공자원부, 《GATT/정부조달 확장협상 최종협정문》, 1993. 12. 15.

매, 정부투자기관의 경우 정부투자기관 관리기본법 및 정부투자기관 회계규정에 따른 수의계약구매에는 적용되지 않으며(중소기업제품 구매촉진에 대한 배려), 양곡관리법, 농수산물 유통 및 가격안정에 관한 법률, 축산법상의 농·수·축산물 구매에는 적용되지 않는다. 또한 중앙 및 지방정부와 정부투자기관이 공히 항공우주산업육성법에 따른 인공위성구매에는 협정 발효 후 5년간은 적용되지 않는다. 경찰청의 경우 치안목적의 물품구매가 적용되지 않으며, 국방부에는 국방군수본부가 포함되고 물품구매에 대해서는 양허표에 예시된 품목에 한하며, 서비스와 건설에 대하여는 국가안보 및 국방목적 수행과 관련되지 않은 분야만 개방된다.

4. 서비스무역분야

한국의 서비스산업은 GDP(국내총생산)에서 차지하는 비중이 1985년 55.9%에서 1992년 64.7%로 증가하고, 취업자에서 차지하는 비중도 1985년 50.6%에서 1992년 58.5%로 증가하여 국민경제상의 중요성이 커져왔다.

이러한 한국 서비스시장은 '80년대 후반 이후 미국의 통상압력을 계기로 개방이 본격적으로 추진되어 왔으며, 이번 UR협상의 타결에 따라 한국은 서비스무역에 대한 일반협정 및 부속서상의 국제무역규범을 준수하고, 양허계획에 따라 향후 개방의 범위와 실질적 내용을 확대해야 한다.

한국의 서비스분야 양허표에 따르면, GATT사무국 서비스업종 분류표(CPC)의 11개 분야 155개 업종 중 교육, 보건·사회, 문화, 오락 등 3개 분야를 제외한 8개 분야, 즉 사업서비스·통신서비스·건설·유통·환경·금융·관광·운송분야에 걸쳐 78개 업종이 양허에 포함되었다. 이들 양허업종 중 73개의 업종은 이미 개방되어 있는 업종으로서 시장접근이나 내국민대우에 있어서의 각종 제한이 다소 완화되는 내용이 향후 중요한 변화가 될 것이다. 다만, 현재 개방되어 있지 않은 서비스분야 중 UR 양허표에의 기재로 개방이 확정되는 업종은 사업서비스분야의 5개 업종으로 이는 외국인투자개방예시 5개년계획 등 신경제계획상의 일부를 반영한 것이다. 이에 따라 기타 사업서비스 중 기타 서비스(번역·통역·속기 등 사무관련대리서비스)와 사진서비스가 1995년 1월 개방되며, 전문직서비스 중 공인회계서비스, 세무서비스, 임대서비스 중 기타 기계장비 임대서비스가 1996년 1월 개방된다. 이러한 양허수준은 선진국보다는 다소 낮으나 중국·태국 등 후발국에 비해서는 상당히 높은 편이다. [4]

분야별 서비스분야 양허내용 및 무역장벽변화의 내용을 살펴보면, 먼저 금융서비스분야는 협정 발효 6개월 내에 완료될 협상결과의 여하에 따라서 다르겠으나, UR에서의 양허내용은 금융분야 자유화계획(금융 Blue Print 3단계 계획)의 일부를 반영하였다. 은행의 경우 시장접근에서는 큰 변화가 없는 것으로 보이나 영업활동상 내국민대우가 강화될 것이며, 각종 행정규제의 공개성과 명료성이 제고될 것이다. 또한 미국계 은행에 대한 특혜적 요소는 최혜국대우의 원칙에 의거 일본·EC계 은행에도 허용될 것이다.

증권/증권관련업종의 경우 상대적으로 개방의 폭이 큰 편인데 외국인의 주식투자한도가 확대되며, 국내 거주 외국인은 주식투자시 내국민대우를 받고 투자신탁사·투자자문사에의 외국인 지분참여가 확대된다. 이밖에 상호주의가 아닌 최혜국대우원칙이 강화될 것이다.

보험의 경우 시장접근의 확대, 영업상 내국민대우 개선 및 최혜국대우가 이행될 것이다. 즉, 이미 개방되어 있는 비생명보험, 재보험, 재재보험, 보험부수서비스가 양허에 포함되었고 손해보험의 경우 복수대리점이 허용되며, 미국·유럽 이외의 국가에게도 시장접근이 허용된다.

통신서비스는 7개 업종이 양허되었는데, 이러한 양허는 시장접근에서 현재의 개방수준(1994년 1월 VAN시장 전면개방)을 넘지 않는 수준이다. 단, 최혜국대우원칙에 의한 개방대상국의 확대, 영업상의 내외차별적인 요소 제거, 각종 규제의 공개성이 개선될 것이다. 또한 UR 타결 후 기본통신서비스분야 후속협상을 개시하여 1996년 4월까지 종결하도록 되어 있어 장기적으로는 국제전화서비스, 장거리전화서비스 등의 시장개방

---

4) 한국의 서비스분야 양허표의 구체적 내용은 〈부록 Ⅲ〉을 참고하기 바란다.

〈표 5-17〉 UR 서비스분야 최종양허업종(15개 분야 78개 업종)

구 분		업종 수	양 허 업 종
1. 사업 서비스 (31개 업종)	전문직 서비스	6	공인회계, 세무, 건축설계, 엔지니어링, 도시계획 및 조경 설계 서비스
	컴퓨터 및 관련 서비스	5	컴퓨터 설비자문, 소프트웨어 시행, 데이터 처리, 데이터 베이스 서비스, 기타 컴퓨터 관련 서비스
	연구개발 서비스	1	인문·사회·과학부문 R&D서비스
	임대서비스	4	선박임대서비스, 항공기임대, 기타 운수장비임대, 기타 기 계장비임대
	기타 사업 서비스	15	광고, 시장조사 및 여론조사, 경영컨설팅, 사업관리, 기술 적 진단, 농축산업관련자문, 과학기술자문, 국제회의 용 역, 기타 서비스, 어업관련자문, 광업관련자문, 장비유지 및 수선, 사진, 포장, 인쇄서비스
2. 커뮤니 케이션 (9개 업종)	통신서비스	7	전자사서함, 음성사서함, 온라인 정보검색, 전자적 데이터 교환, 고도 팩시밀리, 코드 및 프로토콜 변환, 온라인 정 보처리
	시청각서비스	2	영화 및 비디오 제작·배급, 음반제작·배급서비스
3. 건 설		5	일반건축, 일반토목, 설치 및 조립, 건축 마무리공사 기타 서비스
4. 유 통		4	도매, 소매, 중개, 프랜차이징서비스
5. 환 경		3	하수서비스, 폐기물처리, 기타 서비스
6. 금 융		15	예금 및 관련 업무, 대출 및 관련 업무, 금융리스, 지급 및 송금, 지급보증, 자기매매 및 위탁매매, 증권인수, 금융중 개, 투자신탁, 금융결제, 투자자문, 생명보험, 비생명보 험, 재보험 및 재재보험, 보험부수서비스
7. 관 광		3	호텔, 여행 알선, 관광안내서비스
8. 운송 (8개 업종)	해 운	3	외항여객운송, 외항화물운송, 선박유지 및 수선서비스
	도로운송	1	화물트럭킹서비스
	운송보조서비스	4	창고서비스, 화물운송대리, 기타 서비스, 화물취급서비스

자료 : 대한민국 정부, 《UR / 서비스 최종양허표(안)》, 1993. 12.

이 이루어질 가능성도 있으나 현재로서는 미지수이다.

이밖에 사업서비스(전문직서비스·컴퓨터 및 관련 서비스·연구개발서
비스·임대서비스·기타 사업서비스 등), 시청각서비스, 건설, 유통, 환

〈표 5-18〉 주요국의 서비스분야 양허업종 수 비교

(단위 : 개)

구　　분	한국	미국	EC	일본	캐나다	중국	태국
1. 사업서비스(46)	31	34	41	32	35	21	19
2. 통신서비스(24)	9	15	13	15	8	–	5
3. 건설(5)	5	5	5	5	5	5	3
4. 유통(5)	4	4	4	4	5	–	1
5. 교육(5)	–	2	4	4	–	–	–
6. 환경(4)	3	4	3	4	4	–	–
7. 금융(17)	15	16	16	16	16	12	13
8. 보건 · 사회서비스(4)	–	4	2	2	–	–	–
9. 관광(4)	3	4	2	3	2	1	2
10. 문화 · 오락 · 스포츠(5)	–	4	3	4	–	–	1
11. 운송(35)	8	15	17	16	20	7	11
12. 기타(1)	–	–	–	–	–	–	–
합　계(155개 업종)	78	107	110	105	95	46	55

자료 : 경제기획원, 《분야별 UR협정과 대응과제》, 1993. 12.

경, 관광, 운송 등의 분야에서 실질적인 시장개방이 진전될 것이다.

5. 지적재산권분야

한국의 지적재산권 보호는 특허법, 실용신안법, 의장법, 상표법, 저작권법, 컴퓨터프로그램보호법, 부정경쟁방지법, 발명보호법, 반도체집적회로 배치설계에 관한 법률 등에 의해 이루어지고 있으며, 국제간 조약으로서 세계지적재산권기구(WIPO)조약, 파리조약, 특허협력조약(PCT) 등에 가입하고 있다. 또한 위조상품(주로 상표, 의장권 침해)의 수출입은 대외무역법(제 44 조)에 의거 엄격히 금지하고 있다.

특히 미국 통상법 제 301 조에 의한 1986년 7월의 한 · 미협상을 계기로, 특허법 및 저작권법의 개정(1987.7), 컴퓨터프로그램보호법 제정 (1992) 및 개정, 영업비밀 보호확대 위한 부정경쟁방지법 개정(1992. 12), 반도체집적회로 배치설계에 관한 법률 제정(1993년 12월 발효) 등 이 추진되어 왔으며, 이에 따라 현행 지적재산권보호제도는 국제수준에 근접해 있는 것으로 평가되고 있다.

그러나 UR협정은 기존의 국제규범을 최저수준으로 하여 보호범위 확대 및 보호수준 강화를 요구하고 있어 일부 제도의 변화와 함께 실질적인 보호조치의 강화가 예상된다.

우선 UR협상이 진행되는 동안 개정 또는 제정되었던 지적재산권관련 법제는 이미 UR협정의 내용을 상당부분 반영하였는바 이 부분도 UR협상 에 따른 변화로 간주할 수 있으며, 그 실질적 효과는 이제부터 나타날 것 으로 보인다. 또한 아직 현행 법제에 반영되지 않은 협정내용은 협정 발 효 후 늦어도 1년 이내 시행되도록 해야 한다. 즉, 저작권으로 편입된 컴 퓨터프로그램 보호기간을 현행 컴퓨터프로그램보호법상의 창작 후 50년 에서 생존시 및 사후 50년으로 개정해야 하고, 상표법에 색채상표제도를 신규로 도입하고 상표권 보호기간도 7년(갱신 가능)에서 10년(갱신 가 능)으로 연장해야 한다. 지리적 표시권에 대해서는 보다 상세한 규정이 필요하며, 특허권의 경우 특허보호기간의 연장(15년→20년) 및 강제실 시권규정의 개정이 요구되고 있다.

이러한 법제의 개정에 따라 지적재산권 보호수준은 현행보다 높아질 것이며, 향후에는 법적 실효성을 확보하기 위해 위조상품 단속 등 지적재 산권 침해사범에 대한 단속이 강화될 것이며, 특히 소프트웨어 불법복제 에 대해서는 집중적으로 단속이 강화될 것이다.

이밖에 UR협정은 최혜국대우를 기본원칙으로 하고 있어, 기존의 미국· EC 중심이 아닌 타국에게도 지적재산권 보호가 전면확대될 것임은 두말 할 나위가 없다.

〈표 5-19〉 UR협정과 한국의 현행 지적재산권제도의 비교를 통한 개선방향

구 분	UR협정 초안	국내 관련 법령·제도	법령·제도 개선방향
저작권(Copyright)	− 저작권 보호 : 50년 − 컴퓨터프로그램 보호 기간 : 저작권과 동일(50년)	− 저작권보호 : 50년 − 컴퓨터프로그램 보호 : 창작 후 50년	− 국내법과 동일 − 생존시 및 사후 50년으로 개정 필요(컴퓨터프로그램보호법 개정)
	− 저작인접권 ○ 음반, 실연가 : 50년 ○ 방송사업자 : 20년	− 저작인접권 : 50년	− 저작권법의 개정 (1993. 12. 16)
	− 대여권제도 : CP, 음반, 영상저작물의 대여행위를 허가 또는 금지할 수 있는 권리	− 대여권제도 신설 ○ 컴퓨터프로그램보호법 ○ 저작권법(음반)	* 영상저작물은 해석상 규정이 불필요
상표권(Trademark)	− 보호대상 : 색채상표제도 인정 − 보호기간 : 7년 (갱신 가능)	− 보호대상 : 색채상표제도 불인정 − 보호기간 : 10년 (갱신 가능)	− 색채상표제도 도입 필요 (상표법 개정)
지리적 표시 (Geographical Indications)	− 보호대상 : 제품의 품질과 밀접하게 관련이 있는 생산지 표시 − 포도주, 주류에 대한 특별보호 (예 ; 풍, 스타일 등 표현금지)	− 지리적 표시를 상표 부등록 사유로 함으로써 간접보호	− 보다 상세한 규정 필요
의 장 (Industrial Designs)	− 의장보호 : 10년	− 의장보호 : 10년 − 의장법 개정 (1994. 1. 시행)	− 국내법과 동일
특허(Patents)	− 보호대상 : 신규성, 진보성, 산업상 이용가능한 발명 − 불특허대상 ○ 공서양속 위한 발명 ○ 진단, 수술처치 발명 ○ 동식물 발명 · 식물발명은 특별법으로도 보호 가능	− 보호대상 : 신규성, 진보성, 산업상 이용가능한 발명 − 불특허대상 ○ 공서양속 위한 발명 ○ 동물발명	− 식물발명에 대해 특허로 보호할 것인지 혹은 특별법으로 보호할 것인지 검토 필요 ○ 일본은 육종법 등에서 특별규정 ○ 한국도 특별법으로 보

구 분	UR협정 초안	국내 관련 법령·제도	법령·제도 개선방향
			호 추진 검토 (농림수산부 소관)
	− 보호기간 : 출원일로 부터 20년	− 보호기간 : 출원공고 일 혹은 등록일로부 터 15년(단, 출원일 로부터 20년 초과 불 가)	− 보호기간 연장 필요
	− 강제실시권 ○ 요건 · 국가비상사태 · 공공비영리목적 · 권리자로부터 합 리적인 계약조건 으로 라이센스를 받을 수 없는 경우 ○ 이용발명의 경우	− 강제실시권 ○ 요건 · 국방목적 · 공익목적 · 발명의 불실시 또 는 불충분한 실시 · 이용발명	− 국내법과 상치되지 않으 나 일부 조문 정리예정
반도체칩 배치설계 (Layout-Designs of Integrated Circuits)	− 보호대상 ○ 반도체칩 배치설계 ○ 반도체칩 ○ 반도체칩이 내장된 제품 − 보호기간 : 10년 − 보호의 예외 ○ 선의의 구매자 보 호 · 침해사실 통보를 권리자로부터 받 기 전 자유로이 사 용 · 침해사실 통보 후 에도 통보 전에 기 구입한 재고품, 주 문품은 자유로이 사용하되 권리자 에게 반도체칩에 대한 합리적인 로 열티 지급 − 강제실시권 요건 제한	− 보호대상 ○ 반도체칩 배치설계 ○ 반도체칩 ○ 반도체칩이 내장된 제품 − 보호기간 : 10년 − 보호의 예외 − 법개정 필요	− 최근 개정되어 1993년 12월 발효된 반도체 집 적회로 배치설계에 관 한 법률에 반영됨

구 분	UR협정 초안	국내 관련 법령·제도	법령·제도 개선방향
영업비밀(Undis-closed Information)	- 경제적 가치가 있는 비밀의 정보를 영업비밀로서 보호	- 경제적 가치가 있는 비밀의 정보를 영업비밀로서 보호 ○ 부정경쟁방지법을 개정하여(1991. 12) 반영	- 국내법과 동일
	- 의약, 농약의 제조허가를 위해 정부에 제출한 임상실험자료를 불공정한 영업적 이용으로부터 보호		- 정부에 제출된 임상실험자료를 보호하기 위해 제조허가를 받기 위해서는 당해 업자가 직접 작성한 임상실험자료 제출을 의무화하는 제도 도입 필요
국내시행절차	- 권리침해 발생시 ○ 침해금지 청구 ○ 손해배상 청구 ○ 침해물품 및 침해조성물품의 압수, 폐기조치 마련 - 임시적 보호장치로 가보호절차(Provisional measures) 마련 ○ 침해예방 청구 등	- 권리침해 발생시 ○ 침해금지 청구 ○ 손해배상 청구 ○ 침해물품 및 침해조성물품의 압수, 폐기조치 마련 - 가보호절차 구비	- 국내법과 동일
국경조치	- 적용대상 ○ 상표권, 저작권 침해물품은 필수적 ○ 기타 저작권 침해물품은 선택적 - 조치내용 : 수입시 통관보류조치 - 요건 ○ 권리자의 청구 ○ 법원 등의 결정 ○ 세관의 직권 - 수출입업자 보호장치 ○ 통관보류 신청시 청구인에 대해 예탁금	- 개정된 관세법 개정안에 반영 ○ 상표권, 저작권 침해 물품의 수출입시 통관 보류조치 발동	

구 분	UR협정 초안	국내 관련 법령·제도	법령·제도 개선방향
	부과 의무 ○ 통과보류조치 남용에 대해 보상의무화 ○ 역공탁금제도		

자료 : 상공자원부, 《UR 참고자료》, 1993. 12. 20.

제 6 장

UR 이후 정책과제와 기업의 대응전략

UR의 주요 골자는 국가간의 무역장벽을 제거해서 상품은 물론 서비스와 지적재산권 등 가능한 한 모든 품목의 국가간 무역을 자유화하자는 것이다. 따라서 국경의 의미가 사라져 가면서 각국의 경제는 「실질적인 개방경제체제」로 들어서게 되었다.

이제까지 「정부주도－민간종속」의 틀 속에서 국가경쟁력을 강화하는데 주력해 온 한국의 경우 과거와는 전혀 다른 운영원리에 입각하여 경제주체들의 역할이 재조정되지 않으면 안 될 것이며, 이제부터는 「민간주도－정부지원」하에서 기업경쟁력을 강화하는 방향으로 역할구조가 바뀌어야 할 것으로 생각된다.

이하에서는 UR 이후 새로운 통상환경과 나아가 새로운 경제질서 속에서 한국정부가 취해야 할 정책과제에 대해 먼저 살펴보았다. 이러한 정부의 정책변화는 곧 기업의 외부환경의 변화이므로 기업의 대응전략으로는 UR 타결에 따라 기업이 받는 직접적인 영향과 UR에 대응한 정부의 정책변화가 가져오는 영향을 동시에 고려하여 기업이 향후 추진해 나가야 할 전략과제에 대해서 살펴보자.

1. 정부의 정책과제

정책운용방식변화의 필요성과 유의점

UR 이후 실질적 개방경제하에서 정부의 정책운용환경은 큰 변화가 예상된다. 즉, 정책의 목표나 수단에 대한 국제적 조화요구가 커지고 정책 자체의 공개성·명료성이 더욱 높아지지 않으면 안 된다. 또한 과거에는 정부가 수출액·통화량·물가 등에 대한 총량지표상의 목표를 정해 놓고 경제 각 부문에 적극적으로 개입하였으나 개방경제하에서는 이러한 전통적 경제정책운용방식이 한계를 갖게 된다.

그 이유는 첫째 물가와 통화량 등의 정책변수와 실물경제간의 연결고리가 정책효과의 누수현상 때문에 크게 약화되기 때문이다. 예를 들면 금융시장과 무역거래가 개방된 경제에서는 한국은행의 통화량조절이 국내이자율이나 자금량이 과거처럼 큰 영향을 줄 수 없고, 실물경제에 주는 영향도 정도나 시차 및 기대면에서 매우 미약해질 수 있다. 둘째, 전통적 정책수단을 동원하는데는 심한 제약이 걸리기 때문이다. 통화금융정책이나 재정정책도「국가간 협조」를 얻어야 하며, 우리 정부도 마음대로 되는 것은 아니지만「한국은 소국」이므로 개방경제하에서는 강력한 정책대안을 찾기가 매우 어렵다. 셋째, 특히 거시정책수단의 동원시 파급영향이 너무 광범위하거나 상호의존적이어서 정책목표를 제대로 겨냥하거나 그 종합적 영향을 평가하기가 매우 어렵기 때문이다. 넷째, 각종 시장(재화·화폐·외환·자산·노동·기술)마다 외부의 충격 또는 정책에 대한 적응속도가 다르고, 이에 따른 균형회복과정을 찾아내기가 매우 어려우며, 과잉적응(overshooting)문제를 일으킬 수도 있기 때문이다.

이처럼 전통적 정책운용수단이 제대로 기능을 발휘하지 못하는 개방경제하에서 정부의 경제정책운용방식도 바뀌지 않으면 안 될 것이므로 이 경우 다음과 같은 점을 유의해야 할 것이다. 첫째, 정책입안자 및 수행자들이 전통적 정책운용수단에 대한 한계를 인식해야 한다. 둘째, 정책수단의 시행이나 외부충격의 발생시 시장부문별로 시차와 정도가 다른 점을 충분히 인식해야 한다. 셋째, 개방의 정도를 자체적으로 조정할 수 없고, 개방속도도 시장마다 다를 수가 있으므로 각 시장에서의 외부쇼크를 흡수시킬 만한 전반적인 경쟁력의 제고가 무엇보다도 필요하다. 넷째, 개별경제주체들이 외부환경변화에 대해 탄력적으로 대응하는 자세가 필요하다.

UR 이후 정부의 정책과제

UR이 타결됨에 따라 한국은 UR협정문 및 최종양허표에 따라 시장개방을 확대하고 각종 통상관련 정책·제도를 개편하여 국제규범에 일치시켜 나가지 않으면 안 되었다. 이에 따라 한국의 각 경제부문 특히 기업들은 상당한 영향을 받으면서 구조조정의 과제에 직면하게 되었으며, 이에 대응한 정부의 정책과제도 크게 부각되고 있다.

정부는 특히 UR 이후 야기될 각 부문간의 이해조정과 함께 향후 경제주체로서의 역할이 더욱 커질 기업부문이 새로운 통상환경에 효율적으로 대응하여 궁극적으로는 국제경쟁력을 강화할 수 있도록 최대한의 지원역할을 수행해야 할 것이며, 또한 대외적으로는 주요 무역상대국의 통상정책에 대한 감시 및 영향력 행사를 통하여 UR협정 이후 기대되는 대외 수출 및 투자환경의 개선효과를 충분히 향유할 수 있도록 해야 할 것이다.

적절한 소득분배정책의 수행

UR의 타결로 가장 큰 영향을 받는 부문은 그동안 수입제한을 통하여 철저히 보호되어 왔던 농업부문이라고 할 수 있다. 농산물시장이 개방됨으로써 야기될 부정적인 효과를 최소화하기 위해서 향후 정부는 농민에 대한 직접적인 보상과 함께 농업구조조정을 적극적으로 추진해야 할 것이다. 즉, 정부는 UR협정이 허용하는 범위에서 농민의 소득피해를 정부재정에서 일정액을 직접 보상하는 직접소득보상, 노령자에 대한 경영이양연금제도, 농어촌 구조개선사업(1998년까지 42조 원 투입, 추가재원 투입계획) 등을 계획대로 꾸준히 추진해야 할 것이다.

그러나 이러한 농업부문에 대한 지원은 적절한 자원·소득분배정책을 전제로 해야 할 것이며, 특히 재원을 마련하기 위한 세금(예 : 농업목적세)의 신설, 관세의 전용, 공채발행 등은 타부문의 조세부담을 가중시켜 사회통합을 해칠 수도 있으며, 특히 UR의 수혜부문으로 인식될 수도 있는 공업부문에서 과도한 부담이 돌아갈 경우 국제경쟁력을 약화시킬 수 있음을 유의해야 할 것이다.

산업지원제도의 재편

정부는 UR협정 발효에 맞추어 국제통상규범에 관련된 국내제도를 재편하지 않으면 안 된다. UR에서는 대체로 국내산업을 보호·육성하기 위한 각종 지원제도를 엄격히 구분하여 불공정 무역장벽으로 활용되지 않도록 하고 있다. 즉, UR협정에서는 수출보조금이나 수입대체효과가 있는 보조금을 금지보조금으로 분류하여 점진적인 폐지를 의무화하고 있으며, 특정성이 있는(예컨대 특정품목, 특정기업에 대한) 영업손실의 보전 또는 채무의 면제 등은 상계가능보조금으로 무역상대국에 피해를 줄 경우 보복조치를 받을 수 있도록 되어 있다. 이에 따라 그동안 국내산업을 가능한 한 보호하면서 수출주도의 경제성장을 추구해 온 한국은 국제규범의 도입에 따른 부담이 매우 클 것으로 보인다. 특히 수출기업에 금융·세제상의 우대혜택을 부여하는 각종 수출지원제도의 개편은 국내기업에 큰 영향을 줄 것으로도 예상된다. 이밖에 기술개발지원제도, 산업합리화제도, 투자촉진지원제도, 중소기업지원정책 등도 상당한 제약을 받을 것으로 보이며, 이에 따른 부정적 영향을 최소화하기 위한 대안의 발굴이 시급히 요청되고 있다.

정부는 수출 및 산업지원과 관련된 100여 개의 제도를 국제적 규범이 허용하는 테두리 내에서 최대한 유지해야 하며, 폐지할 경우에도 동 조치상의 보조금을 대신할 수 있는 조치를 개발하여 실질적인 지원이 줄어들지 않도록 해야 한다. 예컨대 현재 정부에서 추진 중인 조세감면규제법의 세액을 농어촌지원을 위한 재원으로 활용한다는 것은 물론 농어촌의 위기적 상황의 해결이 가장 중요하겠지만, 국가 전체의 경쟁력을 유지·발전시킨다는 측면에서 보면 산업 또는 기업경쟁력의 하향평준화를 초래할 수 있다는 측면에서 신중하게 검토되어야 할 것이다. 또한 현재 금지보조금으로 논란 중인 무역금융이나 수출산업설비자금대출제도 등 수출지원금융도 완전히 철폐하기 보다는 금리를 자유화시킴으로써 기존의 금융비용경감효과보다는 자금의 가용성을 높여 특히 중소기업들이 보다 많이 활용할 수 있도록 해야 한다.

특정산업에 대한 지원적인 성격을 띠지만 허용보조금으로 인정하고 있는 연구보조금(기초연구 75%, 경쟁전연구개발활동 50% 지원 가능), 지역개발지원, 환경관련보조금 등을 적극적으로 활용하여 중소기업들이 기술 및 제품 개발에 적극적으로 활용할 수 있도록 해야 한다. 또한 현재 지급되고 있는 금지보조금을 타 부문의 지원자금으로 전환하기 보다는 허용보조금 또는 보조금이 아닌 지원제도, 예컨대 수출보험제도, 벤처캐피탈 등의 재원으로 사용하도록 해야 할 것이다.

그러나 주의할 점은 이러한 보조금들이 관련 산업의 구조조정을 지연하는 방향으로 유지되거나 고려되어서는 안 된다는 점이다.

행정규제의 완화

UR협정 이후 한국은 물론 무역상대국도 수입규제적 통상정책 및 투자정책을 완화하도록 되어 있어 기업의 경쟁체질의 강화가 절실히 요구되고 있는 바, 국내기업의 경쟁력을 강화하기 위한 방안으로서 각종 행정규제의 완화가 적극 추진되어야 하며, 또한 기업보호차원의 행정관행도 폐지되어야 할 것이다.

지금까지 정부가 규제를 강화한 것은 기업에 대한 불신에서 비롯되었다. 즉, 정부는 기업불신에 의해 규제기준과 범위를 강화하고 기업은 과도한 규제비용을 피하기 위해 탈법과 편법을 강구하는「불신의 악순환」이 되었다. 그러나 UR에 따라 기업이 내외환경변화에 대응하여 변신하고, 기업활동에 대해 스스로 책임지도록 하기 위해서는 정부가 기업에 대한 규제를 완화 또는 철폐해야 한다.

대표적인 예를 살펴보면 현재 30대 대기업에 적용하고 있는 여신관리규제, 보험회사 등에만 제한적으로 허용하고 있는 해외부동산 취득, 국내통화관리의 안정화 및 특혜시비 등에서 비롯된 상업차관의 도입금지, 제조업의 해외금융자회사 설립금지 등을 들 수 있다. 특히 여신관리규제는「개방경제」하에서 국내시장에서 세계일류기업과 경쟁할 수 있는 기반을 가진 국내대기업들의 경쟁수단 창출을 위한 각종 경영활동에 제약을 가하는 조치로서 철폐 또는 완화되어야 한다.

그러나 현재 한국경제의 상황을 고려할 때, 여신규제의 완화는 대기업과 중소기업간의 격차를 확대시킬 소지가 있으므로, 완전철폐까지는 다소 시간이 소요될 것으로 생각된다. 현재 국내기업들의 금융비용이 외국기업들에 비해 상대적으로 높다는 점을 고려할 때, 기업의 원가경쟁력을 강화하기 위해 상업차관의 도입금지가 철폐되어야 한다. UR 이후 정부가 상업차관 도입금지의 철폐에 앞서 국내기업의 설비투자를 촉진하기 위한 신규외화대출을 여신관리(바스켓)대상에서 제외하고, 사회간접자본(SOC) 확충을 위한 시설재 도입용에 대해서는 상업차관도입을 허용한다는 방침을 발표한 바 있다. 이것을 사회간접자본에의 민간기업 참여를 적극적으로 유도한다는 발표와 함께 고려한다면, 사실상 민간기업에 대해 상업차관의 도입을 허용하는 것으로 볼 수도 있다. 또, 지금까지 금융업에 대해서만 허용하던 해외금융자회사의 설립을 최근 발표한 「신경제 5개년계획 중 국제화전략」에서 제조업에 대해서도 해외금융자회사 설립을 점진적으로 허용한다고 발표하였다. UR에 의한 금융서비스의 개방화에 따라 국내 금융산업의 국제화를 위해서도 해외증권투자에 대한 규제도 폐지해야 한다. 또, 보험회사 등에만 제한적으로 허용되어 있는 해외부동산 취득을 기관투자가, 일반기업 등으로 점차 확대하여 기업이 해외에서 영업 및 물류 등의 활동을 전개하는데 장애요인을 제거하도록 한다.

인프라 확충을 통한 기술·정보교류의 원활화

정부는 기술교류의 촉진과 정보 및 물류 등의 인프라(사회간접자본)를 강화하는데 주력해야 한다. UR에 의해 정부의 지원은 직접적 지원에서 간접적 지원으로 전환해야 함에 따라, 정부의 정책은 기업의 경쟁력을 측면에서 지원할 수 있는 방향으로 수립되어야 한다. 이를 위해서는 무역자동화시스템의 정비 등 사회의 정보화를 확립하고, 사회간접자본에 대한 투자를 확대하여 기업의 운영코스트를 낮추어주도록 해야 한다. UR에 지적소유권이 포함됨으로써 세계경제가 「기술패권주의」에 들어갈 가능성이 크므로 정부는 기초과학에 대한 투자를 강화하는 한편, 정부출연연구소와 민간기업의 연구소가 연구공조체제를 형성하여 연구결과를 민간기업이 신속하게 사업화할 수 있도록 효과적인 기술교류체제를 형성해야 한다.

민·관 통상 정보네트워크의 구축

정부와 민간간 정보전달체계를 확립해야 한다. 지금까지 정부는 통상관련정보를 거의 독점함으로써 기업들은 2차 정보 밖에 접할 수 없었다. 그러나 UR에 따라 「작은 정부」를 지향함에 따라, 이제 정부는 정보독점체제에서 벗어나 국내통상전문가집단에 신속하게 전달하여 민간이 적절하게 대응할 수 있도록 정부와 민간의 정보네트워크를 확립해야 한다. 즉, 외국과의 통상관계에서 정부와 민간기업은 지금까지의 상하관계 또는 일방적 정보전달관계에서 쌍방적 정보전달관계로 전환해야 한다. 이러한 과정에서 정부는 정부 나름대로 국제적인 안목을 가진 통상전문가를 양성해야 한다. 일본은 명치유신 직후부터 외국에 사람을 파견, 각 지역별로 그 나라의 문화와 전통을 꿰뚫어볼 수 있는 통상전문인력을 양성해 왔다는 점은 우리에게 시사하는 바가 크다.

거시경제지표의 안정화

국내거시경제지표를 안정화시켜 기업활동에서 수익의 예측가능성을 높여주어야 한다. 국내금융시장의 개방에 따라 거시경제지표에 대한 정부의 영향력은 사실상 줄어들 것이지만, 정부는 가능한 한 물가·금리 등의 거시경제지표를 안정화시켜 기업의 리스크를 감소시켜주어야 한다. 또한, 정책의 사전예시제 등을 채택하여 기업들이 정부정책이 자사에 주는 영향을 평가할 수 있는 충분한 시간적 여유를 준다면 기업경영활동의 예측가능성은 현재보다 더욱 높아질 것이다.

적극적 대외통상정책의 전개

그동안 한국은 통상문제에 관한 한 매우 방어적 내지 소극적 입장에서 대처해 온 경우가 많았는데, 향후 보다 공격적이고 적극적으로 대외통상문제를 다루어갈 필요가 있다. 즉, 무역상대국들이 UR협정에 따라 통상정책을 개편하고 이를 제대로 이행해 가고 있는지에 대해서 감시하는 한편, 무역장벽의 완화를 기업이 적극적으로 활용할 수 있도록 하는 능동적인 자세를 취해야 할 것이다.

선진국에 대하여는 기존의 피규제품목에 대하여 반덤핑, 상계관세조치, 긴급수입제한조치 등의 소멸시효규정을 적극 관철시켜 나갈 필요가 있다. 원산지규정의 객관적인 운용, 섬유쿼터의 철폐, 기술장벽의 완화, 정부조달관행의 개선, 각국의 웨이버(GATT 의무면제에 의한 수입제한 인정)조항 적용의 제외 등에 적극적인 관심이 요망되며, 개발도상국에 대하여는 각종 수량제한조치, 무역관련투자조치의 철폐 이행여부를 국내 민간기업과의 긴밀한 공조체제를 통하여 감시해야 할 것이다. 만일 무역상대국이 국제 룰에 일치하지 않는 통상문제를 야기시키거나 UR협정을 따르지 않을 경우 WTO에 제소하는 등 적극적으로 대응해 가야 할 것이다.

민·관 공조체제에 의한 UR 후속협상에의 대응

UR은 거의 모든 통상문제를 다루면서 광범위한 성과를 거두었지만 이후에도 여러 분야에 있어서 후속협상을 남겨두고 있으며, 이들 분야는 한국경제에 상당한 영향을 미치는 중요한 사안들이다. 예컨대 상품무역의 다자간무역협정분야에서는 원산지규정의 국제통일화작업이 WTO협정 발효 후 즉시 개시되어 3년 이내 종결하도록 되어 있다. 반덤핑분야에서는 확정반덤핑관세의 우회방지규정 도입여부는 추후 WTO 반덤핑위원회에서 결정하도록 되어 있으며, 무역관련투자조치분야에서는 상품무역이사회가 협정 발효 후 5년 이내 재검토와 함께 투자 및 경쟁정책조항의 도입여부를 결정하도록 되어 있다. 특히 서비스무역분야에서는 UR에서 처음으로 다자간규범이 마련된 것인 만큼 후속협상이 계속 이어질 것이다. 즉, UR협상 최종단계에서 완전타결에 실패한 금융서비스는 협정 발효 후 6개월 이내에 양허안 수정여부를 확정하고 해운서비스는 1996년 6월까지,

기본통신서비스는 1996년 4월까지 협상을 마치기로 되어 있다. 또한 서비스무역 일반협정상의 긴급수입제한조치, 보조금, 정부조달조항에 대한 후속협상도 남겨놓고 있으며, 서비스양허협상은 협정 발효 후 5년 이내 재개해야 한다.

이와 같은 후속협상들은 통상협상 주무당국이 얼마나 주도면밀하게 대응하느냐에 따라 결과가 달라질 수 있으며, 특히 민간업계와의 정보교류를 통하여 한국의 실질적인 이해관계를 반영해야 할 것이다. 이를 위해 민간 및 정부의 통상전문가의 육성이 긴요하며, 통상이슈별 민간부문에 의한 보다 현실적·객관적인 조사가 뒷받침되어야 할 것이다.

2. 기업의 대응전략

UR 타결이 한국기업에 미치는 영향은 기업의 성격, 경쟁력의 보유 정도 및 처해 있는 통상환경의 변화 내용·정도·시기 등에 따라 다르다. UR의 타결로 각국 상품 및 서비스시장의 개방이 확대되고 반덤핑·상계관세·수입허가절차·원산지규정 등이 보다 객관적으로 운용될 것이며, 이러한 통상환경의 변화에 따라 표 6-1에서 보듯이 수출기업 및 기술보유 기업들은 다소 유리해 보이지만 지금까지 정부의 「보호」하에 성장해 온 기업·기술의 해외의존도가 높은 기업 및 중소기업들은 상당히 큰 어려움에 직면할 것으로 보인다. UR 타결에 따라 대부분의 기업은 이제 자생적으로 성장해야 할 부담을 안게 되었기 때문이다. 자생적이라는 말은 기업이 정부지원에 기대지 않고 홀로 서는 것을 의미한다.

이에 따라, 지금까지 양적인 성장을 추구하던 기업들은 이제 질적인

〈표 6-1〉 UR 이후 기업의 성격별 명암

유리한 측(수혜자)	불리한 측(비수혜자)
수입자재 사용기업	국산자재 · 부품 사용기업
수출기업 － 단, 우회수출금지, 보조금, 조세감면 수출금 　융 등의 축소폐지는 부담	내수기업
수출기업 중 － 무세화품목 등 관련 기업은 더 크게 유리 　ㅇ무세화 : 건설장비, 농업장비, 철강, 의료기 　기, 의약품, 가구, 맥주, 증류주, 전자, 종 　이, 목재, 과학장비, 완구 　ㅇ관세 평준화 : 화학제품, 비철금속	내수기업 중 － 무세화품목 등 관련 기업은 더 크게 불리 　ㅇ단, 맥주, 증류주, 목재 제외
수출기업 중 － 특정수출환경 개선분야관련기업 더 크게 유리 　ㅇMFA, MSA 　ㅇ외국의 수출보조분야 　ㅇ외국의 수량제한분야	내수기업 중 － 특정수입장벽 폐지분야관련기업 더 크게 불리 　ㅇ수입선다변화제도분야 　（일본기업 크게 유리） 　→ 대일무역적자 확대
	보조금 수혜기업 － 유망중소기업 등 － 특정산업 　（철강, 기계, 조선, 기술용역 등） － 각종 금융 · 세제지원분야 － 단, 기술관련분야는 수혜 지속
기술보유기업	기술수입의존기업 － 지적재산권 보호강화로 습득곤란, 기술료 상승
관납비의존기업	관납의존기업 － 국내정부조달시장개방
해외투자기업 － 장소불문, 투자환경 개선	
경쟁력있는 강자	경제적 약자 → 더욱 불리 　ㅇ영세 유통산업 　ㅇ경공업 　ㅇ중소기업
개방유보분야 또는 이미 개방된 분야 －제조업 －서비스 중 법률서비스 등은 유보	시장개방분야 또는 개방폭이 클 분야 －서비스업 　ㅇ8개 분야 80개 업종 －농산물

자료 : 대우경제연구소.

성장으로 기업활동의 범위를 조정해야 할 것으로 보인다. 재계판도는 그룹 내의 기업들의 경쟁력보유여부에 따라 전반적으로 재계판도가 변하게 될 것이다. 그러나 UR에 의해 더 큰 영향을 받는 것은 대기업보다는 금융력이 취약한 중소기업들이다. 특히 수출중소기업들은 지금까지 수혜를 받아왔던 무역금융, 각종 중소기업지원정책 등이 UR에 의해 금지보조금에 포함될 가능성이 커짐에 따라 기업운영에 상당한 어려움을 겪을 것이다. 그러나 UR이 한국기업에 위협으로만 작용하는 것이 아니라 반덤핑, 회색지대조치의 철폐, 정부조달시장 및 개발도상국의 시장확대 등 새로운 시장기회도 제공하므로 이를 적극적으로 활용하도록 해야 한다. 여기서는 UR이 주는 기회와 위협요인에 맞춰 중소기업뿐 아니라 대기업들이 취해야 할 대응전략에 대해 살펴보고자 한다.

경영의식의 변화

기존의 GATT체제는 상품만을 주요 교역대상으로 다루었으나 UR에서는 상품뿐 아니라 서비스·지적재산권 및 농산물 등 거의 전분야를 교역대상으로 삼고 있다. 특히 지적재산권은 기업생산요소 중 자본, 시설, 인력보다 더욱 중요한 부분으로 부각될 것으로 예상된다. 또 경쟁형태도 제약된 환경하에서 국내기업간의 경쟁 또는 세계일류기업과의 전면적 경쟁인 글로벌경쟁으로 넓어졌다. 이에 따라 과거 저임금 또는 규모의 경제에 의존하는 저원가전략의 경영의식으로는 UR에 의해 나타나는 기회와 위협에 적절하게 대응할 수가 없다. 특히, 주요 시장에서 경쟁기업에 비해 경쟁우위를 확보하지 못한다면 해외에서의 새로운 시장기회의 포착은 물론 기존 시장에서도 생존과 성장을 할 수가 없다.

따라서, 개방경제하에서 기업이 생존·발전하기 위해서는 신기술, 경영능력, 마케팅능력 등의 지속적인 창출, 외국기술의 적극적인 활용, 기업간 협력강화 및 국제적인 안목의 경영인과 지역전문가의 양성이 필요하

다. 그러나 무엇보다 중요한 것은 최고경영자의 의식개혁이 선행되어야
한다. 최고경영자는 개방경제하에서 일류화 상품개발을 목표로 경영시각
을 국제적으로 확대해 나간다는 의식의 전환이 필요하다.

네트워크형 조직의 도입에 의한 신속한 의사결정체계 구축

지금까지는 외부통상환경의 변화에 대해 정부가 일차적으로 국내기업
의 보호차원에서 정책을 수립하고, 기업은 이차적으로 기업전략을 수립하
게 되었다. 앞에서도 말했듯이 UR 이후 상품 및 서비스무역의 자유화가
실현되면서 정부는「작은 정부」가 되었으며, 정부정책 및 통상정책은 과
거와 같은 효력을 갖지 못해 기업은 외부환경에 일차적으로 노출되게 된
다. 이에 따라 기존의 피라미드형 조직구조하의 관료적 운영방식을 변화
시키지 않으면 UR 이후의 환경변화에 대응하기 어렵다. 따라서 외부환경
에 대해 신속하게 대응할 수 있도록 권한의 하부이양 및 중간관리층의 혁
신 등을 조직 내에 도입하는 등 기존의 의사결정방식절차를 전환해 나가
야 한다. 또 조직체계도 기존의 피라미드형에서 환경적응력과 환경파악능
력이 높은 문진형(文鎭型) 또는 네트워크형으로 전환해야 한다.

「버리는 경영」을 조직 내에 도입

기업은「영속체(going-concern)」로서 경제성과 수익성원리하에서 경
영활동을 영위한다. 그러나 한국기업, 특히 그룹(기업집단)들은 개개기
업의 경제성과 수익성보다는 그룹 전체의 경제성과 수익성을 중시해 옴에
따라 그룹 전체의 이익이 평준화되는 경향이 강하였다.

그러나 UR에 의해 정부의 보조금 및 지원 등이 축소되고 기업은 자생
적으로 성장해야 할 부담을 짐에 따라 더이상 그러한 경영방식으로는 존
속이 불가능해졌다. 과거 국내기업간의 경쟁하에서는 독점기업 및 성장산
업으로서 초과수익을 얻을 수 있었으나 UR에 의해「개방경제」로 전환함
에 따라 국내의 초과수익은 곧 해외기업의 진입(entry)에 의해 그 수익이

정상수익으로 변해 버린다. 또, 현재의 기업 또는 그룹경영방식을 그대로 유지하게 되면서 그룹 전체의 수익력은 점차 감소하게 되고 결국은 전체 수익이 (-)로 떨어질 수 있다. 따라서 기업은 현재의 수익력여부에 관계없이 사업포트폴리오 내의 모든 부문을 그대로 유지하는 「모자관계형 기업경영」에서 「적자생존형 기업경영」으로 「버리는 경영」을 추진해야 한다. 「버리는 경영」이란 한계기업 또는 한계사업부를 일정시점에 폐기의사결정(elimination decision-making)에 의해 기업 또는 사업부를 존속 또는 폐지하는 것을 말한다. UR 이후에는 한정된 경영자원으로 최적의 기업수익을 획득하기 위해서는 기존 사업을 버리고 그 결과 남는 자원으로 새로운 사업을 추진하는 것이 더욱 중요해질 것이다.

기업간 전략적 제휴의 활성화

UR협정이 발효되면 시장개방 확대, 보조금의 축소, 상계관세의 철폐, 지적재산권 보호강화 등이 예상됨에 따라 기업들은 국내시장뿐 아니라 해외시장에서도 외국기업으로부터도 상당한 도전에 직면하게 되어 경쟁우위를 확보하지 못한 기업은 도태될 가능성이 커질 것이다. 특히, 각종 보조금이 철폐됨에 따라 중소기업들이 큰 애로를 겪을 것으로 예상된다. 대기업들은 지금까지 활동을 제약하던 각종 규제가 해제되고 해외조달(sourcing)능력이 커짐에 따라 기업활동범위가 확대되나 지적재산권에 의해 세계일류기업에 비해 기술력면에서 상대적인 열세에 놓일 가능성이 커진다. 이에 따라 국내 및 세계시장에서 경쟁우위를 확보하기 위해 기업들은 특유의 경쟁력을 가진 기업간에 전략적 제휴를 활성화하는 방안을 생각하지 않을 수 없게 되었다. 전략적 제휴는 기업규모에 따라 대기업간, 대기업과 중소기업간, 중소기업간에 맺을 수 있고 형태별로는 기술제휴, 자본제휴, 생산제휴 및 판매제휴로 나눌 수 있다. 여기서는 기업규모에 따른 전략적제휴를 다룬다.

첫째, 대기업간 전략적제휴는 상기 네 가지 형태별로 이루어질 수 있으나 지적재산권의 강화에 대응한다는 측면에서 기술제휴에 의한 전략적제휴가 활성화될 것으로 보인다. 최근 기술개발에 소요되는 자금규모의 증대, 기술수명주기의 단축 등 기술개발에 따르는 위험이 증가함에 따라 반도체, 멀티미디어 및 의약품 등의 분야에서 세계일류기업간 전략적제휴가 진전되고 있다. 아무리 다국적기업이라고 해도 한 기업의 제한된 자원능력으로는 기술혁신경쟁에 효과적으로 대응하기 어렵기 때문이다. 기술이 비슷한 분야에 종사하는 대기업들간에 서로 기술정보를 공유하거나 공동개발을 통한 규모의 경제를 도모하려고 할 것이다. 우리 나라에서도 최근 삼성전관과 금성사가 컬러브라운관의 특허제휴를 하기로 한 예에서 보듯이 향후에는 그룹 내에서만이 아니라 그룹을 초월한 기업간 전략적 제휴사례가 늘어날 것이다.

둘째, 중소기업과 대기업간에는 생산제휴의 협력관계를 강화해야 한다. 대기업은 UR 이후 상호 시장개방이 확대되면 해외에서 부품을 조달하여 제품을 생산할 수 있으나, 핵심부품을 수입에 의존할 경우 안정적 공급능력에 대한 제약 및 부품가격변동 등 외생변수가 크게 노출되어 가격 및 생산불안정을 초래할 수 있다. 특히 현재에도 핵심부품 등을 일본에 의존하고 있는 한국으로서는 부품의 국내생산 축소 등은 일본부품업체에의 종속 및 가격변동위험을 그대로 수용하지 않을 수 없게 되었다. 따라서 UR 이후 단기적으로는 부품의 해외조달이 많아질 수 있으나 장기적으로는 중소기업과 대기업의 관계는 향후 더욱 강화되어야 한다. 또 대기업과 중소기업간 경합분야에서도 중소기업으로 하여금 다품종소량생산체제에 적합한 제품과 수요변화에 민감한 제품의 개발·생산에 주력하도록 하고, 시장개척 및 정보력에 앞선 대기업과 제휴관계를 맺도록 유도하는 것이 필요하다. 향후에는 기존의 중소기업에 대한 지원주체가 정부가 아니라 대기업이 될 가능성이 크다. 이러한 「공생관계」에서 대기업이 중소기업에 제공할 수 있는 것은 금융 및 기술지원 등이고 중소기업은 대기업에 안정적인 납기 및 품질을 보장하는 것이 될 것이다.

셋째, 중소기업간에는 이업종교류전략을 추진할 필요가 있다. 중소기업들은 개별적으로는 자금력 등이 약해 항상 경제적 약자로서 정부의 지원을 받아왔다. 그러나 UR 이후 보조금 지원 등이 축소될 것으로 전망되자, 규제완화에 따른 국내대기업들의 중소기업분야 참여 및 국내시장에서 세계기업과의 경쟁 등으로 인해 중소기업들은 상당한 어려움을 겪을 것이다. 이에 대응하기 위해서는 중소기업간 이업종교류전략을 전개할 필요가 있다. 일본의 간장중소업체가 화학업체들과 이업종교류에 의해, 「간장은 항상 검다」라는 기존의 개념을 넘어선 무지개색의 간장을 개발한 예는 중소기업이 일류화제품을 생산하기 위한 하나의 방법을 제시하는 것으로 볼 수 있다.

그러나 한국에서는 기업간의 제휴가 성립되기가 어려운 것은 사실이다. 왜냐하면, 기업들이 자사 고유의 마케팅수단 및 능력을 경쟁회사에 노출하지 않으려는 기업의 방어본능이 강하게 작용하고 있기 때문이다. 이러한 갈등의 요소를 극복하기 위한 쌍방의 노력이 전제가 되어야 한다. 이에 따라 이러한 전략적 제휴는 모두 국내기업간에서만 이루어질 필요는 없다.

기업의 재무능력 강화

① 물가·금리·환율 등 경제변수의 불안정화에 대응한 재무능력의 강화

UR에 의해 국내금융시장의 개방속도가 빨라지고 해외금융시장에의 진출을 위한 규제가 축소됨에 따라 기업들이 거시경제변수에 영향을 받는 정도가 UR 이전보다 훨씬 커질 전망이다. 이를 기회와 위협측면에서 나누어보면 기회측면에서는 해외금융시장에서 기채 및 해외증시상장 등을 통해 해외에서 자금을 직접 조달할 수 있는 여지가 확대된다는 것이다.

지금까지 해외기채활동은 국내통화관리목적상 해외에서의 투자활동을 위한 기채로 제한되어 있었으나 향후에는 그러한 규제가 완화되어 해외에서 낮은 금리의 자금을 조달할 수 있을 것이다. 그러나 여기에는 기업의 대외신임도를 높여야 한다는 점과 기업재무구조를 건실화시켜야 한다는 선행조건을 충족시켜야 한다.

위협측면에서 보면 외국자본의 국내유입이 확대됨에 따라 과거와는 달리 국내금융 및 외환시장이 국제외환시장과 그대로 연계됨에 따라서 기업의 영업활동의 불확실성이 높아지게 될 것이다. 즉, 금리·환율의 변동으로 인해 수입되는 부품 및 해외자산 및 부채 등의 외화환산리스크가 커짐에 따라 기업수익의 변동폭이 상당히 커지게 된다는 것이다. 이에 따라 향후에는 환율변동을 헤징할 수 있는 기법을 개발하고 다개국통화의 환율변동에 주의를 기울이지 않으면 안 되게 되었다.

따라서 기업이 이러한 외국자본시장과 연계된 금리·환율 등의 가격변수에 적절하게 대응하여 기업의 재무구조를 건실화하기 위해서는 재무부문을 확대개편해야 할 뿐 아니라, 기업 내 자산부채종합관리제도(Asset Liability Management : ALM)를 도입하여 자산운용과 위험관리체계를 합리화해야 한다.

해외투자유인의 질적 변화에 대응한 글로벌전략의 전개

이제까지의 해외투자는 생산중심의 투자로 해외현지에 완전수직계열화된 생산체제를 구축하는 것이 바람직한 해외생산투자로 평가되었다. 그러나 UR에 따라 해외투자유인이 질적으로 변함에 따라 과거 생산중심의 해외투자에 대한 타당성여부를 재검토하지 않으면 안 되게 되었다. 즉, UR협정의 내용 중 반덤핑 억제, 관세 및 비관세장벽의 완화 및 해외에서의 부품 및 제품조달력 향상 등에 따라 해외생산투자에 대한 필요성은 다소 약화되지만, 해외서비스시장의 개방 및 국내제조업의 해외금융자회사

설립규제의 점진적인 철폐 등에 따라 해외판매투자의 필요성이 강해지고 있기 때문이다. 이에 따라 향후에는 개발도상국중심의 해외생산투자보다는 전략적 목표시장을 선정하여 생산 및 판매, 특히 마케팅 하부구조를 구축하는 방향으로 투자패턴을 변화시켜야 한다. 이에 따라 판매망 및 판매전문기술자(sales engineer)의 양성, A/S망의 확립, 물류센터의 구축 등이 해외투자를 위한 우선과제로 떠오르게 될 것이다.

또한, 해외투자의 패턴변화에 대응하기 위해서 기업은 과거 본국중심의 영업활동전개에서 무본사화(無本社化) 및 무국적화(無國籍化)전략을 전개할 필요가 있다. 무본사화 및 무국적화전략이란 본사와 현지기업을 포함한 총체적인 경쟁우위를 확보하기 위해 국제경영의 여러 면에서 시스템통합전략을 전개해야 하고, 이를 위해 국내본사중심의 사고방식에서 과감히 탈피하는 것을 뜻한다. 「개방경제」하에서 기업이 세계기업으로 성장·발전하기 위해서는 자국중심으로 영업활동을 전개하는 것은 장애요인이 될 것이다. 이러한 예는 일본종합상사를 중심으로 나타나고 있는데, 일본종합상사들은 일본뿐 아니라 미국·유럽·동남아를 중심거점으로 하는 4극본사체제(四極本社體制)를 형성하고 있다. 또, 일본유통기업 중에서 야오한은 성숙시장으로 접어든 일본에서 벗어나 이제 성장시장으로 부상하는 중국 및 동남아시장을 겨냥하여 본사를 동경에서 홍콩으로 완전히 이전하여, 홍콩 및 중국과 일본의 비즈니스를 성공적으로 이끌고 있다.

한편, 국제화를 추진하기 위한 의식전환이 필요하다. 즉, 「생각은 글로벌화를 지향하고, 행동은 로컬화를 지향하는」 글로컬라이제이션(Globalization＋Localization＝Glocalization)이라는 새로운 국제화추세에 부응해야 한다. 이를 위해 단순히 해외에 투자해 제품을 생산, 판매하는 것이 아니라, 기업들은 투자, 유통, 산업구조, 마케팅, 정보채널, 국제정세 등을 포함한 총체적인 국제화전략을 추진해야 한다. 이러한 국제화를 추진하기 위해서는 우선 인력에 대한 투자가 선행되어야 하는데 국제화에 필요한 인재란 ① 언어소통능력을 기본으로 하여 전문지식과 리더십을 함께 갖추고 있고 ② 현지인들의 관습을 이해하며, 그들을 다루는 방법을 보유하고 있는 사람이 될 것이다.

수출환경개선에 부응한 해외판매기능 및 해외정보기능의 강화

① 해외판매기능의 강화

UR협정이 발효되면 선진국뿐만 아니라 동남아와 중남미를 중심으로 한 개발도상국의 관세인하와 선진국의 반덤핑 운용억제 등으로 수출여건이 좋아질 것이다. 또한 일본을 비롯한 주요 수출상대국이 유통·금융·통신 및 건설시장 등을 개방함에 따라 한국기업의 진출여건도 호전될 것이다.

그러나 한국기업이 자체판매망을 통한 자사브랜드의 수출보다 종전처럼 OEM수출에 의존한다면 수출환경이 호전된다 하더라도 주요 선진국시장에서 원가경쟁력이 강한 후발개발도상국에 점차 밀릴 가능성이 크다.

따라서 수출환경의 개선을 새로운 성장기회로 보고 이를 적극적으로 활용하기 위해서는 자사브랜드에 의한 해외판매기능을 강화해야 할 것이다. 이를 위해서는 우선 첫째는 자사브랜드로 된 일류화 상품을 개발해야 한다. 세계시장에서 세계거대기업과의 1 : 1 경쟁을 피할 수 없게 됨에 따라 경쟁력을 갖춘 일류화 상품의 개발에 대한 필요성이 강하게 대두되고 있다. 일류화 상품은 상품 자체의 판매능력을 향상시킬 뿐 아니라, 자체적으로 프리미엄가격을 요구할 능력을 가지고 있기 때문이다. 필요한 경우에는 해외에 R&D센터를 설치하여 세계생산공급기지와 연계하도록 해야 한다. 일류화 상품의 예를 들면 중동의 여성용 차도르에 사용되는 아바야직물은 검정색이 자연색에 가까울수록 고급인데, 이 분야에서 일류상품은 일본의 쿠라레사의 제품이다. 일본의 다른 화섬업체나 한국의 업체들이 중동에 제품을 판매하지 못하는 상황에서도 쿠라레사의 제품은 타제품에 비해 야드당 12%인 20센트씩 더 받고 판매되고 있다. 둘째는 해외에서 자체판매망을 구축해야 한다. 셋째는 해외에 판매금융자회사 또는 리스사를 설립하여 판매활동에 대한 지원을 강화해야 한다. 특히 고가 내구소비재 또는 자본재의 경우 판매를 활성화하기 위해서는 금융력이 절대적으로 필요하다.

② 해외정보기능의 강화

UR의 타결로 개발도상국들의 고관세인하, 수입제한철폐 및 선진국들의 반덤핑 억제 등이 예상되므로 수출여건이 전반적으로 호전될 것이다. 특히 그동안 국내시장보호수준이 높았던 개발도상국은 UR 이후 개방이 급속도로 진전될 것이므로 이에 대한 통상관련정보는 곧 수출기회의 조기포착으로 연결될 것이다. 게다가 개발도상국시장은 수요규모가 적어 세계 일류기업들이 다소 등한시하는 틈새시장(niche market)으로 남아 있을 가능성도 있다. 이러한 틈새시장을 조기에 포착하여 진출하려는 노력이 필요하다. 국내의 초음파기기 생산업체인 (주)메디슨은 선진업체들이 등한시한 중남미시장을 집중공략함으로써 1993년 중 초음파기기 세계최고 수출업체로 부상하였다. 이처럼 틈새시장을 조기에 포착하기 위해서는 이들 시장에 대한 정보를 수집·분석하는 해외정보네트워크를 강화해야 한다. 국내종합상사들도 세계 주요 지역에 지사 또는 사무소를 개설하고 있으나, 아직 본사와의 정보흐름이 완전하게 이루어지지 않고 있다. 일본종합상사들은 세계 각 지역의 지사 및 사무소와 글로벌 정보네트워크를 구축하여 글로벌 경영활동에 기업이 지역정보를 활발하게 이용하고 있다는 사실을 감안할 때, 세계지역정보를 이용할 수 있는 해외정보네트워크는 국제화시대에서 없어서는 안 될 중요한 경영기반이라고 하겠다. 중소기업들은 자체적으로 해외시장에 대한 정보를 수집할 능력이 다소 부족하므로 KOTRA 및 고려무역(주)를 중심으로 해외시장정보를 수집할 수 있을 것이며, 국내종합상사와 연계하여 해외정보를 수집하는 것도 필요하다.

국내시장개방에 대응한 수입저항력의 강화

① 물류 및 유통망의 정비

UR 이후 관세인하 및 일부 품목의 무세화, 수입선다변화제도의 폐지, 농산물시장개방 및 유통시장의 조기개방 등으로 인해 수입이 크게 확대될 것이고, 외국유통업체들이 적극적으로 국내시장에 참여할 것으로 예상된다. 특히 1996년 이후부터 백화점과 슈퍼마켓을 제외하고는 유통시장이 완전개방됨에 따라 국내시장에서 유통망 확충을 위한 경쟁이 치열하게 일어날 것이다.

그러나 서울 및 경인지역은 유통산업이 상당히 발달하였지만, 지방의 경우에는 정부가 지금까지 유통산업에 대한 투자를 규제하는 등의 정책으로 인해 크게 낙후되어 있다고 할 수 있다. 만약 외국의 유통업체들이 지방을 중심으로 유통망을 확대한다면 국내유통시장의 잠식 정도는 상당히 클 것으로 예상된다. 따라서 유통업체들은 UR에 대응하여 대형화, 지방화 및 체인화를 추진하는 한편 현재 영세소상인중심으로 되어있는 국내소매유통구조를 체인화하는 등 대형화를 유도하여 외국기업에 대항할 수 있는 저항력을 갖도록 해야 한다. 이와 함께 지방의 주요 교통거점에 물류센터를 확립하는 것도 동시에 추진되어야 한다.

제조업의 유통은 지금까지 제조부문의 유통지배 등으로 인하여 도매기능으로 발전하지 못하고 있으며, 스스로 유통코스트까지 안고 있었다. 그러나 유통시장의 개방에 따라 국내에 참여할 것으로 예상되는 외국의 상품별 전문유통업체들은 「유통전문업체」로서 상당한 노하우를 가지고 있으므로 국내제조업의 유통은 상대적으로 상당히 불리한 위치에 놓이게 될 것이다. 특히 전자제품의 경우, 수입선다변화제도의 점진적인 철폐가 이루어지는 경우 일본의 전자양판점들이 국내유통시장에 본격 참여할 것임에 따라 기존의 배타적인(exclusive) 국내가전대리점체제는 큰 위협에 직면하게 될 것이다. 이는 곧 전자업체의 경영 악화로 직결될 수 있고 따라서 제조업체들은 이에 앞서 전문유통업체를 설립하여 판매와 생산의 분리를 유도하고, 각각 전문화를 꾀하도록 해야 한다. 가전대리점 등 제조업 지배하의 폐쇄적 유통업체들은 가전양판점 등 개방적 유통업체로 전환하여 전문점화를 추구해야 할 것이며, 제조업체는 제품개발에 노력하는 전문화를 지향해야 한다. 또, 유통투자는 물류투자와 동시에 추진되어야 하는데, 최근 정부가 30대 기업에 대해서도 물류시설의 투자를 위한 부동산 취득을 허용함에 따라 전국적인 물류 및 유통망의 정비를 위한 여건은 형성되었다고 할 수 있다. 중소생산업체의 경우에는 자체유통망을 전국적인 규모로 설립하는 것은 불가능하므로, 유사생산업체간 공동유통망 또는 공동물류망을 설립하도록 하는 것이 필요하다.

② 소비자밀착형 마케팅 강화

한편, UR 이후 외국업체들은 백화점 및 슈퍼 등에는 참여할 수 없으므로 디스카운트 스토어 등 국내에 없는 신업태를 중심으로 하여 국내유통시장에 참여할 것으로 예상된다. 이들 신업태는 업태파괴자(category killer)로서 국내유통시장의 틈새시장에서 국내유통을 잠식할 것으로 보인다. 또, 국내고객들이 외국유통업체와 접점이 확대됨에 따라 소비자의 의식수준도 높아지게 되어 점차 높은 수준의 서비스를 요구하게 될 것이다. 이에 따라 한국유통업체들은 국내시장에서 유지해 왔던 절대적 우위성을 상실하게 될 것이며, 경쟁수단도 과거 가격경쟁에서 품질 및 서비스 경쟁으로 바꿔야 할 것이다. 즉, 기업의 마케팅활동이 기존의 고압적 마케팅활동에서 고객만족을 우선하는 저압적 마케팅, 소비자밀착형 마케팅 활동으로 전환하고, 이를 조직 내에 확산시키지 않으면 안 된다.

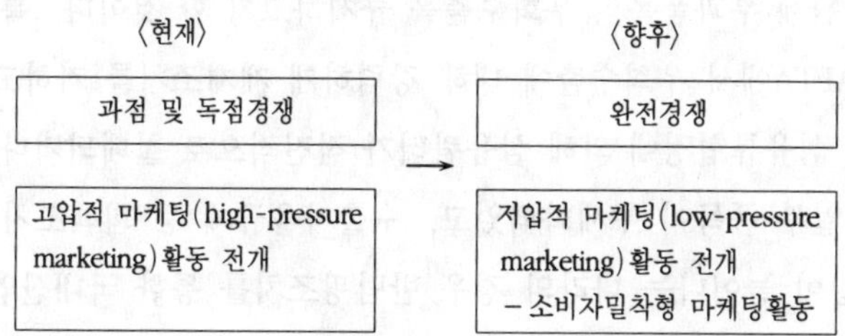

통상이슈별 대응전략

반 덤 핑

국내업계는 '80년대 중반부터 대외수출이 급증하면서 선진국의 집중적인 수입규제를 받아왔으며, 최근 들어 점차 감소추세에 있지만 1993년 말 현재에도 개발도상국을 제외한 선진국으로부터의 수입규제건수는 61건, 조사 중인 건수가 9건에 이르고 있다. 수입규제건수 중 40건이 가격인상약속(price undertaking)을 포함한 반덤핑조치이며 주로 미국·EC·호주로부터의 규제이다.

UR 반덤핑협정은 덤핑 및 피해의 결정에 있어서 구성가격의 인정범위의 확대, 실제자료에 기초한 덤핑마진의 결정 등의 규정을 통하여 수입국의 자의적 판정여지를 줄이도록 하고 있어 전반적으로는 WTO협정 발효 이후에는 반덤핑이 억제될 것으로 보인다. 따라서 수출국으로서는 반덤핑에 대한 사전대응 또는 실제 반덤핑피소에의 대응을 위해 협정내용에 부합하도록 원가 및 회계자료를 갖추어야 하며, WTO를 통한 문제해결능력을 포함하여 강력한 통상대응력을 확보함으로써 UR의 결과를 최대한 활용해야 할 것이다.

한편, UR협정문에서는 비록 우회덤핑방지조항이 제외되었으나 이는 향후 반덤핑위원회에서 다시 논의될 예정으로 있어 동 규정이 도입될 가능성이 많으며, 또한 미국·EC 등 선진국들은 여전히 국내법을 이용하여 확정반덤핑관세 부과품목의 우회수출을 규제하고자 할 것이다. 특히 미국의 경우 NAFTA에서 우회수출에 대해 강력하게 제재조치를 가하고 있다.

또한 UR 섬유류협정에 의해 섬유쿼터가 점진적으로 철폐되거나 관세양허에 의해 일부 품목이 무세화되었고, 수출자율규제 등 회색조치가 철폐되면서 수입이 늘어나는 나라의 경우 반덤핑조치를 통한 국내산업피해구제의 사례가 늘어날 가능성이 커서 국내수출업계의 주의가 요망된다.

또 한 가지 우려되는 것은 선진국은 물론 그동안 수입규제수단으로 반덤핑조치를 별로 사용하지 않았던 개발도상국의 경우에도 WTO협정 발효 전까지는 오히려 반덤핑조치를 적극적으로 활용할 것이라는 점이다. 특히 최근 시장개방을 적극적으로 추진하여 수입이 늘고 있는 나라의 경우 기존의 반덤핑협정(동경라운드협정) 또는 자국의 반덤핑제도에 의거해 반덤핑조치를 남용하거나 과다한 반덤핑관세를 부과할 가능성이 있다.

한편, 한국기업들은 그동안 별로 이용하지 않았지만, 산업피해구제의 차원에서 외국기업들의 침해사례에 대해 반덤핑제도를 적극적으로 활용하도록 해야 할 것이다.

수입허가절차

UR에 따라 각국이 개별법상으로 규정하고 있던 수입수량 및 수입자격제한 등 수입허가관련 절차 및 규칙이 명료화되고 단순화됨에 따라, 기업의 수출여건이 크게 호전될 것이다. 특히 개발도상국들이 자국산업을 보호하기 위해 사용하던 수입수량제한조치 등을 유지하기 어려워질 것을 대비해 국내기업들의 개발도상국시장 침투여지는 확대될 것이다. 따라서 이에 대한 통상정보력을 강화하고 수출기회의 조기확보에 주력해야 할 것이다.

반면, UR 타결로 인해 지금까지 수입선다변화제도 및 수입수량제한 등에 의해 국내산업을 보호하던 정책을 구사하기 어려워질 것임에 따라, 국내전자 및 기계산업을 중심으로 큰 타격을 입을 것으로 예상된다. 정부차원에서는 이미 일본제품에 대해 경쟁력을 보유하고 있는 제품을 먼저 해제하고 아직 경쟁력이 낮은 제품은 나중에 해제하는 기술적인 노력이 필요하다. 기업차원에서는 아직 경쟁력이 낮은 제품에 대해서는 국내핵심부품업체들의 계열화를 통하여 생산설비, 기술개발 및 자금 등을 지원함으로써 제품의 품질 및 기술경쟁력을 확보해 가는 한편, 미국 및 EC 등의 주요 업체와의 제휴를 통하여 자체기술의 확보 및 중소기업에 대한 기술중개 등을 적극적으로 추진해야 할 것이다.

기술장벽

UR 기술장벽협정에서는 품질시스템 인증제도, 시험·검사의 상호인정, 각국 제도의 명료성 제고, 지방정부와 비정부표준기관에의 확대적용 및 국제표준채택의무를 수용함에 따라 수출환경이 전반적으로는 개선될 것으로 보인다. 기업들은 특히 WTO 기술장벽위원회, 한국의 통상관련 당국을 통해 각국의 표준 및 기술규격에 대한 정보를 쉽게 입수할 수 있게 됨에 따라 각국의 기술장벽문제에 대한 대응이 용이해질 것이다.

각국은 기술규정, 표준, 적합판정절차 등에 대한 질의처(inquiry point)를 반드시 두고 외국기업의 문의에 응하도록 되어 있으므로 기업들은 자사 또는 종합상사 등의 해외정보네트워크를 통하여 직접 수출대상국의 기술장벽요소에 대한 정보를 신속히 입수하여 제품의 설계단계에서부터 사전적 대응을 해가야 할 것이다.

한편, 선진국의 경우에는 환경보호 등을 이유로 국제표준보다 높은 기술규정을 채택할 가능성이 크고, 제품제조물책임(product liability) 등 소비자의 안전을 위한 규정과 같이 한국으로서는 아직 일반화되지 않은 제도를 도입하고 있어 이것이 향후 수출에 큰 장벽이 될 수 있다. 따라서, 관련 조항의 사전점검하에 이들에 대한 사전대응방안을 마련해야 할 것이다.

보조금·상계관세

보조금협정에 따라 정부의 보조금지원이 사실상 크게 축소됨에 따라, 보조금의 수혜를 받아오던 기업들은 상당히 어려움을 겪을 것으로 예상된다. 이에 따라 정부차원에서는 산업지원제도를 전면적으로 개편해야 할 것이며, 이 경우 허용가능보조금·보조금이 아닌 지원제도 등의 확충과 함께 이를 이용하기 위한 신청절차의 간소화, 여타 자금조달수단의 이용을 용이화하기 위한 제도개편 등이 요망된다. 예컨대 정부는 벤처캐피탈(venture capital)과 리스사의 신규설립 허용, 기존의 벤처캐피탈과 리스사의 상장 허용 또는 장외시장의 활성화를 위한 제도적인 보완장치의 마련 등을 통하여 기술중소기업들이 쉽게 자금을 조달할 수 있도록 해야 할 것이다.

기업들도 이제는 정부지원 또는 보호가 약화되므로 경쟁력이 없으면 도태된다는 사고하에 경영활동을 수행해야 한다. 경쟁우위를 확보하기 위해서는 타중소기업과의 제휴하에 기술을 공동개발하는 등으로 업계 자체의 기술개발체제를 갖추어야 한다. 또한, 기업의 신용도를 제고하거나 재무구조를 건전화시켜 국내 및 해외금융기관들로부터 자금을 조달할 수 있도록 해야 한다.

UR에 따라 중국 및 동남아 등지로부터 수입되는 불공정품목에 대해서 국내산업피해구제제도차원에서 상계관세제도를 활용하여 국내산업을 보호하도록 기업들도 UR협정에서 규정한 절차에 따라 상대국 보조금에 대한 조사와 함께 피해사실이 확인될 경우 즉시 제소할 수 있는 체제를 갖추어야 한다.

긴급수입제한조치

UR의 긴급수입제한조치협정에 따라 동 조치의 발동요건이 엄격해지는 한편, 현존 회색조치가 협정 발효 후 4년 이내 철폐되고 신규도입이 금지됨에 따라 수출환경은 대체로 개선될 것이다. 그러나 제한된 선별적용의 인정 및 동 조치 발동 후 3년 이내 보상·보복의 면제조항에 의해 각국이 긴급수입제한조치를 발동할 가능성도 커진 것으로 보인다.

따라서 기업들은 상대국의 수입개방이나 한국의 수출자율규제 해제시 집중호우식 수출은 지양함으로써 수입국으로부터 긴급수입제한조치를 받을 가능성을 미연에 방지해야 할 것이다. 예컨대 한국은 현재 180개 품목을 수출자율규제품목(순수자율 143개, 협정자율 37개 품목)으로 지정하고 있는데 이들 품목에 대한 규제 해제시에는 경쟁적 수출 확대보다는 잠정적으로는 국내기업간 협의 또는 정부 등의 중재하에 자체적으로 수출물량을 조절하는 전략이 필요할 것이다.

한편, 한국의 기업들도 외국물품의 수입급증에 의한 산업피해를 구제하기 위한 수단으로서 동 조치를 적극적으로 활용할 수 있도록 국제규범 및 향후의 UR협정을 반영하여 개정될 대외무역법 및 동 시행령에 대한 충분한 이해가 필요할 것으로 보인다.

원산지규정

각국별로 상이하고 불명료하여 본래 목적 이외의 수입장벽효과를 수반하던 원산지규정에 대하여는 UR협정 발효 후 3년 내에 통일원산지규정을 마련하도록 되어 있어 한국기업들의 수출 및 해외투자여건은 호전될 것이다. 또한 관세인하 등에 따라 관세가 수입품의 가격에 미치는 영향이 적어짐에 따라 원산지규정이 갖는 수입장벽적 기능은 매우 약화될 것으로 보인다.

기업들은 해외투자의사결정이 이러한 원산지규정에 대한 사전검토를 통하여 투자위험에 대한 예측력을 높여야 할 것이다. 또한 향후 통일원산지규정의 제정을 위한 정부차원의 다자간협상에서 한국기업의 현실을 반영하여 국내기업이 겪는 피해를 최소화할 수 있도록 가능한 한 현실태에 대한 정보를 정부에 전달하는 등 원산지규정협상에 대한 민·관공동대응 체제가 원활히 기능하도록 해야 할 것이다.

지적재산권

과거에 지적재산권의 보호는 국제조약을 통하여 이루어져 상당히 느슨한 편이었으나 UR협정이 발효된 후에는 보호대상이 확대되고 그 보호수준도 높아질 것이며, WTO의 전회원국에 적용됨으로써 전반적으로 지적재산권의 보호가 강화될 것이다.

이에 따라, 개발도상국들은 기술사용료의 증가와 기술도입의 애로 발생, 해외기업에 의한 국내특정시장의 독점 및 새로운 지적소유권 보호를 조건으로 한 통상마찰의 빈발 등의 피해를 입을 가능성이 크다. 선진국들은 이 제도를 악용하여 국내기업의 수출품을 지적재산권 침해를 이유로 무차별적으로 압류하는 등 강력한 통상무기로 활용할 것으로 예상된다. 일본도 향후 2~3년 후부터 본격적인 특허공세에 나설 것으로 예상된다.

따라서 기업들은 기술개발에서부터 마케팅에 이르기까지 전분야에서 지적재산권분쟁을 방지하기 위한 대책을 마련해야 함은 물론 한층 강화된 지적재산권보호의무규정을 준수하기 위해 새로운 지적재산권전략을 마련하지 않으면 안 될 것이다. 첫째, 연구개발에 대한 투자를 확대해야 한다. 자체기술개발에 의한 특허확보가 기업생존의 열쇠가 되므로 필요한 경우에는 국내기업들간의 기술협조체제를 구축하여 기술정보를 공유하거나 공동개발을 통해 기술개발을 위한 규모의 경제를 확대해 나가야 한다. 둘째, 각 회사들은 자체적으로 지적재산권관련업무를 수행하기 위한 전담팀을 만들어야 한다. 이 팀은 국내외 지적재산권분쟁에 대비한다는 소극적인 차원이 아니라 경영자원으로 활용한다는 공격적인 차원에서 업무를 수행해야 한다. 현재 국내에서 지적재산권관련팀을 가지고 있는 기업 중 삼성전자가 100명규모의 특허전담인력과 외국인변호사 5명을 두고 있는데 이들은 현재 특허와 라이센스 등의 업무를 담당하고 있다. 금성사는 지적재산경영실을 두고 전담인력 82명을 두고 있다. 대우는 국제법률사무소를 설치하고 외국인고문변호사 4명을 비롯하여 국제변호사만 8명을 두고 있다. 셋째, 특허정보의 효율적인 활용을 통해 중복연구 및 특허분쟁을 사전에 예방하도록 해야 한다. 넷째, 기술도입전략을 고도화하여 보다 효율적인 외국기술 이용방안을 수립해야 한다. 한국기업들은 지금까지 기존의 라이센싱이나 합작투자 같은 전통적인 기술도입방식을 주로 사용해 왔으나, 향후에는 자체연구소의 기술선진국 현지진출, 기술집약적인 외국기업의 매수, 모험자본(벤처캐피탈)의 해외진출, 과학자나 기술자의 유치 등의 기술 국제화전략을 추진해야 할 것이다.

제 3 부

UR 타결이 경제 및 산업에 미치는 영향과 대응전략

UR 타결이 한국경제에 미치는 영향

1. 일반적 영향

관세 및 비관세장벽의 철폐와 공정한 다자간무역규범의 설정을 통하여 무역자유화를 실현하고, 무역관련투자조치의 철폐 등을 통한 국가간의 투자 자유화를 주내용으로 하는 UR협정은 일반적으로 한국의 대외수출여건을 개선시키는 한편, 국내시장의 개방도 확대시킴으로써 일단 직접적으로 무역을 확대시키는 효과를 가져온다.

또한, 이러한 일차적인 무역확대효과는 세계 대부분의 국가에 있어서 정도의 차이는 있었지만 마찬가지이며, 국제분업을 통한 자원배분의 효율화를 통하여 세계 각국의 추가적인 소득창출의 효과를 가져올 것이다. 이에 따른 간접적인 효과로서는 수입수요가 늘어나 무역이 확대되는 부수적인 효과도 기대할 수 있다.

그동안 UR 타결이 세계경제에 미치는 효과에 대한 GATT사무국, OECD 등 세계 주요 기관의 분석은 UR의 성공적인 타결을 위한 지원역할의 측면에서 다소 낙관적이기는 하지만 전반적으로 세계무역규모 및 세계 GDP(국내총생산) 또는 GNP(국민총생산)의 대폭적인 확대를 전망하고 있다.

GATT사무국이 1993년 12월 14일 발표한 전망에 따르면 UR협정이 발효되는 오는 1995년부터 10년 후인 2005년의 세계무역규모가 현수준보다 12%, 금액으로는 약 7,450억 달러 만큼 확대될 것으로 추정하고 있다. 10년간 누적규모로는 약 5조 달러의 무역확대효과를 전망하고 있다. 세계 소득은 1995년부터 10년간에 걸쳐서 매년 전체국민총생산(GNP)의 약 1%가 넘는 2,000~3,000억 달러 정도 증가할 것이다.

한편, 1993년 11월 발표한 OECD보고서에 따르면 연간 1,000억 달러의 교역증대효과가 예상되며, 2002년 세계 국내총생산(GDP)의 순증효과는 전체의 1% 정도인 2,741억 달러(서비스개방의 효과는 제외)에 이를 것으로 예상되며, 이를 선진국과 개발도상국으로 나누어보면 OECD국가의 GDP의 순증효과는 2002년에 1,877억 달러로 전체의 68.5%를 차지하고, 개발도상국을 포함한 OECD 이외 국가의 GDP 순증효과는 2002년에 864억 달러로 전체의 31.5%를 차지할 것으로 추정되었다. 국가 또는 지역별로 보면 EC의 순증효과가 713억 달러로 GDP대비 1.7%, 일본은 420억 달러로 GDP대비 1.8%의 순증효과가 각각 예상되어 UR의 가장 큰 수혜국가가 될 것이며, 미국은 276억 달러로 GDP대비 0.4%의 순증효과가 예상되고 있다. 이러한 소득증대효과는 고용조정코스트 등 부정적인 효과를 감안한 순증효과이며, 더욱 중요한 것은 동 분석이 광공업품 및 농산물분야만 고려한 것이다. 서비스분야를 포함할 경우 그 효과는 앞의 분석결과의 2배에 근접한다는 점이다. 특히 미국·EC 등 선진국들의 소득증대효과가 크게 나타나 세계 전체의 소득증대효과에서 차지하는 선진국의 몫은 더욱 커질 것이다. 최근 세계경제 회복이 지연되고 실업문제가 심각한 선진국들이 UR을 큰 돌파구로 삼았던 것도 이와 같이 UR이 세

〈표 7-1〉 UR에 따른 세계 GDP 순증가효과 전망(2002년 기준)

(단위 : 억 달러, %)

구 분	GDP 증가효과	GDP대비 비율
일 본	420	1.8
미 국	276	0.4
EC	713	1.7
캐나다	66	1.2
EFTA	384	6.0
호주·뉴질랜드	19	0.6
OECD 소계	1,877	-
OECD 이외 국가 전체	864	-
세계 전체 합계	2,741	-

주 : 1) 광공업품 및 농산물분야의 타결을 전제.
　　2) UR의 무역확대효과에서 고용조정코스트 등의 부정적 효과를 차감한
　　　 GDP의 순증효과임.
　　3) 서비스시장의 개방효과는 제외(포함시 전체 효과는 배증 예상).
자료 : OECD, 1993. 11. 9.

계경제에 미치는 긍정적인 영향을 기대했기 때문이다.

이와 같이 UR의 타결은 무역확대효과를 가져오는 한편, 그동안 심화되어 온 지역블록화에 의한 상대적 불이익을 감소시키는 효과를 가져왔다. 즉, EC 통합, NAFTA의 발효에 따른 역외국에 대한 차별 및 이로 인한 역내국으로의 무역전환효과는 UR 타결로 역외국에게도 장벽완화가 불가피하게 되어 점차 감쇄될 것이며, 아직까지 어떠한 경제블록에도 속하지 않은 한국은 상대적인 이득을 얻을 수 있을 것이다.

참고로 다른 주요 연구기관에서 발표한 UR에 따른 무역수지개선의 효과는 다음 표 7-2와 같으며, 이는 주로 세계 각국의 관세인하에 따른 효과를 분석한 것으로 연구기관에 따라서 크게 다르지만, 대체로 연간 1～2%의 추가적인 수출확대효과와 다소간의 수입확대효과에 의해서 무역수지가 개선될 것으로 전망하고 있다.

<표 7-2> 국내 주요 연구기관별 UR이 한국의 무역수지에 미치는 영향

(단위 : 억 달러)

구　　분		공산품 무역수지개선(연평균)			비　　고
		수출	수입	무역수지개선	
KIEP	연평균	22.5	7.2	15.3	10년간 (1995~2004년)
	초년도(1995)	11	3.5	7.5	○ 수출 224.9억 달러 증가
	10년째(2004)	28.5	9.1	19.4	○ 수입 72.1억 달러 증가
					（농산물 포함）
KDI	연평균	9.5	5.0	4.5	5년간 효과
KIET	연평균	6.2~	0.56~	5.6~6.4	7~8년간 효과
		7.1	0.64		○ 수출 49.6억 달러 증가
					○ 수입 4.5억 달러 증가
					○ 무역수지 45.1억 달러 개선

자료 : KIEP(대외경제정책연구원), KDI(한국개발연구원), KIET(산업연구원)의 발표.

2. 한국의 수출입 및 해외투자에 미치는 영향

수출에 미치는 영향과 한계

UR의 수출확대효과를 통상환경요인별로 살펴보면 우선 수출상대국의 관세인하에 따라서 수출여건이 상당히 개선될 전망이다. UR협정에 따라 각국은 평균관세율을 1986년 9월을 기준으로 1995년부터 1999년 1월 1일까지 33% 인하하도록 되어 있으며, 특히 동남아·중남미·중동 등 현행 관세율이 높은 개발도상국의 관세인하에 따른 한국의 상대적 경쟁력 상승으로 수출확대효과를 얻을 수 있을 것으로 기대된다. 또한 선진국 및 선발개발도상국이 주로 참여한 무세화 및 관세조화 품목에서 경쟁력을 갖춘 철강·전자(반도체 포함)·화학 등의 수출확대효과는 보다 클 것으로 기대된다.

　　UR협정의 중요한 특징 중의 하나인 수입제한·수입금지 등 비관세장벽의 철폐에 따른 수출확대의 효과 또한 기대된다. 이와 유사한 비관세장벽을 예시하면 각종 수입허가상의 무역장벽과 잔존수입제한(GATT상의 예외적용에서 벗어나면서 수입제한을 철폐하도록 되어 있는 품목으로서 아직까지 수입제한을 유지하고 있는 품목)의 수입제한, GATT상의 웨이버(GATT상의 수량제한금지, 자유화의무 등의 면제) 등을 들 수 있다. 이러한 수입제한·수입금지조치는 선진국의 경우에는 주로 농산물이 해당되지만, 개발도상국의 경우에는 공산품도 많이 해당되어 동 지역에 대한 수출여건의 개선이 기대된다.

　　UR통상규범분야의 협정에 따라 가장 큰 변화가 예상되는 것이 선진국의 수입규제, 즉 반덤핑 등을 통한 수입규제의 완화인데 이에 따른 수출확대효과도 있을 것이다. 한국의 대선진국 수출에 대한 피규제품목의 수출액의 비율은 1992년에 14.9%였으며, 동 비율은 대EC 수출의 경우 26.3%, 미국 16.0%, 캐나다 17.4%, 호주 8.1% 등이었다. 주요 규제형태를 보면 수량규제로서 총량쿼터, 쌍무쿼터, 일방적 국별 쿼터, 관세쿼터 등을 들 수 있고, 가격규제로서는 반덤핑, 상계관세, 가격인상약속(price undertaking) 등이 주를 이루고 있으며 기타 수입배제명령 등이 있다. UR협정 발효 이후 지적재산권의 침해시 미국이 적용하는 수입배제명령은 더욱 늘어날 소지가 크지만 여타의 수입규제는 전반적으로 완화될 전망이다. 주요 산업별로는 1992년 실적기준 규제하의 수출 비율이 섬유·신발의 경우 20.5%, 기계 20.9%, 금속제품 16.3% 등이며, 전자제품도 선진국의 수입규제가 수출애로요인으로 작용해 왔다.

　　또한, UR협정 발효 이후 세계 전반의 소득증대효과에 따른 수입수요의 증가는 한국의 수출을 증대시킬 것이다. 시장개방이나 통상규제제도상의 변화에 따른 1차적인 수출여건의 호전은 관세 및 비관세장벽의 수준이 높아 완화의 여지가 개발도상국이 더 클 것이나 소득증대효과에 따른 수입수요의 증가는 UR협정의 수혜몫이 큰 선진국이 더 클 것으로 보인다.

이상과 같이 UR협정은 한국에 수출확대효과를 가져다 줄 것으로 보이는 반면 몇 가지 유의해야 할 점이 있다.

첫째, 관세인하의 효과는 선진국의 경우 평균관세율이 이미 3~7% 수준에 있어 평균관세율의 인하효과는 크지 않을 것이며, UR협정상 기준연도가 1986년 9월이므로 많은 국가가 이미 인하해 왔을 경우 1995년부터 1999년 1월까지의 추가 인하폭은 작을 수도 있다는 점이다.

둘째, 선진국 등의 수입규제완화의 약속도 그들의 국내경기상황, WTO에서 미국의 리더십, 지역주의성향의 진전 정도 등에 따라 이행여부가 결정된다는 점에 유의해야 할 것이다.

셋째, 그동안 수입제한을 통하여 국내산업을 보호해 왔던 각국이 수입제한 완화 또는 폐지시 산업피해를 방어하기 위해 반덤핑이나 상계관세는 UR협상에서 발동 후 3년간 보상의무나 보복의 대상이 될 수 없도록 개정된 긴급수입제한조치가 대체수단으로 사용될 가능성이 있다. 선진국은 개발도상국의 보조금 감시를 통한 상계관세의 사용을 확대할 가능성이 있고, 개발도상국은 그동안 규제수단으로 사용하지 않던 반덤핑, 긴급수입제한조치의 발동을 고려할 가능성이 높다. 또한 반덤핑의 경우 UR 이후 억제될 것에 대비하여 협정 발효 이전에 적극 활용할 가능성이 크며, 특히 최근 수입개방을 적극적으로 추진했던 개발도상국의 주요 피해구제수단이 될 수도 있다.

넷째, 수출과 내수를 병행하는 많은 기업의 경우 내수시장에서 심한 타격을 받으면 수출경쟁력도 크게 떨어질 수 있다는 점에도 매우 유의해야 할 것이다.

다섯째, UR 이후 동 협정내용이 이행되는 동안 개시될 각종 협상에서 다루어질 환경보호, 지적재산권 보호, 공정경쟁정책의 조정, 노동조건의 향상 등은 과거와는 달리 수출업체에게 큰 부담으로 작용할 것이며, 특히 선발개발도상국인 한국은 선진국의 주요 협상대상국으로 지목될 가능성이 높다.

마지막으로 수출보조금의 단계적 철폐의무에 따라 한국의 산업지원정책은 전면적으로 바뀔 것이며, 이에 따라 수출기업들의 금융·세제상의 부담 증가는 불가피할 것으로 보인다.

수입에 미치는 영향

UR협정은 앞서 살펴본 바와 같이 수출확대효과가 기대되는 반면, 한국의 관세 및 비관세장벽의 전반적 완화에 따라 수입확대효과도 예상된다. 먼저 UR협상에 따라 최종확정된 한국의 관세인하양허내용에 따르면 공산품의 평균관세율을 1986년 평균양허세율인 17.8%를 1995년부터 1999년 1월 1일까지 8.2%로 인하하도록 되어 있는데, 한국의 실행관세율이 이미 1994년에 7.9%로 계획되어 있어 평균관세율의 인하부담은 별로 없는 것으로 보인다. 그러나 G7에서의 4국 통상장관회담 합의 및 미국·EC정상회담의 합의에 한국이 참여한 무세화, 관세조화, 관세인하 품목 중 현재 경쟁력이 있는 철강·화학·반도체 등을 제외한 여타 품목의 수입확대가 예상된다.

한편, 농산물은 수입개방에 따라 본격적인 수입확대부담이 예상 외로 확대될 것이다. 특히 국제가격과의 격차가 큰 기초농산물의 수입은 수입제한의 예외없는 관세화·관세상당액의 점진적 인하·최소시장접근(쌀의 경우) 보장 등 한국의 최종양허계획에 따라 점진적인 수입확대는 불가피할 것이다. [1]

또한, UR의 수입허가절차협정의 적용에 따른 수입절차의 개선 및 각종

---

1) 보다 상세한 영향 분석은 제 3 부 8장의 4절에서 다룰 것이다.

수입제한·수입금지조치의 폐지에 따른 수입확대효과가 예상된다. 특히 별도공고상의 수입선다변화제도에 의한 대일 차별적 수입금지조치의 단계적인 철폐는 가전·전자부품·기계 등의 대일수입의존을 심화시킬 것이며, 수출입승인제도의 사전적 수량제한기능 철폐, 수출입공고상의 잔존 수입제한품목(주로 농산물)의 개방, 통합공고에 의한 45개 개별법상의 수량규제적 수입추천 및 수입자격제한제도의 정비를 통한 수입제한기능의 금지 등으로 수입은 확대될 것이다.

수입대체보조금의 5년 내의 철폐는 전반적으로 국산부품 또는 완제품 우선구매에 대한 금융, 세제상의 지원(예컨대 국산 기계·설비 구입시 수요자 금융지원 등)을 어렵게 하여 부품의 국산화개발을 지연시키고, 국내시장에서의 국산품에 대한 수요기반을 취약하게 하여 수입확대효과를 초래할 것으로 우려된다. 특히 부품국산화가 지연되는 반면 한국의 전반적인 수출이 늘어날 경우 수출용 원자재의 수입수요가 크게 늘어날 것이며, 이에 따른 부품의 대일수입의존이 더욱 심화될 것이다.

한편, 수출확대에 따른 소득증대는 결국 내수시장의 확대를 가져와 수입수요가 늘어날 것이고 이밖에 기술장벽의 완화와 지적재산권의 보호강화 등도 수입확대효과를 가져올 것이다.

이상과 같이 협정내용별 수출입에 미치는 영향을 종합적으로 고려해볼때, UR 이후 한국의 수출은 경쟁력을 어느 정도 갖춘 공산품을 중심으로 확대되고 수입도 관세 및 비관세 수입장벽이 완화되는 부문, 경쟁력이 취약한 부문, 미래 성장산업 부문을 중심으로 확대될 것이며 종합적으로는 그 자체로서 무역수지를 개선시킬 것으로 보인다.

해외투자에 미치는 영향

UR협정은 1차적으로 무역자유화를 최고의 목표로 하고 있지만, 해외투자의 자유화도 지향하고 있다.

한국의 해외투자는 '80년대부터 본격화되었다고 할 수 있는데 주요 해외투자동기는 저임 등 원가절감, 수입규제 회피, 현지시장 접근, 기술확보, 현지판매망 구축 등이었다. 대개발도상국의 경우 주로 '80년대 중반의 급격한 원화절상과 노사분규 및 이에 동반한 급속한 임금인상에 대한 대응방안의 하나로서 원가경쟁력의 확보를 위한 해외투자가 주류를 이루었으며, 동남아와 공산권이 주된 대상지역이었다. 또한 선진국의 수입규제를 우회하기 위한 투자도 많았다.

대선진국 투자의 경우도 '80년대 중반에 집중되었던 미국 · EC 등의 반덤핑, 수량제한 등 수입규제에 대응하여 현지시장 확보를 위한 것이 많았으며 첨단기술업종의 경우 기술력 확보를 위한 현지투자도 있었다.

UR협정은 전반적으로 해외투자여건을 호전시키는 한편, 해외투자유인의 질적 변화를 초래할 것으로 예상된다. 우선 그동안 해외투자시 현지국이 투자이행의무로서 부과해 왔던 무역관련투자조치가 선진국의 경우 협정 발효 후 2년 이내에, 개발도상국의 경우 5년 이내에 폐지하도록 되어 있어 향후 해외투자의 걸림돌은 대부분 제거될 것으로 보인다. 또한 원산지 운용도 개선되고, 특히 협정 발효 후 3년 내 국제통일원산지규정을 제정하도록 되어 있어 향후 해외투자시 현지산품의 원산지결정에 대한 예측가능성과 명료성이 높아지고 사전대응력도 제고될 것이다. 한편, 현지국의 서비스시장도 개방이 진전되어 상업적 주재에 대한 제한이 완화될 것이므로 유통망 · 금융 등에 대한 현지투자여건도 크게 개선될 것이다. 이러한 투자환경변화는 특히 개발도상국에의 투자촉진요인으로 작용할 것이다.

반면, 수입규제 회피를 위한 대선진국 현지투자, 우회수출을 위한 대개발도상국 현지투자, 개발도상국의 수입제한 회피를 위한 투자는 감소할 것이다. 즉, UR협정에 따라 향후 선진국의 반덤핑 완화와 수출자율규제

철폐가 기대되고 개발도상국을 중심으로 관세 및 비관세장벽의 철폐가 예
상됨에 따라 선진국 등 현지시장의 상실을 우려한 불가피한 해외투자는
지양될 것이다.

따라서, 향후에는 해외투자여건이 개선되고 선진국의 수입규제가 완화
됨에 따라 현지투자 결정시 비교우위 확보 또는 경쟁력 확보의 목적이 보
다 중시될 것이다. 즉, 원가경쟁력 확보를 위한 현지공장 투자, 첨단기술
의 확보를 위한 R&D 현지법인 투자와 마케팅력 확보를 위한 판매법인 투
자, 저리자금의 확보 및 현지공장 또는 판매법인 지원을 위한 현지금융자
회사의 투자 등이 우선시될 것이다.

UR 타결이 한국산업에 미치는 영향과 대응전략

1. 총 괄

산업영향분석의 틀

산업별 수출입에 미치는 영향의 결정요인

UR협정은 향후 세계 각국 및 한국의 통상규제정책·제도와 관행을 변화시킴으로써 한국의 산업별 수출 및 수입에 큰 영향을 미칠 것이다. 이러한 산업별·품목별 수출입에 미치는 영향은 다음과 같이 보다 구체적인 요인에 의해 결정될 것이다.

우선 수출은 ① 수출시장에서 통상환경(관세 및 비관세장벽)의 변화내용·정도·시기(시장개방, 통상규범의 변화, WTO체제의 강화 등 포함) ② 상대국 수요의 가격 및 소득탄력성(무역장벽 제거에 따른 직접적인 수입확대효과 및 소득창출에 따른 간접적인 수입수요의 확대효과 고려) ③ 장벽제거내용과 한국 수출과의 연관성 ④ 시장별 성장·진화단계상의 위치 ⑤ 수출시장에서 국내기업들의 경쟁력 여하 ⑥ 수출시장에서 다른 경쟁국과의 경쟁 정도, 장벽제거내용과 다른 경쟁국 수출과의 연관성 ⑦ 한국 수출지원제도의 철폐 속도와 폭 등에 의해 결정될 것이다.

수입은 ① 한국 수입장벽의 제거내용·정도·시기(시장개방, 통상규범의 변화, WTO체제의 강화 등 포함) ② 수요의 가격 및 소득탄력성③ 국내시장의 성장진화단계상의 위치(미래 성장분야에서의 개방과 경쟁확대 정도) ④ 수입장벽의 제거내용과 경쟁국과의 연관성 ⑤ 국내기업들의 경쟁력 ⑥ 수입대체효과가 있는 산업지원제도의 철폐 속도와 폭 등에 의해 결정될 것이다.

본 산업별 영향분석은 각 최종협정분야별 내용 및 현재까지 드러난 각국 및 한국의 국별 양허표내용을 전제로 가능한 한 상기와 같은 요인을 고려하여 전개하였다. 특히 가장 중요한 결정요인인 UR에 따른 통상환경의 변화와 현지국 및 제 3 국에 대한 한국의 경쟁력 현황과 변화전망을 우선적으로 고려하여 제조업 및 서비스업부문의 산업별 영향을 분석하였다.

다만, 현재로서는 UR 최종협정문 및 한국의 양허내용은 확정되어 거의 밝혀져 있지만, 각국의 시장개방 양허내용 전체가 밝혀지지 않은 상황에 있어 수출시장에서 무역장벽이 제거되는 정도·시기를 정확하게 파악하는데는 많은 한계가 있으며, 현재까지 밝혀진 주요국의 시장개방 양허내용만을 감안할 수밖에 없었다. 그러나 통상규범의 변화나 WTO체제의 강화에 따른 영향은 국별 현행 통상제도·관행을 파악하고, 최종협정의 내용과 대비함으로써 현재의 시점에서는 충분히 고려하였다고 생각한다.

제조업부문의 영향분석 FLOW

먼저, 제조업부문의 각 산업별 영향분석은 다음과 같은 요인을 중심으로 하였다.

산업별 영향의 결정적 요인 중 가장 크게 고려한 것은 앞서 언급된 바

〈그림 8-1〉 UR협정분야별 내용이 제조업의 수출·투자환경에 미치는 영향

〈협정분야〉	〈주요내용〉	〈수출·투자환경에의 영향〉
관 세 ⇒	– 관세인하 – 무세화, 관세조화 ⇒	– 현지산품대비 가격경쟁력 향상으로 수출환경 개선 – 한국에 GSP(일반특혜관세)를 공여하는 국가에의 수출환경은 상대적으로 불리
섬유류 ⇒	– MFA에 의한 섬유쿼터를 점진적으로 철폐 – 공정한 통상규범 적용 강화 ⇒	– 대선진국에의 섬유류 수출환경 개선
농산물 ⇒	– 농산물시장개방 ○ 국내의 경우 농업부문 축소, 농산물 수입확대 및 가격하락 ⇒	– 관련 제조업에의 파급효과 ○ 후방산업(농기계, 농약 등)에 대한 수요 감소 · 영농기계화에 따른 대형 농기계 수요는 확대 ○ 전방산업(사료, 음식료 등)의 원료가격 하락에 따른 수익성 개선
긴급수입 제한조치 ⇒	– 발동요건 엄격화, 자의적 운용 억제, 기존 긴급수입제한조치 철폐(5년 내) ⇒	– 발동이 빈번했던 국가에의 수출환경 개선
	– 발동 후 3년간 상대국에 대한 보상의무·역보복조치 면제	– 특정물품의 급격한 수출확대시 상대국의 자구책으로서 긴급수입제한조치 발동 증가로 수출환경 악화
	– 회색지대조치(수출자율규제 등) 철폐	– 기존 회색지대조치 운용국가에의 수출환경 개선

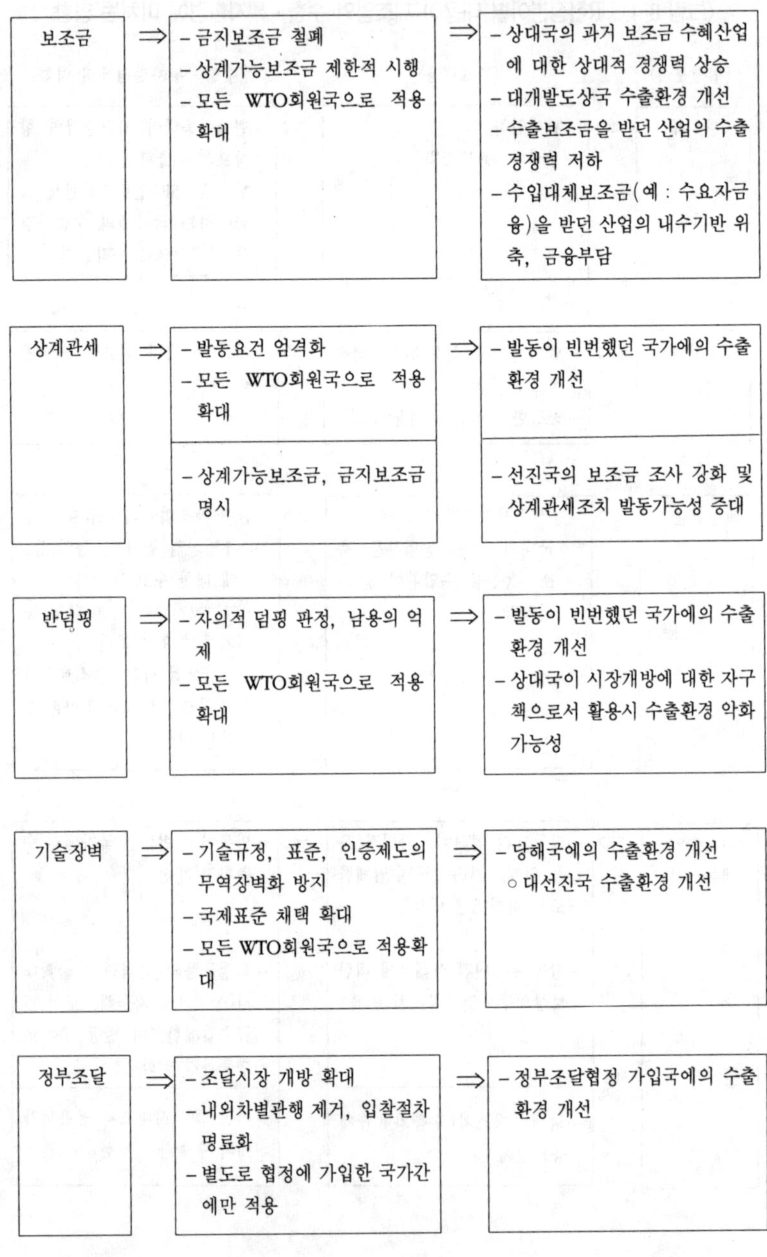

보조금
– 금지보조금 철폐
– 상계가능보조금 제한적 시행
– 모든 WTO회원국으로 적용 확대
– 상대국의 과거 보조금 수혜산업에 대한 상대적 경쟁력 상승
– 대개발도상국 수출환경 개선
– 수출보조금을 받던 산업의 수출경쟁력 저하
– 수입대체보조금(예 : 수요자금융)을 받던 산업의 내수기반 위축, 금융부담

상계관세
– 발동요건 엄격화
– 모든 WTO회원국으로 적용 확대
– 상계가능보조금, 금지보조금 명시
– 발동이 빈번했던 국가에의 수출환경 개선
– 선진국의 보조금 조사 강화 및 상계관세조치 발동가능성 증대

반덤핑
– 자의적 덤핑 판정, 남용의 억제
– 모든 WTO회원국으로 적용 확대
– 발동이 빈번했던 국가에의 수출환경 개선
– 상대국이 시장개방에 대한 자구책으로서 활용시 수출환경 악화 가능성

기술장벽
– 기술규정, 표준, 인증제도의 무역장벽화 방지
– 국제표준 채택 확대
– 모든 WTO회원국으로 적용확대
– 당해국에의 수출환경 개선
○ 대선진국 수출환경 개선

정부조달
– 조달시장 개방 확대
– 내외차별관행 제거, 입찰절차 명료화
– 별도로 협정에 가입한 국가간에만 적용
– 정부조달협정 가입국에의 수출환경 개선

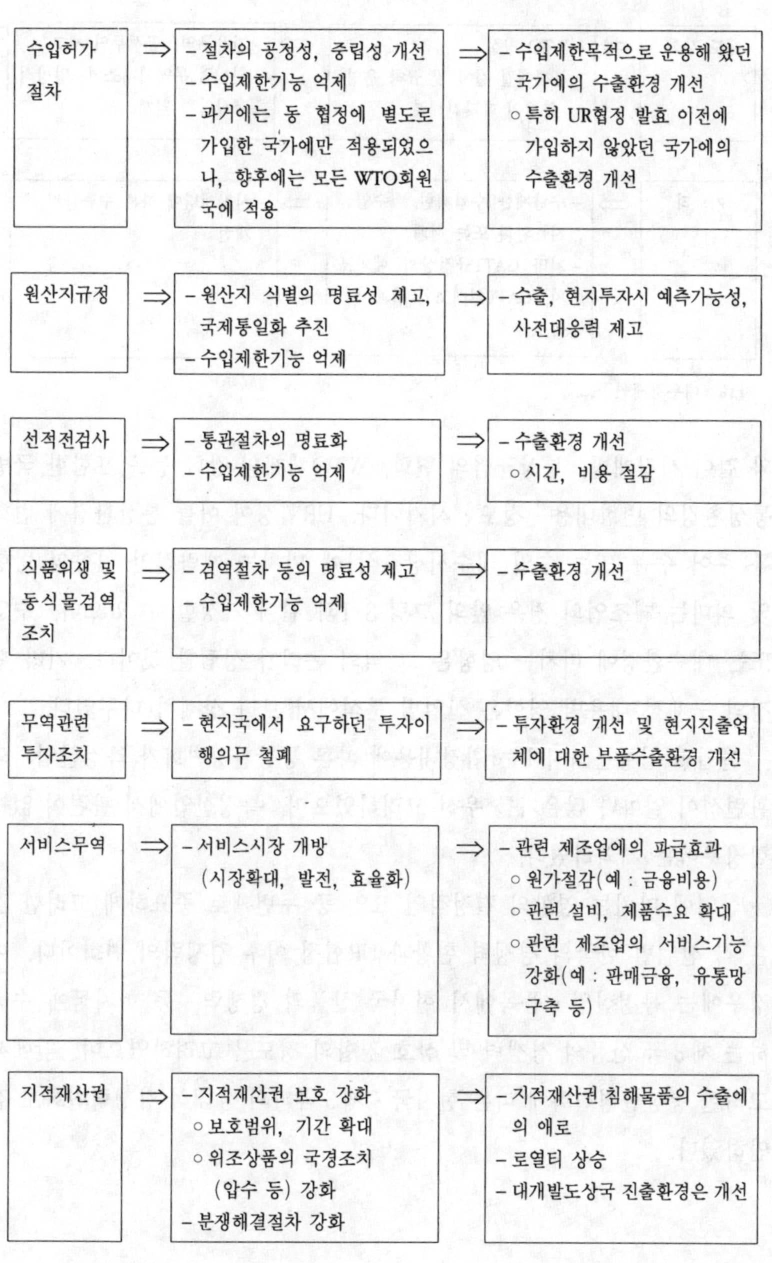
수입허가
절차
⇒ – 절차의 공정성, 중립성 개선
– 수입제한기능 억제
– 과거에는 동 협정에 별도로
가입한 국가에만 적용되었으
나, 향후에는 모든 WTO회원
국에 적용
⇒ – 수입제한목적으로 운용해 왔던
국가에의 수출환경 개선
○특히 UR협정 발효 이전에
가입하지 않았던 국가에의
수출환경 개선

원산지규정
⇒ – 원산지 식별의 명료성 제고,
국제통일화 추진
– 수입제한기능 억제
⇒ – 수출, 현지투자시 예측가능성,
사전대응력 제고

선적전검사
⇒ – 통관절차의 명료화
– 수입제한기능 억제
⇒ – 수출환경 개선
○시간, 비용 절감

식품위생 및
동식물검역
조치
⇒ – 검역절차 등의 명료성 제고
– 수입제한기능 억제
⇒ – 수출환경 개선

무역관련
투자조치
⇒ – 현지국에서 요구하던 투자이
행의무 철폐
⇒ – 투자환경 개선 및 현지진출업
체에 대한 부품수출환경 개선

서비스무역
⇒ – 서비스시장 개방
(시장확대, 발전, 효율화)
⇒ – 관련 제조업에의 파급효과
○ 원가절감(예 : 금융비용)
○ 관련 설비, 제품수요 확대
○ 관련 제조업의 서비스기능
강화(예 : 판매금융, 유통망
구축 등)

지적재산권
⇒ – 지적재산권 보호 강화
○ 보호범위, 기간 확대
○ 위조상품의 국경조치
(압수 등) 강화
– 분쟁해결절차 강화
⇒ – 지적재산권 침해물품의 수출에
의 애로
– 로열티 상승
– 대개발도상국 진출환경은 개선

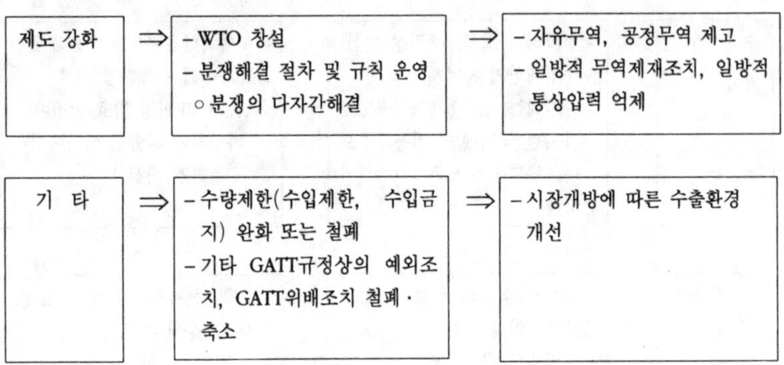

자료 : 대우경제연구소.

와 같이 시장개방, 통상규범의 변화, WTO체제의 강화 등을 포함한 국별 통상환경의 변화내용·정도·시기이다. UR협정이 이들 통상환경에 변화를 주어 수출 또는 수입(내수시장잠식)에 미치는 개략적인 영향의 방향 및 의미는 제조업의 경우 앞의 그림 8-1과 같이 가정할 수 있으며, 수입 또는 내수환경에 미치는 영향은 그 역의 논리가 성립할 것이다. 기타 협정의 구체적 내용별 영향은 산업별 분석에서 보다 상세히 다루었다.

산업별 영향분석시에는 협정내용에 따른 통상환경변화가 특정산업과의 관련성이 얼마나 많은가를 우선 고려하였으며, 특정산업에서 관련이 없는 협정분야는 제외하였다.

산업에 미치는 영향의 결정적인 요인 중 두번째로 중요하게 고려한 것은 각 산업별 한국의 경쟁력 현황과 UR협정 이후 경쟁력의 변화이다. 이 경우에는 특정산업·품목에서 현지국 산품의 경쟁력, 동 현지국에 수출하는 제3국 산품의 경쟁력 및 상호 경합의 정도를 고려하였으며, 앞에서 고려한 통상환경변화에 따른 현지국·제3국과의 상대적 경쟁력변화도 감안하였다.

서비스업부문의 영향분석 FLOW

서비스부문의 국제무역에 대한 규율은 이번 UR협정을 통하여 처음으로 마련되었으며, 그 내용은 서비스무역 일반협정(General Agreement on Trade in Services : GATS) 및 부속서(Annexes)를 통하여 구현되었다. UR협정 이후 각국간의 서비스무역환경은 모든 서비스분야 및 국가에 적용되는 의무·규율, 구체적 자유화 약속(양허협상), 점진적 자유화 추진(협정 발효 후 5년 내 후속협상 개시) 등을 주내용으로 하는 서비스무역 일반협정(GATS)과 각국이 시장개방에 대하여 약속을 하는 양허표에 의해 크게 영향을 받을 것이다.

따라서, UR 타결이 서비스업부문에 미치는 영향의 분석에서는 서비스 일반협정 및 부속서와 양허표에 따른 시장개방, 통상규범의 변화, WTO 체제의 강화 등을 포함한 통상환경의 변화내용·정도·시기를 우선적으로 고려하였다. 즉, 시장접근에 대한 제한여부, 내국민대우에 대한 제한여부를 약속한 시장개방양허표와 최혜국대우원칙, 공개주의, 국내규제제도의 무역장벽화금지원칙 등을 전제로 현행 한국의 서비스무역에 대한 각종 제도·정책·관행을 비교하여 그 변화를 파악하였다.

또한, 한국과 외국 서비스업의 경쟁력 비교를 통하여 서비스무역환경 변화시의 영향을 평가하였으며, 기타 국내서비스시장의 성장진화단계상의 위치 등을 고려하였다.

다만, 서비스업의 경우 제조업과는 달리 해외진출이 거의 없기 때문에 건설 및 엔지니어링산업을 제외하고는 UR 타결이 내수시장에 미치는 영향만을 분석하였다.

산업별 영향의 종합

이러한 영향분석 FLOW에 기초하여 본 연구에서는 자동차·전자·일반기계·섬유·철강·화학·음식료·조선·중전기·종이·가구 등의 제조업과 금융·건설 및 엔지니어링·통신서비스·운송·유통 등의 서비스업, 그리고 농업에 대하여 UR 타결의 영향을 살펴보았다.

먼저, 제조업부문의 경우 UR 타결에 따라 예상되는 각 산업의 무역장벽완화의 정도와 경쟁력을 중심으로 산업을 크게 구분하여 UR이 산업에 미치는 영향을 살펴보면 다음과 같이 요약된다.

수출위주산업으로서 수출환경개선 정도가 수입장벽완화 정도보다 크고, 이를 수출확대의 기회요인으로 활용할 수 있을 만큼 국제경쟁력을 갖춘 전자산업 특히 반도체·컴퓨터주변기기·CPT·전자렌지 등은 내수시장의 잠식효과보다 수출확대효과가 커 상당히 유리할 것으로 예상된다.

내수위주산업이지만 수출환경개선 정도가 수입장벽완화 정도보다 크고 국제경쟁력을 갖춘 자동차·섬유(특히 직물류)·철강·화학의 일부 산업(합성수지·도료 등)도 상당히 유리할 것으로 보인다.

경쟁력은 다소 뒤지지만 수출환경개선 정도가 큰 화학 일부(비료 등)의 경우에도 수출확대효과가 어느 정도 기대된다.

반면 내수위주산업으로서 수입장벽완화 정도가 수출환경개선측면보다 더 크고 경쟁력이 낮은 기계·중전기·음식료·종이·가구·화학 일부(합섬원료·화장품·의약·농약 등)의 경우 UR은 다소 불리한 영향을 미칠 것으로 예상된다.

또한 수출위주의 산업이지만 수입장벽완화 정도가 크고 국내산업지원정책의 변화로 경쟁력이 저하될 것으로 보이는 조선의 경우 불리한 영향을 받을 것으로 보인다(UR 타결 이후 결국 OECD 조선협상이 타결될 것

〈표 8-1〉 UR 타결에 따른 산업별 영향 종합 비교표(제조업부문)

구 분	단 위	수 급 실 적			무역장벽 제거정도 1~10$^{1)}$	경쟁력 1~10$^{2)}$	영향평가$^{3)}$		
		수 출	국내판매	수 입			수출	내수	종합
자동차	천 대	457	1,264	9	7	7	○○	×	○
승용차	천 대	428	878	2	7	7	○○	×	○
상용차	천 대	29	386	5	6	7	○	▽	○
전 자	백만 달러	20,683	12,236	11,650	6	6	○○	×	○
가정용 전자	백만 달러	5,966	4,248	777	6	6	○○	×	○
컬러TV	백만 달러	1,423	661	7	6	6	○○	×	○
VTR	백만 달러	1,181	443	28	5	6	○	×	△
오디오	백만 달러	1,859	800	444	5	5	○	×	-
전자렌지	백만 달러	613	128	0	6	7	○○	-	○○
산업용 전자	백만 달러	4,227	2,966	3,205	6	5	○○	×	○
컴퓨터	백만 달러	335	749	415	6	5	○○	×	△
주변기기	백만 달러	2,371	500	1,069	6	6	○○	×	○
교환기	백만 달러	35	646	31	5	4	△	▽	-
전화기	백만 달러	289	258	80	5	5	○	▽	△
전 자 부 품	백만 달러	10,490	5,022	7,668	6	6	○○	×	○
반도체	백만 달러	6,234	784	4,050	7	7	○○	-	○○
CPT	백만 달러	834	710	231	6	7	○○	×	○
자기테이프	백만 달러	815	226	84	6	5	○○	▽	○
축전기	백만 달러	154	372	177	5	5	○	▽	△
일반기계	억 원	19,392	176,504	85,536	4	4	○	××	×
공작기계	억 원	865	15,120	7,555	4	4	△	×	×
건설중장비 (주요 4기종)	억 원	821	4,161	493	4	4	○	××	×
농기계	억 원	179	7,466	2,349	3	3	○	××	×
섬유기계	억 원	1,610	10,330	5,678	4	3	○	××	×
섬 유	10억 원	12,427	12,477	3,154	7	6	○	-	○
면 사	천 톤	208	315	76	6	6	-	▽	▽
면직물	천 Km	701	138	50	8	3	-	△	▽
모 사	천 톤	71	71	1	7	6	△	-	△
모직물	천 Km	22	29	3	7	7	△	-	△
화학섬유	천 M/T	1,165	297	161	8	8	○○	-	○○
철 강	천 M/T	9,747	21,818	2,673	8	8	○	▽	○
조강류	천 M/T	1,792	10,932	1,487	8	8	○	▽	○
판재류	천 M/T	7,904	10,537	1,147	8	9	○○	▽	○○
주단강류	천 M/T	362	349	38	8	8	○	▽	○

구 분	수 급 실 적			무역장벽 제거정도	경쟁력	영향평가[3]		
	단 위	수 출	국내판매	수 입	$1\sim10$[1]	$1\sim10$[2]	수출	내수	종합
화 학	억 원	32,860	n.a.	58,331	6	5	○	▽	○
합성수지	천 톤	1,912	2,873	127	8	6	○	▽	○
합섬원료	천 톤	158	1,640	786	4	3	△	▽	▽
화 장 품	억 원	195	12,338	534	2	5	△	▽	−
도 료	억 원	604	10,682	606	8	6	○○	○	○
의 약	억 원	2,061	44,485	3,965	3	3	△	×	×
농 약	억 원	18	5,225	43	4	3	×	▽	▽
비 료	천 톤	1,252	2,876	203	7	5	○	×	△
음식료	백만 달러	1,135	n.a.	3,413	2	4	−	▽	▽
조 선	백만 달러	3,778	180	−	5	6	×	−	×
중전기	억 원	2,789	19,691	8,401	4	3	△	×	×
발 전 기	억 원	171	3,040	2,195	3	2	△	××	×
전 동 기	억 원	357	3,472	2,004	3	2	△	××	×
변 압 기	억 원	1,872	1,392	1,411	6	5	○	▽	−
차 단 기	억 원	114	3,350	399	4	4	△	▽	−
개 폐 기	억 원	56	2,656	240	4	4	△	▽	−
배 전 반	억 원	219	5,781	2,152	3	2	△	××	×
가 구	억 원	978	21,047	605	4	4	−	×	▽
금속가구	억 원	206	4,435	43	6	7	○	△	○
목제가구	억 원	772	16,612	562	4	3	×	▽	×
종 이	천 M/T	550	4,850	490	4	4	△	▽	▽
신문용지	천 M/T	0	590	200	5	4	−	▽	−
인쇄용지	천 M/T	120	890	50	4	3	△	×	×
판 지	천 M/T	410	2,360	90	4	6	△	▽	△
기 타 지	천 M/T	20	760	150	3	3	▽	×	×

주 : 1) 통상환경측면에서 수출상대국의 무역장벽과 한국의 수입장벽이 완화하는 정도를 평가
  하여 0(불리할수록)~10(유리할수록)의 평점을 부여함(중간=5).
  2) 산업별 한국의 경쟁력 정도를 평가하여 0(낮을수록)~10(높을수록)의 평점을 부여함
  (중간=5).
  3) ○○ 매우 유리, ○ 유리, △ 다소 유리, − 중립, ▽ 다소 불리, × 불리, ×× 매우
  불리.
자료 : 대우경제연구소.

〈표 8-2〉 우루과이라운드의 협정분야별 산업에 미치는 영향 총괄표

구 분		시장접근 관세인하	섬유협정	농산물협정	다자간규범 반덤핑 등	보조금	기술장벽	정부조달	수입허가절차	원산지규정	무역투자조치	서비스 유통 등	지적재산권	기타 수입제한완화	종합평가
자동차	수출	○○	-	-	-	○	○	-	△	△	△	-	-	○○	○○
	내수	▽	-	-	-	-	-	-	▽	-	▽	×	-	×	×
	종합	○	-	-	-	○	○	-	-	-	-	×	-	○	○
전 자	수출	○○	-	-	○○	-	○	○	-	○	○	△	×	-	○○
	내수	▽	-	-	-	-	×	▽	-	-	×	×	▽	××	×
	종합	○	-	-	○○	-	△	△	-	○	△	×	×	××	○
일 반 기 계	수출	△	-	-	○	×	○	○	-	△	△	-	×	×	○
	내수	×	-	-	△	××	×	××	-	▽	×	×	▽	××	××
	종합	×	-	-	△	××	×	×	-	▽	×	×	×	×	×
섬 유	수출	○○	△	-	○	▽	○	-	△	△	○	-	×	△	○
	내수	×	-	-	▽	×	×	-	-	▽	▽	▽	×	-	-
	종합	○○	△	-	○	×	-	-	△	-	○	▽	×	○	○
철 강	수출	○○	-	-	○○	▽	○	○	-	△	○	-	-	△	○
	내수	×	-	-	▽	×	▽	▽	-	-	▽	-	-	▽	▽
	종합	○	-	-	○○	×	○	-	-	-	○	-	-	-	○
화 학	수출	○	-	-	○	×	△	-	-	-	×	-	×	△	○
	내수	▽	-	-	×	▽	▽	-	-	-	-	×	××	-	▽
	종합	○	-	-	△	×	△	-	-	-	×	×	××	-	○
음식료	수출	-	-	-	-	-	-	-	-	-	-	-	-	-	-
	내수	▽	-	△	-	-	-	-	▽	-	-	×	-	▽	▽
	종합	▽	-	△	-	-	-	-	▽	-	-	×	-	▽	▽
조 선	수출	○	-	-	××	○	-	-	-	-	-	-	-	-	×
	내수	○	-	-	-	▽	-	-	-	-	-	-	-	-	-
	종합	○	-	-	××	○	-	-	-	-	-	-	-	-	×
중전기	수출	△	-	-	-	-	-	-	-	-	-	-	-	-	△
	내수	-	-	-	-	×	-	×	-	-	-	-	-	-	×
	종합	-	-	-	-	×	-	×	-	-	-	-	-	-	×
가 구	수출	-	-	-	-	-	-	-	-	-	-	-	-	-	-
	내수	×	-	-	-	-	-	-	-	-	-	-	-	-	×
	종합	×	-	-	-	-	-	-	-	-	-	-	-	-	▽

| 구 분 | | 시장접근 | | | 다자간규범 | | | | | | | 서비스 | 지적재산권 | 기타 | 종합평가 |
		관세인하	섬유협정	농산물협정	반덤핑 등	보조금	기술장벽	정부조달	수입허가절차	원산지규정	무역투자조치	유통 등		수입제한완화	
종 이	수출	−	−	−	−	−	−	−	−	−	−	−	−	−	△
	내수	×	−	−	−	−	−	−	−	−	−	−	−	▽	▽
	종합	×	−	−	−	−	−	−	−	−	−	−	−	▽	▽

주 : ○○ 매우 유리, ○ 유리, △ 다소 유리, − 중립, ▽ 다소 불리, × 불리, ×× 매우 불리.

으로 가정함).

마지막으로, 수출환경이 오히려 악화되고 수입장벽도 다소 완화될 봉제의류는 수출감소 및 수입증가의 매우 불리한 영향을 받을 것으로 우려된다.

한편, UR협정분야별로 각 산업의 수출과 내수(수입)측면에 미치는 영향을 살펴보면 다음 표 8-2와 같다.

한편, 서비스부문의 경우 금융·건설·통신·운송(육상·해상·항공), 유통에 대하여 내수시장개방측면만을 고려해 볼때, UR에 따른 영향은 다음과 같이 요약된다.

시장개방의 내용·정도가 크고 경쟁력이 취약한 육상운송과 금융 중 손해보험이 UR의 타격을 가장 크게 받을 것으로 예상되며, 개방의 폭 자체는 크지 않으나 경쟁력이 뒤지는 해운·유통도 상당히 불리한 영향을 받을 것으로 보인다. 은행의 경우는 경쟁력은 뒤지지만 이미 상당수준 개방되어 UR에 따른 부정적인 영향이 별로 없을 것으로 예상된다. 건설은 어느 정도 국내시장의 잠식효과가 클 것이나 해외건설의 수출확대가 상당히 클 것으로 보여 종합적인 영향은 다소 유리할 것으로 보인다.

2. 제조업부문

자 동 차

개 황

① 산업 개요

자동차산업은 광범위한 관련 산업을 가진 전후방효과(前後方效果)가
큰 산업이다. 자동차산업은 약 2만 개의 기계부품으로 구성되어 있는 대
표적인 종합기계산업으로 자재부문(철강업·비철금속·타이어 등), 판
매·정비부문과 이용부문(여객·화물운송업), 기타 관련 부문(석유정제
업·주유소·보험업) 등의 광범위한 관련산업을 가지고 있다. 이로 인해
자동차산업은 한 국가의 산업발전에 중추적인 역할을 하게 되어 어느 국
가나 자동차산업을 정책적으로 보호·육성하고 있다. 또한 동 산업은 노
동집약적인 장치산업으로 규모의 경제효과가 큰 산업이며, 연간 30만 대
의 생산시설을 갖추는데 약 1조 원의 투자비(완성차 6천억 원, 부품 4천
억 원)가 소요될 정도로 투자규모가 크기 때문에 전세계적으로 경제성을
가지고 자동차를 생산하는 나라는 10여개 국 정도에 불과하다.

② 산업 현황

한국의 자동차산업은 '80년대에 들어 양산체제가 확립됨에 따라 지속
적으로 생산이 증가하여 1993년 기준 205만 대로 일본·미국·독일·프
랑스·캐나다에 이어 세계 6위 수준에 도달하였다. 1993년 말 현재 승용
차의 생산능력은 204만 6천 대, 상용차는 67만 6천 대이다.

1993년 한국은 205만 대의 자동차를 생산하였고 이 중 63.9만 대를 수

〈표 8-3〉 한국의 자동차 생산, 내수, 수출추이

(단위 : 천 대, %)

연 도	생산	증감률	국내 판매	증감률	수출	증감률	수입	증감률
1983	216	28.6	192	45.5	24	–	–	–
1984	264	22.2	204	6.3	48	100	–	–
1985	384	45.5	240	17.6	120	150	–	–
1986	600	56.3	288	20.0	312	160	–	–
1987	984	64.0	420	45.8	540	73.0	–	–
1988	1,080	9.8	528	25.7	576	6.7	–	–
1989	1,129	4.2	763	45.7	356	− 38.2	1.4	–
1990	1,322	17.1	954	25.0	347	− 2.5	2.4	72.3
1991	1,498	13.3	1,104	15.7	390	12.4	1.8	− 26.5
1992	1,730	15.5	1,268	14.9	456	16.9	1.8	2.1
1993	2,050	18.5	1,436	13.2	639	40.0	n.a.	n.a.

주 : 수입은 승용차임.
자료 : 한국자동차공업협회, 《한국의 자동차산업 1993》.

출하여 수출비중이 30.0%에 달하고 있으며, 금액상으로는 41.6억 달러에 달하고 있다. 1993년의 자동차 수출실적은 지금까지 최고치였던 1988년의 57.6만 대를 5년만에 초과한 것이다. 한국의 자동차 수출은 1985년 현대자동차의 캐나다 진출, 1986년 미국 진출을 계기로 급격히 증가해 1988년에는 완성차 생산 중 수출의 비중이 55%까지 증가하기도 했었다. 그러나 1989년 이후 해외시장에서 국산차의 가격 및 품질경쟁력의 약화로 수출이 급격히 감소했으나 1991년 이후 업체들의 시장다변화의 노력과 국산차 가격경쟁력 회복에 의해 증가추세로 반전하였다. 1993년에 자동차 수출은 63.9만 대를 기록했으며, 전년비 40.0% 하였다. 1993년 들어 수출이 이처럼 크게 늘고 있는 것은 시장다변화의 추진과 경쟁력의 회복을 들 수 있다. '80년대 말 대미수출이 급격히 감소하자 자동차업체들은 이에 대처하는 방안으로 시장다변화를 추진했는데, 이것이 성공적으로 진행되면서 1992년에는 지역별 수출구성에 대폭적인 변화

<표 8-4> 한국 자동차업체의 해외조립기지 추진 현황(1993년 9월 말)

기업 명	추 진 사 업
현 대	캐나다(10만 대), 인도네시아(5천 대), 이집트(1만 5천 대), 중국, 태국(1만 대)
기 아	대만(2만 4천 대), 필리핀(7천 대), 베트남(1천 대), 이란(5만 대), 베네주엘라(5천 대), 인도네시아(5만 대), 중국
대 우	우즈벡(18만 대), 이란(5만 대), 필리핀(1만 대), 페루(2만 대), 베트남(1만 대), 카자흐스탄(5천 대), 타타르, 중국
쌍 용	베트남, 스페인, 헝가리

자료 : 한국자동차공업협회.

가 일어났다. 1991년까지만 해도 대미수출의 1/3수준을 넘지 못했던 대유럽수출이 1993년 들어 대등한 수준으로 증가하여, 양지역이 전체 수출의 각각 22.0, 20.6%를 차지하게 되었다. 또한 아시아·태평양지역 및 중동지역과 중남미지역의 비중이 51.4%를 차지하고 있으며, 그동안 불모지로 간주되었던 아프리카지역으로의 수출도 증가추세에 있다.

그러나 현재 한국산 자동차의 수출시장에서의 점유율은 대부분 1~2%로 상대국시장에서 큰 주목을 받을 만한 수준에는 마치지 못하고 있는 실정이며, 더욱이 개발도상국으로의 수출은 장기적인 계약이나 독자판매망에 의한 것이라기 보다는 실적 위주로 추진되고 있는 것에 불과하기 때문에 규모로는 그리 크지 않다. 대부분의 개발도상국은 완성차의 수입을 제한하고 있어 이러한 수입제한조치를 피하기 위해 현지조립생산(knock down)방식의 수출을 활발하게 추진하고 있다. 이러한 KD수출대수는 1992년에 4만 대로 전체수출의 8.8%를 차지했으나 1993년에는 6만 대로 전체수출의 10%를 차지하였다.

수입시장측면에서 보면, 지난 1987년에 한국의 자동차시장이 개방된 이래 미국과 유럽산 자동차들이 한국에 진출하였다. 수입승용차의 국내시장의 점유율은 1990년에는 2,436대가 팔려 0.4%를 차지하였으나 1992년에는 1,821대에 머물면서 시장점유율이 0.2%로 극히 낮은 수준에 있다.

이처럼 수입승용차의 판매가 부진한 이유는 다음과 같은 요인을 들 수

<표 8-5> 국내시장에서의 외국산 승용차의 판매추이

(단위 : 대, %)

연도	포드	벤츠	볼보	BMW	푸조	크라이슬러	폭스바겐	혼다	기타	합계	국내점유율
1987	–	10	–	–	–	–	1	–	–	11	–
1988	22	94	47	56	18	–	12	–	50	299	–
1989	575	213	90	171	88	–	69	28	180	1,414	0.2
1990	1,607	254	115	123	83	–	66	31	157	2,436	0.4
1991	864	218	262	106	91	–	47	64	147	1,799	0.2
1992	849	201	218	125	113	105	49	55	106	1,821	0.2

자료 : 한국자동차공업협회, 《한국의 자동차산업 1993》.

있다. 첫째, 한국이 자동차 대중화의 초기 단계에 있기 때문에 소형차에 대한 수요가 많은데 소형차의 경우 한국산 자동차가 외국산차에 비해 경쟁력을 가지고 있다. 둘째, 수입차의 판매대수가 적은 반면 관리비와 A/S망의 유지를 위해 수입상들의 마진이 매우 높아 수입차의 자동차판매 가격이 아직은 고가격정책을 취할 수밖에 없기 때문이다. 셋째, 외국산 승용차를 사용하는 데에 대한 국민적 감정이 아직은 성숙되어 있지 않으며 일본산 자동차가 수입선다변화조치에 의해 수입이 제한되고 있다.

1989년 이후 유통시장개방이 지속적으로 확대되어 수입제한 조치나 차별적인 조치는 거의 해소되었으나 여전히 일본산 자동차의 수입이 금지되고 있어서 불공정무역이라는 지적을 받고 있다. 관세의 경우도 1993년에는 15%이나 1994년부터는 10%로 인하되어 EC와 같은 수준에 도달할 것이고 유통시장도 1996년 이후에는 완전히 개방될 예정이다.

경쟁력 현황

국내의 자동차산업은 '80년대 중반 이후에나 본격적인 수출의 개시와 수입자유화가 이루어졌고 그 이전까지는 독과점적인 상태에서 생산, 판매 활동을 하였기 때문에 경쟁력의 논의 자체에 한계가 있을 수밖에 없다. 그러나 수출시장의 진출과 수입시장의 개방은 국내자동차메이커들로 하여

〈표 8-6〉 현재 시판 중인 주요 국산차와 수입차의 가격 비교

(단위 : 천 원)

기업명	차 종	엔진 (ℓ)	TM	현재 시판가격
현 대	소나타	2.0 DOHC		14,800
혼 다	어코드	2.2		31,900
볼 보	940	2.3	A/T	39,930
사 브	900	2.3 DOHC		36,300
현 대	그랜져	3.0 DOHC	A/T	31,900
볼 보	960	2.9 DOHC	A/T	68,530
도요타	캠리	3.0 DOHC	A/T	44,000
벤 츠	300	2.8 DOHC	A/T	73,700

자료 : 한국자동차공업협회.

금 생산차종에 대한 경쟁력의 제고라는 계기를 마련하게 되었으며, 국제 시장에서의 국내자동차에 대한 각종 경쟁력 평가도 자의반타의반 받게 되었다. 여기서 경쟁력은 크게 가격경쟁력과 품질·기술수준·판매망 등의 요인으로 설명될 수 있는 비가격경쟁력으로 나눌 수 있다.

① 가격경쟁력

국내시장

가격측면에서만 살펴보았을 경우 국산차의 가격경쟁력은 수입차에 비해서 월등하다. 승용차의 경우 1993년 현재의 관세는 15%이나 수입승용차의 국내판매가격은 동급의 국산자동차에 비해 1.5~2.5배에 달하고 있어 국내시장에서의 한국산 자동차의 가격경쟁력은 절대적으로 우위에 있다. 예를 들어 현대의 소나타와 동급으로 분류될 수 있는 혼다 어코드(미국산)는 소나타 가격의 2배 이상인 3,200만 원에 국내에서 판매되고 있으며, 도요타의 캠리(미국산)는 국내의 최고가 차종인 현대의 그랜져 3.0DOHC보다 무려 1,200만 원 비싼 4,400만 원에 판매되고 있다.

수출시장

수출시장에서의 국산차의 가격경쟁력은 소형차부문에서는 우위를 가지고 있으나 중형차에서는 우위가 거의 없는 것으로 평가된다. 특히,

〈표 8-7〉 미국시장에서 한국산 자동차와 일본산 자동차의 가격차이

(단위 : 달러)

구 분	1986	1988	1990	1991	1992	1993	1994
엑셀(한)	4,995	5,395	5,899	6,275	6,595	6,799	7,190
시빅(일)	5,698	6,285	6,635	6,895	8,100	8,400	9,400
터셀(일)	5,798	5,998	6,488	6,488	7,198	7,848	8,698
가격비(일/한)	1.15배	1.14배	1.11배	1.07배	1.16배	1.18배	1.26배

주 : 자동차가격은 연초 기준.
자료 : *Automotive News*, 각 호, Reuter.

〈표 8-8〉 미국시장에서의 승용차판매가격추이

(단위 : 달러)

	구 분	1988모델	1989모델	1990모델	1991모델	1992모델	1993모델
소 형	현대 엑셀GL	6,895	7,399	7,879	8,215	8,499	8,599
	대우 르망SE4D	8,189	8,349	8,904	8,754	9,465	9,854
	도요타 터셀DX4D	8,328	8,538	9,028	9,478	10,338	11,308
	혼다 시빅4D	9,095	9,190	9,440	9,670	10,755	11,055
	포드 에스코트4D	7,279	7,679	8,136	9,136	9,795	10,041
중 형	현대 소나타GLS4D	−	−	12,349	13,450	13,995	13,799
	혼다 어코드4D	11,570	11,770	12,345	12,725	13,500	13,950
	포드 토러스4D	11,380	11,778	12,640	13,934	14,980	15,491

자료 : Crain Communications, 《*Automotive News Data Book*》, 각 연호.

1994년의 경우 엔화의 강세로 소형승용차부문에서 일본산 승용차는 한국산 승용차에 비해 26%나 비싼데 이 가격차이는 한국산 자동차의 수출이 본격화되었던 1986년 이후 가장 큰 가격차이이다. 반면에 소나타가 속해 있는 중형급에서는 일본과의 가격차이가 크지 않아 가격경쟁력이 취약한 실정이다.

② 비가격경쟁력

비가격경쟁력이란 비교가 용이한 가격경쟁력과는 달리 여러 지표를 다양하게 설명해야 하는 복잡한 개념인데, 여기에서는 생산기술·기술개발·품질수준·중고차판매가격의 측면에서 비가격경쟁력을 살펴보았다.

〈표 8-9〉 주요국 자동차메이커의 기술(자동화) 비교

(단위 : %)

구 분	한국	일본	미국	미국 내 일본공장
전체자동화율	21.7	38.0	30.6	34.7
용 접	50.0	86.2	76.2	85.0
페 인 트	30.5	54.8	33.6	40.7
조 립	0.7	1.7	1.2	1.1

자료 : IMVP, 《The Machine That Changed The World》, 1990.

생산기술수준

국내자동차산업의 기술수준은 자체모델개발과 엔진·자동변속기 등 핵심부품의 국산화 등에서 비약적인 발전을 이루어 개발도상국에 비해서는 월등하게 높은 것으로 평가된다. 생산규모에 있어서 1993년 현재 한국은 세계 6위의 자동차생산국이 되었으나, 미국·일본·유럽 등 선진국과의 수준차이가 매우 크다. 생산기술수준을 제조공정별로 보면 조립·가공기술은 선진국의 90%수준에 도달하였으나, 설계기술이나 시험·검사기술은 아직 60% 이하의 수준으로 평가되며, 자동화수준도 미국의 30.6%나 일본의 38.0%에 못미치는 21.7%에 불과하다.

기술개발력

완성차업체의 기술개발력을 비교해 보면, 한국은 평균 엔지니어링 소요시간·개발기간·적정 생산성 및 품질수준 도달기간 등에서 일본에 크게 뒤지고 있으며, 이는 승용차의 개발과 생산이 지체되는 결과를 가져와 궁극적으로 시장에서 제품력의 약화를 가져오고 있다. 즉, 한국산 자동차의 모델의 평균수명이 상대적으로 길어져 라이프사이클의 단축추세와 수요의 다양화추세에 효율적으로 대응하지 못하고 있다. 그러나 비록 미국과 유럽업체에 비해서 엔지니어링 소요시간과 개발기간에서는 한국의 완성차업체가 뒤떨어져 있기는 하지만 정상적인 생산성과 품질에 도달하는 기간이 짧은 것으로 평가된다.

〈표 8-10〉 주요국 자동차메이커의 신차 개발능력

구 분	한국	일본	미국	유럽
평균엔지니어링시간(백만 시간)	3.4	1.7	3.1	2.9
평균개발기간(개월)	65.0	46.2	60.4	57.3
금형개발기간(개월)	26.0	13.8	25.0	28.0
정상생산성 도달기간(개월)	6	4	5	12
정상품질수준 도달기간(개월)	3	1.4	11	12

자료 : IMVP, 《*The Machine That Changed The World*》, 1990.
　　　 한국산업은행, 《경쟁력 강화를 위한 생산성제고방안》, 1991.

〈표 8-11〉 주요 자동차업체별 신차의 결점 수

(단위 : 개)

연 도	평균	GM	포드	도요타	혼다	벤츠	현대	대우	기아
1987	166	179	162	125	129	108	315	－	－
1988	171	173	172	121	161	116	229	246	161
1989	148	169	149	117	113	103	178	246	122
1990	140	－	－	－	－	－	230	303	166
1991	133	134	127	111	111	99	235	－	－
1992	125	136	129	106	106	－	193	－	－

주 : 신차 100대 판매 후 90일간 발생한 결점 수임.
　　 현대자동차(1992)는 울산공장 188개, 캐나다공장 249개임.
자료 : *J. D. Power and Data Associate*, 각 연호.

품질수준

전반적인 자동차의 품질수준을 평가하는 가장 대표적인 방법의 하나가 미국 J.D. POWER사의 신차 결점 수 평가가 가장 대표적이다. 신차 100대당 90일간 발생한 결점 수로 본 품질수준은 한국자동차의 경우 일본·독일·미국 등 선진국의 자동차에 비해 결점 수가 많은 것으로 나타나고 있다. 한국산 자동차는 1987년 이후 결점 수가 감소했으나 1990년에는 증가추세로 전환하여 품질이 오히려 저하되었으나 1992년에 들어서서 결점 수가 줄어들어 품질이 개선되고 있다.

중고차판매가격

비가격경쟁력을 종합적으로 판단할 수 있는 한 척도로 신규자동차가격

〈표 8-12〉 주요 제품별 신차가격대비 중고차가격비율 비교

(단위 : %)

구　　분	1991년형	1990년형	1989년형
현대　　엑셀	79.5	65.2	45.1
포드　페스티바	73.0	60.2	44.5
폰티악　르망	63.0	53.1	40.8
혼다　　시빅	99.7	94.5	84.9
마즈다　323	93.0	90.3	73.5
닛산　센트라	92.0	72.4	58.0
도요타　터셀	–	74.8	59.9
GM　　GEO	82.4	71.2	53.6
VW　　FOX	–	71.2	58.3

주 : 각 모델은 기본형 모델기준임.
자료 : *Automotive News Data Book*, 각 연호.
　　　Automotive Market Report, 1991.

과 대비한 중고차가격을 들 수 있다. 신규자동차가격에 대한 중고차가격의 비율을 보면 일본차 및 유럽차에 비해 한국차가 현격히 낮다. 1989년 모델의 경우 한국산 중고차의 평균가치(중고차가격 / 신규자동차가격)는 약 43%로 혼다자동차의 85%와 비교하면 절반수준에도 못미치고 있다. 이는 한국산 자동차의 종합적인 가치가 그만큼 열세에 있다는 것을 보여주는 것이다.

이밖에 판매점수나 A/S정비망의 수 등의 측면에서는 국내시장과 수출시장에서 차이가 날 수밖에 없다. 즉, 국내에서는 국산차가 유통망과 A/S정비망에서는 앞서나 수출시장에서는 현지국 자동차업체의 경쟁력이 앞선다.

UR 타결이 수출에 미치는 영향

① X - 5 프로젝트와 UR

한국은 2000년에 400만 대의 자동차를 생산하여 세계 5위의 자동차생산국으로 부상한다는 야심찬 목표를 세우고 이에 따라 각종 설비투자, 연구개발투자, 부품산업의 육성 프로그램을 진행하고 있다. X-5 프로젝트의 구체적인 내용을 보면 2000년까지 자동차의 생산능력을 400만 대로 늘렸고 내수판매 198만 대, 수출 122만 대를 목표로 하고 있다. 이 경우 2000년 한국 자동차산업의 가동률은 80%, 세계시장점유율은 1993년 4.5%(추정)에서 2000년에는 7.1%까지 증가하게 된다. 이러한 X-5 프로젝트의 성패는 수출에 달려있다. 즉, 2000년까지 자동차의 내수판매는 소득의 증가와 대체수요의 증가로 200만 대 수준이 충분할 것으로 예상된다. 그러나 1993년 현재 63만대인 자동차 수출이 2000년에는 2배 수준인 120만 대까지 증가해야 2000년에 80%의 가동률이 유지되는 것이다. 앞에서 살펴본 것과 같이 우리 나라의 자동차는 중저가의 소형승용차에서는 경쟁력이 있으나 중형 이상에서는 경쟁력이 없는 상황이므로 선진국시장에서 성장하는데는 한계가 있을 것으로 보인다. 그러나 아시아·중남미 지역을 비롯한 개발도상국은 현재 자동차보급기가 시작되는 시기로 소형 자동차의 수요가 늘고 가격이 중요한 구매요인이 되고 있는데, 한국산 소형승용차가 과거 이곳의 시장을 지배했던 일본산 자동차와 경쟁이 가능한 지역이어서 향후 수출유망지역으로 부각되는 곳이다. 그러나 선진국들의 경우 자동차에 대한 무역규제가 거의 없지만 개발도상국들은 수입허가제나 고율의 관세부가로 자국의 자동차산업을 보호·육성하고 있어 현재의 무역구조에서는 이들 국가에 자동차 수출이 크게 증가하기는 어려운 상태이다. UR의 타결로 한국의 내수시장이 일부 잠식될 것으로 예상되나 개발도상국의 수출가능성을 본다면 자동차산업에는 더없는 기회라고 할 것이다. 물론 1994년 2월 중 각국별 양허안이 제출되어야 구체적인 개방일정을 알 수도 있겠지만 과거와 같은 고율의 관세나 수입규제조치는 상당폭 제거될 것으로 예상된다.

② 각국별 관세율과 수입규제의 현황

북미·유럽의 선진국들은 자동차의 수입규제가 공식적으로는 없고 관세율도 낮은 수준이다. 그러나 개발도상국들은 대부분 수입허가제를 실시하고 있으며, 관세율도 고율이다. 분해부품 수입의 경우 관세율은 낮으나 완성차 수입의 경우에는 전체적으로는 주요 부품별로 국산화율이 규정되어 있는 경우가 많다. 이러한 국가들에 비해 한국은 완성차나 부품의 수입이 전면 개방되었고 수입관세율도 1994년부터 10%로 EC의 기준과 같은 수준이어서 향후 관세율이나 시장개방의 폭은 현수준에서 유지될 것으로 예상된다.

<표 8-13> 각국별 자동차 수입관세율과 수입규제의 현황

국 명	수입규제 · 관세	국산화정책
미 국	- 수입규제없음 - 관세율 : 승용차 2.5%, 상용차 25% 　　　　　부품 3~4%	- 없음
E C	- 역외관세율 : 승용차 10%, 상용차(2.8ℓ 미만) 　11%, (2.8ℓ 이상) 22%	- 없음
영 국	- 수입규제없음 - 관세율 : EC 기준	- 국산화율 60% 이상 자국산 　인정
스 페 인	- 1986년이후메이커별할당 - 관세율 : 1993년 이후 EC 기준 적용 　　　　　부품은 6.9%	- 국산화율 60% 이상 자국산 　인정
독 일	- 수입규제없음 - 관세율 : EC 기준	- 없음
네 덜 란 드	- 수입규제없음 - 관세율 : EC 기준	- 없음
프 랑 스	- 수입규제 : 일본산자동차3% 등록규제 - 관세율 : EC 기준	- 없음
이 탈 리 아	- 수입규제 : 일본산차의수량규제 - 관세율 : EC 기준 (상용차는 일률 11%)	- 없음
벨 기 에	- 수입규제사실상없음 - 관세율 : EC 기준	- 없음
스 위 스	- 자유무역이기본이나배기가스, 소음규제엄격 - 관세율 : 공차중량에 따라 다름	- 없음
그 리 스	- 수입규제없음 - 관세율 : 승용차 10%, 상용차 11~16%, 　　　　　분해부품 6~10%	- 없음

국 명	수입규제·관세	국산화정책
포 르 투 갈	− 수입규제 : 분해부품은수량제한 없음 − 관세율 : 승용차 10%, 상용차 11~16%, 　　　분해부품 6.9%	− 없음
한 · 국	− 수입규제 : 1988년전면개방, 일본산차 금지 − 관세율 : 승용차, 상용차 10%(1994) 　　　분해부품 11%	− 의무국산화율 없음
대 만	− 수입규제 : 승용차와GVW3.5t미만상용차는 　　구미와 한국 이외 수입금지 − 관세율 : 승용차 30%, 상용차 30~40%, 　　　분해부품 20~25%	−1990년 국산화율 50% − 국산화 지정품목 4개 품목
중 국	− 수입규제 : 원칙적수입금지 − 관세율 : 완성차 2.0ℓ 초과 220%, 2.0ℓ 이하 　　180%, 기타 세금포함 총 240%	− 국산화율 100% 목표, 부품 　수입에 필요한 외화는 제품수 　출로 자체조달
태 국	− 수입규제 : 분해부품은국산화정책이나 　　허가증 필요 − 관세율 : 승용차 2.4ℓ 미만 42%, 2.4ℓ 이상 　　68.5%, 상용차 60%, 분해부품 20%, 　　기타 부품 15~60%	− 승용차 54%, 상용차는 샤시베 　이스로 56% 국산화, 1995년 　이후 80% 목표
싱 가 포 르	− 과세기준 : OpenMarketValue(CIF＊1.13) − 관세율 : 승용차, 9인 미만 버스 45%, 　　상용차 0% − 승용차는 150%, 상용차는 5~55%의 과세	− 국산화 규제 없음 − 배기가스 규제 없음
인 도	− 관세율 : 승용차100%, 상용차105%, 분해부품 　　승용 60%, 분해부품상용 50%, 부품 90%	
필 리 핀	−수입규제 : 완성차는 원칙적 수입금지, 완전분해 　　부품 수입용 외화는 메이커가 수출 조달해야 하 　　는 의무가 있음 −관세율 : 분해부품 승용차 30%, 상용차 20%	− 국산화율 승용차 40%, 　상용차 13.5~54.9% −자동차 및 부품 수출로 외화 　획득의무
인도네시아	−수입규제 : 완성차는 원칙상 수입금지 −관세율 : 분해부품 승용차 100%, 상용차 0%, 　　부품 50%	− 자동차 타입에 따라 의무비율 　다름
말레이시아	− 수입규제 : 원칙적 수입금지(단, 말레이인에게 　　는 수입권 부여) − 관세율 : 승용차 140~300%, 상용차 35%, 　　분해부품 승용차 (CIF+FOB＊15%)＊40%, 분해 　　부품 상용차 0%, 부품평균 25%	− 국산화율 1993년 30~40%
호 주	− 관세율 : 1993년승용차32.5%, 상용차12%, 　　2000년까지 승용차 15%, 상용차 5%로 인하 계획	− 의무국산화율은 없음

국 명	수입규제 · 관세	국산화정책
뉴 질 랜 드	− 수입규제 : 완성차수입할당1989년 이후 철폐 됨. 완전분해부품관세 철폐 − 관세율 : 승용차, 3.5t 미만 상용차 25%, 3.5~ 10.5t 상용차 12.5%	− 주요 부품의 국산화 의무 비율 존재
멕 시 코	− 수입규제 : 국내생산메이커에 한해 완성차수입 허가 − 관세율 : 완성차 20%, 분해부품 · 부품 0~20%	− 국산부품조달률 36% 외화예산제도 실시
콜 롬 비 아	− 1990년 완성차수입금지 해제 − 관세율 : 승용차 35~40%, 상용차 20%	− 국산화율 존재
베네주엘라	− 수입규제 : 완성차수입할당1989년이후철폐됨. 완전분해부품관세 철폐 − 관세율 : 승용차, 3.5t 미만 상용차 25%, 3.5~ 10.5t 상용차 12.5%	− 주요 부품의 국산화 의무비율 존재
페 루	− 수입규제 : 1990년부터 완성차수입해금 − 관세율 : 완성차 15%, 분해부품 · 부품 15%	− 없음
에쿠아도르	− 1992년 완성차수입금지 해제 − 관세율 : 완성차 40%, 분해부품 10%	− 없음
아르헨티나	− 수입규제 : 현지생산대수에 대응하여 수입허가 (1994년 생산대수의 10%)	− 국산화율 승용차 88%, 트럭 82%
브 라 질	− 1990년 완성차수입금지 해제 − 관세율 : 1993년 40%, 1994년 35%	− 없음
칠 레	− 수입규제없음 − 관세율 : 완성차 15%	− 없음
이 집 트	− 원칙적수입금지품목 − 관세율 : 60~160%	− 없음
남아공화국	− 수입규제없음 − 관세율 : 완성차 100~110%(수입 과징금 추가)	− 국산화율 75%
사 우 디 아 라 비 아	− 수입규제 없으나 안전기준 까다로움 − 관세율 : 완성차, 부품 12%	− 없음
이 라 크	− 자동차수입공단의 입찰제	− 없음
이 란	− 분해부품생산이 원칙이나 1991년 수입규제완화 − 관세율 : 분해부품 승용차 45%, 분해부품 상용차 10%	− 없음

자료 : 닛산자동차, 《자동차산업 핸드북》, 1993.

③ 협상분야별 영향

관세인하와 수입규제의 철폐

UR 타결에 따른 관세인하와 수입규제 철폐는 한국의 자동차 수출에 가장 긍정적인 영향을 줄 것으로 분석된다. 앞에서 살펴본 바와 같이 선진국들은 승용차에는 10% 이내의 관세를 부과하고 있으며, 상용차는 25% 이내의 관세를 부과하고 있으나(일본은 무관세), 개발도상국들의 경우 승용차와 상용차 모두 선진국보다는 훨씬 높은 관세를 부과하고 있다. 지역별로는 미국의 승용차에 대한 현행 관세는 2.5%로 낮아 추후 관세인하가 있더라도 판매가격에 미치는 영향은 별로 없을 것이다. 한편, 상용차의 경우는 미국의 관세율이 25%로 높고 각종 배기가스 규제 등이 엄격하여 한국의 상용차 수출은 거의 없는데 향후 관세율이 낮아지고 미국의 규제에 맞게 상용차의 성능을 보완하면 대미수출도 가능할 것이다. EC의 현행 관세는 승용차의 경우 10%로 향후 추가 인하의 가능성이 있으며, 이는 한국차와 EC 승용차와의 가격경쟁력을 향상시킬 수 있을 것이다. 그러나 관세가 일괄적으로 인하되는 경우 주요 경쟁국인 일본산 자동차와의 가격차이가 현행보다 좁혀짐에 따라 한국산 자동차의 가격경쟁력이 다소 약화될 여지가 있다.

개발도상국시장은 관세율이 전반적으로 높은 수준이어서 관세인하는 한국산차의 수출증가의 여건을 호전시킬 것으로 기대된다. 관세인하와 함께 한국산 자동차의 수출에 긍정적 요인으로 작용하는 것이 수입제한조치의 해제이다. 앞의 표에서처럼 일부 개발도상국(멕시코, 중국 등)들은 완성차의 수입을 제한하거나 고율의 관세를 부과하여 실질적인 수입제한 조치를 취하고 있는데 어떠한 형태이든 이러한 수입규제는 해제될 것이고 향후 한국의 주요 수출대상국이 개발도상국이라는 점에서 매우 고무적이다. 반면에 일본의 경우는 미국·EC 등과 수출자율규제협정(VERs)을 체결함에 따라 일본의 자동차메이커가 스스로 수출을 규제하고 있는데, 이러한 회색조치(Grey Area)는 UR 타결과 함께 1999년 12월 31일까지는 철폐될 것이다. 이는 결국 선진국에서 일본차의 수출물량의 확대와 한국차의 상대적인 입지의 약화라는 결과를 가져올 수도 있을 것이다.

기술장벽

한편, 선진국들은 인증제도를 이용하여 자동차의 수입을 규제하는 역할을 하기도 한다. 미국과 EC 등의 선진국들은 자국의 독자적인 인증제도를 적용하고 있다. 그러나 상호인증협약을 맺지 않고 있는 한국의 경우에는 각국의 기술인증을 각각 취득해야 하며, 미국의 경우에는 연방·주·민간차원에서의 각종 규정이 서로 달라 자동차를 수출하는데 금융비용과 시간이 많이 소요되는 실정이고 이러한 규정은 실질적으로 수입을 규제하는 장벽으로 작용하고 있다. UR협상에서는 이러한 기술장벽이 없어짐에 따라 한국의 대선진국 자동차 수출환경은 개선될 것이다.

보조금·상계관세

UR협상의 타결로 수출성과에 직접적인 영향을 주는 보조금이나 국산품 사용을 촉진하는 보조금은 협정 발효 후 3년 이내에 철폐되며, 직접적으로 수출입에 영향을 주지는 않지만 보조금 지급으로 기업경쟁력이 향상되는 경우 상계관세의 부가가 허용되었다. 다만 소득수준이 1인당 1,000달러 미만의 개발도상국에 대해서는 수출보조금은 가능하나 수입대체보조금은 8년 이내에 철폐되어야 한다. 자동차산업이 제대로 성장하기 위해서는 자동차뿐만 아니라 관련 산업에 대한 투자까지 포함하여 막대한 자금이 필요하기 때문에 개발도상국의 경우 실질적인 보조금과 시장보호조치 없이는 독자적인 성장이 어렵다. 보조금의 철폐조치와 시장개방으로 개발도상국이 자동차산업을 육성하기 위해서는 해외자본과의 합작이 불가피할 것이며 이들 국가의 종속화가 심해질 것으로 보인다. 한국 자동차산업의 경우 수출설비지원자금 등 일부 보조금이 상계관세대상이나 수출지원이나 수입대체의 직접적인 보조금은 없어 문제는 없을 것이다. 또한 한국은 자동차산업에 있어 이미 개발도상국보다는 월등한 경쟁력을 갖추고 있어 동남아시아나 중남미 개발도상국과의 상대적 경쟁력 차이는 더욱 벌어질 것으로 보인다. 또한 이들 개발도상국의 합작투자요구가 증가하여 투자여건도 유리해질 것으로 보인다.

원산지규정과 무역관련투자조치

자동차의 분해부품을 수출하고 현지에서 조립생산을 할 경우에는 그 대상국가의 원산지규정에 영향을 받게 된다. 즉, 현지부품조달률이 국가의 의무규정을 충족하는가의 여부에 따라 그 국가제품으로 판정되어 낮은 관세가 적용되거나 혹은 수입 완성차로 판정되어 높은 관세를 지불하기도 한다. EC와 NAFTA에서는 원산지규정을 주로 일본산 자동차의 우회수출을 막는 방편으로 사용하고 있다. 현재 UR에서는 각국의 일방적이거나 자의적인 원산지규정의 판정을 막기 위해서 국제적으로 통일된 원산지규정을 UR협정 발효 이후 3년 이내에 만들 것을 합의하고 있다. 현재 선진국에 진출한 우리 나라의 유일한 현지생산공장인 현대자동차의 브르몽(Bremont, 캐나다)공장은 거의 모든 부품을 한국에서 조달하는 상황이어서 이곳에서 생산한 자동차(소나타)를 미국으로 수출할 때 북미 역내제품이 아닌 역외제품으로 판정되어 2.5%의 관세를 물고 있다. UR의 타결로 동 분야의 조치가 어느 정도 국제적으로 통일되고 일방적 조치가 철폐된다고 하더라도 브르몽공장의 현 수준의 현지조달비율(35% 정도)로는 캐나다가 원산지로 판정될 가능성은 없으며, 현지생산품으로 적용되기는 힘들 것이다. 반면에 일본의 해외현지생산 자동차의 경우에는 현지상품으로 인정될 여지가 늘어날 것으로 전망되며 이는 동시에 관세의 비적용을 뜻하기 때문에 가격의 하락요인이 될 것으로 보인다.

자동차산업에 있어서 무역관련투자조치규정은 현지진출시의 의무국산화율 지정과 국산화지정품목의 규정 등이 있다. 이런 조치는 선진국보다는 개발도상국에서 많이 시행되고 있는 것으로, 태국과 말레이시아 등 동남아시아 국가들이 대표적인 예이다. 한국은 이들 개발도상국에 분해부품 조립공장을 설립할 계획이며, 무역관련투자의 규정이 완화될 경우 한국의 개발도상국 현지투자여건은 개선될 것으로 기대된다.

④ 수출에 미치는 영향 종합

UR에 따른 개선이 이루어질 분야는 각종 비관세 수입제한조치의 철폐를 지적할 수 있으며 이로 인하여 선진국보다는 개발도상국으로의 수출이 크게 늘어날 가능성이 있다. 이미 대부분의 선진국에서는 10% 내외의 관세만이 부과되고 있기 때문에 선진국에 대한 관세인하 효과는 실질적으로 효과가 적을 것이다. 또한 선진국에서 현재 적용하고 있는 일본산 자동차에 대한 수출자율규제가 1999년 12월 31일까지 완전 철폐될 것이어서 장기적으로도 UR 타결 자체로 인한 한국차의 대선진국 수출확대가능성은 미미하다. 반면에 개발도상국의 경우에는 투자유치국의 각종 무역관련투자조치의 규제완화로 현지생산기지 구축이 현재보다 수월할 것으로 보이며, 수입품에 대한 관세인하효과가 선진국보다 상대적으로 커서 한국산차의 수출 확대가 예상된다. 결국 UR 타결로 인하여 선진국으로의 완성차 수출의 급격한 확대는 힘들지만 개발도상국으로의 완성차 수출이나 분해부품(KD) 수출은 늘어날 가능성이 크며, 또한 개발도상국으로의 현지생산체제 구축은 UR에서의 무역관련투자조치나 원산지규정의 운용으로 인하여 원활해질 것이다. 보조금의 금지로 개발도상국과 한국과의 상대적 경쟁력 차이는 더욱 벌어질 것으로 보인다.

UR 타결이 내수에 미치는 영향

① 한국 자동차시장에서 수입승용차의 점유율추이

한국은 1987년 승용차 수입규제를 전면 폐지하였고 관세율도 1990년 20%에서 1991년 15%, 1994년 10%로 단계적으로 인하했으나, 수입승용차의 판매대수는 1992년의 경우 1,800대에 불과하여 점유율은 0.2%

〈표 8-14〉 UR 타결이 자동차산업의 수출에 미치는 영향

구 분	주요 내용	시장별 환경 변화 예상	수출에 미치는 영향 평가(경쟁국 고려)	종합
관 세	−고관세부과 국가의 관세율인하 ○ 대부분의 선진국은 관세가 낮지만, 일부 개발도상국 수입관세가 인하될 것임	−미국·EC·일본 등 선진국은 관세가 낮아 별 효과가 없으나 개발도상국의 고관세인하가 기대됨	−관세의 전반적 인하는 선진국보다는 개발도상국의 수출환경을 개선시키는 방향으로 전개될 것으로 기대됨 −관세인하는 일본차와의 가격격차의 축소를 가져올 수 있으나 개발도상국의 자동차구매층을 확대시킴으로써 한국차의 수출증가가능성이 큼	○○
보조금의 철폐	−수출에 대한 직접적인 보조금 및 금지보조금 지급으로 타회원국에 피해를 줄 경우 상계관세 부과 가능	−개발도상국의 독자적 자동차산업 발전 곤란	−한국과 개발도상국과의 상대적 경쟁력 차이 강화되어 현재의 세계자동차산업의 질서가 고착화될 가능성 −한국의 대개발도상국 투자 용이	○
원산지 규정	−각국의 일방적 원산지규정의 적용은 점차 철폐 −UR협정 발효 후 3년 내에 국제적으로 통용될 통일원산지규정 확정	−선진국시장에 현지생산이 거의 없는 한국산차의 경우 현수준에서는 별 영향 없으나 향후 투자여건은 호전	−현지진출이 활발한 일본메이커의 현지생산품으로의 적용가능성이 오히려 증가하면 관세부분 만큼의 일본차의 경쟁력 강화가 예상됨 −그러나 선진국의 관세가 높지 않기 때문에 현수준에서는 한국산차의 수출에 큰 영향은 없음	△
무역관련투자조치	−개발도상국이 주로 집행하는 현지투자시의 국산품의무 사용조항 등의 점진적인 철폐	−개발도상국 투자를 늘리려고 하는 한국메이커의 투자환경 개선	−이미 해외투자를 많이 하고 있는 일본 등 선진국 기업의 투자기회도 확대될 것으로 보이며, 한국산차의 해외진출가능성도 그만큼 커질 것으로 기대됨	△
수입제한조치	−각국의 완성차 수입금지나 쿼터제, 수출자율규제철폐, 개발도상국의 수입금지	−일부 개발도상국들의 완성차 수입금지 철폐로 수출기회 확대	−미국·EC의 일본차의 수출자율규제해제로 일본차의 수출확대가능성이 있으나, 한국의 주력 차종인 소형차의 수출에 악영향을 미칠 정도는 아닐 것임 −개발도상국의 수입금지해제는 국산차의 수출증가라는 가시적인 결과를 가져올 것으로 전망됨	○○

주 : ○○ 매우 유리, ○ 유리, △ 다소 유리, − 보통, ▽ 다소 불리, × 불리, ×× 매우 불리.

<표 8-15> 한국과 일본 국내시장에서의 수입승용차의 점유율추이

구 분		1982	1984	1985	1986	1987	1988	1989	1990	1991	1992
한국	수 입 (대)	–	–	–	–	11	299	1,414	2,436	1,799	1,821
	점유율(%)	0	0	0	0	0	0.0	0.4	0.2	0.2	0.2
일본	수입(천대)	35.3	44.1	52.2	73.4	108.3	150.6	195.3	251.2	195	181
	점유율(%)	1.2	1.4	1.7	2.3	3.3	4.1	4.4	4.9	4.8	4.9

자료 : 한국자동차공업협회, 일본자동차공업협회.

로 낮은 수준이다. 한편, 일본의 경우를 보면 1978년 자동차의 수입관세를 철폐했으나 1980년까지 수입승용차의 점유율은 1.0%를 넘지 못하고 있다가 1988년에야 4%선을 넘었다. 일본의 수입승용차점유율이 이처럼 낮았던 이유는 수입된 자동차가 가격과 품질면에서 일본차에 비해 경쟁력이 뒤지는 소형차 위주였고 특히 높은 지가와 유통의 복잡성으로 수입업체들이 유통망과 A/S망을 충분히 설치하기 어려웠기 때문이다. 한국의 경우 자동차부문의 관세율은 1988년에 비해 충분히 낮아져 UR의 타결을 이유로 더 하락할 것같지는 않고 유통시장의 3단계 개방도 UR협상과는 관계없이 진행되고 있기 때문에 향후 수입차의 시장잠식은 그리 클 것으로 보이지 않는다. 도리어 연간 60만 대 이상을 수출하는 나라가 수입이 1~2천 대에 불과하다는 점에서 향후 무역마찰을 피하기 위해서는 일정수준까지 수입차점유율이 향상되는 것이 수출에도 도움이 될 것이다. 다만 UR협상과 관련하여 문제가 되는 것은 일본산 자동차의 수입을 금지하고 있는 수입선다변화조치의 존속여부이다.

② 협상분야별 영향

관세인하

지난 1991년만 해도 한국의 승용차와 상용차의 관세는 모두 특수용도용 차량을 제외하고는 20%(CIF 기준)의 고관세가 유지되어 자동차수출국의 항의의 대상이었으나 자동차의 수입관세가 UR과는 관계없이 1993년 현재 15%, 1994년에는 10%로 하향조정되어 EC의 역외제품에 대한 자동차 수입관세와 같아진 상태이다. 따라서 급격한 관세인하에 대한 요구는 당분간 없을 것으로 전망된다.

무역관련투자조치

무역관련투자와 관련하여 해외기술도입시에 상공자원부에 기술도입신청서를 제출해야 하는데 기술도입계약이 불평등하거나 국민경제효과에 불리하거나, 중복기술도입의 경우 기술도입신고서는 반려될 수 있다. 또한 자동차의 경우 명시화된 국산화비율은 없으나 통상적인 기준은 존재한다. 무역관련투자조치와 관련하여 이미 개발도상국의 특혜를 받을 입장이 아닌 한국정부로서는 이러한 규정이 무역마찰의 소지를 가져올 수 있다. 따라서 외국의 부품업체와의 합작이나 완성품의 기술도입 등이 상당히 완화될 것으로 전망된다. 따라서 완성차업체에서의 무분별한 기술도입이 우려되지만 부품산업에서는 유리한 점도 발견할 수 있다. 즉, 부품산업이 기술과 규모면에서 영세성이 커서 자동차산업의 발전에 취약점이 되고 있는 상태에서 선진업체의 부품산업 내 외국인의 투자확대는 자동차산업 발전에 긍정적인 영향을 줄 것이다.

서비스무역

한국의 유통시장개방은 UR과 관계없이 1996년에 완전히 이루어질 예정이다. 이번의 UR협상의 한 분야인 서비스협상이 타결될 경우 자동차의 판매나 A/S, 각종 보험이나 판매금융의 지원 등에서 외국인의 직접투자가 가능하게 될 것으로 보인다. 유통시장개방과 함께 각종 서비스분야의 개방이 이루어질 경우 외국메이커의 본격적인 시장점유율확보전략이 구사될 것으로 전망된다. 이와 동시에 선진업체의 마케팅기법이 도입되면서 A/S와 각종 판매제도에서 국산자동차업계에 자극이 되어 궁극적으로는 경쟁력 향상의 계기가 될 수 있을 것이다.

수입선다변화제도

대외무역법 및 그 시행령에 의거하여 일본산 자동차 중 승용차·버스(고속도로용·일반용·마이크로)·화물자동차(20톤 미만)의 수입이 제한되고 있다. 이런 수입선다변화제도는 그 대상을 일본으로 명문화하지는 않았지만 실질적으로는 일본만이 대상이 된다는 점에서 자동차산업에서는 유일한 수입제한조치로 지적받고 있다. 그러나 수입선다변화제도의 근거가 되는 대외무역법 및 그 시행령은 GATT 제11조 1항(수량제한의 금지)에 위반되는 것으로서 일본정부나 일본자동차메이커의 의지만 있다면 존속의 정당성을 확보하기는 힘들다. 정부도 수입선다변화의 조치로 수입이 금지되어 있는 품목을 일부 해제할 계획을 발표하고 있다. 그러나 아직까지도 대일무역적자가 크고 일본은 자동차의 부품·설비재의 공급국가가 된다는 점에서 일본산 자동차의 수입제한에 대해 일본도 크게 항의하지는 않고 있어 자동차의 경우에는 그대로 존속될 가능성이 크며 우리가 먼저 해제할 이유는 없다. 그러나 일본산 자동차가 수입자유화가 될 경우 일본산 자동차와 한국산 자동차의 성격이 비슷하여 한국의 자동차 구매자들이 일본산 자동차의 선호도는 구미산과는 비교가 되지 않을 것이다. 또한 일본산 자동차는 가격경쟁력이 있어 수입시장의 점유율은 크게 늘어날 것이다. 한편, 일본산 자동차의 수입금지가 해제된다면 우리 나라 자동차의 일본시장 진출도 본격화할 수 있을 것이다.

기   타

국산자동차 사용에 대한 정부의 장려 분위기나 외국산 승용차 고객에 대한 세무조사 등의 조치는 수출국의 GATT에의 제소가 있다면 실질적인 내국민대우원칙에 분명히 위반됨이 밝혀질 것이기 때문에 향후에는 그런 분위기나 세무조사 같은 조치는 다소 어려울 것이다.

1989년 자동차 수입의 개방 이후 외국산 승용차에 대해 명문화된 내국세의 차별이 없다. 다만 지방세법 제112조에 근거한 취득세의 경우에 과세시가 표준액이 7천만 원을 초과하는 승용차의 경우 세금계산서상의 판매가격의 15%를 과세하여 그 이하 승용차의 취득세 과세율 2%에 비해서 과도하다는 지적이 미국과 EC에서 나오고 있다. 국산승용차의 가격이 7천만 원 이상이 되는 승용차가 없어서 이 규정은 사실상 외국산 고급승용차에 대한 차별조치라고 여기는 것이다. 이 규정이 철폐되더라도 7천만 원 이상의 승용차가 한국에서는 생산되지도 않고 있으며, 향후 수요가 있더라도 한국은 경쟁력이 없어 그러한 차종은 자체생산을 하기 보다는 수입하는 것이 경제적이기 때문에 한국산 자동차에 대한 피해는 거의 없다고 하겠다.

③ 내수에 미치는 영향 종합

앞에서 살펴본 바와 같이 한국은 자동차에 있어서 관세와 비관세장벽이 선진국수준으로 낮아 UR의 타결에 따라 자동차부분에서 관세를 더 인하하거나 수입개방을 더 할 필요는 없다. 다만 UR 타결로 앞에서 살펴본 모든 현안들이 새로운 GATT규정에 합치되는 방향으로 한국정부의 정책이 시행될 것이다. 가장 큰 변수는 일본차에 대한 수입선다변화제도에 의한 수입제한의 철폐문제이다. 단기간 내에 이런 제도가 일시에 철폐되리라고 생각하기는 힘들지만 여기서는 일본을 포함한 모든 외국산 자동차가 국내시장에 들어와서 자유경제체제 안에서 내국민대우와 최혜국대우원칙이 보장된 상황에서 자유롭게 경쟁을 하게 될 것이다. 외국업체들도 세계에서 가장 빠른 속도로 자동차 내수시장이 성장하는 한국에 보다 많은 관심을 보일 것이며, 유통시장·서비스시장의 개방으로 수입차업체들의 판매활동이 강화될 것이다. 그러나 가격경쟁력의 측면에서 보면 한국산 자동차는 소형과 중형승용차부문에서는 충분한 경쟁력을 가지고 있으며 A/S나 판매망에서 절대적인 우위에 있어 수입차의 점유율이 크게 증가할 것으로 생각되지는 않는다. 다만 대형과 고급승용차부문에서는 현재의 가격경쟁력이 축소되거나 역전되어 시장의 잠식이 예상된다.

〈표 8-16〉 주요 국산승용차의 가격(1993년 8월 기준)과 UR 후 예상되는 수입차의 최저가격 비교

(단위 : 1,000원)

구 분	한국산 승용차		외국산 승용차	
	메이커 및 차종	현행 시판가격	메이커 및 차종	예상시판가격
소형차 (배기량 1.5 이하)	현대 엑셀	5,799	도요타 터셀	10,738
	현대 엘란트라	6,490	혼다 시빅(DOHC)	13,052
	기아 세피아(DOHC)	7,600		
	대우 에스페로(DOHC)	8,015		
중형차 (배기량 1.6~ 2.5 이하)	대우 프린스(1.8)	9,560	GM 새턴(1.9)	10,001
	현대 소나타(2.0 DOHC)	14,800	폭스바겐골프(2.0DOHC)	13,964
			혼다 아코드(2.2)	19,443
			볼보 940(2.3)	31,511
			사브 900(2.3 DOHC)	27,086
			올즈모빌 커틀래스(2.2)	17,242
대형차 (배기량 2.6 이상)	현대 그랜져(3.0 DOHC)	31,900	볼보 960(2.9 DOHC)	45,757
			머큐리 세이블(3.0)	20,448
			도요타 캠리(3.0 DOHC)	24,555
			마즈다 929(3.0 DOHC)	37,694
			닛산 맥시마(3.0)	29,323

주 : 1) 대부분의 차종은 4도어 기본형 가격임 (4도어를 제공하지 않는 경우는 그 차종의
　　　　기본가격임).
　　2) 관세는 10%, 마진은 미국시장에서의 딜러가격과 소비자가격을 참고로 산출한 예상
　　　　최저가격임.
　　3) ☐ 은 예상경쟁차종을 나타냄.
　　4) (　) 안은 배기량임.
자료 : 한국자동차공업협회, 《한국의 자동차산업 1993》.
　　　 Kelley Blue Book New Car Price Manual 1993 Sixth Edition.
　　　 대우자동차, 현대자동차, 기아자동차 판매가격자료 등에 의거하여, 대우경제연구소 작성.

　　예상되는 수입차의 가격을 1993년 현재의 미국 현지 판매가격을 근거로 하여 제반 관세와 내국세를 적용시켜서 예상하면 표 8-16과 같다.

　　이 표를 근거로 각 승용차급별로 결과치를 분석하면 표 8-17과 같다. 현대 엑셀과 대우 에스페로의 가격은 각각 도요타 터셀과 도요타 코롤라와 비교해 볼때 54%와 58%에 불과하여 1500cc급에서는 시장이 완전 자유화된다 하더라도 한국차의 가격경쟁력이 월등함을 알 수 있다. 현대 소

<표 8-17> UR 타결이 자동차산업의 내수에 미치는 영향

구 분	변화의 주요 내용	영향 평가 (경쟁국 고려)	종합
관 세	- 1994년 관세수준은 10%로 UR에 따를 추가관세인하는 없음	- 1993년 관세인 15%보다 5%P인하가 예정되어 있어 수입차가격의 전반적 인하가 가능함 - 수입차의 관세인하가 수입차 판매확대로 직접 영향을 미치지는 않을 것이지만 수입차시장의 확대에 긍정적인 효과를 가져올 것은 분명함	▽
무역관련 투자조치	- 기술도입에 따른 국산화율 의무규정의 철폐 내지는 완화	- 외국메이커의 기술도입이나 부품도입이 원활해질 것으로 전망됨 - 단기적으로는 신기술도입 활성화가 예상되나 중장기적으로는 부품산업의 육성	▽
서비스무역 자 유 화	- 서비스협상 타결은 유통시장 완전개방의 시기를 앞당길 가능성이 있으며 판매망, A/S망, 판매금융의 제공 확대	- 유통시장개방화와 함께 UR서비스협상의 타결로 면적, 판매점수, A/S점수, 판매금융 자동차보험 등 각종 자동차판매 관련 서비스의 자유화로 수입차의 판매여건이 향상될 것임 - UR 이전의 한국산 자동차의 판매경쟁력의 절대우위는 UR 이후 저하될 것임	×
수입선다 변 화	- 일본산차를 대상으로 하는 수입선다변화제도는 일방적 제한조치인 동시에 최혜국대우에도 어긋나는 비관세장벽의 철폐가능성이 높음	- 단기적으로 일시에 일본산차의 수입이 허용되리라고 예상하기는 힘들지만 궁극적으로는 전면적인 수입시장개방이 불가피할 것으로 전망됨 - 일본산차가 수입될 경우 중대형고급 승용차시장에서 국산차의 입지가 약해질 것으로 우려되며, 기타국 승용차의 적극적인 국내시장의 침투 가능성이 큼	×
기 타	- 수입차 구입자에 대한 비공식적인 불이익조치는 내국민대우에 근본적으로 위배	- 수입차 구매자에 대한 세무조사 같은 비공식적인 차별조치 등은 없어질 것임 - 수입차에 대한 잠재수요층은 결국 실질구매층으로 전환될 개연성이 높아짐	▽

주 : ○○ 매우 유리, ○ 유리, △ 다소 유리, − 보통, ▽ 다소 불리, × 불리, ×× 매우 불리.

나타의 가격은 혼다 어코드나 올즈모빌 커틀래스 시에라 가격의 각각 76%, 86%에 이르러 소형차에 비해서 가격차이가 상당히 좁혀질 것이다. 국산차 중 가장 고급차종인 현대 그랜져의 가격은 도요타 캠리, 마즈다 929, 볼보 940 등과 비교하면 각각 130%, 85%, 101%로 현대 그랜져의 가격이 인하되지 않는 한 가격경쟁력이 없다고 판단된다. 그리고 수입차종 중 가장 고급차종으로 국내에 현실적으로 경쟁차종이 없는 벤츠 시리즈와 볼보 960 등의 가격도 큰 폭으로 인하될 것으로 보여 고급차시장에서의 수요확대가 가능할 것으로 보인다. 이상에서 살펴본 바와 같이 가격측면에서만 볼때 1500cc급과 2000cc급에서는 여전히 가격경쟁력이 상대적으로 크거나 최소한의 경쟁력은 유지할 것으로 기대되지만, 3000cc급의 고급승용차시장에서는 국산차의 가격경쟁력은 취약하며 국내시장이 크게 잠식될 것으로 보인다.

종합결론

결론적으로 향후 수출 위주로 성장을 해야만 하는 국내업계로는 UR 타결에 따른 수출시장의 환경개선에 더욱 주목할 필요가 있다. 자동차시장의 완전개방으로 대형고급차의 시장은 일부 잠식이 예상되나 한국산차의 경쟁력이나 판매망, A/S망을 고려할 때 한계가 있으며, 수입승용차의 점유율이 현수준(0.2%)보다 늘어나는 것도 한국 자동차산업에 반드시 나쁜 것만은 아니다. 선진국의 경우 자동차 수입관세는 이미 낮은 수준이고 자동차의 수입이 거의 자유화되어 있어 UR 타결에 따른 수출의 증가는 기대하기 힘들다. 다만 반덤핑협정의 타결과 기술장벽협정으로 대선진국 수출에 대한 비관세장벽은 크게 감소되어 경쟁력만 갖추면 이들 지역으로 수출은 별 무리없이 늘어날 수 있는 여건이 이루어졌다고도 본다. 개발도상국의 경우 자동차의 수입이 제한되고 고율의 관세가 부가되고 있는데 UR의 타결로 수입자유화와 관세인하가 예상된다. 또한 무역관련투자(국산화율 지정 등)조치에 따라 투자유치국의 규제완화로 국가에 대한 직접투자여건이 개선될 것으로 기대된다. 특히 보조금의 철폐로 개발도상

<표 8-18> UR 타결이 자동차산업의 수출·내수에 미치는 영향 종합평가

구　　분	수출	내수	종합	비　　　고
관 세	○	▽	○	개발도상국 수출가능성 확대
보조금	○	－	○	한국의 대개발도상국 시장침투 용이
기술장벽	○	－	○	기술인증 취득의 가시성 증가
원산지규정	△	－	－	선진국 현지생산기지 구축 가능성이 적기 때문에 별로 영향없음
무역관련투자조치	△	▽	－	별 영향없음
서비스무역 자유화	－	×	×	유통시장개방, UR서비스협상 타결로 수입차 판매력 향상
수입제한조치	○○	×	○	개발도상국 수입제한조치 철폐 국내수입시장 다변화제도 단계적 철폐
기타(수입차 구입자 불이익)	－	▽	×	수입차 잠재고객의 실질구매층화 유도

주 : ○○ 매우 유리, ○ 유리, △ 다소 유리, － 보통, ▽ 다소 불리, × 불리,
　　××　매우 불리.

국과 한국과의 경쟁력차이는 더욱 커질 것으로 보인다. 결국 UR의 타결
도 어느 정도 수입차가 내수시장의 잠식은 가져오겠지만 그보다는 수출시
장 여건의 개선을 통한 수출확대의 효과가 더욱 클 것으로 기대된다.

대응전략

① 소형차중심의 경쟁력 우위 확보

수출시장과 국내시장을 불문하고 국산차의 경쟁력은 소형차급에서 찾
을 수 있다. 특히 국내시장에서 일본산차의 수입이 허용되더라도 국산차
의 가격은 일본산차에 비해 60% 이하에 불과하다. 따라서 향후 10년간
은 중대형급보다는 기술과 자금을 집중화하여 소형차 위주의 개발과 판매

전략의 수립이 우선되어야 할 것이며, 고급승용차는 선진업체의 조립생산 형태로 참여하여 고급기술 습득의 마당으로 이용하는 것이 유리할 것이다. 경승용차급은 국내시장에서는 아직은 여건이 성숙되지 않았으나 유럽시장이나 동구유럽이나 개발도상국에서 시장규모가 확보되어 있거나 잠재력이 크기 때문에 향후 국내의 투자가 활성화될 필요가 있을 것으로 분석된다. 중대형급의 승용차의 경우에는 당분간은 소형차 위주의 사업으로 기반 기술을 충분히 확보될 2000년 이후에 본격적으로 수출시장에 진출할 경우 경쟁력이 갖추어질 것이다.

② 개발도상국 위주의 수출시장 개척

UR의 타결로 인한 한국산 자동차의 수출증대의 가능성이 가장 높은 지역이 개발도상국이다. 선진국시장은 이미 자동차발전이 성숙단계에 들어가 있고 한국이 경쟁력을 갖고 있는 소형차시장도 한계가 있는 반면에, 개발도상국은 아직 자동차보급의 초기 단계로 우리 업계의 올바른 시장진출전략만 있다면 시장개방여건의 개선과 함께 큰 폭의 수출증가도 가능하다. 특히 동남아시아와 중국은 세계에서 가장 높은 경제성장률을 보이며 중산층이 급격히 확대되고 있는 시장이며, 궁극적으로 자동차 소유욕구가 확산될 것이다. 그러나 이들 국가들은 시장규모가 협소하고 UR협상으로 독자적 발전이 어려워 한국과 일본의 자동차산업구조에 편입될 가능성이 크다. 개발도상국으로의 시장진출은 직수출과 현지생산체제 구축이 여건에 맞게 적절히 이용되어야 할 것이다.

③ 전략적 투자형태의 모색

지금까지의 자동차부분에서의 해외직접투자는 완성차 수입의 제한이나 고관세를 통한 수입억제 등에 대응하기 위한 수준에 머물러 있었으나 향후에는 현지진출 대상국의 전략적 가치를 충분히 고려한 후 진출 결정을 할 필요가 증대될 것이다. 왜냐하면 현재의 개발도상국들의 각종 수입제한조치나 고관세장벽이 UR 타결에 따라 점진적으로 철폐 내지 완화될 것

〈표 8-19〉 한국 전자산업의 수급추이

(단위 : 백만 달러, %)

구 분		'70	'80	'85	'90	'92	연평균성장률			
							'70~'80	'80~'85	'85~'90	'90~'92
공급	생산	106	2,852	7,285	28,918	33,392	39.0	20.6	31.7	7.5
	수입	33	1,460	2,941	9,849	11,650	33.3	15.0	27.3	8.8
합 계		188	4,312	10,226	38,767	45,042	36.8	18.9	30.5	7.8
수요	수출	55	2,004	4,590	17,224	20,683	43.2	18.0	30.3	9.6
	내수	133	2,308	5,636	21,543	24,359	33.0	19.5	30.8	6.3
수출/생산비율		51.9	70.3	63.0	59.6	61.9				
수입/내수비율		61.7	63.3	52.2	45.7	47.8				
한국의 총수출		835	17,505	30,283	65,016	76,782				
전자수출/총수출		6.6	11.4	15.2	26.5	26.9				

주 : 내수수요＝생산＋수입－수출
자료 : 한국전자공업진흥회, 《1992 전자전기공업통계》, 1993. 4. 등에 의거 작성.

으로 기대되기 때문에 진출대상국의 충분한 시장규모와 제 3 국으로의 수출가능성에 대한 확신이 없을 경우에는 오히려 직수출에 더욱 타당성이 있을 것이다. 즉, 향후의 현지진출을 통한 현지생산이냐 혹은 국내산제품의 수출이냐 하는 의사결정은 그 대상지역의 투자대상으로서 보다 면밀한 검토를 거처야 할 것으로 예상된다.

전 자

개 황

① 산업 개요

한국의 전자산품의 생산은 '70년대 저임노동력과 외국인의 활발한 직접투자와 정부의 전략적 수출산업으로의 육성책 등을 배경으로 연평균 39%의 고성장을 한데 이어, '80년대에는 엔고와 업계의 적극적인 설비투자에 힘입어 연평균 26%의 고성장을 이룩하였다. 1989~1992년 중에는 노사분규 및 임금인상·원화절상 등에 따른 가격경쟁력의 하락, 아세

<표 8-20> 세계 주요 전자공업국 순위 (1992년)

(단위 : 억 달러)

구 분	전자산업 전체		가정용		산업용		전자부품	
	순위	금액	순위	금액	순위	금액	순위	금액
미 국	1	2,010	3	60	1	1,509	1	441
일 본	2	1,857	1	312	2	947	2	598
독 일	3	508	4	38	3	359	4	111
프랑스	4	289	11	17	4	231	9	41
영 국	5	277	7	23	5	207	7	47
한 국	6	263	2	68	12	70	3	125

자료 : Elsevier, 《*Yearbook of World Electronics Data 1993*》, Vol. I&II.

안·중국·멕시코 등 후발개발도상국의 부상, 선진국의 수입규제 및 기술보호주의 강화, 세계경기회복의 지연, 내수수요의 부진 등을 배경으로 한자리 수의 성장세에 머물렀다.

1992년 생산실적기준으로 보면 한국은 미국·일본·독일·프랑스·영국에 이어 세계 6위의 전자제품생산국으로 부상하였으며, 특히 가전부문은 718억 달러규모의 세계시장에서 9.5%의 점유로 일본에 이어 세계 2위 생산국으로 부상하였다. 그 외에 전자부품부문은 세계 3위이며, 산업용 전자부문은 12위를 달리고 있다.

② 산업 현황

전자수출 현황

전자산업은 1992년에 207억 달러를 수출하여 한국 총수출의 27%를 차지하였으며, 1988년 이래 최대수출산업의 위치를 유지해 오고 있다. 전자산업의 생산대비 수출비중은 1970년 50% 내외에서 1980년 70%를 넘었고, 1992년 현재는 62%수준에 있다. 전자산업은 '70년대부터 수출전략산업으로 육성되어 왔기 때문에 타산업에 비해 수출의존도가 높다.

부문별·품목별 수출비중을 보면 전자부품이 67%로 가장 높고 산전이 59%, 가전이 57%이다. 수출구조를 보면 컬러TV, VTR, 라디오카세

〈표 8-21〉 한국 전자산업의 부문별 · 주요 품목별 생산대비 수출비중(1992년)

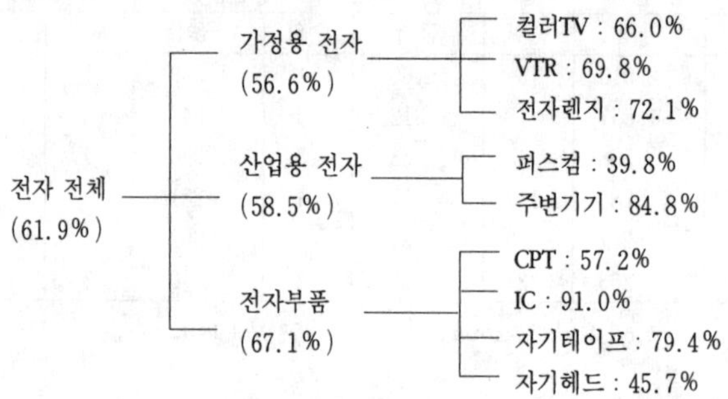

자료 : 한국전자공업진흥회, 《1992 전자전기공업통계》, 1993. 4. 등에 의거 작성.

〈표 8-22〉 한국 전자산업의 지역별 수출구조(1992년)

(단위 : 백만 달러, %)

구 분	가정용 전자		산업용 전자		전자부품		전자 전체	
	수출액	구성비	수출액	구성비	수출액	구성비	수출액	구성비
아시아	1,109	18.6	497	11.8	5,528	52.7	7,136	34.5
일 본	463	7.8	105	2.5	1.171	11.2	1,739	8.4
NIEs 3국	305	5.1	244	5.8	3,392	32.3	3,940	19.0
ASEAN 4국	244	4.0	94	2.2	858	8.2	1,197	5.8
중 동	319	5.3	44	1.0	150	1.4	513	2.5
북 미	1,956	32.8	2,061	48.8	3,113	29.7	7,130	34.5
미 국	1,767	29.6	1,901	45.0	3,033	28.9	6,701	32.4
중남미	1,016	17.0	112	2.6	374	0.4	1,502	7.3
유 럽	1,227	20.6	1,417	33.5	1,178	11.2	3,822	18.5
EC	894	15.0	1,301	30.8	882	8.4	3,007	14.5
EFTA	333	5.6	115	2.7	297	2.8	745	3.6
아프리카	65	1.1	3	–	38	0.4	106	0.5
오세아니아	135	2.3	56	1.3	40	0.4	231	1.1
기 타	138	2.3	37	0.9	68	0.6	243	1.2
총 계	5,966	100.0	4,227	100.0	10,490	100.0	20,683	100.0

자료 : 한국전자공업진흥회, 《1992 전자전기공업통계》, 1993. 4. 등에 의거 작성.

〈표 8-23〉 한국 전자제품에 대한 수입규제 현황(1993년 11월 말 현재)

(단위 : 건)

구 분	반덤핑관세		특허권침해		긴급수입제한		잔존수입제한	
	규제 중	조사 중	규제 중	조사 중	규제 중	조사 중	규제 중	조사 중
미 국	4	0	1	1	0	0	0	0
E C	7	3	0	0	0	0	0	0
호 주	0	1	0	0	0	0	0	0
합 계	11	4	1	1	0	0	0	0

자료 : 한국무역협회, 《주요 선진국의 수입규제총람》(1993. 4)과 《통상정보》(1993. 11)에 의거 작성.

트, 전자렌지, 컴퓨터 및 컴퓨터주변기기, 전화기, IC, 컬러브라운관, 자기테이프, 자기헤드의 10대 수출품목이 전체수출의 81%를 차지하고 있다. 수출지역별 비중을 보면 미국을 포함한 북미가 34.5%, 아시아지역이 34.5%이고, 유럽이 18.5%, 중남미가 7.3%, 중동이 2.5% 등이다.

수출시장에서 통상마찰

한국 전자제품에 대한 선진국의 수입규제는 특히 '80년대 중반 한국의 수출이 급격히 증가하면서 늘어났다. 현재 전자제품의 규제 또는 조사 중인 품목의 수출액은 1992년 기준 34억 3천만 달러로 전자총수출액대비 16.6%에 달하고 있어 최근 수출부진의 주요인으로 작용하고 있을 정도이다. 주요 규제국은 미국·EC·호주 등이며, 주요 규제형태는 반덤핑 및 특허침해제소 등이다.

해외투자 현황

'80년대 후반부터 선진국의 수입규제·원화절상·국내임금상승 등을 배경으로 본격화된 전자업계의 해외투자는 1992년 말 현재 54개업체가 24개국에 83개 현지법인을 설립하였으며, 총투자액은 5억 달러에 이르고 있다.

한국 전자산업의 해외투자는 1975년부터 시작되었지만 1989년 이후의 해외투자건수가 71건으로 전체의 85%를 차지하고 있다. 부문별로는 부품이 44건(53%), 가전이 13건(37%), 산전이 8건(10%)이다. 지역별

<표 8-24> 한국 전자산업의 해외현지투자(현지공장설립) 현황

구 분		북 미	유 럽	동유럽	아시아	기 타	합 계
현지공장 수(개)		8	14	3	56	2	83
	가 전	4	10	1	16	–	31
	산 전	1	–	2	5	–	8
	부 품	3	4	–	35	2	44
투자액(백만 달러)		40	134	6	317	5	501
투자대상국		미 국 4 멕시코 3 캐나다 1	영 국 5 포르투칼 2 프 랑 스 2 아일랜드 2 독 일 1 이 태 리 1 스 페 인 1	헝가리 2 소 련 1	중 국 13 말레이시아 11 태 국 10 인도네시아 10 필 리 핀 7 방글라데시 1 인 도 1 스 리 랑 카 1 미 얀 마 1 터 키 1	이집트 1 호 주 1	24개국 54개사
주요 생산품목		컬러TV 스피커 반도체 조립 뉴미디어기	컬러TV VTR 전자렌지 카라디오 냉장고	컬러TV 초음파 진단기 LED 전광 판	컬러TV / VTR 카라디오 CPT 스피커 오디오테이프	FBT 편향코일(DY) 스피커	

자료 : 한국전자공업진흥회, 《전자산업의 해외투자 현황》, 1993. 1.

로는 아시아지역이 56건(3. 17억 달러)으로 67%를 차지하였고, EC지역
이 14건(1. 34억 달러)으로 17%이다. 국별로는 중국(13건), 말레이시아
(11건), 태국(10건), 인도네시아(10건), 필리핀(7건), 영국(5건), 미
국(4건) 등의 순이다. 대선진국 투자는 수입규제가 심한 가전제품이 중심
을 이루고 있고, 대개발도상국 투자는 전자부품이 중심을 이루고 있다.

내수시장개방 현황

1992년 기준으로 국내 전자내수시장은 239억 달러이며 이 중 국내업체
의 판매액은 122억 달러이고, 수입액이 117억 달러이다. 수입제품의 내
수시장점유율은 48. 8%이다. 부문별로 보면 완제품(특히 가전)의 경우

〈표 8-25〉 한국 내수시장에서의 수입전자제품의 점유율(1992년)

(단위 : 백만 달러, %)

구 분		국내판매	수입액	합 계	수입제품점유율
가 전		4,248	777	5,025	15.5
	컬러TV	662	7	669	1.0
	VTR	444	28	472	5.9
	오디오 전체	801	444	1,245	35.7
	냉장고	900	27	927	2.9
	전자렌지	127	0.2	127	–
산 전		2,966	3,205	6,173	51.9
	유선전화기	93	5	98	5.0
	교환기	505	31	536	5.8
	무선전화기	109	76	185	41.1
	컴퓨터본체	586	415	1,001	41.5
	주변기기	391	1,069	1,460	73.2
	계측기기	14	278	292	95.2
부 품		5,022	7,668	12,690	60.4
	IC	784	4,050	4,834	83.8
	전자관(CPT 등)	981	722	1,703	42.4
	축전기	372	177	549	32.2
	PCB	314	90	404	22.3
전자 전체		12,236	11,650	23,886	48.8

주 : 수입제품점유율＝수입액／(국내판매＋수입액).
자료 : 한국전자공업진흥회, 《1992 전자전기공업통계》, 1993.4. 등에 의거 작성.

국내시장보호정책(수입다변화품목 지정), 수입대체지원 등에 의하여 수입제품의 점유율이 저조한 편이다. 가전수입제품의 내수시장점유율은 15.5%이며, 산전제품은 51.9%이다. 부품의 경우 수출용 부품의 수입 원활화를 위해 낮은 수입관세율, 관세감면 및 관세환급으로 수입제품의 점유율이 60.4%로 높은 편이다. 수입국별로 보면 전자제품의 주수입국은 일본(39.2%), 미국(28.8%), 싱가포르(9.7%), 독일(2.2%), 프랑스(1.3%), 홍콩(5.2%), 대만(3.6%)순이다.

전자산업에 있어서 내수시장개방과 관련된 주요 통상이슈는 그동안 수입자유화·관세인하·외국인투자자유화 및 기타 수입제한적인 비관세장

〈표 8-26〉 전자제품의 국별 수입실적 (1992년)

(단위 : 백만 달러, %)

구 분	가정용 전자		산업용 전자		전자부품		전자 전체	
	수입액	구성비	수입액	구성비	수입액	구성비	수입액	구성비
아 시 아	590	75.9	1,445	45.1	5,210	67.9	7,245	62.2
일 본	474	61.0	1,046	32.6	3,048	39.7	4,568	39.2
싱가포르	20	2.6	156	4.9	957	12.5	1,133	9.7
홍 콩	5	0.6	19	0.6	583	7.6	607	5.2
대 만	38	4.9	116	3.6	260	3.4	414	3.6
(NIEs 소계)	63	8.1	291	9.1	1,800	23.5	2,154	18.5
(ASEAN 소계)	10	1.3	88	2.7	301	3.9	400	3.4
아메리카	88	11.3	1,348	42.1	2,006	26.2	3,442	29.5
미 국	82	10.6	1,301	40.6	1,973	25.7	3,355	28.8
유 럽	95	12.2	350	10.9	408	5.3	853	7.3
독 일	37	0.5	87	2.7	138	1.8	262	2.2
영 국	8	1.0	59	1.8	59	0.8	126	1.1
프랑스	5	0.6	83	2.6	63	0.8	151	1.3
(EC 소계)	73	9.4	287	9.0	371	4.8	731	6.3
(EFTA 소계)	22	2.8	63	2.0	37	0.5	122	1.0
기 타	4	0.5	62	2.0	44	0.6	110	0.9
합 계	777	100.0	3,205	100.0	7,668	100.0	11,650	100.0

자료 : 한국전자공업진흥회, 《1992 전자전기공업통계》, 1993.4. 등에 의거 작성.

〈표 8-27〉 한국 전자산업의 수입자유화 현황

(단위 : 개, %)

구 분		1985	1986	1987	1988	1989	1990	1991	1992
전 자	품목 수	802	593	697	775	802	802	802	802	802
	자유화율	–	73.9	86.9	96.6	100.0	100.0	100.0	100.0	100.0
전산업	품목 수	10,322	6,943	7,242	7,408	9,671	9,776	9,897	9,991	10,080
	자유화율	–	87.7	91.5	93.6	94.8	95.5	96.3	97.2	97.7

자료 : 한국전자공업진흥회, 《한국의 전자공업 1993》, 1993.8.

벽의 철폐 등이었다. 이에 따라 전자제품은 이미 1988년 4월에 수입자유화율 100%를 달성하였고 관세도 지속적으로 인하해 왔으며, 외국인투자도 이미 개방되어 있다.

그러나 특별법규정에 의한 수입허가·검사 및 인증제도·표준국산화율

<표 8-28> 한국 전자산업의 외국인투자 현황

(단위 : 건, 백만 달러)

구 분		누계('61~'92)	1985	1986	1987	1988	1989	1990	1991	1992
전 자	건수	620	25	36	79	55	41	20	11	17
	금액	1,395	56	67	206	268	116	89	124	67
전산업	건수	3,906	97	171	363	342	336	296	287	234
	금액	10,164	181	269	1,060	1,283	1,090	803	1,396	895

자료 : 한국전자공업진흥회, 《한국의 전자공업 1993》, 1993. 8.

의 공고, 정부 및 정부투자기관의 외국산 기계구입심사제 등 각종 비관세 장벽이 여전히 철폐대상으로 요구되고 있다. 사실상 일본을 대상으로 1978년부터 수입선다변화제도를 운영하고 있다. 대일수입을 금지하는 수입다변화제도가 특히 전자제품의 경우 유효한 국내산업보호수단으로 활용되고 있는데 일본으로부터 철폐요구를 받고 있다. 정부는 1993년부터 5년 내에 50% 정도를 철폐할 계획이다.

외국인직접투자 현황

전자산업부문 외국인직접투자는 1987~1988년 중 내수시장의 확대 및 엔고를 배경으로 크게 늘었으나, 이후 노사분규·원화절상·경제성장의 둔화와 함께 점차 감소추세를 보이고 있다. 투자분야를 보면 수출을 겨냥한 단순조립생산 위주에서 내수지향적·자본집약적인 직접투자가 늘고 있음이 특징적이다. 투자업종도 '70년대의 가정용 및 일반전자부품과 달리 산업용 전자 및 기술집약적인 전자부품에 대한 직접투자가 중심을 이루고 있다.

경쟁력 현황

① 가격경쟁력

가격경쟁력은 대일 우위를 유지하고 있으나 일본계 아세안 또는 중국에 대하여 크게 불리한 수준이다. 한국산 제품은 대부분의 경우 일본산과

〈표 8-29〉 주요 전자제품의 가격경쟁력 비교(미국시장 기준)

(단위 : 달러)

제품명	수출국별 대표품목의 가격경쟁력 비교				수출국별 미국수입시장점유율 (1989→1992, %)
	국명	브랜드명	가격	지수	
컬러TV	한 국	Goldstar(20109)	319	100	① 멕시코(36.5→51.0) : 급상승
	일 본	SONY(KV20 EXR20)	499	156	② 일본(17.7→10.2)
	대 만	GE(20GT 610)	349	109	③ 태국(1.1→9.9) : 급상승
	멕시코	Zenith(CC 2064w)	329	103	④ 말레이시아(6.3→7.7)
					⑤ 한국(9.6→5.8)
VTR	한 국	Goldstar	263	100	① 일본(69.0→45.1)
	일 본	Panasonic	349	133	② 한국(18.0→17.8)
	〃	Sharp	299	114	③ 말레이시아(0.5→12.8) : 급상승
	말레이 시아	Hitachi	249	95	④ 태국(3.6→8.6) : 급상승
전자렌지	한 국	Samsung	220	100	① 한국(70.6→55.9)
	일 본	Panasonic	290	132	② 태국(7.3→16.9) : 급상승
	미 국	Kenmore	260	118	③ 일본(14.5→11.5)
					④ 말레이시아(0.0→7.5) : 급상승
라디오 카세트	한 국	Clarion 9701 RT : OEM	220	100	① 일본(23.2→21.4)
	대 만	Audiovox AV 988 : OEM	110	50	② 중국(10.3→18.7) : 급상승
	멕시코	Clarion Pull-out	230	105	③ 말레이시아(7.9→17.6) : 급상승
		classic Model : OEM			④ 멕시코(17.9→15.6)
	동남아	Sanyo MAR-1000 : OEM	129	59	⑤ 한국(14.3→11.9)
퍼스컴	한 국	Goldstar GS316	1,099	100	① 일본(14.3→25.2) : 급상승
	일 본	NEC Powermate 386SX	1,495	136	② 대만(18.7→19.9)
	〃	Panasonic FX 1925SX	1,195	109	③ 싱가포르(13.3→16.9)
	미 국	IBM PS/2 55SX	2,299	209	④ 캐나다(5.3→10.5) : 급상승
	〃	AST Bravo 386SX	1,799	164	…
	대 만	–	700	64	⑧ 한국(17.2→3.1)
					* PC를 포함, 컴퓨터 본체 전체실적임
비디오 테이프 (HQ 180 VHS)	한 국	Goldstar	3.29	100	① 일본(47.2→45.2)
	일 본	TDK	4.99	152	② 한국(17.8→16.5)
	미 국	SCOTCH	4.99	152	③ 중국(1.4→9.5) : 급상승
	중 국	Focal : OEM	2.88	88	④ 멕시코(9.1→9.4)
					* 자기테이프 전체실적기준임
반도체 (4M DRAM)	한 국	삼성전자	12.00	100	
	일 본	도시바 / NEC	12.00	100	

자료 : KOTRA, 《주요 전략상품의 국제경쟁력 비교분석》, 1992. 6.

반도체는 산업은행 실태조사, 1993. 7.
KFTA, 《한국무역통계》 등에 의거 작성.

가격격차를 30% 내외를 유지하고 있는 반면, 일본계 아세안 또는 중국산 제품에 대하여는 비슷하거나 상당폭 비싼 가격수준에 있다.

② 비가격경쟁력

품질이나 브랜드/지명도·디자인·신뢰도·납기·아프터서비스 등의 비가격경쟁력은 정확히 평가하기 곤란하지만, 대체로 일본산에 비하여 상당히 뒤지는 반면, 대만·아세안 등 동남아 개발도상국에 대하여는 비슷하거나 다소 나은 수준에 있는 것으로 평가되고 있다.

KOTRA의 미국시장에서의 비가격경쟁력 조사에 따르면, 컬러TV에서는 미국·일본계 멕시코현지산에 다소 뒤지며, VTR에서는 대만·홍콩산과 비슷하며, 라디오카세트·퍼스컴에서는 대만산과 비슷한 수준이다. 전자렌지·비디오테이프에서는 개발도상국들에 대하여 우위를 유지하고 있다.

③ 기술수준

한국 전자산업의 기술수준을 보면, '80년대에 들어서 기술개발노력이 본격화되어 그동안의 조립·모방생산기술단계를 벗어나 분야별로는 상당수준의 자체기술개발력을 갖춘 단계에 이르고 있다. 그러나 전반적으로는 미국·일본 등 선진국에 비해 뒤져 있으며, 특히 제품 및 공정의 설계기술은 크게 뒤져 있다.

분야별로 보면 컬러TV, VTR 등 가전의 경우 가공·조립·시험·검사의 기술은 물론 제품 및 공정의 설계기술도 선진국수준에 근접해 있으나 독자적인 설계개발능력은 다소 뒤져 있다. 컴퓨터·통신분야에서는 단말기(모니터·전화기 등)에서 상당한 기술력을 보유하고 있으나, 전반적으로 타분야에 비해 가장 뒤져 있다. 특히 시스템기술·고도정보처리기술·무선·위성통신기술 등에서 취약하며, 소프트웨어분야는 더욱 큰 격차를

<표 8-30> 미국시장에서의 주요 전자제품의 비가격경쟁력 비교

제품명	한국	일본	NIEs	ASEAN	기타	비가격경쟁요소 평가
컬러TV	82	93	74 (대만)	–	86 (멕시코)	– 미국·일본계 멕시코현지산에 뒤짐 – 성능·내구성·브랜드/지명도·A/S 보통
VTR	76	89	72 (대만) 73 (홍콩)	–	–	– 개발도상국대비 우위 – 품질(성능·내구성·재질)·브랜드/지명도·신뢰도·클레임 대처 등에서 양호 – 디자인, A/S 보통
전자렌지	85	93	74 (싱가포르)	74 (태국)		– 개발도상국대비 우위 – 품질·브랜드/지명도·디자인·신뢰도 A/S 등 대체로 양호
라디오 카세트	73	91	71 (대만)	51 (중국)	61 (멕시코)	– ANIEs와 비슷한 수준 – 품질·A/S 양호 – 브랜드/지명도·디자인·마케팅활동 미흡
PC	64	71	61 (대만)			– 대만과 비슷한 수준 – 품질·디자인·A/S 보통 – 브랜드/지명도, 마케팅활동 미흡
비디오 테이프	85	92		65 (중국)		– 품질면에서 선진국 근접 – 브랜드/지명도·신뢰도·A/S 양호

주 : 1) 비가격경쟁력은 평가요소별로 바이어 및 현지판매상의 반응을 조사하여 평가.
　　 2) 평가요소 및 가중치 : 품질(25), 브랜드/지명노(15), 디자인(15), 신뢰도(15 : 납기, 오퍼에 대한 회신, 견본과 본품의 상위성), A/S(10), 기타 포장상태, 소량수주여부, 클레임 대처의 신속성, 언어소통 등(20).
자료 : KOTRA, 《주요 전략상품의 국제경쟁력 비교분석》, 1992.6.을 기초로 재정리.

보이고 있다. 컴퓨터의 경우 중대형 이상은 수입에 의존하고 있으며, 미니급은 조립생산 위주에 불과하다. 퍼스컴 및 일부 주변기기(모니터)에서 기술축적이 되고 있는 정도이다. 통신기기에서는 유무선전화기·교환기(TDX전자식 교환기)에서 선진국수준에 근접하고 있으나, 무선통신기기(휴대용 전화기·무선통신시스템 등)에서는 선진국과의 기술격차가 크다. 반도체분야는 메모리IC에서 웨이퍼가공, 조립기술이 선진국수준에 있고, 신제품 개발·양산도 격차가 1년 이내로 축소되어 있으나, 독자설계기술·시험·검사기술은 뒤지고 있다. 특히 마이크로프로세서·

<표 8-31> 한국 전자산업의 기술수준

구 분	설계기술			제조기술			
	공정	제품	공장	재료처리	가공	조립	시험·검사
가전용 전자	△	△	×	△	△	○	○
(컬러TV)	○	○	△	△	○	○	○
산업용 전자	×	×	×	×	△	△	×
(퍼스컴)	△	△	×	×	△	○	△
전자부품	△	×	×	×	△	△	×
(IC)	△	×	×	×	△	○	×

주 : ○ 선진국수준에 도달, △ 선진국수준에 약간 미달, × 선진국수준에 크게 미달.
자료 : 산업연구원, 《전자산업의 경쟁력과 구조변화》, 1990. 3.

ASIC(특정용도IC) 등은 제품기술·공정기술 모두 크게 뒤지고 있다. 일반전자부품분야에서는 기반기술인 주물·금형·열처리·도금 등이 선진국에 비해 취약하며, 소재분야는 더욱 미흡한 수준에 있다. 가전용 부품은 선진국수준에 접근해 있으나 컴퓨터·통신기기용 부품은 설계·시험·검사기술이 크게 뒤져 있다.

UR 타결이 수출에 미치는 영향

① 협상분야별 영향

관세인하

전자산업분야에서도 관세부문은 크게 관세인하부문과 무세화(관세철폐)부문으로 나누어볼 수 있는데, 첫번째 관세인하부문은 발효 5년 후인 1999년 1월까지 기준관세율인 1986년 9월 관세율의 1/3 이상을 인하한다는 것으로 품목별 인하세율은 제출시한인 1994년 2월 15일에 가서야 알 수 있을 것으로 전망된다. 그러나 미국과 EC의 경우 협상의 과정에서 전자제품 중 몇 개의 품목은 미리 관세인하율을 발표하였는데 미국과 EC가 산업용 및 사무용 전자기기의 관세율을 평균 60% 인하한다는 것과 미국이 전자렌지의 관세율을 4%에서 2%로 50% 인하, 카스테레오의 관세율을 8%에서 4.4%로 45% 인하한다는 것이 주요 내용이다.

<표 8-32> 전자산업관련관세분야 협상내용

구 분	발표국가	품 목	내 용
관세인하	미국·EC	산업용 및 사무용 전자기기	평균 60%인하
	미국	전자렌지	4%→2%로 인하
	미국	카스테레오	8%→4.4%로 인하
무 세 화	미국·EC	반도체	1999년까지 무세화
	미국·EC	반도체장비	1999년까지 무세화
	미국·EC	컴퓨터/주변기기	1999년까지 무세화

자료 : 재무부, 《UR/공산품 시장접근분야 관세협상》, 1993.12.

<표 8-33> 주요국의 전자제품 수입관세율 현황

국 명		전자제품 수입관세	국 명		전자제품 수입관세
선진국	미국	0~15%, 대체로 5% 이하	ASEAN	태국	평균 35.5%
	EC	0~15%, 대체로 5% 내외, 일부 고관세품목 14%(반도체 등)		말레이시아	평균 50% 수준
				인도네시아	평균 26.1%
	일본	0~7.2%, 대체로 4% 내외	중남미	칠레	11% 수준
	캐나다	9.3%		브라질	30% 수준
NIEs	싱가포르	대부분 무관세(에어컨은 싱가포르 유일의 수입허가품목)		아르헨티나	20% 수준
	홍콩	무관세		멕시코	10~20% 수준

자료 : 각국의 관세율표 등에 의거 작성.

　　두번째의 무세화부문에서도 미국과 EC간 합의한 분야가 주류를 이루는데, 그 내용은 반도체·반도체장비·컴퓨터및 컴퓨터주변기기의 관세율을 발효 5년 후인 1999년 1월까지 무세화한다는 것이다.

　　각국의 전자제품관련 관세율을 보면 선진국의 경우 주교역상품이라는 점에서 관세율이 대체로 5% 내외에 있으며, 일부 국내산업보호차원에서 고관세를 부과하고 있다. 개발도상국의 경우 전자제품을 사치성 내구재로 보는 한편, 자국 전자산업의 전략적 육성차원에서 대부분 고관세를 부과하고 있다. 향후 관세인하는 선진국의 경우 저관세품목의 무세화 및 일부 고관세품목의 관세인하가 예상되며, 개발도상국의 경우 고관세품목중심으로 관세인하가 추진될 것이다. 선진국시장의 경우 관세인하의 효과는 비록 낮은 관세율수준에 따른 작은 관세인하폭에도 불구하고 현지생산품과 GSP혜택을 받고 있는 후발개발도상국수출품 모두에 대해 가격경쟁력 개선효과로 나타나 수출확대가 예상된다. 개발도상국시장의 경우에도 현지산품에 대한 가격경쟁력 개선으로 상당한 수출확대가 예상된다.

특히 제품별로는 무세화가 예시된 반도체와 퍼스컴 및 컴퓨터주변기기인 모니터의 수출확대가 클 것으로 전망되며, 큰 폭의 관세인하가 예시된 전자렌지의 수출확대도 클 것으로 전망된다. 또한 예시에는 빠져 있지만 미국과 EC가 15%의 높은 관세를 부과당하고 있는 컬러브라운관(CPT)의 관세도 점차 인하될 것으로 보여 동 제품의 수출도 점차 확대될 전망이다. 이밖에 중남미·동남아지역으로의 전반적인 가전제품의 수출도 확대될 것으로 전망된다.

반덤핑, 긴급수입제한조치, 보조금·상계관세조치와 회색조치

반덤핑조치는 한국 전자제품에 대해 선진국이 가장 많이 활용해 온 주요 수입규제수단인데, 1993년 말 현재 규제 중인 반덤핑조치건수(가격인상약속 포함)는 미국 4품목, EC 7품목 등 11건이며, 조사 중인 품목도 EC 3품목, 호주 1품목 등 4건에 이르고 있다. 대상품목은 '80년대 말에는 가전제품 위주였으나 최근에는 반도체, 교환기 등 첨단기술제품으로 확대되고 있다. 한편, 긴급수입제한조치는 영국·호주가 발동을 하여 쿼터를 적용한 바 있으나 현재는 종결된 상태이며, 상계관세조치는 적용된 바 없다. 또한 회색조치에 해당하는 수출자율규제를 받고 있는 품목으로는 전자렌지와 컬러브라운관(CPT)이 있다.

UR 타결이 수출에 미치는 영향을 보면 반덤핑제도에 관한 UR협정내용은 적용요건의 강화, 자의적 적용축소, 소멸시효의 엄격 적용 등이며, UR 타결 이후 선진국의 반덤핑조치의 활용은 크게 억제될 것이다. 또한 반덤핑조치에 따른 수출자율규제 등 회색지대조치도 억제되어 전자제품의 수출환경은 크게 호전될 것으로 보인다. 단, 반덤핑조치의 엄격 적용에 따

〈표 8-34〉 한국 전자제품에 대한 수입규제 현황(1993년 11월 말 현재)

구 분		품 목	한국 HS 분류	규제종류	규제조사시작	내용(현행)
미국	규제 중	컬러TV	8528 – 10	반덤핑관세부과	'84. 4.	반덤핑관세율 0.11~3.79%
		CPT	8540 – 11	반덤핑관세부과	'87. 12.	반덤핑관세율 0.12~1.91%
		키폰	8517 – 81 – 30	반덤핑관세부과	'90. 1.	반덤핑관세율 0.02~13.90%
		EPROM	8542 – 11 – 1000 9000	특허침해/수입 배제명령	'89. 3.	현대전자
		DRAM(1M 이상)	8542 – 11 – 9010 8473 – 30	반덤핑관세부과	'93. 4.	반덤핑관세율 0.74~7.19%
	조사 중	1M DRAM	8542 – 11 – 9010	특허침해	'92. 12.	현대전자, 금성일렉트론
EC	규제 중	비디오카세트테이프	8523 – 13 – 2010	반덤핑관세부과	'89. 6.	반덤핑관세율 1.9~3.8%
		컬러TV (16″ 이하)	8528 – 10 – 9010 9020 9030	반덤핑관세부과	'90. 4.	반덤핑관세율 10.2~10.5%
		VTR	8521 – 10	가격인상 약속	'90. 6.	
		오디오카세트테이프	8523 – 11 – 0000 13 – 1000	반덤핑관세부과	'91. 5.	반덤핑관세율 2.6~9.2%
		카라디오	8527 – 21 – 9000 29 – 0000	반덤핑관세부과	'92. 8.	반덤핑관세율 0.6~34.4%
		DRAM	8542 – 11 – 1000	가격인상 약속	'93. 2.	
		전자저울	8423, 81, 82, 90	반덤핑관세부과	'93. 10.	
		CPT	8540 – 11	수출자율규제		수출제한량 128만 대(1993)
		전자렌지	8516 – 50	수출자율규제		수출제한량 199만 대(1993)
	조사 중	플로피디스크	8523.90	반덤핑	'92. 9.	
		컬러TV (17″ 이상)	8528 – 10 – 9040, 9050, 9060	반덤핑	'92. 11.	
		대형축전기		반덤핑	'93. 3.	
호주	조사 중	콤팩트디스크	8524 – 90 – 9000	반덤핑	'93. 11.	

자료 : 한국무역협회, 《주요 선진국의 수입규제총람》(1993. 4)과 《통상정보》(1993. 11)에 의거 작성.

라 혜택을 보게 될 나라는 한국뿐만 아니라, 일본·대만·홍콩·중국·아세안 등 수출개발도상국에도 해당될 것이다.

기술장벽

전자제품은 기술집약적이라는 산업특성상의 대선진국 수출시 수출대상국의 표준·형식승인·적합성판정(인증절차) 등의 기술장벽에 영향을 크게 받고 있다. 또한 국별로 전자산업이 차지하는 전략산업으로서의 위치로 인해 기술기준을 자국산업의 보호수단으로 활용하는 사례가 많다. UR의 타결로 기술기준의 설정과정에 대한 공개 및 외국의 사전적 참여확대·인증절차의 간소화·객관적 실행·기준의 투명성 제고가 기대되어 전자산업의 수출여건은 개선될 전망이다.

특히 개발도상국의 입장에서는 선진국의 환경, 안전관련기술기준을 충족시키는 데 많은 시일이 걸리거나 기준 자체가 너무 높게 설정되거나, 기술기준이 자의적으로 운용됨으로써 개발도상국의 대선진국 수출에 결정적 제약요인이 되었던 무역장벽적 요소가 다소 완화될 것이다. 기술장벽의 무역장벽의 완화로 혜택이 기대되는 전자제품은 컴퓨터 및 주변기기·통신기기(전화기·교환기·무선통신기기)·반도체를 비롯한 부품류 등이다.

정부조달협정

UR협상의 부속협정으로 체결된 정부조달협정으로 한국의 전자업계도 서명국 24개국의 정부조달시장에 참여해 정부조달대상품목의 수출가능성이 높아지고 있다. 그러나 정부조달품목의 구성상 전자제품의 비중은 크지 않을 것으로 보인다. 기본적으로 정부조달은 국가간 통상협력차원에 의해 이루어지는 경우가 많아 선진국 상호간 조달시장점유율이 확대될 것이며, 상대적으로 한국 전자제품의 선진국조달시장 진출가능성은 제한적일 것이다.

수출증가가 예상되는 품목은 부품보다는 완제품이 주 대상이 될 것이며, 품질 및 가격경쟁력을 갖춘 교환기·통신단말기·전선/케이블류·일부 컴퓨터 및 주변기기 등의 수출가능성이 크며, 선진국보다는 개발도상국에의 수출가능성이 클 전망이다.

<표 8-34> 주요국의 전자제품 비특혜원산지규정 비교

국명	원산지결정기준	실질적 변형의 판정방식	문제점
미국	− 완전생산기준 − 실질적 변형기준 　(판례법, 개별법규에 　근거)	− 명칭, 성질, 용도의 변화 − 부가가치, 투자액 − 공정의 기술적 중요성 등을 고려함	− 판정요소의 우선순위 　미정 − 예측가능성, 명료성 　결여
EC	− 완전생산기준 − 실질적 변형기준 　(EC이사회 802 / 68 　호에 근거)	− 일반원산지규정 　○ 최종적·실질적 가공 또는 공정 　○ 부가가치방식 보조적으로 사용 − 특별원산지규정 　○ 가공도방식 　　· 포지티브리스트 : 반도체 　　· 네가티브리스트 : 복사기 　○ 부가가치방식(45％) : 라디오, TV, 　　테이프레코더	− 특별원산지규정의 경 　우 예측가능성이 확 　보되나 복잡하고 일 　관성이 부족 − 일반원산지규정의 경 　우 예측가능성, 명료 　성 결여 − 주로 일본산 등의 수 　입규제에 초점
일본	− 완전생산기준 − 실질적 변형기준 　(관세법 기본총칙에 　근거)	− 세번변경방식 　○ 특정상품의 경우 특별조건 추가, 또 　　는 세번이 변경되지 않아도 원산지 　　부여하는 조건 규정	− 예측가능성, 명료성 　확보되나 많은 예외 　규정 발생

자료 : 재무부, 《UR / 공산품 시장접근분야 관세협상》, 1993. 12.

원산지규정

　전자제품의 경우에도 일반최혜국대우무역, 반덤핑·상계관세, 긴급수입제한조치, 원산지표시요건, 수량규제, 관세쿼터, 정부조달 등 비특혜무역에 적용되는 원산지규정을 보면 미국·EC·일본은 공히 원칙적으로는 완전생산기준, 실질적 변형기준에 기초하나 실질적 변형의 판정방식이 서로 다르다. 미국의 경우 성질·용도의 변화·부가가치·공정의 기술적 중요성 등을 고려하여 판정하며, 일본의 경우 세번변경방식에 의해 판정한다. EC의 경우 일반원산지규정에 의거 최종적 실질적 가공 또는 공정을 기준으로 판정하되 부가가치방식을 보조적으로 사용하며, 특정품목의 경우 특별원산지규정에 의거, 가공도방식(반도체 : 포지티브리스트, 복사기 : 네가티브리스트), 부가가치방식(라디오, TV, 테이프레코더 : 45％

기준)으로 판정하고 있다. 이러한 원산지규정이 갖고 있는 문제점으로서 EC의 원산지규정은 자의적이고, 명료성·예측가능성·일관성이 부족하다는 지적이 있으며, 미국의 원산지규정은 명료성·예측가능성이 부족하다는 지적이 있다.

원산지규정에 관한 UR협정의 내용은 국별로 명료성·통일성을 갖춘 통일성있는 원산지규정을 제정하자는 것으로 협정 발효 후 90일 내에 현행의 원산지규정을 WTO에 통보하도록 되어 있으며, 궁극적으로는 협정 발효 후 통일원산지규정 제정을 위한 협상을 개시하여 3년 이내에 확정하도록 되어 있다. UR협정의 내용이 아직 구체성이 부족하고 선언적인 성격을 띠고는 있으나 향후 자의적 원산지규정 적용은 억제될 것이며, 규정의 명료성·예측가능성·공개성·통일성·일관성 등이 제고될 것으로 기대된다.

수출에 미치는 영향은 UR 타결 이후 전자산업 수출 및 현지진출의 여건이 점차 개선될 것이고, 장기적으로는 통일원산지규정의 제정을 통하여 무역장벽적 요소가 크게 완화될 것이다. 부문별로는 해외현지생산을 크게 확대하고 있는 가전산업과 컬러브라운관산업에서 수출개선효과가 클 전망이다.

무역관련투자조치

전자산업에 있어서 무역관련투자조치로는 주로 일부 개발도상국에서 국내산업의 보호·육성을 위해 이루어지는 국산부품구매의무(local content), 판매시장의 지정, 특정제품 국내제조의무, 외환통제(예 : 수출입균형의무), 기술이전의무, 외국인투자 지분제한 등이 있다. 이 중 기술이전의무, 외국인투자 지분제한의 경우 UR협상에서 제외되었으나 다른 조치들은 UR 타결 후 점차 완화되도록 되어 있다. 특히 인도네시아의 경우 가정용 전기기구·전기모터 등 전기전자제품 전반, 필리핀의 전자제품에서 국산화정책에 의거 국산부품사용의무가 부과되고 있는 것은 점차 완화될 것이다. UR 타결로 국내업계의 대후진국 투자의 활성화를 기대할 수 있다. 부문별로는 해외현지생산을 크게 확대하고 있는 가전산업과 컬러브라운관산업에서 환경개선효과가 클 전망이다.

지적재산권

전자관련특허권 등 지적재산권은 물론 미국·일본·EC 등 선진국에 집중되어 있다. 대체로 일본은 응용·생산기술을 중심으로 반도체·가전·전기분야에서 우위를 보이고 있고, 미국은 기초기술을 중심으로 컴퓨터 H/W 및 S/W·반도체·통신 등에 우위를 보이는 것으로 평가되고 있다. 1992년 미국 내 특허출원 현황 및 평가에 대한 *Business Week*지 조사에 따르면, 특허등록건수 상위 20대 기업 중 17개사가 전자부문(컴퓨터, 전기, 전자, 통신)회사였으며, 자동차 2개사, 화학 1개사였다. 전자부문 상위 20대 기업을 보면, 일본 10개사, 미국 8개사, EC 2개사 등이었다.

이러한 첨단기술 및 관련 특허를 갖고 있는 선진국은 특히 '80년대 이래 첨단기술을 가격경쟁력을 만회하는 주요 수단으로 삼고 지적재산권 보호를 강화해 오고 있으며, 특히 개발도상국 등의 위조상품의 수출에 대하여는 근거법을 두어 제재를 강화해 왔다.

UR에서 다루는 지적재산권 중 특히 컴퓨터프로그램보호법, 특허권, IC배치설계권, 상표권, 산업디자인과 같은 부문이 전자산업에 영향을 크게 미칠 것이다. 국가별로는 미국·일본·EC 등 기술선진국이 기술유출의 억제, 로열티의 인상, 지적재산권 침해시 수입배제 등을 통하여 개발도상국 및 저개발국들의 전자제품 수출에 종래보다 더 큰 제약을 줄 수 있을 것이며, 나아가 자국산제품의 경쟁력 강화를 도모할 것이다

한국의 경우 VTR·캠코더·퍼스컴·반도체 등 첨단기술제품에 대하여 10~15%의 로열티를 지불하고 있어 경쟁력 약화요인이 되고 있는데 향후 지적재산권의 보호강화는 더욱 강화됨으로써 수출에 큰 제약요인이 될

〈표 8-35〉 전기·전자분야 세계 상위 20대 기업의 미국 내 특허등록건수 및 기술력 평가

기 업 명	특 허 건 수			파 급 지 수			기 술 력		
	'92	평균 건수 '88~ '92	증감률 (%) '88~ '92	'92	평균 지수 '88~ '92	증감률 (%) '88~ '92	'92	평 균 기술력 '88~ '92	증감률 (%) '88~ '92
1. 캐논(일)	1118	903	13	1.76	1.71	2	1971	1551	17
2. 히타치(일)	1165	1132	3	1.45	1.46	−1	1688	1650	2
3. 도시바(일)	1176	1058	9	1.29	1.40	−3	1514	1483	7
4. IBM	842	662	12	1.77	1.73	2	1488	1150	14
5. GM	995	944	1	1.19	1.19	0	1236	1127	1
6. 미쓰비시 전기(일)	976	837	6	1.19	1.19	0	1147	998	16
7. Motorola	671	495	18	1.68	1.54	3	1126	771	22
8. Xerox	477	326	18	2.08	1.77	5	990	592	26
9. AT&T	528	522	4	1.81	1.76	1	955	918	5
10. 마쓰시타 전기(일)	732	511	19	1.27	1.24	−1	931	634	19
11. NEC(일)	502	477	7	1.41	1.58	−5	709	754	3
12. TI	401	333	29	1.76	1.74	6	707	593	45
13. 후지쓰(일)	443	340	14	1.57	1.58	0	697	536	14
14. 필립스전자 (네)	607	741	−1	0.97	1.02	4	589	758	−4
15. 소니(일)	446	328	13	1.26	1.52	−9	560	494	3
16. 리코(일)	366	290	20	1.53	1.52	0	559	441	22
17. 샤프(일)	394	345	15	1.21	1.30	−4	477	444	11
18. 지멘스(독)	550	666	−5	0.85	0.98	−6	468	657	−11
19. AMP	237	241	4	1.94	1.91	1	461	458	5
20. HP	351	264	24	1.27	1.22	0	447	321	24

주: 1) 특허건수 : 미국 특허국(Patent Office)에 등록된 특허건수(디자인특허 및 기타 특별한
　　　경우 제외).
　　2) 파급지수 : 다른 특허에 응용된 빈도를 나타내는 비율.
　　3) 기술력 : 특허건수＊파급지수(각 연도별 기술력수치를 구하여 평균하였음).
자료 : *Business Week*, 1993. 8. 9.

것이다. 예컨대, 퍼스컴의 경우 IBM·AMI(ROM BIOS관련), Micro-
soft(OS관련), TI, CADTRAC, RCA 등에 매출액대비 12~15%에 달하는
로열티를 내고 있는데 향후 첨단 신모델 도입시 지적재산권 강화에 따른

<표 8-36> 전자산업관련 지적재산권분야

구 분	내 용
컴퓨터프로그램저작권	창작일로부터 저작자사 후 50년까지 보호
특허권(제법특허권도 포함)	출원일로부터 20년간 보호
IC배치설계권	15년간 보호
상표권	최초등록 후 7년간 유효, 무한정 갱신 가능
산업디자인	10년간 보호

자료 : 경제기획원, 《분야별 UR협정과 대응과제》, 1993. 12.

협상력 열위로 로열티는 더욱 큰 부담이 되어 퍼스컴산업을 저부가가치산업으로 전락시키고 국제경쟁력을 약화시키는 주요인이 될 것이다. 향후 지적재산권 보호강화와 더불어 수출에서 애로요인이 예상되는 품목은 반도체·컴퓨터 H/W 및 S/W·첨단통신제품(휴대용 전화기·교환기 등)·첨단가전기기(HDTV·LDP 등) 등이다.

② 수출에 미치는 영향 종합

협정내용별로 보면 UR 타결로 관세인하 및 반덤핑 남용억제가 전자제품 수출환경에 가장 유리한 영향을 미칠 것으로 평가된다. 또한 기술장벽·무역관련투자조치의 제거·정부조달시장의 참여 및 원산지규정의 자의적 운용억제 등도 수출환경개선에 어느 정도의 역할을 할 것으로 보인다. 상계관세 및 긴급수입제한조치 운용개선은 최근 들어 거의 사용되지 않아 영향은 없다 하겠으며, 지적재산권 보호강화는 대선진국 진출여건에 불리한 영향을 줄 것으로 평가된다.

해외시장별로는 관세인하, 무역관련투자조치의 제거, 수입제한조치의 철폐 등으로 후발개발도상국으로의 진출여건이 크게 개선될 것으로 평가된다. 중남미와 동남아 개발도상국들은 대부분 '80년대 말 이후 GATT 제18조 b조항(국제수지를 이유로 한 수입제한조치 인정)에서 졸업하고 제11조(수량제한의 금지)의 적용국으로 이전되었는데 UR의 타결로 각종 수입제한조치의 철폐가 보다 충실해질 것으로 예상된다. 선진국시장의 경

〈표 8-37〉 UR 타결이 전자산업의 수출에 미치는 영향

구분	주요 내용	시장별 환경변화 예상	수출에 미치는 영향 평가	종합
관세	- 관세인하 - 일부 품목 무세화 추진	- 선진국의 경우 관세인하폭은 크지 않을 듯 ㅇ 미국 · EC · 일본 : 현행 관세율이 대부분 4~5% 내외 - 전자산업을 국가전략산업으로 육성하는 ASEAN, 중남미 등의 관세인하폭 클 전망 ㅇ 현행 관세율 20~50% 수준	- 선진국제품과 GSP수혜를 받고 있는 후발개발도상국의 제품에 대해 경쟁력 향상 - ASEAN, 중남미 등 개발도상국으로의 수출 확대 전망 - 무세화가 실현된 반도체, 컴퓨터 및 주변기기의 수출증가가 클 전망	○○
반덤핑 · 상계관세 · 긴급수입제한조치	- 반덤핑요건의 엄격화 및 자의적 운용금지 ㅇ 제소자격의 제한 ㅇ 덤핑마진산정시, 동일기준 가격비교 원가이하 판매인정 구성가격 적정산정 ㅇ 소멸시효 설정 - 수출자율규제 철폐 - 상계관세, 긴급수입제한조치 적용요건 엄격화	- 그동안 반덤핑조치를 수입규제수단으로 가장 빈번히 사용해 온 EC · 미국 · 호주 등의 수출환경이 개선될 것임 ㅇ 한국산 전자제품에 대한 반덤핑규제 현황(1993년 말) · 규제 중 : 미국 4, EC 7건 · 조사 중 : EC 3, 호주 1건 - 상계관세, 긴급수입제한조치는 최근 들어 거의 미사용	- 한국의 대선진국(미국 · EC · 호주 등) 수출환경 개선 - 또한 일본 및 수출개발도상국인 대만 · 홍콩 · 중국 · 아세안 등도 혜택을 받을 것임	○○
기술장벽	- 기술장벽 제거 ㅇ 기술기준 설정과정 공개 및 외국의 사전적 참여확대 ㅇ 인증절차의 간소화 ㅇ 기준의 투명성 제고 - 기술기준의 국제적 통일화 도모	- 그동안 기술장벽을 많이 활용해 온 선진국에의 진출환경 개선 ㅇ 시간, 비용의 감소 ㅇ 정보의 조기입수에 의한 사전적 대응 가능	- 선진국에 비해 기술수준이 저위에 있는 한국의 수출확대효과 기대 ㅇ 정보의 조기입수에 의한 사전적 대응 ㅇ 선진국 규격획득 용이 - 선진국보다 개발도상국에 많은 혜택 예상	○
정부조달	- 한국의 정부조달협정 가입 예상(신규참여) ㅇ 대상기관 : 중앙정부, 지방정부 및 투자기관 포함	- 협정가입국 정부조달시장에 참여 가능	- 한국의 경우 통신기기 및 컴퓨터주변기기 수출 증가 전망 - 조달시장참여는 국가간 통상협력차원에서 이루어져	○

구분	주요 내용	시장별 환경변화 예상	수출에 미치는 영향 평가	종합
	○ 전자제품은 대상 물품에 포함		한국의 선진국시장 참여는 제한적일 전망	
원산지규정	− 규정의 명료성, 예측가능성, 통일성 제고 − 자의적 운용억제	− 수입장벽으로 활용해 온 EC 및 미국으로의 수출 및 현지진출여건이 개선될 전망	− 미국·EC 등으로의 수출 및 현지진출 증가 전망	○
무역관련투자조치	− 다음 조치 철폐 　○ 국산부품구매의무 (local content) 　○ 판매시장의 지정 　○ 특정제품 국내제조 　○ 외환통제	− 선진국의 경우 대부분 철폐 − 전자산업을 수입대체, 수출전략산업화하고자 다양한 투자장벽조치를 취하고 있는 ASEAN, 중남미 등 개발도상국의 투자환경 큰 폭 개선	− 한국의 개발도상국시장을 겨냥한 투자확대 전망 − 일본은 현지부품조달체계를 상당히 갖추고 있어 한국이 더 유리	○
지적재산권	− 지적재산권 보호강화 　○ 컴퓨터프로그램 사후 50년까지 보호 　○ 특허권 : 20년간 보호 제법특허 인정, 선출원주의로 통일 　○ IC배치설계권 15년간 보호산업 　○ 디자인 : 10년간 − 내외국인 무차별적용 − 위조상품 제재강화	− 제도변경 기대(통일화) 　○ 미국 : 발명주의→선출원주의로 전환 예정 　○ EC : 생명공학분야 특허 보호범위 확대 기대 　○ 개발도상국 : 보호수준 강화 − 지적재산권 보유는 일본·미국·EC 등 선진국에 집중 되어 있어 이들의 기술유출 억제 로열티 인상, 지적재산권 침해시 제재 강화 전망	− 가장 큰 혜택을 받는 국가는 절대적 기술우위에 있는 일본·미국·EC 등 선진국임 − 한국은 불리한 전망 　○ 로열티의 상승 　○ 첨단기술 습득의 곤란 　○ 위조상품 제재강화에 따른 수출 위축	×

주 : ○○ 매우 유리, ○ 유리, △ 다소 유리, − 중립, ▽ 다소 불리, × 불리, ×× 매우 불리.

우에서도 반덤핑 억제, 수출자율규제의 폐지, 원산지규정의 자의적 운용억제, 기술장벽의 제거, 정부조달시장개방 등에 따른 수출환경 개선효과가 기대된다.

품목별로는 무관세화와 기술장벽의 제거조치 등으로 수출여건이 개선될 반도체·퍼스컴·컴퓨터주변기기(모니터 등)의 수출이 크게 호전될 전망이며, 관세인하·무역관련투자조치의 제거와 반덤핑의 남용억제 등

<표 8-38> 전자제품의 기본관세율 현황(한국)

(단위 : %)

구 분	품 목	관 세 율(%)				
		1989	1990 / 1991	1992	1993	1994
가정용 기기	TV · 선풍기 · 조명기구 등	15	13	11	9	8
	오디오기기류 · VTR, 세탁기 · 냉장고 · 에어컨 · 전자렌지 · 전열기기 등	20	16	13	10	8
산업용 기기	컴퓨터 및 주변기기류 유선통신기기 · 무선통신기기 · 계측기	15	13	11	9	8
	무선수신장비	20	16	13	10	8
전자부품	거의 모든 전자부품류	15	13	11	9	8
	반도체	10	10	10	9	8
	스피커	20	16	13	10	8

자료 : 관세청, 《기본관세율표 1993》.

<표 8-39> 전자산업관련관세분야 협상내용

품 목	내 용
반도체	1999년까지 무세화
컴퓨터입출력기	2004년까지 무세화

자료 : 재무부, 《UR/공산품 시장접근분야 관세협상》, 1993. 12.

으로 수출여건이 개선될 가전제품(전자렌지 · 컬러TV · VTR 등)과 컬러브
라운관의 수출도 비교적 크게 호전될 전망이다. 또한 외국조달시장의 개
방으로 통신기기의 수출여건도 호전될 전망이다.

UR 타결이 내수에 미치는 영향

① 협상분야별 영향

관세인하

현행 전자제품의 기본관세율은 8%로 그동안 관세율을 지속적으로 인
하해 왔으며, UR의 타결에 따른 추가적 관세인하는 점진적이고 소폭으로
예상되어 관세인하에 따른 수입확대효과는 작을 것으로 예상된다.

또한 무세화분야에도 경쟁력이 있는 반도체와 컴퓨터주변기기분야에만 참여함으로써 이에 따른 영향은 크지 않을 전망이다. 즉, 경쟁력이 강한 반도체는 1999년까지 경쟁력이 약한 컴퓨터입출력기(주변기기의 일부)에 대해서는 10년 후인 2004년까지 무세화를 할 것으로 발표하였다.

기술장벽

전자제품과 관련된 기술장벽적 요소로는 표준화제도 및 5개 특별법, 즉 전기용품안전관리법, 전파관리법, 공산품품질관리법, 전기통신기본법, 계량법 등이 있다. 그동안 국제기준에 적합화시켜 오기는 했으나 UR 타결 후에는 이와 관련된 수입장벽적 요소는 더욱 억제될 것이다. 따라서 기술집약적 산업으로서의 특성상 기술기준을 국내산업보호목적으로 운용할 여지가 많았으나 향후에는 어려워져 시장형성초기단계에서 선진국업체의 국내시장 진출이 보다 용이해질 수 있을 것이다.

또한 기술기준제정절차의 개선, 즉 기술기준 제정시 외국업체의 사전적 참여 및 사후적 정보입수가 원활해져 국내시장 진출기회를 보다 조기에 포착할 수 있게 될 것이다.

정부조달협정

UR협상의 부속협정으로 체결된 정부조달협정으로 한국도 1997년 1월부터 정부조달시장이 개방된다. 중앙정부와 지방정부 및 정부투자기관의 구매물량이 이에 해당된다.

정부는 이번 협상에서 한국전력의 발전설비를 제외한 중전기기의 제품구매와 한국통신의 통신망장비 및 일반통신제품의 구매는 예외로 인정받았다. 그러나 정부가 예외대상으로 추진했던 철도청의 철도안전시설과 관련한 제품구매와 한국전력이 한국중공업으로부터 구매하고 있는 발전설비는 1997년부터 개방하기로 했으며, 인공위성관련구매는 협정 발효 후 5년간 예외로 인정받게 되어 2002년부터 대외개방이 불가피하게 되었다. 이들 품목들은 대부분 국내업계가 경쟁력이 없어 수입에 의존하고 있던 품목들이기 때문에 당분간은 UR로 인한 급속한 시장잠식은 없을 것으로 판단된다.

그러나 통신장비의 경우는 이미 UR에 앞서 한·미통신협상을 통하여 일반통신장비(1992. 1) 및 통신망장비(1993. 1)시장이 미국에 개방되었기 때문에 상대적으로 취약한 국내통신장비업체의 경쟁력을 감안할 때 미국업계의 국내시장잠식이 빠르게 이루어질 전망이며, 정부조달시장개방으로 가장 우려되는 분야이다.

원산지규정

원산지규정은 반덤핑관세조치, 수입선다변화제도 및 개발도상국을 통한 우회수입확인 등의 경우 중요한 기능을 수행해 왔다. 그러나 전자제품과 관련하여 원산지규정 자체를 수입규제적 수단으로 운용한 사례가 별로 없어 UR 타결 후 외국의 국내시장진출 개선효과는 작을 것으로 보인다.

무역관련투자조치

한국은 무역관련투자조치로서 중소기업 고유업종에의 외국인투자제한, 국산개발대상품목의 부품수입추천제도 및 국산개발품의 우선구매관행 등을 유지하고 있다. 그러나 개발도상국의 지위를 벗어난 한국은 UR 타결 후 동 조치의 철폐 내지 완화가 불가피할 것이다.

이에 따라 중소기업 고유업종 및 계열화지정업종에 외국기업의 진출이 예상되고, 국산개발품목의 부품수입추천제도가 축소 내지 철폐됨으로써 동 제품의 국산화가 지연되는 악영향을 나타낼 것으로 보인다. 품목별로는 중소기업 고유업종으로 지정되어 있는 전기배선·리드선·코어업종은 외국기업의 진출이 이루어지면 타격을 면치 못할 것으로 예상된다. 또한 국산개발대상품목 중 아직 핵심부품의 양산이 이루어지지 못하고 있는 컴퓨터·LDP·자동판매기·전자식 교환기·무선수신기기 등은 부품수입추천제가 폐지되면서 부품의 국산화에 상당히 부정적인 영향을 줄 것으로 전망된다.

<표 8-40> 전자제품 중 국산개발대상 주요 품목

품 목	HS No.	품 목	HS No.
워드프로세싱 머신	8469	방송기기 / 무선전화기	8525
컴퓨터 / 주변기기	8471	무선수신기기	8526, 8527
자동판매기	8476	폐쇄회로 TV모니터	8528
전자식 교환기	8517	콘트롤러	8537
CDP / 복합제품	8619	음극선관	8540
VTR / LDP	8521	비디오게임기	9504

자료 : 관세청, 《무역통계연보 1992》.

서비스무역

전자산업에 관련된 서비스부문의 개방은 유통시장개방과 통신서비스시장의 개방으로 나누어볼 수 있다. 유통시장개방은 전자업계의 국내판매에 상당한 영향을 줄 것으로 전망되며, 국내유통시장은 이미 3차개방조치(1993.7)가 단행되어 거의 대부분이 개방된 상태이며, 1996년 1월에는 완전개방되도록 예시되어 있다. 더욱이 UR의 타결로 일본 전자제품의 수입을 막고 있는 수입선다변화제도가 점차 축소 내지 폐지될 것으로 보여 일본 가전양판점의 진출과 함께 국내가전시장의 잠식이 우려된다.

한편, 국내통신서비스시장 중 부가가치통신서비스(VAN)의 시장은 1994년 1월에 개방되었으며, 기본통신서비스시장도 1998년부터 개방될 예정에 있다. 이러한 통신서비스시장의 개방으로 통신서비스의 하부구조를 제공하는 전자산업의 경우 통신서비스업계의 투자확대 및 기업·일반소비자의 서비스 이용 확대에 따라 컴퓨터·통신기기의 수요가 증가할 것으로 전망된다. 다만, 외국계 통신서비스업자의 진출과 함께 외국산 통신기기의 유입도 이루어질 것이기 때문에 국산 통신기기의 판매증가세는 수요증가세에 비해 크지 않을 것으로 예상된다.

지적재산권

한국은 그동안 미국 등 선진국과의 협상과정을 통하여 지적재산권 보호수준을 높여 왔다. 특히 1987년부터 시행되어 컴퓨터프로그램보호법의 개정(1993.9)을 통해 컴퓨터프로그램 저작권 침해시 벌금의 상향조정 (300만 원→3,000만 원), 불법복제 프로그램 사용행위의 처벌과 저작권자의 대여권의 인정 등 보호수준을 크게 높였으며, 선진국 추세에 따라 반도체칩보호법도 제정하였다(1993.12). UR 타결 후 법제상의 강화조치는 물론, 지적재산권 등록절차의 간소화와 위조상품 단속 및 처벌규정 강화 등 실질적인 변화가 예상된다. 이러한 내수환경변화로 외국산 컴퓨터 S/W의 국내시장 점유의 확대가 예상되며, 컴퓨터 H/W업계는 수요처의 S/W비용 부담확대로 단기적으로는 다소 수요가 위축될 가능성이 있다. 또한 국내전자업계의 기술개발의 코스트가 증가하고 지적재산권을 보유한 선진외국업체의 직접진출이 촉진될 것이다. 장기적으로는 국내업계의 기술개발을 촉진하는 긍정적 효과도 기대할 수 있다.

  수입선다변화제도

  수입선다변화제도는 GATT의 최혜국대우, 무차별대우원칙 등에 어긋나는 수입제한조치로서 선별적·단계적 해제가 예상된다. 정부는 1993년부터 5년간에 걸쳐 수입선다변화품목을 50% 감축시킬 계획임을 발표한 바 있다.

  수입선다변화 지정 230개 품목(1994.1. 기준) 중 전자관련품목은 약 40여 개로서 이를 해제할 경우 상당한 수입증가가 예상된다. 더욱이 1996년 1월부터 유통시장이 완전개방될 예정이어서 일본 전자양판점의 국내시장 진출과 함께 일본제품의 국내시장잠식이 우려된다.

  특히 가격격차가 작은 품목 또는 품질격차가 크거나 핵심부품의 대일의존이 큰 품목의 경우 수입증가가 불가피할 것이다. 해제시 수입확대가 크게 예상되는 품목은 대형컬러TV(20″ 이상)·LDP·캠코더·퍼스컴·FDD·카폰·휴대용 전화기·컬러브라운관(21″ 이상) 등이다.

  ③ 내수에 미치는 영향 종합

  협정내용별 영향도를 비교평가해 보면, 수입선다변화제도의 점진적인

〈표 8-41〉 전자제품 중 주요 수입선다변화품목

품　목	HS No.	품　목	HS No.
전기밥솥	851660 2000	퍼스컴	847120 9000
전기보온밥통	851679 1000	FDD	847193 2010
DAT	852031 2010	카 폰	852520 7020
DCC	852090 1040	휴대용 전화기	852520 7090
VTR	852110 1000	반도체용 실리콘	381800 1000
캠코더	852110 2000	웨이퍼	
LDP	852190 1000	CPT(21″ 이상)	854011 0000
라디오수신기	852711 2000		
(CDP복합품)			
컬러TV(21″ 이상)	852810 9040		

자료 : 관세청, 《무역통계연보 1992》.

철폐와 무역관련투자조치의 완화, 기술장벽의 철폐, 유통시장의 개방 등이 가장 불리한 영향을 미칠 것으로 평가된다. 또한 지적재산권 보호강화와 정부조달시장의 개방 등의 국내시장개방의 효과도 상당할 것으로 예상된다. 반덤핑제도·상계관세조치·긴급수입제한조치·원산지규정·관세인하 등은 시장에 큰 영향을 미치지는 않을 것으로 보인다. 한편, 통신서비스시장의 개방 확대는 관련 통신기기의 수요확대를 가져와 외국산제품의 시장잠식에도 불구하고 전반적으론 국내전자산업에 유리한 영향을 끼칠 것으로 전망된다.

품목별로는 수입선다변화 지정품목이며, 선진국의 경쟁우위품목인 컴퓨터·FDD·카폰·휴대용 전화기 등이 비교적 매우 불리할 것이며, 가전제품도 유통시장의 개방과 수입선다변화품목의 점진적인 축소로 말미암아 시장잠식이 우려된다. 부품에서는 무역관련투자조치의 철폐에 따른 중소기업의 고유업종에 대한 외국인투자의 허용으로 중소기업 고유업종으로 지정되어 있는 전기배선·리드선·코어업종에서의 시장잠식이 우려되고 있다. 이에 반해 통신서비스시장개방 확대에 따른 관련 업계의 수요증가로 모뎀·팩시밀리 등의 통신기기는 유리한 영향을 받을 것으로 전망된다.

〈표 8-42〉 UR 타결이 전자산업의 내수에 미치는 영향

구 분	변화의 주요 내용	영향 평가	종합

관세	−관세의 추가적 인하
	
	−무세화 양허품목
	 ○ 반도체 : 1999년까지 무관세
	 ○ 컴퓨터 입출력기 : 2004년까지 무세
		−관세인하에 따른 수입확대효과는 작음
		 ○ 이미 점진적으로 인하해 왔으며 추가적 인하폭은 미미
		 ○ 전자제품 관세율 :
		  15~20% (1989)→9~10% (1993)
		  →8% (1994)
			▽

반덤핑	−반덤핑조치 조사대상·이해관계자의 정의·덤핑마진 산정 등에서 자의성 제한	−반덤핑제도가 전자제품 수입규제수단으로 거의 활용되지 않아 외국제품의 시장잠식효과는 미미할 전망	−
기술 장벽	−표준화제도 및 5개 특별법에 의한 수입장벽적 요소 제거 ○5개 특별법 : 전기용품안전관리법, 전파관리법, 공산품품질관리법, 전기통신기본법, 계량법 −기술기준 제정절차에서의 사전통고	−국내산업보호목적으로 운용할 여지가 많으나, 이의 운용이 억제됨으로써 외국제품의 한국시장 진출을 용이하게 할 전망 −기술기준 제정시 외국업체의 사전적 참여와 사후적 정보입수를 통해 국내시장 진출기회 조기포착 가능	×
정부 조달	−신규가입국으로서 조달시장개방 ○ 중앙 및 지방정부, 정부투자기관 ○ 물품 외에 건설, 서비스 포함	− 한·미통신협상을 통해 이미 일반통신장비(1992.1) 및 통신망장비(1993.1)개방. 추가적인 개방효과는 미미할 전망	▽
원산지 규정	−규정의 명료성, 예측가능성, 국가간 통일성 제고	−그동안 수입규제적 성격은 크지 않았으므로 외국제품의 국내시장잠식효과는 크지 않을 전망	−
무역 관련 투자 조치	−외국인투자제한 점진적 완화 −국산개발품목 부품수입추천제의 축소 또는 철폐 −국산개발품목 우선구매관행의 변화	−중소기업 고유업종, 계열화지정업종에 대한 외국인투자제한 완화 −국산화개발품의 부품수입추천제와 국산화개발품의 우선구매관행의 변화로 국산화 지연 우려	×
서비스 무역 자유화	−통신서비스시장 개방 및 개방예시 ○ VAN서비스 이미 개방(1994.1), ○ 기본통신서비스 개방 : 1998년 이후	−통신서비스업계의 투자확대로 컴퓨터, 통신기기의 수요증가 예상	△
	−유통시장개방 ○ 3단계 유통시장개방(1993.7) ○ 완전개방 예시(1996.1)	−수입선다변화품목의 점진적 철폐와 더불어 일본 유통업체의 본격진출로 국내시장잠식 우려	×
지적 재산권 보호	−지적재산권보호제도 강화 ○ 이미 컴퓨터프로그램보호법 개정(1993.9) 및 반도체칩보호법 제정	−외국산 컴퓨터 S/W의 시장장악 예상 ○ 단기적으론 외국S/W의 시장잠식전망 ○ 장기적으론 국내 S/W업계의 기술개	▽

구 분	변화의 주요 내용	영향 평가	종합
	시행(1993. 12)을 통해 보호강화 －UR 타결 후 실질적 보호수준 강화 ○ 보호범위 엄격 적용, 위조상품단속 　및 처벌규정 강화 시행	발 촉진 전망 －국내전자업계의 기술개발 코스트 부 　담 증가 －외국업체의 국내시장 직접진출 예상	▽
기타	－수입선다변화제도의 점진적 폐지 ○ 1997년까지 현재의 50%로 축소계획	－전자관련품목은 약 40여 개로서 해제 　시 상당한 시장잠식 예상	××

주 : ○○ 매우 유리, ○ 유리, △ 다소 유리, －중립, ▽ 다소 불리, × 불리, ×× 매우 불리.

경쟁국별로 볼때, UR 타결의 결과 일본이 국내시장에 가장 큰 영향을 미칠 것으로 예상되며, 수입선다변화조치 해제·정부조달시장개방·기술장벽의 철폐 및 지적재산권 보호강화 등을 배경으로 국내전자시장 진출을 보다 본격화할 것이다. 또한 미국·EC 등 선진국도 정부조달시장개방, 기술장벽의 철폐, 지적재산권 보호강화 등으로 국내시장을 잠식할 것이다. NIEs를 비롯한 개발도상국의 경우 관세인하에 따른 가격경쟁력변화가 크지 않아 현재 국내전자업계의 경쟁열위품목(예 : 대만, 싱가포르 등의 컴퓨터/주변기기 등) 이외에는 국내시장잠식은 미미할 것으로 예상된다.

종합결론

협정내용별로 한국 전자산업에 미치는 영향의 중요도와 긍정적·부정적 측면을 고려하여 종합평가를 한다면 무역의 확대균형을 추구하는 UR은 수출주도의 성장을 해온 전자산업에 긍정적인 영향을 미칠 것으로 판단된다. 수출입의 양측면을 동시에 고려할 경우 관세인하·원산지규정·무역관련투자조치·반덤핑·기술장벽·통신서비스시장의 개방 등은 외국의 국내시장잠식보다는 수출확대효과가 클 것으로 보여 전체적으로는 긍정적인 영향을 미칠 것이다. 특히 장기적으로 관세인하, 무역관련투자조치의 제거 등을 배경으로 한 개발도상국으로의 수출확대효과가 한국 전자산업에 가장 긍정적인 영향을 미칠 것으로 전망된다

〈표 8-43〉 UR 타결이 전자산업의 수출·내수에 미치는 영향 종합평가

구 분	수출측면	내수측면	종합평가	비 고
관 세	○○	▽	○	수입관세인하는 소폭, 개발도상국의 고관세인하로 수출환경 개선
반덤핑	○○	－	○○	미국·EC 수출환경 개선
기술장벽	○	×	△	선진국 진출여건 개선
정부조달협정	○	▽	△	통신기기·퍼스컴 수출환경 개선
원산지규정	○	－	○	미국·EC에의 수출환경 개선
무역관련투자조치	○	×	△	후발개발도상국 진출 용이
서비스무역자유화				
－유통	△	×	×	일본 유통점의 본격 진출 전망
－통신서비스	○	△	○	통신기기 수요의 확대
지적재산권	×	▽	×	기술습득 곤란, 로열티 상승, 위조 상품 제재강화
기 타				
－수입선다변화 조치 해제	－	××	××	대일수입 확대 전망 (점진적·단계적 해제)

주 : ○○ 매우 유리, ○ 유리, △ 다소 유리, － 중립, ▽ 다소 불리, × 불리, ×× 매우 불리.

〈표 8-44〉 UR 타결이 주요 전자제품에 미치는 영향 종합평가

구 분	수출측면	내수측면	종합평가	수출비중(1992년 기준)
가정용 전자제품	○○	×	○	57%
－전자기기	○○	×	○	68%
－전기기기	○	▽	○	45%
○ 전자렌지	○○	－	○○	85%
산업용 전자제품	○○	×	○	59%
－컴퓨터	○○	×	△	12%
－주변기기	○○	×	○	85%
－통신기기	○	▽	▽	50%
전자부품	○○	×	○	67%

구 분	수출측면	내수측면	종합평가	수출비중(1992년 기준)
- 반도체	○○	-	○○	88%
- 컬러브라운관	○○	×	○	57%
- 기타 부품	○	×	-	45%
전자 전체	○○	×	○	62%

주 : ○○ 매우 유리, ○ 유리, △ 다소 유리, - 중립, ▽ 다소 불리, × 불리, ×× 매우 불리.

한편, 수입선다변화조치의 점진적 해제, 유통·금융서비스개방, 지적 재산권 보호강화 등은 중장기적으로는 전자산업에 상당한 부담이 될 것이며 이들 요소는 한국 전자산업의 수출확대효과보다는 미국·EC 등 선진국을 포함하여 특히 일본의 국내시장 진입을 용이하게 해줄 것이다.

품목별로는 반도체가 UR의 타결로 긍정적인 영향을 가장 많이 받을 것으로 전망된다. 이는 무관세화의 추진과 반덤핑의 남용억제 등으로 수출환경의 개선효과가 크고 국내판매비중이 작은데다 UR의 타결로 특별한 수입증가는 예상되지 않기 때문이다. 다음으로는 가전제품이 긍정적인 영향을 받을 것으로 전망되는데 이는 관세의 인하와 반덤핑의 남용억제, 무역관련투자조치의 제거, 원산지규정의 명료화 등에 따른 수출환경의 개선효과가 수입선나변화의 점진적 해제, 국산개발대상품의 점진적 축소, 기술장벽의 해제 등에 따른 외국제품의 국내시장잠식효과보다 클 것으로 보인다. 또한 컴퓨터주변기기도 유리한 영향을 받을 것으로 전망되는데 이는 선진국의 무관세화와 후발개발도상국의 관세인하 등에 따른 수출개선효과가 수입선다변화의 점진적 철폐와 국산개발대상품목의 점진적인 축소 등에 따른 국내판매환경의 악화효과보다 클 것으로 보인다. 반면 아직 수출의 비중이 작고 중소기업 고유업종으로 보호를 받고 있는 전기배선·리드선·코어부문은 외국기업의 진출이 이루어지면 타격이 클 것으로 예상된다.

대응방안

① UR에서의 통상이슈별 차별적 기회/위협요인에 대한 대응력 강화

UR협정은 향후 적어도 10년간 국제통상관계를 규율할 것이며, 그에 따른 기회/위협의 요인도 다양할 것이다. 한국 전자산업의 입장에서 가장 중요한 변화는 수출환경으로서 관세인하(무세화), 미국·EC의 반덤핑조치 등의 남용제한, 개발도상국의 수입제한조치 점진적 완화와 지적재산권 보호강화 등이며, 내수환경으로서는 수입선다변화제도의 단계적 철폐에 따른 일본산 전자제품의 유입확대이다. 이러한 기회/위협요인에 대한 대응력 강화를 위해 통상전문가와 지역전문가의 육성이 시급하다.

또한 외국의 통상제도 변화에 대한 정보수집, 활용을 위한 통상정보네트워크의 구축이 긴요하며 통상문제에 대한 조직적 사전대응체제도 강화해야 할 것이다. UR협정으로 국제 룰 지향적 문제해결방식·다자간문제해결방식이 강화될 것이므로 통상문제 발생시 UR의 분쟁해결절차 및 세계무역기구(WTO)를 적극 활용해야 할 것이다.

② 개발도상국의 수요를 겨냥한 현지투자 적극화

UR협정에 따라 선진국 수출환경도 크게 개선되겠지만 개발도상국의 경우 수입제한조치의 점진적 해제에 따른 새로운 시장접근기회의 창출, 고관세의 점진적인 인하로 수출환경이 크게 개선되어 갈 것이며, 한편으로 무역관련투자조치의 폐지로 현지투자환경도 개선될 것이다. 특히 '80년대 말 이래 GATT 제18조 b항(국제수지를 이유로 한 수입제한조치 인정)에서 졸업하고 제11조(수량제한의 금지)국이 된 동남아 및 중남미 개발도상국의 경우 UR 타결 이후 각종 수입제한조치의 철폐의 이행이 보다 충실해질 것으로 보인다. 더욱이 개발도상국 전자시장의 경우 국내업계에 비교우위가 있는 가전제품·보급형 컴퓨터와 통신기기 등이 성장단계에 있어 적극적인 시장개척이 요망된다.

③ 해외유통부문의 강화로 자사브랜드의 수출 적극 추진

UR 이후 예상되는 중요한 변화는 상품무역장벽의 완화와 함께 서비스시장개방 확대이다. 이러한 여건 호전은 선진국시장에서는 물론 개발도상국시장에서도 두드러지게 나타날 것이다. 이는 곧 현지판매능력을 강화할 수 있는 기회를 제공하는 것으로, 특히 금융·유통 등 서비스시장개방을 계기로 해외현지유통망 및 아프터서비스망의 구축을 통해 자사브랜드의 수출능력을 확보해야 할 것이다.

④ 국제적인 수평분업화 확대

향후 자유무역과 공정무역이 강화될 것임에 따라 전자제품의 무역도 각국의 비교우위에 입각한 국제분업원리가 적용되어 선진국 및 개발도상국과의 수평분업이 확대될 것이다. 국내전자산업도 국제적인 분업화추세에 적극 대응하여 가전제품·컴퓨터주변기기·개인용 컴퓨터·통신단말기·컬러브라운관 등 국내업계가 비교우위가 있는 분야에서는 적극적인 해외생산기지의 구축을 통한 기업활동의 국제화가 필요하다. 또한 현재로서는 경쟁력이 낮지만 성장잠재력이 큰 분야는 선진기술보유기업과의 전략적 제휴판세를 통해 성장의 발판을 모색해야 할 것이다.

⑤ 내수시장개방에 대응한 유통망과 아프터서비스망의 재구축

국내전자산업의 성장과 수익의 기반이 되고 있는 전자내수분야의 유통망을 보면 제조업체, 즉 공급자중심의 유통망이다. 유통시장개방에 대응하기 위해서는 최종소비자중심의 유통망으로 전환이 필요하며, 크게 개선되고는 있지만 아직도 부족한 아프터서비스망의 구축이 시급히 해결해야 할 과제이다. 대리점의 자생력의 확보와 복잡하고 다단계인 유통망의 재정비와 물류체계의 합리화 등 제조업체의 유통망에 대한 정책변화가 필요하다. 또한 유통망의 정보체계 확립(유통 VAN 구축)도 국내업계의 경쟁력 제고를 위해 해결되어야 할 과제이며, 양판점과 같은 새로운 유통채널의 등장에 대응한 제조업체의 지원 및 육성책도 검토해야 할 부분이다.

⑥ 적극적인 기술개발로 고부가가치제품으로의 품목구조 변환

UR의 타결로 당분간은 현재 한국이 경쟁력을 갖고 있는 제품으로도 수출확대는 가능하겠지만, 소득수준과 함께 인건비의 수준도 계속 상승하게 되면서 현재의 제품을 가지고 국제경쟁력을 유지할 수 없음은 분명한 일이다. 이에 따라 한국은 현재 선진국들이 비교우위를 갖고 있는 고부가가치제품으로 제품구조를 변환시켜야만 계속적인 성장을 이룰 수 있을 것이다. 따라서 보다 적극적인 연구개발로 고부가가치제품의 생산을 앞당겨야 할 것이다.

⑦ 기업간 협력체제 강화

UR의 타결로 국내시장이 개방되면 자본력과 기술력이 뛰어난 선진외국기업과의 경쟁은 피할 수 없는 일이다. 따라서 막강한 경쟁상대인 선진외국기업과 경쟁하기 위해서는 국내기업간 협력은 매우 중요하다. 중복과잉투자는 지양되어야 하며, 기술의 공동개발과 공동보유가 이루어져야 한다. 또한 대기업 및 중소부품업체간의 협력관계는 더욱 중요하게 되었으며, UR의 타결로 중소기업에 대한 정부의 지원은 크게 축소될 수밖에 없으며 국내전자산업의 균형발전을 위해서는 대기업이 중소부품업체의 육성과 지원에 보다 적극적이어야 한다.

일반기계

개 황

① 산업 특성

국내의 일반기계산업은 수입의존도가 높고 국내외의 경기동향에 매우 민감하지만 그만큼 통상협력의 중요성이 크다. 일반기계산업의 내수대비 수입의존도는 48.5%(1992년 실적기준)이며, 주요 기종별로 보면 공작기계 50.0%, 섬유기계 49.6%, 농기계 31.5%, 건설중장비 11.9% 등

이다. 생산체제면에 있어서 국내의 일반기계산업은 제품별 표준화의 미흡, 내수시장의 협소 등의 원인으로 소수 기종의 전문생산이나 단일기종 내에서 모델의 다양화보다는 다기종에 대한 소수 모델을 동시에 생산하는 형태를 취하고 있어 생산기종별 기술적 전문성이 결여되어 있다. 또한 국내의 일반기계산업은 정확한 수요전망에 의거한 계획생산이 어려운 실정이기 때문에 각 기종별 또는 규격별로 소량씩 주문받아 생산하는 수주생산비중이 높다. 그리고 국내의 일반기계산업은 완제품 조립업체와 부품업체간에 수평적·수직적 분업생산관계가 활성화되지 못하여 완제품 제작업체들이 부품까지도 자체적으로 생산하는 일관생산방식을 취하고 있는 경우가 많다.

일반적으로 기계류는 기술집약형 산업이므로 자본과 기술의 동시수출이 가능하고 개·보수용 기계 및 부품의 연계수출로 수출규모가 지속적으로 확대되는 특징이 있다. 국내의 일반기계산업은 OEM방식에 의한 수출이 50%에 달하고 수출의 50% 이상이 미국 및 일본지역에 편중되어 있어 기계 및 부품의 연계수출이라는 특징을 살리지 못하고 있다. 이와 같이 국내기계산업은 취약한 생산·판매구조를 가지고 있어 관세·기술장벽 등의 각종 수입규제와 수입대체촉진보조금지급정책에 힘입은 내수 위주의 성장을 해왔다.

② 산업 현황

공작기계

국내공작기계산업은 국내제조업의 경기변동에 따라 심한 기복을 보여왔다. 국내공작기계산업의 내수규모는 '80년대(1980~1990)에 국내제조업의 설비투자의 증가(연평균 22.6% 증가)에 따라 연평균 33.9% 증가하는 고성장을 보였으나 1991년에는 설비투자의 증가율이 둔화(11.6% 증가)되어서 7.5% 증가하는 데에 그쳤고, 1992년에는 설비투자의 감소(13.7% 감소)에 따라 11.1% 감소했다.

〈표 8-45〉 한국의 공작기계 수급추이

(단위 : 억 원, %)

구 분	1980	1985	1990	1991	1992	연평균증가율		
						'90 / '80	'91 / '90	'92 / '91
생 산 (A)	560	1,850	10,793	10,793	8,429	33.9	3.8	-21.9
수 입 (B)	1,055	1,989	6,026	6,908	7,555	19.0	14.7	9.4
합 계 (C)	1,616	3,839	16,423	17,701	15,984	26.1	7.8	-9.7
내 수 (D)	1,476	3,635	15,808	17,001	15,120	26.8	7.5	-11.1
수 출 (E)	140	204	615	700	865	16.0	13.8	23.5
수출비중 E / A	24.9	11.0	5.9	6.5	10.3	-	-	-
수입의존도 B / D	71.5	54.7	38.1	40.6	50.0	-	-	-

주 : 수출입원화표시는 각 연도 연평균환율을 적용.
자료 : 1) 한국공작기계공업협회, 《공작기계통계요람》, 각 연호.
　　　 2) 통계청, 《광공업통계조사보고서》, 각 연호.

국내공작기계산업은 기술수준이 취약해 대형 및 정밀기종에서 가격 및 품질수준이 선진국에 비해 뒤지고 있고 생산기종도 다양하지 못해 수입의 존도가 50%(1992년 기준)에 이르고 있다. 한편, 국내공작기계의 총수입액 중 55%가 일본으로부터 행해지고 있다. 국내공작기계산업의 수출은 최근에 적극적인 수출촉진책에 따라 크게 증가했으나 아직은 수출비중이 미미해 10.3%에 불과하다.

건설중장비

국내건설중장비의 생산액은 국내건설경기의 호황에 따른 내수확대와 수입대체에 힘입어 1980년 이후 1991년까지 연평균 30% 이상의 성장률을 보였다. 그러나 1991년 5·8건설규제 후 내수규모도 감소해 1992년에는 전년대비 23%의 감소율을 나타냈다. 건설중장비 내수규모는 1980~1991년 기간 중 연평균 32.5%의 증가율을 보였고, 1992년에는 전년대비 36.6%나 감소해 생산은 전년비 23.0% 감소하고 수입은 무려 56.5%의 감소율을 보였다. 반면 내수부진의 여파로 인한 재고누적이 경영악화를 초래하자 국내건설기계업계는 해외영업을 강화해 수출시장 개척에

〈표 8-46〉 한국의 건설중장비 수급추이

(단위 : 억 원, %)

구 분	1980	1985	1990	1991	1992	연평균증가율	
						'80~'91	'91~'92
생 산 (A)	248	1,787	4,748	5,827	4,489	33.3	-23.0
수 입 (B)	88	228	1,352	1,135	493	26.1	-56.5
합 계 (C)	336	2,014	6,100	6,963	4,982	31.7	-28.4
내 수 (D)	298	1,929	5,672	6,558	4,161	32.5	-36.6
수 출 (E)	39	85	427	404	821	23.7	103.1
수출비중 E/A	15.7	4.8	9.0	6.9	18.3	-	-
수입의존도 E/D	29.8	11.8	23.8	17.3	11.9	-	-

주 : 1) 굴삭기, 불도저, 그레이더, 로더 등 주요 4기종을 대상기종으로 함.
　　2) 수출입원화표시는 각 연도 연평균환율을 적용.
자료 : 한국기계공업진흥회, 《기계공업편람》, 《기계공업 무역동향》, 각 연호.

적극 나섰고 이로 인해 1992년에 국내건설중장비의 수출이 전년대비 103.1% 증가했다.

농기계

국내농기계생산액은 농기계업체의 경영정상화와 농기계 보급의 확대를 위한 정부지원정책과 함께 농촌의 일손 부족의 심화 등에 힘입은 내수확대로 1988년부터 1991년까지 연평균 34.9%의 성장률을 보였다. 그러나 1992년에는 단기간 동안의 농업기계화 진척에 따른 보급률의 상승으로 내수증가율이 크게 둔화(6.8% 증가)되어 농기계생산액이 0.4% 증가하는 데 그쳤다. 특히 최근에 농업기계화의 진전과 대단위 영농화, 밭농사화 등의 농업구조 조정에 따라 농기계에 대한 수요구조에 변화가 나타나 국내생산품목인 소형기종(경운기·이양기·바인더·소형 콤바인·트랙터)의 수요는 크게 둔화되고 수입의존도가 높은 대형기종(40마력 이상의 콤바인·트랙터 등은 국내수요의 대부분을 수입에 의존)은 높은 신장세를 보이고 있다. 국내농기계생산액이 정체를 보인 1992년에도 수입액은 대형 다기능기종 위주로 증가해 21.6%의 성장세를 보였다. 한편, 국내

〈표 8-47〉 한국의 농기계 수급추이

(단위 : 억 원, %)

구 분	1988	1989	1990	1991	1992	연평균증가율 (1992 / 1988)
생 산 (A)	2,150	2,926	4,641	5,275	5,296	25.3
수 입 (B)	632	971	1,846	1,932	2,349	38.8
합 계 (C)	2,782	3,896	6,487	7,208	7,645	28.7
내 수 (D)	2,554	3,826	6,390	6,991	7,466	30.8
수 출 (E)	229	70	97	216	179	-5.9
수출비중 E / A	10.6	2.4	2.1	4.1	3.4	-
수입의존도 B / D	24.8	25.4	28.9	27.6	31.5	-

주: 수출입원화표시는 각 연도 연평균환율을 적용.
자료: 한국기계공업진흥회, 《내외기계공업동향》, 《기계공업 무역동향》, 각 연호.

〈표 8-48〉 한국의 섬유기계 수급추이

(단위 : 억 원, %)

구 분	1980	1985	1990	1991	1992	연평균증가율	
						1991 / 1980	1992 / 1991
생 산 (A)	420	1,073	6,183	7,116	6,262	29.3	-12.0
수 입 (B)	989	1,783	5,348	5,826	5,678	17.5	-2.5
합 계 (C)	1,409	2,856	11,531	12,942	11,940	22.3	-7.7
내 수 (D)	1,326	2,663	10,678	11,753	10,330	21.9	-12.1
수 출 (E)	83	194	853	1,189	1,610	27.4	35.4
수출비중 E / A	19.8	18.1	13.8	16.7	25.7	-	-
수입의존도 B / D	74.6	67.0	50.1	49.6	55.0	-	-

주: 수출입원화표시는 각연도 연평균환율을 적용.
자료: 1) 통계청, 《광공업통계조사보고서》, 각 연호.
　　　2) 관세청, 《무역통계연보》, 각 연호.

농기계는 1992년에 전체생산액 중 3.4%만 수출해 전형적인 내수산업의 특성을 보이고 있어 해외시장에서의 지명도는 크게 취약한 상태이다.

섬유기계

국내섬유기계의 생산액은 1980년 이후 1991년까지 내수호조(연평균 21.9% 증가)와 수출확대(27.4% 증가)에 힘입어 연평균 29.3% 증가했다. 특히 섬유기계의 자급률(국내생산액/총공급액)은 수입대체화의 촉진에 따라 1980년에 29.8%이던 것이 1991년에는 55%로 높아졌다. 이와 같이 자급률이 높아진 것은 국산섬유기계의 개발개선에 의한 국내섬유업계의 국산기계 사용증가에 기인한 것이다(수입의존도는 1980년의 74.6%에서 1991년에 49.6%로 하락). 1992년에는 국내섬유업계의 설비투자의 부진으로 섬유기계 내수가 12.1% 감소해 생산이 전년대비 12% 감소했다. 반면, 국내섬유기계업계는 내수부진에 따른 경영악화를 타개하기 위해 적극적인 수출시장의 개척에 나서 1992년에 섬유기계 수출은 전년대비 35.4% 증가했다.

③ 수출입구조

수출구조

1986년 이후 1992년까지 일반기계류의 수출은 한국의 수출주종품목인 중저급제품의 일본·대만 등 경쟁국에 대한 가격경쟁력의 유지와 품질경쟁력의 제고 및 동남아 등 신시장 개척 등에 힘입어 연평균 29.2% 증가하여 1992년에는 일반기계(사무용 기계 제외)의 수출실적이 32억 달러에 달했다. 수출기종별 비중면에서 볼때 1986년에는 운반하역기계(22.4%), 냉동공조기계(9.7%), 화학기계(8.9%) 등이 주수출품목이었으나 1992년에는 이들 품목의 수출비중이 낮아지고 섬유기계(12.5%), 금속공작가공기계(8.7%), 풍수력기계(7.5%) 등이 새로운 수출주종품목으로 부상하였다.

수출지역별로 보자면 1992년의 경우 대미 수출이 27%를 차지하였는데 이러한 대미수출비중은 업계의 수출선다변화의 노력으로 점차 낮아지고는 있으나 아직 높은 수준으로 미국 내의 경기 여하에 따라 한국의 기계류 수출이 불안정해지는 문제점이 있다. 그밖의 주요 수출지역으로는 일본(8%), 인도네시아(8%), 홍콩(6%), 중국(5%) 등이 있으며, 특히 인도네시아 등 동남아시아지역(12%)과 중국지역은 신흥개발국으로서 한국산 기계제품에 대한 수요가 크게 증가하고 있다. 그러나 아직 국내의 일

〈표 8-49〉 일반기계의 주요 기종별 수출추이(한국)

(단위 : 천 달러, %)

구 분	1986	1988	1990	1991	1992	연평균증가율 (1986~1992)
기계공업 전체	684,921	1,664,882	2,332,376	2,873,092	3,190,866	29.2
농업용 기계	17,370	31,294	13,176	29,484	22,896	4.7
금속공작가공기계	58,225	126,556	208,135	240,358	278,265	29.8
금 형	24,075	56,795	106,066	132,810	127,670	32.1
건설광산기계	19,955	89,656	111,563	133,452	190,265	45.6
섬유기계	39,905	152,509	259,902	336,961	397,897	46.7
화학기계	61,108	63,906	81,699	147,278	206,484	22.5
고무플라스틱기계	2,699	28,175	63,066	64,705	63,101	69.1
제지지공기계	3,695	9,578	13,979	29,791	24,095	36.7
냉동공조기계	66,333	154,903	107,674	99,478	184,031	18.5
풍수력기계	19,908	89,904	117,576	159,005	239,034	51.3
운반하역기계	153,178	302,898	351,547	374,177	438,282	19.2
재봉기	14,464	38,092	68,734	66,582	83,503	33.9

주 : 사무용 기계는 제외함.

자료 : 관세청, 《무역통계연보》, 각 연호.

〈표 8-50〉 일반기계 주요 기종의 국가별 수출액과 구성비(1992년)

(단위 : 백만 달러, %)

구 분	금속공작가공기계		건설광산/운반하역		섬유기계		일반기계 전체[2]	
	수출액	구성비	수출액	구성비	수출액	구성비	수출액	구성비
아시아권	102	36.7	169	26.0	214	55.0	1,179	37.0
일 본	37	13.3	25	4.0	12	3.0	267	8.0
대 만	5	1.8	20	3.0	25	6.0	90	3.0
싱가포르	6	2.2	37	6.0	4	4.0	97	3.0
홍 콩	11	4.1	14	2.0	23	4.0	188	6.0
(NIEs 3국)	(22)	(8.0)	(71)	(11.0)	(52)	(14.0)	(375)	(12.0)
말레이시아	4	1.4	23	4.0	3	0.1	75	2.0
필리핀	3	1.1	7	1.0	7	1.0	40	1.0
인도네시아	8	2.9	26	4.0	69	17.0	256	8.0
태 국	14	5.0	8	1.0	13	3.0	22	1.0
(ASEAN 4국)	(29)	(10.4)	(64)	(10.0)	(92)	(23.0)	(393)	(12.0)
중 국	14	5.0	9	1.0	58	15.0	144	5.0
중 동[1]	14	5.0	6	1.1	10	3.0	56	2.0

구 분	금속공작가공기계		건설광산/운반하역		섬유기계		일반기계 전체[2]	
	수출액	구성비	수출액	구성비	수출액	구성비	수출액	구성비
북 미	76	27.3	252	40.0	22	6.0	934	29.0
미 국	74	26.6	242	39.0	17	4.0	889	27.0
캐나다	2	0.7	5	1.0	0		24	1.0
멕시코	0		2	0.0	5	2.0	21	1.0
중 남 미	1	0.4	1	0.0	8	2.0	20	1.0
아르헨티나	1	0.4	0		2	0.0	7	0.1
파나마	0		1	0.0	6	2.0	13	1.0
유 럽	48	17.3	72	11.0	3	1.0	309	10.0
프랑스	3	1.1	8	1.0	0		27	0.1
이태리	9	3.2	7	1.0	1		40	1.0
독 일	21	7.7	15	2.0	2	1.0	93	3.0
덴마크	0	0.0	0		0		9	0.0
영 국	5	1.8	23	4.0	0		49	2.0
스페인	4	1.4	1	0.0	0		19	1.0
벨기에	2	0.7	16	3.0	0		55	2.0
(EC 12개국)	(44)	(15.9)	(70)	(11.0)	(3)	(1.0)	(292)	(9.0)
노르웨이	0	0.0	1		0		1	0.0
스웨덴	2	0.7	0		0		5	0.0
스위스	2	0.7	1		0		11	1.0
(EFTA)	(4)	(1.4)	(2)	(0.0)	(0)	(0.0)	(17)	(1.0)
러 시 아	6	2.0	8	1.0	2	1.0	25	1.0
호 주	2	1.0	1	0.0	2	1.0	25	1.0
기 타	29	10.3	119	19.0	137	24.0	643	19.0
총 합 계	278	100.0	628	100.0	398	100.0	3,191	100.0

주 : 1) 중동지역은 쿠웨이트, 사우디아라비아 2개국임.
　　 2) 사무용 기계는 제외함.
자료 : 한국기계공업진흥회, 《내외기계공업동향》, 1992.

반기계산업의 수출비중은 17.6%(1992년 기준)로 낮은 수준이다.

수입구조

국내의 일반기계산업은 고급기종의 생산능력 부족 등으로 인해 내수증가의 상당부분이 수입에 의해 충당되고 부품공업의 낙후로 인해 기계류의 생산 및 수출증가가 관련 부품의 수입증가를 유발함에 따라 1986~1991년간 수입액이 연평균 25.2% 증가하여 1991년에는 수입규모가 수출의

〈표 8-51〉 일반기계의 주요 기종별 수입추이(한국)

(단위 : 천 달러, %)

구 분	1986	1988	1990	1991	1992	연평균증가율 (1986~1992)
기계공업 전체	4,048,916	6,582,089	10,376,821	12,441,622	11,844,515	19.6
농업용 기계	41,506	86,545	260,740	263,208	300,640	39.1
금속공작가공기계	753,090	1,017,911	1,420,211	1,749,.591	1,704,310	15.0
금 형	62,631	80,665	85,115	98,611	95,259	7.2
건설광산기계	112,803	166,071	544,931	658,055	567,554	30.9
섬유기계	277,924	665,475	962,699	1,023,905	1,008,923	24.0
화학기계	259,146	475,543	827,875	815,130	768,144	19.6
고무플라스틱기계	85,494	143,162	286,852	228,187	255,984	20.1
제지, 지공기계	26,139	93,572	174,462	283,501	190,953	39.3
냉동공조기계	65,168	92,516	156,560	154,762	243,156	24.5
풍수력기계	282,271	544,406	910,208	1,188,739	964,202	22.7
운반하역기계	218,979	262,849	503,810	651,748	612,208	18.7
재봉기	24,356	66,041	90,434	70,421	56,295	15.0

주 : 사무용 기계는 제외함.
자료 : 관세청, 《무역통계연보》, 각 연호.

4.3배인 124억 달러를 기록했다. 1992년의 경우, 일반기계의 수입이 전년대비 4.9% 감소한 것으로 나타났으나 이는 내수부진에 따른 수입수요 감소의 결과이며, 근본적인 수입유발적인 산업구조가 개선된 것으로 볼 수는 없다. 일반기계의 수입의존도는 1991년의 45.2%에서 1992년에는 48.5%로 높아졌다. 일반기계 전체수입액 중 주요 기종별 수입비중은 건설광산기계가 1986년의 2.8%에서 4.8%로 높아진 것을 비롯해 1992년 실적기준에 의하면 섬유기계 8.5%, 금속공작가공기계 14.4%, 풍수력기계 8.1% 등 수입비중이 높아졌다.

1992년의 경우 수입지역별로 보면 일본으로부터의 수입이 41.2%를 차지하였는데 이러한 대일수입비중은 업계의 수입선다변화노력에도 불구하고 낮아지지 않고 있다. 이는 국내제조업의 주요 생산설비는 물론 일반기계의 핵심부품의 대일 의존도가 높기 때문인데 최근의 엔고현상은 국내

〈표 8-52〉 일반기계 주요 기종의 국가별 수입액과 구성비(1992년)

(단위 : 백만 달러, %)

구 분	금속공작가공기계		건설광산 / 운반하역기계		섬유기계	
	수입액	구성비	수입액	구성비	수입액	구성비
아시아권	983	57.7	144	25.4	562	55.8
일 본	938	55.0	138	24.3	556	55.2
대 만	25	1.5	–		5	0.5
말레이시아	1	0.1	–		–	
싱 가 포 르	6	0.4	–		–	
중 국	11	0.6	6		1	
호 주	2	0.1	–	1.1	–	0.1
아메리카권	270	15.8	109	19.2	32	3.2
미 국	269	15.7	105	18.5	32	3.2
캐나다	1	0.1	4	0.7	–	
유 럽	385	22.6	285	50.2	138	13.7
EC	382	22.4	285	50.2	138	13.7
CIS	3	0.2	–		–	
기타 지역[1]	66	3.9	30	5.2	276	27.3
총합계	1,704	100.0	568	100.0	1,008	100.0

주 : 1) 기타 지역은 상기국가 이외의 지역합계치임.
자료 : 한국기계공업진흥회, 《내외기계공업동향》, 1992.

업체들의 원가부담을 가중시키는 결과를 초래하는 구조적인 문제점을 안고 있다. 특히 공작기계·건설기계·섬유기계 등의 주요 품목들은 수입선다변화정책에 의해 대일수입이 규제되고 있음에도 불구하고 일본으로부터의 수입비중이 공작기계 55%, 건설기계 24%, 섬유기계 55%의 매우 높은 비중을 차지하고 있다.

경쟁력 현황

한국 일반기계산업 전체의 국제경쟁력은 가격경쟁력면에서는 선진국보다 다소 우위에는 있으나 비가격경쟁력의 열위로 인해 전반적으로 낮은 수준에 머무르고 있다. 1991년 말 기준으로 국내기계공업은 국내기계제품가격이 수입제품가격에 비해 평균 6.8% 낮아 가격경쟁력이 우위에 있

〈표 8-53〉 기계공업의 국내제품과 수입제품의 실질가격 차이

(단위 : 개, %)

구 분	조사품목 수	실질가격차	명목가격차	비가격차
1987	37	14. 7	− 12.9	27. 6
1991	65	14. 4	− 6. 8	21. 2

주 : 1) 명목가격차 = [(국내가격 − 수입가격)/수입가격] × 100
　　2) 비가격차 = [(수입가격 − 수출가격)/수입가격] × 100
　　3) 실질가격차 = 명목가격차 + 비가격차
자료 : 한국산업은행, 1992년 6월 실태조사.

〈표 8-54〉 주요 기계공업제품의 국제경쟁력 실태

구 분	품 명	국제경쟁력	가격경쟁력	비가격경쟁력
공작기계	보통선반	○	×	○
	NC선반	○	○	×
	머시닝센터	○	○	×
	NC밀링기	×	×	×
	프레스	×	○	×
	압연기	×	○	×
섬유기계	인조섬유텍스춰기	×	×	×
	재봉기	○	×	○
	워터제트직기	×	×	×
	에어제트직기	×	×	×
	편직기	○	○	×
건설광산기계	불도저	×	×	×
	타워크레인	×	○	×
	굴삭기	○	○	×
	로더	×	○	×
운반하역기계	지게차	○	○	○
	컨베이어	○	○	×
	엘리베이터	○	○	×
농업용 기계	농산물건조기	○	○	×
	트랙터	×	○	×
	낙농기계	×	○	×
공조기계	항온항습조	○	○	×
	AHU	○	○	×
	냉동기	×	○	×

구 분	품 명	국제경쟁력		
			가격경쟁력	비가격경쟁력
자동화기기	로봇	×	×	×
	PLC	×	×	×
	CAD / CAM기기	×	×	×
	자동창고	×	○	×

주 : ○(경쟁력 확보), ×(경쟁력 미확보).
자료 : 한국산업은행, 1992년 6월 실태조사.

는 것으로 나타났으나, 가격차가 1987년보다 6.1％포인트가 좁아져 가격경쟁력이 계속 약화되는 추세임을 보이고 있다. 기술·품질수준·마케팅 능력 등의 비가격요인에 의한 경쟁력을 나타내는 비가격차 평균은 1991년 말 현재 21.2％(국내제품의 비가격경쟁력이 수입제품에 비해 21.2％ 열위)로 1987년의 27.6％에 비해 6.4％포인트가 하락해 비가격경쟁력이 다소 강화되었으나 여전히 취약한 상태이다. 이에 따라 국제경쟁력을 종합적으로 나타내는 1991년의 실질가격차는 1987년에 비해 거의 개선되지 않은 14％ 수준이다. 이와 같이 가격경쟁력의 약화추세에 따라 미국, 일본 등 주요 수출시장에서 국내일반기계의 시장점유율은 계속 하락하고 있는데 반해 중국 및 아세안국가들의 그 비중은 계속 상승세에 있다.

국내일반기계의 국제경쟁력을 가격 및 기술수준, 수출입의 동향 등을 감안하여 기종별, 품목별로 살펴보면, 운반하역기계(지게차, 크레인)가 경쟁력을 확보하고 있으며, 일부 공작기계(보통선반과 일부 중소형NC선반), 섬유기계(재봉기, 편직기), 건설광산기계(굴삭기), 공조기계 등은 가격경쟁력을 확보해 놓고 있는 상태이고 기술수준 제고로 품질경쟁력 확보에 주력하고 있다.

국내공작기계의 수출가격경쟁력을 보면 NC선반과 머시닝센터 등의 고급기종은 일본에 비해 미흡한 반면 대만과는 비슷한 수준이고 범용공작기계는 일본에 비해서는 앞서지만 대만에 비해서는 열위에 있는 것으로 평가된다. 국내공작기계의 품질경쟁력을 보면 무심연삭기·보통선반 등을

〈표 8-55〉 한국 공작기계의 주요 수출기종의 가격경쟁력 비교

기 종	가격수준 (한국=100)		경쟁력 열위요인
	대만	일본	
NC선반	99	108	핵심부품의 수입의존, 임금상승
머시닝센터	105	103	핵심부품의 수입의존
무심연삭기	80	144	핵심부품의 수입의존, 생산규모 미달
밀링기	80	143	핵심부품의 수입의존, 임금상승
보통선반	92	112	임금상승
드릴링기	′65	160	임금상승, 경쟁국의 덤핑판매
복합밀링기	70	200	핵심부품의 수입의존, 임금상승

자료 : 상공자원부, 《주요 산업별 경쟁력 실태와 과제》, 1992. 3.

〈표 8-56〉 한국 공작기계의 주요 수출기종의 품질경쟁력 비교

기 종	품질경쟁력 (일본=100)		경쟁력 열위요인
	한국	대만	
무심연삭기	95	90	끝마무리 미흡
정밀다축몰더	60	70	고장다발, 정밀도 미흡
밀링기	88	73	내구성 부족, 부품열위, 정밀도 미흡
보통선반	93	80	끝마무리 미흡
드릴링기	88	73	정밀도 미흡, 끝마무리 미흡
머시닝센터	95	85	주요 부품열위, 끝마무리 미흡
NC선반	90	83	주요 부품열위, 끝마무리 미흡

자료 : 상공자원부, 《주요 산업별 경쟁력 실태와 과제》, 1992. 3.

제외하고는 전반적으로 일본에 비해 미흡하며, 주요 경쟁국인 대만에 비
해서는 다소 우수한 것으로 평가된다.

UR 타결이 수출에 미치는 영향

① 협상분야별 영향

관세인하

관세인하(무관세)로 해외업체와의 기술협력 및 핵심부품의 기술도입에
의한 생산분업이 활성화될 것이다. 그러나 일반기계의 부품국산화율이 전

<표 8-57> 주요국의 공작기계 수입관세 현황

국 명		공작기계 수입관세	국 명		공작기계 수입관세
선진국	미 국	3~5.8%	NICs	한 국	9% 내외
	일 본	잠정세율 0%(기본관세율 15%)		대 만	5~6.25%
	독 일	2.2~5.8%		홍 콩	0%
	프랑스	4.2~5.5%			
	영 국	2.2~6.5%			
ASEAN	말레이시아	0%	기타	인 도	55~115%
	인도네시아	5~10%			

자료 : 대한무역진흥공사 등.

반적으로 낮은 수준임을 감안하면 관련 부품의 수입이 용이해지고 생산
(공급)개선은 이루어지겠지만 국제시장에서의 낮은 지명도와 미약한 마
케팅조직 등에서 빠른 수출확대(특히 선진국)는 기대할 수 없을 것으로
보인다. 단, 수출경쟁력이 있는 공작기계·건설기계·지게차 등의 일부
품목은 한국과 경제협력관계를 유지하고 있는 인도 등 일부 후발개발도상
국을 주력 수출시장으로 확보할 수 있으므로 수출신장을 기대할 수는 있
으나, 같은 아시아지역에 위치하고 있는 일본제품의 우위성은 상기지역시
장에서 한국의 시장점유율의 확대에 제약이 될 것으로 보인다. 한편, 한
국은 현재 일본·EC지역에서 일반기계품목에 대해 GSP수혜를 보고 있기
때문에 건설중장비·의료기기·농업기계 등에 대해 무세화가 추진되면
기존 GSP수혜국은 관세율만큼 상대적인 우위성이 상실되므로 지금까지
GSP를 공여하는 입장에 있었던 일본·EC지역 등 선진국업체들은 GSP수
혜국이었던 개발도상국업체들보다 상대적으로 유리하게 될 것이다. 참고
로 미국·EC·일본·캐나다 등 대부분의 선진국에서는 5% 내외의 저관
세율을 부과하고 있으며, 대만·홍콩 등 일부 신흥공업국들에서도 6%
내외의 저관세율을 부과하고 있다. 인도 등 후발개발도상국에서는 100%
내외의 고관세율을 유지하고는 있으나 방콕협정에 가입한 한국·브라질
등의 제품수입에 대해서는 50%의 관세양허를 하고 있다.

긴급수입제한조치

긴급수입제한조치는 그동안 선진국이 빈번히 사용해 온 수출자율규제나 시장질서유지협정 등 이른바 회색조치에 의한 선별적 수입제한조치의 적용이 제약을 받게 될 전망이어서 미국은 일본과 대만의 대미 공작기계업체의 수출을 규제해 온 자율규제협정을 UR무역협정의 타결을 계기로 1993년 말로 해제했다. 당초 UR무역협정에서는 수출자율규제가 관리무역의 성격을 갖는 보호장치라고 지적하여 1995년부터 4년간 단계적으로 철폐하기로 합의했으나 미국이 이보다 앞당겨 1993년 말에 철폐한 것이다. 수출자율규제의 철폐로 일본과 대만의 대미 공작기계의 수출에 대한 제한이 없어지게 되자 국내공작기계업체의 대미수출은 부정적인 영향을 받을 전망이다. 특히 국내업체와 경쟁관계에 있고 미국시장에서 경쟁력이 강한 대만의 대미수출여건의 개선은 국내업체의 미국진출에 직접적인 영향을 줄 것이다.

보조금·상계관세

무역금융·수출산업설비금융·연불수출금융·수출손실준비금·해외시장개척준비금 등의 수출보조금을 협정 발효 후 8년 이내에 점진적으로 철폐(특정품목의 수출경쟁력이 갖추어져 당해 품목의 세계시장점유율이 2년 연속 3.25% 이상일 경우 2년 이내에 철폐)해야 하므로 한국의 일반기계의 수출여건은 다소 악화될 전망이다. 그러나 상계관세조치의 발동요건이 강화되어 선진국의 상계조치 남용이 제한(일반기계의 경우 아직 상계관세 및 보조금 지급과 관련한 국제분쟁은 없었음)받게 되고 개발도상국의 무분별한 보조금 지급이 축소될 것으로 보여 일부 유리한 측면도 있다.

반 덤 핑

현재까지 공작기계·건설기계·섬유기계 등 일반기계 주요 품목에 대한 반덤핑문제와 관련된 국제적인 무역분쟁은 야기되지 않았으나 반덤핑관세의 부과기준이 명료화되고 부과조건이 강화되어 일반기계 수입국의 임의적 판단에 따른 반덤핑관세의 남용을 방지할 수 있을 것으로 예상되어 수출강화에 주력해야 할 일반기계산업에는 긍적적으로 작용할 전망이다. 그러나 덤핑수출여부에 대한 조사가 강화될 것이므로 수출가격산정에 대한 제약을 받을 전망이다.

기술장벽

현재 일반기계는 사용자의 안전성이 중요한 만큼 각국은 기술규정심사가 엄격하다. EC지역 수출시 CE마크를 부착시켜야 하며(이 경우 EC역내에서 추가의 시험검사 없이 유통 가능), 일본지역 수출시에는 JIS(일본표준규격)를 획득해야 하는 등 대부분의 국가에서는 자기 나라의 표준규격 마크를 부착한 기계에 한해 국내유통을 인정하고 있다. UR협상의 타결에 따라 이들 기술규정 인증, 시험검사제도, 기술규정제정 등 강제규정에 대해서는 제정절차에 있어서 사전적인 정보의 공개 및 외국인의 참여가 이루어져 기술장벽과 관련된 무역마찰의 소지는 완화될 것으로 보여 우리의 수출여건은 개선될 것으로 보인다.

정부조달

국내기계업계는 한국의 정부조달협정 가입으로 그동안 시장참여가 봉쇄되어 왔던 미국·일본·EC 등 24개국의 정부조달시장에 진출할 수 있게 되어 단기적(1996년 이후)으로는 한국산 제품의 선진국 조달시장 진출기회를 확보할 수 있게 되었으나, 국내기계업체는 선진국업체에 비해 지명도가 낮아 이들 선진국가의 조달시장(기계품목)의 진출 가능성의 규모는 작을 것으로 보인다. 그러나 대부분의 나머지 국가들도 점차 정부조달시장을 개방하게 될 경우 공작기계·건설기계(굴삭기)·섬유기계 등을 중점품목으로 하여 해외조달시장에 참여할 수 있을 것으로 보인다.

원산지규정

현행 원산지규정이 각국별로 상이하고 불명확했으나 원산지규정의 협상타결로 적용범위가 최혜국대우(MFN)원칙·반덤핑·상계관세·긴급수입제한조치·수량규제·관세쿼터·정부조달 등 비특혜무역에 적용되는 것으로 명확하며, 협정 발효 후 3년 내에 통일된 원산지의 규정을 마련하기로 했다. 현재 국내의 원산지규정은 원산지협정상의 과도기간 중 적용될 규정내용과 거의 일치하고 있고 일반기계의 경우 제3국 생산을 통한 우회수출도 없어 단기간 내(협정 발효 후 2~3년 이내)에는 수출이 영향을 받지 않을 전망이다. 현재 일부 해외생산이 이루어지고 있는 건설기계(굴삭기)와 해외생산을 추진하고 있는 농기계(중국·베트남 생산 추진)의 경우 통일원산지규정의 범위 내에서 해외우회생산을 확대할 수 있을 것으로 보인다.

무역관련투자조치

국내의 일반기계업체 경우 EC(벨기에)에 굴삭기에 대한 현지투자 외에 아직 이렇다 할 해외직접투자는 없는 실정이며 현재 해외투자를 추진 중인 농기계 외에는 투자조치규제완화에도 불구하고 추가로 해외투자를 추진할 것으로 보이지는 않아 이 조치의 타결이 국내의 일반기계의 수출증대에 미치는 직접적 영향은 작을 전망이다. 그러나 다른 산업부문(섬유·의류·전기·전자·자동차·건설 등)의 해외투자 확대에 따른 간접적인 수출증대가 기대된다. 최근의 중국 및 동남아지역 섬유기계 수출증가는 국내섬유업체의 현지투자에서 유발된 수요증가가 크게 작용했으며, 향후에도 계속 중남미·아프리카 등 후진국지역으로의 수출증가를 기대할 수 있다. 또한 각 국가별 건설시장의 진입이 자유로워짐에 따라 현재 세계 2위의 굴삭기 생산국인 한국은 국내건설업체의 해외진출 확대로 굴삭기 등 주요 건설중장비의 수출증대를 기대할 수 있다. 한편 미국의 CATERPILLER사(건설기계), 일본의 AMADA사(공작기계) 등 품질, 가격면에서 세계적으로 지명도를 가진 업체들은 세계 주요 수요지역에 직접적인 투자를 활성화하고 해외 마케팅조직을 더욱 강화할 것으로 보여

〈표 8-58〉 UR 타결이 일반기계산업의 수출에 미치는 영향

구분	주요 내용	시장별 환경변화 예상	영향(경쟁국 고려)	영향정도
관세	- 무관세화 ㅇ 건설장비, 의료기기, 농기구 ㅇ GSP수혜효과 소멸	- 미국·일본·EC 등 선진국시장 수출여건 불리 ㅇ 선진국업체와의 가격경쟁력이 현행 관세율수준 만큼 약화 - 현행 고관세율을 유지하고 있는 개발도상국시장의 점진적 관세인하로 수출여건 개선	- 한국 기계업체는 지명도가 낮기 때문에 선진국업체보다 불리 - 섬유기계 등 대개발도상국 수요품목들은 수출여건 호전	△
긴급수입제한조치	- 일본·대만의 미국에 대한 공작기계 수출 자율규제 해제	- 국내공작기계업체와 경쟁관계에 있는 대만의 대미수출제한 철폐	- 공작기계의 대미수출여건 악화	×
보조금·상계관세	- 수출산업설비금 무역금융 등 수출성과 연계된 금지보조금은 협정 발효 후 8년 이내에 철폐해야함	- 자국산업의 수출촉진을 위한 자의적인 보조금 지급을 억제해야 하므로 수출여건 불리	- 선진국과 기술수준 격차가 심한 현행 수준에서 보다 높은 경쟁력수준을 보강하기에는 지원상의 많은 제약을 받을 것임	×
반덤핑	- 반덤핑 부과기준의 명료화, 부과조건의 강화	- 반덤핑규제의 남용방지	- 수입국의 임의적인 판단에 따른 반덤핑규제 남용을 방지하게 되어 수출에 유리	○
기술장벽	- 표준, 기술규정, 시험검사제도의 국제적인 통일 (국제표준화)	- 세계적으로 호환성, 범용성 증가로 수요확대 - 기술장벽관련 무역마찰소지 완화	- 기술장벽의 제거로 일반적인 수출환경 개선	○
정부조달	- 기계품목의 정부조달시장개방 (내국민대우, 무차별원칙 적용)	- 24개국의 정부조달시장 진출기회 확보	- 지명도가 낮은 관계로 선진국 조달시장에서는 수출확대를 기대할 수 없으나 중장기적으로 향후 가입증가가 예상되는 개발도상국 조달시장 진출확대 전망 ㅇ 공작기계, 섬유기계, 건설중장비 등 가격 및 품질경쟁력 확보품목 수출 신장 기대	○

구분	주요 내용	시장별 환경변화 예상	영향(경쟁국 고려)	영향 정도
원산지 규정	− 원산지 인정요건의 명료성 ○ 부가가치(60% 이상의 부가가치분) 또는 주요 가공공정 기준 적용 − 제출된 원산지 증명자료에 대한 영업비밀의 보호	− EC의 원산지판정에 있어서 자의적인 무역장벽적 운영(역외산 수입규제)의 억제	− 일반적인 수출환경 개선 ○ 원산지 판별기준 내에서 해외우회수출이 활성화될 것임	△
무역 관련 투자 조치	− 투자유치국의 각종 투자규제 완화	− 미국·일본 등 세계적으로 지명도 있는 업체들의 해외직접투자 증가 ○ 건설중장비 : CATERPILLA사 ○ 공작기계 : AMADA사	− 해외 직접투자 용이 동남아 등 신흥공업국지역에서 현지수요 확보를 위한 일본·미국 등 선진업체와의 투자경쟁 심화	△
지적 재산권	− 기술습득 로열티 상승 − 위조상품에 대한 제재 강화 − 상표권, 특허권 등 보호강화	− 대선진국(고부가 기계)시장 수출가격경쟁력 약화 ○ 로열티 상승으로 인한 수출원가 압박 ○ 불법복제 등 위조상품여부에 대한 검사강화 − 대개발도상국(저부가 기계)시장진출 용이 ○ 경쟁개발도상국의 저가위조상품공세 쇠퇴	− 기술도입비중이 높은 품목 수출채산성 악화 ○ 건설중장비, NC공작기계, 섬유기계 등 주요 산업기계 등 주요 산업기계에 있어서 로열티 상승만큼 수출원가상승 압박	×

주 : ○○ 매우 유리, ○ 유리, △ 다소 유리, − 중립, ▽ 다소 불리, × 불리, ×× 매우 불리.

상대적으로 열위수준에 놓여 있는 한국 등 신흥공업국들의 제품은 세계시장에서 다소 위치가 약화될 것으로 보인다. 그러나 선진국업체가 주로 진출할 것으로 보이는 개발도상국지역의 경우 무역관련투자조치 철폐기간이 협정 발효 후 5년 이내(극빈개발도상국은 7년)로 되어 있어 이 조치의 효과는 1999년 이후에야 나타날 것으로 보인다.

지적재산권

불법복제 등 위조상품에 대한 각국의 제재가 강화될 것이므로 수출환경의 악화가 예상되고, 로열티 상승에 따른 수출원가의 상승압박이 우려된다. 그러나 기술후진국의 저가 위조상품공세가 축소될 것이므로 개발도상국시장에의 진출은 다소 용이해질 전망이다.

② 수출에 미치는 영향 종합

건설기계는 선진국, 개발도상국으로의 수출 모두 긍정적인 영향을 받을 전망이다. 선진국으로 수출할 경우 무세화조치로 우리 업계가 선진국에서 누리고 있던 GSP수혜효과가 상쇄되고 유명 선진국 건설기계업체(예 : CATERPILLA사)의 개발도상국 투자확대가 예상되는 등 부정적인 요인도 있으나 우리 업체의 EC·미국지역으로의 현지투자 확대와 건설업체의 해외진출 확대로 협정 발효 후 2~3년이 지난 후부터 국제경쟁력이 있는 굴삭기를 중심으로 한 수출확대가 전망된다. 개발도상국으로의 수출의 경우에는 무세화(협정 발효 후 8년 이상 경과) 및 경제성장에 따른 개발도상국의 건설기계 수요확대와 국내건설업체의 개발도상국 진출확대(이미 본격 진출 중)로 인해 건설기계의 수출확대가 전망된다. 그리고 개발도상국의 정부조달시장도 앞으로 개방될 것으로 예상되므로 가격경쟁력이 있는 굴삭기를 중심으로 한국업계의 참여가 가능할 전망이다. 또한, 수입의존도가 높은 부품의 수입(1992년 중 2.4억 달러 수입)에 대한 무세화(이행기간 8년)는 국내건설기계업체의 해외시장에서의 가격경쟁력 확보에 기여할 것으로 보인다.

공작기계는 선진국, 개발도상국으로의 수출 모두 별 영향이 없을 것으로 보인다. 대선진국 수출의 경우는 UR 타결에 따른 선진국의 경기회복으로 공작기계 수요가 증가할 것으로 보이고, 기술장벽과 관련한 무역장벽이 높은 EC지역으로의 수출이 회복될 가능성도 있다. 그러나 선진국의 수입관세율이 0~4%대의 낮은 수준이어서 관세인하효과는 거의 없을 것이며, 우리의 주수출국인 미국(1992년 대미수출비중 27%)이 대만에 대한 대미수출자율규제를 1993년 말에 해제했기 때문에, 종합적으로 볼때

UR 타결이 공작기계의 대선진국 수출에는 별 영향을 주지 못할 것으로 보인다. 대개발도상국 수출은 현재 수입관세율이 높은 개발도상국의 수입관세율의 인하로 중소형 NC공작기계와 범용공작기계를 중심으로 한 수출증가가 예상되나 선진국 유명업체(예 : 일본 AMADA사)의 대개발도상국 투자확대가 예상되어 개발도상국으로의 수출 또한 별 영향이 없을 것으로 보인다.

농기계는 현재 수출비중이 극히 작고 해외지명도도 낮은 상태이나 국내농기계업체들의 대개발도상국지역으로의 현지투자 확대로 경운기·관리기 등의 소형 농기계를 중심으로 한 수출이 증가할 전망이다. 국내업체의 해외투자 확대는 이미 검토 중에 있던 상태이므로 UR 타결을 계기로 2~3년 이내에 본격화될 전망이다.

섬유기계는 국내섬유업체의 대개발도상국 현지투자 확대에서 유발된 수요확대로 수출이 증가할 전망이다. 국내섬유업체들은 이미 중국·동남아지역으로의 현지투자를 본격화했으며 UR 타결을 계기로 이들 지역으로의 투자확대와 함께 중남미·아프리카지역으로의 투자가 진행될 전망이다.

UR 타결이 내수에 미치는 영향

① 협상분야별 영향

관세인하

한국은 1993년 7월 동경회담에서 미국·일본·EC·캐나다 4개국이 합의한 무세화품목 중 건설장비 10개 품목, 의료기기 11개 품목, 농업장비 4개 품목에 대하여 이행기간(품목별로 5~10년) 종료시까지 관세 ZERO 수준 유지(이행기간 중 매년 균등 인하될 전망)에 참여하기로 했다. 국내의 관세인하는 이미 상당수준 진전되어 추가적인 인하부담이 적으며, 따라서 관세인하로 인한 수입증대의 효과는 그리 크지 않을 전망이나 무세

〈표 8-59〉 기계제품 중 관세 무세화 합의품목

(단위 : 년, %)

4개국 합의품명			한국 입장	이행 기간	비고 ('94세율)
분　야	HS(4단위)	품　명			
건설장비	8425	도르래 이용 기중기	참여	8	8
	8426	크레인	참여	5	8
	(8426.91)	도로주행차량용	(참여)	(10)	(8)
	8428	컨베이어 등 하역기계	참여	10	8
	8429	불도저, 그레이더, 굴삭기, 로더	참여	10	8
	8430	광물채굴장비, 굴착용 기계	참여	5	8
	8431 (8431.20 제외)	도르래 기중기, 굴착기계용 부품	참여	8	8
	8474	분쇄·혼합·반죽기 등	참여	5	8
	8479.10	토목공사용 기계	참여	5	8
	8701.30	무한궤도식 트랙터	참여	5	8
	8704.10	덤프차(비고속도로용)	참여	5	10
의료기기	2844.40	방사성원소	참여	5	8
	3822	조제시약	참여	5	8
	8419.20	의료용 살균기	참여	10	8
	8419.90 일부	의료용 살균기 부분품	참여	10	10
	8543.80 일부	기타 전기기기(전기 신경자극기)	참여	8	8
	8713	신체장애자용 차량	참여	5	8
	8714.20	신체장애자용 차량부품	참여	5	8
	9018	의료·수의용 기기	불참	－	8
	9019	기계요법용 기기 등	참여	10	8
	9021	정형외과용 기기	참여	8	8
	9022	엑스선기기	불참	－	8
	9025.11 일부	비중계	참여	8	8
	9402	의료·수의용 가구류	참여	10	8
농업장비	8432	농업·원예용 기계	참여	8	8
	8433	수확기·탈곡기	참여	10	8
	8434	착유기와 낙농기계	참여	5	8
	8701.90 일부	농업용·원예용 트랙터	참여	8	8

화가 추진될 건설기계·농업기계·의료기기 등의 내수시장은 잠식이 가
속화될 것으로 보인다. 무세화대상인 크레인·하역기계·덤프차 등 건설
장비와 수확기·탈곡기·트랙터 등 농업장비는 현재 대형기종을 중심으

<표 8-60> 기계 무세화품목의 수입증가예상액

구 분	품목 수 (개)	무세화품목의 수입액(천 달러) 1993(P)	무세화에 따른 수입증가액예상 (천 달러)	최근의 경쟁력(지수)		
				1990	1993(P)	비 고
건설장비	10	870,000	120,000	−0.61	−0.21	경쟁력 열위개선
의료기기	11	279,000	17,000	−0.47	−0.56	경쟁력 열위악화
농업장비	4	229,000	17,000	−0.91	−0.82	경쟁력 열위개선

주 : 1) 수입증가액은 무세화에 따른 가격하락효과만 고려.
　　2) 경쟁력지수는 무역특화지쉬(수출 − 수입)/(수출＋수입)]로서 −1에 가까울수록 수입우
　　　위로 경쟁력이 없음을 시사함.
자료 : 무역협회, 예상은 대우경제연구소.

로 대부분 수입에 의존하고 있는 상태이며, 향후 국내수요형태가 대형기
종중심으로 변화될 전망이므로 이들 품목의 무세화는 국내업체의 수입대
체기회를 축소시키면서 수입품의 내수시장잠식을 가속화시킬 전망이다.
그러나 수입의존도가 높은 건설장비의 부품(1992년에 2.4억 달러 수입)
에 대한 무세화는 관련 업체의 제조원가를 관세액 만큼 하락시키는 결과
를 가져올 것이다.

농산물협정

농산물협상에 따르면 쌀수입은 1995년부터 10년간의 유예기간을 부여
받았고 유예기간 중에도 쌀수입규모가 국내소비량의 1~4%에 불과하겠
지만, 농민의 쌀경작의 의욕상실로 농가 수의 감소와 경작면적의 축소가
이루어지면서 경작규모의 대규모화와 기계화가 진전될 전망이다. 농업기
계화과정에서 트랙터·콤바인을 비롯한 대형 농기계의 수요는 꾸준히 늘
어날 전망이나 경운기 등의 소형 농기계의 수요가 축소되어 전체적으로는
농기계수요가 정체될 전망이다. 그러나 40마력급 이상의 대형 농기계는
아직 국산화가 되어 있지 않아 현재 대형 농기계 국내수요의 대부분이 농
기계업체들에 의해 수입판매되고 있으며, 1994년부터 트랙터·콤바인제
조업(직접판매 포함)이 완전개방되었고, 농기계 무세화로 인해 대형 농

〈표 8-61〉 국산기계 국내판매액과 국산기계 구입자금

(단위 : 조 원, %)

구 분	생산 (A)	수입	공급 (수요)	내수	수출 (B)	국산기계의 국내판매액 (C = A − B)	국산기계 구입자금	
							금액(D)	비중(D/C)
기계산업	60.0	20.3	80.3	67.0	13.3	46.7	5.0	10.7
일반기계	11.0	8.6	19.6	17.7	1.9	9.1		54.9

주 : 기계산업은 일반기계, 조립금속, 수송기계, 전기기계의 합계임.

기계를 중심으로 한 수입품의 국내시장잠식이 확대될 전망이다.

보조금 · 상계관세

외화표시국산기계구입자금, 수입대체부품, 소재시설자금, 투자세액 중 국산시설에 대한 차등지원 등의 국산품 사용촉진을 위한 수입대체보조금과 중소기업은행의 시책별 특별지원자금 등이 협정발효일로부터 5년 이내에 철폐되어야 한다. 1992년 중 정책자금으로 지원된 국산기계 구입자금은 5조 원이었다. 1992년에 국산기계(일반기계 · 조립금속 · 수송기계 · 전기기계의 합계)의 국내판매액은 46.7조 원이었으므로, 이 중 5조 원(10.7%)이 앞으로 5년 이내에 철폐되는 국산기계 구입자금의 지원에 의해 판매되었다. 따라서 국산기계 구입자금 등 기존의 수입대체보조금을 대체할 수 있는 조치가 강구되지 않는 한 국내기계시장에서 국내업체의 시장점유율이 크게 떨어질 전망이다. 그러나 국내기계업계는 개발도상국의 무분별한 자국산업 보호육성정책에 따른 수출보조금지급품목의 저가수입공세에 상계관세의 부과를 통해 국내관련산업을 위기에서 구제할 수 있는 일부 긍정적인 측면도 있다.

반 덤 핑

국내에서는 그동안 반덤핑제도를 기계제품의 수입규제수단으로 제대로 활용하지 못해 왔으나, 앞으로는 반덤핑부과기준이 명확해지면서 이 제도의 운용요건이 엄격해지는 면도 있지만 외국업체의 무분별한 저가공세에

대해서는 합법적인 수입규제에 대해 엄격해야 할 것이다. 특히, 국산화품목에 대한 일본의 덤핑수출(섬유기계)이나 중저급품목에 대한 저개발국가의 저가물량공세의 수입을 규제할 수 있게 될 전망이다.

기술장벽

표준화제도 및 5대 특별법에 근거한 수입장벽이 제거되어야 하므로 외국업체제품의 국내진출이 보다 용이해질 전망이다. 한국의 경우 공산품품질관리법·계량법·전파관리법·전기통신기본법·전기용품안전관리법 등 특별법이 기계제품에 직접적으로 관련되어 있다. 그동안 한국은 TBT협정가입국임에도 불구하고 협정의 느슨함으로 인해 국내제도의 통보와 협의 등의 의무를 엄격히 준수하지 않았으나 앞으로는 기술기준 제정시 관련 정보를 사전공개하고 외국인을 참여시켜야 하므로 외국기업의 국내시장 진출장벽이 제거될 것으로 보인다.

정부조달

1997년 1월부터 국내조달시장이 외국기업에 대해 국내기업과 똑같은 조건으로 개방된다. 한국의 정부조달협정 가입으로 미국·일본·독일 등 세계적으로 지명도가 있는 업체들의 국내정부조달 물품구입(기계) 입찰이 많아질 것으로 보인다. 이에 따라 관급납품에 의존해 온 업체들이 타격을 받을 전망이다. 특히, 한국전력이 발주하는 발전설비가 포함되어 있어 기존의 발전설비업체인 한국중공업을 비롯해 발전설비시장 참여를 준비해 온 삼성중공업·현대중공업·한라중공업 등의 타격이 우려된다.

원산지규정

원산지규정이 현재까지는 기계품목에 대한 원산지를 확인하는 정도였다. 그러나 UR협상에서 통일원산지규정이 마련되면 많은 기계품목에 대해 현재 대부분의 국가에서 판별기준으로 선정하고 있는 60% 이상의 부가가치율 또는 주요 가공공정기준을 적용하게 될 가능성이 크며, 이 경우 원산지의 명료성으로 인하여 선진국산제품은 내수시장에서 입지가 강화되는 반면에 신뢰도가 떨어지는 개발도상국산제품에 대한 수입수요는 위축될 것으로 보인다. 이에 따라 남미·동남아지역 등에서 생산된 선진국기업의 현지생산제품의 수입이 어느 정도 제한될 전망이다.

무역관련투자조치

외국인 지분제한·인가조건의 완화와 고도기술사업의 자금조달 원활화·고도기술사업에 대한 조세감면 확대 등으로 외국인투자제한은 점진적으로 완화될 것이다. 한국의 내수시장이 협소하여 미국·일본·독일 등의 지명도 높은 해외업체들은 국내시장에 대해 대규모 직접투자보다는 국내중소기업과의 합작생산·국내유통망의 구축·A/S망 구축에 중점을 둘 것이며, 이로 인해 국내업체의 내수시장점유율은 떨어질 것으로 보인다. 정부는 외국인투자개방 5개년계획에 따라 1994년부터 농기계 중 트랙터, 콤바인제조업을 완전개방하였다.

수입선다변화제도

그동안 논란이 많이 된 수입선다변화제도는 GATT의 수량제한금지, 최혜국대우, 무차별대우원칙 등에 어긋나는 사실상 대일차별적 수입제한조치로서 UR에서 분쟁해결절차의 개선 및 WTO의 기능강화가 이루어지면 철폐가 불가피할 것으로 판단되며 결국 선별적·단계적 해제가 예상된다. 정부는 1994년부터 매년 25~26개씩 수입선다변화 지정품목을 해제해 향후 5년 이내에 수입선다변화품목을 1993년 말 기준(258개)으로 50%수준으로 낮추고, 나머지 50%도 일본기업이 한국에 직접투자하여 현지생산을 하게 유도하는 정책을 통해서 궁극적으로는 수입선다변화정책을 폐지해 나갈 계획이다. 수입선다변화의 품목은 1994년 1월 1일자로 25개 품목이 해제되어 230개(분류기준 조정으로 3개 축소)로 줄었다. 수입선다변화 지정 230개의 품목(1994.1.1. 기준) 중 일반기계가 차지하는 비중은 26%에 해당되며 품목 수는 60여 개이다. 일반기계류 중 수입선다변화품목으로 지정된 60여 개의 품목이 점차로 해제되면서 일본으로

〈표 8-62〉 주요 기계제품의 수입선다변화 지정일지

품　　목	HS Code	지 정 연 도	비　　고
콤바인	8433 51 0000	'78~'79, '83~'85, '90~'91	
지게차	8427 20	1985~1991	3톤 초과 1989년 해제
방전가공기	8456 30 0000	1988~1991	1991년 재지정
수치제어식 수평선반	8458 11 0000	1988~1991	부분지정
수치제어식 밀링머신	8459 61 0000	1988~1991	〃
휠로우더	8429 51 1000	1978~1980, 1983~1991	〃
굴삭기	8429 52 1000	1978~1991	
냉동기	8418 69 2000	1986	
냉매압축기	8414 30 1000	1987	
	8414 30 2000	1987	
진공펌프	8414 10 0000	1988	부분지정

자료 : 대외경제정책연구원, 《수입선다변화제도의 경제적 효과》, 1992. 9.

〈표 8-63〉 UR 타결이 일반기계산업의 내수에 미치는 영향

구　분	변화의 주요 내용	영　　향	영향정도
관　　세	-기본관세율 8%를 유지하고 있는 한국의 경우, 향후 무관세 내지 낮은 관세율을 유지하게 될 것임 ○건설장비, 의료기기, 농업기계의 일부 품목은 무관세를 유지할 것임	-무세화 대상인 건설기계, 의료기기, 농업장비의 내수시장잠식이 확대될 것임 -기타 품목의 경우 현행 관세율이 8% 수준으로 이미 관세인하가 상당수준 진전되어 있어 관세인하로 인한 수입 증대효과는 크지 않을 것임	×
보 조 금 · 상계관세	-국산기계구입자금 등 수입대체를 촉진하기 위한 각종 보조금이 협정 발효 후 5년 내에 철폐	-금융, 세제지원을 통한 국산기계 사용 촉진책이 철폐되어 외국산 기계의 국내시장점유율이 확대될 전망	××
반 덤 핑	-반덤핑부과기준의 명료화, 부과조건의 강화	-그동안 반덤핑제도가 기계제품 수입규제수단으로 거의 활용되지 않았으므로 큰 영향은 없을 것임 ○규정에 위배되는 덤핑수입시 합법적으로 대응 가능	▽
기술장벽	-표준화제도 및 5대 특별법에 의한 수입장벽적 요소 제거 -기술명세제정절차에서의 사전통고, 명료성 제고	-한국의 경우 시험·검사·형식승인, 증표시 등의 기준 및 절차에 있어서 TBT협정에 근거하고 있으므로 선진국 업체의 대한국진출여건의 개선 예상	×

구 분	변화의 주요 내용	영 향	영향정도
		－기술기준 제정시 정보를 공개(WTO에 사전통보)하고 외국인을 참여시켜야 하므로 외국기업의 국내시장 진출시 장벽은 제거될 것임	
정부조달	－신규가입국으로서 조달시장 개방 ㅇ 물품 이외 건설, 서비스계약도 포함	－국방 및 사회간접자본시설을 관장하는 정부투자기관, 철도청, 한전 등의 조달계약 대외개방으로 관급의존형 기업들이 큰 타격을 받을 것임	××
원 산 지 규 정	－60% 이상의 부가가치율 또는 주요 가공공정기준이 적용될 경우 원산지 판별기준이 강화될 것임 ㅇ 제품 레벨상의 원산지확인에 대한 조사강화로 위조상품의 수입제재가 심할 것임	－원산지의 명료성으로 인하여 선진국 기계제품은 내수시장에서 입지가 다소 강화되겠으나 개발도상국의 기계제품에 대한 수입수요는 위축될 것임	▽
무역관련 투자조치	－ 외국인 지분제한·인가조건의 완화, 고도기술사업의 자금조달 원활화, 고도기술사업에 대한 조세감면 확대 등으로 외국인 투자제한은 완화될 것임	－ 한국의 내수시장이 협소하여 미국, 일본, 독일 등 지명도 높은 업체들이 대규모 직접투자보다는 국내중소기업과의 합작생산, 국내유통망 구축, A/S망 구축에 중점을 둘 것임	×
지 적 재 산 권	－ 불법복제 등 위조상품에 대한 조사강화로 내수시장 보호	－상표권 보호강화로 지명도있는 선진업체의 국내상표권 등록으로 내수시장 진출 유리 ㅇ 시명도 낮은 개발도상국산 일반기계에 대한 수입이 위축될 것임	▽
기 타	－수입선다변화제도의 점진적 폐지 ㅇ GATT에 위배되는 대일차별적 조치로서 점진적 철폐 예상(UR에서의 분쟁해결절차, WTO기능 강화에 따라 철폐 불가피)	－총 230개 품목 중 기계관련품목은 약 60여 개로서 해제시 상당한 수입증가가 예상됨 ㅇ 수입증가가 클 것으로 예상되는 품목은 주요 핵심부품의 대일의존율이 높은 공작기계, 굴삭기, 냉동공조기기 등일 것임	××

주 : ○○ 매우 유리, ○ 유리, △ 다소 유리, －중립, ▽ 다소 불리, × 불리, ×× 매우 불리.

부터의 수입이 확대될 전망인데 특히 일본의 국제경쟁력이 강한 공작기계·건설기계·섬유기계·베어링 등의 수입이 확대될 것으로 보인다. 그러나 공작기계·건설기계의 수입선다변화조치는 국내산업에 미치는 파급

효과가 커서 1998년 이후에야 해제될 것으로 보인다.

② 내수에 미치는 영향 종합

건설기계는 UR의 타결로 수입품의 내수시장점유율이 확대될 전망이다. 무세화조치로 수입의존도가 높은 부품의 수입(1992년 중 2.4억 달러 수입)가격이 하락(건설기계부품에 대한 무세화 이행기간은 8년)하자 국내건설기계업체의 제조원가부담을 낮추게 되는 유리한 측면도 있으나 완제품의 수입은 확대될 전망이다. 무세화대상인 건설중장비 중 대형의 크레인(이행기간 5년) · 하역기계(10년) · 덤프차(5년) 등은 현재 대부분 수입에 의존하고 있는 상태여서 무세화조치가 단기적으로 국내생산에 영향을 미치지는 않겠지만 향후 국내수요형태가 대형기종중심으로 변화될 전망이므로 이들 품목의 무세화는 국내업체의 수입대체기회를 축소시키면서 수입품의 내수시장점유율이 확대될 전망이다. 이외에 UR 타결에 따라 수입선다변화조치는 향후 점진적인 철폐가 불가피할 것으로 보인다. 이에 따라 세계 최대건설기계생산국인 일본의 국내시장 진출이 본격화될 경우 국내업체가 받게 될 타격은 클 것으로 보인다.

공작기계는 UR 타결로 국산품의 내수기반이 약화되고 수입품의 내수시장의 잠식이 확대될 전망이다. UR 타결에 따라 국산기계구입자금이 금지보조금으로 철폐(이행기간 5년)될 가능성이 크므로 이 자금을 기초로 국산공작기계를 구입해 왔던 중소제조업체들의 국산공작기계에 대한 구매동기가 상당부분 약화될 것이다. 또, 수입선다변화조치가 점차적으로 철폐되어 일본산 공작기계의 국내수입이 자유로워지면 대형 · 다기능의 NC공작기계를 중심으로 한 수입확대가 우려된다. 그러나 현재 국내공작기계업체들 대부분은 그룹사 소속으로 공작기계를 여러 사업부문 중 일부로 하고 있으면서도 자체 혹은 소속 계열사의 수요 충당을 위해 생산하고 있지만 국내생산규모가 위축되는 정도까지는 안 될 것이다.

농기계는 UR 타결로 트랙터 · 콤바인 등의 대형농기계를 중심으로 내수시장잠식이 확대될 전망이다. 농산물 협상결과에 따른 대응책으로 경작규모의 대규모화·기계화가 진전될 전망인데 농업기계화과정에서 트랙터·콤바인을 비롯한 대형농기계의 수요는 꾸준히 늘어날 전망이지만 경운기 등 소형 농기계의 수요는 축소되어 전체적으로 농기계수요는 정체를 보일 전망이다. 그러나 40마력급 이상의 대형 농기계는 아직 국산화가 되어 있지 않아 현재 대형 농기계 국내수요의 대부분이 농기계업체들에 의해 수입판매되고 있으며 1994년부터 트랙터·콤바인제조업(직접판매 포함)이 완전개방되었고 농기계의 무세화가 타결되어 있어 대형 농기계를 중심으로 한 국내시장의 잠식이 확대될 전망이다.

섬유기계는 UR 타결로 수입품의 내수시장잠식이 확대될 전망이다. UR 타결에 따라 국산기계구입자금을 기초로 국산섬유기계를 구입해 왔던 중소섬유제조업체들의 국산섬유기계에 대한 구매동기가 상당부분 약화될 것이다. 또 수입선다변화조치가 점진적으로 철폐되어 일본산 섬유기계의 국내수입이 자유로워지면 에어제트직기·워터제트직기 등의 첨단섬유기계를 중심으로 한 수입확대가 우려된다. 그러나 최근 일부 품목이 국산화되자 일본의 덤핑수출로 국내업체가 타격을 빌고 있는 점을 고려할 때 반덤핑제도의 합법적인 이용을 통해 일본은 물론 저개발국가의 저가공세에 대응할 수 있는 긍정적인 면도 있어 수입품의 내수시장의 잠식규모가 크지는 않을 것으로 보인다.

종합결론

UR 타결로 인해 일반기계의 수출은 선진국뿐 아니라 개발도상국의 시장에서도 미미하게 증가할 것으로 보이는 반면, 수입은 일본을 비롯한 선진국으로부터의 수입이 확대될 것으로 보여 전체적으로 일반기계의 무역수지적자폭은 더욱 커질 것으로 예상된다.

건설기계의 수출은 선진국, 개발도상국으로의 수출 모두 긍정적인 영향을 받을 전망이나 수입품의 내수시장점유율 확대가 더 클 것으로 보여 전체적으로 부정적인 영향을 받을 전망이다. 특히 무세화대상이면서 향후 내수확대가 예상되는 대형의 크레인·하역기계·덤프차 등의 수입확대로 UR 타결은 국내건설기계업체의 성장을 제약하는 요소로 작용할 전망이다. 이와 함께 수입선다변화조치가 해제될 경우 일본산 건설기계의 내수시장잠식이 우려된다.

공작기계의 수출은 선진국, 개발도상국으로의 수출 모두 별 영향이 없을 것으로 보이나 국산기계 구입자금의 철폐로 국산공작기계의 내수기반이 약화되고 수입선다변화조치의 점진적인 해제로 일본산 수입품의 내수잠식이 확대되어 전체적으로 부정적인 영향을 받을 전망이다. 그러나 국내공작기계업체는 자체 혹은 계열사(하청업체 포함) 등을 주요 구매자로 하고 있고, 범용기종과 중소형 공작기계의 경우 어느 정도 경쟁력도 갖추고는 있어 수입품의 국내시장잠식은 대형·다기능의 일부 NC공작기계를 중심으로 한정적인 영향에 그칠 전망이다.

농기계는 개발도상국지역으로의 현지투자 확대로 수출이 다소 증가할 전망(2~3년 이내에 본격화될 전망)이나, 농산물 협상결과에 따른 농민의 영농의욕상실로 국내농기계의 수요가 위축될 전망이고, 트랙터·콤바인제조업의 개방과 농기계 무세화에 따라 대형 농기계를 중심으로 한 외국업체의 국내시장잠식이 확대될 것으로 보여 전체적으로 부정적인 영향을 받을 것이다. 특히 1994년부터 트랙터·콤바인제조업이 개방되어 외국 농기계업체가 국내에서 판매 및 A/S망을 갖추면서 본격 진출하게 되면 대형 농기계에서 대부분 수입판매 해오던 국내업계에 미칠 타격은 클 것으로 보인다.

섬유기계는 UR 타결로 국내섬유업체의 대개발도상국 현지투자 확대에서 유발된 수요확대로 수출이 증가할 전망이나 수입품의 내수시장잠식이 확대되어 전체적으로는 다소 불리한 영향을 받을 것이고, 특히 국산기계

〈표 8-64〉 UR 타결이 일반기계산업의 수출·내수에 미치는 영향 종합평가

구 분	수출측면	내수측면	종합영향	비　　　　고
관 세	△	×	×	- 수입저항력이 약한 품목이 많으므로 관세 인하(무세화)는 내수시장잠식을 제고시킬 것임
보조금·상계관세	×	××	××	- 국산기계 구입촉진을 위한 각종 지원책이 철폐, 축소되어 수입기계의 국내시장점유율이 확대될 것이고 각종 수출지원책의 철폐로 수출여건도 다소 악화될 전망
반덤핑	○	▽	○	- 수입국의 임의적인 덤핑판정이 제약되어 수출환경 개선
기술장벽	○	×	×	- 수출시장, 수입시장 양측면에서의 수출입 여건은 개선되겠으나, 핵심부품 등 기계품목의 수입확대가 보다 더 용이할 것임
정부조달	○	××	×	- 국내업체의 해외지명도가 낮아 조달시장 개방으로 인한 수출확대효과는 작고, 국내 조달시장의 잠식효과는 클 것임
원산지규정	△	▽	▽	- 기계품목의 해외우회수출이 적은 상황이므로 오히려 내수측면에서 수입품의 정확한 원산지 부착으로 지명도있는 선진국업체의 내수시장에서 입지강화
무역관련투자조치	△	×	×	- 지명도 있는 해외선진업체들의 해외직접투자와 국내진출이 증가할 것으로 보여 중장기적으로 불리
지적재산권	×	▽	×	- 기술습득 곤란, 로열티 상승, 위조상품 제재강화
기타 수입선다변화제도의 점진적인 해제	-	××	××	- 일본산 기계의 수입증가 예상
회색조치 철폐 (긴급수입제한조치)	×	-	××	- 공작기계의 대미수출여건 악화

주 : ○○ 매우 유리, ○ 유리, △ 다소 유리, - 중립, ▽ 다소 불리, × 불리, ×× 매우 불리.

구입자금의 철폐와 수입선다변화조치의 해제로 에어제트직기·워터제트 직기 등의 첨단섬유기계를 중심으로 한 섬유기계의 수입확대가 우려된 다. 그러나 반덤핑제도의 합법적인 이용을 통해 일본은 물론 저개발국가

<표 8-65> UR 타결이 주요 일반기계제품에 미치는 영향 종합평가

구 분	수출	내수	종합	영 향
건설기계	○	××	×	-해외투자, 외국조달시장 참여, 무세화에 따른 핵심부품 수입가격 하락, 국내건설업체의 해외진출 확대 등으로 수출확대 전망 -무세화, 수입선다변화 해제에 따라 외국업체의 내수시장 잠식이 확대될 전망
공작기계	△	×	×	-외국조달시장 참여 등 긍정적인 요소도 있으나 미국의 일본·대만에 대한 수출자율규제해제, 선진국 유명업체의 해외투자 확대 등 부정적인 요인도 있어 전체적으로 수출에 미치는 영향은 미미할 전망 -수입대체보조금(국산기계 구입자금)의 철폐, 수입선다변화 해제 등으로 외국업체의 내수시장잠식 확대 전망
농업기계	○	××	×	-해외투자 확대를 통한 수출증가 전망 -무세화·외국업체의 국내투자증가로 외국업체의 대형 농기계에 대한 내수시장잠식 확대될 전망 ○쌀시장개방에 따른 농업기계화 추진으로 국내농기계시장은 대형 위주로 변화할 전망
섬유기계	○	××	×	-국내섬유업체의 해외투자 확대에 따라 수출은 확대될 전망 -반덤핑제도의 합법적인 이용을 통한 외국업체의 저가공세에 대응할 수 있는 긍정적인 요소도 있으나 수입대체보조금(국산기계 구입자금)의 철폐, 수입선다변화 해제에 따라 외국업체의 내수시장잠식이 다소 확대될 전망

주 : ○○ 매우 유리, ○ 유리, △ 다소 유리, - 중립, ▽ 다소 불리, × 불리, ×× 매우 불리.

의 저가공세에 대응할 수 있는 긍정적인 면도 있어 수입품의 내수시장 잠식규모가 크지는 않을 것으로 보인다.

대응전략

① 정부측의 대응전략

국산기계의 내수기반 확충을 위한 지원방안

현재 국내기업이 국산기계를 산업용 설비로서 구입하고자 할 때 지원되는 국산기계 구입자금은 수입대체보조금으로 금지보조금에 해당한다. 이 보조금을 협정 발효 후 5년 이내에는 폐지해야 함을 감안할 때 이러한 역할을 보완해 줄 수 있는 대체적인 지원책이 강구되어야 할 것이다. 즉, 경과기간을 이용해 금지보조금을 상계가능보조금이나 허용보조금으로 대체하는 한편 국내보조금의 운용과 관련하여 수혜기준과 금액에 대해 객관적인 기준과 조건을 명확히 설정·준수함으로써 특정성 시비를 줄일 수 있도록 해야 한다. 이와 함께 외국의 보조금 지급으로 인한 국내산업의 피해를 최소화하기 위해 외국의 보조금 사례 및 관련 법규에 대한 면밀한 조사를 통해 상계관세제도를 적극 활용해야 할 것이다.

이외에 취약한 내수기반을 확충하기 위해서 국산기계제품에 대한 품질보증제도를 정착시키고, 반덤핑제도의 합법적인 이용을 통해 수입개방의 확대에 따른 외국기업의 불공정행위로부터 국내기업을 보호해야 한다.

수출촉진을 위한 지원방안

민간기업(특히 중소기업)의 단위로는 획득하기 어려운 해외 각국의 국내법과 제도의 운용실태 및 수입규제관련정보 및 국제표준제정과 관련된 정보를 조기입수·분석하여 수출업체가 대응할 수 있도록 도와주어야 한다.

② 업계측의 대응전략

국산기계의 내수기반 확충을 위한 전략

수입개방에 대응한 생산측면에서의 업계의 대응방안으로는 업체별로 전문생산기종의 특화생산을 통한 경쟁력의 강화가 필요할 것으로 보인다. 건설기계·농기계와 같이 좁은 내수시장에서 다수업체의 다양한 기종을 중복생산하는 현재의 생산구조하에서는 생산규모가 큰 외국업체에 가격경쟁력에서 뒤지므로 업체별로 특정품목을 특화생산함으로써 규모의 경제 실현을 통한 가격경쟁력의 확보가 필요하다. 이 경우 부품의 공동생산을 통한 국산화율의 제고와 원가절감이 가능할 것이다. 즉, 각사별로 개별구매(수입)하고 있는 주요 부품을 업체별로 분담 개발해 공동사용하는 협력체제를 구축해 부품의 국산화율을 높이고 원가절감을 실현할 수 있을 것이다. 유통측면에서의 대응방안으로는 전국적인 유통망과 A/S망의 구축을 통한 수입품의 시장잠식의 억제가 필요하다. 특히 농기계·건설기계와 같이 사용처가 전국 각지에 흩어져 있는 품목의 경우 현지 A/S망 구축을 통해 판매력의 강화로서 외국업체의 직접진출을 억제할 수 있을 것으로 보인다. 단위지역별의 판매규모가 작을 경우 업계 공동으로 판매망과 A/S망을 구축하는 것도 외국업체에 대한 경쟁력 확보의 한 방법이 될 것이다.

특허권·상표권 등 지적재산권보호제도가 강화되는 점을 감안해서 선진국 의존율이 높은 핵심기술에 대한 자체기술 개발강화가 필요하며, 첨단기술을 도입할 경우에는 가능하면 제품의 초기단계에 있는 관련 기술을 수입하여 제품의 후기단계에 있는 관련 기술을 개발도상국에 수출할 수 있도록 기술무역의 확대방안을 강구해야 할 것이다.

수출촉진을 위한 전략

점진적인 관세인하와 함께 건설장비·의료기기·농업기계 등 일부 품목의 무세화 추진은 국제분업·해외투자·해외기술협력 등을 용이하게 할 것이므로 이를 통해 업계 공동의 현지 유통망의 확충 등 기업의 국제화전략에 주력해야 한다. 특히, 국내제품에 대한 지명도가 낮기 때문에 고유 브랜드제품의 판매가 부진함을 감안해 마케팅 전문인력 확보 및 해외시장정보의 조기 입수를 통하여 개발도상국시장을 중점적으로 한 해외 현지영업망 구축에 주력해야 한다.

섬 유

개 황

① 산업 개요

한국의 섬유산업은 1962년부터 시작된 경제개발 5개년계획 중 정부의 적극적인 지원과 수출주력산업으로 집중 육성되어 비약적으로 발전해 왔다. 1992년 기준으로 한국의 섬유산업은 세계 7위의 생산능력을 보유하고 있다. 세부산업별로는 화섬 4위, 제직 5위, 면방 5위의 생산능력을 보유하고 있다. 국내에서도 제조업대비 제조업체 수는 21%, 고용비율은 11%를 차지하고 있는 중요한 산업 중의 하나이다.

그러나 국내섬유산업은 1990년 이후 인력난·고임금 등에 따라 수출구조가 기존 의류 등 제품중심에서 섬유사·직물 등의 중간원자재 중심으로 변화하고 있으며, 국내총수출에서 차지하는 비중도 감소하는 추세에 있는 구조조정기에 놓여 있다.

<표 8-64> 한국의 섬유류 수급추이

(단위 : M/T)

구 분	연 도	1980	1985	1990	1991	연평균증가율 (1980~1991)
공 급	수 입	449,482	582,249	894,502	977,774	7.4
	생 산	630,603	901,067	1,407,230	1,485,790	8.1
수 요	수 출	666,518	896,429	1,410,917	1,586,424	8.2
	내 수	340,062	407,301	621,637	637,337	5.9
	재고 및 기타	73,505	179,586	269,178	175,837	8.2
수요(공급) 계		1,080,085	1,483,316	2,301,732	2,473,564	7.7
한국의 총수출(억 달러)		175.1	302.8	650.2	766.3	
섬유수출 / 총수출(%)		28.6	23.1	22.6	21.5	

주 : 섬유수출에 대한 총수출비중은 금액($)기준임.

자료 : 한국섬유산업연합회, 《섬유산업통계연보》, 각 연호.

〈표 8-65〉 한국 섬유산업의 수출액과 수출비중의 추이

(단위 : 백만 달러, %)

연 도 구 분	1980	1988	1989	1990	1991	1992
섬 유	2,248	4,448	5,059	5,854	7,086	7,973
의 류	2,276	9,695	10,139	8,860	8,439	7,789
섬유산업 (A)	5,024	14,143	15,198	14,714	15,525	15,762
제 조 업 (B)	16,151	57,321	58,953	61,728	68,496	73,354
전 산 업 (C)	17,505	60,696	62,377	65,016	71,780	76,632
제조업대비비중(A/C)	31.0	24.7	25.8	23.8	22.7	21.5
전산업대비비중(A/C)	28.6	23.3	24.4	22.6	21.6	20.6

자료 : 한국섬유산업연합회, 《섬유산업통계월보》, 각 연호.

〈표 8-66〉 한국의 지역별 섬유류 수출추이

(단위 : 억 달러, %)

연 도 국 가	1988	1989	1990	1991	1992
미 국	39.6(8.8)	43.1(8.8)	39.5(−8.4)	35.3(−10.6)	34.4(−2.5)
일 본	33.3(52.1)	38.7(16.2)	30.1(−22.2)	30.1(0.0)	28.5(−5.3)
E C	21.9(9.5)	18.9(−13.7)	18.9(0.0)	20.9(10.6)	17.0(−18.7)
동남아	17.6(26.6)	21.6(22.7)	26.6(23.1)	35.8(34.6)	44.2(23.5)
중 동	8.5(7.6)	7.9(−6.7)	7.3(−7.6)	9.9(35.6)	9.6(−3.0)
중남미	2.5(13.6)	3.4(36.0)	4.5(32.4)	6.2(37.8)	6.1(−1.6)
기 타	17.8(11.3)	17.8(−1.1)	19.8(11.2)	16.6(−16.2)	17.3(4.2)
총 계	141.2(19.4)	151.4(7.3)	146.7(−3.1)	154.8(5.5)	157.1(1.5)

주 : ( ) 안은 전년대비 증감률임.
자료 : 김준현 외, 《섬유산업의 경쟁력변화와 자동화 추진전략》, 1993.

② 수출 현황과 각국의 섬유수입규제 현황

수출 현황

1992년 한국의 섬유수출액은 157억 달러로 총수출액 중 21%를 차지하고 있으며, 전기전자에 이어 2위를 차지하고 있다. 한국의 섬유수출은 1980~1992년 중 3.1배나 증가하여 높은 증가세를 보였다. 섬유수출의 빠른 증가는 1989년까지는 국내의 저임과 풍부한 노동력을 바탕으로 한

의류수출의 호조 때문이고 1990년 이후에는 섬유사·직물수출의 높은 증가에 의한 것이다. 국내섬유수출은 1980년만 하더라도 총수출액이 50억 달러로 전산업대비 29%를 차지하기도 했으나, 1992년에는 그 비율이 21%로 하락하여 그 비중이 감소하는 추세에 있다. 국내섬유산업의 비중 감소와 함께 1990년 이후 의류를 포함한 제품수출은 중국·동남아와의 가격경쟁력에서 열위로 감소하는 반면, 섬유사와 직물수출은 증가하는 내부구조의 조정기를 겪고 있다.

지역별로 볼때, 1990년을 전후로 대선진국 수출이 감소하고 있는 반면 중국·동남아로의 수출은 동 지역의 경제성장과 더불어 급격히 증가하는 추세에 있다. 1992년 기준으로 섬유수출의 지역별 비중은 미국 21.7%, 일본 17.9%, 홍콩 13.1% 등으로 3개국에 대한 수출이 전체의 52.7%로 절반 이상을 차지하고 있는데 미국 2.5% 감소, 일본 5.3% 감소, EC 18.7% 감소하는 등 대선진국 수출은 감소한 반면에 동남아로의 수출은 23.5% 증가의 호조를 보였다. 각 국가별 품목수출비중(1992)을 보면 미국·일본 등으로의 수출은 의류를 포함한 섬유제품의 수출비중이 80% 이상으로 대부분을 차지하고 있고 홍콩·중국으로의 수출은 섬유직물 수출비중이 50% 이상으로 대부분을 차지하고 있다.

주요 수출시장에서의 규제 현황

한국 섬유수출에 대한 주요 선진국의 수입규제는 MFA의 각국간 쌍무협정에 의해 오래 전부터 행해져 왔다.

선진국으로의 수입규제하의 수출은 1992년 기준으로 46억 달러에 달해 국내섬유 총수출액의 29.3%에 이르고 있다. 그러나 수입규제하의 수출은 1985년도만 하더라도 절반 이상을 차지하는 높은 비중을 보였으나 1988년을 전후하여 감소하는 추세에 있다. 이는 선진국이 수입규제를 완화했다기 보다는 경쟁력의 약화 등으로 선진국으로의 수출이 감소했기 때문이다. 1992년 현재 쌍무협정 등에 의한 수입규제하의 수출액은 금액기

〈표 8-67〉 섬유류에 대한 국가별 규제 총괄표(1993년 11월 현재)

(단위 : 백만 달러)

구분 / 국가	품 목	규제형태	피규제품목의 수출실적	
			1992	1993. 1. ~10.
미 국	섬유류	한·미섬유협정	2,539.2	2,231.7(5.5)
	아크릴 스웨터	반덤핑관세	107.4	78.6(-24.8)
캐나다	섬유류	한·캐섬유협정	276.9	235.7(2.0)
	방수고무화	반덤핑관세	0.3	0.2(-43.8)
	어망용 로프	〃	0.6	0.2(-67.9)
EC 공동	섬유류	한·EC섬유협정	1,330.1	923.2(-15.9)
	폴리에스터사	〃	26	0(-100.0)
	폴리에스터 단섬유	반덤핑관세	-	5.4(15.5)
유럽 오스트리아	특정섬유류	한·오섬유협정	0.6	3.3(-34.7)
노르웨이		한·노섬유협정	11.0	8.7(-4.0)
핀란드		한·핀섬유협정	5.9	4.6(-6.2)
일 본	생사	쌍무쿼터	0.5	0.2(-)
	견연사	쌍무쿼터	32.4	31.9(26.9)
	견직물	쌍무쿼터	89.4	78.7(5.5)
	혁화	관세쿼터	315.0	255.7(-3.5)
호 주	없음	없음	-	-
총 계	-	-	4,601.4	3,773.9(-18.0)

주 : 1) ( ) 안은 증감률임.
　　2) 아크릴 스웨터, 어망용 로프, 폴리에스터사, 폴리에스터 단섬유의 수출실적은 섬유류수
　　　출에 포함되어 있음.
자료 : 한국무역협회, 《통상정보》, 1993. 11.

준으로 미국이 25.3억 달러로 제일 많은데, 대미 총수출액의 73.8%를 차지하고 있다. EC는 9.2억 달러로 2위를 차지하고 있고, 일본은 4.4억 달러로 규제하의 수출비중이 15.5%를 차지하고 있다.

　주요 품목별로는 아크릴과 폴리에스터 단섬유는 각각 미국·EC로부터 반덤핑관세가 부과되어 있는 상태이고 혁화는 일본으로부터 관세쿼터[1]가 부과되어 있다.

---

1) 1993년 3월 기본쿼터량 579.5만족을 기준으로 기본관세율 27%, 쿼터초과시 60% 또는 4,800엔 중 높은 것을 부과.

〈표 8-68〉 주요 섬유류품목별 국내수입시장규모

구 분	연 도	1990	1991	1992	1993(P)	연평균증감률 (1990~1993)
의류	국내의류판매(억 원)	54,000	68,000	85,000	99,450	22.8
	수입의류(억 원)	2,010	2,640	4,360	5,450	39.4
	수입의류점유율(%)	3.7	3.8	5.1	5.5	-
면사	면사의 국내판매(천 M/T)	334.5	332.4	314.5	301.9	-3.2
	수입면사(천 M/T)	61.2	105.9	75.5	94.9	18.4
	수입면사점유율(%)	18.3	31.9	24.0	31.4	-

주 : 의류는 잡화류 포함, 면사와 의류의 국내판매는 대우경제연구소 추정치.
자료 : 대한방직협회, 《섬유저널》, 1993. 9.

③ 수입 현황과 국내수입규제 현황

수입 현황

해외로부터 국내로의 섬유수입은 물량과 금액 모두 1989년 이후 정체하는 모습을 보여주고 있다. 1992년의 국내로의 섬유수입은 물량기준 183.9만 M/T으로 전년대비 5.9% 감소했고 금액기준 57.7억 달러로 전년대비 3.4% 감소했다. 그러나 일부 품목, 즉 면사와 면직물, 의류의 수입은 두자리 수의 높은 증가세를 기록하며 국내시장을 잠식하고 있다. 의류의 경우 중국·동남아로부터의 저가제품과 이탈리아 등의 고급제품 수입이 빠른 속도로 증가하여 1992년에는 5.5천억 원으로 국내시장의 5.1%를 차지하였으며, 매년 그 비중이 증가하는 추세에 있다.

의류의 지역별 수입비중은 1992년 기준 중국이 32.4%로 가장 많고 이탈리아 19.4%, 일본 15.9% 등을 차지하고 있다. 1992년 기준 면사도 국내로의 수입이 9.5만 톤으로 국내판매 30.2만 톤 중 31.4%를 차지하고 있는데 중국·파키스탄 등으로부터 저가 면사수입이 증가하여 그 비중이 빠른 속도로 증가하는 추세에 있다.

국내에서의 수입규제 현황

국내에서 수입자유화의 현황은 1992년 총품목 수 HS코드 10단위 기준

〈표 8-69〉 한국의 할당관세 대상품목 현황

HS코드	품 목	관세율(%)		할당량	적용기간
		기본관세	할당관세		
3912	초산셀룰로즈	9	7	수입전량	
3204	염료(4)	9	6	1,750톤	
5205	면사	9	3	40,000톤	1993.1. ~ 12.
5403	재생필라멘트사	9	2	6,000톤	
5504	재생스테이플사	9	4.5	수입전량	

자료 : 한국섬유산업연합회, 《섬유공업편람》, 1993.

〈표 8-70〉 한국 섬유산업의 연도별 해외투자실적

(단위 : 건)

구 분 \ 연 도	1988년까지의 누계	1989	1990	1991	1992	1993. 1. ~ 6.	총계
투자업체 수(개)	65	57	74	73	123	75	457
투자금액(백만 달러)	80	77	170	83	106	53	569

자료 : 한국섬유산업연합회, 《섬유공업편람》, 1993.

으로 10,322개 중 10,079개로 97.7%에 이르고 있다. 섬유부문에서는 일부분의 품목에 대해서만 수입제한·수입선다변화·할당관세대상 등으로 섬유수입을 규제하고 있으며, 대부분 품목들에 대한 수입은 자유화되어 있다. 수입제한품목은 견직물·생지견직물·새틴·기타 순견직물 등 6개 품목이고 수입선다변화품목은 기존 15개 품목에서 1993년 12월 30일 상공부 발표에 따라 필라멘트토우의 섬유원료 1개, 섬유직물 10개의 품목 등 총 11개 품목으로 품목 수가 줄었다. 상공자원부는 수입선다변화품목을 매년 10%씩 줄여 1998년까지 절반 이하로 줄일 방침이다. 할당관세품목은 1993년 1월 현재 5개 품목인데 초산 셀룰로즈는 수입전량에 대해 기본관세 9%, 할당관세 7%를 부과하고 있다. 그리고 면사는 4만 톤까지 9%의 기본관세를 초과시 3%의 할당관세를 부과하고 있으며, 재생 필라멘트사와 스테이플섬유에 대해서도 할당관세를 부과하고 있다.

〈표 8-71〉 한국 섬유업체의 품목별·지역별 해외투자 현황

(1993년 6월 30일 현재)

(단위 : 건)

품목 국가	사	직물	염색	의류	기타	합계
아 시 아	25	45	6	186	75	337
중 국	10	19	3	97	36	165
인도네시아	5	5	0	53	10	73
중 남 미	3	2	1	75	6	87
과테말라	0	0	1	28	0	29
미 국	0	3	5	10	5	23
기타 지역	1	0	0	17	2	20
합 계	29	50	12	288	88	467

자료 : 한국섬유산업연합회, 《섬유공업편람》, 1993.

④ 해외직접투자 현황

한국의 섬유산업은 선진국의 각종 수입제한정책과 고임 등의 인력난에 따른 후발개발도상국에의 가격경쟁력 상실 등을 만회하기 위한 수단의 하나로서 해외현지투자를 늘려왔다. 국내섬유업계는 서울올림픽 이후 인건비 상승 등으로 수출경쟁력이 떨어진 '90년대 들어 해외투자를 급격하게 늘려왔다. 즉, 1989년까지의 누계가 1.6억 달러인데 반해 1990~1992년의 소계가 3.6억 달러로 1990년 이후에 집중적으로 이루어졌다.

분야별(1993. 6. 30. 기준)로는 의류가 61.7%, 직물 10.7%로 높았고 섬유사와 염색분야는 낮았다. 지역별로는 아시아지역이 72.2%로 가장 높아 동 지역으로의 투자가 집중적으로 이루어졌는데, 이 중 중국·인도네시아에의 비중이 높았다. 다음으로 중남미지역이 18.6%를 차지하고 있다.

섬유업계의 해외투자는 피투자국가의 저임과 풍부한 노동력의 이용, 직접교역으로의 전환에 따른 수수료 및 물류비용의 절감 등 일부 국가의 경우 대미수출시 GSP수혜, 10~20%의 관세감면효과 등의 목적으로 진행되었다. 생산된 제품은 피투자국가로의 국내판매용 및 제3국 수출용이다.

<表 8-72> 한국의 섬유류 수출추이

(단위 : 억 달러, %)

구 분	1988	1989	1990	1991	1992
원료·사	10.2(30.8)	11.4(9.6)	11.8(3.5)	13.5(14.4)	14.6(8.6)
직 물	34.0(17.6)	38.6(13.5)	46.3(19.9)	56.9(22.9)	64.6(13.5)
제 품	97.0(18.9)	101.4(4.5)	88.6(-12.6)	84.8(-4.7)	77.9(-7.7)
총 계	141.2(19.4)	151.4(7.3)	146.7(-3.1)	154.8(5.5)	157.1(1.5)

주 : ( ) 안은 전년대비 증감률임.
자료 : 상공자원부.

경쟁력 현황

① 경쟁력 현황(시장점유율과 RCA지수기준)

한국의 섬유류수출은 1990년 이전의 급속한 증가세에서 그 이후 경쟁력의 약화로 한자리 수의 낮은 증가세에 있다. 품목별로도 의류 등의 섬유제품의 수출감소, 섬유사·직물수출의 증가세로 완제품수출중심에서 중간원자재의 수출중심으로 변화하고 있다. 지역별로도 미국·일본·EC 등 대선진국 수출은 감소하는 반면 중국·동남아 등의 후발개발도상국으로의 수출이 증가하고 있다. 따라서 한국의 섬유수출은 수출증가율의 둔화 속에 중간원자재의 수출증가 품목별 수출구성비변화와 후발개발도상국인 대아시아 수출이 증가하는 구조적 변화기에 놓여 있다.

시장점유율(OECD시장)

한국의 섬유류수출은 1990년 이후 품목별 수출구성비의 변화뿐만 아니라 대선진국 수출감소와 동남아로의 수출증가 등 지역별 수출구성비에 있어서 변화하고 있다.

주요 선진국인 OECD시장에서의 한국산 섬유류의 시장점유율을 살펴보면 지난 1988년에 비해서 1990년의 경우에 모든 부문에서 하락하였다. 품목별로 의류는 11.1%에서 7.8%로 3년 동안 3.3%P가 하락하여 2위의 수출국에서 4위로 전락하였고, 섬유사는 3.2%에서 2.2%로 1%P가 하락

〈표 8-73〉 시장점유율변화의 국제비교 (OECD시장, 1988~1990년)

(단위 : %)

품목 국가	섬유사 · 직물				의 류
	섬 유 사	섬유직물			
		면 직 물	화섬직물		
한 국	3.2→ 2.2	2.1→1.8	6.4→ 6.1	3.3→ 2.8	11.1→ 7.8
대 만	2.1→ 2.3	1.9→2.2	3.2→ 3.4	2.4→ 2.3	6.1→ 3.9
중 국	2,2→ 1.0	8.9→7.0	2.4→ 1.7	5.0→ 4.2	7.3→ 9.6
홍 콩	0.2→ 0.2	4.4→3.3	0.7→ 0.4	1.1→ 0.9	11.2→ 9.6
아세안	2.0→ 1.9	3.8→3.5	3.0→ 4.1	1.9→ 2.1	6.1→ 7.2
멕시코	0.8→ 0.6	0.2→0.5	0.05→ 0.07	0.5→ 0.6	0.7→ 0.8
캐나다	0.7→ 1.0	0.2→0.3	0.7→ 0.5	0.9→ 0.8	0.5→ 0.3
미 국	5.3→ 5.4	3.3→3.7	3.5→ 3.2	4.5→ 4.6	0.8→ 1.2
일 본	1.4→ 1.7	3.8→3.0	9.9→ 7.8	3.2→ 2.7	0.7→ 0.4
EC	10.2→10.0	8.4→9.5	11.6→10.7	12.7→12.6	10.8→10.9

주 : 1988~1990년간의 시장점유율의 변화를 나타냄.
자료 : 김준현 외, 《섬유산업의 경쟁력변화와 자동화 추진전략》, 1993.

하자 EC · 미국 · 대만에 이어 4위로 떨어졌으며, 섬유직물 중 화섬직물은 6.4%에서 6.1%로 하락하여 의류 · 섬유사에 비해서는 상대적으로 하락률이 적었다. 그러나 아세안권은 OECD에서의 의류의 시장점유율이 6.1%에서 7.2%로 상승했고 섬유사 · 직물도 1.9%에서 2.1%로 상승했다. 특히 중국은 의류분야에서 1990년 9.6%로 3년 전에 비해 2.3%P 증가하여 여타 국가의 수출감소분을 잠식한 점유율 확대가 주목된다.

RCA(현시비교우위)지수

OECD · 미국 · 일본시장을 비롯한 주요 선진국시장에서의 점유율 하락은 한국 섬유산업의 전반적인 경쟁력이 하락한데 따른 것이다. 표 8-74에서와 같이 OECD시장에서 한국의 RCA(顯示比較優位)지수[2]는 1988~

---

2) RCA는 Revealed Comparative Advantage의 약자로 세계시장에서 한국과 경쟁관계에 있는 국가들이 어떤 산업에서 다른 국가에 비해 비교우위 또는 비교열위를 나타내고 있는가를 보여주는 지표이다. 특정국가에서 특정산업수출이 그 국가의 공산품 총수출에서 차지하는 비율을 비교대상국 전체의 공산품 총수출에서 당해 산업의 수출이 차지하는 비율로 나눈

<표 8-74> RCA지수변화의 국제비교 (OECD시장)

품 목 \ 국 가	섬 유 사 · 직 물				의 류
	섬 유 사	섬 유 직 물			
		면 직 물	화섬직물		
한 국	141 → 127	93 → 104	290 → 354	146 → 164	500 → 452
대 만	87 → 117	80 → 113	133 → 177	102 → 117	258 → 205
중 국	153 → 60	623 → 401	171 → 97	351 → 243	517 → 556
홍 콩	13 → 16	371 → 341	595 → 421	96 → 97	935 → 982
태 국	237 → 166	247 → 170	200 → 179	166 → 133	295 → 279
말레이시아	30 → 34	102 → 97	90 → 3	39 → 38	165 → 195
일 본	17 → 24	46 → 42	120 → 110	39 → 38	8 → 5
미 국	52 → 54	33 → 37	34 → 32	45 → 46	8 → 12
이 탈 리 아	208 → 12	164 → 183	323 → 290	227 → 227	224 → 213
프 랑 스	111 → 96	115 → 124	126 → 131	100 → 102	52 → 56
서 독	136 → 43	104 → 102	136 → 147	113 → 118	44 → 45

주 : 1) 섬유사(SITC 651), 면직물(SITC 652), 화섬직물(SITC 653) 등은 섬유사 · 직물
　　　(SITC 65)의 대표 품목으로 선정된 것임.
　　2) 1988~1990년간의 RCA지수 변화추이임.
자료 : 김준현 외, 《섬유산업의 경쟁력변화와 자동화 추진전략》, 1993.

1990년의 3년 동안 646에서 616으로 하락했다.

품목별 RCA지수는 주요 경쟁국에 비해 섬유사 · 화섬직물 · 의류 등은 아직도 3~4위의 강한 경쟁력을 보이고 있으나 3년 전에 비해 일부 품목에 있어서는 경쟁력이 매우 빠른 속도로 하락하고 있다. 한국 수출의 주력품목이었던 의류의 RCA지수는 동 기간 동안 500에서 452로 큰 폭으로 떨어졌으며 섬유사는 141에서 127로 하락하여 경쟁력이 약화되었다. 그러나 섬유직물의 RCA지수는 동 기간 동안 290에서 354로 상승하여 동 부문의 경쟁력이 강화되었다.

OECD시장 내에서 경쟁국들의 경쟁력 현황과 변화추이를 보면, 섬유

것임.
　계산식은 [(1국의 각 산업수출액/비교대상국의 각 산업간 총수출액)/(1국의 공산품 총
　수출액/비교대상국의 공산품 총수출액)]임.

〈표 8-75〉 한국 섬유업체 근로자의 월평균임금추이

(단위 : 원, %)

구 분	연 도	1989	1990	1991	1992. 11.
산업	섬　유(A)	389,310	461,770	560,942	635,569
	의　복(B)	318,346	383,144	447,552	490,422
	제 조 업(C)	491,632	590,760	690,310	722,186
	전 산 업(D)	540,611	642,309	754,673	783,047
비율	섬유/제조(A/C)	79.2	78.2	81.3	88.0
	섬유/전체(A/D)	72.0	71.9	74.3	81.2
	의복/제조(B/C)	64.8	64.9	64.8	67.9
	의복/전체(B/D)	58.9	59.7	59.3	62.6

자료 : 경제기획원, 《한국통계월보》, 각 월호.

사·직물부문에서는 중국·이탈리아 등이 한국에 비해 강세를 보이고 있으며, 의류분야에서는 홍콩·중국이 한국보다는 강세를 보이고 있다. 그러나 홍콩과 중국은 섬유사·직물부문에서 RCA지수가 하락했으나 의류부문이 상승하여 한국과는 대조를 보이고 있다.

② 요인별 경쟁력 분석

인 건 비

과거 저임금에 의해 가능했던 섬유산업은 한국의 경우 섬유부문에서 1989~1992년의 3년 동안 연평균 21.1%씩 임금이 상승했고 의류부문도 연평균 18%씩 급속히 상승하여 가격경쟁력의 약화를 초래했다.

국가간을 서로 비교하면 임금수준의 변화를 알 수 있는데 예를 들어 방직업의 경우 한국의 임금수준은 선진국인 이탈리아·일본에 비해 지난 1987년의 1/7에서 1991년에는 1/5 이하로 격차가 줄어들었으며, 후발개발도상국인 중국·인도네시아에 비해 1991년에는 1987년보다 각각 3.4배 확대된 11.1배, 12.5배로 임금격차가 심화되고 있다. 이는 한국의 임금이 동 기간 동안 19.4%의 높은 증가세를 기록한 반면, 선진국인 이탈리아와 일본이 각각 연평균 8.1%의 한자리 수 증가를 기록했고 후발개

〈표 8-76〉 주요국의 시간당 인건비(방직업)

(단위 : 달러 / 시간, %)

국 가	연 도	1987	지수	1990	지수	1991	지수	연평균증가율 (1987~1991)
선진국	독 일	12.98	733	16.46	511	16.96	471	6.9
	이 탈 리 아	12.67	715	16.13	501	17.31	481	8.1
	일 본	11.99	677	13.96	434	16.37	455	8.1
NIEs	한 국	1.77	100	3.22	100	3.60	100	19.4
	대 만	2.09	118	4.56	142	5.00	139	24.4
	홍 콩	1.93	109	3.05	95	3.39	94	15.1
후발 개발 도상국	중 국	0.23	13	0.37	11	0.34	9	10.3
	태 국	0.58	33	0.92	29	0.87	24	10.7
	인도네시아	0.20	11	0.25	8	0.28	8	8.8

주 : 지수는 한국을 100으로 한 것임.
자료 : 김준현 외, 《섬유산업의 경쟁력변화와 자동화 추진전략》, 1993.

발도상국인 인도네시아는 8.8%, 중국도 10.3%의 낮은 임금상승률을 기록했기 때문이다. 그러나 아직도 한국의 시간당 임금은 방직업의 경우 홍콩과 비슷하고 2위의 섬유수출국인 이탈리아에 비해서는 1/5수준으로 낮아 수출경쟁력 약화가 인건비 이외에도 다른 요인이 있는 것(고부가가치화의 미흡, 낮은 생산성 등)으로 판단된다.

한국 섬유업계의 인력난

국내섬유산업 근로자의 평균임금이 중국 등 후발개발도상국 등에 비해 높은 수준임에도 불구하고 아직 타산업에 비해 낮으므로 국내섬유산업의 인력난이 가중되고 있다. 즉, 1992년 11월 기준 제조업대비 섬유업의 평균임금이 섬유제조업과 의복업의 경우 각각 제조업 평균의 88, 67.9%로 제조업 평균에도 크게 미치지 못하고 있으며, 전산업대비 평균임금도 산업전체 평균의 81.2, 62.6%로 전산업 평균에도 크게 떨어지고 있다. 이러한 섬유산업의 상대적 저임과 3D기피 등으로 근로자의 이탈이 계속되고 있어 인력부족이 심화되고 있는데, 국내섬유산업 전체로는 필요인원대비 12%의 인력부족현상을 보이고 있다.

〈표 8-77〉 한국 섬유산업의 생산직 인력부족률(1993년 4월)

산 업	섬유사	섬유직물	염 색	의 류	전 체
부족률(%)	12.1	8.8	11.2	20.0	12.0

자료 : 한국섬유산업연합회, 섬유산업 모니터링 실태조사, 1993.

〈표 8-78〉 섬유산업의 한국·일본간 생산성 비교

구 분 \ 국 가		일본(A)	한국(B)	생산성 비교(B/A)
화 섬	방사속도(m/분)	7,000	5,000	70%
면방적	1인당 생산(kg/H)	105	73	70%
제 직	1인당 관리(대)	60	30	50%
의 류	1인당 생산(매/8H)	40	32	80%

자료 : 한국섬유산업연합회, 《섬유공업편람》, 1993.

세부적으로는 동 업종 내에서 상대적으로 저임인 의류업의 부족률이 20%로 가장 높았고 자동화가 많이 진행된 섬유직물부문은 8.8%로 상대적으로 낮은 편이다.

생 산 성

섬유수출순위는 11위로 낮으나 고부가가치화의 생산성 등이 높은 일본과 한국의 생산성 비교를 해보면 한국 섬유산업의 생산성은 일본에 비해 전반적으로 65~70%의 낮은 수준에 있다. 이는 단위당 생산규모의 거대화에 따른 전문화 및 소량다품종생산으로의 특화미비, 낮은 자동화율, 노후설비의 과다보유 때문이다. 자동화율을 보면 국내업계의 자동화율은 45%로 일본의 80%에 비해 아주 낮은 수준이다. 또한 감가상각연도가 초과된 노후설비도 국내총설비의 40~77%에 이르러 생산성이 떨어지고 있다.

자동화율

공장자동화는 전공정의 기계화·연속화 등을 말하며 이를 통하여 기업의 재고를 줄이고, 단위생산당 소요 노동인력을 줄여 인력난 등에 대처할

〈표 8-79〉 한국 · 일본 섬유산업의 자동화율 비교

(단위 : %)

국가＼구분	면 방	합 섬	제 직	염색가공	전 체
한 국	28.8	45.0	55.0	41.4	42.6
일 본	65.0	80.0	70.0	80.0	80.0

자료 : 김준현 외, 《섬유산업의 경쟁력변화와 자동화 추진전략》, 1993.

수 있고, 원가절감과 품질향상 등을 꾀할 수 있어 자동화율을 높이는 것이 매우 중요하다. 그러나 국내섬유산업의 자동화율은 42.6%로 절반 이하의 아주 낮은 수준이다. 부문별로는 면방업의 자동화율이 28.8%로 가장 낮고 제직분야는 화섬부문의 자동화투자로 55%로 가장 높은 수준이다.

일본 섬유산업의 자동화율은 80%로 한국에 비해 2배 정도 높고, 부문별로도 합섬과 염색가공분야는 80%로 한국에 비해 각각 2배 정도 높고, 제직분야도 70%로 한국의 55%에 비해 높다.

기술수준(분야별)

임금상승을 통한 가격경쟁력 약화를 보완할 수 있는 것은 기술수준의 향상과 자동화를 통한 원가절감이라고 할 수 있다. 즉, 기술력 향상에 의해서 차별화된 제품과 고부가가치제품을 생산하여 가격상승에 의한 수요감소를 최소화시켜야 한다. 그러나 한국 섬유산업의 기술수준(불량률, A등급률 등)은 전체적으로 선진국의 약 70% 수준으로 낮고 개발도상국인 태국 · 인도네시아 등에 15%P 정도 높은 수준이나, 선진국과의 격차는 심화되고 있는 반면 개발도상국과의 기술격차는 줄어들고 있어 구조적인 어려움에 놓여 있다. 분야별로 보면 한국의 화섬기술수준은 선진국의 85% 수준으로 대만과 비슷하고 타분야에 비해 선진국의 기술수준에 가장 근접해 있다. 반면에 제직분야는 선진국인 일본 · 이탈리아에 비해서 65% 수준으로 염색 및 가공분야는 선진국의 60% 수준으로 선진국과의 기술격차가 큰 상태이다. 후발개발도상국인 태국 · 인도네시아 등의 기술수준은

〈표 8-80〉 한국 섬유산업의 분야별 기술수준

국가 산업	선진국	한 국	대 만	태국, 인도네시아
화 섬	100	85	80[*]	65
면 방	100	70	65	55
제직(製織)	100	65	65	60
염 색	100	60	55	45

주 : 소재개발 : 80, 품질수준 : 90
자료 : 상공자원부, 《주요 업종별 경쟁력실태와 과제》, 1992. 3.

〈표 8-81〉 섬유산업의 한국, 일본, 대만 3국간 경쟁력 비교

국가 분야	한 국	대 만	일 본
품 질	A	B	A[++]
원 가	100	90	120
판 매 가 격	100	95	130
고부가가치 제 품 비율	A	B	A[++]

주 : A[++] : 최상, A : 상, B : 중고부가가치.
자료 : 상공자원부, 《국가경쟁력 강화 전략보고》.

전체적으로 한국의 80% 수준으로 낮다. 분야별로는 화섬분야의 기술격차가 가장 크고 면방·제직 등의 분야는 주요 선진국의 대비 각각 55, 45% 수준이며, 한국에 비해서는 76% 내외의 낮은 수준이다. 그러나 최근에는 일본 등 선진국으로부터 기술과 자본의 도입으로 인한 기술력 향상으로 일부 제품의 품질수준은 한국과 비슷한 수준으로 향상되었다.

또한 한국·대만·일본의 3국간 경쟁력의 비교를 보면 원가에서는 일본이 한국 1.2배, 판매가격은 1.3배로 마진율이 한국에 비해 높고, 고부가가치제품의 비율도 한국에 비해서 비교적 높은 수준이다. 대만은 품질·판매가격·고부가가치제품 비율 등 모든 면에서 한국에 비해 다소 열위에 놓여 있다.

〈표 8-82〉 미국과 일본섬유시장에서의 각국별 점유율추이

(단위 : %)

국 가 \ 연 도		1988(A)	1989	1990	1991(B)	증감률(B-A)
미 국	한 국	11.4	11.0	9.7	8.6	-2.8
	대 만	12.7	12.1	10.7	11.1	-1.6
	중 국	9.6	11.5	12.6	13.6	4.0
	홍 콩	14.2	13.8	13.6	13.2	-1.0
일 본	한 국	23.4	23.1	19.3	18.0	-5.4
	대 만	7.7	6.5	5.1	5.0	-2.7
	중 국	21.7	22.5	22.7	28.2	6.5
	홍 콩	4.2	4.2	3.8	3.2	-1.0

자료 : 상공자원부, 《주요 업종별 경쟁력실태와 과제》, 1992. 3.

③ 구조조정기에 놓여 있는 한국의 섬유산업

결과적으로 한국의 섬유산업은 계속된 인력난과 노동생산성을 상회하는 임금의 급격한 상승·자금난 그리고 선진국에 비하여 저위에 있는 기술수준 등으로 어려움을 겪었고, 세계경제의 블록화와 선진국의 보호무역주의의 강화 등으로 해외수출시장여건이 악화되었으며, 풍부한 노동력과 낮은 임금을 바탕으로 한 중국·인도네시아 등 후발개발도상국의 저가공세로 미국·EC 등 주요 수출시장에서의 가격경쟁력을 상실하여 한국의 3대 수출시장인 미국·EC·일본으로의 수출이 계속 감소추세를 보이고 있는 어려움에 처해 있다.

한국 섬유산업은 의류수출 감소와 섬유사·직물수출의 증가로 인하여 수출구조가 변화하고 있고 수출지역이 선진국중심에서 중국, 동남아로 전환하는 등 구조적인 변혁기에 놓여 있다.

UR 타결이 수출에 미치는 영향

① 다자간섬유협정(MFA)

현재까지 섬유제품의 교역은 수출국인 개발도상국과 수입제한으로 자국 내의 산업을 보호하려는 선진국간의 상충된 입장으로 선진국에게 유리

한「다자간섬유협정(MFA)」에 의해서 이루어지고 있다. MFA는 자유무역을 기본으로 하는 GATT의 예외조치였다.

MFA의 역사

섬유교역에 관한 협정은 1961년 10월 단기면직물협정(STA)을 시발로 수출국의 섬유교역자유화(GATT체계 내 복귀)와 이에 반대하는 수입국의 상충된 입장으로 난항을 거듭하다 1962년 10월 그 명칭만 단기면직물협정(STA)에서 장기면직물협정(LTA)으로 바뀌었다. MFA는 1974년 1월 1일부터 발효된 섬유협정으로 협정대상을 기존 면에서 모와 인조섬유까지의 범위를 확대하고 현재까지 지속되어 오고 있다. 한국은 1차 장기면직물 협정기간 중인 1964년 12월 3일 28번째로 가입하여 1965년부터 적용을 받고 있다.

ⓐ 단기면직물협정(Short Term Arrangement on Cotton Textiles : STA)
  − 기간 : 1961. 10. 1. ~1962. 9. 30.
  − 면제품에 대해서만 규정, 섬유류의 국제무역을 규정하는 특수한 국제협정의 효시
ⓑ 장기면직물협정 1차(Long Term Arrangement on Cotton Textiles : LTA)
  − 기간 : 1962. 10. 1. ~1967. 9. 30.
  − STA를 연장실시. 한국은 1964년 12월 3일 28번째로 가입하여 1965년부터 적용받음
ⓒ 장기면직물협정 2, 3차
  − 기간 : 1967. 10. 1. ~1973. 12. 31.
ⓓ 다자간섬유협정 1차(Multi Fiber Arrangement : MFA)
  − 기간 : 1974. 1. 1. ~1977. 12. 31.
  − 규제대상품목을 기존 면에서 모·인조섬유제품까지 확대
ⓔ 다자간섬유협정 2, 3, 4차

－기간 : 1978. 1. 1. ～1992. 12. 31.
　－계속적인 기간연장

MFA의 개요

1974년부터 시작된 다자간섬유협정(MFA)은 원명이 「섬유류 국제무역에 관한 협정(Arrangement regarding International Trade in Textile)」인데 일반적으로 「다자간섬유협정(MFA)」으로 불린다. MFA는 섬유무역의 확대 및 점진적 자유화를 위하여 섬유수입국인 선진국과 수출국인 개발도상국간의 협정으로 취급대상품목은 면·인조섬유사·직물·의류 및 기타제품(순견직물 제외)에서 주요 섬유제품이 모두 포함되어 있다. 현재 가맹국은 43개국이며 주수출국은 한국·홍콩·싱가포르·브라질·아세안 등 34개국(대만 불참)이고 주수입국은 미국·EC·캐나다·북구제국·오스트리아·스위스·일본 등 9개국이다. 쿼터관리는 수출입국간의 쌍무협정에 의해 수출국 정부가 국내 관련 수출상에게 쿼터를 배정하고 수입국은 품목별 쿼터소진여부만 체크한다. 수입국은 GATT 무차별적용원칙에 대한 예외조항으로 선별적 적용원칙에 따라 시장교란 대상품목을 규제할 수 있다. 또, 쿼터의 연증가율도 MFA Ⅰ 에서 6% 이상으로 규정했으나, MFA Ⅱ 에서 6% 이하로 적용할 수 있도록 했다. MFA Ⅲ 에서는 시장교란 및 국내소비 둔화 및 시장점유율이 높은 국가에 대한 쿼터축소개념을 추가한데 이어 MFA Ⅳ 에서는 다량수출국에 대하여 낮은 증가율 및 융통성을 적용할 수 있도록 하여 수입국이 편리한 대로 쿼터의 연증가율을 축소하는 방향으로 전개되어 왔다.

MFA에 대한 수출국과 수입국간의 입장

남미나 동구의 섬유수출국들은 MFA가 수출지분을 보장해 주므로 환영하는 편이나 중국·파키스탄·인도 등은 현 쿼터에 의해 수출제약을 받으므로 불만이 큰 편이다. 한국·홍콩 등 최대 쿼터보유국들은 안정적인 수출물량을 확보할 수 있다는 이점으로 중립적인 입장이었으나, 한국의 경우 경쟁력 약화로 최근에는 쿼터소진을 못하고 있는 형편이다.

MFA와 GATT와의 차이점 및 수출국에 끼친 영향

GATT에 이탈된 MFA는 다음과 같은 점에서 차이를 가지고 있다. 첫째 GATT 제 1 조에서 일반적인 최혜국대우를 인정하고 있음에 반해 MFA는 쌍무협상 또는 일방적인 결정에 의해 특정국에 최혜국대우 등을 줄 수 있고, 둘째 GATT 제 19 조의 수량제한 폐지 일반적인 규정과 MFA의 수량제한조치는 상반되며, 셋째 GATT 제 19 조의 긴급수입제한조치(Safeguards)의 발동요건이 「수입증가로 자국 내 산업의 심각한 피해를 줄때」로 되어 있는 반면 MFA는 「시장혼란의 위험이 있을 시도 발동할 수 있다」로 수입국의 자의적 해석폭이 넓다는 점이다. 1961년 이후 30여 년간 국제섬유교역을 규제하던 MFA는 이러한 선진수입국의 횡포로 수출개발도상국에 많은 영향을 끼쳤다. 그 영향으로는, 첫째 경쟁력있는 수출상품의 개발제한, 둘째 수입국의 빈번한 규제로 인한 수출국의 생산활동왜곡의 심화, 셋째 신상품의 개발에 대한 신제품 규제우려로 수출국의 투자위축, 넷째 특정상품의 생산축소와 비효율적인 여타 품목으로의 전환 등을 가져왔다.

② **협상분야별 영향**

섬유류협정

앞에서 살펴본 대로 MFA는 섬유수입국인 선진국의 산업보호를 주목적으로 수출국에 대한 수량제한조치(쿼터)를 취하여 GATT규정에 위배되는 대표적인 예외질서였다. UR은 이러한 MFA규정(쿼터에 의한 수입제한)으로 규제를 받고 있던 품목들을 점진적으로 GATT체계(자유화)에 복귀시키며, 일단 GATT에 복귀된 품목에 대해서는 차별적인 수입규제조치를 취할 수 없고, 복귀과정 중 잔존품목에 대해서는 현재보다 높은 쿼터증가율을 인정한다는 것을 주요 내용으로 한다.

UR 협정적용대상의 주요 품목은 HS코드 50~63류 전체와 HS코드 30, 39, 42류와 64~96류 중 일부 등 기존 MFA 대상품목 571개와 비MFA 적용대상품목 224개, 총 795개(HS 6단위 기준) 품목으로 주로 MFA 적용대상품목이고 농산물협정적용대상품목에도 중복 포함되어 있는 일부 원면은 빠졌다(HS코드별 품목과 한국의 관세율은 표 8-93 참조). 협정적용대상품목은 3단계에 걸쳐서 점진적으로 GATT에 복귀시키는 것으로 되어 있다. 즉, 본 협정발효일에 부속서상 품목의 1990년 총수입량기준, 협정적용대상품목의 16%를 GATT에 복귀시키고, 첫째 협정 발효 후 37개월째 되는 첫번째날에 17%, 둘째 협정 발효 후 85개월째 되는 첫번째날에 18%, 셋째 협정 발효 후 121개월째 되는 첫번째날에 49%를 일시적으로 GATT에 복귀시키는 것으로 되어 있다. 1993년 말 현재 MFA에 의한 쌍무협정상의 쿼터증가율을 기준으로 하여 10년 동안 GATT에 복귀되는 도중 잔존품목에 대한 쿼터의 연증가율을 1단계 16%, 2단계 25%, 3단계 27% 등 최소쿼터증가율 인상을 보장하여 쿼터 폐지로 인한 기존 수출국의 충격을 완화해 주고 있다. 모든 수량규제에 적용될 수 있는 전용(轉用), 이월(移越), 조상(繰上) 등의 융통성조항은 협정 발효 후 협정 발효 이전 12개월 동안 MFA양자협정하의 규정과 동일해야 하나 쿼터물량의 전용과 이월·조상의 혼합사용에 대한 수량제한설정을 금지하고 있다. 현재 MFA에 의거하여 시행되고 있는 모든 규제는 새로 설립되는 섬유교역감시기구(TMB)에 통보되며 TMB는 향후 GATT 복귀까지의 각종 단계적인 조치와 가입국의 준수상황을 점검한다.

MFA 대상품목을 점진적으로 GATT에 복귀시키고 쿼터의 연증가율을 기존 MFA보다 높게 책정함으로써 한국 섬유수출에 미치는 영향은 긍정적인 것으로 판단된다. 이는 UR 타결에 따라 주요 선진국 및 후발개발도상국으로의 섬유사·직물수출이 증가할 것으로 판단되기 때문이다. MFA에 의해 대부분을 규제받고 있는 의류수출은 1990년 이후 매년 감소세에 있

〈표 8-83〉 섬유류협정 타결에 따른 단계별 GATT복귀율과 최소보장증가율

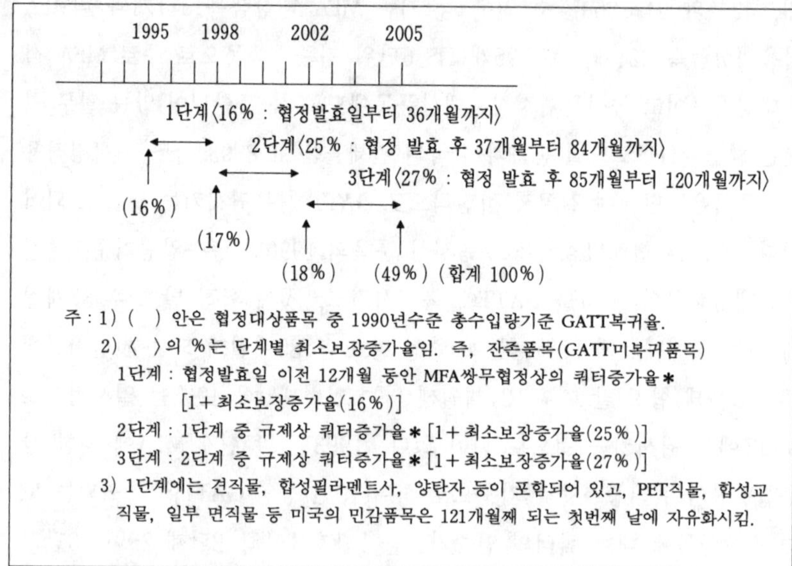

주 : 1) ( ) 안은 협정대상품목 중 1990년수준 총수입량기준 GATT복귀율.
　　2) 〈 〉의 %는 단계별 최소보장증가율임. 즉, 잔존품목(GATT미복귀품목)
　　　1단계 : 협정발효일 이전 12개월 동안 MFA쌍무협정상의 쿼터증가율＊
　　　　　[1＋최소보장증가율(16%)]
　　　2단계 : 1단계 중 규제상 쿼터증가율＊[1＋최소보장증가율(25%)]
　　　3단계 : 2단계 중 규제상 쿼터증가율＊[1＋최소보장증가율(27%)]
　　3) 1단계에는 견직물, 합성필라멘트사, 양탄자 등이 포함되어 있고, PET직물, 합성교
　　　직물, 일부 면직물 등 미국의 민감품목은 121개월째 되는 첫번째 날에 자유화시킴.

〈표 8-84〉 한국의 섬유수출과 쿼터하의 수출추이

(단위 : 억 달러, %)

연 도 / 수출액	1985	1988	1989	1990	1991	1992
총섬유수출	7,004	14,111	15,140	14,670	15,478	15,710
섬유쿼터하의 수출	4,061 (58.0)	4,487 (31.8)	4,536 (29.4)	4,247 (29.0)	4,017 (26.0)	3,781 (24.1)

주 : ( ) 안은 총섬유수출 중 섬유쿼터수출이 차지하는 비중임.
자료 : 한국섬유산업연합회, 《섬유공업편람》, 1993.

어 UR 타결에 따른 특별한 영향은 없을 것으로 판단된다.

　한국의 섬유수출은 1992년 157억 달러로 1990년 이후 정체하는 양상 속에 섬유사·직물수출비중 증가, 의류수출비중 감소의 구조적 변화기에 놓여 있다. 쿼터하의 수출비중도 1985년 58%로 절반 이상을 차지하고 있었으나 1992년에는 24.1%로 7년 전에 비해 33.9%P나 하락했다. 이

〈표 8-85〉 미국의 MFA규제 카테고리 현황

(단위 : 개)

품 목	섬유사	섬유직물	의 류	기타 섬유제품	총 계
면혼방제품(200)	2	10	2	0	14
면제품(300)	2	5	22	5	34
모제품(400)	1	2	17	3	23
인조섬유제품(600)	5	16	25	4	50
실크합성제품(800)	1	1	20	4	26
총 계	11	34	86	16	147

자료 : 한국섬유산업연합회, 《섬유공업편람》, 1993.

〈표 8-86〉 한국과 중국의 1993년도 대미수출 주요품목 쿼터소진 비교

품목 번호	단위	품 목 명	쿼터한도(소진율 : 1993. 1. 1. ~10. 28)	
			한국	중국
438	DOZ	Knit shirts & Blouses	56,370(8.0)	25,749(61.4)
440	DOZ	Shirts & bls., not knit	192,865(5.9)	36,786(59.5)
442	DOZ	Skirts	47,514(69.5)	40,990(86.1)
443	NOS	Suits, M & B	322,056(59.2)	132,427(69.6)
444	NOS	Suits, W & G	51,775(79.1)	196,874(62.9)
445 / 446	DOZ	Sweaters	50,754(48.5)	283,772(73.0)
447	DOZ	Trousers, etc., M & B	86,591(29.3)	76,530(71.7)
448	DOZ	Trousers, etc., W & G	33,426(85.9)	21,513(99.0)
607	KGS	Staple Yarn	969,202(36.1)	2,892,108(0.0)
611	SQM	Fabric : Spun cell., woven	3,230,672(83.9)	4,943,434(100.0)
617	SQM	Twills & Sateens	4,465,156(50.0)	15,508,812(98.7)
619 / 620	SQM	Fabrics : Non-cellusic	89,121,037(81.6)	n.a.
625 − 629	SQM	Fabrics	13,784,200(82.6)	n.a.
631	DPR	Gloves & Mittens	268,819(76.0)	1,127,344(78.7)
633	DOZ	Suit−type coats, M & B	151,354(1.6)	51,419(71.6)
635	DOZ	Coats, W & G	564,046(69.0)	584,341(100.0)
636	DOZ	Dresses	248,596(73.6)	515,393(79.6)
638 / 639	DOZ	Knit shirts & bls.	5,196,489(55.6)	2,318,570(86.0)

자료 : IBERC, *quota mgt service*.

는 쿼터에 의해서 규제되고 있는 품목들이 대부분 의류인데 한국은 경쟁
력의 약화로 의류수출이 감소해 쿼터로 섬유수입을 규제하고 있는 대선진

국의 수출이 감소하고 있다.

한국이 현재 미국시장에서 MFA에 의해 규제받고 있는 품목 수는 64개로 인도네시아의 19개, 말레이시아의 28개 등 후발개발도상국에 비해서 많다. EC시장에서도 49개의 품목을 규제받고 있어 파키스탄 18개, 말레이시아 6개 등 후발개발도상국에 비해 많은 수준이다.

주요 섬유소비국인 미국은 MFA에 의해 총 147개의 카테고리를 규제하고 있으며, 분야별로는 의류가 86개로 58.5%를 차지하여 비중이 가장 크고 다음으로 직물이 23.1%를 차지하고 있으며, 섬유사는 7.5%를 차지하고 있다.

1993년 기준으로 각국별로 섬유류 쿼터 현황을 보면 대만은 총 61.7억 SME 중 24.3%의 쿼터를 배정받아 1위를 차지하고 있고, 홍콩은 20.5%로 2위, 한국은 18.9%로 3위, 중국은 8%로 4위를 차지하고 있으며 브라질·태국 등은 6% 이하의 낮은 수준이다. UR 타결에 따라 미국은 현재 MFA에 의해 규제하고 있는 147개의 모든 카테고리를 협정 발효 후 121개월째 되는 첫번째날까지 GATT에 복귀시킬 것으로 전망된다.

또한 1993년 1월부터 10월 중 한국의 품목별 쿼터소진율을 보면 섬유직물의 쿼터소진율은 대부분 80% 이상으로 높은데 반해 니트셔츠·스웨터·바지 등 주요 의류제품들의 쿼터소진율이 50~60%로 저조한 수준이다.

UR 타결로 중국을 비롯한 후발개발도상국은 의류 등 섬유제품을 중심으로 미국을 비롯한 주요 선진국시장을 빠른 속도로 잠식할 전망이다.

관세인하

WTO 설립협정 발효일로부터 1999년 1월 1일까지 각국은 1986년 9월 현재 관세율기준으로 1/3만큼 매년 동일한 기준으로 인하해야 하나 섬유 품목 중 현행 15% 이상의 고관세품목(대부분 의류임)에 대해서는 양국 간 양허협상에 의해 50% 이상 인하목표로 최대한 노력해야 한다. 섬유 부문의 관세인하는 주요 교역국인 미국·일본과의 주요 협정결과와 한국

〈표 8-87〉 16개 섬유품목의 관세인하 현황(한·일간)

구 분		관세율(%)		품 목
		현행	인하	
	인하품목(13개)	13.6	9.2(32.4)	폴리프로필렌, 여행용 가방, 여자용 블라우스및 오버코트, 남자용 팬츠저지, 가디건, 샌달
	비인하품목(3개)	21.3	–	견직물, 운동화(2종)
총 계		15.1	11.5(23.3)	

주 : ( ) 안은 관세인하율.
자료 : 한국섬유산업연합회, 《섬유공업편람》, 1993.

〈표 8-88〉 한국의 섬유분야 신규 양허원칙

(단위 : %)

품 목 \ 세 율	양허세율	1993년 현행 세율
섬유사	15	9
모직물	30	9
의 류	35	9

자료 : 한국섬유산업연합회, 《섬유공업편람》, 1993.

의 양허내용을 보면 다음과 같다.

한·미간 섬유관세협정은 한국이 1989~1990년 기준 240개 품목에 대한 관세를 요청했으나 미국은 40개 품목에 대하여 평균 11~12%의 관세인하를 할 예정이다. 그 중 합섬제 필라멘트는 40.5%에서 20%로 티셔츠(편물)는 17%에서 2.6%로 인하할 예정이다.

한·일간 관세협정은 한국이 1992년 이후 주요 쟁점이 되어 온 일본측의 16개 품목에 대하여 관세인하요구를 해왔으나 1993년 12월 15일 양국간 최종협상에서 13개 품목을 인하하기로 약속했다.

한국은 기양허한 품목의 세율의 추가 인하없이 그대로 유지하고 미양허한 품목에 대해서는 다음의 원칙에 의해 양허하기로 했다.

현재 주요국의 섬유분야의 평균수입관세율은 미국 17.2%, 일본 20%, 캐나다 17.6%, 멕시코 15%, EC 12% 등으로 타제품에 비해 고관세이

<표 8-89> 주요국의 섬유제품 수입관세율

(단위 : %)

품　　　목	미　국	일　본	E　C	캐나다	멕시코
평　　　균	17.2	20	12	17.6	15
견　직　　물	5~7.8	20	12	0	15
모　직　　물	5~38	15~20	12	12.5~25	15
면　　　사	5	7.5~15	12	10~12.5	15
면　직　　물	6~33	15~20	12	15~25	15
화 섬　F 사	3~13	15~25	12	10	5~15
화 섬 직 물	3~38	15~25	12	25	15
화 섬 방 적 사	6.5~15	25	12	8.5~10	5~15
화 섬 방 적 직 물	17	15~25	12	25	15
편 직 제 의 류	6~34.6	20~25	12	25	2
직 물 제 의 류	6~34.6	15~40	12	20~25	20
모포 · 포대 · 텐트	16~19	0~20	12	20~25	20

자료 : 섬유협회 등.

다. 미국에서의 품목별 수입관세율을 보면 모직물 5~38%, 화섬직물 3
~38%, 면직물 6~33%, 편직제 및 직물제 의류 6~34.6%, 모포 · 포
대 · 텐트 16~19% 등 주요 품목의 관세가 모두 고율이다. 일본 역시 직
물류 의류 15~40%, 편직제 의류 20~25%, 화섬 F사, 화섬직물 및 화
섬단섬유직물 등 15~25%, 화섬단섬유사 25%, 견직물 20% 등 의류와
직물의 관세율이 대부분 20% 이상으로 고율이다. EC는 모든 주요 품목
의 관세가 12%의 단일관세로 여타 선진국에 비해서는 낮은 수준이다.

관세인하와 관련 UR 타결로 관세율이 15% 이상인 섬유직물과 의류
등 고관세품목은 미국 · 일본 등 주요 선진국에서 국가간의 협정에 의해
현수준에서 50% 인하할 것이므로 관세인하의 효과가 클 것으로 전망된
다. 국내섬유수출의 75%가 비쿼터하의 수출인 점을 감안한다면 관세인
하의 섬유수출에 대한 영향은 쿼터 철폐의 수출에 대한 영향보다 훨씬 클
것으로 전망된다. 분야별로는 의류수출의 정체, 사 · 직물수출의 증가세
가 지속될 것으로 예상된다. 관세인하에도 불구하고 의류수출이 정체할

〈표 8-90〉 잠정 긴급수입제한조치 및 소규모 공급국에 대한 특별대우에 관한 최종협정안 내용(섬유류)

- 잠정 긴급수입제한조치
  - 발동요건 : 국내산업에 심각한 피해를 주거나 실질적인 위협을 줄 경우
  - 발동국가 : 어느 국가든 잠정기간 중 SG발동 가능
  - 규제수준 : 과거 1년간 수출실적기준
  - 규제기간 : 연장없이 3년간 혹은 해당 품목이 동 협정의 적용대상에서 제외되는
    시점 중 우선하는 기간까지
  - 규제조치가 1년 이상인 경우 연증가율은 6% 이상 보장
  - 융통성 : 이월 및 전용 10%
- 잠정 긴급수입제한조치의 관대한 적용대상
  - 대상 : 저개발도상국, 소규모 수출국
  - 모생산·모직물수출에 주로 의존하고 있는 개발도상국에 대해서는 수출의 필요성을
    고려해서 쿼터량·증가율·융통성 등에 있어 혜택 부여 가능

것으로 전망되는 것은 후발개발도상국에도 동일한 관세인하효과가 있을 것으로 전망되기 때문이고 사·직물의 수출증가 예상은 후발개발도상국에 비해서는 한국이 경쟁력을 어느 정도 갖추고 있다고 판단되기 때문이다.

중국·동남아 등 후발개발도상국으로의 수출도 관세인하가 예상되어 섬유사, 직물수출은 상당폭 증가할 것으로 전망된다.

원산지규정

한편, 원산지규정과 관련하여 UR 이후 3년 이내에 통일원산지의 규정이 제정될 것이고, MFA규제를 받는 품목의 경우 원산지에 따른 수출 쿼터가 정해져 있으므로 국별 쿼터전용이 금지될 것이며, 이때 새로 제정될 통일 원산지의 규정이 정확한 원산지를 판별하는 역할을 할 것이다.

잠정 긴급수입제한조치

또한 UR에서는 MFA가 GATT체제로 복귀하는 기간 중에 수입으로 인 해서 수입국 내의 유사품목 또는 직접적인 경쟁품목의 생산업체에 심각한 피해 또는 피해의 우려가 있는 경우 잠정 긴급수입제한조치를 발동할 수

<표 8-91> 섬유감시기구(Textile Monitoring Body : TMB)

- TMB : 섬유협정의 목적수행을 위한 GATT상품무역이사회 산하의 섬유감시기구
  - 목적 : 협정이행의 감시, 각국 조치의 협정에의 일치여부 검토, 분쟁해결 등
  - 구성 : 1명의 의장과 10명의 인원(광범위한 대표로 구성, 적정기간 순환)
  - 임명 : 상품무역이사회가 지정하는 회원국에 의해 임명되고 개인자격으로 임무를 수행

있도록 하는데 합의하였다. 또한 저개발도상국, 소규모 수출국에 대해서는 특별대우를 하기로 합의하였다. 잠정 긴급수입제한조치는 긴급수입제한조치와 같이 발동요건이 강화된 데다가 대상국가와의 협의의무를 부여함으로써 과거 수입국에 의해서 일방적으로 남용되던 긴급수입제한조치를 강화시켰다.

UR 타결에 따라 섬유수입국과 수출국인 개발도상국 모두가 긴급수입제한조치 운용의 엄격한 규칙의 적용을 받게 되므로 직물·고급의류 등 대부분의 품목에 있어서는 수출여건이 호전될 것으로 전망된다. 그러나 저개발도상국을 예외대상으로 인정하고 있어 저개발도상국의 주력 생산품목인 저가품목의 수출여건은 불리해지는 측면도 있다.

보조금·상계관세

한국의 섬유산업에 대한 보조금 지원은 공업발전기금 중 중소기업에 지원하는 섬유산업 합리화사업과 중소·중견기업에 지원하는 기타 분야의 합리화사업, 신기술 및 소재개발사업 등이 있고 섬유패션디자인진흥자금의 섬유산업연합회 운용자금 등이 있다. UR 타결로 금지보조금에 해당될 가능성이 큰 지원금으로는 섬유산업근대화자금 등이 있다. UR 타결로 중소업체 및 수출촉진에 지원되는 일부 보조금의 폐지로 중소기업에의 타격이 예상된다.

일반적 수입규제와 GATT규율의 강화

MFA 또는 UR 섬유협정에 근거하지 않은 일체의 규제조치는 협정 발효 60일 이내에 TMB나 GATT에 이를 통보하도록 의무화하고, GATT규정에

의해 정당화된 것은 유지가 가능하지만, 비정당화된 것은 협정 발효 후 1년 이내에 GATT규정에 일치시키고 이를 TMB에 통보하거나, 협정 발효 후 6개월 이내에 규제국이 철폐계획을 세워 이에 따라 점진적으로 철폐하도록 규정하고 섬유교역과 관련한 GATT상의 의무를 엄격히 준수하도록 했다.

특히 UR은 GATT규율 강화 및 GATT 복귀이행과정의 검증을 위해 복귀과정의 일부로서 회원국에 대해 섬유류무역과 관련한 GATT상의 의무를 보다 엄격히 준수하기 위한 조치를 취하도록 의무화하고, GATT상품무역이사회는 각 복귀단계과정의 종료 이전에 종합검토를 하여 협정상의 의무를 준수하지 않은 국가에 대해서는 미복귀품목의 연증가율규정 등에 대한 조정이 가능하도록 하여, 협정의 철저한 이행을 위해 복귀기간 중에도 철저한 GATT규율 준수와 의무의 엄격한 이행 등을 강조했다.

지적재산권, 무역관련투자조치

지적재산권 보호와 관련하여 한국 섬유수출은 주로 쿼터하에 OEM방식으로 수출해 왔기 때문에 UR 타결로 수출위축이 전망된다. 이는 디자인 및 상표보호권이 강화되고, 디자인 및 상표사용에 대한 로열티의 지급의무가 강화될 것이기 때문이다.

무역관련투자조치와 관련해서는 UR 타결로 송금, 외국인 소유지분 확대 등 무역관련 해외투자여건의 점진적 완화로 한국의 대선진국 및 대개발도상국의 해외투자환경은 개선될 것이다. 또한 기존 해외투자를 많이 진행한 의류·면방업체들에게도 긍정적인 영향을 끼칠 것으로 전망된다.

③ 수출에 미치는 영향 종합

UR 타결에 따라 국내섬유수출은 전반적으로 긍정적인 영향을 받을 것으로 전망된다. 이는 주요 선진국과 개발도상국 모든 국가들이 모든 품목들의 관세를 1986년 기준으로 1/3 인하해야 하고 대부분이 고관세품목인 섬유사·직물 등의 경우 현행 수준에서 50% 이상 최대한 인하해야 되기

〈표 8-92〉 UR 타결이 섬유산업의 수출에 미치는 영향

구분	주요 내용	시장별 환경변화 예상	영향평가(경쟁국 고려)	종합 평가
- MFA				
GATT 복귀 방법	- 협상타결 후 10년간의 과도기간을 거친 후에 GATT체제로 복귀 ㅇ 협정 발효 즉시 수입량의 16% GATT 복귀를 시작으로, 단계적으로 GATT체제에 일치시킴 - 현재의 쿼터보유국의 기득권 10년간 인정	- 미국·EC·캐나다 등의 수출시장에서 쿼터의 기득권 10년간 보장, 10년 후 완전자유화시에는 완전자유경쟁체제로 돌입 - 대미국·EC·캐나다 지역 수출경쟁심화 예상	- 한국의 입장에서는 쿼터의 소진이 미진한 대부분의 품목(섬유사·직물류·셔츠류·코트류 등 제외)들의 기득권 10년간의 보장은 별의미가 없음 ㅇ 기본쿼터를 충분히 확보하지 못한 개발도상국에 비해서는 상대적으로 유리	○
과도기간 중의 잠정 긴급수입제한 조치	- 엄격한 원칙을 적용하여 과도기간 중 적용될 긴급수입제한조치 인정 ㅇ 대상국가와의 협의의무를 보장 ㅇ 저개발국의 적용대상에서 제외	- 긴급수입제한조치 적용요건이 엄격하게 규정됨으로써 미국·EC·중남미지역에서의 자의적인 긴급수입제한조치는 제약을 받을 것임	- 미국·EC 등 선진국지역 수출환경 개선 ㅇ 저개발도상국 등이 대상에서 제외됨에 따라 한국의 경우 저개발도상국의 주력 품목인 일부 저가품목들의 수출여건 불리	△
융통성 조항	- 쿼터물량의 전용, 이월, 조상의 혼합사용에 대한 수량제한 금지	- 기본쿼터배정량이 많은 한국·홍콩 등은 상대적으로 유리해지나 섬유수출 여력에 비해 쿼터량이 적은 중국·파키스탄·인도 등은 불리해짐	- 수출국의 쿼터물량에 대한 융통성이 개선되나 섬유사·직물류 등 쿼터소진율이 높은 일부 품목은 실질적으로 수출증가까지 유도할 수 있음	○
- 일반적 수입규제와 GATT규율의 강화				
관세 인하	- 현행 관세율 15% 이상인 고관세품목 50% 인하	- 15% 이상의 고관세율을 유지하고 있는 미국을 비롯한 대선진국시장 수출가격 개선효과 기대	- 미국 등 선진국시장 수출의 경우 고부가가치품목 수출확대 예상 ㅇ 이탈리아, 일본산제품과 경쟁 고려 - 저부가가치품목은 수출위축 예상	○○

구분	주요 내용	시장별 환경변화 예상	영향평가(경쟁국 고려)	종합 평가
			○중국, 동남아 및 중남미 지역업체들의 저가 물량공세	
보조금	−수출보조금 지원의 8년 이내 폐지 −국산품 사용촉진 수입대체보조금 5년 이내 폐지	−소득수준 천불 미만인 극빈개발도상국에 대해서는 수출보조금 지원허용	−극빈개발도상국지역 업체들의 수출여건 개선으로 한국의 경우 저가품목 수출 불리	▽
반덤핑·상계관세	−반덤핑·상계관세부과의 자의적인 남용방지	−반덤핑·상계관세부과의 자의성이 심한 미국·EC·중남미지역 수출환경 개선	−미국·EC·중남미 지역에서의 수출확대 기대	○
기술장벽	−성분·치수 등 규제의 통일 −검사기관의 상호 인정	−제품의 표준일치로 생산의 효율성, 소비의 범용성 제고	−원사·직물류 등 원자재와 의류제품 등 완제품의 수출환경 개선	○
원산지규정	−원산지인정요건의 명료성	−MFA규제를 받는 동안 원산지에 따른 수출쿼터가 정해져 있으므로 국별 쿼터전용은 금지됨 ○ 원산지판정에 있어서 무역장벽적 운용금지로 수출여건 개선	−일반적 수출환경 개선 ○ 원산지규정의 예측가능성 증대로 해외직접투자 용이	△
무역관련투자조치	−투자유치국의 외국 현지투자 규제완화	−투자유치국의 수량제한 금지, 내국민대우원칙 준수로 국제적 분업 촉진 ○ 대후발개방도상국 해외 현지투자 촉진	−해외투자 현지수요 확보 및 중저가품목 제3국 현지수출 확대 ○ 원사·직물류의 원부자재 해외생산기지로의 수출 확대	○
지적재산권	−디자인 및 상표보호권 강화 −디자인 및 상표 사용에 대한 로열티지급의무 수준	−OEM수출방식 한계 직면 ○ 디자인 및 상표 자체조달품목의 수출여건 개선	−자체상표 및 디자인을 지닌 품목 수출확대 기대되나 대부분의 OEM 수출품목들은 수출여건 불리	×

주 : ○○ 매우 유리, ○ 유리, △ 다소 유리, −중립, ▽ 다소 불리, × 불리, ×× 매우 불리.
자료 : 대우경제연구소.

때문이다. 게다가 기존 쌍무협정에 의거 수출량이 규제되던 품목들의 수입제한도 점진적으로 해제되어 자유화될 것으로 전망되기 때문이다. 또한 기존 섬유수입국에서 자의적 해석으로 남용되어 오던 긴급수입제한조치와 반덤핑조치 및 할당관세 등의 각종 규제조치도 상당부분 완화될 것으로 보여 수출증가에 기여할 전망이다.

세부품목별로는 현재 여타 섬유수출국에 비해 상당한 경쟁력이 유지되고 있는 섬유사·직물수출은 관세인하로 수출증가세가 전망된다. 다만 기존 MFA에 의해 제일 많이 규제를 받고 있던 의류분야는 쿼터 철폐에 따라 중국 등 후발개발도상국의 시장잠식이 예상되지만 동 부문의 수출은 이미 1989년 이후 인력난과 고임 등으로 감소세에 있고 쿼터소진율이 미미하므로 직접적인 영향은 없을 것으로 전망된다.

UR 타결이 내수에 미치는 영향

UR 타결로 인해 국내섬유수입은 급격한 타격은 받지 않을 것으로 전망된다. 이는 이미 대부분의 섬유품목에 대한 관세수준이 UR에서 요구하는 8%대로 인하되었고, 또한 국내유통시장의 3단계 개방이 이미 이루어진 상태이기 때문이다.

국내섬유제품에 대한 수입관세율을 보면 주요 품목의 수입관세율이 1994년 이후에는 UR에서 요구하는 8% 수준에 근접해 있어 UR 타결에 따른 영향이 미미할 것으로 전망된다. 국내의 수입관세율은 1986년 UR협상이 공식적으로 출범한 이후 1987년 당시 15% 이상인 고관세에서 1988년 이후 매년 꾸준하게 인하되어 왔으나 일부 품목, 즉 면사·면직물·의류 등의 수입은 빠른 속도로 국내시장을 잠식할 전망이다. 이는 UR 타결로 반덤핑·상계관세·긴급수입제한조치 등의 발동요건이 강화되었기 때문이다.

그러나 섬유수입의 물량과 금액 모두 1989년 이후는 정체하고 있으나 일부 품목, 즉 면사와 면직물·의류의 수입은 두자리 수의 높은 증가세를

<표 8-93> 한국의 섬유류 관세율표

(단위 : %)

HS 코드	품　　목	관 세 율		
		1992	1993	1994~
HS 50	생사, 견사류, 견직물	11	9	8
HS 51	방모사, 소모사, 모직물	11	9	8
HS 52	면	2	2	2
	면사, 면직물	11	9	8
HS 53	마사, 마직물	11	9	8
HS 54	인조장섬유사, 인조장섬유직물	11	9	8
HS 55	인조섬유 장섬유, TOW 및 인조섬유 단섬유, 인조 단섬유사및 방적사	11	9	8
HS 56	웨딩, 펠트, 부직포, 끈, 망지, 로프	11	9	8
HS 57	양탄자, 러그 및 태피리스트	13	10	8
HS 58	파일, 셔니일직물, 기타 망직물	11	9	8
HS 59, 60	기타 직물, 메리야스편물	13	10	8
HS 61, 62	편직제 의류, 직물제 의류 및 그 제품	13	10	8
HS 62	모포류, 포대, 천막, 텐트 등	11	9	8
HS 63, 64, 65	넝마류, 신발류, 모자류	11	9	8
HS 42, 43	혁제의류, 모피의류	13	10	8

주 : 기타 상기표에 없는 누에고치 및 견웨이트, 양모 및 수모, 마류, 인조섬유 웨이스트 등은
　　1992, 1993, 1994년 이후 관세율은 모두 2% 임.
자료 : 한국섬유산업연합회, 《섬유공업편람》, 1993.

기록하며 국내시장을 잠식하고 있다. 의류의 경우에는 중국·동남아로부터 저가제품과 이탈리아 등의 고급제품 수입증가로 1992년의 경우 54.5억 원으로 국내시장의 5.1%를 차지하고 있으며, 면사 또한 국내시장의 24%를 차지하고 있는 상태이다.

종합결론

UR은 한국 섬유업계에 전반적으로 유리하게 작용할 것으로 전망된다. 즉, 섬유사·직물을 중심으로 한 대선진국 및 대후발개발도상국으로의 수출이 증가할 것으로 전망되지만 수입에의 영향은 미미할 것으로 전망되기 때문이다. 우선 섬유수출측면에서 살펴보면 섬유사 및 직물의 수

〈표 8-94〉 UR 타결이 섬유산업의 내수에 미치는 영향

	변화의 주요 내용	영향평가(경쟁국 고려)	종합평가
– MFA			
섬유 및 의류 무역의 GATT 복귀방법	– 협상타결 후 10년간의 과도기간을 거친 후에 GATT체제 복귀 ○ 협정 발효 즉시 수입량의 12% GATT 복귀를 시작으로 단계적으로 GATT체제에 일치시킴	– 영향없음	영향없음
과도기간 중의 잠정 긴급수입 제한조치	– 과도기간 중 엄격한 원칙을 적용한 긴급수입제한조치 가능 ○ 저개발국은 대상에서 제외	– 영향없음	영향없음
융통성 조항		– 영향없음	영향없음
– 일반적 수입규제와 GATT규율의 강화			
관 세	– 현행 기본관세율 8% 유지할 것임 – 원사, 직물류 등도 현행 2% 관세율 유지	– 중저가품목의 역수입 증가 ○ 해외투자시의 생산물량 저가공세로 국내시장잠식	×
보조금	– 극빈개발도상국의 수출보조금지원 인정	– 저개발국의 일부 저가품목의 수입여건 개선	×
반덤핑·상계관세	– 반덤핑·상계관세조치의 남용방지	– 일반적인 수입여건 개선	▽
기술장벽	– 원료성분, 완성품의 치수 등 제품에 대한 각종 규격의 통일 – 검사기관의 국가간 상호 인정	– 수입환경 개선으로 수입수요 촉진	×
원산지규정	– 원산지인정요건의 명료성 제고	– 수입품의 정확한 원산지 부착으로 국내시장에서의 국내제품과의 구별 가능 ○ 원산지의 신뢰성 제고로 선진업체 제품수입 촉진	▽
무역관련 투자조치	– 해외투자 유치에 있어서의 각종 규제조치 완화	– 섬유산업의 영향은 미미함	▽
지적재산권	– 불법복제 및 위조상품 조사강화 외국업체의 상품권 및 고유 디자인 보호	– 선진업체의 고급디자인품목 상품권 등록으로 국내유통망 구축	×

주 : ○○ 매우 유리, ○ 유리, △ 다소 유리, – 중립, ▽ 다소 불리, × 불리, ×× 매우 불리.
자료 : 대우경제연구소.

〈표 8-95〉 UR 타결이 섬유산업의 수출 및 내수에 미치는 영향 종합평가

구　　　분	수출측면	내수측면	종합평가	비　　　고
－ MFA				
섬유 및 의류무역의 GATT 복귀방법	○	▽	○	잠정기간 동안 기본쿼터량 대량 확보국은 소량 확보국에 비해 유리하지만 GATT 복귀 후에는 수출경쟁 심화
과도기간 중의 잠정 긴급수입제한	△	×	△	대미국·EC·캐나다·중남미 등 선진지역 수출여건 개선
융통성 조항	△	－	△	쿼터소진 부진품목 수출 증가
－ 일반적 수입규제와 GATT규율의 강화				
관 세	○○	－	○○	고관세를 유지하고 있는 미국 등 선진국시장 수출환경 개선
보조금	▽	×	×	저개발국의 수출보조금의 인정으로 저가품목 수출여건 불리
반덤핑·상계관세	○	▽	○	미국·EC·중남미시장 수출환경 개선
기술장벽	○	×	－	일반적인 수출입환경 개선
원산지규정	△	▽	－	일반적인 수출입환경 개선
무역관련투자조치	○	▽	○	후발개발도상국 현지투자 용이 (현지수요 확보)
지적재산권	×	×	×	기존 쿼터하의 OEM수출방식으로 디자인·상표권 등의 미발달로 수출여건 불리

주 : ○○ 매우 유리, ○ 유리, △ 다소 유리, － 중립, ▽ 다소 불리, × 불리, ×× 매우 불리.
자료 : 대우경제연구소.

출증가, 그리고 의류수출의 감소 또는 정체 예상으로 UR 타결은 유리하게 작용할 것으로 전망된다. 섬유사와 섬유직물수출여건은 상당한 경쟁력을 유지하고 있기 때문에 관세인하에 따른 가격경쟁력의 유지와 각종 규제조치의 발동요건의 강화에 따라 크게 호전될 것으로 전망된다. 의류 등 섬유제품수출은 1990년 이후 경쟁력 약화로 쿼터를 제대로 소화하지 못하고 있는 상황이고 또한 중국 등 후발개발도상국이 이미 충분히 시장을 잠식하고 있는 상태이므로 쿼터 철폐 및 관세인하로 인한 직접적 효과는 미미할 것으로 전망된다. 그러나 각종 수출지원책 등에 따라 지급되던 각종 보조금 지급이 철폐됨으로써 국내중소기업 등의 수출여건이 악화되고 보조금 지급과 긴급수입제한조치에 있어서 저개발도상국을 예외대상으로 인정하고 있어 저개발도상국이 수출하고 있는 저가품목에 대해서는 수출여건이 불리하게 작용될 것으로 전망된다.

내수시장측면에서는 UR 타결의 직접적인 영향은 미미할 것으로 전망된다. 이는 1989년 이후 이미 한국은 섬유수입관세율이 UR에서 요구하는 8%대로 인하하였고 유통시장의 3단계 개방이 이미 이루어져 수입자유화율이 높기 때문이다. 그러나 1989년 이후 급속하게 증가하고 있는 일부 품목, 즉 면사 및 면직물과 의류 등의 품목은 각종 규제완화로 수입증가세가 지속되어 국내시장을 빠른 속도로 잠식할 것으로 전망된다.

대응전략

UR 섬유협상의 타결로 섬유산업이 단기적으로 MFA상의 쿼터물량을 충분히 확보하고 있어 큰 어려움은 없겠지만 10년 후 GATT체제로 완전히 복귀한 후에는 완전경쟁체제로 돌입하게 되므로 상당한 어려움에 직면할 것으로 보인다. 특히 현재 구조조정을 거치고 있는 국내섬유산업으로서는 10년간의 과도기간 동안 경쟁력 확보를 위해 투자확대는 물론 새로운 경쟁수단을 찾아야 할 것이다. 여기서는 국내섬유업계나 정부차원에서 선택할 수 있는 장단기적인 방안을 검토하고자 한다.

① 단기적인 대책

쿼터관리방식의 개선

MFA가 GATT체제로 이행되는 잠정기간 동안 개별기업들이 경쟁력 제고에 힘쓸 수 있는 방안으로 쿼터배정방식을 전환할 필요가 있다. 즉, 기본쿼터를 개방쿼터로 전환함으로써 기본쿼터가 낳는 각종 비효율을 우선적으로 제거해야 하며, 개방쿼터의 운용에 경쟁적 요소를 중요시함으로써 기업들이 섬유교역의 자유화시기에 대비할 수 있는 계기를 마련해 주어야 한다.

정부의 수출정책을 간접지원으로 전환

현행 수출 및 제조업 경쟁력 강화를 위해 정부의 직접적인 지원이 있었는데 UR보조금규정에 의해 이러한 지원이 제한받게 되었고 정책수행에 있어 간접지원형태로의 전환이 불가피하게 되었다. 즉, 수출보조금 중 무역금융·수출산업에 대한 조세감면과 수출산업시설 투자금융에 대한 제약 등의 개정이 불가피하다. 또한, 특정산업에 지원되는 합리화지원금은 상계가능보조금으로 분류될 가능성이 있어 상계관세 부과에 대한 대책이 강구되어야 할 것이다.

기업의 연구개발 등 UR에서 허용하는 허용보조금에 대한 지원 강화

수출관련준비금 등 마찰소지가 큰 수출관련준비금 등은 폐지하고 기업의 연구개발준비금 설정률 상향조정과 거치기간의 연장 등 UR에서 허용하는 허용보조금을 적극적으로 활용해야 할 것이다.

② 장기적인 대책

섬유산업의 구조개편

노동집약적 성격이 강한 섬유산업에서 한국은 임금상승에 따른 가격경쟁력의 상승으로 선진국, 개발도상국 양측에서 위협을 받고 있는 상태이다. 정부와 업계는 공히 첨단기술의 도입과 자본집약적인 성격으로의 전환이 필요하며, 이를 위해서는 정보망의 구축과 패션 및 디자인의 국제화, 기능인력의 안정적 확보, 제품의 다양화 및 고도화가 선결되어야 할 것이다.

한편, 생산구조의 측면에서는 국내생산과 해외생산을 적절히 조화시킴으로써 국내외의 다양한 수요를 차질없이 공급할 수 있도록 해야 할 것이다. 정부차원에서도 해외투자의 활성화를 위해서는 각종 규제를 완화하는 노력을 할 필요가 있으며 업계로서도 전략적 가치를 충분히 분석하여 진출을 시도해야만 한다.

원료생산국가 및 저임국가로 해외투자활동 강화

UR 타결에 따라 송금 및 외국인 소유지분 등 해외투자유치에 있어서의 각종 규제조치 완화가 예상되므로 생산원가절감을 위한 원재료 생산국가 및 저임국가로의 해외투자활동을 강화시킬 필요가 있다. 또한 미국·캐나다 등의 NAFTA 역내국가들의 경우 역내국가간의 관세 철폐가 예상되고 있어 동 지역으로의 투자는 적극 활성화시킬 필요가 있다. 그러나 기존 쿼터소진품목이 높았던 품목들의 우회수출을 위한 해외투자는 동 MFA 규정 철폐예상에 따라 그 필요성이 감소한 것으로 판단된다.

통상활동 강화

규제조치의 철폐와 신규규제의 도입 등에서 협의가 이루어졌다고는 하나 선진 섬유수입국이 운용상 반덤핑규제 및 긴급수입제한조치 등 각종 규제조치를 남용할 우려가 있으므로 이를 예방하기 위해 다자간협력체제를 통한 협상력을 강화하고 통상전문가를 양성해야 한다.

마케팅활동 강화

향후 경쟁은 품질과 가격경쟁력에 의해서 결정될 것으로 전망되는 바 국내섬유업계는 품질과 가격경쟁력 향상에 힘써야 할 것이다. 또한 SELL-ER'S 쿼터에 의한 OEM수출이 가능했지만 향후 쿼터 철폐에 따른 바이어의 이탈이 예상되는 바 자가브랜드의 개발을 통한 수출활동에 주력해야 할 것이다.

고부가가치의 추구

후발개발도상국에 비해서 높은 임금과 인력난 등에서 경쟁력 열위상태에 놓여 있는 국내섬유업계는 이를 극복하기 위해 제품의 고부가가치화를 통한 경쟁력 향상에 노력해야 할 것이다. 즉, 섬유소재측면에서 고감성 및 고성능(고강력, 고탄성)을 갖춘 신소재의 개발 등을 통한 고부가가치화와 의류측면에서 고감도 패션개발 등을 통한 패션산업의 선진화에 노력해야 할 것이다.

자체적인 브랜드 및 디자인 개발활동의 강화

기존 쿼터하의 OEM수출방식으로 인해 국내섬유산업은 상표권·디자인 등의 발달이 저조한 상태이다. 향후 지적재산권의 보호에 대한 규제가 강화될 것으로 전망되어 이를 극복하기 위하여 국내섬유업계는 자체적인 브랜드 및 상표권과 디자인의 개발에 강화해야 할 것이다.

철 강

개 황

① 산업 개요

철강산업은 자동차·전기·전자·조선·건설 등 주요 산업의 기초 소재산업으로서 대단위 설비투자를 요하는 자본집약적인 장치산업이다. 자동차·조선 등 철강산업의 수요산업제품의 철강재 원가구성비는 8~24%로 철강산업의 경쟁력은 수요산업의 수출경쟁력 확보에 결정적인 기여를 하고 있다. 또한 철강재 생산액은 1992년을 기준으로 19.5조 원에 달하여 전체 제조업 생산의 9.1%를 차지하였고 수출은 53.7억 달러에 달해 국내총수출액 중 7%를 점유하여 철강산업은 국민경제상에서 중요한 위치를 점하고 있다.

국내철강산업은 '70년대 초반까지는 고철을 원료로 하는 전기로가 대부분이었으나 1973년 포항종합제철의 포항 제1기 준공 이래 고로가 급격히 발달하면서 양적 성장을 이루는 한편, 특수강 및 표면처리강판을 중심으로 한 고부가가치강의 생산증대로 질적 성장도 이루어가고 있는 상황이다. 한국의 철강산업은 '70년대는 도입기, '80년대는 고속성장기라고 할 수 있으며, 1983~1992년까지의 10년간의 철강재 연평균생산은 관련 산업의 수요증가에 힘입어 연평균 10.6% 증가하였다. 이 중 철강재의 내수가 자동차·전기·전자·건설 등의 수요증가로 연평균 13.8%가 증가

〈표 8-96〉 한국의 철강재 수급 및 자급도

(단위 : 만 톤, %)

구 분		1982	1984	1986	1988	1990	1992	연평균증가율 (1983~1992)
공 급	생 산	1085.8	1342.7	1530.7	1888.7	2453.6	2889.2	10.3
	수 입	89.7	145.3	122.4	273.0	230.0	267.2	11.5
합 계		1175.5	1488.0	1653.1	2161.7	2683.6	3156.4	10.4
수 요	수 출	526.3	547.3	560.0	626.2	679.8	974.6	6.4
	내 수	649.2	940.7	1093.1	1535.5	2003.8	2181.8	12.9
수출 / 생산비율		48.5	40.8	36.6	33.2	27.7	33.7	
수입 / 내수비율		13.8	15.4	11.2	17.8	11.5	12.2	
자 급 도		92.4	90.4	92.6	87.4	91.4	90.1	

자료 : 대우경제연구소.

하여 성장을 주도하였으며, 같은 기간 중 수출은 5.9%가 증가하였다.
한편, 국내철강산업은 '80년대의 고속성장에 힘입어 1980년의 세계 18위
생산국에서 1992년에는 세계 6위의 철강생산국으로 부상하였다. 1980년
세계 철강생산량에서 차지하는 비중도 1.2%에서 3.9%로 높아졌으며,
한국의 철강산업의 위상이 세계 속에서 점차 높아지고 있다. '90년대의
한국의 철강산업은 관련 산업의 수요증가의 둔화로 양적 성장 둔화가 불
가피할 것으로 보여지며, 이에 따라 제품의 고부가가치화 및 특수강제품
의 비중 제고에 힘써야 할 것으로 보인다.

철강재의 업종별 소비실적을 보면 1992년 기준으로 제조업에 54.2%,
건설업에 45.8%가 소비되었으며 제조업 중 조립금속에 16.5%, 자동차
에 11.9%, 일반기계에 9.5%, 전기·전자에 9.3%가 쓰였다. 향후 자
동차·조선 등 생산량의 증가로 운송장비에 쓰이는 철강재의 소비비중이
높아질 것으로 보인다. 한편, 철강재 품목별로 소비비중을 보면 대부분 건
설업에 쓰이는 철근·형강 등의 조강류가 48.8%, 자동차·전기·전자·
조선 등에 쓰이는 판재류가 49.6%였다.

〈표 8-97〉 세계속의 한국 철강산업 위치

(단위 : 100만 톤)

구 분	1980		1992		
	국 명	생 산	국 명	생 산	인당 생산(kg)
1	구 소 련	147.9	구 소 련	111.2	384.1
2	일 본	111.4	일 본	98.1	791.9
3	미 국	101.5	미 국	83.1	328.8
4	독 일	43.8	중 국	80.0	69.3
5	중 국	37.1	독 일	39.7	619.5
6	이탈리아	26.5	한 국	28.1	648.4
7	프 랑 스	23.2	이탈리아	24.9	434.4
8	폴 란 드	19.5	브 라 질	23.9	155.9
9	캐 나 다	15.9	프 랑 스	18.0	21.3
10	브 라 질	15.3	영 국	16.0	314.5
18	한 국	8.6			
세 계		715.6	세 계	714.0	
한국비중(%)		1.2	한국비중(%)	3.9	

자료 : IISI, 1993.1.

② 산업 현황

수출구조

1990~1992년의 3년간 철강재 수출은 연평균 14.8%가 증가하였는데 이를 지역별로 보면 일본은 3.9%가 감소한 반면 중국과 동남아시아지역으로의 수출이 높은 경제성장률을 바탕으로 한 수요증가에 힘입어 대폭 증가하였다. 이에 따라 대미국·일본지역의 수출비중이 1989년 60%에서 1992년에는 42.8%로 감소하여 지역편중이 완화되었으며, 중국과 동남아시아는 45.4%로 늘어나 새로운 제1의 주력 수출시장으로 부각되었다. 품목별로 보면 자동차에 주로 쓰이는 냉연·아연도금강판을 중심으로 한 판재류가 설비의 대폭 확장에 따른 생산여력의 증가로 철강재 수출을 주도하였다. 조강류의 수출은 철근이 같은 기간 중 24.8% 증가하는데 힘입어 10.8%가 증가하였고 판재류는 15.9%가 증가하였다.

〈표 8-98〉 한국 철강재의 국별 수출추이

(단위 : 만 톤, %)

국가 \ 연도	1989	1990	1991	1992	연평균증가율 (1990~1992)	구성비 1989	구성비 1992
일 본	298.0	282.0	312.0	264.4	-3.9	46.2	27.1
미 국	89.0	140.8	133.3	152.7	19.7	13.8	15.7
중 국	-	-	19.6	180.5	-	2.8	18.5
동 남 아	145.0	136.7	169.2	262.5	21.9	22.5	26.9
세 계	644.8	679.5	709.2	974.7	14.8	100.0	100.0

자료 : 철강협회, 《철강통계연보》, 각 연호.

〈표 8-99〉 한국의 철강재 품목별 수출추이

(단위 : 만 톤, %)

품 목 \ 연 도	1989	1990	1991	1992	연평균증가율 (1990~1992)
형 강	43.1	29.2	28.8	57.2	9.9
봉 강	10.6	8.3	6.3	13.3	7.9
철 근	39.3	15.3	12.9	76.4	24.8
선 재	35.3	25.2	12.7	28.9	-6.5
궤 조	3.3	2.9	2.5	3.3	0.0
조 강 류 계	131.7	80.9	68.2	179.2	10.8
중후판	59.9	67.6	63.1	77.0	8.7
열연강판	214.2	219.0	250.2	312.7	13.4
냉연강판	97.7	112.4	118.6	161.0	18.1
스테인레스냉연강판	2.2	4.6	8.3	13.8	84.4
전기강판	1.3	4.5	3.1	4.0	45.3
아연도금강판	45.9	93.9	99.5	127.4	40.5
석도강판	4.3	5.7	7.2	14.5	49.9
기타 도금강판	0.4	1.3	1.4	1.7	62.0
강 관	81.2	84.9	82.7	78.2	-1.4
판 재 류 계	507.2	593.9	635.2	790.3	15.9
주 단 강 계	6.0	4.8	5.9	5.2	-4.7
철 강 재 계	644.8	679.5	709.2	974.7	14.8

자료 : 철강협회, 《철강통계연보》, 각 연호.

〈표 8-100〉 한국의 철강재 수입의 국별 추이

(단위 : 만 톤, %)

연도 국가	1989	1990	1991	1992	연평균증가율 (1990~1992)	구성비 1989	구성비 1992
일 본	182.7	158.0	193.1	153.8	-5.0	53.6	38.1
미 국	42.3	54.9	79.3	22.2	-19.3	12.4	5.5
중 국	-	-	43.5	16.2	-	-	4.0
유 럽	18.0	63.7	169.5	123.9	90.2	5.3	30.7
세 계	340.7	441.7	634.9	404.2	5.9	100.0	100.0

자료 : 철강협회, 《철강통계연보》, 각 연호.

〈표 8-101〉 한국의 철강재 품목별 수입추이

(단위 : 만 톤, %)

연 도 품 목	1989	1990	1991	1992	연평균증가율 (1990~1992)
형 강	14.7	39.6	96.5	53.4	53.7
봉 강	7.9	9.4	12.4	7.7	-0.1
철 근	0.9	67.8	83.1	68.0	322.8
선 재	20.7	23.4	53.7	18.9	-3.0
궤 조	0.6	0.3	0.5	0.7	5.3
조 강 류 계	44.8	140.5	246.3	148.7	49.2
중후판	33.1	31.6	51.7	56.8	19.7
열연강판	177.2	209.3	260.8	136.5	-8.3
냉연강판	29.1	19.7	18.1	18.7	-13.7
스테인레스냉연강판	2.4	2.0	1.5	5.2	29.4
전기강판	6.9	5.0	10.1	6.5	-2.0
아연도금강판	26.9	6.1	9.8	8.9	-30.8
석도강판	1.3	1.3	1.7	1.9	13.5
기타 도금강판	5.2	4.8	5.4	6.0	4.9
강 관	13.0	19.1	21.4	18.5	12.5
판 재 류 계	295.1	299.8	384.7	251.7	-5.2
주 단 강 계	0.8	1.3	3.9	3.8	68.1
철 강 재 계	340.7	441.7	634.9	404.2	5.9

자료 : 철강협회, 《철강통계연보》, 각 연호.

수입구조

1990~1992년 3년간 철강재의 수입은 국내생산능력의 증가에 따른 자

급도의 향상에 따라 연평균 5.9%의 증가로 둔화되었는데 이를 지역별로 보면, 주로 고급강 및 특수강을 수입했던 미국·일본 등 선진국에서의 수입비중이 국내의 철강생산제품의 고부가가치화에 따른 자급도 향상으로 줄어들어 대미국·일본 의존도가 1989년 66%에서 1992년에는 43.6%로 크게 떨어졌고 철근을 주로 수입했던 터키를 중심으로 한 유럽에서의 수입이 증가하여 비중도 1989년 5.3%에서 1992년 30.7%로 크게 높아졌다. 향후 생산능력의 증가와 함께 제품의 고부가가치화로 선진국에서의 수입이 지속적으로 줄어들 것으로 보이며, 건설경기의 호조와 함께 크게 늘어난 철근 수입도 국내생산여력의 증가로 크게 둔화될 것으로 보인다. 품목별로 보면 조강류는 같은 기간 중 철근을 중심으로 해서 49.2%가 늘어난 반면 판재류는 포항종합제철의 설비확충과 더불어 5.2%가 감소하였다.

경쟁력 현황

① 가격경쟁력

한국의 철강산업은 가격경쟁력에서 미국·일본 등 선진국보다 우위에 있다. 1987년 한때 한국의 철강(냉연강판)의 생산원가는 톤당 360달러로 미국·일본 등 선진국에 비해 15~25% 저렴하였다. 그러나 1988년 이후 1993년까지 한국은 인건비와 금융비용 및 사회간접자본 부족에 의한 물류비용의 증가로 생산원가가 6년간 22.2% 상승하였으나 1993년 현재 주요 경쟁상대국인 미국·일본에 비해서는 아직 생산원가가 낮아 가격경쟁력을 갖추고 있다.

한편, 각국의 일관제철소 원가구조를 검토해 보면 철강 생산원가 중 한국의 경쟁력은 인건비와 부재료에서 톤당 61~107달러가 유리하며 금융비용과 고철 및 철광석 등에서 톤당 43~95달러가 불리하다. 이에 따라 향후 인건비의 상승시 경쟁력이 약화되는 것을 감안할 때 한국의 철강

〈표 8-102〉 국별 철강제품의 가격경쟁력추이(냉연강판기준)

(단위 : 달러/톤)

구 분	1987	1988	1989	1990	1991	1992	1993
한 국	360	418	453	484	501	526	511
일 본	475	552	505	536	565	581	572
영 국	NA	420	410	470	490	456	413
브라질	411	422	436	486	548	546	538
미 국	443	484	500	510	509	510	513

자료 : WSD.

〈표 8-103〉 각국 일관제철소 원가구조(냉연강판기준)

(단위 : 달러 / 톤)

국가 항목	한 국 (A)	일 본 (B)	B-A	영 국 (C)	C-A	브라질 (D)	D-A	미 국 (E)	E-A
재 료 비	309	330	21	341	32	336	27	316	7
철 광 석	67	66	-1	75	8	43	-24	66	-1
고 철	42	35	-7	38	-4	47	5	38	-4
부 재 료	200	229	29	228	28	246	46	212	12
인 건 비	67	145	78	123	56	82	15	152	85
cost/hr	10	27.5		22.5		7.5		28.5	
MH/ton	6.7	5.3		5.5		10.9		5.3	
금융비용	125	90	-35	26	-99	130	5	41	-84
감가상각	110	70	-40	25	-85	80	-30	26	-84
이 자	15	20	5	1	-14	50	35	15	0
계	501	565	64	490	-11	548	47	509	8

자료 : WSD, *Steel Survival Strategies*, 1992. 6.

산업은 공장자동화의 투자에 힘써서 인건비의 비중을 줄여나가야 한다.
안정적인 자금조달로 금융비용의 절감을 도모해야 할 것으로 보여진다.

② 비가격경쟁력

비가격경쟁력 중 기술경쟁력을 보면 제강기술은 일본에 비해 다소 열
위이고 기술개발력이 크게 뒤떨어지는 것으로 나타났다. 제강기술은
1992년 연속주조비율이 96.4％로 일본의 94.5％를 앞섰지만 1992년 한
국의 자동화율은 53.1％에 달해 1989년에 비해서 크게 높아졌으나 아직

<표 8-104> 한국 · 일본 철강공업의 기술경쟁력 비교

구　　분			단위	1989		1992	
				한국	일본	한국	일본
제　강 기　술	연속주조 비율	전　로	%	95.0	95.8	98.0	97.2
		전기로		91.8	88.3	92.4	90.9
		전　체		94.1	93.5	96.4	94.5
	특수강 생산비율		%	8.5	17.9	8.2	18.0
	공장자동화율		%	28.0	61.2	53.1	−
기　술 개발력	연구개발비 / 매출액		%	0.65	2.72	1.05	−
	연구원 1인당 연구비		백만원	65	222	81(90)	251(90)
	종업원 천명당 연구원 수		명	10.2	27.2	8.7(90)	16.5(91)

주 : 1) (　) 안은 해당연도임.
　　 2) 일본의 연구비는 해당연도 환율(기말)을 고려하여 환산하였음.
자료 : 한국은 철강협회, 산업기술진흥협회, 《산업기술 주요 통계요람》, 각 연호.
　　　일본은 대장성, 《과학기술백서》, 1992.

일본의 1989년 수준에도 못미치는 수준이다. 특수강 생산비율도 8.2%로
일본의 절반수준에도 못미치고 있다. 이러한 기술경쟁력의 열위는 연구개
발 등 기술개발력의 부족에서 비롯된 것으로 보이는데 기술개발력면에서
한국은 1992년 매출액 대비 연구개발비가 1.05%로서 1989년 일본의
2.72%에 비해 절반에도 못미치는 수준이다.

UR 타결이 수출에 미치는 영향

① 협상분야별 영향

관세인하

미국 · EC · 일본 · 캐나다 등 대부분의 선진국에서는 철강제품에 5%
내외의 저관세율을 부과하고 있는데 반해 한국 · 대만 등 신흥공업국들의
관세율이 10% 내외, 중국 및 기타 후발개발도상국들은 30% 내외의 높
은 관세율을 부과하고 있다. UR 타결에 따른 철강제품의 관세인하 내지
는 무관세화로 말미암아 EC · 일본 등 현행 GSP공여국으로의 수출시에는
한국이 누리던 일반특혜관세(관세면제)의 혜택이 상실됨으로써 상대적으

〈표 8-105〉 주요국의 철강제품 수입관세율 현황(1993년 10월 말 현재)

(단위 : %)

국 명		수입관세율	국 명		수입관세율
선진국	미 국	0~10.8(5.7, 6.2, 8)	NIEs	한 국	0~13
	EC	0~10(대체로 5 내외)		대 만	0~20
	일 본	0~8		싱가포르	0~5
	캐 나 다	6.8, 12.5			
ASEAN	인도네시아	0~35	기타	중 국	0~40
	태 국	0~20			

자료 : 대한무역진흥공사 및 대우경제연구소 내부자료.

로 이들 지역의 수출여력이 불리해지는 반면, 20~30%의 관세로 자국 철강업을 보호해 온 개발도상국에의 수출여건은 관세의 점진적인 인하로 좋아질 것으로 기대된다. 다만, 대선진국 수출의 경우 선진국의 수입관세가 5% 내외의 낮은 수준에 있어 영향의 정도는 크지 않을 것이다. 또한, 관세가 수출가격에서 차지하는 비중이 작아짐에 따라 상대적으로 수출입국가간의 물류비용·운송소요시간 등이 현행보다 비교우위의 중요한 요소로 부각될 것이며, 이에 따라 철강 다수요지역에 근접한 수출국이 보다 유리해진다고 볼 수 있다. 한국의 경우 높은 경제성장을 지속하면서 2000년 세계철강소비의 38%를 차지할 것으로 예상되는 아시아지역에 위치하고 있어 아시아국가에 대한 수출이 확대될 것으로 기대된다. 한편, 철강제품 무관세로 인하여 국가간 비교우위개념(생산비차이)에 의한 공정간, 선진국과 개발도상국간 제품차별화가 진전될 것으로 전망된다. 즉, 반제품 수입을 통한 가공처리와 고부가가치 완제품을 생산하는 국가간 공정분업이 진전될 것으로 보이고, 선진국은 고도의 기술을 요하는 특수강, 고급강 등을 개발도상국에 수출하고, 개발도상국은 보통강을 선진국에 수출하는 국가간 제품차별화가 진전될 것으로 전망된다.

반덤핑, 보조금·상계관세

한국산 철강제품에 대한 외국의 수입규제는 반덤핑·상계관세 부과조치가 주가 되고 있으며, 현재까지 한국산 철강제품에 대해 반덤핑관세 부과조치를 내린 국가는 미국·캐나다 등이며, 세계적으로는 EC도 철강수입에 대한 수량규제조치를 점차 없애는 대신 반덤핑제도를 강화하고 있으며, 멕시코·대만·호주 등의 지역에서 자국의 철강산업보호를 위해 반덤핑 및 상계관세를 부과하는 추세이다. 그러나 이제 UR 반덤핑·상계관세(보조금)규정에 따라 그동안 선진국이 주로 수입규제수단으로 활용해온 반덤핑·상계관세조치의 운용이 보다 엄격해지고 그 남용이 억제됨으로써 한국산 철강제품의 대선진국 수출에 유리하게 작용할 것으로 보인다. 한편, EC지역업체는 철강산업의 구조조정을 통한 합리화작업의 일환으로 국가로부터 다양한 보조금 지원을 받고 있어 UR 타결시 많은 제약이 예상된다.

기술장벽

지금까지 몇몇 국가들은 자국의 표준화제도를 의도적으로 까다롭게 하거나 타국과 다르게 만들어 수입을 억제해 왔다. 그러나 UR의 기술장벽협정 타결에 의한 국제표준채택 의무화로 기술장벽이 더 이상 무역마찰적인 효과로 작용하지 않을 것이다. 또한, 새로운 기술규정 설정시 제작과정에서부터 이해관계국들의 대표를 참여시켜 공개적으로 진행해야 하며, 그 적용이 발효되는 공표시점 이전에 충분한 시간을 두어 수출자가 새로운 기술수준에 적응할 수 있도록 해야 한다. 이러한 기술장벽의 완화는 철강소재, 완성품의 성질, 치수 등에 있어서 국제적인 통일을 기하는 제품 및 소재의 호환성·범용성을 제고함으로써 수요의 범위를 확대함은 물론 생산의 효율성을 높일 수 있어 일반적인 수출여건의 개선을 기대할 수 있다.

정부조달

한국은 정부조달협정의 가입으로 그동안 시장참여가 봉쇄되어 왔던 미국·일본·EC 등 24개국의 정부조달시장에 진출할 수 있으므로 철강제품에 대한 수출시장의 확대를 기대할 수 있다.

〈표 8-106〉 UR 타결이 철강산업의 수출에 미치는 영향

구 분	주요 내용	시장별 환경변화 예상	영향평가(경쟁국 고려)	종합 평가
관세	− 관세무세화	− 대개발도상국 수출시 수출 경쟁력 우위확보 ㅇ 현행 개발도상국의 고관세율 만큼 가격개선효과	− 개발도상국시장에서 수출 확대 가능 ㅇ 일부 고품질제품에서는 일본업체와 경쟁 심화 ㅇ 동남아시장 등 근접지역권 내의 판재류 수출확대 기대	○○
	− 개발도상국의 GSP수혜 상실	− EC · 일본지역 등 GSP공여국 진출시 선진업체에 비해 불리	− 기존 GSP공여국 수출여건은 불리 ㅇ 현행 GSP수혜율(관세율) 만큼 가격경쟁에서 불리	
반덤 핑, 상계 관세	− 반덤핑규제 남용 방지 − 상계관세조치요건의 엄격화	− 미국 · EC · 대만 · 호주 등 철강수입국의 자의적인 반덤핑규제는 지양될 것임 − 미국 · EC 등 선진국업체의 의도적인 상계관세부과는 제약을 받을 것임	− 수출시장여건은 호전되나 대미시장에서는 무피해판정을 받은 열강판과 후판은 계속 대미수출 주종품목이 될 것임	○○
보조 금	− 보조금 운용의 대폭 축소	− 현재 보조금 지급을 많이 받고 있는 EC지역 철강업체들이 제약을 받을 것임	− 철강수출경쟁시장에서 다양한 보조금 지원을 하고 있는 EC업체보다는 유리함	▽
기술 장벽	− 기술규정, 표준의 무역장벽화 지양	− 철강제품생산에 있어서 규모의 경제효과 − 소비에 있어서의 국제적 범용성 확대	− 생산의 효율성 및 수요시장 확대로 인한 수출 촉진	○
정부 조달	− 철강물자 구매 및 관련 수요서비스산업 개방	− 미국, 일본, EC지역 등 24개 국가의 공공조달시장 개방으로 수요 확대	− 선진국 수출확대 기대	○
원산 지규 정	− 원산지인정요건의 명료성 − 영업비밀의 보호 (원산지증명자료 등)	− 원산지판별기준 내에서의 공정간 분업 활성화	− 소재와 완성품간의 용도의 변화가 명확하여 원산지인정에 문제가 없음	△
무역 관련 투자 조치	− 투자유치국의 규제완화	− 국제간의 공정간 및 제품 차별화 분업이 진전될 것임 ㅇ 생산비차이에 의한 공정간 분업	− 해외직접투자 증가로 인한 수출여건 개선 ㅇ 동남아지역 현지수요 확보	○

구 분	주요 내용	시장별 환경변화 예상	영향평가(경쟁국 고려)	종합 평가
		○기술력차이에 의한 제품 차별화		

주 : ○○ 매우 유리, ○ 유리, △ 다소 유리, − 중립, ▽ 다소 불리, × 불리, ×× 매우 불리.

원산지규정

철강제품의 경우 단순부품조립 우회수출이 없는 관계로 현재까지 원산지판정에 따른 무역분쟁은 거의 발생되지 않고 있다. 대부분의 철강품목들이 소재와 완성품간의 용도변화가 뚜렷하고 열처리나 화학처리를 통한 생산과정에서의 부가가치의 창출비중이 높기 때문에, 원산지의 인정에 있어서 무역마찰소지는 다른 산업에 비해 적을 것으로 보인다. 또한 향후 철강에 적용될 원산지통일규정이 마련되면 원산지판정에 있어서 현재보다 명료성과 예측가능성이 높아질 전망이어서 철강수출환경이 다소 개선될 것이다.

무역관련투자조치

투자유치국의 무역관련투자의 규제완화로서 국내업체의 해외직접투자의 활성화를 기대할 수 있다. 따라서, 포철 등 국내철강업계의 해외직접투자가 용이해지고, 자동차 등 철강수요관련산업의 해외진출시 동반진출함으로써 안정적인 시장확보가 가능해질 것이다.

② 수출에 미치는 영향 종합

UR 타결로 한국의 철강수출의 환경은 더욱 좋아질 것으로 보인다. 즉, 수입국의 관세인하(특히 중국·동남아시아의 관세인하), 미국 등 선진국지역의 자의적인 수입규제방지, 유럽지역업체들의 자국 내 보조금수혜의 제약과 비관세장벽으로 작용되었던 각국의 철강규격들의 표준화 등으로 한국의 철강수출여건은 더욱 좋아질 전망이다. 더욱이 한국의 철강업체는 정부조달협정의 체결로 외국의 정부조달시장에도 참여할 수 있게 된다.

UR 타결이 내수에 미치는 영향

① 협상분야별 영향

관 세

현재 품목에 따라서 약간의 차이는 있으나 철강제품에 대한 수입관세율이 대부분 8% 내외수준이며, 합금철 등 5개 품목에 대해서는 5% 내외의 할당관세가 적용되고 있다. UR 타결 후 점차 무관세화가 추진될 경우 기본관세나 할당관세는 폐지될 것으로 보이는데 대부분의 철강제품은 경쟁력을 갖추고 있으며, 무관세화로 인한 시장잠식은 크지 않을 전망이다. 고철 등 기타 원재료는 무관세화 만큼 저렴한 가격조달로 원가절감효과가 예상되어 철강제품의 가격경쟁력의 확보에 도움을 줄 전망이다. 한편, 고기술을 요하는 특수강제품은 일본 등 선진국에 비해서 아직은 다소 떨어져 어느 정도 수입증가가 예상된다.

반덤핑, 보조금·상계관세

UR의 타결에 따라 향후 반덤핑·상계관세조치의 적용기준이 보다 엄격해지고 남용이 억제될 것이므로 현재까지 반덤핑 및 상계관세 부과가 조치된 적이 없는 동 규정은 국내수급의 애로시에 해외시장에 의존하는 한국의 철강수입에 별다른 영향은 미치지 않을 것으로 판단된다. 또한, 국산품의 사용 수입대체에 사용되는 금지보조금도 철강산업에는 지원되지 않고 있기 때문에 관련된 금지보조금의 철폐에 따른 내수시장의 잠식 우려는 없다. 덤핑수입으로 인한 국내산업의 피해발생시 포철 등 국내업계의 제소가 있다면, 조사결과에 따라 덤핑수출자에게 반덤핑관세를 부과할 수 있으며 이는 불공정무역의 규제에 기여할 전망이다.

기술장벽

각국의 현행 서로 다른 표준화 및 인증제도·시험검사제도는 무역마찰적인 제도로 작용되고 있는데, UR 타결로 국제표준이 실시되기 때문에

〈표 8-107〉 한국의 철강 무세화 참여품목

(단위 : 년, %)

4개국 합의품명		이 행	비 고
HS(4단위)	품 명	기 간	(1994년 세율)
7206, 10	일차형성의 철	10	5
7207	철의 반제품	10	5
7208~12	철의 평판, 압연제품	10	8
7213	철의 봉	10	8
7214~15	철의 기타의 봉	10	8
7217	철의 선	10	8
7218	스테인레스강	10	8
7219~20	스테인레스강의 평판, 압연제품	10	5
7221	철의 봉	10	8
7222	철의 기타의 봉, 형강	10	8
7223	철의 선	10	8
7224	기타 합금강	10	5
7225~26	기타 합금강의 평판압연제품	10	8
7227	기타 합금강의 봉	10	8
7228	고속도강의 봉 등	10	8
7229	기타 합금강의 선	10	8
7301	용접된 형강	10	8
7302	철도, 선로 등	10	8
7304	철강재의 관 등	10	8
7305~6	철강재의 기타 관	10	8
7308, 10	철강재 구조물	10	8
7312	철강재 연선, 로프 등	10	8
7313	철강재 유자선, 대평선	10	8
7314	철강재 망 등	10	8
7317	철강재의 못, 압정 등	10	8

자료 : 무역협회.

현행 무역마찰적인 기술장벽은 더 이상 수입제한적인 역할을 기대할 수 없으므로 수입수요 유발에 기여하게 될 전망이다(각종 강제규정 및 기술규격의 제정시 사전에 회원국에게 정보를 제공해야 함).

정부조달

한국의 정부조달협정의 가입으로 42개 중앙정부기관, 서울특별시, 5개

직할시 및 9개 도, 한국전력공사 등 23개 정부투자기관의 조달시장은 미국·일본·EC 등 23개의 현재 가입국들에게 개방된다. 건설 등 철강수요산업에 대한 정부조달시장의 개방으로 일부 일본산 철강제품의 국내수입이 늘어날 것이지만 전반적으로 해외업체들은 정부조달의 낙찰시에도 국산철강제품을 이용할 것이므로 (-)효과는 크지 않을 것으로 전망된다.

원산지규정

철강제품의 경우 우회수출, 또는 단순부품의 조립수출이 없는 관계로 수입품에 대한 원산지를 확인하는 정도로만 사용될 것이므로 무역마찰의 소지는 없을 것이다.

무역관련투자조치

직접적인 영향은 받지 않으나 다른 제조업종에 대한 해외선진업체의 국내투자가 활성화될 경우 투자종목이 철강수요산업일 경우 간접적으로 국산철강 구매기회가 많아질 것으로 예상된다(경우에 따라서는 투자국 철강제품을 수입하여 사용할 전망이다).

② 내수에 미치는 영향 종합

국가기간산업으로서의 철강산업은 '70년대 말까지 수입제한품목이 많았으나, '80년대에 들어서면서 경쟁력이 취약한 특수강제품들을 제외하고는 거의 개방되었고 1988년부터는 철강제품 수입이 완전자유화된 상태인데다 제품경쟁력을 갖추고 있어 UR 타결로 인한 외국산 철강제품의 국내시장잠식은 크지 않을 것으로 보인다. 한편, 고철 등 원재료의 무관세화는 관세 만큼의 저렴한 가격조달로 인해 철강제품의 경쟁력을 더욱 제고시킬 것으로 전망된다.

종합결론

자급도가 높으면서도 또한 수출비중이 수입비중보다 높은 한국의 철강산업은 경쟁력을 갖추고 있어 UR 타결 후 전반적으로 수출환경이 호전되

〈표 8-108〉 UR 타결이 철강산업의 내수에 미치는 영향

구 분	변화의 주요 내용	영향평가(경쟁국 고려)	종합 평가
관세인하	– 현행 0~13%의 관세부과가 점차 무세화될 것임 – 할당관세의 폐지	– 특수강 등 고기술을 요하는 일부 제품에 대해서는 일본에서의 수입증가가 예상됨 – 국내제품과 품질수준에서 차이가 나지 않으면서 상대적으로 가격경쟁력이 있는 품목들은 수입이 늘어날 것임 ○ 특히 인접지역인 대만·중국·일본산 수입품이 유리해질 것임	×
반덤핑· 상계조치· 긴급수입 제한조치	– 반덤핑·상계관세조치의 적용 기준 엄격화 – 국산품사용 수입대체금지에 대해서는 상계관세가 부과될 것임 – 긴급수입제한조치 발동요건 엄격화	– 국내산 철강공급 애로시에 수입에 의존하고 있어 산업피해구제제도로 사용되는 동 규정은 별다른 영향을 줄 수 없으나 적용기준의 엄격화로 종전 기준보다 다소 불리해졌음	▽
기술장벽	– 소재 및 원료의 성분, 완성품의 치수 등에서 국제표준화 실시, 기술명세 제정절차에서의 사전통고, 명료성 제고	– 소비의 범용성 확대로 일본·EC산 등 고품질 철강제품들의 수입수요 촉진	▽
정부조달 협 정	– 공공시장개방으로 철강조달 및 관련 수요서비스산업에 선진국 철강업체 제품 구매	– 일부 일본산 철강제품의 국내시장 진출기회 확대	▽

주 : ○○ 매우 유리, ○유리, △ 다소 유리, – 중립, ▽ 다소 불리, × 불리, ×× 매우 불리.

었고, 내수측면에서도 수입저항력을 계속 유지할 전망이다. 특히 UR 타결로 관세의 무세화 내지 낮은 관세율을 유지하게 되면(GSP수혜가 없어지고) 제품의 경쟁력 외에도 운임·운송기간 등이 수출입 양측면에 가장 중요한 교역조건이 될 것이다. 이에 따라 향후 수요가 크게 증가할 것으로 예상되는 중국과 동남아를 포함한 아시아시장에 속하는 한국은 수출에서 한층 더 유리한 위치를 점할 것으로 보인다. 2000년경에 아시아권의 철강재 소비와 생산은 세계에서 각각 38%와 34%를 점할 것으로 철강전문가들은 예측하고 있다. 한국산 철강제품이 세계수출시장에서 주로 제약을 받아온 선진국의 반덤핑·상계관세조치의 자의적인 남용방지로 한국 철강제품은 새로운 수출활로를 모색할 수 있을 것으로 보인다. 또한, 보조금 지급에서도 현행보다는 제약을 받을 EC 철강업계는 향후 진로가 불투명할 것으로 보인다. 무역의 확대를 추구하는 UR 타결이 한국 철강산업에 미치는 영향을 종합평가한다면 제품경쟁력이 있고, 지역적으로 철강소비국이 많은 아시아지역에 위치한 우리의 철강산업에 유리한 영향을 미칠 것으로 판단된다.

대응전략

① 개발도상국시장의 적극 개척

UR 타결에 따라 선진국 수출환경이 개선되는 동시에 개발도상국의 관세인하로 인한 수출환경이 크게 개선될 것으로 보인다. 이에 따라 비교우위가 있는 국내철강업체들은 개발도상국시장의 개척에 힘써야 할 것으로 보인다.

② 국제화에 적극 동참

변화하는 국제환경에 맞춰 철강업체들은 외국의 통상제도의 변화에 대한 정보수집의 활용을 위한 정보수집 및 분석능력을 강화시키고 UR의 분쟁해결절차와 세계무역기구(WTO)를 적극 이용해야 할 것으로 전망된다. 또한 세계철강산업구조는 주요 지역권 또는 전략적 경쟁집단별로 상호 이해를 도모할 수 있는 방향으로 전문화·분업화되어 구조개편이 이루어질 것으로 보이며, 이에 따라 한국의 철강산업도 선진국과 개발도상국 등 주요 지역권 또는 경쟁집단별로 최적의 파트너와 협력해 나감으로써 경쟁력을 배가시키는 방법을 모색해야 할 것이다. 또한 업체별로 국제표준화기구에 적극 참여하고 각 국가간의 시험과 검사제도를 상호 인정하여 기술장벽제도 등에 따른 무역마찰소지를 사전에 제거해야 할 것이다.

〈표 8-109〉 UR 타결이 철강산업의 수출·내수에 미치는 영향 종합평가

구 분	수출 측면	내수 측면	종합 평가	비 고
관세인하 (무관세추진)	○○	×	○	아시아시장 수출신장에 기여 GSP 폐지로 대미국·EC·일본시장으로 수출환경 개선
긴급수입제한조치	△	▽	–	별 영향없음
보조금	▽	×	×	R&D 투자가 허용보조금의 핵심을 이룰 것이므로 선진업체가 유리함
상계관세	○	▽	○○	미국시장에의 수출환경 개선
반덤핑	○○	▽	○○	대미수출환경 개선
기술장벽	○	▽	○	주요 철강수입국인 일본·미국·EC 등 선진국 및 후진국 진출여건 개선
정부조달	○	▽	–	선진국 상호 개방의 의미가 강함 건설서비스 조달 등 건설수요산업 조달에 간접적으로 영향받을 것임
원산지규정	△	–	–	별 영향없음
무역관련투자조치	○	▽	○	후발개발도상국 현지투자 용이

주 : ○○ 매우 유리, ○유리, △ 다소 유리, –중립, ▽ 다소 불리, ×불리, ×× 매우 불리.

③ 연구개발에 총력

제품개발과 기술개발에 힘씀으로써 제품의 차별화를 통해 경쟁력을 한층 더 강화해 나갈 수 있도록 해야 할 것이다.

④ 고철 유통구조의 개선

철강재 사용의 증가로 고철의 수요가 증가하고 있어 이를 회수, 재활용하는 것이 제품경쟁력측면에서 중요할 것으로 전망된다. 일본이 고철유통구조를 개선시킴으로써 고철자급도를 99％수준까지 향상시켜 제품경쟁력을 제고시킨 것처럼 한국도 국내의 고철유통구조의 개선을 통해 고철회수를 확대해야 할 것이다. 1993년 청원에 고철 유통 및 가공단지가 조성되었으며, 1994년에는 대도시에서 발생하는 고철의 회수 및 처리를 위해 시화단지 내에 추가로 설치될 계획이다.

화 학

개 황

① 산업 개요

화학산업은 크게 석유화학과 무기화학 같은 소재형 산업과 화장품·도료·농약·비료·의약품 등과 같은 가공형 산업으로 구분된다.

먼저, 경쟁력변수상의 특성을 보면 소재형 중 석유화학은 장치산업으로서 소품종으로 대량생산되어 규모의 경제가 크게 작용하고 고정비부담이 커서 일정수준의 가동률을 확보하는 것이 중요하며, 품질면에서는 큰 차이가 없기 때문에 가격이 경쟁력에 가장 큰 변수로 작용한다. 또 무기화학은 장치산업으로서 소품종으로 대량생산되고, 대개 상호 부산물로 나오는 관계가 많기 때문에 가격과 더불어 상호수급관계가 경쟁력의 주요 변수이다. 한편, 가공형 제품은 다품종 소량생산되는 것이 보통이고 품질이 중요하여 기술력이 주요 경쟁변수이다.

무역상의 특성을 보면 석유화학은 화학제품의 수출을 주도하는 분야로 가격경쟁력은 낮으나 생산능력의 과다로 수출을 늘려 최근 수출과 수입이 균형을 보이고 있으며, 기초소재여서 완제품과는 달리 일부 국가를 제외하고는 수출입장벽이 비교적 낮다. 또, 무기화학은 내수형 산업이나 최근 중국산 저가제품의 수입이 증가하여 수입규제 대상이 되고 있다. 화장품과 의약품 등 정밀화학제품은 내수형 산업으로 이미 원재료수입 및 기술도입으로 해외의존도가 높아 완제품의 수입비중이 줄어들고 있으므로 수입규제도 적다.

② 산업 현황

석유화학

석유화학산업은 1991~1992년 중 대규모로 설비증설을 하여 에틸렌 생

<표 8-110> 화학산업의 특성

구 분		산 업 특 성
소 재 형	-석유화학 ○ 기초유분 ○ 합성수지 ○ 합섬원료 ○ 합성고무	- 장치산업으로서 소품종 대량생산되며 규모의 경제가 중요 또, 고정비부담이 커 일정수준의 가동률을 확보하는 것이 중요하고 품질차이도 작아 가격이 주요 경쟁변수임 - 가격경쟁력은 낮으나 공급과잉상태에 있음
	-무기화학 ○ 가성소다 ○ 소다회 ○ 산	- 장치산업으로서 소품종 대량생산되며 대개 상호 부산물로 나오는 관계가 많아 가격 외에 상호수급도 경쟁력변수임 - 내수의존형 산업으로 최근 수입이 급증하여 수입규제가 논 의되고 있음
가 공 형	-정밀화학 ○ 의약품 ○ 화장품 ○ 도 료 ○ 농 약	- 다품종 소량생산되는 것이 보통이고, 품질과 기술력이 주요 경쟁변수임 - 기초기술은 선진국이 보유하여 경쟁력이 취약하며, 이미 원 재료수입, 기술도입 등으로 해외의존도가 높고 수입규제는 적음

자료 : 대우경제연구소.

산능력이 1989년 115만 톤에서 1993년에는 330만 톤으로 늘어나 에틸렌 생산능력으로 볼때 세계 5위의 국가로 성장하였다. 그러나 짧은 기간 대규모 설비증설로 석유화학의 대표적인 유도품인 합성수지의 경우 1992년 기준으로 생산량이 국내수요보다 60% 이상 초과하여 수출이 크게 늘어났다. 1990년에 11억 달러였던 석유화학제품의 수출은 1993년에 29억 달러(추정치)로 늘어났다. 이에 따라 1990년에 21억 달러가 적자였던 석유화학부문의 무역수지는 1993년에 균형을 이루게 되었다.

한편, 품목별로 보면 수출을 주도하는 것은 부타디엔·BTX 등 기초유분과 합성수지와 같은 범용제품이며, 합섬원료·석유화학첨가물 등 고기술을 요하는 제품은 아직 상당부분을 수입에 의존하고 있다.

무기화학

무기화학제품은 주로 섬유·제지·유리와 같은 성숙형 소재산업을 주수요처로 하고 있어서 성숙기에 있는 산업이다. 가성소다·소다회 등 대

〈표 8-111〉 한국의 3대 석유화학제품 수급추이

(단위 : 만 톤, %)

구 분		생산	증가율	국내 판매	증가율	수출	증가율	수입	증가율
합성수지	1992	481.8	37.5	287.3	18.0	191.2	99.2	12.7	−42.5
	1993P	542.0	12.5	296.0	3.7	222.0	16.1	13.0	2.4
합섬원료	1992	180.8	24.6	164.0	25.7	15.7	79.5	78.6	−11.6
	1993P	199.0	10.0	186.0	2.2	11.0	−30.4	86.0	11.7
합성고무	1992	20.8	20.9	12.5	1.6	8.3	56.6	4.7	0.1
	1993P	23.0	10.6	13.7	9.6	9.3	12.0	3.4	−27.6

자료 : 석유화학공업협회.

〈표 8-112〉 한국의 주요 무기화학제품 수급추이

(단위 : 천 톤, %)

구 분		생산	증가율	국내 판매	증가율	수출	증가율	수입	증가율
가성소다	1991	389.9	22.3	480.1	14.9	1.3	−62.9	93.1	2.4
	1992	496.4	27.3	525.3	9.4	1.1	−15.4	42.6	−54.2
소 다 회	1991	282.0	0.7	497.0	0.4	23.0	−	237.0	7.7
	1992	268.0	−4.9	540.0	8.7	26.0	13.0	314.0	32.5
염 소	1991	321.6	19.4	328.8	22.1	0.0	−	10.5	−3.9
	1992	403.5	25.5	422.6	28.5	0.0	−	16.7	53.2
과 산 화 수 소	1991	28.2	−	22.8	−	14.1	−	6.7	−
	1992	29.3	3.9	24.9	9.2	17.5	24.1	6.8	0.1

자료 :《화학저널》 9월호, 1993. 8. 15, 9. 30.

표적인 무기화학제품의 수요증가율은 최근 2년간 연평균 10%를 밑돌고 있는 가운데 수급의 균형을 보여왔으나, 1993년 들어서는 중국과 미국에서의 수입이 늘면서 공급과잉현상을 보이고 있다. 이들 제품은 염소·염산 등 부산물과 더불어 생산되어 이들의 공급과잉은 여타 무기화학제품의 수급에까지 영향을 미치고 있다. 또, 1993년 들어서는 그동안 무기화학품 중 드물게 대량 수출되던 과산화수소도 수입의 증가로 고전하고 있다. 이에 따라 한국정부는 1993년 12월 중국산 소다회에 대해 덤핑판정

<표 8-113> 한국의 주요 화학완제품 수급추이

(단위 : %)

구　분		생산	증가율	국내 판매	증가율	수출	증가율	수입	증가율
의약품(십억 원)	1991	3,934	16.7	4,131	16.4	148	43.4	346	23.0
	1992	4,284	8.9	4,477	8.4	200	34.7	393	13.6
화장품(십억 원)	1991	1,079	19.7	939	12.6	14	8.3	46	42.5
	1992	1,233	14.3	1,104	17.5	19	42.4	53	15.9
도　료(천　톤)	1991	612	13.1	553	14.0	139	21.9	56	44.7
	1992	685	11.9	615	11.1	174	25.2	61	8.9
농　약(천　톤)	1991	222	10.4	224	10.9	0.56	-9.4	1.62	11.6
	1992	200	-10.3	201	-10.3	0.46	-18.6	1.58	-2.1
비　료(천　톤)	1991	3,648	-5.0	2,752	-4.8	1,071	-8.3	204	-22.1
	1992	3,943	8.1	2,876	4.5	1,252	16.9	203	-0.5

자료 : 각 관련 협회.

을 내리는 등 산업피해구제를 위한 수입억제수단을 쓰고 있다.

정밀화학

가공형 화학제품 중 의약·농약·도료·화장품 등 정밀화학 완제품은 내수의존형 제품으로 국내수급이 균형을 이루고 있다. 그러나 기술력의 부족으로 기술도입을 하거나 원재료를 대부분 수입에 의존하고 있으며, 이에 따라 수출 역시 미미한 편이다. 최근 들어서 완제품수입이 늘어나고 있어서 화학제품의 무역 역조에 가장 큰 요인이 되고 있다. 한편, 비료는 단순제품인데다 석유화학에서 나오는 원료로서 대량생산이 가능하여 수출 비중이 높다.

경쟁력 현황

① 석유화학

한국의 석유화학산업은 천연가스보다 비싼 나프타를 원료로 하고 있고, 설비투자비용이 고금리로 인해서 상대적으로 높아 가격경쟁력면에서 원유생산국이나 설비투자단가가 낮은 미국·일본에 비해서 취약하다. 그

러나 비가격경쟁력에서는 우선 지리적으로 경쟁국가에 비해 주수입지역인
동남아와 가깝기 때문에 적시공급 및 운송비 절감이라는 이점이 있고, 공
급능력이 에틸렌 생산능력기준으로 세계 5위를 차지하는 규모이며, 제품
품질면에서는 신규설비로 안정되어 있어 경쟁력이 있다.

② 무기화학

무기화학제품은 생산공정이 거의 정형화되어 원료가 풍족하고 생산규
모가 큰 중국이나 미국에 비해서 가격경쟁력이 상당히 뒤져 있다. 대부분
의 무기화학제품은 생산시 환경오염문제가 뒤따르고, 특히 염소제품과 소
다제품은 상호 연산품으로 생산되는 경우가 많아서 규모의 경제를 누리기
어려운 상황에 있다.

〈표 8-114〉 화학제품의 경쟁력 평가

구　　　분		국제경쟁력	가격	비가격
석유화학	합 성 수 지	○	△	○
	합 섬 원 료	×	×	×
	합 성 고 무	△	△	△
	중 간 유 분	△	△	△
무기화학	가 성 소 다	×	×	×
	소 다 회	×	×	×
	과산화수소	×	×	×
	산		×	×
정밀화학	의 약 품	×	×	×
	화 장 품	×	×	×
	농 약	×	×	×
	도 료	△	△	△
기타 화학	비 료	△	△	△

주 : ○ 경쟁력 확보, × 경쟁력 미확보, △ 중간.
자료 : 산업은행의 《한국의 산업(1993)》, 상공자원부의 《국제경쟁력 평가(1992. 3)》,
　　　석유화학협회 《가격통계》 등을 기초로 대우경제연구소 작성.

③ 정밀화학

정밀화학은 기초기술이 없는 한국이 가장 경쟁력이 낮은 분야이다. 화

장품·도료·의약품·농약 등 주요 정밀화학 완제품의 수급은 외형상 자급도가 높으나, 기초원재료는 50% 이상 수입에 의존하고 있어 국제경쟁력을 확보하기 어렵다. 기타 각종 화학반응의 촉매나 첨가제도 기초기술을 선진국에 의존하고 있어서 경쟁력이 취약하다.

UR 타결이 수출에 미치는 영향

① 협상분야별 영향

화학제품 중 수출이 되고 있는 품목은 석유화학제품이다. 무기화학제품은 수출을 늘릴 수 있을 만큼 생산량이 충분하지도 않으며, 가격경쟁력 또한 없다. 또 화장품·농약·의약품 등 완제품은 원료를 수입에 의존하고 있어서 수출경쟁력이 없다. 따라서 UR 타결에 따른 수출의 영향을 분석하는 것은 석유화학제품의 관점에서 논의하기로 한다.'

UR협상분야 중 화학산업의 수출에 영향을 줄 수 있는 분야는 관세인하와 반덤핑·무역관련투자조치·보조금·상계관세 등이다. 기타 지적재산권·기술장벽·정부조달협정 등은 별다른 영향을 미치지 않을 것으로 보인다.

관세인하

석유화학제품에 대한 각국의 최근 관세율의 수준을 보면 대만은 1993년 2월 현재 거의 전제품이 10% 이하로 가장 낮은 수준이며, 미국과 EC·캐나다 등은 5~12%로 비교적 낮은 관세를 적용하고 있고, 또 석유화학의 산업이 상당히 발달된 인도네시아도 무관세품목이 많다. 그러나 인도는 자국산업의 보호를 목적으로 관세율이 100%가 넘으며, 태국과 중국도 20~30%의 높은 관세를 적용하고 있다. 한편, 일본은 현재 대부분 10% 이하의 잠정관세율을 적용하고 있는데 한국의 주종수출품인 일부 품목에 대해서는 종량세를 적용하여 이들 품목의 실질관세율은 20% 내외로 높아졌다.

보조금 · 상계관세

UR 보조금 · 상계관세분야는 정부가 산업 및 기업에게 주는 각종 지원제도 중 무역왜곡을 야기하는 불공정보조금의 사용을 규제하는 것이다. 즉, 보조금의 사용 자체에 대한 일정한 제한과 의무를 부과하고 있으며, 타국의 보조금으로 피해를 입은 국가에 대해서는 보조금의 효과를 상쇄할 수 있는 상계관세를 부과하도록 하고 실질적으로 반덤핑에 버금가는 위력을 갖고 있는 분야이다. 현재 국내산업계에 지급되고 있는 보조금성격의 제도는 크게 수출금융 · 설비투자시의 정책금융 지원 등이 있다. 이 중 수출금융은 국내수출업계 전체가 해당되고, 실질금리의 차가 크지 않으며, 또 화학제품 수출업체는 주로 대기업인 석유화학업체여서 수출금융에 의한 영향이 특별한 것이 아니다. 그러나 성격상 설비투자에 대규모 자금이 소요되는 설비투자정책자금의 규제는 화학산업(석유화학산업)에 상당한 타격을 가져올 수 있다. 다만 이 자금은 재정자금이 아닌 금융자금이어서 보조금성격을 가리는데 논란이 있다는 점에서 더 두고 보아야 할 사안이다. 여하튼 보조금규제는 화학업계의 설비투자를 위축시키고 나아가서는 금리부담을 높여 공급능력과 가격경쟁력을 약화시켜 수출에는 마이너스요인으로 작용할 것으로 보인다.

한편, UR의 공산품관세협정은 1986년 9월의 관세율을 기준으로 1/3 이하로 낮출 것을 주장하고 있어서 현재 10% 이하의 관세를 적용하고 있는 나라는 추가 인하폭이 작을 것으로 보인다. 따라서 현재 20% 이상의 고율관세를 적용하고 있는 인도 · 태국 · 중국 등은 관세인하로 인한 수요증가의 효과가 클 것으로 보인다. 이 중 중국은 GATT회원국이 아니지만, 현재 가입을 추진 중이어서 이번 UR협정에 따라갈 것으로 보인다. 그러나 이들 국가는 모두 개발도상국 또는 최빈국으로서 유예품목 및 유예기간설정으로 장기화될 전망이어서 관세인하효과도 장기간에 걸쳐서 나타날 것이다.

〈표 8-115〉 주요 석유화학제품의 국가별 수입관세율 현황(1993년 2월 기준)

(단위 : %)

구 분	한국	일본	대만	미국	EC	중국	태국	인니	인도
에틸렌 / 프로필렌	5	15 / 4.6	0	0	0	20~12	30	0	25/111
BTX	5	10 / 3	5	0	0	30~15	30	0	35/116
부타디엔	5	5 / 0	0	0	0	20~12	30	0	40
SM	8	20 / 6.4	2.5	7.4	6	30~20	30	0	40
EG	9	20 / 9.6	2.5	12	13	30~18	30	0	134
TPA	9	20 / 6.4	2.5	*17.9	10	30~18	30	0	125
PA	9	15 / 3.9	2.5	*8.6	13	30~20	30	20	127
카본블랙	9	20 / 4.6	5	0	12	35~23	30	10	50
TDI / MDI	9	20 / 4.6	5	7 / 5.8	13	30~20	30	5	146
LDPE / HDPE	9	*54 / 22	5	12.5	12.5	45~28	40	40	119
PP	9	*57 / 25	5	12.5	12.5	45~28	40	40	90
PS / ABS	9	20 / 4.6	5	*9.4	12.5	45~28	40	15	119
PVC	9	20 / 4.6	5	10.1	12.5	45~28	40	20	90
PPG	9	20 / 4.1	2.5	*7.7	7.6	45~28	40	5	206
SBR / BR	9	0	5	0	0	35~20	30	5	122

주 : 1) 일본의 경우 /표 좌측은 기본관세, 우측은 잠정관세이며, LDPE/HDPE, PP 등은 종량세
로 단위는 엔/kg임.
    2) 미국의 *표 품목은 기본관세율로 여기에 종량세가 더 부과됨.
자료 : 석유화학공업협회.

반 덤 핑

최근 2년간 국제석유화학 제품가격은 공급과잉으로 인해 급락세를 보
여왔다. 특히, 한국의 경우 대규모 설비투자에 따른 고정비의 부담으로
변동비수준에서 제품수출을 해오고 있기 때문에 반덤핑제소의 주 대상이
되고 있다. 반덤핑제소상황을 보면 주로 관세율이 낮은 인도네시아와 대
만·호주 등이 반덤핑제소를 하고 있으며, 인도는 높은 관세율과 더불어
반덤핑조사도 병행하고 있다. 주요 덤핑제소대상의 품목은 폴리에틸렌과
폴리프로필렌 등의 범용합성수지이며, 스틸렌모노마·무수프탈산 등 중
간유분도 대상이 되고 있다. 이번 UR 반덤핑협정은 제소자격이나 덤핑판
결의 요건을 강화하였다는 점에서 전체적으로 수출에 긍정적인 효과가 예

〈표 8-116〉 한국 석유화학제품의 품목별 · 지역별 수출 현황

(1993년 1~11월)

(단위 : 백만 달러, %)

구 분	석유화학	비중	무기화학	비중	비료	비중	의약품	비중	화장품	비중	염료도료	비중	화학전체
미 국	89	3.4	4	2.6	–	–	7	3.3	7.4	27.4	24	9.7	233
일 본	236	9.0	39	25.8	13	7.3	42	19.9	0.8	3.0	29	11.7	529
EC	143	5.4	6	4.0	–	–	53	25.1	3.4	12.6	25	10.1	343
태 국	108	4.1	6	4.0	134	74.9	7	3.3	–	–	12	4.8	291
말레이시아	46	1.7	2	1.3	1	0.6	1	0.5	1.6	5.9	6	2.4	63
인도네시아	198	7.5	18	11.9	1	0.6	11	5.2	–	–	18	7.3	282
필 리 핀	118	4.5	10	6.6	4	2.2	5	2.4	–	–	3	1.2	153
대 만	247	9.4	13	8.6	1	0.6	6	2.8	1.3	4.8	16	6.5	350
중 국	577	21.9	9	6.0	–	–	7	3.3	0.3	1.1	31	12.5	663
홍 콩	345	13.1	7	4.6	–	–	17	8.1	4.3	15.9	38	15.3	450
기 타	529	20.1	37	24.5	25	14.0	55	26.1	7.9	29.3	46	18.5	885
합 계	2,636	100	151	100	179	100	211	100	27	100	248	100	4,206

자료 : 무역협회.

〈표 8-117〉 한국산 석유화학품에 대한 국가별 반덤핑 사례

구 분	반덤핑(비관세장벽) 사례
인 도	– 1993년 1월 수입 PVC에 덤핑예비판정을 내림→1993년 7월 자국산설비가 완공되고 자국산가격이 수입가보다 낮아 덤핑마진율을 거의 무혐의수준으로 낮춤 – 그러나, 최근 폴리올레핀수지에 대해 덤핑제소를 할 움직임이 있음
호 주	– 1992년 초부터 수입올레핀수지의 덤핑혐의 조사→1993년 4월 한국산 PP수지에 덤핑예비판정을 내림 – 최근에는 HDPE에 대해 덤핑제소가 추진되고 있음
대 만	– 1993년 9월 한국산 PE수지에 덤핑제소→PP, SM, CB 등으로 확대할 움직임 →이를 계기로 관세도 인상할 가능성 있음

자료 : 대우경제연구소.

상된다. 특히 한국산에 대한 덤핑제소가 많은 인도네시아 · 인도 · 대만 등에서 자국산업의 보호를 위한 자의적인 덤핑제소가 줄어들 것으로 전망되어 향후 동 지역으로의 수출여건이 호전될 것이다. 그러나 석유화학제품 수출가격은 수급으로 결정되는 경기싸이클에 의해 크게 변동하고 최근

의 가격하락과 덤핑제소도 이에 따른 것이어서 반덤핑대상이 될 가능성을 줄이는 데는 미흡한 것으로 보인다.

무역관련투자조치

투자유치국의 투자규제 완화를 기본목적으로 한 무역관련투자조치분야의 타결은 비록 기술이전의무·외국인 지분참여 등 주요 사안이 제외되었고, 개발도상국과 최빈국에 유예기간이 주어지는 등 강도 높은 내용은 빠졌으나, 내국민대우와 수량제한철폐 등의 원칙을 준수하게 함으로써 선진국기업의 동남아진출을 촉진할 것으로 보인다. 따라서 이 분야는 동남아지역에서 이미 추진되고 있는 석유화학 설비건설을 조기에 앞당기게 할 수 있으며, 새로운 건설계획을 촉진시켜 장기적으로는 수출시장이 오히려 축소될 수도 있다.

기타 분야

긴급수입제한조치는 주로 선진국이 자국산 피해구제제도로 활용하고 있고 동남아지역이 주력수출시장인 한국의 화학산업에는 영향이 적다. 이밖에 기술장벽도 석유화학제품은 표준화가 되어 있고 일반화학제품은 표준화와 관계가 적어 영향이 적고, 정부조달부문도 조달물자 중 화학제품의 비중이 미미하여 영향이 적다. 다만, 선진국에 비해 불리한 지적재산권분야에서는 기술도입비의 증가로 수출채산성의 악화요인이 된다.

② 수출에 미치는 영향 종합

UR협상 타결에 따른 화학산업의 직수출환경은 개선될 것으로 보이나, 그 정도는 작을 것으로 보인다. 그러나 전방 공산품수출이 활성화되어 소재산업으로 전방산업연쇄효과가 큰 화학산업은 전방산업의 수출을 통한 간접수출(로컬수출)은 크게 증가할 것으로 보인다.

최근 화학제품(주로 석유화학제품)의 수출이 급증하면서 동남아지역의 높은 관세율과 반덤핑조사 등 무역장벽이 높아져 수출장애요인으로 작용하였다. UR 타결은 기본적으로 이러한 장벽을 낮춰 국내석유화학제품 수

〈표 8-118〉 UR 타결이 화학산업의 수출에 미치는 영향

구 분	예상되는 환경변화	수출에 미치는 영향	종합
관 세	− 미국·일본·EC 등 선진국의 관세인하는 거의 없음 − 개발도상국은 관세율인하 정도가 클 것임(현재 동남아지역의 관세율 20~30%)	− 선진국보다 개발도상국에의 수출확대효과가 큼 − 석유화학제품 수출입은 수급상황에 의해 주로 결정되며, 운송비 비중이 커 관세인하만으로 수출이 대폭 늘어나기는 어려움 − 그러나, 관세인하에 따른 가격하락은 실수요증가를 가져올 수 있어서 간접적인 수출확대효과는 기대됨	○
긴급수입제한조치	− 재발동금지기간의 규정 엄격화. 긴급수입제한조치의 발동범위, 기간 등 명확화	− 이 조치의 남용지역인 선진국에의 수출여건 개선	△
보조금·상계관세	− 설비투자자금에 대한 저리자금 지원, 세액공제 및 수출금융이 없어지게 됨	− 설비증설억제로 공급능력에 부정적 효과를 가져오고, 채산성이 악화되어 수출위축요인이 됨	×
반덤핑	− 덤핑제소요건이 강화되어 자국산업 보호를 위한 단순 덤핑제소는 줄어들 전망	− 한국산에 대한 덤핑제소가 많은 인도네시아·인도·대만 등에의 수출확대 여지가 있음	○
기술장벽	− 원료 및 소재, 완성품의 표준화로 범용성 증가 − 적합판정절차 간소화로 무역마찰 해소	− 일반적인 수출환경 개선	△
정부조달부 문	− 화학제품에서 정부조달부문의 비중이 작아 영향이 없음	− 수출시장 확대에 영향 작음	−
무역관련투자조치	− 선진국 화학업체의 동남아 진출이 더욱 활성화될 것임	− 장기적으로 동남아지역의 자급도를 높여 수출수요 감소	×
지적재산권	− 화학설비설계 및 원료약품은 이미 선진국기술이 지배하고 있어서 도입비용 증가	− 수출채산성 악화요인	×

주 : ○○ 매우 유리, ○ 유리, △ 다소 유리, − 중립, ▽ 다소 불리, × 불리, ×× 매우 불리.

출확대에 도움이 될 것으로 보인다. 그러나 중국·인도 등은 최빈국으로 우대조치를 받게 되고, 또 한국산의 주수출품목인 석유화학이 대표적인 경기순환적 산업이어서 경기상황에 따라 반덤핑대상이 되기 쉬우며, 무역관련조치의 완화는 선진국의 동남아지역 투자진출을 촉진하여 이 지역의 자체생산을 늘림으로써 수입수요가 오히려 감소할 수 있고, 또 보조금의 철폐는 국내설비투자를 위축시키고 금융비용부담을 늘려 장기적으로 수출 경쟁력을 약화시킬 우려가 있다는 점 등에서 UR 타결로 인한 직수출확대 효과는 그다지 크지 않을 것으로 보인다. 품목별로는 화학제품수출을 주도하는 석유화학제품 중 그동안 동남아지역에서 고율관세와 반덤핑제소 등으로 수출장벽이 높았던 HDPE, PP 등 올레핀수지와 PVC수지·카본 블랙·TPA·SM 등 범용석유화학제품의 수출확대가 예상된다.

한편 UR 타결로 전자·자동차 등 공산품수출이 확대될 것으로 예상되는 바, 이는 소재산업으로 전방산업연쇄효과가 큰 화학산업은 전방산업수출을 통한 간접수출(로컬수출)의 확대를 가져올 것으로 보인다. 산업연구원의 자료(최낙균, 1993. 12)에 따르면 화학산업의 전방연쇄효과는 1.82로 제조업 중 가장 크며, 이는 국내수출산업 활성화가 동 산업에 크게 파급된다는 것을 의미한다. 품목별로는 석유화학 전제품이 가장 큰 영향을 받을 것이고, 기타 도료·무기화학품 등 중간재 수요확대가 예상된다.

UR 타결이 내수에 미치는 영향

① 협상분야별 영향

관세인하

한국의 화학제품 수입관세율이 5~8%로 이미 선진국수준으로 낮아져 관세분야에서 UR 타결이 내수에 큰 영향을 줄 것 같지는 않다. 또, 한국의 화학제품에 대한 관세양허내용을 보면 양허세율과 현행 세율의 차이가 3% 내외에 불과하고, 주요 수입가능품목인 의약품과 시장규모가 큰 환식탄화수소의 상당부분이 이번 양허내용에서 제외된 것도 내수측면에서 UR 관세협정효과가 작을 것으로 보는 배경이다. 그러나 5~10년간의 이행기간을 거쳐 무관세화를 하게 되는 탈지면·거즈 등 의료용품이나 스티

〈표 8-119〉 한국의 화학제품 관세양허계획안

HSコード	품 목	양허세율(%)	이행기간(년)	비고(1994 세율, %)
28류	무기화합물	5.5	5, 10	0, 8
29류	유기화합물			
(2901)	비환식탄화수소	0	5	5
(2902.50)	환식탄화수소	〃	10	5
(2902.90)	〃	〃	10	5
(2903~2942)	할로겐화유도체 등	5.5, 6.5	5, 10, 15	5, 8
30류	의료용품			
(3001, 3002)	동물추출물·면역혈청	0	5	8
(3003, 3004)	페니실린·호르몬 등 의약품	미양허	–	8
(3005, 3006)	탈지면·거즈 등 기타 의료품	0	8	8
31류	비료	6.5	10	1, 8
32류	염료·안료 등	〃	10, 15	8
33류	향료·화장품	〃	〃	8
35류(3506, 3507만 해당)	조제글루·효소	〃	10	8
36류	화약류	〃	10, 15	8

주 : 2902(벤젠 등 환식탄화수소) 중 2902.50(스티렌), 90(기타) 외에는 미양허.
자료 : 재무부 보도자료, 1993. 12.

〈표 8-120〉 한국의 품목별·지역별 화학품수입 현황(1993년 1~11월)

(단위 : 백만 달러, %)

구 분	석유화학	비중	무기화학	비중	비료	비중	의약품	비중	화장품	비중	염료도료	비중	화학전체
미 국	762	31.1	187	29.2	23	20.7	97	13.6	27	28.7	95	14.8	3,450
일 본	983	40.1	155	24.2	2	1.8	197	27.7	19	20.2	197	30.8	3,700
EC	306	12.5	133	20.7	1	0.9	243	34.1	34	36.2	198	30.9	2,304
태 국	–	–	–	–	–	–	–	–	1	1.1	5	0.8	42
말레이시아	–	–	–	–	–	–	7	1.0	0.5	0.5	–	–	126
인도네시아	34	1.4	6	0.9	1	0.9	–	–	–	–	4	0.6	836
필 리 핀	–	–	–	–	–	–	–	–	–	–	–	–	27
대 만	34	1.4	7	1.1	–	–	4	0.6	1	1.1	15	2.3	222
중 국	29	1.2	47	7.3	1	0.9	53	7.4	0.3	0.3	22	3.4	409
기 타	301	12.3	106	16.5	83	74.8	111	15.6	11	11.9	104	16.3	3,381
합 계	2449	100	641	100	111	100	712	100	94	100	640	100	14,497

자료 : 무역협회.

렌(SM) 등 일부 유기화합물은 국내제품이 경쟁력을 확보하지 않으면 수입품이 국내시장을 잠식할 우려가 있다.

반 덤 핑

UR 반덤핑협정 타결로 무기화학의 경우는 수입억제의 수단이 약화되어 수입이 계속 늘어날 것으로 보인다. 무기화학품은 최근 들어 수입이 급증하고 있는 부문으로, 특히 중국산은 대부분 국내제품보다 가격이 30% 내외가 저렴하여 1991년 수교 이후 국내시장을 급속히 잠식하고 있다. 가장 대표적인 품목은 소다회로 정부는 1993년 12월 중국산에 대해 최종 덤핑판정을 내린 바 있다. 이밖에 가성소다·과산화수소 등 주요 무기화학품목은 저가 중국산제품이 국내시장을 잠식할 것으로 보이며, 이로 인한 관련 산업피해 구제방안으로 반덤핑제소가 고려되고 있다.

보조금·상계관세

반덤핑관세조치와 더불어 수입규제를 할 수 있는 강력한 수단인 상계관세조치는 1980년 동경라운드의 보조금·상계관세협정에 가입하여 이를 관세법에 그대로 수용하고 있어서 이미 법적인 근거를 갖고 있다. 그러나 상계관세는 지금까지 한 번도 적용된 사례가 없고, 수입품의 주종을 차지하는 정밀화학제품은 수출보조금의 지급이 적은 선진국에서 수입되고 있어서 보조금·상계관세분야는 국내수요와 수입에 미치는 영향이 작다. 다만 동남아, 특히 중국에서 수입되는 무기화학제품의 경우 수출국의 보조금 지급이 제약되어 현행보다 수입가격조건이 다소 높아진다고 볼 수 있어서 약하나마 수입억제효과를 기대할 수 있다.

유통시장개방

UR서비스무역분야의 하나인 유통서비스시장의 개방으로 의약품 및 화장품의 선진국업체의 직접진출이 예상된다.

- 의약품

우선 의약품의 경우를 보면 1989년 7월 의약품도매업의 외국인투자가

100% 허용되었으나 도매업 허가조건이 까다로워 지금까지 외국유통업체의 진출은 부진했다. 이는 선진제약업체가 이미 기술수출·면허생산·원료약품의 수출 등의 형태로 국내시장을 지배하고 있으며, 국내의약품도매시장의 여건도 열악하여 제조업체의 직판비중이 약 75%를 점하고 있다. 그러나 1993년에 들어「마리온메렐다우」,「아스트라」와 같은 국내진출의 다국적기업들이 UR협상의 영향을 받아 국내파트너와 기술제휴의 관계를 청산하고 자체영업망 구축을 서두르고 있다. 이들은 모기업으로부터 완제품을 수입하거나 국내제약기업에 위탁생산하는 방식으로 제품을 공급받아 마케팅에 나서고 있다. 특히, 정부가 추진하고 있는 의약품 유통의 일원화정책에 따른 유통구조의 변혁기에 이들의 진출이 활성화될 것으로 예상된다.

- 화장품

한편, 화장품의 경우는 국내시장에서 외국산 화장품의 시장점유율이 1993년에 직수입과 기술제휴생산을 포함하여 15% 정도로 추정되고 있다. 1993년의 소매업개방으로 외국유명업체들의 국내백화점직판소는 서울에만 100여 개가 개설되어 화장품수입액은 1993년에 1억 달러 이상으로 전년대비 50% 정도 증가한 것으로 추정되며, 1994년에는 지방백화점으로 진출도 본격화될 전망이다. 외국업체들의 국내진출이 기존의 기술제휴생산을 통한 간접판매방법에서 이처럼 직접판매방법으로 전환하여 외국화장품의 국내직수입은 높은 증가율을 보일 전망이다. 그러나 한국의 화장품판매에서 할인판매점과 방문판매의 비중이 90% 이상을 차지하고 있어 '90년대 말까지 외국산제품의 국내시장점유율은 20%를 넘지 않을 것으로 보인다.

지적재산권

UR 지적재산권협상의 타결로 화학품 중 가장 큰 영향을 받게 될 분야는 의약품이다. 한국은 1987년 7월부터 물질특허제도를 도입하였으나 현재까지 큰 영향을 받지 않은 것으로 분석된다. 그러나 이번 UR 지적재산권협상의 제39조 3항의 『의약품의 시판 제조허가를 받기 위해 제출해야 하는 비공개 시험자료 및 기타 데이터의 불공정한 상업적 이용을 보호해야 한다』는 규정은 보호기간이 명시되지 않아 영구적으로 신약의 독점판매권 유지가 가능하게 된다. 따라서 다국적기업들은 입지가 강화되어 라이센스계약시 불합리한 요구를 받게 될 것이므로 이에 따라 국내제약업체들은 기술사용료부담이 증가하여 생산원가부담이 늘어나고 경쟁력의 약화가 예상된다. 한편, 보사부의 발표에 따르면 UR의 지적재산권분야에서 물질보호대상으로 지정된 의약품 수는 376개인데 한국은 이 중 미국과 EC의 284개의 의약물질에 대해서 이미 물질보호를 수용하고 있으므로 추가로 일본 등에 대해 92개 물질이 새로이 물질보호대상이 된다. 1993년 중에 미국과 EC가 보호를 주장한 의약물질의 국내무단복제규모는 약 800억원으로 추정되며 이번에 새로 추가된 것을 고려하면 1,000억 원 규모로 추정된다.

기타 분야

먼저 UR무역관련투자조치의 완화는 이미 국내의 투자자유화조치가 상당히 진전되어 있어 국내시장에는 별다른 영향을 미치지 않을 것으로 보인다. 또 기술장벽의 분야에서도 국내수요와 수입에 미치는 영향이 적으나 소재 및 원료의 성분과 완성품의 치수 등이 표준화되어 수입여건이 개선될 것이다. 그밖에 긴급수입제한조치와 정부조달 등 기타 분야의 국내 화학업계에 미치는 직접적인 영향은 적을 것으로 보인다.

② 내수에 미치는 영향 종합

UR 타결로 일부 무기화학품과 의약품·화장품의 완제품 수입여건은 호전될 전망이다.

화학품 중 의약품은 지적재산권의 보호로 기술해외의존도에 대한 사용부담이 더 커졌고, 유통시장의 개방으로 완제품수입이 증가할 수 있다.

〈표 8-121〉 UR 타결이 화학제품의 내수에 미치는 영향

구 분	예상되는 환경변화	내수에 미치는 영향	종합
관 세	- 의약품은 1999년까지 무세화로 변하고, 기타 주요 화학품의 관세도 5~10년에 걸쳐 관세율을 선진국수준으로 인하하게 됨	- 이미 대부분 화학제품의 수입관세율은 10% 이하여서 추가적으로 관세가 인하되더라도 수입확대효과는 적음 - 다만, 일부 고가화장품은 현관세율이 20% 내외로 높아 수입증가가 예상되나 수요층이 얇아 비중이 작을 전망 - 다만 가성소다 · 소다회 등 관세가 높은 일부 품목의 수입증가가 예상됨	▽
반덤핑	- 소다회 · 과산화수 · 가성소다 등 반덤핑제소를 했거나 고려 중인 일부 무기화학품의 덤핑규제조건이 엄격해짐	- 이들 무기화학품의 수입확대 예상	×
보조금 · 상계관세	- 상계관세 부과기준이 엄격해짐 - 수출국의 수출보조금 금지 - 개발도상국에 8년간의 유예기간을 주어 효과는 장기화	- 국산품 사용촉진 수입대체보조금의 금지로 수입여건 개선 - 동남아수입품(무기화학품)에 수입억제요인으로 적용	▽
지적재산권	- 정밀화학제품의 지적재산권 보호대상 증가	- 원재료 또는 기술수입 증가 - 신물질개발이 억제되어 장기적으로 기술종속 심화	× ×
유통시장 개 방	- 의약품 · 화장품 완제품유통시장 개방으로 외국업체 직접진출	- 의약품 · 화장품 완제품의 수입확대 예상	×
무역관련 투자조치	- 국내의 외국인투자 자유화가 상당히 진척되어 영향 적음	- 영향 적음	-
기술장벽	- 성분 · 치수 등의 표준화로 수입여건이 개선됨	- 일반적 수입조건 개선	▽
정부조달협정	- 화학물자의 정부조달비중 작음	- 영향없음	-

주 : ○○ 매우 유리, ○ 유리, △ 다소 유리, - 중립, ▽ 다소 불리, × 불리, × × 매우 불리.

최근 완제품수입이 증가하고 있는 화장품도 관세인하와 유통시장의 개방으로 수입이 더 늘어날 가능성이 있다. 그러나 수입화장품이 고가품 위주여서 수요층이 얇고 이미 진출해 있는 백화점판매가 주종을 이룰 것이므

로 시장점유율은 20%(현재는 15% 내외)를 넘지 못할 것으로 보인다. 또 최근 수입품의 증가로 반덤핑제소를 했거나 수입규제를 해오던 가성소다·소다회·과산화수소 등 일부 무기화학제품의 수입도 확대될 것으로 보인다. 그러나 석유화학제품은 수출(전방산업을 통한 간접수출 포함)의 활성화로 가동률이 올라가 경쟁력이 높아져 계열유도품 생산이 늘어나게 되어 오히려 수입감소의 효과가 예상된다.

종합결론

UR협정의 타결이 화학산업에 미치는 영향은 세분업종별로 상이하나 전체적으로 볼때 수출장벽을 낮춰 석유화학품의 직수출을 확대하고, 국내 공산품수출을 활성화시켜 소재산업으로서 전방산업효과가 큰 석유화학품·무기화학품·도료 등의 수요를 증가시켜 화학산업에 긍정적인 영향을 가져다 줄 것으로 보인다.

우선, 석유화학은 화학품수출을 주도하는 부문으로서 UR 타결의 수혜가 가장 클 것으로 보인다. 석유화학부문은 최근 동남아국가로부터 고율관세와 반덤핑규제를 받아왔는데 UR의 타결로 이들 장벽이 낮아져 수출확대에 도움이 될 것으로 보인다. 또, UR 타결로 국내제조업수출이 활성화되고 대표적인 소재인 석유화학품에 대한 수요가 크게 늘어날 것으로 보인다.

무기화학은 기회요인과 위협요인이 상반되어 전체적으로 중립적인 효과가 예상된다. 즉, 가성소다·소다회 등 주요 무기화학제품의 가격경쟁력이 취약하여 UR 타결의 수입규제장벽이 낮아지면 수입증가가 예상되나, 앞서 말한 국내공산품수출활성화의 효과로 국내관련업체의 수요가 늘어나는 요인을 고려할 때 상호 상쇄효과가 예상된다.

정밀화학품은 기술력이 취약하여 기술 및 원료수입의존도가 가장 큰 분야로서 UR 타결로 가장 피해를 볼 분야로 예상된다. 이 중 의약품은

<표 8-122> UR 타결이 화학산업에 미치는 영향 종합평가

구 분	수 출	내 수	종 합	비 고
관 세	○	▽	○	- 개발도상국의 관세율인하 정도가 클 것이므로 개발도상국으로의 수출확대효과 기대
보조금·상계관세	×	▽	×	- 수출보조금, 국산품 사용촉진 수입대체 보조금의 금지로 수출여건 불리, 수입환경 개선
반덤핑	○	×	○	- 반덤핑 운용기준의 엄격화로 석유화학제품의 대동남아지역 수출여건 개선됨 일부 무기화학품목의 수입규제 제약
기술장벽	△	▽	△	- 일반적인 수출입여건 개선
정부조달	-	-	-	- 화학제품의 정부조달부문의 비중이 작아 영향이 없음
무역관련투자조치	×	-	×	- 장기적으로 동남아지역의 자급도를 높여 수출수요 감소
지적재산권	×	××	××	- 신물질개발 위축 및 기술종속도 심화

주 : ○○ 매우 유리, ○ 유리, △ 다소 유리, - 중립, ▽ 다소 불리, × 불리, ×× 매우 불리.

<표 8-123> UR 타결이 주요 화학제품에 미치는 영향 종합평가

구 분	수 출	내 수	종 합	영 향
석유화학품	○○	×	○	동남아국가의 고율관세 인하와 반덤핑 규제완화로 수출확대 예상
무기화학품	○	×	-	국내관련업체의 해외 현지수요 확대로 수출수요 확대되나, 주요 무기화학제품의 가격경쟁력 열위로 수입증가 예상
정밀화학품 (의약품)	×	××	××	지적재산권 보호강화에 따른 기술의 해외종속도 심화로 내수시장잠식 예상

주 : ○○ 매우 유리, ○ 유리, △ 다소 유리, - 중립, ▽ 다소 불리, × 불리, ×× 매우 불리.

지적재산권의 보호와 유통시장의 개방에 대한 영향으로 완제의약품수입이 늘어나, 기술의 해외종속도가 더욱 커질 가능성이 있다. 또, 화장품의 시장도 완제품수입이 늘어나 잠식할 것으로 보인다. 도료는 해외기술의존도가 더 커지나 국내제조업의 수출활성화로 간접수출(로컬수출)이 늘어나 수요는 오히려 커질 것으로 보인다.

대응전략

① 정부측면

산업피해의 구제방안에 대한 제반 규정 보강

UR 타결로 무기화학제품 등은 상당한 산업피해가 예상되는 만큼 반덤 핑판정규정을 통계화·과학화하여 제소요건을 명확히 하고, 아직 실시 사례가 없는 긴급수입제한조치의 적용가능성을 검토한다. 동남아국가의 보조금 상황을 사전에 조사하고, 산업표준화를 국내실정에 맞게 조기에 도입하여 기술장벽을 준비하는 등 불공정한 무역에서 야기되는 산업피해에 대한 구제방안을 강구해야 할 필요가 있다.

기술개발 보조수단의 대폭적인 강화

보조금의 규제로 수출금융이나 설비투자 자금의 지원이 어려워지자 석유화학제품의 수출경쟁력 약화가 우려된다. 또 지적재산권의 보호강화로 정밀화학제품의 수입의존성이 고착화될 우려가 큰 만큼 허용보조금의 범위 내에서 기술개발을 위한 자금지원방안을 강구해야 한다. UR규정은 연구개발지원의 경우 산업연구가 소요비용의 75%까지, 경쟁전개발활동은 50%까지의 지원을 허용하고 있으므로 촉매·플라스틱첨가제 등 중간원재료로 다품종 소량생산되는 정밀화학제품의 업계공동개발을 위해 공동연구소를 설립할 수 있도록 지원하거나, 화학연구소 등 기존 연구소에 대한 지원도 강화해야 할 것이다. 또, 한국의 제조업 기술연구개발상의 가장 큰 취약점인 기초기술개발은 성격상 정부에서 담당할 수밖에 없으므로 이 분야에 대한 투자가 지속적으로 확충되어야 할 것이다.

해외투자활성화정책의 지속적 추진

UR협정 이후 세계화학산업은 동남아지역의 자체설비건설이 더욱 촉진되고, 기술력을 앞세운 다국적기업의 시장쟁탈전이 더욱 치열해질 것으로 보인다. 따라서 해외생산 및 유통망의 확충을 통한 수직적인 유통구조의 확보 및 국제적인 규모의 경제효과를 거둘 필요성이 커지게 되었다. 정부는 기업이 이에 대응할 수 있도록 해외투자활성화정책을 지속적으로 펴나가야 할 것이다.

② 기업측면

석유화학

석유화학산업의 경우 우선 수입장벽이 낮아진 만큼 인도와 같이 그동안 자국산업의 보호를 위해 100%가 넘는 높은 관세를 부과해 온 지역으로의 수출확대전략(유통기지 설치·판매회사의 설립 등)을 강구해야 한다. 그러나 장기적으로 UR 타결은 동남아 각국의 설비증설을 촉진할 것으로 보여 가격경쟁력이 취약한 합성수지 등 범용제품의 직수출확대에는 한계가 있을 것으로 보인다. 현재 생산이 국내수요를 80%나 초과하는 범용제품의 국내설비증설은 계속 자제하고 석유화학제품 중에서도 고난도의 기술을 요구하는 중간정밀화학제품 생산확대와 고기능제품개발에 힘을 쏟아야 한다. 참고로 산업은행(《산업기술》 1993년 7월호)에서 신규진출 유망분야로 선정한 품목을 보면 1, 4-Butanediol, 초산비닐, IIR, Nonyl Alcohol, Isoprene, IR, TAME옥탄가 향상제, 2, 6Dimethyl Phenol, PPO 등 9개를 들고 있다. 한편, 범용석유화학제품은 해외플라스틱제품공장을 건설하는 등 국제화를 적극적으로 추진하여 국제적인 규모의 경제를 이루어야 할 것이다.

무기화학

무기화학품은 국내외 가격차가 크기 때문에 수입확대가 예상되므로 시장유지를 위한 대책을 강구해야 한다. 이를 위해 병산품이 많은 제품은 전제품을 포함한 산업피해여부를 조사하여 반덤핑 등 수입규제조치를 취할 여건이 인정되면 업계공동으로 강구하고, 수요처의 결속을 꾀할 수 있는 유통망을 구축해야 한다. 또 국내외 가격차가 현저한 품목은 해외직접투자도 추진해야 할 것이다. 부산물의 처리부담이 큰 클로르-알칼리공업의 경우 부산물의 생성을 억제하는 공정으로 설비를 개조해야 할 것이다.

정밀화학

정밀화학제품의 경우 원료의 해외종속성이 더욱 커질 가능성이 있으므로 적극적인 기술도입과 연구개발투자로 자체기술력을 배양해야 할 것이다. 특히, 의약업계는 그동안 지나친 영업경쟁으로 인해 유통분야에 대한 투자가 우선적으로 이루어졌지만 앞으로는 도매업체를 육성하여 유통 및 물류업무를 위탁하고, 연구개발분야에 중점투자하여 우수의약품 생산에 전념하는 전략으로 전환함으로써 경쟁력의 제고에 노력해야 한다. 화장품 업계도 고가화장품의 수입확대가 예상되기 때문에 백화점의 진출강화 등 유통망정비와 더불어 제품차별화로 수요자의 다양한 욕구를 충족시켜야 한다. 한편, 농축산물의 개방으로 위축된 농약의 경우 기존의 완제농약업체로는 원제개발능력에 한계가 있으므로 농약업체뿐만 아니라 대형화학업체가 세계적인 안목을 가지고 원제개발에 참여해야 할 것이다.

음식료산업

개 황

UR의 농산물협상 타결에 따라 전방수요산업인 음식료산업에도 영향을 미칠 것으로 전망된다. 음식료업종 중 농산물을 주요 원재료로 사용하는 주류·음료·스낵·제과업 등은 전반적으로 싼 값으로 원료를 조달할 수 있을 것으로 보이나 축산물의 전후방산업인 배합사료업·육가공업·유가공업 등은 장기적으로 어려움이 가중될 것으로 전망된다. 음식료업 전체적으로는 농축산물을 기초원재료로 사용하고 있기 때문에 기초원재료가격의 하락에 따른 반사이득이 기대된다. 그러나 농산물수입뿐만 아니라 완제품의 수입이 크게 늘어나기 때문에 수입완제품의 시장잠식이 우려된다. 외국산 완제품이 그동안 국내시장을 잠식하지 못한 것은 외국제품이

유통에 취약점을 가지고 있었기 때문인데 유통시장이 개방되고 완제품의 유통이 쉽게 이루어질 경우 시장잠식이 가속화될 가능성이 크다.

국제농산물가격은 농산물의 무역자유화가 이루어질 경우 전반적으로 상승세를 보일 것으로 예상된다. 이것은 일본의 쌀시장개방이 확정되자 국제쌀시세가 급등한 것에서도 알 수 있다. 국제가격의 상승과 함께 주요 수출국들의 가격안정정책이 폐지됨에 따라 국제농산물과 가공식품의 가격변동이 심해질 것으로 전망된다.

한편, 국내음식료품업계에서는 그동안 원재료 사용의 제약으로 신제품의 개발 다양화를 기하지 못하는 점이 있었으나 향후 다양한 원료사용으로 제품의 다양화를 기할 수 있을 것으로 보인다.

음식료품의 1988년 이후 수출입의 추이를 보면 수입은 수입 자유화의 영향으로 음료품·빵·과자·면류 등 소비재가공품을 중심으로 증가세를 보여왔으며, 1988~1992년간 연평균 11.5% 증가했으나 수출은 국제경쟁력이 취약한 가운데 수산가공품 등 수출주종품의 부진으로 동 기간 중 연평균 2.6% 증가에 그쳤다. 부문별 수출입 동향을 보면 수입에 있어서는 수산가공품·제빵·제과·제면·주류 등의 수입이 수입자유화와 내수증가의 영향으로 1988~1992년간 연평균 30~40%의 급속한 증가세를 보였으며, 낙농·과일가공품의 경우 연평균 8.2% 증가하였다. 반면에 제분 및 제당부문의 수입은 내수둔화로 정체 내지 소폭 증가하는 것에 그쳤다.

수출에 있어서는 음식료품 수출의 절반 이상을 차지하던 수산가공품의 수출이 대일수출 부진으로 1988~1992년간 연평균 3.4% 감소하였고, 낙농·과일가공품의 수출도 1.4% 감소하였다. 제빵·제과·제면·음료품 및 제분부문의 수출은 비교적 높은 증가세를 보였다.

〈표 8-124〉 주요 음식료품 수출입추이(한국)

(단위 : 백만 달러, %)

구 분	1988	1989	1990	1991	1992	연평균증감률 (1988~1992)
수 출	1,026	1,066	1,070	1,046	1,135	2.6
식 료 품	975	1,005	1,016	986	1,060	2.1
육·낙농·과일가공	174	196	169	141	164	-1.4
수 산 가 공	518	469	461	460	451	-3.4
제 분	20	28	28	30	30	10.6
제 당	76	111	129	94	101	7.2
빵·과자·면류	91	94	98	120	144	12.2
기타 식료품	95	107	131	142	170	13.8
음 료 품	51	60	54	60	75	10.5
수 입	2,208	2,751	3,095	3,298	3,413	11.5
식 료 품	2,132	2,621	2,933	3,087	3,134	10.1
육·낙농·과일가공	1,305	1,565	1,805	1,879	1,791	8.2
수 산 가 공	12	15	21	42	43	39.3
제 분	51	58	50	39	50	-0.8
제 당	293	374	407	345	362	5.4
빵·과자·면류	31	61	85	111	124	41.0
기타 식료품	441	548	565	670	765	14.7
음 료 품	76	130	161	211	279	38.5

자료 : 한국무역협회, 《무역통계》, 각 연도.

UR 타결에 따른 영향

① UR 타결로 긍정적인 영향을 받는 부문

음식료업종 중 UR 타결로 인해 긍정적인 영향을 받는 부문은 원재료 중 농산물의 투입비중이 많은 주류업·음료업·라면업·스낵업·제당업· 제분업 등이다.

주류업은 주정·청주 등이 쌀과 보리가 주원재료이고 맥주도 맥주보리 를 원재료로 사용하고 있으며, 막걸리도 쌀이 주원재료로 농산물 사용비 중이 매우 높다. 주류산업이 '60년대 이후 정부의 강력한 통제하에 있었 던 것도 국내농산물의 생산과 밀접한 관련이 있었기 때문이다. 주류산업

〈표 8-125〉 감귤원액의 국내산과 수입산의 수급추이

(단위 : 톤)

구 분		1989	1990	1991	1992	1993(P)
공 급	전년이월량	44,300	14,900	18,000	8,800	4,300
	국내착즙량	38,500	44,300	26,900	21,000	25,000
	수입과즙량	21,100	44,300	47,000	67,500	63,700
공급량계		103,900	103,500	91,900	97,300	93,000
수 요 량		89,000	85,500	83,100	93,000	90,000
차기연도 이월량		14,900	18,000	8,800	4,300	3,000

자료 : 《식품산업연감》, 각 연호.

의 자유화와 함께 원재료 사용제한이 해제될 경우 주류업체의 수익성은
크게 좋아질 것으로 보인다. 반면에 주류완제품은 현재 대부분 수입자유
화 상태이나 해외 완제품의 국내시장점유는 미미하다. 맥주는 1984년 수
입자유화되었으나 국내맥주사의 드라이맥주 개발에 따른 효율적 대응으로
수입맥주의 국내시장점유가 매우 낮다. 현재 위협이 되고 있는 부문은 위
스키인데, 위스키는 본래 서양술이기 때문에 국내업체가 대응하기는 힘들
것으로 보인다.

음료업 중에는 감귤의 수입이 늘어날 것으로 보여 쥬스류를 제조하는
회사의 수익성이 나아질 것으로 보인다. 감귤은 현재 국내산을 사용한 후
부족분에 대해서만 수입쿼터를 배정해 왔으나, 국내산 배정의 의무도 어
렵게 될 것으로 보여 쥬스류 제조회사들의 원가부담이 낮아질 것으로 보
인다. 현재 오렌지농축액은 관세율 50%에 수입되고 있고, UR의 타결로
관세가 조금 높아질 것으로 보이나 수입품의 가격이 국내산의 1/3수준이
기 때문에 수입품의 증가에 따라 음료회사의 원재료의 비중은 낮아질 것
으로 보인다. 한편, 쥬스완제품은 관세 60%로 수입자유화가 되어 있으
나 국내브랜드가 모두 선진 유명브랜드이기 때문에 국내시장에서의 점유
율은 미미하다. 그러나 국내에서 생산되지 않는 열대과일쥬스 등 다양한
제품이 수입될 것으로 보여 완제품의 수입에 따른 어려움이 예상된다.

제당업·제분업 등은 원재료가 100% 완제품이 수입되고 있어 원재료 조달상의 영향은 거의 없을 것으로 보인다. 반면 제분·제당기술은 상당히 발달되어 있어 현재보다 수출을 늘릴 수 있을 것으로 보인다. 한편, 제과업은 스낵의 주원재료인 감자와 고구마는 수입시 국내가격과의 차액을 관세로 부과하게 되어 있어 당분간 제과업체에는 큰 영향을 미치지는 않을 것으로 보인다. 장기적으로는 관세가 낮아져서 싸고 다양한 원료사용으로 원가비중을 낮출 수 있을 것으로 보인다.

음식료업의 주요 원재료로 사용되는 콩·옥수수·원당·밀 등은 식품가공용으로 쓰이는 것은 99% 수입자유화되어 있어 UR 타결에 따른 영향은 별로 없을 것으로 보인다.

② UR 타결로 부정적인 영향을 받는 부문

UR 타결에 따라 나쁜 영향을 받는 부문은 축산물의 전후방산업인 배합사료업·유가공업·육가공업 등이다. 배합사료업은 축산업의 후방산업으로서 시장규모가 음식료업 세부업종 중 가장 큰 2조 3천억 원이고 상장사만 12사이다. 배합사료업은 축산물 수입개방에 따라 국내 가축사육두 수가 줄어들면 생산량 감소가 불가피해져서 타격이 클 것으로 보인다. 육가공업은 이미 상당부문 완제품이 개방되어 있는 반면, 원재료인 축산물(대부분이 돼지고기)은 개방되어 있지 않아 경쟁력이 상대적으로 떨어졌으나 축산물이 수입되면 싼 원재료의 제품을 생산할 수 있게 될 것으로 보인다. 그러나 관세율인하에 따른 완제품의 국내시장잠식이 계속될 것으로 보여 어려움은 지속될 것이다.

배합사료업은 현재 59개 업체가 경쟁을 벌이고 있으나 1995년부터 중소기업 고유업종이 해제되고 제조 허가제에서 등록제로의 전환이 예정되어 있어 경쟁이 치열해질 전망이다. 축산물 개방과 함께 시장이 자유화될 경우 소형회사들은 매출감소가 클 것으로 전망된다. 대형사들은 단기적으로는 1995년 시장자유화로 시장점유가 늘어날 것으로 전망되지만, 장기

〈표 8-126〉 한국의 배합사료 생산량과 가축사육두 수의 증가추이

구 분	배합사료 생산량(천톤)	증가율(%)	가축사육두 수(천 두)			
			한 우	낙농우	양 돈	양 계
1975	884	3.2	1,556	86	1,257	20,939
1980	3,567	-9.1	1,361	180	1,784	40,130
1985	6,451	13.6	2,553	390	2,853	51,081
1986	7,675	18.9	2,370	437	3,347	56,095
1987	9,018	17.5	1,923	463	4,281	59,324
1988	9,767	8.3	1,559	480	4,852	58,467
1989	10,403	6.5	1,536	515	4,801	61,689
1990	10,425	0.2	1,622	504	4,528	74,463
1991	11,477	10.1	1,773	496	5,046	74,855
1992	12,661	10.3	2,019	508	5,463	73,327

자료 : 한국사료협회.

적으로는 배합사료의 생산량이 계속 줄어들어 다른 업종으로의 사업다각화가 불가피할 것으로 보인다. 현재 대형 배합사료사들은 축산업을 직접 영위하며 최종판매까지 책임지는 축산유통업에 적극 참여하려고 한다. 수입개방이 될 경우 수입품이 유통문제로 어려움을 겪을 것으로 예상하여 미리 국내배합사료회사들이 유통시장을 선점하려는 노력이 진행 중이다.

쇠고기의 완전수입자유화가 연기된 대신 돼지고기와 닭고기의 개방시기는 앞당겨졌으나 배합사료업체들은 사료를 골고루 생산하고 있기 때문에 축종별 수입일정에 따른 명암은 없다.

육가공업도 어려움이 예상되고 있는데 육가공업 중 가장 큰 비중을 차지하는 돼지고기통조림은 1987년 이후 수입자유화되어 있고, 소시지도 1990년부터 수입을 개방하고 있다. 육가공업의 수입개방 중 가장 문제가 되던 것은 완제품은 수입자유화가 되고 원료가 되는 돈육은 수입개방이 되어 있지 않아 원재료의 가격이 외국에 비해 높다. 축산물 수입개방으로 싼 원재료를 확보할 수 있어서 가격은 낮아질 것으로 보이지만 수입완제품과의 경쟁은 힘들 것으로 보이므로 시장잠식이 가속될 것으로 보인다.

⟨표 8-127⟩ 한국의 돼지고기통조림의 수입 현황

(단위 : 톤, ％)

구 분	1987	1988	1989	1990	1991	1992	1993상
수 입	564	1,581	2,978	2,561	1,802	1,978	965
국 내	3,301	4,171	4,118	7,179	8,543	11,438	3,711
수입품시장점유율	14.6	27.5	41.9	26.2	17.4	14.7	26.0

자료 : 식품산업.

돼지고기통조림의 경우 1987년 수입자유화된 이후 1989년까지 수입품이 42％까지 시장을 점유해 국산통조림시장이 큰 타격을 받자 정부는 산업피해구제조치를 취함으로써 수입돼지고기통조림의 관세율은 30％에서 50％로 상승되어 시장점유율은 1990년에는 26％, 1991년에는 15％까지 떨어졌다. 1993년에는 관세가 다시 30％로 떨어져서 수입량이 증가하고 있다.

유가공업도 UR 타결에 따라 어려움이 예상된다. 국내유제품의 소비 중 70％ 이상을 차지하는 음용유(우유)는 수입이 거의 불가능해 영향이 없을 것으로 보이지만 치즈·버터 등 유제품의 수입확대로 외국제품의 시장점유가 현재보다 높아질 것으로 보여진다. 유장분말의 수입자유화는 유가공회사들에게 싼 원재료를 제공할 것으로 보인다. 분유의 수입자유화는 한편으로는 유가공회사의 원가를 절감시켜 줄 것이나 분유를 생산하는 회사에게는 큰 타격이 될 전망이다. 유가공업의 후방산업인 축산업이 위축될 것으로 보이자 이에 따른 원유수급의 문제도 발생할 것이며, 사육규모가 영세하고 우유생산비가 높은 낙농가는 경쟁에서 탈락하고, 경쟁력이 없는 치즈제품의 생산도 축소가 불가피할 것으로 전망된다.

전반적으로 유가공회사들은 현재 고부가가치인 2차 유제품의 매출비중을 늘리려 하고 있으나 외국제품의 침투로 성장성이 크게 둔화될 것으로 예상된다.

기타 UR협상의 타결에 따라 피해를 입을 부문은 식용유지·식품첨가물 등을 들 수 있다. 지금까지 팜유·야자유·면실유 등은 대부분 조유 형태로 도입되어 국내에서 정제되었으며 식용유시장의 주종을 이루는 대두유는 외국콩을 도입하여 국내에서 전량 생산되었으나 완제품수입이 가능하게 되어 수입품의 국내시장의 잠식이 우려된다. 또한 대두유와 결합된 대두박의 수입이 확대되어 국내식용유지산업의 생산원가 상승요인으로 작용하게 되어 피해가 가중될 것으로 전망된다.

조미식용유로서의 참기름은 원료가 수입참깨로 대체됨으로써 부분적인 수입확대가 이루어질 것으로 예상된다. 들기름은 가격면에서 국제경쟁력을 갖추고는 있으나, 수출시장이 협소하고 국내에서는 참기름과 경합관계에 있어 참기름가격의 하락으로 소비감소가 예상된다.

종합결론

UR 타결에 따른 음식료업에의 영향은 긍정적인 영향도 많으나 부정적인 영향이 조금 더 클 것으로 보여진다. 긍정적인 점은 음식료업의 기초원재료가 되는 농산물가격의 하락과 다양한 원재료 사용에 따른 제품다양화 등이다. 부정적인 영향은 유통개방에 따른 수입완제품의 시장잠식과 축산업 전후방산업인 유가공업·육가공업·배합사료업의 어려움 등이다.

음식료품의 수입자유화가 계속 추진될 경우 서구에서 들어온 음식료품들의 국내시장잠식이 클 것으로 전망된다. 치즈·버터 등의 유가공제품·돼지고기통조림 등의 육가공제품·위스키·외식산업 등은 선진국 브랜드의 이미지가 강해 국내의 자생 브랜드는 수입품과의 경쟁에서 경쟁력을 갖추기가 어려운 반면에 국내의 고유 음식료품의 상품화에 따른 수출도 아직은 힘들어 보인다.

UR 타결에 따른 영향은 긍정적인 요인보다는 부정적인 요인이 조금 더 크게 나타나지만 국내음식료업계의 기술개발에 따른 신제품 개발에 어느 정도 성공하느냐와 유통개방에 따른 영향을 얼마 만큼 최소화하느냐에 따

〈표 8-128〉 UR 타결이 음식료산업에 미치는 영향 종합평가

구　분	예상되는 변화	영향평가	종합
주　류　업	－주류업의 주요 원재료가 되는 농산물은 국내산 강제배정 이후 수입쿼터를 배정했으나 국내산 강제배정의 규정이 없어질 것으로 보임 －주류는 대부분 수입자유화되어 있으나, 위스키를 제외하고는 시장점유가 미미. 국내 주류의 수출은 늘어나는 추세	－싼 수입원재료의 투입으로 원가개선 가능 －다양한 원재료 사용으로 신제품 개발 가능 －맥주와 소주의 수출이 늘어나는 추세에 있어 수출이 지속적으로 늘어날 전망	○
과실가공업	－주스류의 주요 원재료가 되는 감귤은 국내산 강제배정 이후 수입쿼터를 배정했으나 국내산 강제배정의 규정이 없어질 것으로 보임 －오렌지와 파인애플을 제외한 열대과즙음료는 주스나 통조림형태로 수입이 증가할 전망	－주스류를 제조하는 회사들은 싼 원재료의 투입에 따라 원가부담이 낮아질 전망 －수입이 안 되었던 열대과일주스의 수입증가로 주스류시장의 경쟁격화 예상 －원료조달의 자유화로 음료회사의 신규 진입 용이	△
제　당 · 제　분　업	－현재 원재료가99％ 수입되고있어 큰 변동은 없을 것임	－원재료 조달상으로는 큰 변동이 없을 것이나 제분·제당기술이 발달되어 있어 현재보다 수출을 늘릴 수 있을 것으로 보임	△
라　면　류	－라면류는한국의품질이세계 최고의 수준이므로 수입될 가능성은 별로 없고 수출을 증가시킬 수 있을 것으로 보임	－중국을 비롯한 저개발도상국으로의 수출이 크게 늘어날 것으로 보임	○
제과, 스낵	－스낵의주요원재료가되는감자·고구마가 싼 값으로 수입증가 예상 －유통문제 때문에 어려움을 겪던 수입품이 유통시장의 개방으로 증가할 전망	－싼 원재료 사용에 따른 원가절감 가능 －수입품과의 경쟁이 치열해질 전망	－
조　미　료	－조미료제조기술은세계적인수준이어서 국제경쟁력이 강함	－새로운 시장개척에 따라 수출이 늘어날 수 있음	○
배합사료업	－축산물의수입자유화에따라국내 가축사육두 수가 감소할 것이 예상되어 생산량이 정체 내지 감소할 것으로 전망	－배합사료시장의 자유화와 축산물 개방으로 소형사들의 매출감소가 두드러질 전망 －연관 분야로의 사업다각화가 이루어질 전망	×

구　　분	예상되는 변화	영향평가	종합
육 가 공 업	－1987년 이후 완제품은 수입자유화되어 있었으나 원재료인 돈육은 수입되지 않았음. 싼 돈육의 확보 가능 －산업구제조치 해제로 수입품증가 예상	－싼 원료육의 도입으로 원가부담은 줄겠으나, 완제품수입의 증가로 국내시장잠식의 가능성 큼	×
유 가 공 업	－국내유제품 소비량 중 시유비중이 70% 이상이나 수입유제품의 증가로 시유비중이 낮아질 전망 －조제분유 · 버터 · 치즈 · 요구르트 등의 수입확대 예상 －영세한 낙농가의 감소와 치즈 등 경쟁력이 없는 제품생산 감소 전망	－국내유가공회사들이 시유의 비중을 낮추고 2차 유제품의 비중을 높이려 하고 있는 시점에서 유제품의 수입확대는 유가공회사에 타격 예상 －축산물 개방에 따른 낙농가의 위축과 이에 따른 젖소 사육두 수의 감소가 예상되어 원유수급이 불안정해질 전망	×
식 용 유	－ 대두를 수입해서 국내에서 정제하던 것이 정제된 완제품수입의 형태로 바뀌어 갈 것임	－ 원재료수입의 자유화로 신규 참여가 용이해지고 수입품의 증가로 경쟁이 격화될 전망	×
채 소 류	－일부 채소는 신선도를 가미하면 일본시장의 진출이 가능 －서구적인 식생활 패턴의 증가로 샐러드용과 같은 서양 채소의 수입증가 예상	－ 국내채소산업은 일부를 제외하고는 경쟁력이 없을 것으로 보임	▽

주 : ○○ 매우 유리, ○ 유리, △ 다소 유리, － 중립, ▽ 다소 불리, × 불리, ×× 매우 불리.

라 부정적인 요인을 줄일 수도 있다.

대응전략

　국내식품산업은 식품가공기술이 제분 · 제당 · 조미료 · 라면 등을 제외하고는 선진국에 비해 뒤지고 있으므로 식품가공기술의 향상과 생산공정의 효율화를 통한 국제경쟁력의 제고가 필요하며, 이를 위해서는 기존의 마케팅과 가격 위주의 경쟁에서 벗어나 연구개발의 비중을 증대시키는 방향으로 인식을 바꿔야겠다. 국내제조업체의 광고비 지출 중 음식료업체들이 상위 10위권 내를 차지하는 등, 음식료업체들은 과다한 광고비의 지출을 안고 있어 상대적으로 신제품개발은 소홀히 하고 있는 것이 현실이다. 특히, 가공기술분야에 있어서 식생활양식의 변화로 기술개발이 절실히 요구되고 있는데, 기업의 매출액대비 연구개발비 비율은 일본의 절반수준으로 연구개발투자의 확대가 시급하다. 식품가공기술개발과 함께 생산의 자동화·효율화 등에 대한 투자확대로 생산성을 향상시켜 가격경쟁력을 제고시켜야 할 것이다.

생산공정의 효율화와 가공기술의 향상을 위해서는 식품제조업계의 설비 및 연구개발비 투자확대와 함께 식품기계산업의 육성이 필요하다. 현재 국내식품기계업체는 대부분 영세업체로 자본과 기술의 축적이 미약해 식품가공산업의 발전을 효율적으로 뒷받침해 주지 못하고 있다. 이로 인해 국내식품가공기계 중 50% 이상이 외국산이며 특히 유가공·청량음료·식용유·육가공·제분·제당 등 대형 장치산업에서 외국산기계의 비중이 크다. 식품기계산업이 기종별 전문화를 진전시켜 기술수준을 한 단계 끌어올리는데 기여해야 할 것이다.

또한, 수입품과의 경쟁에서 이기기 위해서는 가격 및 비가격경쟁력 제고와 함께 다양한 신제품개발이 필요할 것으로 보인다. 가공식품의 신제품개발뿐만 아니라 식품첨가물·각종 효소제품·기능성 식품원료 등 수입이나 외국기술에 의존하고 있는 부문에 대한 기술개발을 강화하는 한편, 한국 고유의 음식료품을 개발하여 상품화하는 것도 시급하다.

또한, 수입품과의 경쟁에서 유통채널을 장악하는 것도 중요하다. 이를 위해 전국적인 유통망 확보가 필요하며, 식품업계가 공동으로 물류단지를 조성해 물류비용을 절감하고 물류의 원활화를 꾀하는 것도 바람직할 것이다.

정부에서는 수입식품의 급증에 따른 검역과 보관의 문제를 철저히 검사해 식품의 안정성을 확보하는 것이 시급하다. 그리고 정부의 식품개발에 대한 투자를 늘리고 민간단체의 기술연구의 지원과 규제완화를 통해 국내식품회사들이 경쟁력을 갖출 수 있도록 도와주는 것 또한 필요하다.

중국이나 동남아 등과 같이 우리보다 기술수준이 떨어지는 나라로의 수출을 강화하고 현지투자나 플랜트수출도 적극적으로 추진해야 할 것이다.

기 타

조 선

① 개 황

한국의 조선산업은 '70년대 중반부터 '80년대 말에 걸친 세계조선시황의 불황기에 유럽·일본 등 선진조선국들이 신조선 건조능력을 축소하고 있을 때, 건조능력을 확대해 한국의 세계조선시장점유율(신조선 건조량 기준)은 1975년 1.3%에서 1992년에는 24.7%로 높아져 한국은 일본에 이어 세계 2위의 조선국이 되었다. 한국은 가격경쟁력측면에서 유럽·일본은 물론 중국보다도 앞서 있어 가격경쟁력을 배경으로 시장점유율을 확대해 왔다. 그러나 한국 조선업은 기술측면에서 선진조선국에 비해 취약해 유조선·벌크운반선 등의 범용선의 건조비중이 높다. 이에 반해 유럽의 조선업체들은 주요 조선국 중 가격경쟁력이 가장 뒤져 정부의 직접보조금에 의해 세계시장점유율 20% 수준을 간신히 유지하고 있는 실정이지만, 기술이 앞서 있어 가스운반선·컨테이너선 등의 고부가가치선에서 시장점유율이 높다.

② OECD협상의 내용

조선산업은 UR 타결에 직접적인 영향은 없으나 UR 타결로 지난 수년간 끌어왔던 OECD 다자간조선협상이 조만간 타결될 전망이기 때문에 간접적으로 부정적인 영향을 받을 전망이다. 조선산업은 대상국가가 한정적이어서 UR협상에서는 크게 거론되지 않고, OECD조선부회(OECD WP6)의 결정에 따르기로 되어 있다. 1989년부터 시작된 OECD협상의 핵심내용은 보조금 철폐와 반덤핑인데 보조금 중 직접보조금의 부문은 어느 정

〈표 8-129〉 주요국별, 선종별 신조선 건조량(1992년 기준)

(단위 : 천 GT, %)

구분	범 용 선						고부가가치선 (가스운반선, 컨 테이너선 등)		합 계		
	유조선	구성비	벌크화물선	구성비	소 계	구성비		구성비		구성비	점유율
일본	5,207	68.8	823	10.9	6,030	79.7	1,539	20.3	7,569	100.0	41.6
유럽	1,177	35.7	322	9.8	1,499	45.5	1,799	54.5	3,298	100.0	18.1
한국	2,467	54.8	1,472	32.7	3,939	87.5	563	12.5	4,502	100.0	24.7
세계	9,998	54.9	3,404	18.7	13,402	73.6	4,796	26.4	18,198	100.0	100.0

자료 : Lloyd's.

〈표 8-130〉 세계 지역별 신조선 건조능력의 추이와 전망

(단위 : 백만 GT)

구 분	1975	1980	1985	1990	1995(E)	2000(E)
일 본	18.0	12.0	11.0	6.0	9.0	10.0
유 럽	14.0	10.0	7.0	4.5	5.0	5.5
한 국	1.0	2.0	3.0	3.0	6.0	7.0
기 타	5.0	4.0	4.0	4.0	5.0	5.5
합 계	38.0	28.0	25.0	18.0	25.0	28.0

자료 : 노무라종합연구소.

〈표 8-131〉 주요 조선국의 건조비용 비교(범용선, 1992년 기준)

국 가 명	일 본	한 국	중 국	대 만	유 럽
건조비용	100	78	88	92	120

주 : 일본의 건조비용을 100으로 한 수치.
자료 : 노무라종합연구소.

도 합의에 이르고 있으나, 간접보조금과 덤핑부문에서는 각국이 이견을 보이고 있다. UR 기본협정문에 따르면, 보조금의 성격을 직접자금이전·잠재적 자금이전 또는 채무부담(대출보증 등)과 정부의 세입포기(조세혜택) 등으로 규정하면서 연구개발·지역개발·환경보존차원 보조금의 일부를 허용하고 있고, 수출성과를 목적으로 하는 수출보조금과 국산품사용을 촉진하는 수입대체보조금을 금지하고 있어 이것이 가이드라인으로 작용해 1994년 1월 24일부터 개최되는 회의에서 기본적인 합의가 이루어질 전망이다.

③ OECD협상 타결이 국내조선업계에 미치는 영향

직접보조금은 협정 발효(1995년 중으로 예상)시 별도로 철폐계획을 명시하지 않는 한 즉각 철폐될 것으로 보이는데, 한국·일본에 비해 EC는 정부의 직접보조금 의존도가 높아(선가의 9~36%수준) 직접보조금 철폐는 EC와 경쟁관계에 있는 품목에 대해서 상대적으로 국내조선업계에 긍정적인 효과를 미칠 전망이다. 그러나 유럽의 세계조선시장의 점유율은 18.1%(1992년 건조실적기준)로 일본의 41.6%, 한국의 24.7%에 비해 낮고 생산품목도 한국이 유조선·벌크화물선 등의 범용선 위주(건조비 중 87.5%)인데 반해 EC는 LNG선·컨테이너선 등의 고부가가치선 위주(건조비 중 54.5%)로 되어 있어 협정 발효 후 2~3년 이내의 단기적으로는 실질적인 효과가 작을 전망이다. 중장기적(4~5년 이상)으로는 우리 조선업계도 고부가가치선에서 유럽의 조선업계와의 경쟁도 가능할 것으로 보인다. 한편, 1994년 초에 있을 협상의 주요 쟁점은 간접보조금과 덤핑규제인데 협상과정에서 우리의 입장이 많이 반영되더라도 국내조선업계의 영업환경은 현재보다 불리해질 전망이다. 국내조선업계는 세계조선시장에서 가격경쟁력이 있어 25~30%의 시장점유율을 유지하는데는 문제가 없을 것으로 보이나, 간접보조금의 제약(특히, 조달금리의 시장수준화)으로 원가부담이 다소 높아지고 덤핑규제의 강화로 가격경쟁력 일변도의 수주전략에 제약을 받게 될 전망이다.

④ 종합결론

직접보조금 철폐는 대EC의 가격경쟁력을 상승시켜 국내조선업계에 긍정적인 영향을 미치나, 간접보조금·덤핑규제가 미치는 부정적인 영향이 훨씬 크기 때문에 전체적으로 수출여건은 불리해질 것으로 전망된다. 그

〈표 8-132〉 주요 조선국의 직간접보조금 지원 현황(1992년 기준)

국 가	직접보조금	간접보조금(금융, 조세 지원)
프 랑 스	- 조선소의 규모에 따라 18~20%의 직 접 보조금 지급 - 조선소 구조개편 및 재건을 목적으로 30억 프랑까지 재정지원	- 조선용 수입기자재 관세 면제 - 선박판매에 대해 부가세 면제 - 유리한 조건의 수출신용 제공 - 자국발주분에 대한 금리 보조
스 페 인	- 구조개편추진 조선소에 대해 선가의 9.5~14.5%의 보조금 지급	- 조선용 수입기자재 관세 면제 - 선박판매에 대해 부가세 면제
독 일	- 건조비의 14.9% 직접보조	- 조선용 수입기자재 관세 면제 - 외항선에 대해 부가세 면제 - OECD조건과 일치하는 금리 보조 - 수출신용보험 지원 - 해운회사의 투자능력 증진을 위한 무이자 지원
이탈리아	- 조선소의 규모에 따라 11~25%의 직 접보조금 지급	- 선박판매에 대한 세금 면제 - OECD조건과 일치하는 금리 보조 - 조선합리화, 현대화 자금 지원 - 연구비 지원
영 국	- 건조비용의 26%까지 직접보조	- 선박취득시 자금융자, 소득공제 - 선박수출에 대해 금리균등보조금 지급, 수출신용보험 보증
일 본	- 정부의 직접보조금은 없음	- OECD조건보다 유리한 상사신용 - 외항선에 대해 장기저리금융 - 국내선사가 국내조선소에서 선박을 건 조할 때 유리한 자금 지원(계획조선)
한 국	- 정부의 직접보조금은 없음	- OECD조건과 동일한 연불수출자금 지원 - 국내선사가 국내조선소에서 선박을 건 조할 때 유리한 자금 지원(계획조선)

자료 : 한국조선공업협회.

러나 국내조선업계가 세계조선시장에서 가격경쟁력을 확보하고 있어 25
~30%의 시장점유율이 유지될 것으로 전망된다.

⑤ 대응전략

정부측 대응전략

정부는 각종 금융의 외화대출을 허용하여 금리측면에서의 부담을 감면
하는 등 제도적·관행적인 조치를 재정비해야 할 것이다. 또, OECD협상

<표 8-133> OECD 조선부문협상 주요 쟁점과 영향

구 분	주요 쟁점사항	영향정도
직접보조금	− 별도로 철폐계획을 명시하지 않는 한 OECD 조선협상 발효 즉시 철폐 ○ EC국가는 직접보조금 위주로 지원(선가의 9% 이상) ○ 기본적인 합의 이룩	○
간접보조금	− 수출신용(연불수출금융)금리의 시장수준화 ○ 수출자금 융자에 대한 금리상승으로 국내조선업계의 원가부담 상승 전망 − 증여, 차별적 금융, 부채탕감, 자본투하, 세제혜택 등의 운영지원 금지 ○ 선박인도 전 금융금리의 국내시장금리수준화로 국내조선업계의 자금조 　달 비용 상승 전망 − 선주 등 제 3 자에 대한 지원을 통한 간접지원(계획조선)의 금지 ○ 계획조선제도의 금리와 국내 일반금융과의 차이 금지(EC 주장) ○ 외화표시이고 리보+a금리이므로 문제없다는 입장(한국·일본입장) − 시장폐쇄를 통한 조선사업보호정책(계획조선)의 금지 ○ 현재, 국내조선산업의 건조량 중 계획조선의 비중은 5% 미만으로 작아 　계획조선의 국내건조의무화를 폐지하더라도 파급효과는 적을 전망	×
덤 핑 규 제	− 조선시장 경기주기를 감안한 덤핑제소, 판정의 남용방지 요구 　(한국·일본입장) ○ 조선경기의 순환성을 고려해 이익을 조정 ○ 제소자격은 입찰에 참가한 자로 제한 ○ 덤핑판정 불복시 구성되는 패널에 새로운 증거의 채택과 판정의 번복 　권한 부여 주장 ○ 제소시한을 수 주에서 6개월 이내로 최소화할 것을 주장 ○ 비교가격을 국내가격, 제 3 국 수출가격, 구성가격으로 다원화 − 덤핑제소권의 확대요구(EC입장) ○ 제소자격의 제한에 반대 ○ 패널의 권한 확대에 반대 ○ 제소시한의 연장(인도 후 1년) ○ 비교가격을 국내시장가격, 제 3 국 수출가격, 구성가격 순으로 우선순위 　부여	× ×

주 : ○○ 매우 유리, ○ 유리, △ 다소 유리, − 중립, ▽ 다소 불리, × 불리, × × 매우 불리.

에서 수입국의 임의적인 덤핑판정을 억제하기 위해 덤핑제소의 자격과 기준을 가급적 엄격하게 해야 한다.

업계측 대응전략

앞으로는 저가수주에 의한 무리한 수주에는 많은 제약이 따르게 될 것이므로 생산성 향상에 의해 제조원가의 하락이 가능해지더라도 덤핑제소에 대비한 구성가격관련자료 준비에 만전을 기해야 할 것이고 장기적으로는 비가격경쟁력 확보에 주력해야 할 것이다. 특히, 직접보조금규제로 고부가가치선분야에서 유럽조선업계의 가격경쟁력이 약화될 것이므로 국내업계는 지금부터 고부가가치선의 건조와 관련한 기술확보에 주력해야 할 것이다.

중전기

① 개 황

중전기산업은 전기에너지를 운반하거나 동력으로 전환하여 사용하는 전기기기들을 제조·공급하는 사업 중 경전기업(조명기기·가정용 전기기)을 제외한 산업을 말한다. 중전기산업은 크게 회전기기·정지기기·운반설비로 나뉜다.

국내중전기업체 중 발전설비는 한국중공업이 미국 GE사와의 기술제휴로 1987년부터 개발에 들어가 최근 1~2년부터 생산하여 한국전력에 독점적으로 납품하고 있다. 그러나 1996년에 현대중공업·한라중공업 및 삼성중공업이 기술제휴에 의해 동 부문에 참여할 예정으로 있다.

전동기와 정지기기류는 민간 대형 4사(효성중공업·현대중전기·이천전기·금성산전부문)에 의해서 주도되고 있다. 민간 대형 4사는 일괄생산체계를 갖추고 있는데 이는 부품에서부터 완제품까지 전공정에서 생산하는 것이다. 따라서 특화된 부품개발이 어려운데 핵심부품인 규소강판·절연체·베어링 등은 제조기술 미비로 수입에 의존하고 있다. 더욱이 핵심부품의 미비로 수요가 확대되고 있는 고압·고기술용의 완제품도 수입에 의존하고 있다.

일본의 중전기시장은 1992년 기준으로 4조 7천 엔으로 과거 5년간 연평균 8%의 성장을 했다. 일본의 발전설비회사는 히타치·미쓰비시전기·

<표 8-134〉 중전기산업의 분류

구 분	주요 품목
회전기기	발전기 · 전동기 · 전동공구
정지기기	변압기 · 차단기 · 개폐기 · 배전제어반
운반설비	승강기 · 에스컬레이터

주 : 발전기는 발전설비(발전기, 터빈, 보일러, 원자력설비)의 일
부 설비임.

도시바 · 후지전기의 대형 4사이다. 일본의 대형 중전기사는 발전설비회
사로 시작하여 전자부문으로 다각화하여 현재 종합전자전기업체로 변신하
여 전자부문의 매출비중이 더 높다. 그러나 일본 중전기대형사의 발전설
비는 세계 최고의 수준으로 일본전역 및 NIEs · 중국 · 동남아 · 인도에 이
르기까지 수출을 하기 때문에 수출비중이 35%가 넘는다.

일본의 전동기와 정지기기업체는 신코전기 · 니신전기 · 마키타전기 등
의 중소업체이다. 이들 회사는 일본의 소재산업과 부품산업의 발달로 고
압 · 신기술제품을 생산하는데 수출비중이 30%를 상회하고 국내산업에
비해 월등한 경쟁력이 있다.

국내중전기제품 중 수입비중이 큰 제품은 발전기 · 전동기 · 배전반 · 고
압변압기이고 수출비중이 높은 제품은 중저압변압기이다. 수입비중이 높은
품목은 국내기술의 미비로 선진국으로부터 수입하고 있으며, 수출비중이
높은 중저압변압기는 동남아 · 중국 · 중동 등 개발도상국에 수출된다.

② 경쟁력 현황

중전기산업은 정부의 보조 및 보호하에 성장해 왔기 때문에 국제경쟁
력을 가졌다고 보기는 어렵다. 발전설비의 경우 1987년 이후 개발에 착
수하여 최근 1~2년부터 국내생산을 하고 있으나 대부분 기술제휴선으로
부터 핵심부품을 수입하여 조립한 것이고, 그 중에서도 터빈과 원자력설
비는 거의 전부품을 수입하고 있다. 고압변압기, 전동기와 배전제어반의
경우도 고기술 · 고용량제품은 발전설비와 같이 국산화율이 낮고, 거의

<표 8-135> 한국 중전기산업의 제품별 수급 현황(1992년)

(단위 : 억 원, %)

구 분	총 수 요			총수요공급	총 공 급		
	국내 수요	수 출	비 중		국 내 생 산	수 입	비 중
발전기	3,040	171	16.8	3,211	1,016	2,195	72.2
전동기	3,472	357	19.5	3,829	1,782	2,004	57.7
변압기	1,392	1,872	107.0	3,264	1,853	1,411	102.0
차단기	3,350	114	3.7	3,464	3,063	399	11.9
개폐기	2,656	56	0.6	2,712	2,472	240	8.8
배전반	5,781	219	5.6	6,000	3,848	2,152	37.2
합 계	19,691	2,789	19.8	22,480	14,079	8,401	42.6

주 : 수출비중은 수출 / 국내생산, 수입비중은 수입 / 국내수요. 변압기의 경우 수입해서 수출하는
　　제품은 생산에 포함되지 않음.
자료 : 전기공업협동조합, 전기공업진흥회.

부품을 수입·조립생산하는 실정이다.

최근 효성중공업이 국내의 주수입품인 76만 5천V급 고압변압기를 자체
개발하였으나, 아직 시작단계로 경쟁력을 갖추기에는 다소 시간을 요할
것으로 보인다.

다만, 범용성 제품에서는 경쟁력을 보유하고 있는 것으로 판단된다.
중저압변압기·차단기 및 개폐기는 경쟁력을 갖고 있어 동남아 등에 수출
되고 있다.

③ UR 타결이 수출에 미치는 영향

국내중전기산업의 기술력 미흡으로 상대국의 관세인하 및 정부조달협
정에 따라 조달시장이 개방되더라도 수출증대의 효과는 미미할 것으로 전
망된다. 다만, 중저압변압기의 경우 저개발국가의 관세인하 및 수입제한
조치의 완화로 수출이 증가할 전망이다.

④ UR 타결이 내수에 미치는 영향

국내중전기산업은 자체기술력의 미비로 선진국의 유수기업과 기술제휴
로 제품개발을 해서 부품수입조립에 의한 수입대체를 유지하다가 점차 부

품을 국산화하는 과정을 통해 발전해 왔다. 이런 이유로 대부분의 제품이 무관세이고 수입다변화품목도 아니다. 또한, 기술장벽인 전기안전법도 선진국법과 비슷하여 장벽이 되지 않았다. 그러나 UR 타결에 따른 정부 조달시장의 개방 및 보조금 철폐로 인해 심각한 타격을 입을 것으로 전망된다.

보조금(기술개발보조금)

주수요처인 한국전력의 조달이 1997년부터 개방되고, 기술보조금도 금지보조금으로 철폐되어야 하기 때문에 한국중공업 등 국내발전설비업체는 상당한 타격을 받을 것으로 예상된다. 발전기를 제외한 기타 중전기분야에서도 마찬가지이다.

정부조달시장개방

한국의 중전기제품(발전설비 포함)의 정부조달시장규모는 2조 2천억 원으로 추정되며 주수요처는 한국전력·조달청·토지개발공사·주택공사 등이다. 이 중 한국전력이 정부조달규모의 80~90%를 구매하고 있는데, 정부조달양허안에 따르면 한국전력은 HS 기준으로 변압기(8054)·개폐차단기(8535)·배전제어반(8535)·전선(8544)을 제외한 품목을 개방한다고 명시되어 있어 중전기제품 중 발전설비만이 해당된다.

따라서, UR에 의해 개방되는 정부조달시장 중 한국전력이 구매하는 발전설비의 규모는 1조 2천억 원의 규모가 될 것으로 보인다. 발전설비의 경우 현재에도 국내개발이 어려워 부품을 수입하여 조립생산하고 있는데 조달시장이 개방되면 외국중전기업체들이 직접 납품을 시도할 것이고, 이에 따라 정부조달시장은 급속하게 잠식될 것으로 전망된다.

⑤ 종합결론

현재 ~ 1997년

1997년 조달시장개방 전까지는 중전기산업에 대한 지원이 대폭 확대될 전망이다. 이는 국내중전기산업의 국제경쟁력이 낮은 반면 수요는 큰 분야이므로, 정부가 이 부문에 주력할 전망이기 때문이다.

발전설비는 1996년까지 신규민간기업(현대중공업·삼성중공업·한라중공업)이 해외업체와 합작 또는 기술제휴로 참여가 예상되고 한국중공업도 선점을 유지하기 위한 노력을 많이 할 전망이다.

1997 ~ 2000년

1997년 정부조달시장개방 이후에는 발전설비시장이 급속히 잠식당할 전망이다. 특히, 한국중공업은 큰 위협을 받을 전망인데 이는 한국전력의 구매시장의 개방으로 해외업체의 수주입찰이 클 전망이고 민간발전설비업체가 신설되어 그동안의 독점위치가 무너질 위험이 있기 때문이다.

그밖의 중전기는 별 타격이 없을 전망이다. 이는 정부시장이 개방되지 않고 수입품에 대한 대비책으로 기술개발이 꾸준히 진행될 전망이기 때문이다.

2000년 이후

국내기업의 기술력이 많이 향상되어 해외업체의 시장점유가 어느 정도에서 머물 전망이다. 발전설비의 경우 국내사와 해외선진회사가 시장을 분할할 전망이다. 그러나 중소업체의 경우 정부의 기술보조가 없어져 시장대응이 어려울 전망이다. 전동기와 변압기·차단기류의 경우 중소형사는 기존의 기술보조·지원정책의 상실로 다품종 고기술 신제품의 경우 시장점유를 빼앗길 전망이다.

⑥ 대응전략

발전설비업체의 대응전략

향후 개방 전까지의 3년간의 기간 동안 국산화율을 최대한 높이고 국산화된 제품은 경쟁력을 갖추도록 기술투자에 역점을 두어야 한다. 1997년 이후에는 인위적으로 국내수급구조를 변화시키기 어려울 전망이어서 그 이전에 최대한 정부와 업계의 협력으로 국산화율을 높여야 한다.

발전설비의 경우 현재 한국중공업이 독점생산하는데 1996년 민간참여의 경우 신규참여로 인한 과잉설비와 각 기업체의 해외기업과의 기술제휴로 해외의존도가 높아질 우려가 있다. 따라서 한국중공업과 기업제휴를 통한 콘소시엄의 구성으로 개방에 대처해야만 한다. 발전설비는 백만여개의 부품으로 조립되는데 민간기업(삼성중공업·현대중공업·한라중공업)이 수입에 의존하고 있는 부품을 생산하고 한국중공업이 이를 조립하는 형태로 발전해 나가면 경쟁력이 크게 향상될 것이다. 또한 한국중공업과 민간발전설비회사는 국내수주에만의 의존에서 벗어나 해외발전소 건설에 참여해야 한다.

발전설비 이외의 중전기회사의 대응전략

송배전설비(변압기·차단기·개폐기·배전제어반)는 1997년에 정부조달시장 개방은 안 되지만 2000년부터 기술개발보조금이 철폐된다.

대응전략은, 첫째 현재 판매를 위해 설립된 한국중전기협동조합을 판매뿐 아니라 기술개발을 할 수 있는 공동사주회사를 설립하여 중소업체들의 기술개발을 꾸준히 지원해야 한다. 둘째, 중전기 대형 4사(효성중공업·현대중전기·이천전기)의 경우 대부분의 제품을 부품단계부터 일괄 생산하고 있다. 따라서 핵심부품(규소강판·절연판·베어링·절연가스 등)기술이 특화되지 않아 수입의존도가 높다. 따라서 대기업과 중소기업이 분업화하여 중소기업이 맡은 부품에서 최고의 기술력을 갖도록 기업자발적으로 구조를 변화시켜야 한다.

정부의 대응전략

기술력을 가진 선진국의 중전기회를 국내에 유인하여 기술이전효과를 최대한 확보해야 할 전망이다. 이를 위해서 해외기업에 대한 국내중전기공장 투자에 혜택을 주어야 한다. 해외합작투자시 최고의 기술력을 가진 업체를 선정하되 국내기업과 50 : 50의 투자를 유도해야 한다.

한국전력 등 정부조달시장과 관련된 공기업을 민영화하여 민간기업입장에서 부품조달 중소기업을 지원하는 방안이다. 이는 부품업계와 조립업계와의 연계와 마찬가지로 발전 및 송배전설비회사와 전력회사와 연계하여 기술개발과 자금을 지원하는 방안이다.

또한 민간발전회사를 설립하여 향후 2006년까지 85기의 신규발전소 설립의 부담을 덜어주고 한국전력과의 경쟁적 효율성을 고양시킨다. 동남아·중국의 발전설비수요가 급증하는 가운데 국내민간발전설비회사가 제조·설계·시공·경험을 쌓는 것은 중요한 것이다.

가 구

① 개 황

한국의 1993년 가구생산액은 2조 4천억 원으로 추정된다. 이 중 가구의 수출은 1993년 생산액에서 4.5%를 차지한 것으로 추정되며, 주로 일본·미국·EC 등 선진국에 수출하고 있다. 내수시장은 1993년 2조 3천억 원으로 추정되며, 이 중 수입은 가구내수시장에서 3.4%를 차지하고 있다. 가구는 주로 EC·인도네시아·이탈리아로부터 수입된다. 1993년에 EC와 이탈리아로부터 수입된 가구는 고가의 고급가구이며, 인도네시아산 가구는 저가가구이다.

② UR 타결의 내용

UR 타결로 가구의 관세율은 점진적으로 관세를 인하하여 대부분 협정 발효 후 5년 및 10년 후에 수입관세가 철폐된다(1994년 가구수입관세율은 8%). 무관세가 되는 가구의 세부품목은 부엌용 목제가구, 차량용 의자와 의료용·수의용 가구를 제외한 대부분이다. 무세화 경과기간별로 보면, 5년의 이행기간 후 무관세가 되는 가구는 의자와 사무실용 금속제 가구이고, 10년 후에는 목제가구가 무관세화된다.

③ UR 타결의 영향

한국의 목제가구 수출증가는 기대하기 어려울 것으로 예상된다. 이는 한국의 가구품질이 주수출대상국인 일본·미국·EC 등 선진국에 비해 낮

〈표 8-136〉 한국의 가구제품 수급추이

(단위 : 억 원, %)

구 분	생 산	수 출	수출비중	국내수요	수 입	수입비중
1988	11,905	1,274	10.7	10,802	267	2.5
1989	14,921	1,261	8.5	13,991	398	2.8
1990	18,133	1,231	6.8	17,787	426	2.4
1991P	19,124	1,188	6.2	18,931	479	2.5
1992P	21,527	977	4.5	21,046	605	2.9
1993P	24,081	1,087	4.5	23,466	788	3.4

주 : 수출입은 HS 9401+9403 기준
자료 : KOTIS통계, 《광공업통계조사보고서》.

〈표 8-137〉 미국 · EC · 캐나다 · 일본의 가구 무세화 합의에 대한 한국의 참여내용

HS 코드	품 목	양허세율	이행기간	1994년 관세율
9401	의 자	0	5	8
	(차량용 의자와 의자부분품 제외)			
9403	기타의 가구와 그 부분품	0	5, 10	8
−10	사무실용 금속제가구	0	5	8
−20	기타의 금속제가구	0	5	8
−30	사무실용 목제가구	0	10	8
−50	침실용 목제가구	0	10	8
−60	기타의 목제가구	0	10	8
−70	플라스틱제가구	0	5	8
−80	기타 재료제의 가구	0	5	8

자료 : 재무부.

〈표 8-138〉 주요국의 가구관세율(1993년)과 무세화 이행기간

구 분	미 국	EC	일 본	캐나다
관 세 율 (%)	2.5~7.5	5.6	4.8	15
이 행 기 간 (년)	5	5	5	5

자료 : 무역협회.

으며, 원목생산국인 인도네시아와 말레이시아의 중저가 목제가구가 선진국시장을 잠식할 것으로 예상되기 때문이다. 반면에, 금속제가구는 중저가에서 이미 선진국에 비해 경쟁력이 있고 5년 후에는 국내기술 축적이 이루어져 선진국은 물론 동남아로의 수출도 늘어날 것으로 예상된다. 한편, 내수시장에 있어서는 인도네시아와 말레이시아로부터 목제가구의 수입이 늘어날 것으로 보인다.

④ 대응전략

금속제가구는 UR 타결로 수출유망산업으로 도약할 수 있을 것으로 보인다. 1993년 8월 (주)삼신이 미국의 디자인 리소스그룹과 3년간 6천만 달러 어치 수출계약을 체결한 것 이외에도 국내중소업체들의 수출이 늘어나고 있다. 중저가 금속제가구에서는 선진국과 대등한 경쟁력을 확보하고 있지만, 고가 금속제가구에서는 미국·일본 등 선진국수준까지 품질을 제고시켜야 할 것이다.

목제가구산업은 전형적인 내수산업이지만 디자인과 품질수준이 높으면 이탈리아의 예처럼 수출산업이 될 수 있다. 한국 목제가구산업이 경쟁력을 갖추려면 국내와 해외소비자의 기호와 유행을 민감하게 파악하여 적극적으로 대처하고, 또한 고유의 기술을 이용한 전통가구 개발에도 힘써야 할 것이다.

종 이

① 개 황

1993년 한국의 종이생산은 6조 5천억 원이고 수출은 5.2억 달러로 생산액대비 6.3%를 차지한 것으로 추정되며, 주수출지역은 홍콩·중국 등 동남아였다. 한국의 종이내수시장은 1993년 6조 4천억 원으로 추정되는데 이 중 수입은 5.3억 달러로 종이시장에서 6.7%를 차지하고 있다. 주요 수입국인 미국·일본·캐나다·EC로부터 수입된 종이의 대부분은 국

<표 8-139> 한국의 지종별 수출입 현황(1992년)

(단위 : 만 톤, %)

구 분	신문용지	인쇄용지	판 지	기타지
생 산	61.3	104.0	280.7	78.7
수 출	0.3	10.4	46.7	3.0
수 입	20.0	5.1	9.3	48.9
수출비중	0.5	10.0	16.6	3.8

자료 : 한국제지공업연합회, KOTIS통계.

<표 8-140> 주요국의 종이관세율(1993년)과 무세화 이행기간

구 분	미 국	EC	일 본	캐나다	홍 콩	중 국
관 세 율(%)	0~5.3	9.0	4.2	9.2	0.0	20.0
이행기간(년)	10	10	10	10	-	-

자료 : 무역협회, 재무부.

내생산이 적은 기타지(특수지)였다.

② UR 타결의 내용과 영향

UR 타결로 종이는 모두 10년의 이행기간 후에 무관세가 된다. 1994년 한국의 종이 수입관세율은 8%이다. 종이의 무세화 이행기간이 10년이나 되고 무세화에 참여한 국가들의 현행 관세율이 평균 10% 이하이기 때문에 무세화가 당장 수출입에 미치는 효과는 거의 없다. 오히려 무세화의 영향보다는 한국의 주요 수출국인 홍콩·중국·동남아 등의 관세인하로 수출이 증가할 가능성이 높다.

외국종이의 국내수입증가의 가능성은 국내종이가 공급과잉으로 할인판매되고 있어 UR 타결과는 상관없이 2~3년 안에는 없을 것으로 예상된다.

③ 대응전략

한국의 종이업계가 국제경쟁력을 확보하려면 우선 국내종이의 공급과잉상태에서 빠른 시일 내에 벗어나야 할 것이다. 1988년 이래 종이업체들은 국내종이시장점유율을 높이려고 경쟁적으로 무리한 신증설을 진행해 왔다. 또한 행정지도가격으로 묶여 있는 종이가격을 현실화하고 국내업체간 건전한 경쟁을 유도하여 종이품질과 생산성을 높여야 할 것이다. 가격 자유화는 주기적으로 되풀이되어 온 공급과잉의 재발가능성도 줄여줄 것이다. 아울러 펄프에서 종이까지 일관생산체제를 완료하여 종이의 제조비용을 낮춰야 할 것이다.

수입의존이 점차 높아지고 있는 특수지의 수입대체를 위해 장기적인 안목으로 특수지를 개발해야 한다. 현재 특수지 국내시장은 아직 규모가 작지만 점차 확대되어 갈 것이고, 동남아지역도 단일시장권으로 등장하고 있다. 다양한 용도의 지종 개발이 요구된다. 장기적으로 산업폐기물 처리와 관련지어 볼때 대체재인 플라스틱에 비해서는 회수나 재처리비용이 싸다. 또, 주원료인 펄프의 불안정한 공급가능성을 염두에 두고 지금처럼 소품종 대량생산체제에 머물 것이 아니라 다품종 소량생산체제를 준비해야 할 것이다. 1993년 62.4％인 폐지자급률을 폐지회수의 구조개선으로 더욱 높여야 한다. 마지막으로 그린라운드에 대비해서 노후시설을 개체하고 자동화하여 에너지절약형으로 바꾸고 폐수처리시설을 확충해야 할 것이다.

3. 서비스업부문

금융서비스

개 황

① 산업 개요

현재 한국은 근대적이고 전문적인 금융기관들로서 구성된 비교적 정교한 금융제도를 가지고 있다. 이들 금융기관은 통화금융기관과 비통화금융기관으로 나뉘며,. 통화금융기관은 중앙은행인 한국은행과 일반은행 및 특수은행으로 구성된 예금은행을 포함한다. 비통화금융기관은 중개기능에 따라 개발기관·저축기관·생명보험회사 및 증권회사 등과 같은 투자회사는 4개의 범주로 분류된다.

위와 같이 한국의 금융기관은 제도면에서 근대적인 틀을 가지고 있었으나 일반적으로 한국의 금융산업은 실물경제에 비해 낙후된 것으로 인식되고 있다. 과거 한국의 금융은 실물경제의 발전을 효율적으로 뒷받침하여 고도성장을 가능하게 했으나 금융산업 자체는 상대적으로 희생되었다. 그 대표적인 예가 정책금융의 존재이다. 정책금융은 산업목표를 달성하기 위해 정책당국이 금융기관으로 하여금 특정산업에 특정조건으로 금융지원을 하도록 하는 것으로 금융기관 자금의 양·기간·금리 등을 규제하여 자금운용에 있어서 자율성을 제약하는 것이다. 이러한 정책금융은 금융자유화가 추진 중인 현재에도, 한국과 비슷한 산업정책을 시행했던 일본의 '70년대 초보다도 더 큰 비중을 차지하고 있다. 특히, 일본의 경우 정부계 금융기관이 정책금융 취급을 전담하였던데 비해 한국의 일반상

<표 8-141> 전체대출금 중 정책성 금융비중추이

(단위 : %)

구 분	1955	1965	1975	1980	1985	1988	1991
일 본[1]	11.2	8.3	8.7	10.9	10.8	10.7	12.3
한 국[2]	-	-	50.0	54.8	53.1	50.6	51.5

주 : 1) 정부금융기관 대출금/전체금융기관 대출금.
　　 2) 예금은행 및 개발기관의 대출금 중 산은, 수은 대출금, 상업어음할인(무역어음 포함),
　　　 무역금융, 국민투자기금대출, 특별자금, 수출산업설비자금, 에너지절약시설자금, 중소기
　　　 업관련자금, 재정자금, 주택자금, 서민대출, 농수축산자금, 농어가 사채대체자금 등의
　　　 비율.
자료 : 일본은행 조사통계국, 《경제통계연보》, 각 호.
　　　 한국은행, 《경제통계연보》, 각 호.

<표 8-142> 주요국의 금융연관비율추이

(단위 : %)

구 분	1970	1975	1980	1985	1990	1991
한 국	2.13	2.19	2.40	3.52	4.18	4.23
일 본	3.74	4.41	4.94	5.99	7.10	6.91
미 국	4.37	4.16	4.43	4.81	5.23	-
대 만	2.14	2.82	3.40	3.88	4.98	5.27

자료 : 한국은행, 《주요국의 금융구조》, 1989.4.
　　　 한국은행, 《자금순환》, 각 호.

업은행들까지 정책금융을 취급하도록 되어 있어 금융기관들이 시장원리에
의해 자체조달한 자금의 운용을 제약하는 비효율성을 초래하고 있다.

　한국의 금융자산 축적도를 미국·일본·대만 등 주요국과 비교해 보면
금융연관비율의 경우 '80년대 이후의 높은 상승세에 힘입어 1991년 현재
4.23으로 선진국수준에 근접해 있다. 그러나 흑자주체인 개인부문의 금
융자산 축적률에 있어서는 아직 외국에 비해 크게 낮은 수준에 있다.

　한국의 금융기관은 그동안 공공성이 강조되어 기업성은 상대적으로 중
요시되지 않았으며 금융기관의 경영이 제약되었다. 즉, 저축목표의 할당
과 여신운용의 제약 등이 이루어졌으며, 금융의 가격인 이자율 및 제수수
료 등은 인위적으로 통제되었다. 이에 따라 금융기관의 예대마진은 금융

<표 8-143> 주요은행들의 부실대출규모와 총자산이익률(1992년)

(단위 : 10억 원, %)

구 분	총자산	자기자본	부실대출	총자산이익률(%)
조 흥	18,957	1,339	1,557(433)	0.48
상 업	21,069	1,311	2,267(454)	0.14
서 울	17,001	1,242	1,416(431)	0.39
제 일	19,994	1,395	1,185(257)	0.73
한 일	17,892	1,450	642(209)	0.70
외 환	22,792	1,319	1,805(341)	0.27
신 한	10,977	1,369	209(48)	1.31
한 미	3,245	271	128(24)	0.88
경 남	2,825	358	84	0.82
대 구	4,223	429	137	0.98

주 : 1) 부실대출은 고정대출+회수의문+추정손실, 단 ( ) 안은 고정대출 제외.
　　 2) 고정대출 : 구체적 회수조치 필요
　　　 회수의문 : 손실발생이 거의 예상
　　　 추정손실 : 회수불가능
　　 3) 총자산은 실질총자산기준.
　　 4) 총자산이익률은 당기순이익 / [(기초총자산+기말총자산) / 2].
자료 : 대우경제연구소, 은행감독원, 영업보고서.

기관이 시장원리에 따라 자율적으로 결정하는 것이 아니고 주어진 여건으로 받아들여지게 되었다. 다행히 지금까지는 예대마진이 어느 정도 보장될 수 있었으나 향후 금융산업의 개방이 진전되면 저축자에게는 보다 높은 수익을 보장하고 대출수요자인 기업에게는 가능한 한 낮은 금리를 적용해야 하므로 예대마진이 줄어들어 은행경영이 압박을 받을 우려가 있다.

금융기관의 금융기법도 낙후되었으며, 우리 나라 기업은 그간 만성적인 초과자금수요상태에 있었으며 이러한 상황하에서는 금융기관이 여·수신면에서 질적 경쟁을 할 필요가 없었다. 이에 따라 금융기관들은 수신시장의 개발·대출심사·자금운용·정보수집 및 분석·신금융상품 및 서비스개발 등 금융기법면에서 낙후될 수밖에 없었다.

정책금융의 과다 등에 따른 부실채권의 보유는 은행의 수익기반 확충에 가장 큰 애로요인이 되고 있다. 6대 시중은행의 부실채권규모는 1992년 말 현재 총 8조 8,720억 원에 달하고 있어 은행별로의 차이가 심한데 그 중 신설은행과 기존 시중은행과의 차이는 현격하여 신한은행과 상업은행의 총자산이익률은 1.31%와 0.14%로 큰 차이를 보이고 있으며, 부실채권비율과 총자산이익률간에 역관계가 나타나 부실채권이 은행경영을 심하게 압박하고 있음을 보여주고 있다.

② 국내금융서비스시장의 국내시장개방 현황

추진배경

한국은 '80년대 전반기까지 경상수지의 적자기조가 지속됨에 따라 국제수지·외채·통화관리 등을 이유로 엄격한 외환관리체제를 유지해 왔다. 그러나 '80년대 후반 이후 경상수지가 흑자로 전환되고 우리 경제의 개방화·국제화가 진전되면서 국내외 금융환경의 변화에 대해서 신축적으로 대응하는데 한계를 보이기 시작했다. 즉, 선발개발도상국의 경제력 부상, 정보통신 등의 발달로 인한 개별경제 및 금융시장간의 상호의존의 심화와 서비스무역의 확대 등에 따라 미국을 중심으로 한 선진국들은 상품무역에서 경쟁력 약화를 보전하기 위한 방안의 하나로 상대적으로 비교우위가 있는 서비스부문에서의 자유화를 적극 도모하였다. 이에 따라 우리 나라에 대해서도 한국·미국 금융정책협의(Financial Policy Talks)나 UR 금융서비스협상 등을 통해 개방압력이 가속되었다.

이러한 금융산업의 환경변화에 따라 정부는 1991년 12월 외환관리법을 종래의 원칙금지·예외자유의 포지티브 시스템(positive system)에서 원칙자유·예외금지의 네가티브 시스템(negative system)으로 개정한데 이어, 1992년 2월에는 동 시행령 및 외국환 관리규정을 대폭 정비하였다. 특히 미국은 한국·미국 금융정책협의를 통해 금융산업 전반에 대해 무차별적으로 개방압력을 가해 옴에 따라, 정부는 이러한 압력에 효율적으로 대처하고 실물경제 발전에 부응하여 금융의 효율화 및 선진화를 도모하기 위해 1992년 3월과 6월 두차례에 걸쳐 단계별「금융자율화 및 시장개방계획(Blue Print)」을 확정 발표하였다.

금융자율화 및 시장개방계획의 주요 내용

외환 및 자본거래의 자유화

외환 및 자본거래의 자유화에 있어서 정부는 국민의 편익을 증진하고 기업의 대외활동을 지원하기 위해 외환거래에 대한 규제를 완화하고 외환시장을 활성화할 필요가 있다는 인식하에 환율 및 외국환 관리제도의 개선과 실수요원칙의 완화, 원화의 국제화 등을 추진하였다. 우선 환율제도에 있어서는 환율의 가격기능을 제고하기 위해 1990년 3월에 과거 10년 동안의 복수통화바스켓제도를 폐지하는 대신 시장평균환율제도를 도입하였다. 시장평균환율제도란 전일 중 외국환은행간 매매율의 가중평균환율로서 당초에는 일일변동폭이 시장평균환율의 상하 0.4% 범위로 제한되었으나 1993년 10월에는 1.0%로 확대되어 현재에 이르고 있다. 향후 제2단계에서는 동 제한폭을 더욱 확대해 나갈 예정이며, 제3단계에서는 환율결정이 시장의 수급요인에 의해 결정될 수 있도록 자유변동환율제도의 정착을 추진해 나갈 계획이다.

또한 외국환포지션 관리제도의 경우는 현행과 같이 외환관리나 유동성 조절에 목적을 두었다기 보다는 외환시장의 안정과 외국환은행의 건전경영을 유도하는 방향으로 추진되었으며, 오히려 외환시장의 육성을 저해하는 요인으로 지적되었다. 이에 따라 외국환은행의 효율적인 자산운용을 기하기 위해 포지션의 한도를 대폭 확대하고 종래 인정하지 않았던 현물환의 매각초과포지션 한도도 외환시장의 상황을 고려하여 조정하기로 하였다. 제3단계에서는 현재 매입외환과 외국환은행의 자기자본을 병행하여 운용하고 있는 외국환포지션의 한도 산정기준을 선진국과 같이 자기자본 기준으로 완전히 변경시킬 계획이다.

한편, 실수요증명제도는 기업이 실수요증명 없이 외화를 매입하여 외화예금으로 예치할 수 있는 범위를 확대하여 기업의 외화자금 이용을 간

편하게 하였다. 대상기업이 종래에는 대외거래실적이 1천만 달러 이상인 기업으로 제한되었으나 이를 대외거래실적이 있는 모든 기업으로 확대하였으며, 외환예치한도는 누적기준을 잔액기준으로 변경하였다. 향후 제3단계에서는 실수요원칙을 유지하되 외환매매에 있어 실수요증명을 완전히 면제시킬 계획이다.

이와 동시에 국내기업의 환위험부담을 완화하고 우리 나라의 국제신인도를 제고하기 위한 원화의 국제화도 추진되어 왔다. 이미 1단계 조치로 1993년 10월 건당 10만 달러 이하의 수출입거래에 대한 원화결제를 허용하는 한편, 비거주자가 외국환은행에 원화계좌를 개설하여 수출입거래의 결제를 할 수 있도록 하였다. 향후에는 원화결제가 가능한 수출입거래규모의 한도를 더욱 확대하고 무역외거래에 대해서도 원화결제를 허용해 나갈 계획이다.

자본시장개방

한국 자본시장의 개방은 국내시장의 여건과 국내외 금융환경변화에 효과적으로 대처하기 위하여 지난 1981년 「자본시장 국제화 장기계획」을 발표하면서 시작되었다. 동 계획에 따라 1981년에는 최초로 외국인 전용 수익증권인 Korea Interest Trust가 발매되었고, 1984년에는 Korea Fund가 미국에 설립되는 등 그동안 외국인의 국내주식시장에 대한 간접투자가 착실히 진행됨으로써 우리 나라 자본시장에 대한 외국인의 관심이 확대되어 왔다. 그 후 국제수지의 흑자 전환, IMF 8조국 가입과 더불어 UR 금융서비스협상이 진전됨에 따라 자본시장의 개방은 불가피한 상황이 되었고, 이에 따라 정부는 자본시장개방계획을 꾸준히 추진해 왔다. 특히 제3단계 금융자율화 및 시장개방계획에서는 국내외 자본시장 동향 및 거시경제의 여건을 감안하여 1992년 1월부터 본격화된 주식시장의 개방을 더욱 확대하는 동시에, 채권시장도 점진적으로 개방하는 방안을 제시하고 있다.

〈표 8-144〉 제3단계 금융자율화 및 시장개방계획 중 금융시장개방관련내용

구 분		제1단계(1993)	제2단계(1994~1995)	제3단계(1996~1997)
외환	환율제도	− 외국환은행간 환율의 일일변동폭 확대(1993. 10) ○ 시장평균환율의 ±0.8% → ±1.0%	− 외국환은행간 환율의 일일변동폭 추가확대	− 자유변동환율제 정착
	외국환포지션 관리	− 시중은행과 지방은행 간의 포지션 한도 폐지 (1993.4) − 종합매각초과포지션 한도 확대(1993.7) ○ 전월 외환매입 평잔의 20% 또는 1천만 달러 중 큰 금액→각각 30% 또는 2천만 달러 중 큰 금액	− 외국환포지션 관리기준으로 외환매입기준과 자기자본기준 병행 − 외환시장여건을 고려, 현물환매각초과 포지션 한도 조정	− 외국환포지션 관리의 목적을 외환시장 관리에서 외국환은행의 건전경영 유도로 전환
자유	실수요증명	− 실수요증명이 면제되는 외화예금 한도 확대 ○ 대외거래실적의10%, 최고1억 달러→20%, 최고 2억 달러(1993. 4)→30%, 최고 3억 달러(1993.7) − 모든 선물환거래시 실수요증명을 사후제출제로 전환(1993.7) − 실수요증명의 사후제출기간 연장(1993.7) ○ 30일 → 45일	− 실수요증명제도의 지속적 완화 ○ 외국통화간 선물환거래시 실수요증명 면제 ○ 실수요증명이 면제되는 원화대가 외화예금 한도 폐지 ○ 원화·외화간 선물환거래시 실수요증명 면제 범위 확대	− 실수요원칙은 유지하되, 일상적 거래에 대한 실수요증명 면제
화	원화의 국제화	− 건당 10만 달러 이하의 수출입거래에 대한 원화결제 허용(1993. 10) − 비거주자 자유원계정 도입(1993.10)	− 원화결제 허용범위 추가확대	− 원화결제대상을 무역거래에서 무역외거래로 확대
자	주식시장	− 50% 이상 외국인직접투자기업에 대한 주식투자 한도 폐지	− 외국인 주식투자 한도 확대 − 외국인(국내거주) 주식	− 외국인 주식투자 한도 확대

구 분		제 1 단계(1993)	제 2 단계(1994~1995)	제 3 단계(1996~1997)
본 시 장 개 방		(1993.8)	투자시 내국인대우 (1994)	
	채권시장		− 중소기업발행 전환사채 　직접투자 허용(1994) − 국제금리와 유사한 국 　공채 발행인수 허용 　(1994) − 채권형펀드 설정허용 　(1995) − 국제기구의 원화채권 　발행허용(1995)	− 중소기업 무보증장기 　채직접투자 허용 　(1997)

자료 : 재무부, 《금융자율화 및 시장개방계획》, 1993. 6.

　　먼저 주식시장에 있어서 제 1 단계에서는 외국인투자비율이 발행주식의
50% 이상인 법인의 경우 증권관리위원회의 승인을 얻어 외국인 주식투
자 한도를 초과하여 당해 법인이 정한 비율까지 주식취득을 허용하고, 제
2 단계 및 제 3 단계를 거치면서 동 투자 한도를 확대해 나갈 계획이다.
또한, 채권시장은 국내금리가 국제금리보다 크게 상회하고 있고 수요기반
이 취약해 시장개방에 따른 충격이 주식시장보다는 훨씬 크므로 거시경제
상황과 국제금리와의 차이 등을 감안하여 신중하게 개방할 계획이다.

경쟁력 현황

① 외국금융기관의 국내진출 현황 및 향후 계획

은 행 업

　　외국은행의 국내진출은 높은 경제성장과 대외거래의 확대 및 경상수지
의 만성적인 적자를 배경으로 꾸준히 증가되어 왔다. 특히 경상수지의 개
선으로 외자조달창구로서의 역할이 축소된 1986년 이후 외국은행들의 국
내진출이 본격적으로 진행되었다. 이는 국내금융기관의 해외진출에 따른
외국금융기관의 상호 호혜적인 진출에 따른 것이다.

　　외국은행의 신규진출 이외에도 기진출한 외국은행의 국내지점 증설이

〈표 8-145〉 외국은행의 국내지점 및 사무소 설치 현황(1993년 9월 말 현재)

(단위 : 개)

구 분	미 국	일 본	영 국	프랑스	독 일	기 타	합 계
지 점	26	15	3	8	2	18	72
사무소	2	9	1	1	2	8	23

자료 : 은행감독원, 《은행정보》, 각 호.

허용됨에 따라 복수지점을 설치하는 은행이 늘어났으며, 1993년 5월에는 선진국의 압력에 따라 그동안 내부적으로 운용되어 오던 외국은행의 진입기준이 한국은행의 「인가업무취급규정」에 명시되었다. 1993년 9월 말 현재 외국은행의 국내진출 현황을 보면 총 8개국 72개 지점 및 23개의 사무소가 설치되었으며, 국별로는 미국계 은행이 지점 26개, 사무소 2개로 가장 많고, 일본계 은행이 그 다음이다.

한편, 국내에 진출한 외국은행은 '80년대 전반까지만 해도 스왑한도의 확대 및 스왑수익률의 보장, 한국은행의 유동성 규제대상에서의 제외 등 국내은행에 비해 우대를 받아왔다. 그러나 '80년대 후반 이후 국내은행과 동등한 경쟁여건을 조성한다는 차원에서 점차 외국은행에 대한 우대조치가 축소되어 왔다. 이같은 우대조치의 축소와 함께 외국은행에 대한 차별적인 업무규제도 완화되어 왔다. 우선 한국은행의 외은지점에 대한 재할인 및 대출이 꾸준히 확대되었으며, 1986년 9월에는 CD발행업무가 허용되었고, 이 후 동 증서의 한도가 점차 확대되었다. 신탁업무에 있어서도 1985년 9월 외은지점의 불특정 금전신탁업무의 취급이 인가된데 이어 1991년 8월에는 외은지점에 대한 「신탁업무겸업인가기준」이 대폭 개정됨으로써 외은지점의 신탁업에 대한 규제가 사실상 폐지되었다.

이밖에 종래 장내외로 운용되어 오던 콜시장을 단일화하고 무차별 중개거래제도, 콜만기 확대 등의 제도개선이 이루어짐으로써 외은지점도 국내은행과 동등한 조건에서 콜시장에 참여할 수 있게 되었다. 또한 외은지점의 요구에 따라 현금자동입출금기(ATM)의 설치 및 운영에 대한 규제

<표 8-146> 외은지점의 자금조달 및 운용구조변화(연도말 기준)

(단위 : %)

구　분		1986	1988	1990	1992
자금조달	원화예수금	8.1	9.4	17.8	12.3
	(CD)	-	(0.7)	(7.4)	(6.8)
	본·지점차입	72.4	56.3	45.7	46.2
	(swap)	(13.2)	(12.9)	(9.3)	(7.3)
	자기자본	6.3	10.9	11.9	13.5
	기　타	13.2	23.4	23.0	28.0
자금운용	대출금	69.6	69.9	60.2	54.4
	(외화)	(35.0)	(29.2)	(22.2)	(19.7)
	은행간 외화대여	8.7	3.2	5.2	11.7
	유가증권	3.5	4.3	2.9	4.2
	기　타	18.2	22.6	31.7	29.7
합　　계		100.0	100.0	100.0	100.0

자료 : 한국은행, 《조사통계월보》, 각 호.

가 완화되었으며, 1992년 7월에는 외은지점의 금융결제원 가입이 허용됨으로써 어음교환·지로 및 금융전산망사업의 참여에도 가능하게 되었다.

이와 같이 외은지점의 영업환경이 크게 변화됨에 따라 외은지점의 자금조달 및 운영구조가 크게 변화하였는데 자금조달면에서는 그동안 대종을 이루던 본·지점간 차입 및 한국은행과의 스왑비중이 하락한 반면, CD발행업무의 신규취급 등에 힘입어 원화예수금의 비중이 높아지고 자기자본을 통한 자금조달비중이 상승하였다. 자금운용면에서는 외화대출금의 비중이 크게 낮아진 대신, 은행간 외화대여, 유가증권 등을 통한 자산운용비중이 크게 증가하였다.

증 권 업

외국증권사의 국내진출은 자본시장의 국제화계획을 토대로 추진되었으며 초기에는 사무소 설치만 허용되다 점차 국내증권사에 대한 자본 참여 및 지점설치 등 그 진출형태가 다양화되었다. 특히 1990년부터 1992년으로 예정된 국내주식시장의 본격적인 개방에 대비하여 외국증권사가 국내

<표 8-147〉 외국증권사의 국내진출 현황

(단위 : 개)

구 분	1980~1985	1986~1990	1991~1993. 9.	합 계
지 점	–	–	8	8
자본참여	3	–	1	4
사 무 소	6	18	3	27
(신설)	6	18	11	35
(지점전환)	–	–	8	8

자료 : 증권감독원, 《증권조사월보》, 각 호.

시장에서 직접 영업활동을 할 수 있도록 관련 제도가 대폭 정비되었다. 그 결과 1991년에는 영국계 증권사인 Jardine Fleming사와 Baring사의 국내사무소가 영업기금 100억 원 규모의 국내지점으로 각각 전환하는 등 1993년 9월 말까지 총 8개의 외국증권사 국내지점이 설치되었다.

한편, 국내에 진출한 외국증권사의 업무는 증권거래법에 의거하여 증권업 종류별로 업무취급을 허가받도록 되어 있으며, 현재 각 외국계 증권사가 허가받은 취급업무의 범위는 영업기금의 규모별로 차등화되어 있다. 국내소재 외국증권사의 영업 현황을 보면 외국의 연기금·보험회사 등 기관투자자를 상대로 주식의 위탁매매업무와 국내기업의 해외증권발행 주선업무에 치중하고 있는 것으로 나타났다.

보 험 업

국내생명보험업은 오랫동안 신규설립이 허용되지 않은 채 일부 대형 생명보험회사들을 중심으로 독과점체제가 유지되어 왔다. 그러나 '80년대 후반 이후 미국 등 외국으로부터의 개방요구가 증대됨에 따라 1986년에 외국생명보험회사 설립기준이 마련되었으며, 1988년에는 합작회사의 설립기준이 마련되어 보험시장의 시장개방이 비교적 순조롭게 진행되었다. 이에 따라 1993년 9월 말 현재 3개의 합작회사와 3개의 현지법인이 영업 중에 있으며, 업무영역에 있어서는 국내회사와 동등한 입장에서 모든 보험상품을 취급할 수 있도록 되어 있다.

<표 8-148> 한국 금융산업의 개방화 정도 종합평가(1992년 말 기준)

구　분		한　국	일　본	미　국
금융기관 업무완화	해외부문 이익	28.5	78.7	100.0
	해외부문 자산	50.3	78.4	100.0
금융기관 상호진출	외국은행 국내진출	29.5	12.3	100.0
	국내은행 해외진출	21.6	63.7	100.0
외환거래 자유화	외환시장 규모	5.8	114.1	100.0
	OECD규약 준수율	5.9	102.3	100.0
자본시장 자유화	외국인 주식소유 비율	67.2	81.9	100.0
	대내외 증권투자 규모	44.9	155.6	100.0
	OECD규약 준수율	0	115.4	100.0
원화 국제화	경상거래에서의 이용	0	32.9	100.0
	자본거래에서의 이용	0	32.6	100.0

주 : 1) 미국을 기준으로 개방화 정도를 상대평가하여 지수화한 것임.
　　 2) OECD규약 준수율＝100 － 유보율(유보항목 수 / 총항목 수)
자료 : 신한종합연구소, 《한국경제의 국제화 정도에 관한 연구》, 1993. 8.

이에 반해서 손해보험업의 경우에는 은행업과 함께 시장개방이 비교적 일찍 이루어져 1993년 9월 말 현재 사무소 및 대리점의 수는 각각 13개, 3개에 이르고 있다. 업무영역에 있어서도 생명보험업계와 마찬가지로 국내회사와 대등한 조건에서 영업활동을 할 수 있도록 되어 있으나, 국내소재 외국기업의 배상책임보험을 주로 취급하고 있다.

향후 개방계획

이러한 개방조치와 함께 앞으로는 외국금융기관의 국내은행에 대한 지분참여를 허용하고 외국증권사에 대해서도 국내지점의 설치요건을 완화하는 동시에 영업기금규모에 따른 취급업무 제한을 해소해 나갈 계획이다. 또한 투자신탁·투자자문 등 증권관련산업의 개방에 있어서는 국내기관 규모의 영세성과 영업기반의 취약성을 감안하여 외국회사의 국내회사 지분참여의 허용을 주된 개방안으로 제시하고 있다.

또한 그동안 외은지점이 규제완화를 요구해 온 여신관리제도와 중소기업 의무대출제도도 점진적으로 개편해 나갈 계획이다. 즉, 제 2 단계에서

〈표 8-149〉 외국금융기관의 한국진출 및 업무규제완화계획

구 분	제1단계(1993)	제2단계(1994~1995)	제3단계(1996~1997)
진입규제	– 외국투신사 및 외국투자자문사의 지분참여 허용(1993.1) – 외국투자자문사의 국내사무소 설치허용(1993.1)	– 외국증권사의 지점설치요건 완화(1994) – 외국신용평가회사의 국내사무소의 지분참여범위 확대(1995) – 외국투신사 및 투자자문사의 지분참여범위 확대(1995)	– 외국금융기관의 국내은행에 대한 지분참여 허용 – 외국증권사 국내지점영업기금 인하(1996) – 외국신용평가회사의 지분참여범위 확대(1996)
대기업여신관리제도	– 과도하거나 불필요한 규제정비(1993.2)	– 기업경영에 대한 여신관리제도상의 규제축소(1994~1996)	– 금융의 건전성 유지를 중심으로 여신관리제도 운용(1997)
중소기업의무대출제도	– 관련 규정의 명료화(1993.3)	– 제도개선여건 조성	– 의무대출비율의 단계적 인하 및 정비
통화채 인수		– 인수비율의 단계적 인하	– 인수제도 폐지

자료 : 재무부, 《금융자율화 및 시장개방계획》, 1993.6.

는 11~30대 계열기업군에 대한 기업투자 및 부동산취득 승인제도를 우선적으로 폐지하고, 여신관리대상기업의 범위를 10대 계열기업군으로 축소한 뒤 제3단계에서는 여신관리제도가 금융의 건전성 유지를 위한 편중여신의 억제라는 본래의 목적으로 운용되도록 동일계열기업군도 여신한도만을 관리해 나갈 계획이다. 중소기업 의무대출제도에 있어서는 중소기업의 여신보증 확대와 신용대출기반 강화 등 동 제도의 여건조성에 주력하고, 제3단계에서는 의무대출비율도 단계적으로 하향조정할 방침이다. 특히 통화채인수제도의 경우에는 제2단계에서는 인수비율을 인하하고 제3단계에서는 완전히 폐지할 계획이다.

① 국내금융산업의 경쟁력 현황

은 행 업

앞서 살펴본 바와 같이 국내외 여건변화를 반영하여 외국은행의 국내진출이 꾸준히 이루어졌던 것과는 대조적으로 국내은행들의 경쟁력은 크

〈표 8-150〉 한국·미국·일본의 은행간 생산성의 비교(1990년 기준)

(단위 : 천 달러, 명)

구 분	한 국(A)	미 국(B)	일 본(C)	B/A	C/A
행당 은행원 수	5,863	35,687	12,692	6.1	2.2
1인당 자산	1,680.4	2,587.0	24,018.5	1.5	14.3
1인당 대출	929.6	1,633.3	12,996.2	1.8	14.0
1인당 예금	896.1	1,714.6	17,273.7	1.9	19.2
1인당 당기순이익	11.4	12.8	43.3	1.1	3.8

주 : 한국 시중은행 11개, 미국 10대 은행, 일본 12개 도시은행 기준.
자료 : 은행감독원, 《은행경영통계》, 1991.
　　　일본전국은행협회, 《전국은행재무제표분석》, 1991.

게 떨어지는 것으로 나타났다. 우선 은행원의 생산성을 보면 우리 나라 은행원 1인당의 자산·대출금·예금액·당기순이익이 일본이나 미국에 비해 크게 떨어지는 것으로 나타났다. 즉, 1인당 자산·대출·예금의 경우에 일본은행은 우리 나라보다 각각 14.3, 14.0, 19.2배로 높게 나타났으며, 미국은행은 1.5, 1.8, 1.9배로 높은 것으로 나타났다.

세계 1,000대 은행을 자본금을 기준으로 국별로 비교해 보면 우리 나라 은행의 자기자본 순이익률(ROE)과 자본／자산의 비율은 대상국가 중 가장 낮게 나타났으며, 총자산 순이익률(ROA)도 일본·독일에 비해 약간 높게 나타났으나 미국·영국·대만에 비해서는 매우 낮은 것으로 나타났다. 이는 국내은행의 자본생산성이 여타 국가에 비해 상대적으로 낮으며 대외경쟁력이 약함을 시사하는 것이다.

한편, 국내에 진출한 외은지점과 국내은행과의 수익성을 비교해 보면 국내은행은 외은지점에 비해 상대적으로 이자수익에 의존하는 비중이 크며, 총자산 순이익률(ROA) 및 자기자본 순이익률(ROE)이 외은지점에 비해 크게 열세에 있는 것으로 나타났다. 즉, 외은지점은 국내은행에 비해 규모면에서는 떨어지지만, 비용측면에서 크게 우위를 보여 결국 수익성에 있어서는 국내은행에 비해 월등히 높게 나타나는 것이다.

〈표 8-151〉 국내은행과 외은지점과의 수익성 비교(1990~1991년 평균)

(단위 : 10억 원, %)

구 분	일반은행		외은지점	
	금 액	비 중	금 액	비 중
총 수 익	3,598.5	100.0	339.9	100.0
이 자	2,099.0	58.3	180.4	53.1
비 이 자	1,499.5	41.7	159.6	46.9
총 경 비	2,016.8	56.0	163.3	48.0
세 전 이 익	1,581.7	44.0	176.6	52.0
당기순이익	750.9	20.9	116.1	34.2
ROA(%)	0.6		1.6	
ROE(%)	7.1		14.5	

주 : 비중은 총수익에 대한 비중(%)임.
자료 : 한국은행, 《조사통계월보》, 각 호.

증 권 업

국내증권사들은 지난 몇년간 자본금을 비롯한 규모의 확장을 꾸준히 추진하여 미국·일본·영국 등 10대 증권사들의 평균규모와 자기자본규모를 비교해 볼때, 어느 정도 수준에 도달한 것으로 평가되고 있다. 그러나 각 증권회사의 업무영역별로 정보수집 및 분석능력·수익구조·전문인력의 확보·판매력·고객서비스능력 등 질적 측면에서는 국내증권사의 경쟁력은 외국증권사에 비해 크게 떨어지는 것으로 나타났다.

우선 위탁업무에 있어서 외국인의 국내증권투자는 단기적으로 국내증권사가 다소 우세할 것으로 보이지만, 장기적으로는 외국증권사들의 수수료 인하 등을 통해 국내시장의 잠식가능성이 매우 높아서 반드시 국내증권사가 우세하다고 볼 수 없다. 국내인의 해외증권투자는 정보수집 및 분석면에서 외국증권사가 절대적으로 우위를 보이고 있기 때문에 외국증권사들이 유리할 것으로 보인다. 인수업무에 있어서도 주식공개업무는 국내증권사가 국내기업의 재무분석에 대한 경험 등을 바탕으로 우위에 있을 것으로 보이나, 채권인수업무는 자금력·분석기법·소화능력 등이 외국

<표 8-152> 증권업무별 국내증권사의 경쟁력 현황

업 무	국내증권사	외국증권사
위탁업무		
외국인의 국내증권투자	불확실	불확실
국내인의 국내증권투자	우 세	열 세
국내인의 해외증권투자	열 세	우 세
인수업무		
주식공개부문	우 세	열 세
채권인수부문	열 세	우 세
자기매매업무		
국내증권매매	불확실	불확실
외국증권매매	열 세	우 세
국제업무		
국내기업의 해외증권발행	불확실	불확실
외국기업의 국내 및 해외증권발행	열 세	우 세
전문금융업무		
M&A, 선물, 옵션, 스왑, 국제투자자문	열 세	우 세

자료 : 한국금융연구원, 《금융연구》, 1992. 8.

증권사에 비해서 크게 떨어지는 것으로 나타났다.

자기매매업무에 있어서는 국내증권사가 외국증권사에 비해 열위에 있는 것으로 보인다. 즉, 국내증권사의 상품운용은 매매차익의 실현보다는 시장조성을 위한 정부당국의 협조지원에 부응하여 운용되는 측면이 많은 데 비해 외국증권사들은 철저하게 수익실현 위주로 분산투자를 하고 있다. 특히, 국내증시 개방이 본격적으로 이루어져 국내증권사가 해외증시에 큰 영향을 받게 될 경우 경험이 부족한 국내증권사들은 더욱 불리해질 것으로 보인다.

국제업무에 있어 국내기업의 해외증권 발행업무에 있어서는 장기적으로는 적정발행가격의 산정이나 판매능력에 좌우될 것으로 보여 국내증권사가 반드시 유리하다고 볼 수 없으며, 외국기업의 국내 및 해외증권 발행업무는 외국증권사가 압도적으로 우위를 유지하고 있다. 특히 M&A·선물·옵션·스왑 등 전문금융업무에 있어서는 국내증권사는 경험이 매

〈표 8-153〉 한국·미국·일본 증권업의 생산성 비교

구 분	한 국		미 국		일 본	
	1989	1990	1987	1990	1987	1990
노동생산성(백만 달러)						
1인당 위탁매매금	7.7	8.0	–	–	25.7	24.6
1인당 영업수익	0.11	0.13	0.53	0.60	0.34	0.28
1인당 당기순이익	0.03	0.04	0.007	0.03	0.07	0.06
자본생산성(%)						
ROA	5.0	4.7	12.5	11.1	20.2	14.9
ROE	9.0	7.7	1.8	4.5	24.3	14.6

주 : 미국과 일본은 각각 뉴욕증권거래소, 동경증권거래소 회원기준임.
자료 : KIEP, 《UR 금융서비스협상과 증권산업 경쟁력 제고방안》, 재작성, 1991.

우 부족한 실정이기 때문에 이들 분야에서의 국내증권사들은 절대적으로 열위에 놓여 있다.

이에 따라 우리 나라 증권업의 생산성은 미국·일본에 비해 노동 및 자본생산성이 모두 떨어지는 것으로 나타났다. 특히, 자본생산성이 크게 떨어지고 있는 것은 우리 나라 증권업계의 총자산 순이익률(ROA)은 미국·일본에 비해 각각 약 1/2.5, ·1/3.5로 크게 떨어지는 것으로 나타났으며, 자기자본 순이익률(ROE)은 미국에 비해 약간 높게 나타났으나 일본에 비해서는 크게 떨어지는 것으로 나타났다.

보 험 업

국내보험업계는 정부의 적극적인 보험산업육성의 정책과 국민소득수준의 향상에 따른 보험에 대한 인식 제고 등으로 외형상으로는 크게 성장하였다. 그러나 정부의 보험업에 대한 과도한 정책지원은 일부 대형업체를 중심으로 국내보험업계의 과점적 성장을 가능하게 하여 보험업계간의 경쟁을 약화시키고 선진경영기법 도입을 지연시키는 결과를 초래하였다.

이에 따라 외국생보사들은 진출초기부터 신계약률 증가와 해약률 감소의 노력을 통해 건실한 경영기반을 구축해 온 반면, 국내업계는 무리한 계약에 따른 과다한 보험금의 지급 등으로 경쟁력이 크게 약화되었다. 또

〈표 8-154〉 국내외 생명보험회사의 경영효율 비교

(단위 : %)

구 분		신계약률	효력상실 해약률	보험비 지급률	자산수익률	
					총자산	운용자산
1989	국내업계	102.8	27.0	60.9	13.0	13.5
	외국업계	88.8	35.1	30.9	13.6	18.4
1990	국내업계	88.5	29.2	56.7	12.4	12.9
	외국업계	144.2	22.9	25.3	17.1	23.9

자료 : 보험감독원, 《보험통계연감》, 각 호.

한 국내에 진출한 외국생보사의 경우에는 정부의 외국인에 대한 자산운용 규제로 자산운용률이 전반적으로 저조함에도 불구하고, 운용자산에 대한 수익률이 국내회사들에 비해 높게 나타나 외국생보사들이 자산을 효율적으로 운용하는 것으로 나타났다.

한편 손해보험업계에 있어서도 국내에 진출한 외국손보사들은 원수손해율(原受損害率)과 경과손해율(經過損害率)이 현저히 낮아 손해보험회사의 경영효율을 나타내는 합산비율이 100%를 크게 하회함으로써 국내손해보험회사와 대조를 이루고 있다. 특히 외국손보사의 자산운용에 대한 수익률은 국내손보사는 물론 외국생보사들에 비해서도 높게 나타났다. 보험감독원이 분석한 자료에 의하면, 국내손보사의 모집인 및 임직원 1인당 생산성, 점포 및 대리점당 생산성은 외국손보사에 비해 크게 떨어지는 것으로 나타났다.

결국 국내에 진출한 외국보험회사들이 비록 수적으로나 규모면에서 국내보험회사들에 비해 월등히 열세임에도 불구하고, 외국보험회사들의 경영상태는 매우 양호한 것으로 나타났다. 특히 손해보험에 있어서 국내업계의 경쟁력은 외국손해보험사에 비해 크게 떨어지고 있다. 따라서 앞으로 외국보험회사들이 국내시장환경에 적응하고 요율(料率) 및 신상품개발의 자율화가 확대될 경우, 국내외 보험회사간의 생산성격차는 더욱 확대될 것으로 보인다.

〈표 8-155〉 국내외 손해보험회사의 경영효율

(단위 : %)

구 분		원수손해율	경과손해율	합산비율	자산수익률	
					총자산	운용자산
1989	국내업계	57. 2	79. 6	105. 0	11. 9	14. 6
	외국업계	33. 1	42. 3	89. 8	19. 0	25. 7
1990	국내업계	58. 1	79. 8	103. 8	9. 0	11. 0
	외국업계	37. 6	51. 7	95. 8	17. 0	27. 7

자료 : 보험감독원, 《보험통계연감》, 각 호.

UR 타결이 금융서비스업에 미치는 영향 및 대응전략

UR 금융서비스협상 우리측 주요 양허내용은 외국인주식투자 한도의 확대(1994~1995), 관련 법과 규정에 따른 금융신상품 도입의 허용, 신탁의 통화채 인수비율 단계적 축소(1994~1995), CD발행의 한도·만기 확대(1994~1995), 현물환의 매각초과포지션 한도의 조정(1994~1995), 은행의 지점·사무소, 투신사 등의 사무소 설립시 경제적 필요성 심사(Economic Needs Test : ENT)의 폐지 등이다.

이는 정부가 신경제 5개년계획의 금융개혁부문과 제 3 단계 금융자율화 및 시장개방계획(Blue Print) 등 우리 스스로의 필요에 의해 추진하고 있는 내용의 범위 내에서 작성·제출되었고 자유화조치의 시행시기 및 폭의 구체화요구에 대해서는 향후 정책수행의 신축성을 확보한다는 차원에서 구체적 약속을 최소화하였다. 그러므로 이번 UR 금융서비스협상으로 새로운 추가개방요구가 생기거나 당장 조치가 이루어지는 것은 아니며, 타 산업에 비해 당장에 미치는 영향은 크지 않을 것으로 예상된다. 그러나 향후 1~2년간 우리의 개방계획을 후퇴하지 않겠다고 약속했기 때문에 지금까지와 같이 국내경제여건 미비 등을 이유로 자유화일정을 늦출 수 없게 되었다. 이에 따라 국내금융기관들은 그동안 개방 정도의 차이 및 자체경쟁력의 차이 등에 따라 금융산업별로 차별적인 영향을 받을 것으로 보인다.

은행의 경우 외국계은행의 국내지점에 대한 각종 우대조치가 있어 왔고 이미 많은 은행들이 진입해 있으므로 UR의 각종 원칙으로 인한 위치변화는 크지 않을 것이다. 오히려 외국은행의 혜택이 줄고 동등한 위치에서 경쟁하게 되어 상대적으로 국내은행에 긍정적으로 작용할 수도 있다.

증권의 경우 지금까지는 타금융에 비해 개방이 늦게 이루어져 경쟁력을 유지할 수도 있었으나 UR협상으로 인해 각종 규제가 완화되면 선진국 증권사의 국내시장잠식이 가속화될 것으로 보인다.

생명보험의 경우 현재 개방수준이 상당함에도 불구하고 국내업계가 경쟁력을 유지하고 있어 크게 영향을 받지 않을 것으로 보인다.

손해보험의 경우 현재에도 취약한 경영구조를 보이고 있는데 개방의 진전에 따라 경영구조가 악화되어 경쟁력이 약화될 것으로 보인다.

① 은 행

이번 UR협상에서는 은행업과 관련해서 가장 많은 부문이 반영되었고 그 영향도 부문에 따라서 다르게 나타날 것이다. 은행관련 우리측 주요 양허내용은 관련 법과 규정에 따른 신금융상품의 도입과 CD발행의 한도 및 만기 확대(1994~1995), 외국은행의 지점 및 사무소 신설시 경제적 필요성 심사(ENT) 삭제, 신탁의 통안채 인수비율 인하(1994~1995), 현물환의 매각초과포지션 한도 확대(1994~1995) 등이다.

관련 법과 규정에 따른 신금융상품의 도입

영 향

현행 제도상 은행의 신상품개발은 「금융기관 여·수신이율 등에 관한 규정」, 「금융소비자보호에 관한 규정」, 「외국환관리규정」 등에 의해 규제되고 있다. 이번 UR협상에서는 offer list상 신상품 도입에 제한이 있다고 기재된 것을 『관련 법률과 규정이 정하는 범위 내에서 자유롭게 허용된다』고 수정하였다. 물론, 금융신상품 도입이 허용되더라도 관계 법률과 규정이 정하는 범위 내에서 허용되므로 당장 모든 상품이 자유롭게 들어올 수 있는 것은 아니다. 그러나 외국은행들은 국내법의 규정에 부합하면서 특히 고소득층을 겨냥한 상품과 서비스 개발에 주력할 가능성이 크며, 외국에서는 이미 보편화되어 있지만 아직 국내에 보급되지 않은 수신 상품들이 국내에 도입될 경우 국내은행들은 경험 및 노하우면에서 열위에 있어 당장 수신면에서 타격이 클 것으로 보인다. 중장기적으로도 당분간은 국내은행이 외국은행에 비해 금융신상품 개발면에서 열위를 보일 것이다. 한편, 금융신상품 도입허용은 제3단계 금리자유화를 촉진시키고 수신금리자유화를 정착시키는 효과를 가져올 것이다.

대응전략

은행들은 단기적으로 외국은행의 금융신상품의 도입으로 인해 잃을 수 있는 수신기반에 대해 현재 우위를 점하고 있는 지점망을 활용해 수신면에서 점유율을 유지할 수 있도록 노력해야 하며, 외국에 보편화되어 있는 개인수표제도 및 시장금리연동부 수신상품(예 : MMC) 등을 조기에 도입하여 수용할 수 있는 준비를 해야 한다. 장기적으로는 해외정보의 수집·분석 및 신금융기법 습득을 위한 연구노력을 지속해야 한다.

정부는 국내은행과 외국은행의 금융신상품의 도입을 금융산업의 발전을 위해 관련 법에 의거하여 점진적으로 허용하되 이번 UR협상에서 구체적인 시기를 정하지 않은 만큼 국내은행에 대비할 시간을 주고 허용하도록 하며, 외국은행의 탈법 및 변칙거래는 감독기관을 통해 감독해야 할 것이다.

CD발행의 한도 및 만기 확대(1994~1995)

영 향

은행의 CD취급은 1984년 6월 시중은행 및 지방은행에 허용된 뒤 특수은행과 외국은행 지점에도 점차 확대되었으며 발행한도도 확대되어 왔는데 현재에는 시중은행 및 지방은행은 자기자본의 80%, 특수은행은 자기자본의 250%, 외국은행 지점은 자기자본의 250% 또는 200억 원 중 큰 금액으로 되어 있다. 최소발행단위도 3천만 원으로 인하되었으며, 만기는 91~270일로 다양화되었다.

1993년 12월 현재 전체외국은행 지점의 CD발행한도는 2조 2,714억 원으로 국내은행 CD발행한도액 16조 2천억 원의 약 14%에 달하고 있다. 한편 1993년 9월 말 현재 CD발행잔액은 12조 1,127억 원으로 국내은행 전체발행한도의 약 75%를 차지하고 있다.

결국 외국은행 지점의 발행한도가 전체발행한도 중에서 차지하는 비중이 크지 않고 실제발행액도 한도에 못미치고 있는 것을 볼 때 발행한도의 확대가 단기적으로 국내금융기관에 큰 악영향을 미치지는 않을 것이다.

그러나 중장기적으로는 경영상태가 상대적으로 양호한 외국은행의 경우 대출금리와 CD금리 사이의 스프레드를 축소시킬 여유가 있으므로 CD한도 추가 확대시 CD발행금리를 인상하여 CD발행 확대를 통해 수신면에서의 점유율을 높일 수 있을 것이다.

대응전략

국내은행들은 CD를 대출관련꺾기수단으로 사용해 온 종래의 관행에서 탈피하여 정상적인 자금조달수단으로 인식하고 CD수요기반 확충에 노력해야 한다. 정부는 외국은행의 CD발행의 한도, 만기확대시 국내은행에도 이들을 같이 확대해 주도록 하며, 1994~1995년 중 경제상황을 보아가면서 그 폭과 시기를 결정해야 한다. 또한 이와 함께 CD의 최소발행단위도 현재의 3천만 원에서 추가 인하하여 개인 수요기반을 확충해야 할 것이다.

외국은행의 지점 및 사무소 신설시 경제적 필요성 심사(ENT) 삭제

영향 및 대응전략

외국은행의 지점 및 사무소 신설시 경제적 필요성 심사(ENT) 삭제는 지금까지 외국은행의 국내진출시 불편요인으로 작용했던 제도를 폐지함으로써 외국은행들의 국내소매영업비중을 증대시킬 것이다. 그러나 1993년

〈표 8-156〉 현행 통화채 인수의무

구 분	통화채 인수의무
- 일반불특정금전신탁, 특정금전신탁, 금외신탁	- 수탁금액의 30% 이상
- 기업금전신탁	- 운용자산의 70% 이상
- 적립식목적신탁, 개발신탁, 가계금전신탁, 노후생활연금신탁, 국민주신탁	- 인수의무 없음

자료 : 재무부, 《UR 금융협상의 주요 내용 및 대응방안》, 1992. 12.

〈표 8-157〉 외국은행 지점의 금전신탁 시장점유율(1993년 11월 말 기준)

(단위 : 억 원, %)

구 분	개발신탁	일반불특정	가 계	특 정	연 금	기 업
전체(A)	210,035	10,098	165,892	165,595	74,149	112,514
외은(B)	1,481	1,825	4,191	70	282	7
B/A	0.7	18.1	2.5	0.1	0.4	0.0

자료 : 한국금융연구원, 《UR 금융협상의 현황과 우리의 대응전략》, 1993. 12.

12월 현재 외국은행의 국내진출 현황을 보면 52개 은행의 74개 지점이 진출하여 이미 국내에서 영업을 하고 있고, 또 과거 외국은행의 국내진출이 거부된 경우가 없었던 점으로 보아 추가적인 외국은행의 진출은 많지 않을 것으로 보인다. 향후 국내은행들은 경영혁신 등 경쟁력 강화를 통해 외국은행들과의 경쟁에 대처해야 할 것이다.

신탁의 통화채 인수비율 인하(1994~1995)

영 향

1994~1995년 중 통화채 인수비율이 인하되면 금전신탁시장에서 외국은행 지점들의 시장점유율이 제고될 것이다. 특히, 기업금전신탁의 경우 현행 통화채 인수의무비율은 운용자산의 70% 이상으로 매우 높은데, 향후 통화채 인수의무비율이 하향조정되면 기업금전신탁에서의 외은지점시장점유율이 크게 상승할 것으로 전망된다.

대응전략

국내은행은 자본시장과 관련된 전문인력 확충, 교육 등으로 신탁자산

의 운용능력을 제고해야 하며 금융당국은 통화채 인수비율 인하시 이를
국내은행에도 동등 적용하여 외은지점과 국내은행과의 비평행적 규제가
발생하지 않도록 제반 규제 및 정책기조를 조정해야 할 것이다. 또한 강
제인수가 줄어드는 만큼의 통화채의 자율적인 소화를 위해서는 통화채를
실세금리로 발행하여 수요기반을 늘려야 할 것이며, 중장기적으로는 한은
의 통화채 이자지급으로 인한 통화증발을 막기 위해서 통화채 발행규모를
단계적으로 줄이고 궁극적으로는 통화채 강제인수제도를 완전폐지하고 국
공채시장을 통한 공개시장조작을 통화신용정책의 주된 수단으로 활용해야
할 것이다.

현물환의 매각초과포지션 한도의 조정(1994~1995)

영 향

UR 금융서비스협상에 따라 현물환의 매각초과포지션 한도는 현재의 전
월매입외환평잔의 2%와 자기자본의 1% 또는 2백만 불 중 큰 금액에서
1994~1995년 중에는 전월매입외환평잔의 3%와 자기자본의 2% 또는
3백만 불 중 큰 금액으로 확대된다. 이는 외국은행뿐 아니라 국내은행에
도 동등하게 적용된다. 현물환의 매각초과포지션 한도의 확대는 환율절상
으로 인한 수출감소·통화증발 등의 부정적인 효과를 가져오며 은행의 환
위험노출 증대, 환투기가능성 증대 등으로 인해 은행의 건전성을 저해할
우려가 있다. 한편, 국내소재 외국은행 지점들은 현물환매각초과포지션
확대를 통해 원화영업자금을 많이 확보할 수 있게 된다.

대응전략

국내은행들은 외국은행 지점들의 원화영업자금 확대에 의한 영업력 및
시장점유율 확대에 대처할 수 있도록 기존 고객에 대한 서비스 확충 및
자체 영업합리화에 노력을 해야 하며, 국내의 외국환은행의 경우 환위험
에 대한 노출이 커짐을 고려하여 외환포지션을 조정해야 하고 중장기적으
로 환위험을 체계적으로 관리할 수 있는 위험관리체계를 구축해야 한다.

<표 8-158> 외국은행 지점의 스왑잔액의 추이(연월 말 기준)

(단위 : 백만 달러)

연 월	1985	1987	1989	1991	1992	1993. 9.
금 액	1,873	1,695	1,426	1,315	1,305	1,282

자료 : 한국은행, 《조사통계월보》, 1993. 10.

정책당국은 외국은행 지점들의 원화영업자금 조달능력이 확충됨을 감안하여 외국은행 지점의 스왑한도(1990년 이후 감축조치가 중지됨)의 축소 등으로 특혜적 요소를 줄여나가고, 원화의 평가절상 및 현물환매각 확대에 따른 통화증발압력에 대처하여 국내기업의 해외투자 촉진, 기관투자자의 해외증권투자 확대, 외환집중제 완화 등을 통해 자본유출에 대한 규제를 축소해야 한다.

② 증 권

양허내용

UR 금융서비스협상의 증권관련 우리측 주요 양허내용은 외국인주식투자 한도의 확대(1994~1995), 국내거주자인 증권거래법상 외국인의 주식투자시 내국민대우(1994), 증권저축과 신용공여 등 2개 업무 추가허용(1994) 등이며, 증권관련 투신사 및 투자자문업과 관련해서는 투신사 및 투자자문사 사무소 설립시 경제적 필요성 심사(ENT) 폐지(1994), 투신사 및 투자자문사의 지분참여범위 확대(1995) 등이다. 채권시장개방과 관련해서는 이번 UR 금융서비스협상에서 특별한 언급이 없으므로 향후 채권시장의 개방은 우리 정부의「제3 단계 금융자율화 및 시장개방계획」에 따라 추진될 것이다.

영향 및 대응전략

주식시장은 1992년 1월에 개방이 시작되어 은행·보험 등 타금융부문에 비해 개방이 늦게 이루어졌으므로 본격 개방확대에 따른 충격이 클 것으로 예상된다. 외국인의 국내주식시장에서의 주식취득은 상장주식의 종목당 10%, 1인당 3% 이내에서 허용되고 있으며 1993년 11월 말 현재 투자등록 외국인은 44개국 2,627명이고, 외화 순유입액은 약 71억 달러 (1992년 21억 달러, 1993년 50억 달러)이며 투자의 한도가 소진된 종목 수는 167개(우선주 포함)에 이른다(1994년 1월 8일 현재 전체상장종목 수 857개의 19.5%에 해당). 증권관련투자자문사의 경우 현재 29개의 투자자문사가 있으나 규모가 영세(평균자본금 38억 원)하고 영업기반이 취약하다. 1993년부터는 외국투자자문사의 지분참여(전체 10%, 회사당 5% 이내) 및 국내사무소 설치가 허용되고 있다.

외국인의 주식투자 한도가 확대되면 국내주식에 대한 수요기반이 확충되어 주가가 상승하고 국내증시의 국제화가 진전되는 등 국내주식시장에 긍정적 효과를 가져온다. 그러나 외국인의 투자자금 유입확대로 인한 통화관리상의 문제가 발생하게 되며 핫머니에 의한 국내증권시장 교란가능성이 증대하게 된다. 또 한도확대시 우량종목에 대한 한도는 곧 소진됨으로써 투자의 한도가 소진된 우량주식에 대해서는 장외거래가 증가하는 등 금융거래질서가 저해될 수 있다. 국내증권사가 국내증시의 국제화에 부응하기 위해서는 해외지점의 적극적인 육성을 통해 24시간 거래체제에 대비하고 국제금융과 국제영업에 관한 전문인력을 양성하는 등 증권영업의 국제화에 노력해야 한다. 한편, 현재의 주식시장의 상황을 보아 외국인주식투자 한도 확대를 서두를 필요는 없다고 본다. 따라서 1994~1995년 중 주식시장여건 및 환율, 금리, 물가, 국내통화관리여건 등 제반 거시경제 변수 등을 고려하여 한도 확대의 시기와 폭을 결정해야 할 것이다. 또한 해외로부터의 통화증발을 중화하기 위해서는 주식투자 한도 확대지연과 함께, 역스왑제도(국내기업이나 금융기관들에 일정률의 금리보전을 조건으로 해외투자를 장려하는 방안) 도입 등 자본유출정책을 추진해야 한다.

국내거주자인 증권거래법상 외국인의 주식투자시 내국민대우 및 증권저축, 신용공여 등 2개 업무 추가허용에 따라 외국인의 주식투자자금이

다소 늘어나고, 외국증권사의 여·수신기능 보유에 따른 대고객서비스제공 증가로 외국증권사의 이용이 증대할 것이다. 정책당국은 증권저축, 신용공여 등 외국증권사의 2개 업무 추가허용에 대비하여 현재의 신용융자한도(계좌당 5천만 원, 증권사 자기자본의 60% 이내) 및 고객예탁금 이자율(4%), 가격제한폭(최저 100원에서 최고 12,000원까지 17단계), 수수료율 체계(2억 원 이하 : 0.5%, 2억 원~5억 원 : 0.45%＋10만 원, 5억 원 초과 : 0.4%＋35만 원) 등을 개선하여 국내증권사들의 경쟁력을 제고할 수 있도록 해야 한다. 또 금융신상품개발회사에 대해서는 일정기간 독점영업권을 확보해 주는 등 인센티브를 부여하고, 외국증권사의 과열 인력스카우트방지책도 마련해야 한다. 증권회사는 고객서비스를 제고하기 위해 은행과의 제휴에 의한 결제시스템의 조속 실현 및 국내금융기관과의 온라인전산망에 의한 자금이체 등을 활성화하고, 입출금 소요시간 단축 및 입출금 이용가능시간 연장방안을 모색해야 한다. 또한 현행 3일이 소요되는 결제기간의 단축을 추진하거나 결제일 기간 동안 증권회사가 단기대출을 실시하는 방안도 고려해 볼 수 있다. 또, 외국증권사의 판매력 강화를 위한 수수료율의 덤핑 등에 대비해서 생산성 향상을 기하고 새로운 금융상품의 개발 및 이에 따르는 리스크관리에 힘써야 한다. 흡수·합병 등을 통한 경쟁력의 제고와 규모의 경제 실현 및 우수인력의 유출방지를 위한 근무조건의 개선 등에서도 노력을 경주해야 한다. 향후 1996~1997년 중 개설예정인 선물 및 옵션시장에 대한 선점노력이 가속화될 것으로 보이는데 이 시장에서 초반에 확고한 위치를 점하기 위한 인적·물적 준비에도 만전을 기해야 할 것이다.

증권관련 투신사 및 투자자문사사무소 설립시 경제적 필요성 심사(ENT) 폐지(1994) 및 외국투신사, 투자자문사의 지분참여범위 확대(1995)에 따라 외국투자자문사의 국내시장잠식이 가속화될 것이다. 투신 및 투자자문업계는 각종 투자기법연구의 활용으로 증권투자에 대한 전문성을 제고하고 전문적인 펀드운용자의 양성 및 확보와 투자정보 데이터뱅크의 구축에 힘써야 한다. 증권회사는 계열투신사 및 투자자문사에 대한 사전 대응책을 마련하여 투자확대 등으로 영업력을 강화시켜야 한다. 정책당국은 일정요건을 갖춘 자문사에 투자일임매매를 조기허용해야 할 것이다.

「제3단계 금융자율화 및 시장개방계획」에 따르면 채권시장개방은 1994년에 중소기업이 발행한 CB(전환사채)에 대한 외국인 직접투자 및 일부 국공채에 대한 인수허용, 1995년에 국제기구(예 : 아시아 개발은행, IBRD)의 원화표시채권발행 및 투신의 채권형펀드에 대한 간접투자 허용, 1997년에 중소기업 무보증 장기채에 대한 직접투자 허용순으로 추진될 예정이다.

이러한 채권시장의 개방조치로 리스크 헤지 등 선진채권운용기법이 도입될 것이며 채권가격산정방식·채권매매절차 등이 국제적인 표준에 따라 정비되는 계기가 마련될 것으로 보인다. 또 채권에 대한 수요가 증대되어 중장기적으로 채권수익률을 하락시키는 효과를 가져올 것이다. 반면 외국인의 시장점유율 확대에 따른 채권시장에서의 영향력 확대, 단기자금 이동증가로 인한 통화 및 외환시장의 교란가능성 증대, 채권수익률 변동폭 확대에 따른 유통시장의 교란가능성 등 부정적인 효과도 가져오게 될 것이다. 채권운용기관인 증권회사는 선진채권운용기법 도입에 힘쓰는 한편 가격변수에 대한 예측력 증대, 채권관련복합금융상품 개발, 기관투자자에 대한 정보서비스의 질적 수준 제고에도 노력해야 한다. 또한 자금력·정보분석능력·투자기법상 우위에 있는 외국자본에 의해 채권시장이 좌우될 가능성에 대비하여 무엇보다도 국내시장은 국내증권사가 가장 잘 안다는 이점을 최대로 활용해야 할 것이다. 정부로서는 우리 나라 금융기관들이 자기 판단으로 수익성을 추구하는 매매가 가능하도록 채권인수부담 등 제한조치를 완화해야 할 것이다.

③ 보 험

UR 양허내용 및 향후 개방계획

UR 금융서비스협상의 보험관련 우리측 양허안에는 생명보험에 대한 전속대리점업을 허용(단, 손해보험의 경우 2개 보험회사 상품을 판매할 수 있는 복수대리점 영업이 허가됨)한다는 것과 생명보험업·손해보험업·보험대리점업 모두 상업적 주재의 설립은 경제적 수요 심사(ENT)에 의한다는 것을 포함하고 있다. 이 외에는 보험부문에 대해 새로 추가된 양허내용이 없으므로 보험산업의 개방은 당초 우리의 개방계획대로 추진될 것으로 보인다. 1993년 9월 현재 외국생명보험사는 2개 지점, 7개 합작회사, 3개 현지법인이, 손해보험사는 3개 지점, 2개 자본참여회사, 13개 사무소, 3개 대리점이 진출해 있으며 시장점유율은 수입보험료를 기준으로 생명보험사의 경우 4.8%, 손해보험사의 경우 0.5% 수준(1992년 기준)을 보이고 있다.

자유화계획에 따라 현재 손해보험의 경우 2개 회사 보험상품을 판매할 수 있는 복수대리점업이 허용되고 있고 생명보험에 대해서는 전속대리점업만이 허용되고 있다. 재보험산업의 경우 항공보험은 국내사 우선출재제도가 폐지되어 자유롭게 해외보험사로 출재할 수 있도록 되어 있다.

중장기 개방계획을 보면 1994년 4월에 생명보험에 대한 복수대리점의 허용, 1996년 4월에 손해보험에 대한 독립대리점의 허용에 이어 1997년 4월에 생명보험에 대한 독립대리점을 허용할 예정이며, 재보험의 국내사 우선출재제도는 1996년 4월에 선박보험에 대해 폐지하고 1998년 4월에는 완전자유화할 예정이다. 또 현재는 불량외국보험사의 덤핑요율 구득에 따른 보험계약자의 피해를 방지하기 위해 해외보험요율 구득시 대한재보험(주)로 창구를 일원화하도록 되어 있으나, 향후 해외소재 보험사에의 원보험가입(cross-border)이 허용되어 국내외 보험사업자간 경쟁이 격화될 것이다.

영향 및 대응전략

이번 UR 금융서비스협상에서는 보험산업에 대해서 특별히 새로운 내용이 없고 이미 보험산업이 개방되어 외국보험사들이 국내보험사와 경쟁을 하고 있으며, 또 외국보험사의 국내보험시장점유율이 아직 우려할 만한 수준이 아니므로 단기적으로 국내보험산업은 큰 영향을 받지 않을 것으로 보인다. 그러나 향후 개방계획이 추진됨에 따라 국내보험업계는 크게 영향을 받게 될 것이며, 특히 그 영향의 정도는 생명보험 및 손해보험간에 다르게 나타날 것으로 보인다.

외국보험사의 진출은 보험사업간 경쟁을 촉진하여 보험업의 효율성 제고, 국내보험사의 상품개발 촉진·요율산정 및 위험관리능력 제고·보험서비스의 개선 등에 효과를 가져올 것이다. 그러나 경쟁이 격화되면 국내보험사의 수익기반 약화와 함께 단기적으로 무분별한 인력확보경쟁을 통해 시장질서를 교란하게 될 것이다. 또 보험사 경영부실화에 따른 고객보호문제도 발생시킬 것이다.

향후 보험대리점업이 개방될 경우 특히 개인 고객을 주대상으로 모집인에 크게 의존하는 생명보험시장보다는 기업을 주로 상대하며 상품 및 요율차별화가 용이한 손해보험시장이 더 크게 잠식당할 가능성이 크다.

재보험의 국내사 우선출재제도 폐지 및 해외소재보험사에의 원보험의 허용시(cross-border) 국내외 보험사업자간의 과열경쟁으로 인해 보험사고 발생에 대한 소비자보호문제가 발생할 것이다.

국내보험사는 모집인방식을 지양하고 대리점판매·통신판매·신용카드사와의 제휴판매를 확대하는 등 보험모집인 체계를 개선해야 한다. 또한 소비자 요구에 부응하는 특정수요자층 대상 주문형 보험 및 고수익 상품개발에 노력해야 하며, 중장기적으로는 외국사와의 합작 등을 통한 선진보험기법의 도입도 고려해야 할 것이다. 또 외국보험사의 고객서비스 증가에 대응해서 거래약관의 개선 및 약관 공시제도 활성화 등을 통해서 고

〈표 8-159〉 UR 금융협상의 주요 내용과 영향 및 대응전략

구분	주요 내용	영 향	평가	대 응 전 략
은 행	- 관련 법과 규정에 따른 신금융상품의 도입	- 국내은행의 수신점유율 하락 및 외국은행의 수신점유율 증가	×	- 신금융상품 도입의 점진적 허용 - 외국은행의 불법탈법거래에 대한 감독강화 - 기존의 지점망을 이용한 수신고 유지 - 신금융기법 취득을 위한 연구 노력 지속
		- 제 3 단계 금리자유화 촉진 및 수신금리자유화 정착	△	
	- CD발행의 한도 및 만기 확대 (1994~1995)	- CD발행한도에 여유가 있고 은행의 CD시장비중이 적어 단기적으로는 별 영향없음	-	- CD를 정상적인 자금조달수단으로 인식하여 수요기반 확충에 노력 - CD 최저발행단위 추가 인하 - CD발행한도 및 만기 확대시 국내은행도 동등 적용
		- 외국은행이 CD발행금리를 인상하여 CD발행 확대를 통해 수신면에서 우위를 확보할 가능성의 증대	▽	
	- 외국은행의 지점 및 사무소 설치시 경제적 필요성 심사(ENT) 삭제	- 외국은행들의 국내 진출시 불편요소 해소로 인한 국내소매업의 비중 증대	▽	- 경영혁신을 통한 경쟁력 강화로 외국은행과 경쟁
		- 이미 많은 은행이 진출하고 있어 추가적인 진출은 크지 않을 것임	-	
	- 신탁의 통화채 인수비율 인하 (1994~1995)	- 금전신탁시장에서 외은지점의 점유율 제고	▽	- 신탁자산 운용능력 제고 - 통화채 실세 발행으로 수요기반 확충 - 통화관리방식의 전환
	- 현물환의 매각초과포지션 한도 확대(1994~1995)	- 원화절상으로 인한 수출 감소	▽	- 외국은행의 영업력 확충에 대비해 기존 고객에 대한 서비스 확충 등 자체경영합리화의 노력 - 체계적 위험관리체계 구축 - 외은지점의 스왑한도 축소 - 국내기업의 해외투자 촉진, 해외증권 투자확대, 외환집중규제완화 등으로 자본유출에 관한 규제를 축소
		- 해외부문으로부터 통화 증발	×	
		- 은행의 환위험 노출 및 환투기가능성 증대	-	
		- 외국은행의 원화영업자금 확대	▽	
		- 국내소재 외국환은행의 원화자금 확대	△	

구분	주요 내용	영 향	평가	대 응 전 략
증 권	- 외국인주식투자 한도의 확대 (1994~1995) - 국내거주자인 증 권거래법상 외국인 의 주식투자시 내 국인대우(1994) - 증권저축, 신용공 여 등 2개 업무 추 가 허용(1994) - 투신사, 투자자문 사사무소 설립시 경제적 필요성 심 사(ENT) 폐지 (1994) - 투신사, 투자자문 사의 지분참여범위 확대(1995)	- 주식수요기반 확충 - 통화증발 - 외국인투자자금 소폭 증가 - 외국증권사 이용증대 - 외국투자자문사 이용증대	△ × − ▽ ▽	- 주식시장, 환율, 물가, 금리 등 여건을 고려하여 한도확대 시기 및 폭 결정 - 해외자본유출 촉진책 추진(역 스왑제도 등) - 은행제휴 결제시스템 조속 실현 - 국내금융기관과의 온라인 전 산망에 의한 증권투자 전문성 제고, 전문 펀드 운용자 양성 - 투자정보DB 구축 - 투자자문사의 투자일임매매 조기허용 - 금융신상품 개발회사에 인센 티브 제공 - 외국증권사의 과도한 인력 스 카우트방지책 마련 - 입출금시간 단축, 입출금 이 용가능시간 연장 - 결제기간 단축 추진·결제기 간 동안 증권회사의 단기대출 고려 - 계열투신사 및 투자자문사에 대한 투자확대 - 채권수익률 등 가격변수에 대 한 예측력 증대 - 채권관련복합금융상품 개발 - 기관투자자에 대한 정보서비 스의 질적 수준 제고
보 험	- 전속대리점업 허용 (단, 손해보험의 경우 2개 보험회사 를 위한 복수대리 점 영업 허용) - 생명보험업, 손해 보험업, 보험대리 점업 모두 상업적 주재는 경제적 수요	- 경쟁으로 인한 보험업의 효율성 제고, 보험상품의 다양화로 인한 보험서비스 개선 - 경쟁격화로 인한 국내보험 사의 수익기반 약화, 인력 확보경쟁으로 인한 시장질 서 교란 - 외국사 대리점의 진출은	△ × ×	- 국내보험사의 상품개발 능력 강화 - 거래약관의 개선 및 약관공시 제도 활성화 등을 통한 고객 서비스 개선 - 모집인방식을 지양하고 대리 점판매, 통신판매 등으로 보 험모집체제를 개선

구분	주요 내용	영 향	평가	대 응 전 략
	심사(ENT)에 의함	특히 손해보험시장에서의 해외시장잠식을 가속화		

주 : ○○매우 유리, ○ 유리, △ 다소 유리, − 중립, ▽ 다소 불리, × 불리, ×× 매우 불리.

객서비스를 제고해야 한다. 또한 자산부채종합관리(ALM)를 활용하여 자산운용과 위험관리체계를 합리화해야 한다.

건설 및 엔지니어링산업

개 황

① 산업 개요

산업전반적인 특성

일반적으로 토착성이 강한 건설업은 제조업체와는 다른 산업적인 특징을 가지고 있다. 첫번째의 특징은 주문생산방식으로서 주문생산은 구매자나 발주자의 다양한 요구에 응해야 하므로 제조업에서와 같은 표준상품의 대량생산이 불가능하다. 둘째, 생산장소는 이동성을 갖고 있다는 점이다. 환경과 지리적 제약을 받는 수동적인 생산환경에서 생산활동을 하므로 지속적인 생산활동을 위해서는 생산현장이 이동분산된다. 세번째 특징은 생산물이 생산재적 특성을 갖고 있다는 점이다. 건설업의 생산물인 주택이나 건물건축·사회간접자본시설 등은 소비재라기 보다는 중간투입재적이고 자본재적인 성격을 띠고 있다. 넷째, 건설업은 산업조직면에서의 하도급이 일반적인 시장구조를 갖고 있다. 건설시장은 진입과 퇴출이 상대적으로 자유로운 편이지만 건설경기가 경제활동에서 파생되는 경기조정적인 산업이므로 위험성이 높다. 따라서 높은 위험을 분산시키기 위하여 하도급구조가 중층을 이루는 복잡한 산업구조를 갖고 있다. 다섯째, 건설업은 고용면에서 건설인력의 이동이 잦고 경기의 영향을 받게 되는 불안정성을 갖고 있다. 생산현장의 이동에 따라 기능인력을 현장에서 조달하므로 상시고용보다는 일시고용이며, 경기변동에 따라 고용량도 변하는 불안정한 고용방식을 갖고 있다. 여섯째, 건설업은 타산업에 비해 생산·고용·부가가치 등의 유발효과가 높기 때문에 대규모 건설산업은 경기조정정책의 중요한 수단이 되고 있다. 마지막으로 해외건설은 생산활동이 해외에서 이루어지므로 국내건설활동보다는 위험성이 높다는 점을 들 수 있다.

수출측면에서의 특성

건설수출은 해외에서 인력·자본·생산재를 투입하여 생산물을 생산하기 때문에 제조업의 수출과는 다른 특성을 가지고 있다. 첫째, 건설수출은 관련 엔지니어링분야 및 건설자재와 건설장비 및 플랜트 등의 수출을 촉진한다. 즉, 금융업·해운·항공 등 운송업·보험업 등 제 서비스업의 진출기회가 제공된다. 둘째, 진출방식의 다양성(단독응찰·합작·자본참여·자회사설립 등) 및 생산구조의 복합성(분업·외주 등)으로 인하여 산업기술관련정보의 접촉이 용이하고 이들의 국내전파의 보급으로 기술수준의 향상을 유도할 수 있다. 셋째, 대외시장개방도(해외발주규모)가 세계적으로 5% 수준으로 저조하다(참고로 '90년도 세계 각국의 건설투자규모는 2조 5,810억 달러로 이 중 해외발주액은 5%인 1,278억 달러이며, 중동, 아시아, 아프리카 등 개발도상국의 개방도가 15~28%, 선진국은 4% 이하 수준임).

② 산업 현황

국내건설 현황

한국의 건설업은 '50년대 후반의 전후복구사업과 국민경제의 고도성장에 의한 건설수요의 증가 및 '70년대 중반 이후 해외건설수출의 급신장에 의하여 비약적인 성장을 이룩하였다. 특히, 국내건설은 1987년 후반부터 민간경제의 활성화와 국토종합개발계획, 부동산경기회복, 그리고 주택 200만 호 건설에 따른 주택건설 호황으로 1989년과 1990년에는 국내건설

<표 8-160> 한국의 국내건설공사 수주추이

(단위 : 억 원, %)

연도	총계약금액(A)	민간공사계약액(B)	민간건축공사금액(C)	구성비(B/A)	구성비(C/B)
1980	29,728	12,280	11,075	41.3	90.2
1985	65,558	27,062	24,254	41.3	89.6
1986	75,317	35,988	32,993	47.8	91.7
1987	87,658	41,880	37,603	47.8	89.8
1988	99,217	58,627	53,649	59.1	91.5
1989	161,097	100,161	89,687	62.2	89.5
1990	263,765	157,952	139,007	59.9	88.0
1991	313,294	176,305	162,970	56.3	92.4
1992	348,511	188,282	178,979	54.0	95.1

자료 : 대한건설협회.

수주액 성장증가율이 전년비 62.4%와 63.7%를 기록하여 과열현상을 보였으나, 1991년 중에 취해진 건설경기 과열진정책 등으로 1992년에는 전년비 11.5%의 보다 낮은 성장에 머물렀다.

우리 나라의 국내건설시장은 에너지·교통 및 통신산업입지·국토개발사업 등 막대한 자금이 투입되는 토목공사·특수공사가 주종을 이루고 있는 공공발주공사와 공장·상가 및 사무실건물·주택건설 등 건축공사가 대부분인 민간발주공사로 구분하고 있다. 표 8-160에서 알 수 있듯이 우리 나라의 건설공사 계약실적은 1988년부터 민간발주공사가 공공부문 발주공사보다 계약금액에서 높은 실적을 나타내고 있으며 민간공사에서의 건축공사가 차지하는 비중이 절대적이다.

해외건설 현황

1992년 세계 250대 기업의 해외수주실적에 의한 해외건설시장 분석

1992년 세계건설시장의 해외공사 발주액은 1,464억 달러로 전년비 3.8% 감소했다. 지역별로는 아시아지역의 발주규모가 전년비 23% 증가한 426억 달러로 1991년에 이어 여전히 가장 큰 시장이 되고 있으며, 그 다음으로는 유럽지역이 전년비 5% 증가한 344억 달러, 중동지역이 281

〈표 8-161〉 해외건설시장의 지역별 발주추이

(단위 : 억 달러, %)

구 분	1980~1988	1989	1990	1991	1992
중 동	2,611(30.4)	178(15.9)	199(16.6)	293(19.3)	281(19.2)
아프리카	1,417(16.5)	143(12.7)	152(12.6)	217(14.3)	145(9.9)
아 시 아	1,656(19.3)	245(21.8)	271(22.5)	345(22.7)	426(21.9)
중 남 미	819(9.5)	76(6.8)	58(4.8)	147(9.7)	137(9.4)
북 미	986(11.5)	227(20.2)	217(18.1)	190(12.5)	131(8.9)
유 럽	1,104(12.8)	254(22.6)	305(25.4)	328(21.5)	344(23.5)
합 계	8,593(100.0)	1,123(100.0)	1,202(100.0)	1,520(100.0)	1,464(100.0)

주 : ( ) 안은 구성비임.
자료 : McGrow-Hill Inc., *Engineering News Record*, 각 호.

〈표 8-162〉 주요국의 해외건설수주추이(세계 250대 기업 기준)

(단위 : 억 달러, %)

구 분	1987	1988	1989	1990	1991	1992	1980~1992	구성비
미 국	181	259	383	436	694	722	5,157	37.1
일 본	100	116	126	168	114	124	1,334	9.6
프 랑 스	86	111	133	103	123	112	1,285	9.2
이탈리아	92	133	108	134	120	113	1,223	8.8
영 국	79	94	128	125	143	138	1,156	8.3
독 일	59	81	86	91	106	82	997	7.2
한 국	21	14	8	9	23	24	723	5.2
네덜란드	14	16	29	29	15	37	299	2.2
터 키	8	10	9	5	7	13	197	1.4
유 고	5	10	8	7	6	4	126	0.9
기 타	95	97	105	95	169	95	1,405	10.1
합 계	740	941	1,123	1,202	1,520	1,464	13,902	100.0

자료 : McGrow-Hill Inc., *Engineering News Record*, 각 호.

억 달러(전년비 4% 감소), 아프리카 145억 달러(전년비 33% 감소), 라틴 아메리카 137억 달러(전년비 7% 감소), 북미 131억 달러(전년비 45% 감소)이다.

세계건설시장의 국별 수주금액추이를 살펴보면 1980년부터 1992년까지 미국이 전체의 37.1%인 5,157억 달러를 수주했고 일본 1,334억 달러, 프랑스 1,285억 달러이며, 한국은 723억 달러(5.2% 점유율)로 세계 7위이다.

공종별 및 지역별 해외건설 수출실적 상위 10개사 현황을 보면 미국·일본·프랑스·이태리 등 선진국업체가 Power분야를 제외한 전분야에서 각 공종별로 최소 44.3%에서 최고 77.5%까지 점유하고 있으며, 특히 석유화학플랜트분야에서는 1992년 총발주액 748억 달러 중 580억 달러를 상위 10개사가 차지하고 있다. 지역별로는 상위 10개사가 미국·유럽·아시아·중동지역에서 각각 50% 이상의 시장점유율을 나타내고 있다.

한국의 해외건설수주 현황

한국의 해외건설수주는 1981년의 136.8억 달러를 정점으로 1982년부터 감소추세를 보였으며 1988년의 16억 달러를 저점으로 1989년부터 회복세로 반전되었다. 1993년에 51.2억 달러를 수주한 우리 나라 해외건설업은 1965년 태국건설시장에 처음 진출한 이래 1993년에 누계로 1,000억 달러를 넘어섰다. 지역별 해외수주추이를 살펴보면 1991년에 아시아지역이 전체의 61.1%인 18.9억 달러를 차지한 이후 중동지역을 제치고 우리의 최대건설시장으로 부상했다. 공산권지역은 '90년대 들어 중국과 소련에서 최초로 3,200만 달러와 2,600만 달러를 각각 수주함으로써 공산권 진출의 발판을 구축했다.

공종별 수주추이를 살펴보면, 1988년 말까지는 토목부문과 건축부문의 비중이 각각 35.6%와 47.4%로 다른 부문에 비해 압도적으로 높게 나타나 여전히 노동집약형 공사가 절대 우위를 차지하고 있다. 1989년부터는 건축부문의 비중이 크게 낮아진 반면, 토목부문과 플랜트부문의 비중이 높아졌는데 이 중 토목부문은 아시아지역의 도로·항만 등 사회간접자본 시설 및 리비아 대수로공사 등의 수주증가에 기인한 것이며, 플랜트부문은 석유화학관련공사 수주증가로 1991년에는 전체의 30.6%인 9억 달러 정도를 수주했다. 전기·통신 등 기술집약형 공사의 수주비중은 전체의

〈표 8-163〉 한국의 해외건설수주추이

(단위 : 백만 달러)

구 분	1965~1988	1989	1990	1991	1992	1993
전 체	84,162	2,412	6,770	3,038	2,751	5,117
중 동	75,544	1,442	5,812	869	548	1,810
(사 우 디)	(48,373)	(293)	(253)	(308)	(279)	(192)
(리 비 아)	(12,388)	(772)	(4,754)	(177)	(91)	(1,431)
(기 타)	(14.78)	(377)	(805)	(384)	(178)	(187)
아 시 아	7,541	766	712	1,887	2,112	2,582
태 평 양	450	164	122	236	26	626
중 남 미	52	–	–	–	32	58
아프리카	575	40	106	37	33	40
유 럽	–	–	18	9	–	–

자료 : 해외건설협회.

〈표 8-164〉 한국의 해외건설 공종별 수주추이

(단위 : 백만 달러, %)

구 분	1965~1968	1989	1990	1991	1992	1993
토 목	29,946(35.6)	1,082(44.9)	5,437(80.3)	1,615(53.2)	583(21.2)	2,317(45.3)
건 축	39,886(47.4)	499(20.7)	409(6.0)	353(11.6)	1,502(54.6)	1,627(31.8)
플 랜 트	9,977(11.8)	600(24.9)	908(13.4)	929(30.6)	611(22.2)	857(16.8)
전기·통신	3,534(4.2)	213(8.8)	3(0.1)	115(3.8)	46(1.7)	270(5.3)
용 역	819(1.0)	18(0.7)	13(0.2)	26(0.8)	9(0.3)	45(0.9)
계	8,416(100)	2,412(100)	6,770(100)	3,038(100)	2,751(100)	5,117(100)

주 : ( ) 안은 구성비임.
자료 : 해외건설협회, 《해외건설》, 각 연호.

5% 미만으로 극히 저조했다.

한국인력과 외국인력을 포함한 해외공사에 투입된 인력은 1991년 말 현재 41,789명으로 전년비 5.2% 감소했다. 지역별로 살펴보면 중동지역에 전체의 64.1%인 26,793명으로 가장 많고, 그 다음으로 동남아지역에 12,905명이 진출해 있다. 1991년 말 현재 77.5%인 외국인 고용비중은 생산단위당 임금이(1992.4/4분기) 40%수준인 제3국인을 중심으로 앞으로도 크게 늘어날 전망이다.

<표 8-165> 한국 해외건설현장의 인력고용 현황

(1991년 말 현재)

(단위 : 명, %)

구분 지역	한국인	외국인	계
계	9,417(22.5)	32,372(77.5)	41,789(100.0)
중 동	6,972	19,821	26,793
동남아	1,737	11,168	12,905
아 주	191	1,323	1,514
태평양, 기타	517	60	577

주 : ( ) 안은 구성비임.
자료 : 해외건설협회.

<표 8-166> 주요국의 해외건설수주 중 합작수주액비중 비교(1988~1992년)

(단위 : 억 달러, %)

구분 국별	총수주액 (A)	합작수주액 (B)	합작수주비율 (B/A, %)	자국업체간 합작수주액(C)	자국업체간 합작 수주비율(C/B)
한 국	73.0	2.0	2.7	0.0	0.0
일 본	64.5	41.1	69.7	19.8	48.1
미 국	61.3	22.1	36.1	11.4	51.4
독 일	55.9	14.4	25.8	7.9	54.8
영 국	36.7	20.2	55.0	1.3	6.5
프랑스	59.9	33.9	56.6	13.0	38.5
이태리	133.7	47.2	35.3	21.1	44.7

자료 : MEED Ltd., *Middle East Economic Digest*, 각 호.

국가별 해외수주 중 합작수주비중 비교

일본과 구미선진국업체들의 현지업체 또는 제3국업체들과 합작수주의 비율이 높다는 것도 또한 비교우위의 한 요인이라 할 수 있다. 미국·일본·독일·영국·프랑스·이태리 등 주요 경쟁국업체들의 현지업체 또는 제3국업체들과 합작 또는 콘소시엄형태로 수주한 금액이 전체의 26~64%를 차지하고 있으며, 한국의 경우는 2.7%에 그치고 있다. 또한, 주요 경쟁국업체들의 경우 자국업체간 합작수주비율이 전체합작수주액의 40~55%를 차지하고 있다.

〈표 8-167〉 한국과 개발도상국 건설노동자의 임금대비 생산성 비교

(단위 : 달러 / 월, %)

구 분	한 국	태 국	인 도	방글라데시	필리핀
(A) 임 금(1992. 4/4)	1,629	480	308	225	513
(B) 대 비	100	30	19	14	32
(C) 생산성	100	70~80	60~70	60~70	80~90
(D) 생산단위당 임금(B/C)	100	43~38	32~27	32~27	40~36

주 : B와 D는 한국을 100으로 한 각국의 상대지수임.
자료 : 국토개발연구원, 《건설경제》.

경쟁력 현황

① 가격경쟁력

국내건설업체의 국제가격경쟁력 결정에 중대요인으로 작용하고 있는 인건비 · 건설기자재 · 정보수집력 · 자금력 · 크레임처리능력 · 정부지원 등에 대하여 살펴보면 다음과 같다.

임금과 생산성

우리 나라 노동자의 임금수준은 필리핀 · 태국인보다 3~4배 높은 수준이다. 1986년 이후 기능직의 임금상승률은 한국의 경우 연평균 17%씩 상승한 반면에 제 3 국 인력은 거의 안정되어서 노동생산성을 감안한 생산단위당 임금은 한국의 25~50% 수준에 불과하다.

자금력과 금융비용

국내건설업체의 자금조달구조를 보면 선진국에 비해 취약한 상태이다. 국내업체의 차입금 의존도는 51.9%로 미국 · 대만에 비해서 2배 정도 높으며 특히 단기차입금 의존도에 있어서는 29.2%로 일본 · 대만에 비해서도 10%P 이상 높다. 이에 따라 국내건설업체의 금융비용부담률이 일본 · 대만에 비해서 2~3배 정도 높은 수준이다.

또한, 국내업체의 자금능력은 선진국에 비해 크게 떨어지는 수준이다. 자금동원 및 파이낸싱(financing)능력에 있어서 선진국보다 크게 떨어지며 파이낸싱이 이루어질 경우에도 이자율이 높아 국제경쟁력이 떨어

〈표 8-168〉 한국·일본·대만 건설업체의 금융비용부담률, 매출액영업이익률과
경상이익률의 추이

(단위 : %)

구 분	한 국						일 본		대 만	
	1986	1987	1988	1989	1990	1991	1989	1990	1989	1990
금융비용부담률	4.9	4.6	4.6	5.1	5.1	5.7	1.7	2.1	1.7	2.5
매출액영업이익률	7.9	7.2	6.8	6.0	6.5	6.6	5.0	4.8	13.0	7.0
매출액경상이익률	3.6	3.6	4.1	2.5	2.3	4.7	4.7	4.3	18.4	4.5

자료 : 한국은행.

〈표 8-169〉 한국 건설업체의 해외장비 보유 현황

(단위 : 대, %)

구 분	1984	1985	1986	1987	1988	1989	1990
총 장 비	58,772 (2,724)	47,270 (2,507)	31,694 (2,841)	28,705 (3,042)	24,419 (2,783)	21,502 (2,507)	18,210 (2,614)
유휴장비	13,963	16,682	14,161	15,089	14,132	11,854	7,874
운 휴 율	23.8	35.3	44.7	52.6	57.9	55.1	43.2

주 : ( ) 안은 국산장비 숫자임.
자료 : 해외건설협회 내부자료.

진다. 선진국업체는 자국의 수출입은행(EXIM Bank)을 통한 금융지원
(project financing 등)으로 개발형 공사수주를 늘리고 있는데 반해, 국내
건설업체는 최근 들어 이 부문에 참가하고 있다.

건설기자재

건설기자재는 총공사원가 중 40~60%를 차지하고 있다. 건설중장비
의 경우 해외건설의 호황기에 구입한 장비 중 주요 장비들은 아직도 보유
하고 있으며, 이들 장비의 감가상각이 끝난 것도 많고(46%), 50% 정도
가 운휴 중에 있어 장비투입부문에서의 경쟁력은 상당히 높다. 건축자재
는 일부 품목을 제외하면 품질면에서 국제규격인 미국의 ASTM·영국의
BS·일본의 JIS의 국제표준기관으로부터 자격을 받을 수 있는 수준이나
가격경쟁면에서는 우열이 엇갈리고 있으며, 판매체제와 구입조건 등 마케

〈표 8-170〉 한국의 주요 건설프로젝트 유형별 시공·기획·설계·감리·유지관리 기술수준[1]

구　분	시공	기획[2]	설계	감리	유지관리	최고기술보유국
도로포장	90	75	80	80	75	일본·독일·미국·영국
교　량	75	70	70	65	65	일본·독일·미국·영국
댐	80	65	65	65	65	미국·일본·독일·프랑스·호주
해안시설	70	55	60	55	65	미국·네덜란드·일본·영국·벨기에
철　도	85	65	65	70	70	독일·프랑스·일본·러시아·미국
터　널	80	60	65	60	65	일본·스웨덴·오스트리아·이태리
지하구조물	80	60	65	60	65	스웨덴·일본·독일·노르웨이
상하수도 및 폐수, 폐기물 처리시설	80	60	65	60	65	일본·미국·프랑스·영국·독일
건축물	85	70	90	70	70	일본·미국·프랑스·영국·독일
고층건물	80	65	65	60	65	미국·일본·프랑스·독일·러시아
건축설비	75	70	60	55	60	미국·일본·영국
수력발전시설	80	75	75	60	55	미국·캐나다·스웨덴·프랑스·독일
화력발전시설	80	75	75	60	55	미국·독일·일본·영국·캐나다
원전설비	70	60	55	55	65	미국·프랑스·러시아
화학공업플랜트	85	40	30	75	75	미국·독일·일본

　주 : 1) 최고기술보유국을 100으로 한 것임.
　　　 2) 기획은 기획타당성조사임.
자료 : 한국산업은행, 《산업기술》, 1991.

팅분야에서는 낙후되어 있다. 플랜트기자재의 경우 국제기술수준의 낙후성으로 고가 플랜트기자재는 수입조달에 의존하고 있으나, 일부 제조플랜트의 경우는 상당부분 국제경쟁력을 가지고 있다.

② 비가격경쟁력

기술수준

국내건설업체들의 기술수준은 시공분야에서 단순부분은 선진국과 비슷한 수준이고, 고급부분은 선진국에 약간 열세이며 첨단부분은 크게 떨어진다. 엔지니어링분야에서는 단순부분은 선진국과 비슷한 수준이나 고급부분이 많이 떨어지고 첨단부분에서는 거의 경쟁을 할 수 없는 정도이다. 공법기술수준은 엔지니어링기술수준보다는 높으나 시공기술보다는

〈표 8-171〉한국의 주요 건설프로젝트 유형별 엔지니어링기술수준[1]

구 분	부　　　　　　　문
70~80 미만	도로·건축물
60~70 미만	교량·댐·해안시설·철도·터널·지하구조물·고층건물·상하수도 및 폐수·폐기물처리시설·건축설비·수력발전시설·화력발전시설·원전시설
50~60 미만	화학공업플랜트

주 : 1) 최고기술보유국을 100으로 한 것임.
자료 : 한국산업은행, 《산업기술》, 1991.

〈표 8-172〉한국의 공법기술수준 국제비교[1]

구 분	수 준	한 국		주요 개발도상국[2]	
		활용기술수준[3]	연구개발기술수준[4]	활용기술수준	연구개발기술수준
공　범	단순공법	95	85	65	60
기　술	고급공법	65	40	30	15
수　준	첨단공법	20	10	5	0
건설장비	단순장비	95	70	70	30
기　술	고급장비	70	35	40	5
수　준	첨단장비	25	10	7	0
공사관리	단순기술	95	90	70	60
기　술	고급기술	70	60	40	35
수　준	첨단기술	40	20	15	10
견　적	단순기술	100	95	80	75
기　술	고급기술	80	65	40	30
수　준	첨단기술	25	15	8	6
엔 지 니	단순기술	90	85	35	25
어　링	고급기술	30	10	0	0
기술수준	첨단기술	0	0	0	0

주 : 1) 최고기술보유국을 100으로 한 것임.
　　 2) 주요 개발도상국은 태국, 중국, 인도 등임.
　　 3) 활용기술수준 : 현재 산업화되어 활용 중에 있는 기술수준.
　　 4) 연구개발기술수준 : 현재 연구개발 중에 있는 기술수준.
자료 : 한국산업은행, 《산업기술》, 1991.

약간 낮은 수준이다.

경영관리 및 시공관리능력

건설공사에 있어 경영관리 및 시공관리기술은 원가관리·노무관리·공정관리·기자재구매 등 건설업체의 경쟁력을 종합적으로 결정하는 요인이다. 국내업체의 경영관리기법은 공사비예측 및 원가관리·노무관리 등에 있어서 선진국의 70% 수준에 있다. 시공관리 역시 TQC(Total Quality Control), VE(Value Engineering), PERT/CPM 등 고급관리기술은 선진국의 70% 수준이며, 종합건설(Engineering Construction : EC)화, CM (Construction Management) 등 첨단관리기술은 선진국의 35% 수준에 불과하다. 그럼에도 불구하고 경쟁에서 유리하게 작용하고 있는 것은 시공업체의 특별한 운영방식이다. 선진국의 경우 기술능력은 우수하나 시공기술도 겸비한 능력있는 업체의 확보가 어렵고, 개발도상국의 경우에는 중·대규모 이상의 공사에 선진국의 도움없이 자력으로 수주시공하기가 어렵기 때문에 상대적으로 국내업체가 경쟁력을 확보하고 있다고 볼 수 있다.

정보수집능력 및 클레임처리능력

국내업체의 공사정보 수집활동은 해외지사·현지법인·관련 협회 등을 통해 이루어지고 있는데 통상적인 정보수집은 잘하고 있는 편이나, 해외 유명 엔지니어링업체와의 연계가 미흡하고 종합무역상사의 지사를 통하여 또는 무역진흥공사(KOTRA) 지사망을 통하여 정보수집에 임하고 있으나 세계적인 정보망을 운영하고 있는 일본에 비해 정보수집능력이 30% 수준밖에 되지 않고 있다. 그외에도 국제변호사·회계사의 활용도가 낮고 클레임 제기시에도 충분한 데이터를 제시하지 못하는 등 교섭력도 선진국의 50~60% 수준에 불과하다.

공사경험

국내건설업체는 해외건설시장에서 1965년 이후 수주상으로는 3,000여 건이 넘는 공사를 수주하여 그 중 2,200여 건을 완공함으로써 다양한 공사경험을 보유했고 과거 토목·건축 등 노동집약적 위주에서 플랜트와 용역 등 기술집약적 수주가 많아(1985년 8.1% → 1991년 35.2%)짐으로써 고부가가치의 수주패턴으로 전환해 가고 있고 수주도 동남아지역이 많아

〈표 8-173〉 한국 건설산업의 국제경쟁력 실태

부 문 별		가 격 경 쟁 력	비 고[1]	
			한국	개발도 상국
가 격 경 쟁 력	임금 및 생산성	− 한국 기능공의 임금이 주요 개발도상국의 3~4배수준 − 개발도상국의 생산성은 한국 근로자의 70~80% 수준이며 임금은 한국 근로자의 30% 내외 → 생산성과 임금을 대비 한 생산단위당 임금은 한국 근로자의 40~50% 수준	80	40~ 50
	금리 및 파이낸싱 능력	− 국내금리의 고금리, 높은 차입의존도 등 금융비용 과다로 경쟁력 취약 − 자금동원, 프로젝트 파이낸싱 능력은 선진국보다 열세	20	10
	자 재 시설재 장 비	− 건축자재는 품질이나 가격면에서 선진국과 비슷한 수준이 나 설계부문의 수주 부진으로 ASTM · BS · JIS 등과의 국 제경쟁력에서 취약 − 플랜트 기자재의 경우 고도기술을 요하는 핵심부문은 선 진국의 수입조달에 의존하고 있으나 기타 부문은 국내제 작으로 투입되고 있어 설비플랜트는 상당부문 국제경쟁력 을 보유 − 건설중장비의 경우 호황기에 수입한 주요 장비가 50% 정 도 운휴되고 있어 이를 활용할 경우 상당한 국제경쟁력을 제고시킬수 있음	80	50
비 가 격 경 쟁 력	기술수준	− 건축공법 · 견적기술 등 종합적 시공능력은 선진국의 60~ 70% 수준이며 프로젝트 유형별 시공기술수준은 도로 · 댐 · 철도 · 건축물 등에서 선진국과 동등한 수준의 경쟁력을 보유하고 있으나 엔지니어링부문에서는 시공기술분야보다 선진국에 비해 심한 격차를 보이고 있음	60~ 70	30~ 40
	경영관리기법 및 시공관리기법	− 자금수지의 효율화 노무관리 등 경영관리기법은 선진국의 70% 수준 − 공사관리기술 TQC, PERT/CPM 등 고급기술은 선진국의 70% 수준이며 EC, CM 등 첨단관리기술은 선진국의 35% 수준	70	30
	공사정보수집 및 클레임 처리능력	− 일반 해외건설 정보수집은 우수한 편이나 해외 유명엔지 니어링업체와의 연계가 미흡 − 계약 및 클레임처리능력은 선진국의 50~60% 수준	50~ 60	20
	기타 공사경험	− 1965년 이후 3,000여 건, 1,000억 달러의 공사경험 보유 − 지역별 · 공정별 다양한 공사경험과 신용도 · 지명도 등에 서 상당한 국제경쟁력 보유	90	30

부 문 별	가 격 경 쟁 력	비 고	
		한국	개발도 싱국
종합경쟁력	− 대선진국에서 유리한 부분 : 임금 · 시설재 · 장비 − 대개발도상국에서 유리한 부분 : 생산성 · 기술수준 · 경영 관리기법 및 시공관리기법 · 공사경험	60~ 70	30~ 40

주 : 1) 주요 선진국을 100으로 한 것임.
자료 : 국토개발연구원, 《건설경제》, 1993.

져 시장다변화가 이루어지고 있으며, 민간공사수주비중의 증가와 수의계약공사비중이 크게 증가(1985년 28.1% → 1991년 58.2%)하고 있는 등 특히 건설업에서 건설시공 경험과 기술의 조화가 중요한 점을 감안할 때 금액이나 숫자로 나타낼 수 없는 경쟁의 우위요소들이 있어 비가격경쟁부문에 있어서도 전반적으로는 경쟁력을 유지하고 있다고 판단된다.

UR 타결이 해외건설에 미치는 영향

① 협상분야별 영향

내국민대우

외국서비스나 외국서비스공급자를 내국민과 동등하게 대우하지 않는 차별조치들은 내국민대우원칙에 의거 철폐해야 한다. 내국민대우 제한 철폐로 변화되는 주요 내용은 다음과 같다. 첫째, 미국 · 일본 · EC지역을 비롯한 해외지역 입찰시 입찰자격 제한이나 차별대우를 받지 않는다. 둘째, 건설공사에 소요되는 인력(manager, executive, specialist), 장비의 일시적 주재를 허용함으로써 생산요소(단순기능공 인력이동 제외)의 이동이 가능하다. 셋째, 일본지역 등에서 현지건설면허자격 획득시 해외공사실적을 인정받음으로써 외국업체의 현지건설업 면허취득이 용이하다. 넷째, 학위 및 건축사자격의 상호 인정으로 기술인력의 자유로운 이동이 허용된다. 따라서, 노동집약적인 단순토목 및 건축공사에 비교우위를 가지고 있는 국내건설업체는 선진국시장이 개방되면 해외수주기회는 확대되겠으나 일부 선진국지역에서는 기술수준의 열위, 건설기능공의 입국제약 등으로 애로요인이 있을 것으로 전망된다.

시장접근

시장접근의 허용으로 입찰·낙찰·계약·시공 등 전과정에서 국내업체의 실질적인 참여를 제한하는 외국업체의 제도 및 관행은 제거될 것으로 보인다. 특히 일본이 입찰자격심사업무의 공정성(현행 발주자에서 제3의 기관에게 심사업무 위임) 및 건설업자간의 담합을 결성하게 하는 공사완성보증인제도는 폐지될 것으로 전망된다. 따라서 최대건설시장인 미국·일본시장 등 선진국 건설시장으로의 진출가능성이 확대될 것으로 보이나, 미국의 상관행인 100% 공사이행본드(Surety Bond)가 여전히 국내건설업체에게는 부담이 될 것으로 전망된다.

공개주의제도

해외건설공사의 입찰이 일반공개 경쟁원칙하에 진행될 것이며, 현지업체간의 담합행위는 근절될 것으로 전망된다. 특히, 일본의 관행인 건설업자간의 담합행위는 공사완성보증인제도를 폐지함으로써 근절될 것으로 전망된다. 따라서 수의계약률이 높고 담합행위가 심한 일본시장 진출이 용이할 것으로 전망되나 공사실적·기술자수 등에 의한 도급순위가 완전폐지될 때까지는 국내건설업체가 현지건설업체보다 불리할 것으로 전망된다.

정부조달협정

공공공사 발주에 있어서 자국업체에 대한 특혜공여(미국의 경우 20%의 입찰금액상의 특혜), 자국물자우선구매정책(Buy American Policy) 등은 철폐되어 질 것으로 전망된다. 일반적으로 미국의 정부조달시장에서 건설발주규모는 양허 하한금액(500만 SDR) 이하에 속한 건수가 많은 것으로 알려져 미국시장은 덜 매력적이며, 반면에 이미 미국의 압력에 의해 일본 공공건설시장이 1994년부터 개방될 전망이어서 한국으로서는 인접지역에 있는 최대의 공공건설시장인 일본지역에서 건설수주를 확대할 수

<표 8-174> 각국별 건설부문 정부조달 양허내용

(단위 : 만 SDR)

분 야 국 가	중앙정부기관			지방정부기관			공공기업 및 투자기관		
	물품	건설	서비스	물품	건설	서비스	물품	건설	서비스
미 국	13	500	13	35.5	500	35.5	40	500	40
EC	13	500	13	20	500	20	40	500	40
일 본	13	450	13	20	1,500	20	13	1,500	13
캐 나 다	13	450	13	20	1,500	20	13	1,500	13
오스트리아	13	500	13	20	500	20	40	500	40
핀 란 드	13	500	13	20	500	20	40	500	40
노르웨이	13	500	13	20	500	20	40	500	40
스 웨 덴	13	500	13	20	500	20	40	500	40
스 위 스	13	500	13	20	500	20	40	500	40
홍 콩	13	500	13	20	500	20	40	500	40
이스라엘	13	850	13	25	850	25	35.5	850	35.5
한 국	13	500	13	20	1,500	20	45	1,500	-

자료 : 상공자원부

있을 것으로 전망된다.

② 해외건설에 미치는 영향 종합

UR협정내용 중 정부조달시장의 개방, 시장접근 및 내국민대우조항에 의해 각국의 자국화시책이 제약을 받음에 따라 국내건설업체들의 해외수주가 크게 확대될 것으로 보인다. 특히 각국이 주로 사용한 자국화시책은 외국업체의 참여제한·인력수급의 제한·현지업체에 대한 하도급의무화·자국업체에 대한 입찰우선권의 부여 등으로서 앞으로는 UR에 의해 위의 제도가 제약을 받게 되어 지금까지 상대적으로 폐쇄성을 보인 세계건설시장의 개방이 확대될 전망이다.

시장별로는 미국·일본을 비롯한 선진국시장에서 공공시장을 중심으로 한 해외건설수주가 늘어날 것으로 예상되며, 기존의 해외건설수주 대상국인 개발도상국시장에서는 제 3 국 건설업체와의 경쟁이 심해질 가능성도 있다. 한편, 개발도상국들도 자국화시책을 점진적으로 완화해야 하므로

〈표 8-175〉 UR 타결이 해외건설에 미치는 영향

구 분	예상되는 환경변화	해외건설에 미치는 영향	종합
시장접근 및 내국민 대우	- 시장접근의 허용으로 입찰·낙찰·계약·시공 등 전과정에서 국내업체의 실질적인 참여를 제한하는 외국업체의 제도 및 관행 제거 ○ 면허등록 차별금지	- 최대건설시장인 미국·일본시장 진출가능성의 확대 ○ 국내업체의 현지지사활동이 자유로워 공사의 수주가능성이 커짐	○
	- 미국·일본·EC지역을 비롯한 해외지역 입찰시 입찰자격 제한이나 차별대우를 받지 않을 것임 ○ 일시적 인력 이동 ○ 기술자격의 상호 인정 ○ 해외공사실적 인정 ○ 자국업체 우대 및 자국산 자재사용 의무화 폐지	- 노동집약적인 단순토목 및 건축공사에 비교우위를 가지고 있는 국내업체는 선진국시장이 개방되면 해외수주기회는 확대되겠으나 기술수준의 열위, 건설기능공의 입국제약 등으로 애로요인 상존할 것임(인력이동은 총공사인력의 15%를 넘지 않을 것임)	○
공개주의 제도	- 해외건설공사의 입찰이 일반공개경쟁원칙하에 진행될 것이며 현지업체간의 담합행위는 근절될 것임	- 수의계약률이 높고 담합행위가 심한 일본시장 진출 용이 ○ 공사실적·기술자수 등에 의한 도급순위가 완전폐지될 때까지는 국내업체가 현지업체보다 불리할 것임	○
정부조달 협정	- 정부조달 건설서비스시장의 개방 (24개국 공공 정부발주공사 참여 가능) ○ 공공공사 발주에 있어서 자국국적 업체에 대한 특혜공여(미국의 경우 20%의 입찰금액상의 특혜), 자국물자우선구매정책(Buy American Act) 등은 점진적으로 철폐되어 질 것임	- 최대의 공공건설시장을 지닌 일본지역 건설수출 확대 기대 - 미국이 일본 공공건설시장을 주력시장으로 확보할 것으로 전망됨	○ ○

주: ○○ 매우 유리, ○ 유리, ○ 다소 유리, - 중립, ▽ 다소 불리, × 불리, ×× 매우 불리.

대개발도상국 해외건설수주환경은 호전될 것으로 보인다. 그러나, 한국의 해외건설수주가 노동집약형 공사인 토목과 건축 등이 대부분이므로 단순시공 공사에서는 중국 등 경쟁개발도상국 업체와의 입찰경쟁에서 어려움을 겪을 수도 있을 것이다.

<표 8-176> 한국 민간건설시장 개방안

분야 또는 업종	시장접근에 대한 제한	내국민대우에 대한 제한
일반건설(토목·건축·토건)[1]	– 국내 기존면허업체와의 합작투자만 허용 ○ 1994년부터 100% 단독투자 허용 ○ 1996년 1월부터 지사설립 허용 – 임원·상급관리자·전문가의 기업 내 필수인력은 일시적 이동 허용	* 제한없음
전문건설(특수·전문·전기·전기통신·소방시설)[1]	– 국내의 면허업체와의 합작의무 있음 ○ 1996년 1월 1일부터 100% 단독투자 허용 ○ 1998년 1월 1일부터 지사설립 허용 – 임원·상급관리자·전문가의 기업 내 필수인력은 일시적 이동 허용	* 제한없음
건축설계서비스[2]	1996년부터 국내건축사와 공동계약에 의한 참여	* 제한없음
토지취득	– 외국인토지법을 개정 외국인의 토지취득 확대 ○ 외국인의 취득가능한 실수요범위의 확대 　직접 서비스 영위에 필요한 업무용 토지 　관련 법령에 의한 임직원용 택지 　기타 관련 법령이 정하는 필수불가결한 부대시설 부지	

주 : 1) – 면허는 3년마다(1994년부터 1년마다로 바뀜) 발급됨.
　　　– 단일계약의 도급한도제도 있음.
　　　– 일괄하도급은 제한되며 하도급의무제도가 있음.
　　　– 일반건설업체는 건설협회에 가입해야 하며 건설공제조합에 출자의무가 있음.
　　　– 전문건설업체는 전문건설협회에 가입해야 하며 전문건설공제조합에 출자의무가 있음.
　　2) – 건축설계서비스 제공에 한해서는 한국 건축사자격을 취득해야 하며 건축사협회에 가입해야 함.
　　　– 외국 건축사자격을 소지한 자는 한국 건축사자격시험 과목 중 건축법규와 건축설계만 시험 부과.
　　　– 1996년 1월부터 한국 건축사와 공동계약에 의한 외국 건축사의 건축설계서비스 공급허용.
자료 : 국토개발연구원.

UR 타결이 국내건설에 미치는 영향

① 협정분야별 영향

국내민간건설시장 개방안

국내민간건설시장의 개방은 서비스협상그룹(Group of Negotiations on Services : GNS)에서 다루어졌다. 우리 나라는 일반건설의 경우 1994년부

〈표 8-177〉 한국의 건설부문 정부조달시장 개방안

구 분	양 허 기 관	양허하한액
중앙정부 기 관	−42개 기관 ○ 동자부 체육부 폐지 철도청 포함	−물 품 (13만 SDR) −서비스 (13만 SDR) −건 설 (7개 업종, 500만 SDR)
지방정부 기 관	−서울특별시, 5개 직할시 및 9개 도 (산하 사업본부 등 포함)	−물 품 (20만 SDR) −서비스 (20만 SDR) −건 설 (1,500만 SDR)
기타 공공 기 관	− 한국전력공사 등 43개 정부투자기관	−물 품 (45만 SDR) −서비스 (해당사항 없음) −건 설 (1,500만 SDR)

주 : SDR(특별인출권)은 약 1,100원선, (   ) 안은 개방하한선.

터 100% 직접투자회사 설립이 가능(외국인투자개방 5개년 예시계획에 근거)하나, 실제 면허는 UR 발효시점인 1995년부터 100% 국내 단독투자가 허용될 것으로 보이며, 전문건설도 1996년과 1998년에 각각 단독투자와 지사가 허용될 계획이다.

정부조달협정

공공건설시장의 개방은 정부조달협정(Negotiations on Government Procurement Agreement)에서 다루고 있다. 우리 나라는 건설의 8개 분야 중 운전자 딸린 장비임대를 제외하고 정지작업·건축·토목·조립건축·전문건설·설비공사·마감공사 등 총 7개 분야를 양허하기로 하였다. 양허대상은 중앙정부의 48개 기관 중 43개 기관의 총 50억 원(500만 SDR) 이상 발주공사와 지방자치단체의 160억 원(1,500만 SDR)이상 발주공사, 그리고 주택공사를 포함한 43개 정부투자기관의 160억 원(1,500만 SDR) 이상 공사가 포함되었다. 공공건설시장의 개방시기는 우리 나라가 정부조달협정에 처음 가입하는 것이 고려되어 협정발효시점보다 1년이 늦춰진 1997년부터로 예정되어 있다.

설계용역 프로젝트의 경우, 중앙정부기관 발주공사는 13만 SDR(약 1.4억 원) 이상의 설계용역에 한하고, 지방정부기관 발주공사의 경우는

〈표 8-178〉 한국의 건설부문 양허규모추이

(단위 : 억 원, %)

구 분	1989	1990	1991	1992
총수주액(A)	161,097	263,765	313,294	348,511
공공공사	60,936	105,813	136,989	160,229
50억 원 이상 공공공사(B)	17,764	49,654	57,298	66,818
(B/A)	11.0	18.8	18.3	19.2

20만 SDR(약 2.2억 원) 이상의 설계용역에만 외국업체에 허용된다.

일반건설분야는 지방자치단체나 국영기업의 160억 원 이상 공사에 대한 통계가 없어 파악하기가 어려우나 1992년도 50억 원 이상 공공공사의 비중은 19.2%를 차지하고 있는 것으로 추정해 볼때 일반적으로 총건설 시장의 10% 정도가 외국기업에게 입찰기회가 주어질 것으로 전망된다.

내국민대우 및 시장접근 제한

외국건설업체에 대해 내국민대우가 보장됨으로써 단순기능공을 제외한 인력(key personnel) 이동이 가능해 외국 선진업체의 국내진출이 용이해질 것으로 전망된다. 특히, 외국의 건축사자격이 2000년부터 국내에서 일부 보완자격(건축법규 등)을 갖추면 인정되므로 외국인 건축사무소가 점차 늘어날 것이다. 기술용역업의 경우 지금까지 국내기술용역업체와의 거래 촉진역할을 해온 주계약자제도(국내용역업체 우대)가 2000년부터는 완전폐지될 것이기 때문에 고급건설 엔지니어링분야의 외국업체 잠식폭이 늘어날 것으로 전망된다. 또한, 외국인지분율 제한을 점진적으로 자유화하는 등 시장접근 제한을 완화하게 되면 일정시점까지 외국업체의 국내합작투자가 용이할 것이며, 장기적으로는 국내의 건설면허자격을 취득하여 단독진출하는 선진업체들이 늘어나게 될 것이다. 특히, 상업적 주재가 허용되어 1996년 1월부터 토목·건축 등 일반건설업의 해외업체의 국내지사가 수주영업에 적극 가담할 것이며, 전문건설업체들도 1998년 1월부터 자체지사를 통한 수주영업이 활성화될 것이다.

② 국내건설에 미치는 영향 종합

기술수준으로 본 부문별 영향

토목·건축 시공분야에서는 국내건설업체들이 경쟁력을 보유하고 있고, 기능공의 인력 이동이 불가능하다는 점을 감안해 볼때 외국건설업체는 일부 공사·일부 업체에 한정되어 국내에 진출할 것으로 예상된다.

플랜트·해저터널 등 기술집약분야에서는 높은 기술수준을 갖춘 선진건설업체의 진출이 예상되며 이에 따라 첨단 건설중장비 및 건설자재의 수입증가도 예상된다.

컨설팅·기본설계·상세설계 등 기술용역부문에서는 국내건설업체의 기술 열세로 선진건설업체들의 한국시장잠식이 심화될 것으로 예상된다.

기업능력으로 본 영향

한국 재벌그룹들 중 몇몇 그룹사들은 건설업을 기반으로 성장했으며, 산업별 비중에서도 건설비중이 다른 국가들에 비해 높은 수준이다. 건설사들 중 대형 건설사들은 선진건설업체에 비해 기술수준은 낮은 편이나 공사경험과 관리능력은 비교적 높은 수준이다. 건설시장개방에 따라 최근에 건설업체들이 기술투자를 활발히 하고 있고 엔지니어링 및 감리시장에 적극적으로 진출할 계획으로 있어 건설업체들의 급속한 종합(EC)화가 진행될 것으로 보인다. 여타 산업과 비교할 때는 건설업체들의 기업규모가 대형 외국건설업체에 비해 높은 수준이고, 건설사들의 투자능력도 충분하기 때문에 외국건설사에 의한 국내건설시장잠식은 미미할 것으로 전망된다. 특히 외국건설업체들은 영업용으로 토지 보유가 제한되어 자체주택분양은 어렵고 공공시장개방도 총건설수주액의 10% 수준에 그칠 전망이기 때문에 시공시장잠식은 2~3% 수준에 그칠 것으로 전망된다. 다만, 우려되는 상황은 선진건설업체들이 뛰어난 설계기술로 시공시장에 국내업체와 합작 또는 단독으로 참여하는 문제인데 이 경우 선진국의 높은 임금과 국내건설업체보다 공사관리능력이 높지 않다는 점을 고려해 볼 때 선진업

〈표 8-179〉 세계 상위 10대 건설사의 국내외 건설수주액 (1989년 기준)

구분	Broun & Root	Bechtel Group	M. W. Kellogg	ABB Lummus Crest	Bovis International
총 수주액	109.8억 달러 (71.6억 달러)	121.0억 달러 (66.2억 달러)	93.9억 달러 (55.6억 달러)	54.9억 달러 (43.9억 달러)	51.9억달러 (43.8억 달러)
구분	Fluor Daniel	Davy Corp.	DUMES(프랑스)	JCC(일본)	Foster Wheeler
총 수주액	166.5억 달러 (42.2억 달러)	54.9억 달러 (39.1억 달러)	54.7억 달러 (35.9억 달러)	37.4억 달러 (29.7억 달러)	41.1억 달러 (29.5억 달러)

주 : ( )는 해외수주액임.

〈표 8-180〉 일본 대형 건설회사의 매출액추이

(단위 : 억 엔)

구 분	매 출 액			구 분	매 출 액		
	1989	1990	1991		1989	1990	1991
시미즈건설	12,546	14,766	18,835	니시마쯔건설	4,450	4,810	5,521
카지마건설	12,414	14,198	17,017	하세코	4,337	4,890	5,210
타이세이건설	12,733	14,060	15,489	사또공업	–	–	5,029
오바야시건설	9,447	11,520	13,318	미쓰이건설	4,141	4,152	5,022
쿠마카이건설	–	11,002	12,014	마에다건설	3,971	4,226	4,750
후지타건설	5,385	6,644	7,447	토비시마건설	3,814	4,164	4,196
타다건설	–	5,878	7,355	스미토모건설	2,712	3,162	3,647
하지마건설	5,275	–	6,871	오꾸무라	2,950	3,142	3,401

자료 : Toyo Keizai, *Japan Company Handbook*, 1991.

체들의 시공시장잠식은 적을 것으로 전망된다.

외국건설업체의 국내진출 현황

건설부문 외국인합작투자건수는 총 16건으로 지난 1983~1985년에 4건, 1990~1993년 중 12건이다. 연도별로는 1983년에 전문건설기술업체인 쏠레땅쉬범양 등 2개 합작사가 첫 등록한 데 이어 1984년과 1985년에 각 1개사, 1990년 2개사, 1991년 5개사, 1992년 2개사, 1993년 3개사가 각각 재무부에 투자인가를 얻어 등록을 마쳤다. 외국인투자규모는 1983~1985년 119.9만 달러, 1990~1993년 1,885.3만 달러 등 총 2,005.2만 달러이며 투자비율은 24.5%에서 100%까지이다. 이들 외국인합작사는 주로 전문공사업체, 건축설계 및 전문건설용역업체로 국내에 보급되지 않

〈표 8-181〉 건설부문 외국인합작투자 현황

(단위 : 천 달러, %)

내국투자가	외국투자가 (소속국가)	투자액 (투자비율)	사 업 명
브이에스엘코리아	VSL INT'L LTD	189(60)	토목 및 건축기술용역업
쏠레땅쉬 범양	SOLETANCHE ENTERPRISE(불)	573(50)	전문기술건설업
한국 에스 이 씨	HIRAKAWA SHUJI	124(24.5)	전문건설용역업
아이코스코리아	ICOS CORPORATION OF AMERICA	313(50)	전문기술건설업
제트 에프 코리아	ZAHNRADFABRIK FRIEDRICHSHAFEN AKTIENELLSCHAFF(독일)	3,000(100)	건축 엔지니어링 및 기술서비스
(주)구라다	(유)챠렌져(일본)	14,000(49)	보링, 그라우딩 공사업
성림요업	송영요업(일본)	100(49)	미장공사업, 방수공사업
한국쇼본드건설	SHO-BOND- CO. LTD	410(49)	철근콘크리트, 철물공사업
대붕설비	나니와공업(일본)	104(49)	배관, 난방 관련 공사업
한국오리지널설계	ORIGINAL ENGINEERING CONSULTANTS CO. LTD(일본)	117(80)	토목공학 관련 서비스업
에스엔 아키텍트	일본설계(일본)	68(70)	건축설계 및 관련 서비스업
(주)해천	마쯔다이사오(일본)	200(42.8)	수중공사업
오택길	김병헌(미국)	66(40)	건축설계, 기타 서비스업
후레시네코리아	FREYSSINET INTERNATIONAL(불)	353(55)	철근콘크리트 공사업
종합건축사무소 장	B. HYUN KIM, AIA(미국)	67(40)	건축설계, 기타 서비스업
(주)상지텍솔	MENARD SOLTRAITEMENT(불)	368(49)	토공사, 정지공사업 등
합 계		20,052(-)	-

자료 : 대한건설협회, 《일간건설》, 1993. 11. 25.

은 특수공법 등을 보유하고 있다. 이들 업체의 향후 활약상이 우려되나 자본금이 적은 회사들이 대부분이어서 도급한도액이 적을 뿐만 아니라 공종별로는 전문공사 및 특수공사 위주여서 이들 업체의 일반시공분야 진출은 당분간 어려울 것으로 전망된다.

 이상과 같이 UR 건설서비스 개방과 정부조달 가입에 의해 외국업체들의 민간건설시장 및 공공건설시장에의 입찰참여가 현행보다 확대될 것으로 예상되며, 국내건설시장에서는 일부 공사에 있어서 외국업체와의 경쟁이 예상된다.

〈표 8-182〉 UR 타결이 국내건설에 미치는 영향

구분	예상되는 환경변화	국내건설에 미치는 영향	종합
내국민 대우	- KEY PERSONNEL 이동 가능하므로 외국 선진업체의 진출이 용이함 - 외국의 건축사자격이 2000년부터 국내에서 인정되므로 외국인 건축사무소가 늘어날 것임 - 기술용역업의 경우 주계약자제도(국내용역업체 우대)가 2000년부터는 완전폐지될 것임 - 외환통제법규에 의한 규제의 점진적 자유화 추진(서비스협정 자유화 약속)	- 토목·건축시공분야(도로·교량·일반건설) ㅇ 토목·건축의 시공분야에서는 국내업체 경쟁력 보유 ㅇ 외국업체의 대거진출은 예상되지 않음(기능공 인력이동 불가) - 기술용역분야(컨설팅·기본설계·상세설계) ㅇ 선진국업체들의 아국시장잠식 심화 예상 ㅇ 국내건설업체에 미치는 영향 심각(국내업체의 해외업체 하청화 우려)	▽
시장 접근 제한	- 일정시점까지 외국업체의 국내합작투자가 용이할 것이며 장기적으로는 선진업체의 단독진출도 예상할 수 있음(외국인지분율 제한을 점진적으로 자유화해야 함) - 외국업체 지사(상업적 주재)의 영업활동이 활성화되어 국내수주활동에 적극 가담할 것임	- 기술집약분야(고가전철·플랜트·해저터널)에 대해 높은 기술수준을 갖춘 선진국업체 진출예상	×
정부 조달	- 중앙정부기관의 경우 500만 SDR, 지방정부기관 및 정부투자기관은 1,500만 SDR 이상의 공사에 대해 외국인업체의 참여허용	- 50억 이상의 공사건수가 약 400여 건(1992년 말 기준)이 넘을 정도로 규모가 커, 외국업체와의 수주경쟁이 예상됨	×

주 : ○○ 매우 유리, ○ 유리, ○ 다소 유리, - 중립, ▽ 다소 불리, × 불리, ×× 매우 불리.

종합결론

　UR 타결로 국내의 전문건설분야 및 엔지니어링분야 시장이 잠식될 것으로 보이나 지금까지 참여에 제약을 받던 선진국과 개발도상국의 건설시장 참여가능성이 확대될 것으로 예상되어 전체적으로 (+)의 효과를 얻을 것으로 예상된다. 국내건설사들도 선진 외국건설사와의 경쟁에서 살아남기 위해서는 기술개발투자가 촉진될 것으로 보여 국내건설사들의 기술이 한 단계 높아질 것으로 보여진다.

<표 8-183> UR 타결이 해외건설 및 국내건설에 미치는 영향 종합평가

구 분	해 외 건 설	국 내 건 설
기 회 측 면	− 내국민대우원칙 준수와 시장접근 제한으로 미국·일본·EC 등 선진국 민간건설시장 진출 가능 − 정부조달협정 가입국의 공공건설 입찰참가 가능 ㅇ 최대의 공공건설시장을 가진 일본시장 진출 확대 ㅇ 발주국의 자국화정책 약화 등으로 수주여건 호전	− 해외 선진업체의 고급기술 및 경영관리 기법 습득기회 확보 ㅇ 기술이전 통한 국내기술력 향상 ㅇ 국내건설업체의 대형화, 현대화
위 협 측 면	− 인력, 장비의 생산요소 이동에서 단순기능공은 제외하여 노동집약적인 토목, 건축공사 진행에 제약 − 미국 진출시 상관행인 100% 공사이행보증보험(Surety Bond)이 부담이 됨 − 일본 진출시 공사실적, 기술자 수 등에 의한 도급순위가 완전 철폐될 때까지 현지업체에 비해 불리할 것임 ㅇ 단순시공분야 외에는 기술경쟁력 열위 ㅇ 자금조달 및 하청업체 확보 어려움	− 기술집약형 대형공사는 해외 선진업체에 의해 시장잠식 − 기술용역업의 주계약자제도(국내업체우대제도)가 2000년에 폐지됨에 따라 고급 엔지니어링시장은 해외 선진건설업체가 독식 예상 − 외국 건축사자격 인정으로 국내인과 합작(1996) 또는 외국인 단독 건축사무소(2000)가 늘어나 건축설계 서비스시장 잠식 − 수주물량 감소에 따른 업체의 재무구조 악화 및 덤핑수주 우려 ㅇ 중소건설업체의 도산 가능

대응전략

① 정부의 대응전략

국내입찰제도 개선

1993년 10월부터 이미 시행되고 있는 부대입찰제 도입으로 일반건설업체와 전문건설업체간의 공정한 하도급체제를 구축하고 있다. 이러한 국내업체간의 원하청 협력강화를 통해 외국업체와의 경쟁에 대응할 수 있는 기반을 구축하고, 100억 원 이상 14개 공종공사에 대해 시행 중인 입찰자격사전심사제도(P. Q)를 효율적으로 운용하여 시공여건 등 당해 공사의 성격이나 내용에 밝은 국내업체들이 수주경쟁에서 유리한 입장을 확보할 수 있도록 한다.

또한, 턴키 및 대안입찰제도를 활성화하여 국내건설업체의 종합건설업체화 및 기술개발을 강화할 수 있도록 한다.

국내건설업체의 시공능력과 공사품질을 국제수준으로 향상

첫째, 입찰서 내역심사제도를 도입하고 책임시공풍토 및 시공능력 위주의 수주풍토를 조성한다.

둘째, 감리기능을 강화한다. 모든 공사의 시공과 감리를 분리하고 감리업무는 감리원에게 일원화하며 감리원의 권한과 책임을 강화하고, 이미 감리회사를 설립한 주택공사 등 정부투자기관을 포함하여 주요 대형 건설업체로 하여금 감리회사를 설립하도록 유도한다.

셋째, 기술경쟁력을 제고시킨다. 정부 및 정부투자기관의 출연금과 민간기업의 기술개발비로 연구재원을 확보하여 정부·기업·연구소 공동으로 기술연구개발을 추진한다.

외국업체에 의한 시장잠식 최소화를 위한 제도 보완

일정규모(100억 원) 이상의 대형공사에 대해서는 일정기간 국내업체와 공동도급조건을 부과하여 공동도급을 통해 국내건설업체들이 기술·경영 능력을 전수받을 수 있도록 한다.

또한, 외국업체의 국내공사 수주시에 국내업체에 대한 하도급의무를 부여할 수 있도록 현행 건설업법상의 하도급 의무조항을 개선하고 일반건설업체에 대해서도 하도급이 가능하도록 개선해야 할 것이다.

현행 건설업법상 중소기업의 보호육성을 위해 도입·적용하고 있는 도급하한제를 외국업체에 대해서도 확대적용하는 방안도 강구해야 할 것이다.

공공건설시장과 관련하여 정부조달체계를 개편해 조달청에서 발주하는 공사를 각 발주기관별로 분산발주하고 공기조절 등을 통하여 발주공사가 50억 원 이하가 되도록 하여 외국업체의 진출기회를 줄여야 한다.

해외건설수주를 늘리기 위한 규제완화

해외진출관련규제를 완화해야 할 것이다. 해외건설면허를 수시로 발급·해외공사 복수허가를 시행하고 진출업자지정제도를 폐지하고 해외건설업 면허제를 등록제로 전환, 환경오염방지시설업과 국내건설업법상 전문건설업·토목공사업·건축공사업을 새로운 해외건설업종으로 신설하여 이들 업체의 해외건설 진출기회를 주어야 할 것이다. 또한, 해외부동산의 개발에 대한 규제를 완화하여 해외건설 진출업체들이 부동산 개발 등 자체개발형 현지사업을 확대해 갈 수 있도록 지원방안을 강구해야 할 것이다.

국내건설업체의 국제경쟁력을 높이기 위한 금융규제 완화

프로젝트의 개발·설계·시공·유지관리 전분야에 대한 능력을 높이기 위한 건설업의 EC화를 지원해야 할 것이다. 또한, 건설업에 금융·세제지원을 확대해야 한다. 건설어음을 한국은행의 재할인대상에 포함하고 회사채 발행허용을 확대하고 건설업체에 대한 여신규제를 완화하고 차별적 금리적용을 배제해야 할 것이다. 외환관련규정을 개정해 현지금융비율의 상한제를 폐지하고 해외투자 한도를 폐지해야 할 것이다. 특히 건설업체에 대해서도 연불금융지원·대외협력기금(EDCF)을 확대해야 할 것이다.

② 업계의 대응전략

기술투자 확대와 경영능력 향상

건설시장이 개방되면 단기적으로는 앞선 자금력과 기술력을 가진 선진 외국건설업체들이 국내시장에 진입할 것으로 보이고 장기적으로는 후진국들이 경쟁력을 갖춰 낮은 임금을 무기로 국내건설시장에 진입할 것으로 전망된다. 반면에 한국의 건설업체에게도 건설시장개방으로 최소한 24개국의 정부조달시장에서 내국민대우를 받으며 내국업체와 똑같은 자격으로 공사입찰에 참여할 수 있게 되었다. 앞으로는 세계 모든 지역에서 시공기술뿐만 아니라 금융 및 기자재 조달능력에 걸친 전면적인 경쟁이 이루어질 것이다. 건설시장개방과 관련한 건설업계의 대응방안은 한마디로 경쟁력 강화인데 산업의 경쟁력을 강화하기 위해서는 건설기술력의 개발과 프로젝트 파이낸싱과 같은 금융력의 제고, CM(Construction Management)능력의 배양을 포함하는 EC(Engineering Construction)능력의 고도화가 필요하다. 또한, 선진건설업체에 잠식당할 것으로 우려되는 설계 및 엔지니어링부문에서의 기술투자가 절실하다.

첫째, 인력을 전문인력으로 육성해야 한다. 앞으로의 임금상승을 고려할 때 건설업체들이 현재의 시공 위주의 경영정책으로는 채산성을 맞추기가 점점 어려워질 것으로 보인다. 따라서, 인력구조를 시공 위주의 인력에서 시공·엔지니어링·관리인력 등 전문인력으로 개발해야 할 것이다. 인력개발을 위해 선진건설사에 대한 연수도 한 가지 방법이라고 여겨진다.

둘째, 엔지니어링부문을 강화해야 한다. 엔지니어링부문에서 국내건설업체의 능력이 떨어지나 엔지니어링시장의 성장성이 높기 때문에 어차피 건설회사들이 나아가야 할 시장이다. 따라서, 건설업체가 현재의 시공 위주에서 EC화 및 GENE-CON체제를 구축하고 설계 및 엔지니어링부문을 강화해야 한다.

셋째, 실질적인 기술투자가 필요하다. 현재 업계에서는 건설기술연구소를 설립하고 기술투자를 확대하고 있으나, 매출액대비 기술투자액은 일본 건설회사나 한국 내의 다른 업종에 비해서 낮은 수준이다. 정부가 건설기술 개발에 대한 지원을 확대할 계획이고 장기적으로는 후진국의 건설사들이 국내건설사에 들어올 것임을 감안할 때 건설업체들이 한 단계 높은 기술수준을 보유하지 않으면 기업이 도태될 것으로 전망되기 때문에 실질적인 기술투자가 필요하다.

넷째, 국내건설사들과 분업화체계를 구축해야 한다. 건설업체들 상호간에 공동 수주체제를 구축해야 하고 하청회사들과의 분업체계를 구축해야 한다. 건설업이 한 단계 발전하기 위해서는 능력있는 시공전문 건설업체들이 발전해야만 가능하고, 시공전문 건설업체와의 계열화로 외국건설사의 국내건설시장에서의 활동에 제약을 줄 수 있어야 할 것이다.

해외건설시장 진출확대

향후 해외건설시장에서 입찰기회가 확대될 전망이기 때문에 세계건설시장에서의 지역별 고객(clients) 개발을 통한 민간발주공사의 수주를 확대해 가야 할 것이며, 단순수주공사에서 탈피하여 기획제안형 방식에 의한 해외영업을 강화해 가야 할 것이다. 이러한 기획제안형 수주를 확대하기 위해서는 개발형 복합사업에 대한 경험축적과 전문지식을 요하는바 구상무역 Sourcing능력·국제금융구성능력·해외도시개발 및 주택사업 등에 대한 전문인력을 양성해 가야 할 것이다. 특히, 앞으로 해외진출강화방안으로서 선진국지역에서는 고급주택 등의 개발사업을 강화하고 경제개발대상국인 후발개발도상국지역에서는 항만·도시개발 등 사회간접자본시설 외에도 자체개발사업 또는 복합형 사업을 늘려나가야 할 것이다. 이러한 해외개발사업을 추진해 가면서 현지업체와의 합작 파트너를 선정해 장기적으로 유대관계를 강화하여 지속적인 현지공사수주 확대를 모색해야 할 것이다.

통신서비스

개 황

① 산업 개요

통신서비스는 통신기기를 이용하여 음성 및 비음성의 각종 정보를 제공하는 것으로 기본통신서비스와 고도통신서비스로 구분된다. 기본통신서비스는 정보의 단순한 전송 및 교환기능을 말하며, 고도통신서비스는 컴퓨터를 이용한 정보처리 및 통신처리기능에 의해 이루어진다.

<표 8-184> 통신서비스의 분류

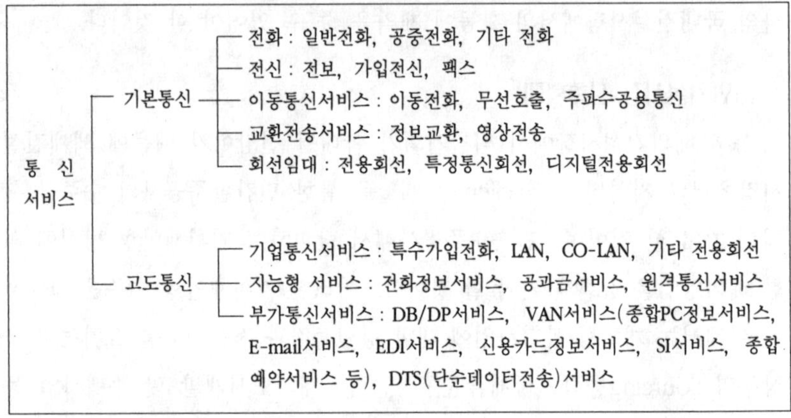

통신서비스산업은 자연독점성(범위 및 규모의 경제, 투자의 대규모성·장기성 등)·기술적 통일 필요성·사회적 특성(공공성·요금의 적정성·서비스제공의무 등)·국가주권 및 안보문제 등으로 인해 국가에 의해 엄격히 통제되어 왔으며, 특히 기본통신서비스는 대부분의 국가에 있어서 정부의 엄격한 규제하에서 독점적 시장구조를 유지해 왔다.

그러나 통신산업의 기술이 진보함에 따라 기본통신과 고도통신이 복합화되고 있고, 서비스수요의 다양화 및 이에 따른 공급주체의 다양화 요구와 효율화 추구로 규제완화가 점진적으로 이루어지고 있다. 특히 '80년대 들어 선진국에서부터 고도통신서비스분야를 중심으로 규제완화와 경쟁체제 도입이 빠르게 진전되고 있으며, 이러한 추세는 일부 기본통신서비스분야에까지 파급되고 있다.

② 산업 현황

국내업계의 구조

1991년에 개정된 전기통신사업법에 따르면 국내통신사업자는 전기통신설비를 설치하고 기본통신서비스를 주로 제공하는 기간통신사업자와 기간통신사업자로부터 전기통신회선설비를 임차하여 전기통신역무를 제공하

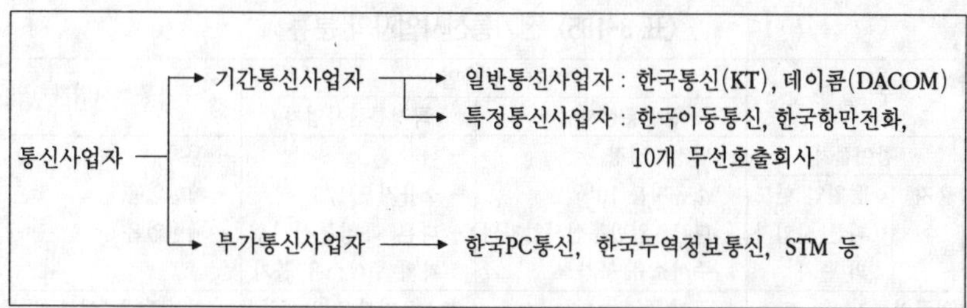

는 부가통신사업자로 나누어진다. 이 중 기간통신사업자는 다시 기술적 또는 지역적으로 제한된 전기통신역무를 제공하는 특정통신사업자(한국이동통신·한국항만전화·지역별 10개 무선호출사업자 등)와 이러한 제한이 없는 일반통신사업자(KT, 데이콤)로 나누어진다.

한국의 통신서비스산업을 분야별로 보면 유선통신은 1981년 한국전기통신공사가 정부의 직접경영으로부터 분리되었고 데이터통신과 관련해서는 1982년에 한국데이터통신(주)가 설립되면서 산업으로서 본격적으로 성장하기 시작했으며, '80년대 후반까지 각각 영역별로 독점적 구조를 유지해 왔다. 무선통신분야를 보면 이동통신서비스는 1984년 4월 한국이동통신(주)가 전기통신사업법에 의거 공중통신사업자로 지정되었고, 차량전화(1984. 5) 및 올림픽통신으로서의 휴대전화(1988. 9)서비스를 하면서 본격적으로 형성되기 시작하였다.

정부는 1989년에 미국이 종합무역법안의 통신기기조항을 들고 나와 통신시장의 개방을 요구함에 따라 이에 대응하기 위해서 1990년에 통신사업자간의 사업영역 구조조정을 실시하였다. 이로써 지금까지 영역별로 독점적 구조를 유지해 왔던 통신서비스산업에서도 고도통신분야를 시작으로 국제전화와 같은 일부 기본통신분야에 이르기까지 경쟁체제가 도입되고 있다.

국내시장 동향

한국의 통신서비스시장규모는 1992년 기준으로 53,058억 원이며

〈표 8-185〉 전기통신사업자의 분류

구 분		기간통신사업자		부가통신사업자
		일반통신사업자	특정통신사업자	
참여절차		- 법정, 지정	- 허가	- 등록
출자	ㅇ동일인 한도	- 소유지분 10%	- 소유지분 1/3	- 제한없음
	ㅇ다른 사업자의 출자	- 다른 일반통신사업자의 주식소유 불가	- 다른 특정통신사업자의 주식소유 불가	- 제한없음
외국인투자		- 금지	- 소유지분 1/3 이하	- 지분 50% 이하 (1994.1. 제한폐지)
사업자 및 서비스 내용		- 한국통신 : 시내외전화, 국제전화, 텔렉스, 전보, 전용회선, 데이터통신 - (주)데이콤 : 국제전화, 특정통신회선, 데이터통신	- 한국이동통신 : 이동전화(차량, 휴대) 무선호출 - 지역별 10개 무선호출사업자 : 무선호출 - 한국항만전화(주) : 항만지역 내 유무선통신, 해운·항만관련 전용 회선 판매	- 150여 개의 민간 VAN사업자(1993. 10. 현재 152개 업체 등록 : 각종 고도통신서비스)

자료 : 대우경제연구소.

1984년 이후 9년간 연평균 18.1%의 높은 성장세를 지속해 왔다. 분야별 시장규모를 보면 기본통신서비스가 49,649억 원으로 94%를 차지하고 있으며 고도통신서비스는 3,409억 원으로 6%를 차지하고 있다.

전화를 위시한 기본통신서비스는 전신의 감소에도 불구하고 꾸준한 성장세를 보이고 있는데 이는 가입전화의 지속적 증가 및 이동통신의 빠른 성장에 따른 것이다. 1992년 기준으로 전화는 100인당 보급률이 35.7%를 기록하여 선진국수준에 접근하고 있어 성장세는 앞으로 계속 둔화될 전망이다. 전화서비스의 시장규모는 4조 3,622억 원으로 기본통신서비스의 대부분을 차지하고 있고, 전체통신서비스의 82.2%의 비중을 점하고 있다. 그 외에 교환전송서비스(KT 및 데이콤이 제공하는 회선교환·패킷교환을 통한 서비스·CATV 및 영상회의시의 영상전송서비스 등)·회선임대서비스(KT 및 데이콤이 제공하는 국내·국제전용회선, 특정통신회

〈표 8-186〉 한국의 통신서비스시장규모 추이

(단위 : 억 원, %)

구 분		1984	1986	1988	1990	1991	1992	전년비	구성비
기본통신		13,900	18,554	26,447	36,404	43,322	49,649	14.6	93.6
	전 화	12,461	16,806	24,204	32,772	38,514	43,622	13.3	82.2
	전 신	655	614	437	279	254	238	-6.3	0.4
	이동통신	14	40	198	734	1,492	2,309	54.8	4.4
	교환전송	5	25	63	114	134	164	22.4	0.3
	회선임대	765	1,069	1,545	2,504	2,927	3,326	13.6	6.3
고도통신		73	137	933	2,225	2,786	3,409	22.4	6.4
	기업통신	0	0	85	228	452	550	21.7	1.0
	지능형	0	0	0	2	3	4	33.3	-
	부가통신	73	137	849	1,996	2,331	2,856	22.5	5.4
합 계		13,973	18,691	27,380	38,629	46,108	53,058	15.1	100.0

자료 : ETRI, 《정보통신산업의 통계집》, 1992. 8.

선, 디지털전용회선서비스 등)는 꾸준한 성장세를 지속하고 있다.

'80년대 후반부터 본격적으로 시장이 형성되고 있는 고도통신서비스는 아직 시장규모는 작지만 고성장을 하고 있다. 고도통신의 대부분을 차지하고 있는 부가통신서비스는 서비스의 다양성·신속성·호환성·통신품질 등의 면에서 선진국에 비해 크게 뒤져 있으나, 이제 시장형성 초기단계에 있어 매우 높은 성장이 예상되고 있다. 현재로서는 데이터베이스(DB) / 정보처리(DP)서비스, 본격적인 부가가치통신(VAN)서비스인 전자우편(E-mail), 전자문서교환(EDI), 메시지통신처리시스템(MHS), 종합PC정보서비스, 종합예약서비스 등이 주를 이루고 있다.

전자통신연구소의 예측에 따르면 향후 통신서비스시장은 기본통신서비스 중에서는 이동통신서비스가 높은 성장세를 고도통신서비스 중에서는 부가통신서비스 및 기업통신이 대형시장을 형성할 것으로 전망되고 있다.

③ 국내시장개방 현황

한국의 통신시장개방은 미국이 1988년에 제정한 종합무역법을 근거로

〈표 8-187〉 한국의 통신서비스시장규모 전망

(단위 : 억 원, %)

구 분		1992	1993	1996	2001	2006	연평균성장률		
							1992~ 1996	1996~ 2001	2001~ 2006
기본통신		49,649	57,084	87,149	155,537	243,207	15.1	11.9	9.2
	전 화	43,622	49,422	72,005	117,333	167,897	13.4	9.9	7.2
	전 신	238	222	200	197	223	-4.0	0.04	2.9
	이동통신	2,309	3,478	9,468	29,034	61,742	42.3	23.7	15.8
	교환전송	164	199	362	866	1,589	22.2	18.7	12.2
	회선임대	3,326	3,763	5,113	8,107	11,756	11.4	9.5	7.6
고도통신		3,409	4,253	8,989	29,771	75,780	27.4	26.5	20.0
	기업통신	550	689	1,595	6,843	19,618	30.5	33.8	22.7
	지 능 형	4	5	16	61	140	43.0	29.3	17.3
	부가통신	2,856	3,558	7,378	22,867	56,041	26.8	24.7	19.1
합 계		53,058	61,337	96,138	185,308	318,987	16.0	14.0	11.5

자료 : ETRI 기술정책연구실, 《정보통신산업시장예측자료집》, 1992. 12.

한국을 통신분야 우선협상국으로 지정함에(1989. 2. 21) 따라 이를 회피하기 위해 미국에 국내시장의 개방을 약속하면서 본격화되기 시작했다.

'80년대 후반만 해도 기본통신서비스는 한국통신·한국이동통신·항만전화 등이 전담하고 고도통신서비스는 데이콤 및 소수의 민간VAN업자가 참여하고 있었을 뿐이었다. 그래서 기본통신분야는 국내에서 경쟁체제가 정착되지 못했고, VAN서비스의 경우 시장형성 초기단계에 있는 상황에서 미국과의 쌍무협상에 의해 대외개방이 급속히 이루어졌다. 1993년말 현재 한국의 통신시장은 기본통신서비스시장의 개방은 아직 없지만 고도통신서비스분야에서 상당폭 대외개방이 이루어진 상태에 있다.

개방분야는 고도통신분야가 대부분인데 단순DB / DP서비스(국제 및 국내 서비스 포함)는 완전개방되었으며, 공중교환망과의 상호 접속허용, 전용회선사용 자유화, 패킷교환기 및 다중화장비사용의 자유화 등도 이루어졌다. 더욱이 고도통신서비스업(부가통신사업자)에 대한 외국인소

〈표 8-188〉 한국 고도통신서비스시장의 개방내용(한 · 미통신협상 내용중심)

구 분		개 방 내 용 및 시 기
시 장 접 근	DB/DP서비스	- 국내서비스 자유화(1990.10), 국제서비스 자유화(1991.7) ○ 이용자간 통신매개가 없는 단순서비스에 국한 - 외국인투자제한 폐지(1991.7)
	정보처리 · 전송 코드 · 프로토콜 변환, 정보전송	- 국내서비스 자유화(1990.10), 국제서비스 자유화(1991.7) ○ 한국 · 미국 국제VAN특별약정 체결(1991.6) - 외국인투자제한(50%) 폐지(1994.1)
	정보 단순전송 교환	- 국내서비스(1991.4), 국제서비스(1991.7) 허용 ○ 상기(VAN)서비스와 병행하여 제공할 경우 허용 - 음성, 텔렉스 및 FAX서비스 제외 ○ 국제분야는 회선단순재판매도 제외
운 영 상 의 규 제	공중교환망에의 접속	- VAN의 공중교환망에의 접속허용 - 공중교환망에의 접속의무화 또는 강요금지(1990.7)
	전용회선사용 자유화	- 전용회선 공동사용제한 철폐(국내 1990.7, 국제 1991.7) - 통신사업 이외 목적의 전용회선 공동사용 허용(국내 1990.7, 국제 1991.7)
	프로토콜	- 고유의 프로토콜 사용보장(1990.7)
	패킷교환기 및 다중화장비사용 자유화	- EDI, MHS, 코드 · 프로토콜변환, E-mail서비스를 제공하기 위한 패킷교환기 접속허용(1990.7) - 다중화장비사용승인제도 폐지(1990.7) - 다중화장비 접속허용
	특정통신회선 사용 자유화	- 국내특정통신회선 이용제한 폐지(1990.10) - 업무상 긴밀관계자간 국제특정통신회선 허용(1991.7)

자료 : 통신문제연구회, 《통신시장개방과 정보사회》, 1991. 2.
　　　경제기획원, 《서비스업종별 현황자료》, 1991. 7. 등에 의거 정리 · 작성.

유 지분제한(50%)도 1994년 1월부터 완전철폐되었다.

　고도통신서비스시장의 대외개방에도 불구하고 지금까지는 외국계업체의 대한진출이 본격화되지는 않고 있는데, 이는 시장의 미성숙, 지분제한의 존속, 공정경쟁여건의 미흡 때문으로 생각된다. 그러나 1994년 1월부터 외국인투자제한이 철폐되어 전면개방이 이루어지면 외국업체의 진출은 본격화될 것으로 보인다. 현재, 대표적인 진출업체로는 IBM · EDS · AT&T 등이 있으며, 각각 합작법인인 삼성데이터시스템(주), (주)에스

<표 8-189> 주요 외국계부가통신사업자의 등록 현황(1993년 말)

기 업 명	자본금	지분율	등록일	주요 서비스의 종류
삼성데이터시스템	78억 원	삼성 67%, 미국 IBM 33%	1990. 1. 29. 1991. 5. 4.	EDI, E-mail, DB, DP, 네트워크 등 데이터전송(추가등록)
에스 티 엠	36억 원	럭키금성 50% 미국 EDS 50%	1991. 1. 29. 1991. 6. 3.	DP수탁관리, SI, EDI, E-mail, 정보제공(DTS) STM-NET전송(추가등록)
금성정보통신	350억 원	럭키금성 56% AT&T 44%	1991. 3. 27.	EDI, E-mail, DB/DP, MHS

자료 : 한국정보통신진흥협회, 《정보화 사회》.

티 엠·금성정보통신(주)를 통해 참여하고 있다.

기본통신분야는 1993년 말 현재까지 개방계획이 없지만 미국의 기본통신분야 개방압력이 계속 강화되고 있다. 따라서 향후 통신서비스시장 자유화는 기본통신서비스 중 시외전화 및 국제전화에 초점이 맞추어질 전망이다. 현재 기본통신사업자 중 일반통신사업자(KT, 데이콤)에의 외국인 소유 지분참여는 금지되어 있고, 특정통신사업자(한국이동통신, 무선호출사업자, 항만전화 등)에의 지분참여는 1/3까지만 가능하게 되어 있다.

경쟁력 현황

통신서비스업계의 기술수준은 전반적으로 선진국에 비하여 낮은 수준에 머물러 있다. 분야별로 다소 차이가 있으나 기본통신분야에서는 2~4년의 격차가 있고 고도통신분야에서는 이러한 격차가 더 심하다. 완전한 대외개방이 이루어진 DB/DP서비스분야는 물론이고 1993년 말 현재 50%의 외국인투자제한이 있는 VAN서비스(EDI, MHS, E-mail 등)분야의 기술도 4~8년 정도 뒤져 있는 것으로 평가되고 있다. 향후 본격적인 대외개방이 실현될 경우 고도통신분야는 미국 등 외국계업체의 자본·기술우위에 밀려 시장잠식이 크게 우려된다.

〈표 8-190〉 미국의 기본통신개방 요구내용별 한국 현황과 문제점

구 분	현 황	문 제 점
기본통신 사업자 수 제한 폐지	- 기본통신사업자 체신부장관이 통신위원회 심의를 거쳐 지정 - 일반통신사업자 지정 현황 ○ 국제전화 : 한국통신, 데이콤 ＊ 데이콤은 1991년 12월부터 사업 개시 ○ 시외전화 : 한국통신 ＊ 1996년까지 1개 업체 추가 검토 - 국제전화 및 시외전화시장 전망 (단위 : 억 원) KT 국제 및 시외전화사업의 이윤규모(1991) ○ 국제전화 : 약 3,500억 원 ○ 시외전화 : 약 5,000억 원 ＊ 이윤은 시내전화사업의 적자보전 및 정보통신연구개발사업, 국가기간통신망 현대화사업 등에 대부분 사용	- 국내법상 기본통신사업자 수 제한하는 구체적 규정은 없음 - 기본통신사업을 국가통제하에 두지 않는 한 통신정책목표 (모든 경제활동과 국민생활의 기본생활의 기본인 보편성 확보) 달성 곤란 - 시외전화사업자 경쟁도입시 단일전화요금계획의 변경필요 - 시내전화 적자의 보전 및 정보통신연구개발, 기간정보통신망 구축을 위한 재원확보방안 강구 필요 (현재로선 시내전화요금 인상 불가피)
외국인의 기본통신 참여허용	- 외국인의 사업자 참여가 법적으로 제한되어 있음 ○ 기본통신은 공공서비스의 성격이 강하므로 민간 및 외국사업자간 완전자유경쟁에 맡기기보다 제한적 경쟁이 바람직	- 자유경쟁 허용시 농어촌, 산간지역거주자에 대한 기본통신수요 과소공급되어 양질의 보편서비스제공이 어려워짐
외국인 투자허용	- 외국인지분소유의 법적 금지	- 완전허용에 대하여는 국민적 공감 형성되어 있지 않음 ○ 점진적으로 외국인투자분 제한완화를 추진하는 것이 바람직함 - 허용시 관련 법개정 불가피
공평한 접근보장 원가에 의한 서비스제공	- 전기통신기본법/사업법에 반영 - 장기정책 방향과는 부합됨	- 문제점 없음 - 수용시 현 전화요금구조의 변경필요

국제전화 및 시외전화시장 전망 (단위 : 억 원)

구분	1991	1992	1993	1995	2000
국제전화	4,544	5,349	6,380	8,299	11,395
시외전화	15,746	19,547	21,572	26,525	36,000

구 분	현 황	문 제 점
		○ 시내전화요금의 대폭 인상 ○ 시외·국제전화요금 인하
통신사업 독립규제 기관운영	− 통신위원회 설립, 운영(비상설기구로 운영)	− 통신위원회의 상설기구화, 독 립성 보장필요

〈표 8-191〉 통신서비스 기술수준 비교

구 분		기술격차	주 요 내 용
통신서비스	기본통신서비스	2~4	− 네트워크기술 선진국수준 근접 ○ 국제표준화된 네트워크 위주
	고도통신서비스	4~8	− DB/DP관련기술 취약, MHS·ED·CRS· E-mail 등 VAN서비스 기술 축적 미흡 ○ 데이콤, ETRI 등에 개발경험 일부 축적

자료 : 전자신문사, 《정보통신연감 1993》 등에 의거 작성.

UR 타결이 통신서비스업에 미치는 영향

통신서비스분야는 UR 서비스협상그룹(GNS)에서 논의되었는데, 이 분야 협정의 구성은 국가간 협상의 기본원칙과 각종 규칙으로 된 협정본문 중 규정을 보다 구체화하거나 추가한 부속서 그리고 국가별 자유화약속표인 양허표로 구성되어 있다. 통신서비스는 서비스무역 일반협정 및 통신부속서의 적용을 받게 되며, 양허협상에서 확정된 최초자유화약속(양허표)을 이행하게 되는데 통신부속서는 공중통신망과 공중통신서비스의 시장개방측면과 이용측면에 영향을 주는 조치를 구체화하고 있다. 이 협정에서 규정하고 있는 주요 내용 중 통신서비스산업관련사항은 다음과 같다.

① 서비스무역 일반협정 중 통신서비스업종 관련분야의 내용

최혜국대우원칙

특정국에의 양허내용은 제 3 국에도 마찬가지로 적용되어야 한다는 것으로 상호주의나 쌍무주의적 개방이 아닌 다자간개방을 원칙으로 한다.

따라서 그동안의 한·미통신협상과 같은 쌍무협상을 통해 확정된 개방조치 또는 계획은 UR의 초기 자유화약속에 기재되어 제3의 모든 국가에 적용된다. 그러나 부속서 I은 최혜국대우(MFN Treatment) 일탈이 가능하다고 규정함으로써 미국으로부터 기본통신서비스의 최혜국대우 일탈문제가 제기되고 있다.

공개주의

통신관련 법규 및 규제(또는 지원)조치를 상대국이 명료하게 알 수 있도록 공개해야 한다는 것으로 공개수준은 법률·시행령·시행규칙·고시까지를 포함하는 것으로 생각된다. 동 규제조치는 집행시점까지는 공표되어야 하며, 법제정 이전의 사전통고나 이해당사자에의 의견진술기회 부여도 최소한의 범위 내에서 해야 한다. 또한 새로운 규제조치의 도입 또는 기존 조치의 변경시 최소한 연 1회 타회원국에게 통보해야 하며, 각국은 협정 발효 후 2년 내에 문의처를 설치해야 한다. 이러한 공개주의(Transparency)는 외국기업이 한국에로의 진출기회를 사전 확보하거나 또는 법제적 환경변화에 신속 대응할 수 있도록 하는 요소이다.

국내규제의 합리적, 객관적, 공평한 운용

각국이 시장접근을 약속한 서비스의 무역에 영향을 미치는 모든 조치는 합리적·객관적이고 공평하게 집행되어야 한다. 따라서 통신관련인가제도의 운용에 있어서는 인가신청 접수 후 합리적 기간 내에 결정사항을 신청인에게 통보해야 하며, 자격요건 및 취득절차·기술표준·면허요건과 관련된 조치들은 무역장벽이 되지 않도록 담당기구를 설립하여 규율하도록 한다. 이들 규정은 시장개방약속이 실질적으로 이행되도록 해야 한다.

시장접근과 내국민대우

국가간의 양허협상을 통해 결정되는 구체적 약속사항으로서 시장접근·내국민대우·추가적 약속은 양허표에 기재해야 하며, 각국은 타국의 서비스 및 서비스공급자에게 양허표에 명시된 것보다 불리한 대우를 할 수 없도록 되어 있다. 한국의 통신분야 최종양허안에서는 시장접근양허분야로서 부가가치통신서비스 7개 분야 및 데이터 단순전송서비스를 포함하고 있으며, 이에 대한 외국사업자의 시장참여를 보장하는 것이다.

점진적 자유화

서비스무역의 자유화를 점진적으로 확대한다는 것은 서비스협상의 기본목표였으며, 협정문에 따르면 협정 발효 후 수년 내에 후속 양허협상을 해야 하고, 그 이후 주기적으로 양허협상을 하도록 되어 있다. 이는 서비스무역자유화범위를 지속적으로 확장하고 무역을 저해하는 제반 조치를 축소시켜가야 한다는 것으로 이에 따라 통신서비스의 개방범위는 7개 부가통신서비스 및 데이터전송서비스 이외에 여타 부가통신서비스, 나아가 일부 기본통신서비스로 점차 확대되어 갈 가능성이 크다.

긴급수입제한·정부조달·보조금 등에 관한 다자간규범은 협정 발효 후 2~3년 내에 협상하도록 되어 있어서 그 내용 여하에 따라 영향을 받을 것이다. 예컨대 긴급수입제한은 통신시장개방으로 국가안보·기술발전·통신망의 보호 등에 부정적 영향이 초래될 경우 일정한 제한을 할 수 있다는 것으로서 시장개방시 경쟁력의 차이로 선진 외국업체에 의해 국가주권 또는 안보가 침해될 가능성이 있는 경우 동 원칙을 적용할 수 있을 것이다.

② 통신부속서의 내용

통신부속서의 적용범위

통신부속서의 내용은 모든 외국기업의 통신망 및 서비스의 이용측면 및 시장접근측면에서 영업활동상의 제약요인을 최소화하도록 하는 것으로 적용범위는 공중전기통신망/공중전기통신서비스(Public Telecommunications Transport Networks/Services : PTTN / PTTS)에의 접근 및 이용에 영향을 미치는 체약국의 모든 조치이다. 기업 내 통신의 경우는 기업 내통신의 구체적 범위(지사·자회사·계열사 등)를 각국이 국내법으로 정하도록 하였다.

공개주의

PTTS의 요금 및 기타 이용조건과 PTTN/PTTS간의 상호접속의 규격·PTTN/PTTS에의 접근 및 이용에 영향을 주는 표준제정기구에 대한 정보·단말장비의 부착조건·신고·등록 또는 허가조건 등 PTTN/PTTS에의 접근 및 이용에 영향을 주는 조치에 대한 정보의 공개 등이다.

PTTN/PTTS에의 접근 및 이용을 위해서는 요금은 원가에 기초하도록 노력하고 시장개방된 서비스를 제공하는 외국사업자의 권리를 보장하며, PTTN/PTTS에 대한 규제근거를 명시하고 기업 내 통신을 포함하여 정보의 국경 내, 국경간 이동을 위한 PTTN/PTTS의 이용도 가능하다

③ 각국의 양허내용

각국의 양허표에서 제시된 내용은 시장접근의 범위를 대부분 부가통신서비스로 하고 있다. 미국에 의해 제기된 기본통신서비스분야의 최혜국대우 일탈이 인정되어, 기본통신서비스 및 장거리전화와 국제전화서비스에 대하여 최혜국대우원칙의 예외를 적용하여 관심국간의 축소된 다자간협상을 협정 발효 후 재개하도록 되었다. 따라서 협정 발효 후 기본통신서비스 다자간협상이 이루어지면 한국의 통신서비스시장은 UR 본 협정의 경우보다 큰 영향을 받을 것이다. 후속협상의 개시는 한국 내에서도 경쟁이 도입되지 않았거나 복점상태에 있는 기본통신서비스, 특히 국제전화서비스와 보다 장기적으로는 장거리전화서비스의 대외개방가능성을 높일 것이다.

한국의 경우 최종양허안에 포함된 통신서비스는 전자사서함·음성사서함·온라인정보검색(DB서비스)·전자적 데이터교환(EDI)·고도팩시밀리(축적, 전송과 축적처리 포함)·코드 및 프로토콜 변환·온라인정보처리(DP서비스)의 7개 부가통신서비스이다

〈표 8-192〉 국가별 통신분야 양허 현황 (1992년 5월)

국가	세부분야	시장접근 제한	내국민대우 제한	비 고
미국	- 고도통신서비스	- 없음	- 없음	- 비용에 기초한 제공 - 독립규제기관에 의한 감독
일본	-2종사업자가 제공하는 국내통신서비스 ㅇ 패킷교환데이터전송서비스 ㅇ 회선교환데이터전송서비스 ㅇ 텔렉스서비스 ㅇ 팩시밀리서비스 ㅇ 전용회선서비스 -2종사업자가 제공하는 부가통신서비스	- 제16조 2항 관련 아래 사항 : 제한 및 조건 없음 a. 서비스공급자 수 제한 조치 b. 서비스총거래액 및 총자산에 대한 제한 c. 총영업회수 및 총산출액에 대한 조치 d. 특정서비스분야에 고용되거나 서비스공급자가 고용하는 총자연인의 수에 대한 제한조치 e. 외국서비스공급자의 상업적 주재의 특성 형태 제한조치 f. 외국자본 참여제한	- 조건 및 자격제한없음	- 국내전용회선을 공중교환망에 접속하여 제공하는 음성전송서비스는 제외
EC	—VAS(부가서비스) ㅇ 전자우편 ㅇ Voice Mail ㅇ EDI ㅇ On-Line DB/DP ㅇ Code/Protocol 변환 ✱ 전화·전신·전보 제외 - 패킷 및 회선교환데이터전송서비스	- 국경간 제공 : 1992.1. 부터 제한없음 - 소비자 이동 : 1992.1. 부터 제한없음 - 상업적 주재 : 전반적 제한조치 따름 - 인력 이동 : 1992.1. 부터 제한없음 - 국경간 제공 : 동결 (1996.1. 부터 제한없음) - 소비자 이동 : 동결 (1996.1. 부터 제한없음) - 상업적 주재 : 제반적 제한조치 따름	- 1992.1. 부터 제한 없음 - 1992.1. 부터 제한없음 - 규제없음 - 1992.1. 부터 제한없음 - 동결(1996.1. 부터 자유화) - 동결(1996.1. 부터 자유화) - 규제없음	- 허가조건 : Directive No. 90/388/EEC

국가	세부분야	시장접근 제한	내국민대우 제한	비 고

	− 이동 및 위성통신
	  서비스
		− 인력 이동 : 동결
		  (1996. 1. 부터 제한없음)
		− 추후 검토
			− 동결(1996. 1.
			  부터 자유화)
			− 추후 검토	

홍콩	− 국내공중무선데이
	  터서비스
	− 국내공중자동중계
	  서비스
	− 국내전자메일박스
	− 국내부가데이터
	  서비스
	− 국내전자데이터
	  교환서비스
	− 국내비디오텍스
	− 국내텔리텍스
		− 국경간 제공 : 자유
		
		− 소비자 이동 : 제한없음
		
		− 상업적 주재 : 제한없음
		− 인력 이동 : 자유
			− 조건 및 자격
			  제한없음
				− 허가조건은 전기·
				  통신법령에서 규정
				− 국내공중무선데이
				  터서비스와 국내공
				  중자동중계서비스
				  는 가용주파수의
				  제한

자료 : 통신개발연구원, 《UR통신서비스협상 추진 현황》, 1992. 7.

또한 양허내용에 포함된 부가통신서비스의 경우 내국민대우원칙에 따라 내외차별적 요소는 철폐되지 않으면 안 된다. 즉, 내외국인의 회사 설립·전용회선의 사용·공중망에의 상호접속·패킷교환기 및 다중화장치의 사용 등에 있어서 차별을 할 수 없으며, 향후 민간 VAN사업자들의 육성을 위한 제반 규제완화조치도 외국계업체에게 동일하게 적용된다.

④ 종합결론

단기적으로 한국의 통신서비스시장에 미치는 영향은 크지 않음

UR협상의 결과 개방의 폭은 부가통신서비스 7개 항목 개방에 국한되고, 발효시기는 1995년 1월부터이다. 그러나 단기적으로 한국의 통신서비스시장에 미치는 영향은 크지 않을 전망이다.

이 7개 항목은 이미 한·미통신협상을 통해 추진된 내용으로 1994년 1월부터 완전개방될 예정이었다. 1992년 말 기준으로 국내통신서비스시장의 규모는 5조 58억 원인데 이 중 부가통신서비스시장은 2,856억 원의

<표 8-193> 한국의 통신서비스분야 양허내용

구 분	시장접근 제한	내국민대우 제한	비 고
- 전기통신사업법 제4조의 규정에 따르며, 다음 서비스를 포함함 ○ 전자사서함 ○ 음성사서함 ○ EDI(전자적 데이터교환) ○ 고도팩시밀리 (축적·전송· 처리 포함) ○ 코드·프로토콜변환 ○ 온라인정보검색 ○ 온라인정보처리	- 제한없음 (국경간 공급, 해외소비, 상업적 주재, 자연인의 주재의 네 가지 사항 모두 제한없음)	- 조건 및 자격 제한없음 (좌동)	- 추가적 약속없음
- 데이터전송서비스[1]	- 부가통신서비스사업자에 한하여 허용	- 조건 및 자격 제한없음	—추가적 약속없음 —음성서비스·텔렉스· 팩시밀리서비스·임차 회선의 단순재판매는 제외

주 : 1) 기간통신사업자의 통신회선을 이용하여 사용자가 제공하는 정보를 내용 변경없이 실시간 으로 전송, 교환하는 서비스.
자료 : 경제기획원, *Draft Schedule of Specific Commitments of the Republic of Korea Under the GATS*, 1993. 7.

규모로 5.4%에 불과하다. 대형 부가통신관련회사인 데이콤의 경우도 총 매출액 중 부가통신이 차지하는 비중은 6% 내외로 낮은 수준에 있다.

장기적으로는 부가통신서비스분야의 취약한 기술경쟁력, 높은 시장성 장성 및 UR 이후 실질적 개방의 보장 등으로 선진국업체의 본격적인 진출 및 시장잠식이 가속화될 것으로 예상된다. UR협정으로 인해 최혜국대우원칙, 내국민대우원칙이 보다 광범위하고 엄격히 적용되고, 또한 공개주의와 국내규제의 합리적 운용으로 공정경쟁환경의 보장 등이 적용됨으로써 국내시장의 실질적 개방효과를 높일 것이다. 특히 이번 UR 타결을

〈표 8-194〉 한국의 통신서비스시장 구조

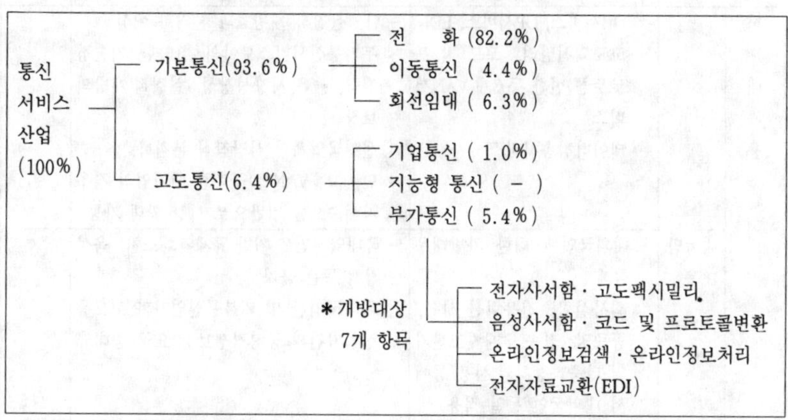

주 : ( ) 안은 구성비임.

〈표 8-195〉 UR 타결이 통신서비스업에 미치는 영향 종합평가

구 분		변 화 내 용	영 향 평 가	평가
일반적 의무 · 규율	최혜국 대우	- 모든 국가에 동일한 대우 의무화(무차별적용원칙) ㅇ상호주의에 우선하여 적용	- 한국 · 미국통신협상에 의한 정책변화를 일본 · EC 등에도 동일하게 적용 → 미국 이외 국가의 대한진출 확대	×
	공개 주의	- 통신관련법규 및 규제조치 공개의무 ㅇ법률 · 시행령 · 시행규칙 · 고시 등의 집행 전 공표 ㅇ법제정 이전의 사전통고, 이해당사자에의 의견진술 기회 부여	- 외국기업의 한국시장진출기회 사전 확보 및 법제적 환경변화에 대한 신속 대응 가능 ㅇ자국산업 보호 위한 비공개유지 곤란	▽
	국내 규제 운용	- 서비스무역에 영향주는 모든 조치의 합리적, 객관적, 공평한 운용의무 - 인가제도, 자격요건 및 취득절차, 기술표준 등의 무역장벽화 금지, 담당기구 설립	- 시장개방 양허내용의 실질적 이행 보장 - 공정한 경쟁의 보장	▽
양	시장 접근	- 최소한의 개방범위로서 부가가치통신서비스 등 개방 ㅇ전자사서함, 음성사서함,	- UR에 따른 추가적 개방효과는 미미 ㅇ양허내용이 이미 한 · 미통신협상에 의해 이행 또는 추진 중	××

구 분		변 화 내 용	영 향 평 가	평가
허 내 용		DB서비스, DP서비스, EDI, 고도팩시밀리, 코드 및 프로토콜 변환 등 7개 VAN서비스 ㅇ 데이터전송서비스	− 단, 실질적 개방효과 본격화 예상 ㅇ 부가통신서비스분야의 취약한 기술경쟁력, 높은 시장성장성, 실질적 개방의 보장 ㅇ 선진국업체의 시장잠식 본격화 ㅇ 단, 그룹VAN을 구축한 대기업의 경우 자체수요를 기반으로 시장 확대 가능	
	내국민대우	− 내외국인에 대한 차별대우 철폐 ㅇ 회사설립, 전용회선 사용, 공중망 접속, 패킷교환기 및 다중화장치의 사용 등에서 내외국인 동일 적용	− 국내업자만을 위한 규제완화조치, 육성정책 등은 불가 ㅇ 내외국인간 및 기본통신업자와 고도통신업자간의 공정경쟁보장 요구 증대	×
점진적 자유화		− 통신서비스 무역자유화의 점진적 확대 ㅇ 협정 발효 후 수년 내 후속적 협상으로 양허 확대	− 부가통신서비스 전체, 기본통신서비스로 점진 확대시 미국 등 선진국업체의 시장잠식 우려	▽
최혜국대우 일탈		− 협정 발효 후 기본통신서비스에 대한 다자간협상 개시 ㅇ 모든 국가가 아닌 관심국 참여	− 장기적으로 국제전화, 장거리전화, 기타 기본통신서비스 개방 추진가능성 ㅇ 미국 등 선진국의 시장잠식 가능(가격경쟁력 크게 우위)	××

주 : ○○ 매우 유리, ○ 유리, △ 다소 유리, − 중립, ▽ 다소 불리, × 불리, ×× 매우 불리.

계기로 그동안 상호주의에 의해 미국에만 개방되던 것이 모든 국가에의 개방(최혜국대우원칙)이 보장됨으로써 향후 EC 및 일본 등의 진출이 두드러질 것이다.

기타 간접적 영향으로서 통신서비스시장의 개방확대로 시장이 급속히 확대됨에 따라 후방산업인 통신기기·컴퓨터 하드웨어의 수요도 늘어날 것이다. 다만, 부가가치통신서비스장비의 경우 국산제품의 경쟁력 열위로 외국산 수입이 보다 크게 늘 전망이다. 통신서비스산업의 발전에 따라 제조업과 여타 서비스업의 효율성이 제고되고, 대고객서비스도 크게 다양화됨으로써 장기적으로는 산업전반의 경쟁력 제고에 공헌할 것이다.

〈표 8-196〉 기본통신서비스협상 일정(안)

〈협상일정〉
1) 미국안 : 1994년 → 1995년 6월(1년 6월) 협상완료 → 1996년 시행
2) EC안 : 1994년 → 1996년(3년) 협상완료 → 1997년(1년) 유예 → 1998년 시행

〈협상대상〉
1) 미국안 : 모든 유무선통신서비스
2) 한국안 : 전화, 전신, 전용회선서비스에 국한

1998년으로 예상되는 기본통신서비스협상이 더 큰 문제

장기적이기는 하지만 보다 큰 영향을 미치는 요소는 서비스무역의 일반협정에서 규정한 「점진적 자유화」와 「기본통신서비스분야에서의 최혜국대우 일탈」에 따른 협정 발효 후의 기본통신분야의 다자간협상의 개시이다. 한국은 미국의 영향을 많이 받는 국가로서 기본통신서비스분야에 대한 후속협상에 참여하지 않을 수 없으며, 이에 따라 기본통신서비스시장의 개방은 국내통신산업의 구조변화와 경쟁도입을 가속화시키고 일부 수익성이 확보될 수 있는 시외전화·국제전화서비스 등에서 외국계업체의 시장잠식이 우려된다.

UR에서 현재 기본통신분야의 개방문제에 대해 한국·일본·미국·EC등 12개국이 협의 중에 있다. 협상시작은 1994년부터로 예정되어 있으며, 개방일정에 대해서 한국은 EC안에 동조하고 있다. 기본통신분야의 협상이 예정대로 진행된다면 국내기본통신시장은 1998년 이후 통신분야에서 최첨단의 기술과 노하우를 축적하고 있는 선진국업체의 시장잠식이 빠른 속도로 이루어질 가능성이 크고 통신주권의 문제도 대두될 전망이다.

현재, 기본통신분야 중 일반통신분야는 외국인투자가 금지되어 있고, 특정통신분야인 이동전화에는 총발행주식 수의 1/3까지만 외국인투자가 허용되고 있다. 기본통신분야의 협상이 진행되면 향후 일반통신·특정통신 모두 외국인투자 한도가 점진적으로 확대될 수밖에 없을 것이며, 대내

<표 8-197> 통신서비스 종류별 대내외 개방 현황과 예상

구 분			대 내 개 방	대 외 개 방
기본 통신 서비 스	유선 통신	시내전화	－ 독점(KT) ○ 장기적으로도 독점유지	－ 개방 유보
		시외전화 (장거리)	－ 독점(KT) ○ 장기적으로도 독점유지/유동적	－ 개방 유보 ○ 장기적으로 개방
		국제전화	－ 이미 복점경쟁체제(KT, 데이콤) ○ 장기적으로 경쟁확대 가능	－ 개방 유보 ○ 장기적으로 개방
	무선 통신	이동전화	－ 독점(한국이동통신) ○ 1994년 중 제2사업자 선정	－ 개방 유보 ○ 단, 지분 1/3 가능

		무선호출	－ 지역분할 과점경쟁체제
			○ 기존의 한국이동통신 이외에 10개
			  의 지역별 무선호출사업자 선정
			  (1993)
				－ 개방 유보
				○ 단, 지분 1/3 가능

		항만전화	－ 독점 ○ 장기적으로 경쟁도입 검토	－ 개방 유보 ○ 단, 지분 1/3 가능

고도통신서비스			－ 경쟁체제
			○ 자유화·공정경쟁 지원
				－ DB/DP서비스 완전개방(국내
				  1990.10, 국제 1991.7)
				－ 향후 VAN서비스 등 모든 고
				  도통신서비스 완전개방
				○ 외국인투자제한 철폐
				  (1994.1)
				○ 내국민대우, 공정경쟁 보장

자료 : 대우경제연구소.

적으로도 통신분야의 경쟁력 제고를 위해 통신사업의 경쟁체제 도입이 가속화될 수밖에 없을 전망이다.

대응전략

① 정부차원의 대응전략

통상측면에서의 대응력 강화

UR 각료선언 및 결정에서는 UR 타결 이후 즉시 통신서비스에 대하여 후속협상을 개시하도록 명시하고 있다. 가장 중요한 것은 기본통신서비스 분야의 최혜국대우 일탈에 의한 다자간협상 개시이다. 또한 점진적 자유화원칙에 의한 후속 양허협상이 협정 발효 후 3년쯤에는 이루어질 것이다. 따라서, 한국은 OECD 가입을 앞둔 개발도상국으로서 적절한 개방협상논리를 수립해야 하며, 다자간협상의 장에서 개발도상국과의 공동보조를 취할 필요가 있다.

통신산업구조의 개편

장기적으로는 기본통신서비스산업의 개방도 이루어질 것에 대비하여, 현재 독점 또는 복점형태를 띠고 있는 기본통신서비스분야의 사업구조를 개편할 필요성이 크다. 즉, 대외개방 이전에 경쟁체제를 도입함으로써 과도한 초과이윤을 적정화시켜 진입유인을 축소시키고, 경쟁체질을 강화하도록 유도해야 할 것이다. 또한 통신서비스요금문제에 있어서도 상대적으로 높은 수준에 있는 시외전화·이동통신 등을 합리적으로 조정하는 방안이 모색되어야 할 것이다.

부가통신사업자의 사업영역 조기확대

부가통신사업자에게 음성서비스(적어도 전용회선 공동사용범위 내에서 허용), 무선데이터통신서비스의 허용(공중무선데이터통신망에의 접속허용 포함)과 같은 사업영역의 확대가 요망된다. 이는 수요자 니즈의 복합화(기본통신+고도통신) 추세, 기술적 통합화 추세에 부응하고, 기간통신사업자와 고도통신사업자간의 공정경쟁여건 조성, 그리고 선진 외국업체의 진출에 대비한 경험축적, 경쟁력 확보측면에서 필요하다.

통신사업기반의 조성

민간차원에서는 추진할 수 없는 정보화 인프라스트럭처에 대한 투자확대를 통하여 부가통신사업자의 사업기반을 조성해야 할 것이다. 따라서 국가기간전산망사업·PC보급사업·공공DB의 개발 및 DB기술개발의 지원, 표준화에 대한 투자, 공중회선사용요금 인하에 의한 수요기반의 확충 등이 필요하다.

정보통신에 대한 국가적 차원의 관리체계 확립 필요

향후 규제완화·국제화·기술진보의 가속화 등에 대응한 효과적인 관리체계의 재정립, 정보의 해외유출 및 해외정보의 문화적 영향 등에 대한 고려 등이 포함되어야 할 것이다. 기타 공통 핵심기술개발의 지원, 전문인력의 공급확대, 금융 및 세제상의 지원 등도 요망된다.

② 업계의 대응전략

국제경쟁력의 강화

국내외 통신서비스시장이 상호 개방되고, 정부차원의 보호나 지원이 어려워짐에 따라 이제는 국가간 서비스거래가 비교우위에 입각한 국제분업의 원리에 의해 지배될 것이다. 따라서 향후에는 더욱더 국제경쟁력의 확보가 중요한 기업전략으로 부각될 것이다. 경쟁력 강화를 위해서는 통신서비스업의 특성상 기술 및 인력에 대한 투자가 우선되어야 하며 이를 통해 서비스의 질 및 다양성과 복합성을 확보해야 할 것이다.

해외기업과의 제휴전략

국내업계의 상대적으로 취약한 기술수준을 감안할 때 선진국업체와 상호 보완(선진국의 소프트웨어개발력, 첨단기술＋국내기업의 하드웨어기술, 마케팅네트워크 등)을 통해 국내시장을 선점하는 전략이 필요하다. 선진기업과 전략적 제휴를 통해 첨단기술을 습득하는 한편, 국제표준에 효과적으로 대응할 수 있을 것이다.

해외투자의 모색

국내통신서비스시장에서 얻어들인 독과점이윤을 특히 성장시장인 개발도상국에 투자(초기단계 지분투자, 점차 단독투자도 가능)함으로써 장기적 수익창출능력을 확보해야 할 것이며, 이는 국내 하드웨어의 강점(유선통신분야의 교환기·단말기기술 우위)과 연계되어 하드웨어 수출시장의 확보에도 크게 공헌할 것이다.

기본통신사업자의 경쟁체질 강화

장기적으로 지배적 사업자로서의 지위 상실에 대비하여 기본통신사업자의 경영전반에 걸쳐 경쟁체질을 강화하고 수익성개념을 도입해야 한다. 또한 사업다각화를 통하여 개방이 실현되기 이전에 성장 및 수익 포트폴리오의 적정화를 실현해야 할 것이다. 추진의 관점은 현재의 독점적 이윤을 미래의 성장부문에 투자한다는 점에서 적극 추진되어야 한다.

운 송

개 황

① 국내시장개방 현황

해운(보조)서비스

정부는 해운(보조)분야를 한국·미국해운협의회와 한국·EC해운회담 등 쌍무협상을 통해 꾸준하게 개방을 추진하였다. 한국·미국해운협의회

〈표 8-198〉 한국·미국해운협의회 주요 타결내용

구 분	개 방 내 용
미국선사의 한국 내 영업활동	- 1988. 12. 해운업법 개정 ○미국선사의 국내지점 설치허용(1989. 6)
해운대리점과 복합운송업(해상화물주선업)에 대한 투자	- 1988년, 1993년 해운업법 개정 ○외국인투자 49% 이내 허용 ○1994년부터 주선업 100% 투자허용
화물유보제도	- 대미수출 철강재의 30% 범위 내에서 미국 등 외국선사 적취허용(1988. 8)
육상트럭킹운송	- 컨테이너 전국운송면허 불허 - 일반구역화물차운송사업만 면허허용 ○단계별 개방지역 확대(1994. 4. 전국개방)
한국 내 컨테이너터미널소유·운영허용	- 부산항 공영체제 유지, 광양항전용터미널 - 미국선사에 대해 부산항 시설이용시 차별대우 철폐(1988. 1)

자료 : 한국선주협회,《해사연보》, 1993. 5.

<표 8-199> 육상운송분야의 개방추진 현황(한국)

구 분	개방시기	개방대상
육상운송	1991. 8.	부산지역(부산, 마산)
(컨테이너 화물운송)	1993. 1.	경 남 지 역
	1993. 6.	경 북 지 역
	1994. 4.	전 국
철도소운송	1991. 8.	부산-부곡(경인)간 상행선
	1992. 1.	부산-부곡(경인)간 하행선

자료 : 상공자원부, 《UR/서비스협상 교통·관광부문》, 1993. 12.

를 통해서 타결된 주요 내용으로 해상화물주선업에 대한 외국인투자가 1994년부터 100% 허용, 컨테이너트럭킹도 1994년 4월부터 전국개방, 지정화물제도의 일부 개선 등이다. 한국·EC해운회담을 통해서는 그동안 논의된 사항인 정기선화물의 국적선 우선이용제도(웨이버제도)의 1995년 1월부터 폐지와 부정기 벌크화물운송에 대한 국적선 지정화물 제도의 점진적인 완화로 지정화물 수를 11개에서 8개로 축소, 인터포트서비스 제한의 1995년 철폐 등의 계획을 밝혔다. 그리고 정부의 외국인투자개방계획에 따라 1993년 말 현재 해운(보조)분야의 16개 업종 중 8개 업종이 이미 개방되었다.

육상 및 기타 운송서비스

미국·EC의 국내육상운송시장의 개방요구는 컨테이너의 국제복합일관운송체제의 구축과 밀접하게 연관되어 있다. 따라서 미국측은 1987년 5월부터 한국·미국해운협의회를 통해 컨테이너트럭킹과 철도소운송업의 개방을 강력히 요구해 왔다. 컨테이너트럭킹은 1993년 12월 말 현재 부산·경남·경북지역을 개방하였고, 1994년 4월에는 전국을 개방하기로 하였다. 철도소운송은 1992년 1월에 부산-부곡지역의 상하행선 운송이 완전개방되었다. 육운 및 기타 운송분야의 29개 업종 중에서 1993년 말 현재 컨테이너트럭킹·철도소운송업을 포함해 7개 업종이 이미 개방되었다.

〈표 8-200〉 운송산업의 외국인투자개방 5개년계획

구 분		해운(보조)	육 운	항 공
기 존 개방업종		외항여객, 수상화물취급업, 해운대리점, 컨테이너스테이션업, 해상화물운송주선업, 해운중개업, 선박유지·수선업, 선박임대업, 항만시설접근 및 이용(도선, 예선, 급유, 긴급선박수리, 정박 등)(8개 업종)	창고업, 철도소운송업(부산, 부곡 개방), 중고차매매업, 육상트럭킹(부산, 경남, 경북), 기타 운수장비임대업(승용차 등), 기타 비노선여객운송업(인력견인차량 등), 기타 운수관련대리서비스업(7개 업종)	컴퓨터예약업(공중전화통신망을 이용한 서비스공급허용, 외자지분 50% 미만 허용), 항공기임대업(2개 업종)
개 방 계 획	1994	기타 내륙수상운송업(내륙수상유람선 임대 등)	기타 전기노선여객운송(케이블카 시내여객운송 등), 기타 도로화물운송업(인력견인차량 운영 등), 철도운수유지서비스업, 유료도로운영업, 주차장운영업, 기타 육상운수유지서비스업(도로운수유지서비스업 등)	–
	1995	기타 해상운송업(해상유람선임대업 등), 수로안내(도선)업	화물중개 및 대리점업	항공터미널시설운영업, 화물운송대행업 중 항공분야(항공운송주선업)
	1996	–	화물운송대행업 중 육운분야(자동차운송주선업)	–
		상업서류송달업		
	1997	내륙·수상여객운송업, 내륙·수상화물운송업	전세버스운송업, 일반전국화물자동차운송업, 일반구역 화물자동차 및 용달화물자동차운송업, 화물차터미널시설운영업	항공기임대사업(조종사포함), 항공기지상관리서비스업
	업종 수 합 계	5개 업종	14개 업종 *상업서류송달업 포함	5개 업종
개 방 유보업종		내항여객운송업, 내항화물운송업, 외항화물운송업(3개 업종)	도시간철도운송업, 구역 내 철도운송업, 시내외버스운송업, 택시운송업, 정기노선도로화물운송업, 특수화물자동차운송업, 여객자동차터미널 시설운영업	정기·부정기항공운송업, 기타 항공운수유지서비스업(비행관제서비스 등)(3개 업종)

구 분	해운(보조)	육 운	항 공
		(8개 업종)	
	화물운송대행업 중 복합운송주선업, 항공 및 육상화물취급업(2개 업종)		

자료 : 외자도입심의위원회, 외국인투자개방 5개년계획 중, 1993. 6.

〈표 8-201〉 운송서비스분야의 외국업체 참여 수 현황(한국)

구 분	세분업종	참여업체 수
해 운	- 외항여객운송사업	1개사
	- 해상화물운송주선업	15개사
	- 해운대리점업	8개사
	- 해운중개업	5개사
육 운	- 창고업	8개사
	- 철도소운송업	2개사

자료 : 상공자원부, 《UR / 서비스협상 교통 · 관광부문》, 1993. 12.

② 외국인투자개방 5개년계획(운송부문)

정부는 1993년 6월에 외국인투자개방 5개년계획을 발표하였다. 운송부문에서 1993년 말 현재 이미 개방된 업종은 총 17개 업종이며 해운(보조)분야가 8개 업종, 육운 7개 업종, 항공 2개 업종 등이다. 1997년까지 추가로 개방되는 업종은 24개 업종으로 해운(보조) 5개 업종, 육운 14개 업종, 항공 5개 업종 등이다. 1997년까지 개방이 유보되는 업종은 16개 업종으로 해운(보조) 3개 업종, 육운 8개 업종, 항공 3개 업종, 그리고 복합운송주선업, 항공 및 육상화물취급업 등이다. 그러나 정부는 개방유보업종 중에서 외항화물운송업은 1997년부터 개방할 것으로 알려졌다. 향후 개방일정이 다소 앞당겨지고 개방유보업종 중에서 일부 업종은 1998년 전에 조기 개방될 가능성도 있다.

③ 외국업체의 국내운송시장 진출 현황

국내운송서비스분야에 참여하고 있는 외국회사 수는 1993년 12월 말 현재 39개사이다. 이 중에서 해운분야가 29개사이며 육운분야는 10개사이다. 해운분야 중 해상화물운송주선업에 15개사, 해운대리점업에 8개다. 육운분야에서는 창고업에 8개사가 참여하고 철도소운송업에는 APL과 Sea-Land 2개사이다.

UR 타결이 운송업에 미치는 영향

① 정부의 UR 최종양허표 내용

정부는 운송서비스에 대한 최초의 양허계획표를 1991년 1월 17개 업종에 대해서 제출한 이후 1992년 2월, 1993년 8월, 1993년 10월에 각각 그간의 UR협상 결과를 반영한 수정양허계획표를 작성하여 GATT에 제출하였다. GATT에 1993년 12월 제출한 최종양허표는 기본적으로 정부가 그동안 쌍무협상과 양허일정의 논의를 통해 추진하던 개방수준을 반영한 것이다. 이번 최종양허표상의 운송서비스분야는 크게 해운(보조)서비스, 육운(컨테이너화물운송서비스), 항공(컴퓨터예약서비스, 항공서비스판매), 운송부수서비스(농축수산물을 제외한 항만구역 이외의 창고업), 기타 운송서비스(철도소운송업) 등 5개 분야로 나눌 수 있다. 해운분야의 경우는 미국과 EC간 이견이 있을 뿐만 아니라 미국이 소극적이고 쌍무협상을 선호하여 타결되지 못하고 1996년 6월까지 협상기간을 연장하기로 하였다.

해운(보조)서비스

국제해운

국제해운분야에서 가장 중요한 정기선화물의 국적선 우선이용제도는 1995년 1월에 폐지하고, 벌크 등 부정기선화물에 대한 지정화물제도는 기존에 계획된 8개 지정화물에 그대로 적용된다. 8개 지정화물은 철강제품·원유·제철원료·비료원료·곡물류·석탄류·석유화학 공업원료·액화가스류 등이다. 외항화물운송업에 대한 외국인의 투자는 기존대로 계속 제한되며 일정한 허가요건이 충족될 경우만 투자가 허용된다.

해운보조

해운보조서비스 중 수상화물취급서비스, 항만 내 창고업(농축수산물 창고업 제외), 통관서비스, 컨테이너스테이션서비스 등에 대한 제한들은 거의 개방되지만 국경간 자유로운 공급에는 제한을 가할 수 있다. 그리고 해운대리점, 해상화물운송주선서비스, 해운중개 등은 완전 개방되지만 국내에서의 상업적 주재시 합작투자회사나 100% 외국인투자는 주식회사로 설립되어야 한다. 선박유지 및 수선은 국내에서의 상업적인 주재시 합작투자회사 및 100% 외국인투자회사는 주식회사로 설립되어야 하고, 국경간 자유로운 공급에서는 제한을 가할 수도 있으나 나머지는 모두 개방되어야 한다. 또한 외국선사는 도선·예선·선식공급·급유·급수·선적배정 등 9개 분야의 항만서비스의 이용을 국내선사와 차별없이 받을 수 있게 된다.

항공서비스

항공분야는 이미 쌍무협상에 의거 규율되어 왔기 때문에 운수권 등은 UR협상에서 제외되었고 컴퓨터예약서비스와 항공서비스판매업 2개 업종에 대해서만 타결을 보았다. 컴퓨터예약서비스는 국경간 자유로운 공급에 있어서 공중교환통신망 사용에 의한 서비스공급에 한하여 허용하였으며, 그 외의 제한은 모두 개방하였다. 항공운송총대리점업과 항공화물운송대리점업을 영위할 수 있는 항공서비스판매는 완전 개방되었으나 국경간 자유로운 공급시 제한을 가할 수 있다. 항공기 수선 및 유지서비스(항공기정비)업은 항공부속서 논의결과 양허계획안에서 제외하였다.

육상 및 기타 운송서비스

육상운송분야는 컨테이너화물운송서비스 1개 업종만 포함되었다. 국제해상을 통해 운송된 수출입관련 컨테이너화물에 한정해 국내 육상운송시장을 개방하였으며 국경간 자유로운 공급에 있어서는 제한을 가할 수 있다.

기타 운송서비스분야는 철도화물운송을 위한 철도청과의 계약체결에 의한 화차적재·화차하역배달 등을 포함한 철도소운송업 1개 업종만 포함되었다. 이 업종은 국제해상화물운송사업자면서 수출입관련 컨테이너 화물에 한정되었고 사업지역은 부산과 부곡지역이며, 사업범위는 부산지역은 운송과 부두운송, 부곡지역은 운송만 개방되어 있다. 상업적 주재의 설립은 경제적 수요 심사에 의해 결정된다. 그리고 국경간 자유로운 공급에 있어서는 제한을 가할 수 있다. 한편 운송부수서비스는 항만구역 이외에서 농축수산물을 제외한 창고업 1개 업종만이 포함되었다. 이 업종에 대한 제한은 모두 개방되었으나 국경간의 자유로운 공급에 있어서는 제한을 가할 수 있다.

② 협상분야별 영향

해운(보조)서비스

국제해운

화물유보제도의 개선·폐지로 외항화물운송업은 커다란 영향을 받을 전망이다. 정기선화물의 국적선이용제도가 1994년 7월부터 전면 폐지될 계획이고 현재 정기선화물의 국적선이용제도는 실질적으로 한국·일본항로에만 적용되고 있으며 국적외항선사가 이 항로에 독점운항하고 있다. 국적외항선사 32개사(1993.12) 중 한국·일본항로운항선사는 18개사이며 이 중에서 10개사는 정기선을 운항하고 있다. 이들 업체는 대부분 영세하며 특히 한국·일본항로는 선복과잉상태가 계속되고 있어 정기선화물의 국적선이용제도가 1994년 7월 폐지될 경우 심각한 타격이 예상된다.

현재 부정기화물의 지정화물제도는 8개 품목에만 적용되는데 2001년에는 원유·액화천연가스·제철원료 등 3개 품목으로 점차 축소될 계획이다. 철강제품은 수출업체의 경쟁력강화차원에서 1994년부터 수출지정화물에서 제외되어 국적외항선사의 영업에 타격을 미칠 전망이고 따라서 장기적으로 부정기화물을 운송하는 국적외항선사의 영업환경은 크게 악화될 전망이다. 국적외항선사의 1992년 순수적취율은 29.4%, 용선을 포함할

〈표 8-202〉 국내외항선사의 수출입화물 수송실적(1992년)

(단위 : 만 톤, 백만 달러, %)

구분	물동량	국적선수송(A)			국적선사 용선수송(B)			국적선사 적취량(A+B)		
		수송량	운임	적취율	수송량	운임	적취율	수송량	운임	적취율
수출	5,372	1,414	519	26.3	572	242	10.6	1,985	761	36.9
수입	24,770	7,461	1,087	30.1	5,604	566	22.6	13,065	1,653	52.7

자료 : 한국선주협회, 《해사연보》, 1993. 5.

경우 49.9%인데 향후 이 적취율은 계속 하락할 전망이다. 정부는 개방유보업종에 속한 외항화물운송업도 1997년에 개방할 것을 검토하고 있다.

해운보조

정부는 최종양허안에 제시한 해운보조분야를 이미 외국인투자개방계획에 따라 개방했기 때문에 100%의 투자가 가능하며, 특히 해상화물운송주선업에 대한 외국인투자는 미국·EC가 국제복합일관수송체제의 확립을 위해 끈질기게 요구하여 1993년 7월에 개방되었다. 1992년 5월 현재 국내의 해상화물운송주선업체는 328개사이고 이 중에서 77.4%가 자본금이 3억 원 미만이며, 해운대리점은 199개사이고 이 중에서 89.0%가 자본금 5억 원 미만의 영세업체들이다. 미국·일본·스위스·러시아·홍콩의 복합운송주선업체는 이미 국내에 해상화물운송주선업체를 합작하여 설립하였으며 일부는 단독투자로 전환할 계획이다. 미국의 Sea-Land사는 자회사를 통해 국내에 단독으로 진출할 전망이다. 컨테이너트럭킹이 1994년 4월 전국으로 확대개방될 경우 국내에 진출한 외국의 해상화물운송주선업체들은 본격적으로 영업에 나설 것으로 예상된다. 따라서 국내의 복합운송주선업체와 해상화물운송주선업체는 장기적으로 커다란 타격을 입을 것으로 예상된다. 국내의 복합운송주선업은 현재 개방유보업종으로 예시되었으며 국내관련업체는 110개 정도이다.

항공서비스

컴퓨터예약업은 공중교환통신망을 이용한 서비스공급에 한해서 이미

〈표 8-203〉 국내 해상화물운송주선업의 사업체 수 현황(1992년 5월 기준)

(단위 : 개, %)

구 분	1~3억 원 미만	3~5억 원 미만	5~10억 원 미만	10억 원 이상	합 계
사업체 수	257(77.4)	34(10.4)	24(7.3)	16(4.9)	328(100.0)

주 : ( ) 안은 비중임.
자료 : 한국무역협회, 《화물수송관련부문의 경쟁력제고방안 수립에 관한 연구》, 1992. 10.

〈표 8-204〉 국내 해상화물운송주선업의 겸업 현황(1992년 5월 기준)

(단위 : 개)

구 분	육상	선박	포장	C. Y.	하역	항공화물	선사	무역
사업체 수	23	51	12	16	6	59	17	17

자료 : 한국무역협회, 《화물수송관련부문의 경쟁력제고방안 수립에 관한 연구》, 1992. 10.

〈표 8-205〉 대외개방이 국내 해상운송 및 보조시장에 미치는 영향

긍정적인 효과	부정적인 효과
- 외국인투자 확대에 따른 자본과 기술도입 증가로 서비스의 다양화·전문화 촉진 - 합작·컨소시엄 형성 및 공동운항으로 해운산업의 국제화와 해운시장의 확대 - 해운부대사업의 국제경쟁력 향상 및 복합운송체제 조속 구축 - 자유경쟁, 경영효율화, 선진해운서비스의 도입 등으로 이용자 편익 증대	- 국내외항선사의 취약한 재무구조로 국내 시장의 잠식 우려 - 전문·특수서비스분야의 경쟁력 취약하여 해운부대업체의 도산가능성 - 복합운송체제에 대한 기득권 상실 우려 - 국내 특정서비스분야의 시장질서의 교란가능성

자료 : 교통개발연구원, 《교통·관광부문 대외개방대비 정책토론회》, 1992. 7.

외국인투자가 50% 한도 내에서 개방되었다. 이번 UR / 운송서비스의 타결로 투자의 한도가 자유화되었으나 정부는 UR의 개방계획보다 앞당겨 1994년 1월부터 동 업종간의 외국인투자를 완전개방하였다. 국적항공사인 대한항공과 아시아나항공은 대외경쟁력 강화를 위해 각각 TOPAS와 ARTIS라는 컴퓨터예약시스템(CRS)을 개발하여 국내외 여행사와 연결망을 구축하고 있다. 그러나 이들 국내시스템은 일본과 미국에 비교하면 정보의 질과 양뿐만 아니라 가입 대리점 및 단말기 수에 있어 절대적인 열세에 있다. 특히 1992년 4월 한국·미국항공협정에 따라 미국예약시스템

<표 8-206> 한국 10대 컨테이너트럭킹업체의 현황(1990년 기준)

구 분	컨테이너야적장 보유면적(천m^2)	컨테이너취급 시장점유율(%)	주요 관련 선사
세 방 기 업	242	15.2	—
대 한 통 운	118	10.7	—
고려종합운수	106	10.1	—
협성컨테이너	101	6.1	—
한 진	92	13.8	한진해운
동 부 고 속	83	2.4	—
국 보	78	5.5	흥아해운
삼익종합운수	76	9.3	조양상선
대한종합운수	71	4.2	한진해운
국 제 통 운	62	3.5	—

주 : 부산지역의 컨테이너 야적장과 취급실적기준.
자료 : 대우경제연구소.

이 국내여행사에 일부 설치되어 이 분야에서 열세가 지속되고 있다. 향후 선진예약시스템의 국내진출이 본격화될 경우 국적항공사의 시장점유율의 하락과 탑승권판매에 있어서 경쟁력 상실이 우려된다.

육상 및 기타 운송서비스

컨테이너트럭킹은 1994년 4월부터 전국으로 확대 개방된다. 이는 1993년 7월에 완전개방된 해상화물운송주선업과 1992년 1월 개방된 철도소운송업의 실질적인 규제 철폐 등과 맞물려 향후 동 분야에서 선진 외국선사의 국내진출이 크게 늘어날 전망이다. 이에 따라 선진 외국선사들은 국내에서 국제복합일관수송체제를 더욱 강화할 수 있게 되었다. 장기적으로 선진 외국선사는 국내컨테이너트럭킹시장(연간 3천억 원 규모)을 일부 잠식할 가능성이 높다. 현재 국내트럭킹시장의 경우 상위 15개사가 시장의 90%를 차지하고 있는데, 외국선사와 계약관계에 있는 업체들의 경우 외국선사들의 하청업체화하거나 도산될 가능성이 클 것으로 우려된다. 미국의 APL사는 이미 1993년부터 자체컨테이너 야드를 확보하고 국내 5개 소형 트럭킹업체를 내세워 연간 8만 TEU의 자체물량을 소화하고

〈표 8-207〉 대외개방이 한국의 육상화물운송시장에 미치는 영향

긍정적인 효과	부정적인 효과
- 선진 외국업체의 영업상 노하우 습득 용이 - 국내업체의 체질개선 계기	- 선진 외국선사와 경쟁시 국내육운업체의 시장 잠식 우려 　ㅇ 복합운송능력, 자본력, 운송료덤핑 - 외국선사와 계약관계에 있는 육운업체의 하청 업체화 및 도산가능성 - 국내육운업체의 자생력 상실 - 국내운송수입의 외국 송출

자료 : 경제기획원, 《서비스업종별 현황자료(육운부문)》, 1991. 7.

있다. Sea-Land, 머스크라인도 국내진출을 적극 추진하고 있다.

③ 종합결론

기본적으로 그동안 추진하였던 UR에 제시한 최종양허표는 개방수준을 반영하는 수준에서 작성·제시되었다. 따라서 UR / 운송서비스의 타결에 따른 직접적이고 추가적인 영향은 거의 없을 것으로 보인다. 정부는 향후 서비스무역의 자유화 추세에 대비하여 개방이 불가피한 일부 분야를 추가로 개방할 계획이다. 기존의 개방과 추가개방계획에 따른 국적선 우선이용제도의 폐지와 지정화물제도의 품목 축소·외국인투자허용 확대·노동력 이동허용·각종 항만과 부두시설 이용시 차별대우 폐지 등으로 외국선사의 국내 시장에서의 경쟁력은 크게 높아질 전망이다.

해운(보조)분야

정기선의 국적선 의무이용제도(waiver제도)의 1994년 7월 폐지는 한국·일본국적정기선사에 커다란 타격을 미칠 것으로 예상된다. 부정기선의 지정화물품목 수가 11개에서 8개로 감소된 데 이어 1994년부터 물동량이 많은 철강제품이 수출지정화물에서 제외됨으로써 부정기선사의 영업환경이 악화될 전망이다. 더구나 2001년에는 지정화물이 원유·액화천연가스·제철원료 등 3개 품목을 제외하고 모두 폐지될 계획이어서 향후 벌크화물의 운송시장은 경쟁이 더욱 치열해 질 전망이다. 근해항로에 대한

국내신규면허가 1995년 1월부터 허용될 계획이어서 국적선사 중 원양선사를 제외한 영세한 한국·일본 및 동남아선사의 영업은 커다란 타격이 예상된다.

한편, UR의 타결로 세계무역량이 증가하여 세계해운시장은 영업환경이 좋아질 전망이다. GATT사무국은 2005년까지 세계무역량이 7,450억 달러 증가할 것으로 예상하고 있다. 한국의 국적해운선사는 세계 15위(1990년 세계물동량의 5.7%, 선복량 2.1% 차지)로 꾸준한 물동량의 증가가 예상된다. 또한 UR 타결로 중국·말레이시아·오스트리아·뉴질랜드 등으로 국적선사의 신규 진출이 가능해 졌다. 이런 변화 속에서 국적선사가 긍정적인 효과를 최대한 얻기 위해서는 국제경쟁력 강화가 절실하다.

항공분야

항공서비스에서 컴퓨터예약시스템은 1994년 1월부터 완전개방하기로 하였다. 이미 미국의 예약시스템이 1992년 4월 한국·미국항공협정에 따라 국내여행사에 일부 설치되어 이 분야에서 열세가 지속되고 있다. 향후 선진예약시스템의 국내진출이 본격화될 경우 국적항공사의 시장점유율의 하락과 탑승권판매에 있어서 경쟁력 상실이 우려된다.

육운 및 기타 운송분야

철도소운송업은 1992년 1월부터 해상화물운송주선업은 1993년 7월부터 각각 외국인투자가 완전개방되었고 컨테이너트럭킹의 전국 확대 개방이 1994년 4월에 이루어질 계획이어서 외국선사는 국제복합일관운송체제의 구축을 더욱 강화할 것으로 보인다. 외국선사가 국제복합일관운송체제를 1995년부터 적극 추진할 전망인데 향후 국내에서 본격 가동할 경우 국적선사의 화물확보의 어려움과 국내컨테이너트럭킹회사의 영업위축이 예상보다 훨씬 커질 가능성이 있으며, 특히 외국선사와 계약관계에 있는 컨테이너트럭킹회사의 하청업체화와 도산이 우려된다.

대응전략

UR에서 해운서비스협상시한이 1996년 6월까지 연기되었으나 국제해운 시장에서의 자유화는 계속되고 경쟁은 더욱 치열해 질 전망이다. 선진국 의 해운회사는 선박의 대형화·전용선화의 도모로 국제복합일관운송체제 를 통한 서비스의 질적 개선과 편의치적제도 또는 제2 적제도의 활용을 통해서 경쟁에 효율적으로 대응하고 있다. 이에 대해 정부와 국내해운회 사는 적극적인 대응방안을 모색하여 해운업의 국제화를 적극 추진해야 한다.

① 해운(보조)서비스

정부의 대응전략

정부는 그동안 정부주도의 해운정책을 지양하고 민간기업이 스스로 국 제해운시장의 환경변화에 대응할 수 있도록 자율성을 확대하는 방향으로 정책을 전환해야 하며, 정부는 해운항로 및 면허관리와 선박관리부문에 대한 규제완화를 위해 해운업법과 해운산업육성법안을 일부 개정하였고 기업의 경쟁유도를 위해 과감하게 법이나 규제를 추가로 개정할 필요가 있다. 법개정 추진방안으로는 항로 및 면허관리부문에서는, 첫째 항로 및 사업구역의 제한완화, 둘째 외항화물운송사업의 신규참여 개방, 셋째 면 허종류의 단순화 및 면허기준의 합리적인 개선, 넷째 운항계획 및 운임신 고제도의 개선 등이다. 선박관리부문에 있어서는, 첫째 선박확보방법의 자율화, 둘째 선박의 확보/처분 절차의 개선, 셋째 용선의 자율성 확대 등이다. 정부는 특수해상화물운송사업의 면허제를 1994년 1월부터 폐지 하며 근해해운업에 대한 신규면허는 1995년 1월부터 허용할 방침이다. 철강재운반선의 중고선 도입시 1천 톤급 미만은 허용하기로 하였다. 또한 해운업체가 선박확보시 지원되는 계획조선자금에 대한 금리를 내리고 선 사의 재무구조 개선을 위해 행정지도를 강화할 계획이다. 그러나 국적선

<표 8-208> 해운산업의 대외개방에 대비한 정부의 정책방향

정 책 방 향	주 요 내 용
해운업면허제도의 개선	– 현행 면허제도를 등록제·신고제로 전환하여 진입장벽을 제거하여 시장기능 제고
항로별, 사업구역별 면허제도의 개선	– 현 제도는 인위적인 시장분할 및 국제해운시장의 변화에 대한 신축적인 대응력의 부족 등 부작용 초래
선박관리제도의 개선	– 현 제도상 선박구입방법은 계획조선에 의한 국내 건조밖에 없어 탄력적인 대응 미흡하기 때문에 용선을 비롯한 중고선도입, 국적취득조건부 나용선, 해외신조선 건조 등 자율적인 선박확보방법 필요
제2선적제도의 도입	– 해운회사의 경쟁력 강화를 위해 제3국 선원고용과 세제상 혜택을 주기 위한 조치 필요
복합운송업 발전을 위한 관련 규제·제도 개선	– 운송서비스 수요의 고급화·다양화 추세에 대응하기 위해 복합운송업 발전을 위한 제도 개선시급 ㅇ 연계성이 결여된 해운·육운·하역·창고보관 등에 관한 규제제도의 개선시급

자료 : 대외경제정책연구원, 《우리 나라 해운산업의 국제화전략》, 1992. 6.

사들의 취약한 재무구조를 고려하여 특별법제정 등을 통한 금융 및 세제 지원을 적극 모색할 필요가 있다. 해운업체는 선박도입시 선박가격의 2.5%를 관세(감면율 적용)로 내야 하는데 이는 경쟁국에 비해 국제경쟁 력을 약화시키는 요인으로 작용하고 있다. 정부는 오히려 1993년 12월 관세법의 개정으로 현행 감면율을 1994년에 50%, 2000년에는 20%로 대폭 축소할 예정이어서 향후 이의 개선이 필요하다.

업계의 대응전략

외항해운업계는 안정적인 화물확보를 위해 화주와의 장기수송계약을 정착시키고 재무구조개선에 더욱 박차를 가해야 한다. 또한 탄력적인 선대확보와 효율적인 선대유지·관리를 추진해야 한다. 해상화물운송주선업계는 보세장치장의 공동운영 등 업계의 협력을 강화하고 화주에 대한 서비스를 더욱 제고시키고, 업무범위를 넓혀 복합운송업체로 발전을 모색해야 할 것이다. 해운대리점은 서비스를 더욱 개선해야 한다.

<표 8-209> 해운산업의 대외개방에 대비한 해운업계의 대응전략

구 분	대 응 전 략
외 항 해 운	- 안정적인 화물확보를 위한 장기수송계약(COA) 정착 - 업계의 재무구조개선 노력 - 경영의 전문화 추진 - 탄력적인 선대 확보, 효율적인 선대유지 · 관리 - 금융확보의 다변화와 비용절감 모색 - 화주와 협력강화하여 C&F수출, FOB수입 확대
해상화물운송주선	- 경영능력의 제고 - 업계의 협력강화(보세장치장 공동운영 등) - 화주에 대한 서비스 제고 - 복합운송업체로의 업무범위 확대
해 운 대 리 점	- 서비스개선

자료 : 교통개발연구원, 《교통 · 관광부문 대외개방대비 정책토론회》, 1992. 7.

② 육상 및 기타 운송서비스

정부의 대응전략

정부는 육상화물운송관련된 각종 규제를 단계적 · 점진적으로 완화 및 개선하여 업계의 자율화를 도모하고 경쟁원리를 도입하여 업계의 경쟁력 강화를 도모할 계획이다. 이를 위해 정부는 운수사업법을 개정하였는데, 첫째 사업구역제도의 개선, 둘째 시장참여제도의 개선, 셋째 화물자동차의 공급기준의 자율화, 넷째 업종구분제도의 단순화, 다섯째 운임과 요금제도의 현실화, 여섯째 혼적규제 완화 및 과적제도의 개선 등을 일부 추진해 좀더 적극적인 역할이 요구된다. 특히, 컨테이너트럭킹업계의 경쟁력 강화방안이 절실하다. 정부는 1993년 6월부터 육상화물운송의 5개 업종구분을 일반구역 · 용달화물운송 · 특수화물운송으로 단순화하고 일반구역과 용달화물운송업의 면허제를 등록제로 전환하였다. 일반구역의 사업구역을 폐지하고 전국사업구역을 확대 실시하여 운임신고제로의 전환과 상하운임제를 실시하기로 하였다. 그리고 정부는 복합화물터미널의 건설, 물류표준화, 종합물류정보체계의 구축을 추진 중에 있으며 이를 통해

〈표 2-210〉 육운산업의 대외개방에 대비한 정부의 정책방향

구 분	주 요 내 용
사업구역제도의 개선	− 전국화물자동차운송사업의 등록기준 대폭 완화 − 전국사업구역제도의 확대 실시 ○ 일반구역의 사업구역 폐지
시장참여제도의 개선	− 면허등록권한의 위임 철회(교통부장관) − 면허제를 등록제로 전환(1993.6) ○ 일반구역, 용달화물운송업
화물자동차의 공급기준의 자율화	− 화물자동차의 공급기준 철폐 ○ 업계의 자율성 보장
업종구분제도의 단순화	− 업종구분의 단순화 ○ 일반구역, 용달화물, 특수화물로 단순화
운임과 요금제도의 현실화	− 인가 및 신고권한의 위임 철회(교통부장관) − 운임과 요금의 현실화 유도 − 인가제의 신고제전환 및 상하운임제 실시
혼적 및 과적규제의 완화	− 혼적규제 완화 − 과적규제의 개선
기 타	− 지입제의 차단 − 자가용화물차의 억제 등

자료 : 한국무역협회, 《화물수송관련부문의 경쟁력제고방안 수립에 관한 연구》, 1992.10.

국제복합운송체제의 기반을 조성하고 있다.

업계의 대응전략

육상화물운송업계는 영세하고 낙후된데다 사회기반시설의 미비로 수익성이 매우 저조하다. 업계의 투자여력이 부족하고 정부의 각종 규제로 경영개선에 대한 노력이 부족하였다. 그러나 UR의 타결로 인해 컨테이너트럭킹업계는 선진국 해운선사들의 국제복합일관운송체제 확립을 위한 국내 진출에 적극 대응하지 않으면 안 되었다. 장비의 현대화와 함께 터미널 중심의 종합화물유통정보체계의 구축에 박차를 가하는 한편, 정부가 추진하는 수송 · 보관 · 하역의 합리화를 위한 물류표준화의 도입에 적극 참여해 향후 터미널이 물류집산지의 거점으로 수 · 배송의 중추적 역할을 하기 때문에 터미널 조성에도 적극 참여해야 한다. 업계는 장비의 현대화를 지

속적으로 추진 중에 있으며 정부가 추진하는 부곡(수도권)과 양산(부산권)의 내륙화물운송기지 조성에 참여하였으며 항만개발사업에도 적극 참여하고 있다.

유 통

개 황

① 산업개요

유통산업(도·소매업 등 상거래적인 협의의 유통)이 국내 GNP에서 차지하는 비중은 1982년 11.4%에서 1992년 11.1%로 거의 변화가 없었다. 제조업의 비중은 같은 기간 중 28.5%에서 34.0%로 높아졌는데 이는 유통산업이 제조업에 비해서 성장속도가 상대적으로 낮았기 때문이다. 유통산업에 종사하는 근로자의 수는 전체 경제활동인구 중 1982년에 7.8%였으나 1992년에는 10.3%로 높아졌다. 산업화과정에서 농림어업종사자의 상당수가 제조업과 유통산업으로 유입되었으며, 특히 제조업으로의 유입속도가 높아 '80년대 중반부터 유통산업의 종사자비중은 10%

〈표 2-211〉 한국 유통산업의 GNP와 종사자 수의 비중추이

(단위 : %)

구 분		1982	1986	1990	1991	1992
G N P (대비비중)	도·소매업	11.4	11.7	11.2	11.1	11.1
	농림어업	15.8	12.3	7.8	7.2	7.2
	제 조 업	28.5	32.9	33.8	34.0	34.0
전 산 업 종사자 수 (대비비중)	도·소매업	7.8	10.1	10.3	10.5	10.3
	농림어업	32.1	23.6	18.3	16.7	16.0
	제 조 업	21.1	24.7	26.9	26.6	25.2

주 : 1985년 불변가격기준.
자료 : 한국은행, 《조사통계연보》,
　　　통계청, 《도·소매통계조사보고서》, 1993.5,
　　　──, 《총사업체통계조사보고서》, 1992.12.

〈표 2-212〉 도·소매업의 각 규모별 추이(한국)

구　　분		1982	1986	1989	1990	1992	연평균증가율(%) (1982~1992)
사업체 수 (천 개)	도매업	46	69	85	91	113	9.5
	소매업	542	638	692	710	738	3.1
	합 계	588	707	777	801	851	3.8
종사자 수 (천 명)	도매업	173	343	464	502	529	11.8
	소매업	946	1,221	1,323	1,360	1,422	4.2
	합 계	1,119	1,564	1,787	1,862	1,951	5.7
판매액 (십억 원)	도매업	7,086	21,844	41,227	49,816	56,025	23.0
	소매업	12,655	21,674	34,207	41,108	53,625	15.5
	합 계	19,741	43,518	75,434	90,924	109,650	18.7

자료 : 통계청, 《도·소매업통계조사보고서》, 각 호.
　　─────, 《총사업체통계조사보고서》, 1992. 12.

대를 유지하고 있다. 국내유통산업의 GNP비중이나 고용비중은 미국이나 일본 등 선진국(GNP의 15%, 고용인구의 20% 수준)에 비해 낮은 수준이어서 국내유통산업의 기반이 취약함을 알 수 있다.

　유통산업의 1992년 현재 사업체 수는 850,463개이며 이 중에서 도매업이 112,796개, 소매업이 737,667개이다. 사업체 수는 1982년부터 1992년까지 연평균 3.8% 증가하여 매우 저조한 증가추세를 보였다. 같은 기간 중 소매업체 수의 연평균증가율 3.1%에 비해서 도매업체 수는 9.5%로 도매업체 수의 증가추세가 훨씬 높았다. 종사자 수는 1992년 현재 1,951,588명이며 이 중에서 도매업이 529,450명, 소매업이 1,422,138명이다. 종사자 수는 1982년부터 1992년까지 연평균 5.7% 증가하여 저조한 증가추세를 보였다. 도매업종사자 수는 연평균 11.8% 증가하였으나 증가율이 크게 둔화된 추세를 보였으며, 소매업은 연평균 4.2% 증가하여 계속 저조한 증가추세를 보였다. 판매액은 1992년 현재 109.7조 원이며 이 중에서 도매업이 56.0조 원, 소매업이 53.7조 원이다. 판매액은 1982년부터 1992년까지 연평균 18.7%의 양호한 증가추세를 보였으며 도매업은 연평균 23.0% 증가하여 소매업의 15.5% 증가에 비해 증가속도가 빨랐다. 도매판매액의 증가속도는 갈수록 낮아진 반면에 소매업업은 '80년대 후반부터 크게 높아졌다. 그러나 전체적으로 이 기간 중에 도매업의 성장속도가 소매업보다 빨랐다.

② 국내유통산업의 현황

규모의 영세성과 저생산성

국내 도·소매업체의 1991년 현재 업체당 평균매장면적은 41m², 종사자 수는 2.3명, 판매액은 1.3억 원으로 일본에 비하여 크게 낮은 수준이다. 업체당 매장면적이 30m² 이하인 도매업은 53.2%, 소매업은 67.9%에 달하고 있다. 종사자 수가 5인 이하인 경우는 도매업이 74.1%, 소매업이 96.0%에 달한다. 또한 판매액에 있어서 도매업의 경우 10억 원 미만이 93.7%, 소매업의 경우 5천만 원 미만이 74.0%를 각각 차지하고 있다. 소매업은 백화점과 대형 슈퍼마켓 등 일부 업체를 제외하고는 대부분 생계유지형으로 운영되고 있다. 종업원 1인당 판매액은 1992년에 5,620만 원으로 그동안 높은 성장을 보였지만, 일본의 1988년 판매액인 5천만 엔에 비해서도 낮은 수준에 머물고 있다.

조직적 체계화와 협력화 부진

국내 도·소매업체의 법인화율은 자본 및 전문경영능력의 부족 등에 기인하여 2.4%의 매우 낮은 수준에 머물러 있다. 연쇄화사업의 지정과 상업협동조합의 설립실적도 매우 저조하다. 도·소매업의 근대화를 촉진하기 위해 추진되었던 연쇄화사업은 1992년 현재 사업자 수가 168개에 불과하다. 연쇄화사업이 부진한 이유는 1984년에 부실화를 방지하기 위해 지정요건을 강화하였고, 또 1991년 이전에는 대상업종을 생필품과 식품소매점에 한정하였기 때문이다. 상업협동조합의 설립은 중소유통업체의 협업화를 촉진하기 위해서 추진되어 왔는데 1992년 현재 119개에 불과하며 결성된 조합도 공동사업실적이 미미한 수준이다.

<표 8-213> 도 · 소매업의 조직화 추이(한국)

(단위 : 개)

구 분	1987	1988	1989	1990	1991	1992
연쇄화사업자	150	158	153	157	166	168
－신규지정	3	9	1	6	10	4
－취 소	14	1	6	2	1	2
상업협동조합	28	37	66	79	80	119
－신규설립	7	9	29	13	1	39

자료 : 상공자원부, 《1991년 지정연쇄화 사업자실태조사》, 1992. 10.
　　　──, 《상공백서》, 각 연도.

<표 8-214> 주요 품목별 제조업체의 유통점유율(한국)

(단위 : %)

구 분	제조업주도형	개방형	산업체소비 등	합 계
음식료품	70.0	25.0	5.0	100.0
자 동 차	100.0	0.0	0.0	100.0
기 성 복	80.0	10.0	0.0	100.0
메리야스	7.5	84.7	7.8	100.0
목 제 품	69.2	23.1	7.7	100.0
가전제품	90.0	10.0	0.0	100.0
기타 전자	61.0	4.0	36.0	100.0
육 류	38.1	0.0	61.9	100.0
1차 금속제품	25.0	25.0	50.0	100.0

주 : 유통점유율은 대기업중심으로 작성.
자료 : 상공자원부, 《유통산업의 현황과 정책방향》, 1991.

제조업체 주도의 폐쇄적인 유통구조

국내유통산업은 제조업체가 보다 직접적으로 유통경로에 영향력을 행사하는 제조업주도형 유통구조를 지니고 있다. 특히 자동차 · 기성복 · 가전제품 등의 경우 제조업체가 대리점 · 직매점 · 특약점 등을 통해 유통시장의 70~100%를 차지하고 있다. 제조업체의 유통시장지배는 가격정책상 주도권을 확보하고 판매의 안정성을 보장한다는 장점도 있지만 유통업체가 중복설립되어 규모의 경제성을 살릴 수가 없고 불공정거래행위의 가능성이 높으며 소비자의 선택과 편이를 제약하여 유통산업의 효율적인 성

〈표 8-215〉 도·소매업의 단계별 개방 현황

구 분	기준연도	정 책 내 용
제1 단계	1989	− 기술도입 및 도매업투자의 자유화폭 확대 − 외국기업 국내지사의 수입판매업종 확대 − 의약품 도매업에 대한 외국인투자 허용
제2 단계	1991	− 소매업에 대한 외국인투자의 선별적인 허용 ○ 1991.7. 1사당 매장면적 1천㎡ 미만, 점포 수 10개까지 허용 − 소매업 기술도입의 완전자유화
제3 단계	1993	− 유통업에 대한 투자제한 대폭 축소 ○ negative list 공표 ○ 1993.7. 1사당 매장면적 3천㎡ 미만, 점포 수 20개까지 허용 − 자유화의 전단계 수준

자료 : 상공자원부, 《유통시장개방계획 및 보완대책안》, 1993. 1.

장을 저해하고 있다. 제조업이 유통시장을 장악함에 따라 유통우회도 (W/R비율 : 도매거래액/소매거래액)가 1992년 현재 1.0으로 일본의 1988년 3.9에 비해 크게 낮은 수준이다.

③ 국내 시장개방 현황

도·소매업의 단계별 개방 현황

국내유통산업은 점진적·단계적 개방원칙하에 1981년 7월부터 추진되었다. 1988년에는 도·소매업진흥 5개년계획 수립시 3단계 대외개방계획을 포함하여 실질적인 개방계획을 발표하였다. 정부는 기존유통산업의 대외개방계획에 따라 3단계(1993년 7월부터 실시)까지 유통시장을 개방하였다. 3단계 개방안은 도·소매업 모두 외국업체 1개사당 점포 수 20개 이하, 점포당 매장면적 3천㎡ 미만까지 설치할 수 있도록 확대 허용하였다. 이는 대외적으로 유통시장 전면개방의 전단계로 그동안의 투자제한범위를 대폭 축소한 것이다.

외국인투자가 자유화된 업종은 1993년 3월에 도매업 총 89개 업종 중 76개 업종, 소매업 총 68개 업종 중 55개 업종으로 확대 허용되었다. 투자제한업종은 도·소매업 각각 13개 업종이며 이 중에서 도매업 7개 업

〈표 8-216〉 유통산업에 대한 외국인투자제한 및 자유업종 현황

구 분	도 매 업	소 매 업
총업종 수	89개 업종	68개 업종
외국인투자제한업종	− 곡물·과실·채소·고기·서적·비료·농약도매업 − 종합무역업 등 무역업 6개 업종, 연쇄화사업(13개 업종)	− 곡물·고기·채소·과일·의약품 및 의료용품·화장품·서적·액체연료·가스연료·예술품·중고서적·주유소·가스충전업 (13개 업종)
투자제한업종 중 별도의 인가기준에 따라 부분허용업종	− 종합무역업 등 무역업 6개 업종, 연쇄화사업(7개 업종)	− 의약품 및 의료용품, 화장품 (2개 업종)
외국인투자자유업종	− 외국인투자제한업종 이외의 모든 업종은 투자자유화 ㅇ 도매업 76개 업종, 소매업 55개 업종 − 도매업은 신고제, 소매업은 인가제임	
투자허용업종에 대한 규제	− 1개 업체당 점포 수 20개 이하, 점포당 매장면적 3천㎡ 미만 허용	

주 : 업종은 한국표준산업분류기준에 의함.
자료 : 상공자원부, 《유통시장개방계획 및 보완대책》(1993. 1) 및 추가개방안(1993. 3).

종과 소매업 2개의 업종은 별도의 인가기준에 부합할 경우 부분적으로 투자를 허용하였다. 향후 투자자유업종의 확대는 「외국인투자개방 5개년계획」에 따라 계속 추진할 계획이다.

외국유통업체의 국내시장 진출 현황

정부가 도·소매업의 개방을 시작한 1982년부터 1992년 말까지 이 분야에 대한 외국인의 투자실적은 48건, 6,652만 달러였다. 이는 같은 기간 중에 외국인의 총투자건 수는 1.2%, 총투자금액의 0.7%에 불과하며 도·소매업을 영위하는 무역업이나 제조 및 기타 서비스업에 대한 투자금액까지 합쳐도 2%에 불과하다. 도·소매업에 대한 외국인투자가 저조한 것은 정부가 그동안 도·소매업에 대한 외국인투자를 엄격히 제한하였고, 외국인토지법상 외국인투자비율이 50% 이상인 업체의 부동산취득이 제한된 점에 주로 기인한 것으로 판단된다. 한편, 1993년 1월부터 9월까지는 2건에 2,147만 달러로 건수는 적으나 금액은 크게 늘었다.

〈표 8-217〉 외국유통업체의 연도별 국내진출 현황

(단위 : 건, 만 달러)

구 분	1982~1987	1988	1989	1990	1991	1992	합계
투자건 수	16	8	1	3	14	6	48
투자 금액	1,771	1,519	84	97	3,973	575	6,652

자료 : 재무부, 《외국인투자동향》, 각 호.

〈표 8-218〉 외국유통업체의 국가별 국내진출 현황(1982~1992년)

(단위 : 건, 만 달러)

구 분	미국	일본	네덜란드	스위스	독일	기타	합계
투자건 수	15	15	3	2	3	10	48
투자 금액	2,900	335	2,599	280	114	425	6,652

자료 : 재무부, 《외국인투자동향》, 각 호.

〈표 8-219〉 외국유통업체의 업종별 국내진출 현황(1982~1992년)

(단위 : 건, 만 달러)

구 분	종 합 도·소매업	산업용품 기계장비	농축산물 음식료품	의류·스 포츠용품	음향기기 가전제품	기 타	합 계
투자건 수	3	18	5	9	5	8	48
투자 금액	2,502	2,209	503	326	112	1,000	6,652

자료 : 재무부, 《외국인투자동향》, 각 호.

연도별 및 국가별 진출 현황 (인가기준)

정부가 유통산업의 개방을 시작한 1982년부터 1992년 말까지 외국유통
업체의 국내진출은 총 48건이며 투자금액은 6,652만 달러이다. 국가별
진출건수는 미국·일본이 각각 15건으로 가장 많았고 그외 네덜란드·독
일·스위스 등이 2~3건씩이었으며 투자금액은 미국이 2,900만 달러로
전체의 43.4%, 다음이 네덜란드가 2,599만 달러로 전체의 39.1%를 각
각 차지하였다.

업종별 진출 현황 (인가기준)

외국유통업체의 국내진출을 1982년부터 1992년까지 업종별로 살펴보
면 산업용품·기계장비가 18건으로 가장 많고, 다음이 의류·스포츠용품

<표 8-220> 유통산업의 외국인투자개방 5개년계획

구 분		도 매 업	소 매 업
개방업종	1993(하)	–	중고서적
	1994	농약	채소
	1995	곡물 및 종자·과실 및 채소·서적 및 기타 인쇄물	과실, 의약품 및 의료용품, 화장품 및 화장비누, 서적 및 신문, 액체연료, 가스연료
	1996	연쇄화사업	–
	1997	비료, 종합무역업, 농축산물·음식료품 및 담배무역업, 가정용품무역업, 사업용중간재 및 재생재료무역업, 산업용 기계장비 및 관련용품무역업	차량용 가스충전, 고기
	합 계	11개 업종	10개 업종
개방유보업종		고기, 기타 무역업(2개 업종)	곡물, 예술품 및 골동품, 주유소 운영 (3개 업종)

자료 : 외자도입심의위원회, 외국인투자개방 5개년계획 중, 1993. 6.

이 9건, 농축산물·음식료품과 음향기기·가전제품이 각각 5건이며, 금액으로는 종합도·소매업이 2,502만 달러로 전체의 37.6%, 다음이 산업용품·기계장비가 2,209만 달러로 33.2%, 농축산물·음식료품이 503만 달러로 7.6%를 각각 차지하였다.

외국인투자개방 5개년계획(유통부문)

정부는 1993년 6월에 외국인투자개방 5개년계획을 발표하였다. 이 계획에 의하면 1993년 3월에 투자제한업종으로 발표된 도·소매 각각 13개 업종 중에서 1993년 하반기부터 1997년 말까지 도매업 11개 업종과 소매업 10개 업종을 단계적으로 자유화할 계획이다. 따라서 1997년 이후에도 개방이 유보되는 업종은 도매업에서는 고기도매업·기타 무역업인 2개 업종이고, 소매업에서는 곡물·골동품 및 예술품·주유소소매업의 3개 업종뿐이다. 정부는 1995년 이후 자유화업종으로 개방예시된 제한업종 중에서 일부 업종의 개방시기를 앞당길 것으로 알려지고 있다.

〈표 8-221〉 도·소매업의 국제비교

구 분		한국(1989)	일본(1985)	미국(1982)	서독(1985)
도·소매업					
−취업자/총취업자비율(%)		10.2	18.6	20.8(1985)	12.4
−GNP대비 국내소득비중(%)		11.7	14.4	15.4(1985)	15.5
1㎢당 업체 수(개)	소 매 업	6.97	4.25	0.06	−
인구 1만 명 당 업체 수(개)	도 매 업	20.0	36(1988)	16.0	19.0
	소 매 업	163.0	132(1988)	65.0	67.0
업체당 종사자 수(명)	도 매 업	5.5	9.4	12.6	9.6
	소 매 업	1.9	3.9	8.1	5.8
업체당 연간판매액	도 매 업	673.8	5,240.1	3,430.6	2,870.8
(1,000달러)	소 매 업	72.7	349.3	554.2	465.8
평균매장면적(㎡)	도 매 업	72.4(1991)	−	−	−
	소 매 업	36.2(1991)	58.0	−	167.9
W/R비율	판 매 액	1.21	3.44	1.09	1.80(1984)
(도매거래액/소매거래액)	사업체수	0.12	0.23	0.72	0.29(1984)
종사자 1인당 연간판매액	도 매 업	130.9	448.7	272.4	299.8
(1,000달러)	소 매 업	38.2	72.4	68.5	80.3

주 : 1달러＝680원(1989년)과 200엔(1985년)기준으로 환산된 금액.
자료 : 남일총, 《한국의 유통산업》, 1992. 2.

경쟁력 현황

국내유통산업의 가장 뚜렷한 특징은 도·소매업체가 과밀하며 소규모
사업체들이 절대다수를 차지하여 생산성이 매우 낮다는 것이다. 이는 유
통산업의 국제경쟁력이 매우 취약하다는 것을 의미하고 있다. 특히, 인구
1만 명당 소매업체 수는 163개로 일본보다 훨씬 많고 미국과 독일의 2.5
배 수준이다. 규모의 영세성은 사업체당 종사자 수, 연간판매액, 매장면
적에 있어서도 나타나고 있다. 사업체당 연간판매액의 경우 국내도매업은
1989년 67.4만 달러로 1985년 일본의 13%수준, 1982년 미국의 20%수
준에 불과하며, 국내소매업은 1989년 7.3만 달러로 1985년 일본의 21%,
1982년 미국의 13%수준에 불과하다. 또한 국내소매업체는 대부분 생계
형 영세업체로 존립기반이 취약하여 급변하는 유통환경변화에 잘 적응하

지 못하고 있다.

UR 타결이 국내유통산업에 미치는 영향

① 정부의 UR 최종양허표 내용

정부는 1991년 1월 서비스분야에 대한 최초양허계획표를 제출한 후 1992년 2월과 1993년 8월 각각 수정양허표를 제출하였으며, 1993년 10월에 최종양허표 초안을 제출하였다. 이후 쌍무협상과 양허일정에 관한 논의의 결과를 반영하여 1993년 12월 최종양허표를 제출하였다. 이번 최종양허표는 잠정적인 것으로 UR의 서비스협상 완료 전까지 협상참가국들의 자유화 양허수준과 각국의 최혜국대우(MFN) 면제범위 및 정도에 따라 언제라도 수정·축소·철회할 수 있는 권리를 유보한 것이다.

정부는 유통서비스 최종양허표에서 총포·도검·화학류유통업, 골동품 및 예술품유통업, 농수축산물 도매시장의 개설 및 운영은 처음부터 제한하였고, 1993년 3월에 발표한 투자제한업종 중 외국인투자개방 5개년계획에 따라 1995년까지 개방할 계획인 도매업 3개 업종(과실·채소·서적 및 기타 인쇄물·농약), 소매업 8개 업종(채소·과실·의약품 및 의료용품·화장품 및 화장비누·서적 및 신문·중고서적·액체연료·가스연료)은 자유업종으로 포함시켰다.

그리고 도매업에서는 기존제한업종인 무역업, 규모제한을 받는 매장면적 3천㎡ 이상의 도매시장과 대형점, 자유업종에 포함되었던 중고자동차도매업, 가스 및 관련 제품도매업, 그리고 도매센터 등에 대한 상업적 주재를 경제적 수요 심사에 의해 결정하도록 하였다. 소매업에서는 매장의 규모와 수에 대한 규제가 1996년 1월부터 완전폐지되고 투자자유업종인 중고자동차매매업, 1995년에 자유화대상인 가스연료소매업 등에 대한 상업적 주재를 경제적 수요 심사에 의해 결정하도록 하였다. 그러나 백화점과 쇼핑센터 개설을 위한 외국인투자는 일체 금지되었다.

<표 8-222> 한국의 연쇄화사업자 현황 (1991년 기준)

구 분	업체 수 (개)	종업원 (명)	본부매출액 (억 원)	점포 수(개)		보관시설 (㎡)	운송장비 (톤)
				직영점	가맹점		
전 국	166	13,999	20,661	515	38,861	153,856	3,686

주 : 1) 연쇄화사업자범위는 한국표준산업분류에 의한 슈퍼마켓과 편의점 등 음식료품판매를
　　　 위주로 하는 소매업임.
　　 2) 본부매출액에는 9개사, 종업원 수, 점포 수, 보관시설, 운송장비에는 4개사가 포함되지
　　　 않았음.
자료 : 상공자원부, 《연쇄화사업자실태조사》, 1992.

② UR 타결이 유통산업에 미치는 영향 평가

도 매 업

연쇄화사업

국내의 연쇄화사업자 수는 1991년 현재 166개사이며 매출액은 2조
661억 원이다. 점포 수는 직영점이 515개점이며 가맹점은 38,861개점에
이르고 있다. 도·소매진흥법상 연쇄화사업자의 지정요건을 1993년 4월
개정하여 그동안 회사형과 가맹점형만 인정하였으나 프랜차이즈형과 조합
형을 신규업태로 추가하였고 점포 수가 직영점과 가맹점을 합해 20개 이
상이면 연쇄화사업자로 지정된다. 국내점포 수 상위 5대 연쇄화사업자는
한남체인, 농심가, 엘지유통, 남양체인, 삼양유통 등이다.

슈퍼마켓부문

1996년 1월부터 소매업의 매장규모와 점포 수에 대한 외국인의 투자제
한이 완전폐지될 경우에는 해외 체인업체의 국내진출이 본격화될 전망이
다. 주로 미국과 유럽계 체인업체들의 진출 가능성이 높아서 일본업체들
은 일부 정도 진출할 것으로 예상된다. 미국과 유럽의 체인업체들은 국내
에 체인본부를 직접 경영하기 보다는 노하우의 판매 또는 프랜차이즈계약
에 의한 가맹점형태로 진출할 가능성이 높다. 일본의 경우 단독투자보다
는 합작투자를 통해 가맹점보다는 직영점형태로 진출할 것으로 예상된
다. 일본의 세이유, 다이에이 등 8개 대형 슈퍼체인업체들은 이미 한국에

<표 8-223> 국내점포 수 상위 5대 슈퍼체인업체 현황(1991년 기준)

구 분	종업원 수 (명)	본부매출액 (억 원)	점포 수(개)		보관시설 (㎡)	운송장비 (톤)
			직영점	가맹점		
한남체인	523	89	13	2,538	10,655	383
농 심 가	1,547	1,288	55	1,379	5,103	249
엘지유통	762	1,240	33	1,258	7,979	224
남양체인	67	123	5	849	1,907	44
삼양유통	291	212	13	791	3,008	86

자료 : 상공자원부, 《연쇄화사업자실태조사》, 1992.

지사를 설립한 상태이며 미국의 슈퍼업체인 피글리위그리, Super-Value, 프랑스의 커리퍼하이퍼마켓도 국내진출을 추진하고 있다. 특히, 연쇄화사업 자격요건인 점포 수에 대한 제한이 완전개방되는 1996년 1월부터 일본슈퍼체인업체의 국내진출이 본격화될 것으로 판단되어 국내 중소슈퍼체인업계에 상당한 영향을 줄 것으로 예상된다.

편의점(CVS)부문

국내의 대형 편의점 8개사 중 세븐일레븐, 로손, 써클K, AM·PM, 훼미리마트, 미니스톱 등 6개사는 미국과 일본의 편의점업체에게 일정한 로열티를 주고 상호와 기술을 들여와 영업을 하고 있다. 1996년 1월부터는 점포 수에 대한 외국인투자제한이 완전철폐되기 때문에 외국의 편의점업체들이 직접 프랜차이즈계약에 의한 가맹점형태로 진출할 가능성도 배제할 수 없다. 국내의 코리아세븐, 태인유통, 써클K는 1994년 내 기술제휴기간이 만료되기 때문에 새로운 관계가 정립될 것으로 예상된다. 특히 코리아세븐은 미국의 사우스랜드사와 기술제휴를 맺었는데 일본의 이토요카도가 이 업체의 경영권을 인수함으로써 향후 코리아세븐의 경영에 영향을 미칠 것으로 예상된다. LG25와 바이더웨이는 순수한 국내상호와 기술로 편의점업계에 진출하였다.

〈표 8-224〉 국내 8대 편의점업체의 기술제휴 및 점포 수 현황
(1993년 6월 기준)

점포명	기업명	해외기술제휴사	점포 수(개)		
			직영점	가맹점	합계
LG25	LG유통	한국 고유브랜드	48	167	215
훼미리마트	보 광	훼미리마트(일)	20	173	193
로 손	태인유통	데어리마트(미)	55	117	172
미니스톱	미원통상	쟈스코(일)	34	126	160
써클K	써클K코리아	써클K(미)	22	88	110
세븐일레븐	코리아세븐	사우스랜드(미)	70	4	74
바이더웨이	동양마트	한국 고유브랜드	39	14	53
AM · PM	AM · PM코리아	AM · PM(미)	15	9	24

자료 : 대한상공회의소, 《유통통계자료집》, 1993. 6.
　　　 서울경제신문(점포 수), 1993. 7. 22.

일반도매업

해외의 유명종합도매업체들은 선진도매기법을 가지고 합작이나 단독으로 국내진출을 적극 추진할 전망이다. 국내유통산업 중 가장 낙후된 도매업은 향후 상당한 시장잠식이 예상된다. 1993년에 네덜란드의 최대도매업체인 마크로사가 국내합작으로 한국마크로사를 설립하여 창고형도매업에 진출하였으며, 2,000년까지 10개의 점포를 개설할 계획이다. 미국의 식품종합도매업체인 제트로사는 Cash & Carry형태의 도매업에 진출을 추진하고 있으며 미국 최대도매업체인 웨테루사도 국내진출을 모색하고 있다. 이들의 진출이 본격화되고 점포망이 확장되는 2000년경에는 국내 회사형이나 가맹점형 연쇄화사업자의 입지가 크게 축소되고 일반영세도매업의 영업에 커다란 타격이 예상된다.

소 매 업

백 화 점

이번 UR/서비스협상의 타결을 위해 정부가 GATT에 제출한 최종양허표에는 백화점과 쇼핑센터의 개설을 위한 외국인 투자를 금지하였다. 따

<표 8-225> 한국의 백화점 현황(1991년 기준)

구 분	업체 수 (개)	매장면적(㎡)		점포 수(개)		종업원 수(명)		매출액(억 원)	
		합계	평균	합계	평균	합계	점포당	합계	점포당
전 국	86	782,196	9,654	17,057	198	29,570	1.7	67,229	782

자료 : 대한상공회의소, 《전국 도·소매업체 총람》, 1992.

<표 8-226> 유통시장개방이 백화점에 미치는 영향

부정적인 영향	긍정적인 영향
- 외국전문점에 의한 매장별 시장잠식	- 외국선진유통기법의 도입확대
- 입지확보 경쟁심화로 출점비용 증가	- 정부의 정책적 지원강화
- 유통인력의 부족	○ 행정규제 대폭 완화, 상품권 발행 등
- 상품브랜드별 구색의 어려움	- 고객서비스 향상
- 과당경쟁 초래	- 유통근대화 촉진
	- 해외사업기회 증가

자료 : 백화점협회, 《백화점협회보》, 1991.12.

라서 외국의 대형 백화점의 국내 진출은 당분간 저지되어 국내백화점은 직접적으로 영향을 받지 않을 것으로 판단된다. 그러나 외국의 유통전문 점과 신업태들이 국내 진출을 크게 강화할 것으로 예상되기 때문에 백화 점 내의 가전·완구·의류·화장품·식품 등의 관련 매장에 대한 영향은 매우 클 것으로 예상된다. 의류·화장품의 경우 해외관련업체가 초기의 투자위험을 회피할 목적으로 전문점의 개설보다 백화점의 매장을 이용할 가능성이 있기 때문에 이들 상품의 매장잠식이 예상보다 적을 수 있다.

　슈퍼마켓과 편의점

　슈퍼마켓과 편의점의 연쇄화사업자는 도매업에 속하나 이들 개별점포 는 소매업에 속한다. 유통산업개방에 따른 이들 개별점포에 대한 영향은 연쇄화사업자에 비해 적을 것으로 예상된다. 이는 해외의 슈퍼체인과 편 의점사업자는 국내 진출시 기존 가맹점점포를 프랜차이즈방식으로 일부 흡 수할 가능성이 있기 때문이다. 이들 해외업체의 신규매장의 개설은 1996년 이후부터 점차 활발해질 것이고 기존 점포와의 경쟁도 치열해질 것으로 예상된다. 슈퍼마켓은 1996년 이후 일본과 유럽 체인업체들의 국내 진출이 가시화될 전망이어서 이 부문에서의 경쟁이 더욱 치열해질 전망이다. 특히 전체 소매업체의 75％에 달하는 영세일반소매업체는 국내슈퍼체인과 편의점의 확대로 정체 내지 감소추세에 있으며 향후 이 분야에서 해외유통업체의 국내 진출이 본격화될 경우 이 추세는 더욱 가속화될 전망이다.

전 문 점

해외의 유명브랜드를 취급하는 외국전문점들이 1996년부터 직영점이나 프랜차이즈계약에 의한 가맹점형태로 대거 국내에 진출할 가능성이 높다. 미국·유럽·일본의 전문점들은 자국에서도 2백~5백평규모의 소형전문점으로 전국적인 유통망을 형성하고 있으며, 가전·완구·화장품·가구·문구·의류 등의 품목을 중심으로 국내의 고급품시장을 크게 잠식할 가능성이 높을 것으로 예상된다. 특히 미국은 완구·의약품·화장품분야에서, 유럽은 의류·생활용품·안경 등의 분야에서 전문점형태로 활발하게 국내에 진출할 것으로 전망된다. 따라서 국내의 전문대리점과 쇼핑센터·백화점 등 대형점 내의 관련 매장들은 상당히 영향을 받을 것으로 예상된다.

신 업 태

국내에서는 대중양판점(GMS), 하이퍼마켓, 디스카운트 스토어 창고형 도·소매점 등 신업태는 초기단계로서 아직 정착하지 못하고 있다. 따라서 외국의 신업태업체들이 국내에 진출할 가능성이 높다. 특히 대중양판점분야는 일본의 슈퍼체인업체가 합작투자를 통한 직영점형태로 국내에 진출할 가능성이 높아 보인다. 하이퍼마켓분야는 주로 유럽의 유통업체들이, 디스카운트 스토어분야는 주로 미국의 유통업체들이 직영점이나 프랜차이즈계약에 의한 가맹점형태로 각각 진출할 것으로 예상된다.

③ UR 타결이 제조업체의 유통에 미치는 영향 평가

외국유통업체의 진출은 국내유통업체에 커다란 영향을 미칠 뿐만 아니

〈표 8-227〉 UR 타결이 국내제조업체의 유통에 미치는 영향

구 분	국내제조업체에 대한 영향
가전제품	− 일본·미국·유럽의 유통 및 제조업체가 국내에 직접 진출할 가능성 높음 ○ 일본의 베스타전기, 다이이치, 라옥스 등 가전양판점이 단독투자형태로 대도시 중심으로 진출가능성 높음 ○ 일본의 소니, 마쓰시타 등 제조업체들이 한국형 제품을 개발하고 A/S체제를 구축한 후 국내제휴선을 통해 제품을 공급할 가능성 높음 ○ 미국과 유럽의 제조업체는 국내제휴선을 통한 제품공급형태에서 직영점을 통한 직접 진출을 추진할 전망 − 가전제품 유통시장을 품목별로 10~40% 정도 잠식예상 ○ 대부분 수입선다변화품목으로 이 규제가 해제될 경우를 전제한 것임
의 류	− 이태리·프랑스 등 해외 유명패션의류업체들이 국내 라이센스계약을 중단 또는 철수하고 직판체제 구축예상 ○ 유럽의 유명의류업체는 국내 단독진출보다 일본내 합작기업을 통한 간접진출 예상, 또는 국내업체를 판매책으로 활용 완제품수출 예상 ○ 일본의류업체는 브랜드 인지도가 상대적으로 낮지만 상품기획과 자금력으로 중저가시장 진출가능성 높고, 고급품시장 진출도 가속화할 전망 − 신사복과 숙녀복 유통시장의 10~15% 이상 잠식예상, 특히 저가의류시장은 동남아, 중국산에 의해 빠른 속도로 잠식될 전망
잡 화 화 장 품	− 잡화는 해외 유명잡화유통업체의 전문점형태 국내진출가능성 높음 − 화장품은 해외 유명화장품회사의 국내직판체제 구축예상 − 화장품 유통시장의 20% 이상 잠식예상
완 구	− 해외완구유통업체 2개사가 합작투자형태로 이미 국내 진출, 또한 국내제휴업체가 자체체인망(1992년 말 42개 업체, 112개 점포)을 구축 − 미국의 Toy's 「R」 US, 마텔, 차일드월드, 월마트와 일본의 쓰쿠다, 산리오, 닌덴도 등 해외유통(제조)회사의 전문양판점형태로 1995년 이후 국내 진출 예상 − 국내시장의 20% 이상 잠식 예상되어 국내유통 및 제조업체의 도산 및 업종전환 예상, 특히 저가완구시장은 중국산에 의해 빠른 속도로 잠식될 전망
식 품	− 외국식품업체들이 이미 국내시장을 크게 잠식 ○ 1992년 말 현재 합작 또는 단독출자로 진출한 외국식품업체 수는 101개사 − 해외 유명식품업체는 기존 국내업체와 합작관계 청산하고 단독진출 예상 ○ 곡물메이저인 미국의 카킬, 제너럴푸드, 암웨이, 호멜, 유니레버 등은 이미 합작이나 단독출자로 국내진출 또는 추진 중 − 주류수입의 완전자유화로 국내수입상의 판매강화와 해외 유명주류유통업체 (주로 위스키)의 국내직판체제 구축예상 ○ 국내직판체제 구축시 국내유통시장의 타격 심각할 전망

자료 : 대한상공회의소, 《유통산업개방의 평가와 전망》, 1992. 12.

라 UR 타결에 따른 수입자유화와 실질적인 수입규제의 철폐와 맞물려 해외상품수입을 크게 유발하여 국내제조업체의 유통시장을 잠식할 것으로 예상된다. 전기전자제품·의류·화장품·식품·완구·생활잡화·문구류 등의 수입이 크게 늘어나고 특히 제조업체의 유통지배력이 강한 가전제품의 유통시장에 커다란 변화를 초래할 것으로 예상된다. 그러나 일부 가정용품과 일부 가전제품(음성재생기기·레코드플레이어·컬러TV 수상기·비디오튜너·휴대용 무선전화기·녹화물 TV카메라 등)·PC 및 주변기기·자동차·카메라 및 렌즈·일반 아날로그식 및 아나디지 손목시계·전자식 오르간·비디오게임기·연필과 크레용 등 일부 문구류 등의 제품은 수입선다변화품목으로 지정되어 있다. 정부는 최근 수입선다변화품목수를 1998년까지 현재의 50% 수준으로 축소할 것으로 발표하였으나, UR 타결에 따라 축소시기 및 폭은 당초 정부계획보다 확대될 것은 분명하다. 수입선다변화품목의 해제 등은 일본과 협의과정에서 결정되겠지만, 지금까지 혜택을 입고 있었던 가전제품·카메라·시계 등의 품목에 대한 일본제품의 시장잠식이 예상보다 빨라질 것으로 전망된다.

④ 종합결론

정부는 그동안 유통시장 대외개방과 외국인투자개방계획에 따라 유통시장의 개방을 지속적으로 추진해 왔다. 이번 UR/유통서비스부문의 타결로 이미 개방되었거나 향후 개방되는 도·소매업의 세분업종과 이들 세분업종에 해당하는 품목에 대한 프랜차이징업은 1996년 1월부터 매장면적이나 점포 수에 대한 외국인의 투자제한을 완전철폐하기로 하였다. 중개서비스업도 일부 품목을 제외하고는 완전개방하기로 하였다. 특히, 최종 양허표에 명시된 제한사항 외에는 아무런 제한이 없는 것으로 간주되어 과거 명목상으로 자유화를 실시하고 실질적으로 각종 국내규제나 절차 등을 통해 외국인의 국내시장 진출을 어렵게 하였던 관행들이 철폐될 전망이다. 더구나 이는 UR 타결에 따른 수입자유화·수입규제조치(수입선다변화는 1998년까지 현 품목 수의 50％ 축소)의 철폐와 맞물려 더욱 큰 영향을 발휘할 것으로 전망된다. 따라서 이들 세분업종 중 경쟁력이 없는 업종의 유통업체와 국내유통업체의 50~75％ 정도를 차지하는 생계형 도·소매업체는 상당한 타격을 받을 것으로 예상된다. 또한 제조업체 중에서 제품경쟁력이 떨어지거나 해당 업종의 유통구조가 폐쇄적이고 저생산성인 경우 이 분야의 유통시장도 상당히 잠식당할 것으로 예상된다.

도매업에 있어서도 매장면적이 3천㎡ 이상의 도매시장이나 대형도매점·그리고 도매센터·중고자동차도매업·가스 및 관련 제품도매업·무역업 등은 경제적 수요 심사에 의해 투자여부를 결정하도록 하였다. 소매업에 있어서 중고자동차매매업, 가스연료소매업은 경제적 수요 심사에 의해 투자여부를 결정하도록 하였으며, 백화점과 쇼핑센터는 외국인투자를 아예 금지하였다. 이들 규제조항과 관련되는 업종은 당분간 직접적인 영향이 적을 것으로 판단되나 매 5년마다 협상을 계속하기로 함에 따라 장기적으로 규제완화가 불가피하기 때문에 경쟁력 강화가 절실하다.

대응전략

① 정부의 대응전략

정부의 유통산업근대화 시행계획과 유통시장개방계획 및 보완대책안

정부는 유통시장 대외개방에 대비하고 국내유통산업의 경쟁력 제고를 위해 1993년 1월 유통산업근대화 시행계획을 확정하였고 이어 1994년 4월에는 유통시장개방계획 및 보완대책안을 발표하였다. 이번 UR／유통서비스협상을 위한 최종양허표는 정부의 기존 유통시장 대외개방계획의 연장선상에서 작성되었기 때문에 시행계획과 보완대책안은 UR／유통서비스협상타결에 따른 대외개방에 대한 대비안이기도 하다. 그리고 정부는 1993년 6월에 확정한 신경제 5개년계획에 유통구조개선부문을 포함하였으며, 향후 유통산업을 제조업에 준하는 수준에서 적극 육성하여 경쟁력

〈표 8-228〉 정부의 유통시장 대외개방에 대비한 보완대책

기본방향	주 요 내 용
유통산업에 대한 각종 행정규제의 완화	- 슈퍼마켓 등 근린생활 소매시설의 면적제한 $500m^2$ 이상으로 상향조정 (건축법) - 일정규모 이상만 개설허가대상이고 그 미만은 신고제로 전환 ○ 3천m^2 이상 : 허가제, 3천m^2 미만 : 신고제 - 수도권지역에 백화점, 양판점 등 대형 유통시설 신축허용 ○ 4만m^2 이상인 시설에 과밀부담금 부과 (수도권정비계획법) - 여신관리규정 개정 및 5·8부동산투기억제대책 완화 ○ 주력업종(업체)에 유통업 포함(1993.7) ○ 계열기업군소속 유통업체의 점포용 부동산 취득허용 및 취득시 자구노력의무 완화 (400% → 200%) - 할인판매에 대한 규제를 완화하여 할인판매를 전문으로 하는 대형점의 출현 가능 - 경품류의 가격 한도제한의 완화로 영업활동의 자율성 보장
불합리한 유통구조 및 제도개선	- 제조업 주도형의 배타적 유통구조를 시정하기 위해 제조업체가 도매업체, 양판점 등에 상품공급시 부가세 등 세제 감면 - 제조업체의 배타적 거래관행에 대한 불공정거래행위 심사기준 강화 - 세제개선 및 유통정보화, 도매센터건립 등 유통현대화 지원확대를 통해 무자료상품의 취급유인 축소 - 프랜차이즈업태를 반영한 연쇄화사업자지정제도 개선 - 도매기능 활성화를 위한 자금 및 세제지원대책 마련 시행 ○ 도매시장의 개념 도입, 도매센터의 도매의무규정 완화 - 상품권 발행허용(1994.1), 가격표시제도 개선
유통시설 조정 및 정비 촉진을 위한 지원	- 유통시설의 현대화와 유통시설조성기금설치제도 마련 - 유통근대화재정자금 지원강화 ○ 160억 원(1993) → 500억 원 이상 - 물류시설 및 물류자동화 설비에 대한 세제감면
중소상인 보호 및 조직화 · 협업화 지원	- 특수매장(농수축협매장, 공무원연금매장)에 대한 부가세면제 혜택 폐지 - 중소상업의 조직화·협업화를 위한 상업협동조합 설립 및 운영활성화 지원
유통정보화의 촉진	- 도·소매업진흥법 개정으로 유통정보화 지원근거규정 마련 - POS기기 개발 및 설치에 대한 자금 및 세제지원 ○ 품질인증 생산업체의 소스마킹 의무화 ○ POS기기 설치 활용업체에 대한 세제감면
유통전문인력 양성지원	- 판매사 활용대책 등 판매사제도의 개선 - 유통업체종사자의 연수교육의무화

기본방향	주 요 내 용
	- 유통전문인력 양성교육기관인 유통전문대학 설립 및 전문대학 내 유통학과 신설 등

자료 : 상공자원부, 《유통산업근대화시행계획안》, 1993. 4.
          ——, 《유통시장개방계획 및 보완대책안》, 1993. 1.

을 제고시킬 계획으로 있다.

유통산업근대화를 위한 시행계획 및 보완대책으로는 유통업 진출 및 영업활동과 관련한 각종 규제의 완화와 불합리한 유통구조 및 제도의 개선, 유통시설의 조성 및 정비촉진을 위한 제도마련과 자금지원, 중소상업의 보호 및 조직화·협업화 지원, 유통정보화의 촉진책, 유통전문인력의 양성지원책 등이 포함되어 있다.

한편, 정부는 UR / 유통서비스타결에 따른 부정적인 영향을 최소화하기 위해 유통기반시설인 유통단지 조성을 적극 추진하기로 하였다. 이에 따라 유통단지조성촉진특별법을 제정하여 인구 50만 명 이상의 전국 주요 도시에 대규모 유통단지를 조성하기 위해 토지제도 및 각종 지원대책을 빠른 시일 내에 강구·시행할 계획이다.

② 업계의 대응전략

유통업계는 유통시장의 대외개방하에서 선진유통업체의 국내 진출에 적극 대응하고 장기적으로 해외로 진출하기 위해서는 경쟁력을 강화하고 매장의 효율성을 높여야 할 것이다. 이를 위해 유통업계는, 첫째 점포의 대형화와 다점포화를 적극 추진하고 상품력을 강화하여 경쟁우위의 기반을 구축해야 하고, 둘째 선진유통기법을 적극적으로 도입하여 유통정보시스템을 구축해 매장의 효율성을 극대화해야 하고, 셋째 업체 상호간의 협조로 공정경쟁의 기반을 조성하여 자생적인 경쟁력 제고에 노력해야 할 것이다.

최근 유통업계는 새로운 업태로의 진출은 물론 다점포화·대형화·정보시스템인 POS체제 구축·공동상표 개발 등을 적극 추진하고 있다.

〈표 8-229〉 국내유통업계의 유통시장 대외개방에 대한 대응전략

기본방향	주 요 내 용
경쟁우위기반 구축	- 점포의 대형화·다점포화로 규모의 경쟁력 강화 - 토지소유주와 공동개발 추진 - 유통업체간의 유통기술의 공유체제 수립 - 유통업의 주력사업화·전문화 추구 - 개성화, 다양화하고 경쟁력있는 상품력의 강화 - 사내유통전문인력의 양성
경영합리화 추구	- 선진유통기법의 적극적인 도입으로 운영기법의 고도화 - 선진유통정보시스템인 고객정보, POS·VAN시스템의 구축 - 외부환경변화에 대처하는 조직구조의 개편 - 업체 고유의 브랜드 및 신상품의 개발 - 마케팅 능력 및 관리기능의 강화
공정경쟁의 기반조성	- 무자료거래의 차단 - 상품과 서비스의 질경쟁을 외면한 변칙적인 영업행위 중단 - 불법상품배달서비스의 중지 - 공정경쟁을 저해하는 특수매장에 대한 세제혜택 폐지

자료 : 한양유통, 《유통시장개방과 국내유통산업의 현위치》, 1993. 6.

　　이미 한국슈퍼마켓협동조합은 「코사마트」라는 공동상호를 개발하였고 공동상표 품목도 적극 늘리기로 하였다. 특히, 백화점업계는 다점포화를 적극 추진하고 있으며 편의점·전문점·할인점·회원제창고형 도·소매 점 등 새로운 업태에도 진출하고 있다.

　　한편, 가전유통업계는 양판점으로 전환을 희망하는 대리점을 중심으로 전국가전양판(주)를 설립하여 향후 가전양판점사업을 적극 추진할 전망 이다. 의류제조업체는 타사제품도 취급하는 국내유통망을 대폭 확대할 계 획이다.

4. 농 업

개 황

'50년대만 하더라도 전체인구의 60%, 국민총생산의 50% 이상을 차지하던 한국의 농업부문이 현재는 각각 15%, 10%에 불과할 정도로 산업에서 차지하는 농업부문의 비중이 매우 미미하다. 한국의 농업은 '60년대 이후의 공업화 우선의 정책기조에 밀려 공업화를 위한 노동인구로의 제공과 도시민을 위한 식량의 제공이라는 역할에 머무를 수밖에 없었고 개발정책에서는 소외되어 왔다. 정부의 농업부문에 대한 지원정책은 양곡수매제도가 전부였다고 할 수 있으며, 쌀을 중심으로 한 식량자급을 위한 증산정책과 원천적인 수입제한조치가 농업을 위한 기본방침이었다. GATT구조하에서도 농업부문은 각종 예외규정을 인정받아 왔다. 각국이 기본적으로 보장받아야 할 식량안보문제가 국가차원의 과제이면서, 고용·국토보존·지역균형발전 등 경제외적인 기능을 담당하고 있는 특수산업으로 인식되어 왔기 때문이다. 그러나, GATT협정에서 제외된 것을 빌미로 한 선진국들의 자국농업보호정책 및 과도한 수출경쟁에 따른 정부재정의 과부담과 이로 인한 재정적자의 누증, 특히 미국에 누적되는 재정적자와 증가일로에 있는 무역적자의 해소방안으로 농산물도 자유무역의 원칙으로 회귀시켜야 한다는 주장이 거세지면서 UR에서는 농산물분야의 협상이 이루어지게 되었다.

UR 농산물협정의 핵심내용은 세 가지로 요약될 수 있는데 예외없는 관세화조치를 통한 시장접근의 보장, 국내보조금의 감축, 수출보조금의 감

〈표 8-230〉 농림수산물 수입자유화 현황

(단위 : 개)

구 분	1986	1987	1988	1989	1990	1991	1992
총품목 수	7,915	7,911	10,274	10,274	10,274	10,274	10,322
수입자동승인품목	7,247	7,407	9,724	9,804	9,804	9,991	10,081
	(91.6)	(93.6)	(94.6)	(95.7)	(96.4)	(96.2)	(97.7)
농림수산물	793	793	1,790	1,790	1,790	1,790	1,810
수입자동승인품목	543	548	1,283	1,359	1,440	1,517	1,578
	(68.4)	(69.1)	(71.7)	(75.9)	(84.7)	(84.7)	(87.2)
농축산물	492	492	1,166	1,166	1,166	1,166	1,185
수입자동승인품목	350	355	874	923	973	1,007	1,048
	(71.1)	(72.2)	(75.0)	(79.2)	(83.4)	(86.4)	(88.4)

주 : 1) 1986~1987 : CCCN 8단위(농림수산부, 산림청 관리품목)
　　 2) 1988 HS 10단위(상품분류상 농림수산물 전체)
　　 3) (　) 안은 수출입공고상 수입자유화율임.
자료 : 농림수산부, 《농림수산 주요통계》, 1993.

〈표 8-231〉 농림수산물 수입실적

(단위 : 백만 달러)

구 분	1970	1975	1985	1990	1991	1992
국가 전체	1,984	7,234	31,136	69,844	81,525	81,775
농림수산물	469	1,304	2,511	5,789	6,923	7,147
농축산물	341	1,020	1,791	3,754	4,398	4,767
곡류 및 곡분	284	703	1,157	1,646	1,650	1,883
채소류	0.3	1.8	9.1	24	29	25
과실류	0.6	2.2	7.4	36	231	110
축산물	10	15	64	446	687	699
조제식품	2	4	49	248	359	457
동식물성유지	19	45	153	183	229	241
식물성원자재	2	11	34	94	134	154
동물사료	23	1	50	269	262	326
기호식품	36	227	267	808	817	872

자료 : 농림수산부, 《농림수산 주요통계》, 1993.

축 등이다. 한편, UR과는 별도로 '80년대 들어 한국 농산물시장의 개방
에 대한 압력이 미국을 비롯한 주요 농산물수출국으로부터 거세짐에 따라

〈표 8-232〉 농림수산물 수출실적

(단위 : 백만 달러)

구 분	1970	1975	1985	1990	1991	1992
국가 전체	835	5,081	30,283	65,016	71,870	76,632
농림수산물	218	948	1,543	2,920	2,986	2,888
농축산물	25	255	388	795	756	800
곡류 및 곡분	1	0.2	2	4	6	6
채소류	0.2	5	13	10	18	15
과실류	1	3	6	43	34	36
축산물	0.3	36	25	68	59	84
조제식품	6	32	61	192	214	246
동식물성유지	0.0	1	2	1	1	6
식물성원자재	–	4	21	24	32	37
동물사료	0.1	2	0.4	5	6	8
기호식품	16	172	258	448	386	362

자료 : 농림수산부, 《농림수산 주요통계》, 1993.

한국 농산물시장의 개방이 확대되어 1992년 현재 총농축산물 중 수입자동승인품목의 비율, 즉 수입자유화율이 88.4%에 이르게 되었으며 농축산물의 수입도 50억 달러에 이르게 되었다.

농축산물 수출은 1992년에 8억 달러로 '80년대 말과 비슷한 수준에 머물러 있으나 외국산 농축산물의 수입은 급증하고 있고, 1992년 농축산물의 무역역조규모가 40억 달러에 이르고 있다.

한국의 농업경쟁력을 판단하기 위한 척도로서 농산물의 국내가와 국제가격을 비교하면 표 8-233과 같다. 이러한 가격비교는 호당 경지면적이 1.2헥타르에 불과한 영세농이 중심인 한국의 농업의 현실과 100헥터 이상의 기업농이 중심인 외국의 농업의 현실을 단편적으로 나타내고 있으며, 한국 농산물의 가격경쟁력이 얼마나 떨어지는지를 알 수 있다.

우리 나라와 경쟁관계에 있는 국가들과 농업구조의 국제비교를 한 농촌경제연구원의 자료에 의하면 우선 농지가격에 있어서 미국의 55배, 프랑스의 24배, 구서독의 5배로서 고지가를 유지하고 있으며 이미 경지정

<표 8-233> 국내외 농축산물의 가격 비교(1990년 기준)

(단위 : 배)

구 분	쌀	보리	콩	쇠고기	옥수수
국내가 / 국제가	3.5	2.9	5.4	3.0	5.6

자료 : 서상목, 《농어촌 구조개선 촉진을 위한 기본구상》.

리·수리시설 등 기반정비가 완료된 선진국에 비해 경지정리·벼농사기계화율(한국 88%, 일본 99%, 대만 97%), 호당 경영규모(한국 1.2헥터, 미국 183헥터, 프랑스 28헥터) 등의 생산기반조건이 열악하다. 농기계의 시설 등 관련 자재산업의 영세성, 연구개발과 기술수용의 미흡, 농업부문 예산과 정책의 소홀, 지금까지의 기업농 배제 및 농업사업영역의 제약 등도 한국 농업의 경쟁력을 제고시키는데 제약조건이 되어 왔다.

농축산물의 속성이 공산품과는 달리 소비자의 기호가 국가와 민족에 따라 다르기 때문에 품질경쟁력을 단순히 판단하기는 어렵지만, 가격경쟁력의 커다란 차이를 우리 농축산물의 품질로 상쇄시키기에는 역부족이라는 것을 인정할 수밖에 없다. 결국 우리의 농축산물은 가격경쟁력도 열위이고 품질경쟁력도 분명치 않은 현실에서 UR이라는 국제적 위협을 맞게 된 것이라고 할 수 있다.

UR 농축산물분야의 개방내용

세계 농산물교역에 보다 공정하고 자유로운 질서확립을 위하여 UR 농업분야협정에서는 관세인하 및 비관세장벽의 예외없는 관세화와 더불어 회원국의 농업지원 보조에 관한 감축방안이 논의되어 왔다. UR 농산물협정에서의 대상품목은 농산물·축산물·임산물이며, 수산물은 공산품 관세인하협상에 포함되어 있다. 이들 대상품목은 HS 10단위로 1,305개이며 이 중 1,067개 품목은 이미 수입자유화되었고, 나머지 238개 품목은 UR협상결과에 따라 개방되어야 할 대상품목이다. 이 중 특별법상 제한품목이

〈표 8-234〉 한국의 농산물시장 개방 이행계획서 내용

구 분	관세양허(%)		최소시장접근 약속물량(톤) 및 관세율		
	기준세율	양허세율	초기연도	최종연도	이행기간
쌀			51,307(5%)	102,614(5%)	1995~1999
			102,614(5%)	205,228(5%)	2000~2004
보 리 (쌀보리)	333(또는 401원/kg)	299.7(또는 361원/kg)	14,150 (20%)	23,582 (20%)	1995~2004
대 두	541(또는 1,062원/kg)	487(또는 956원/kg)	1,032,152 (5%)	1,032,152 (5%)	〃
옥 수 수 (사료용)	365	328	6,102,100 (3%)	6,102,100 (1.8%)	〃
감 자	338(또는 384원/kg)	304(또는 346원/kg)	11,286 (30%)	18,810 (30%)	〃
고 구 마	428(또는 375원/kg)	385(또는 338원/kg)	11,121 (20%)	18,535 (20%)	〃
쇠 고 기	44.5	40	123,000 (43.6%)	225,000 (41.6%)	1995~2000
돼지고기 (냉 동)	37	25	21,930 (25%)	18,275 (25%)	1995~1997.6.
닭 고 기	35	20	7,700 (20%)	6,500 (20%)	〃
유 제 품 (탈지분유)	220	176	621 (20%)	1,034 (20%)	1995~2004
고 추	300(또는 6,900원/kg)	270(또는 6,210원/kg)	4,311 (50%)	7,185 (50%)	〃
마 늘	400(또는 2,000원/kg)	360(또는 1,800원/kg)	8,680 (50%)	14,467 (50%)	〃
양 파	150(또는 200원/kg)	135(또는 180원/kg)	12,369 (50%)	20,645 (50%)	〃
오 렌 지	99(또는 1,015원/kg)	50(또는 513원/kg)	15,000 (50%)	57,017 (50%)	〃
참 깨	700(또는 7,400원/kg)	630(또는 6,660원/kg)	6,731 (40%)	6,731 (40%)	〃

자료 : 경제기획원, 국별 이행계획서 의결, 1994.2.15.

143개이고, GATT 국제수지(BOP)조항에 의한 제한품목이 95개이다.

주요 농산물의 개방과 관련하여 우선 쌀에 대해서는 관세화에 대한 특별대우가 협정문의 부속서에 반영되었다. 이에 따르면 10년간 관세화를 유예하고 10년차에 관세화 유예기간의 연장여부를 재협상하며, 유예기간 중에도 최소시장접근은 허용하되 그 물량은 이행초년도(1995)에 1%(39만 석)에서 시작하여 5차연도(1999)에 2%로 매년 0.25%씩 증량시키고, 6차연도(2000)부터 최종연도(2004)까지는 2%에서 4%(158만 석)로 매년 0.5%씩 증량시킨다. 재협상결과 유예기간을 연장하는 경우에는 협상에서 정하는 추가적인 양보를 해야 하며, 관세화하게 되는 경우에는 기준연도 관세상당치로부터 10%(개발도상국 우대에 의한 10년간의 최소 감축폭)를 낮춘 수준에서 관세화 최초연도를 시작한다.

쌀 이외의 보리, 옥수수, 대두, 감자, 고구마 등 관세화대상 1백 11개 품목에 대해서는 1988~1990년의 관세상당치를 기준으로 10% 감축해 양허하고 있으며, BOP(국제수지조항)관련 95개 품목 중 UR타결 이전에 이미 양허된 품목(쇠고기, 돼지고기, 닭고기)은 기존의 양허세율보다 다소 높은 수준으로 제시되었다. 또한 참깨, 고추, 마늘, 양파 등 아직 양허되지 않은 품목에 대해서는 국내외 가격차에 상당하는 높은 관세를 부과하기로 하였으며, 주요 내용은 앞의 표 8-234와 같다.

UR 타결이 수출에 미치는 영향

전반적 영향

UR 농산물협정은 한국의 농산물수출에 주는 영향은 거의 없을 것으로 분석된다. 왜냐하면 농산물수출에서 수출시장을 확대하기 위해서는 보존기간이 상대적으로 긴 곡물이 경쟁력을 보유하고 있어야 하는데, 한국의 곡물은 앞에서도 보았듯이 가격경쟁력 자체가 약하기 때문이다. 과거의 수출추이를 보더라도 잉여농산물의 수출로 한정되어 있었다. 또 신선도가 중시되는 축산물이나 채소류, 화훼류, 과실류 등도 근접지역으로의 수출

〈표 8-235〉 농산물 및 공산품의 수출지원제도 비교

구 분	공 산 품	농 산 물

수출금융	－ 수출금액의 80% 지원
	－ 융자기간 : 90%
	－ 이율 : 연 10%
		－ 공산품과 동일한 조건이나 상품
		  의 특수성으로 인하여 가공식품
		  등 일부만 활용

농수산물 수출 준비자금	－ 해당 사항 없음	－ 지원품목 : 잠견 등 17개 품목 － 융자기간 : 3～9개월 － 이율 : 연 10% － 품목한정, 절차복잡 등으로 활용도 극히 저조
특별지원자금	－ 종류 : 중소기업 특별자금 등 － 품목 : 전품목 지원 － 용도 : 운전자금, 시설자금 － 기간 : 2～5년 － 이율 : 연 5～10%	－ 종류 : 1개(농안기금 중 수출촉진) － 일부 품목(칡)만 지원 － 용도 : 수출용 수집자금 － 기간 : 1년 이내 － 이율 : 연 10%
제도적 지원	－ 유망중소기업 발굴육성 － 금융 및 세제지원 － 중견수출기업 발굴육성 － 수출공단조성 등 － 금융 및 세제지원	－ 해당 사항 없음
시장개척지원	－ 사절단 파견 및 지원 － 각종 박람회 개최지원	－ 해당 사항 미미함 － 해당 사항 미미함

자료 : 한국농촌경제연구원, 《UR 이후 농산물 무역정책의 방향》, 1993.

로 한정되어 있기 때문이다.

또, UR에서의 농산물협상 중 큰 비중을 차지하는 것 중의 하나가 수출보조금의 감축이다. 그러나, 한국의 수출보조금 감축에 따른 영향은 미미할 것으로 보이는데, 표 8-235에서 보듯이 한국의 농업정책 중 수출보조금과 관련해서 감축대상이 될 만한 것은 거의 없기 때문이다. 따라서, 현재 한국 현실에서 농산물협정 중 수출보조금이나 시장개방확대가 농산물의 수출에 미치는 영향은 미미할 것으로 보인다.

품목별 영향

지금까지 한국 농축산물수출은 일본·미국·대만 등 한정된 지역에 일

〈표 8-236〉 UR 타결이 농산물수출에 미치는 영향

구 분	주요 변화내용	시장별 예상되는 환경변화	수출에 미치는 영향평가 (경쟁국 고려)	종합
시장개방＼ 관세상당액 감축	- 농산품의 예외없는 시장개방 - 관세 및 관세 상당액의 최소 15%, 총평균 36% 감축	- 아세안 국가들 및 일본의 수입제한 품목들의 농산품시장 개방	- 일부 농산품을 제외하고는 국제경쟁력이 거의 없는 현실에서 외국의 시장개방 및 관세상당액의 기대효과는 별로 없음 - 한국 농산품 중 인삼 같은 특용작물이나 일부 과실류, 화훼류의 수출 증가 가능	△
수출보조금 감축	- 정부 및 관련기관의 수출보조금 물량기준 24%, 금액기준 36% 감축	-	- 한국 농산품에 대한 수출보조가 공산품에 비해 전무한 현실에서 수출보조금 논의 자체가 효용성이 적음 - 수출보조가 많은 EC나 미국과 경쟁하는 농산품이 거의 없기 때문에 영향은 거의 없음	-

주 : ○○ 매우 유리, ○ 유리, △ 다소 유리, - 중립, ▽ 다소 불리, × 불리, ×× 매우 불리.

부 품목만 소량 수출되어 왔다. 과일류에서의 사과와 배·육류에 있어서의 돼지고기 등이 그동안 주력 수출품목이었다. 향후 해외 농축산물시장이 개방되더라도 국내 축산물·과일류 등 대부분의 품종이 공급여력이 미진하여 국내수요를 충당하는 수준에 머물 것으로 보인다.

UR 타결이 내수에 미치는 영향

전반적 영향

　UR 농산물협정 중 내수시장에 미치는 영향은 두 가지로 요약될 수 있는데, 첫째는 국내보조금 감축에 따른 국내농축산물의 생산비 증가와 이에 따른 가격 상승이며, 둘째는 각종 농축산물의 예외없는 관세화조치와 관세상당액의 감축에 따른 시장개방과 수입농산물의 유입으로 정리할 수 있다. 한편, UR협정에서는 국내보조와 관련된 정책을 일정기준에 따라

<표 8-237> 품목별 감축대상보조금 현황

구 분	쌀	보 리	콩	옥수수	유 채	합 계
보조액	15,684	523	729	226	24	17,186
총생산액 대비 비중	24.8%	17.4%	34.1%	79.9%	53.3%	

주 : 포도·누에고치·우유에 대한 보조액은 각 품목별 생산액의 10% 이하이며 영농·양축자금
    이차보전, 비료판매 차액보전은 각각 농업총생산액의 10% 이하로서 감축의무가 없어 총량
    보조측정치합계(total AMS)에 산입하지 않음.
자료 : 경제기획원, 대외협력위원회 보도자료, 1994. 2. 15.

허용대상과 감축대상으로 분류하고, 허용대상기준을 충족시키지 못하는
모든 국내보조는 감축대상으로 하였다. 따라서, 현재 쌀, 보리, 콩, 옥
수수, 유채 등 5개 농산물에 주고 있는 1조 7,186억 원의 감축대상보조
금은 10년에 걸쳐 13.3% 만큼 줄여 2004년에는 1조 4,900억 원 수준으
로 되어야 한다.

한국농산물에 대한 국내보조는 쌀 한 개 품목에 거의 집중되어 있으며
(1988년 기준 전체보조의 85%), 또 품목별 실제 총량보조측정치(AMS ;
UR협상에 따라 감축대상이 되는 보조상당액)에 대한 정부재정을 통한 농
가보조의 비중을 보아도 쌀과 쇠고기가 각각 12.3, 15.6%로 보리 6.2%,
돼지고기 4.9%, 콩 4.1% 등에 비해 비교적 높다.

허용대상정책은 정부가 제공하는 서비스차원에서 연구사업, 병해충방
제, 교육훈련, 하부구조의 개선, 영세민에 대한 식량지원 등이며 생산자
에 대한 직접지불형태는 생산과 무관한 소득지원, 소득보험 및 최저소득
의 보장, 재해구호, 탈농보상, 휴경지원 등이다. 위에 열거된 허용된 지
원정책을 제외한 모든 국내보조적인 성격의 재정지원이 감축되는 것인데
우리 나라의 경우 정부의 이중곡가제에 의한 시장가격지지도 감축대상이
될 수밖에 없을 것이다.

우리 나라 시장에서 UR의 농산물협정으로 가장 큰 타격을 받을 것으로
예상되는 것은 바로 예외없는 관세화조치와 최소시장접근의 보장, 관세

<표 8-238> 특별법에 의한 수입제한 농산물

관련 법규	주 요 품 목
양곡관리법	─쌀·보리·대두·팥·녹두·맥주맥·메밀·귀리·조·수수
사료관리법	─고구마·감자·옥수수·전분류
주요 농작물종자법	─땅콩·참깨유박·골분·단미사료 등 71개 품목
종묘관리법	─사과나무·배나무·복숭아나무·귤나무·채소종자
잠업법	─잠종·뽕나무
축산물	─종우(3)·종돈·종계(2)·조란·소정액·동물의 정액·동물의 수정란
인삼사업법	─인삼(14)·인삼잎과 줄기·인삼종자·인삼차·인삼 조제품(기타)
담배사업법	─연초종자·잎담배(8)·잎담배 부산물(3)
수산업법	─어류(6)·연체동물(2)·기타 수생동물·미역·톳·기타 해조류

주 : ( ) 안의 숫자는 해당 법률하 수입제한품목 수임.
자료 : 한국농촌경제연구원, 《UR 이후 농산물 무역정책의 방향》, 1993.

및 관세상당액의 감소이다. 왜냐하면, 한국의 농업보호는 선진국이 주로 국내보조정책에 의해서 자국농업을 보호해 왔는데 비해서 손쉽고 비용이 들지 않는 수입제한조치 등 국경조치에 더욱 의존해 왔기 때문이다. 첫째, 관세화조치에 의한 수입시장의 개방측면에서는 우리 나라에서 지금까지 수입통합공고 이외에 각종 특별법에 의해서 실질적으로 수입을 제한하거나 금지하고 있어 농산물을 자유롭게 수입할 수 없었으나, UR에 의해 최소시장의 접근보장차원에서 3~5%까지 허용해야 한다. 앞의 표 8-238은 특별법에 의해 현재 수입이 제한되고 있는 농산물들이다.

둘째, 관세와 관세상당액의 감소측면에서는 UR에서 수입농산물의 CIF 가격과 국산품의 가격차이를 이루는 관세를 포함한 관세상당액(Tariff Equivalent ; T. E)을 품목별로는 최소 15%, 총평균으로는 36%를 1999년까지 감축시키는 것이다. 개발도상국 적용을 받게 되면 협정 발효 후 10년의 이행기간(1995~2004) 동안에 품목별로 최소 10%(전체평균 24%)를 감축시켜야 한다. 다음 세 가지 표는 수입농산물의 관세와 실질적으로 관세상당이 얼마나 적용될지를 보여주는 것으로 관세는 상당히 감축

〈표 8-239〉 관세율 개편에 따른 농산물 평균관세율 추이

(단위 : %)

구 분	개편 전	개		편	후	
연 도	1988	1989	1990	1991	1992	1993
평균관세율	25.2	20.6	19.9	18.5	17.8	16.6
실효관세율	9.9	8.80	8.78	8.63	8.60	8.55

자료 : 한국농촌경제연구원, 《UR 이후 농산물 무역정책의 방향》, 1993.

〈표 8-240〉 주요 농산물의 현행 관세율(1991년 기준)

관세율	주 요 품 목	세목 수*	구성비(%)
50%	-고추·마늘·양파·사과·배 등	61	4.3
45%	-버찌	1	-
40%	-참깨·들깨·낙농제품 등·담배	99	6.9
35%	-열대과실·맥아 등	66	4.6
30%	-절화류·채소류	144	10.0
25%	-조란·녹각·간장·된장	117	8.1
20%	-어류·갑각류·잎담배	303	21.1
13%	-커피·초코렛·겨자	26	1.8
11%	-양·활어·야자류·포도당·조당	362	25.2
10%	-배합사료·채유종·박	51	3.6
9%	-밀가루·곡분	56	3.9
8%	-넙치류·명태	10	0.7
7%	-미강·대두유·박·타피오카	8	0.6
5%	-쌀·보리	7	0.5
4%	-호밀·귀리·옥수수·메밀·조·대두·밀	98	6.8
무세	-정액·종자	26	1.8
계		1,435	100.0

주 : * 는 HS 10단위 기준으로 1~24류품목임.
자료 : 한국농촌경제연구원, 《UR 이후 농산물 무역정책의 방향》, 1993.

되어 왔으나, 쌀·대두·옥수수·고추·분유 등이 상당히 문제가 될 것임을 보여주고 있다.

위의 시장접근의 보장과 관세상당액의 감축이 동시에 이루어질 경우 국내시장에서 국산과 외국산 농산물의 경쟁은 심화될 수밖에 없으며, 그에 따라 농산물의 무역수지적자는 확대될 것이며, 국내농산물의 입지약화

〈표 8-241〉 기준연도별 주요 품목의 관세상당액 현황

(단위 : %)

구　분	1986 ～ 1988	1988 ～ 1990	1986 ～1990
쌀	505	734	595
대　두	638	552	588
옥 수 수	338	407	368
고　추	470	288	279
양　파	113	84	98
감　귤	105	145	143
쇠 고 기	168	196	169
돼지고기	26	61	51
닭 고 기	43	86	65
탈지분유	433	247	350
사　　과	108	125	113
		(1988 ～ 1989)	(1986 ～ 1989)

주 : UR에서는 1986～1988년 기준으로 감축이 될 것임.
자료 : 경제기획원, 《UR / 최종협정문 검토 및 대응방안》, 1993.

에 따라 자급률이 급격히 저하될 것이다. 농촌경제연구원의 분석에 의하면 1992년에 83～104％수준에 있는 10개 품목별 자급률(옥수수, 콩, 쇠고기, 참깨 등 현재의 수입량비중이 큰 품목 제외)은 수입개방에 의해 2000년에 41～99％수준으로 떨어질 것으로 예상하고 있다. 특히 자급률의 하락률이 클 것으로 예상되는 품목은 쇠고기, 감귤이며, 닭고기와 양념채소류는 96～99％의 자급률을 유지할 수 있을 것으로 예상하고 있다.

수입농산물의 국내유입은 단기적으로는 국내시장에서의 농산물가격의 하락으로 이어져 소비자에게는 이익이 될 수도 있다. 그러나 장기적으로는 국내생산기반이 무력해져 외국농산물에 대한 의존도가 커지게 되고, 해외농산물의 시장가격변동이 국내시장의 가격에 직접 영향을 줌에 따라 농산물 유통구조가 정비되어 있지 않은 국내시장에서 가격왜곡현상을 초래할 가능성도 있다.

쌀 이외의 나머지 품목에 대해서는 수입개방의 첫 해인 1995년에 거의

<표 8-242> 수입자유화에 따른 자급률 하락

(단위 : %)

품 목	1992	1995	2001
쌀	97.5	98.9	97.1
보 리	83.3	81.1	72.1
맥 주 맥	65.8	62.3	41.6
옥 수 수	1.5	1.7	1.2
콩	12.2	9.0	2.7
감 자	96.2	83.4	69.5
고 구 마	95.7	49.5	40.5
쇠 고 기	43.9	47.3	24.3
돼지고기	102.8	97.3	93.1
닭 고 기	100.0	96.7	98.7
감 귤	100.7	98.0	80.0
고 추	100.0	97.4	96.0
마 늘	103.7	98.3	97.9
양 파	102.9	98.2	97.9
참 깨	47.7	34.7	11.6

자료 : 한국농촌경제연구원, 《농산물시장개방과 파급 영향》, 1993.

모든 품목의 가격하락이 초래될 것인데, 특히 쇠고기의 가격하락이 클 것으로 보인다. 1995~2001년 기간 중의 가격변동을 예측할 때, 개방폭이 작은 쌀과 관세상당액수준이 상대적으로 높게 책정될 것으로 예상되는 닭고기, 양념채소류의 가격은 보합세를 보일 것으로 예상되나, 개방폭이 큰 곡물인 쇠고기·돼지고기·감귤 등은 지속적인 가격하락이 예상된다.

즉, UR의 농산물협정 타결로 인한 국내시장의 개방은 제조업에 미치는 영향과는 비교하기 어려울 정도로 국내농산물에 큰 타격을 가져다 줄 것이 분명하며, 이는 농촌문제만이 아니라 국가전체의 차원에서도 문제시될 것으로 우려된다. 참고로 시장개방에 따른 농업경제 전반에 미치는 영향에 관한 농촌경제연구원의 연구자료에 의하면 1992년 현재 총 GNP 중의 농림수산업비중은 7.8%인데, 수입자유화가 될 경우 2001년에는 2.8%로 감축할 것으로 예측된다. 또한 농림수산업 취업자의 비중도 1992년

<표 8-243> 수입자유화에 따른 가격변화 예측(1990년 가격기준)[1]

품 목	1992	1995	2001
쌀(원 / 80Kg)	86,400	84,900	86,800
보리 (원 / 76.5Kg)	55,300	31,600	30,100
맥주맥 (원 / 40Kg)	21,000	20,400	19,400
옥수수 (원 / 40Kg)	18,000	14,300	13,600
콩 (원 / Kg)	1,010	880	840
감자 (원 / 3.75Kg)	1,470	1,320	1,280
고구마 (원 / 3.75Kg)	940	810	770
쇠고기 (원 / Kg)	11,200	8,800	6,600
돼지고기 (원 / Kg)	3,900	3,700	3,100
닭고기 (원 / Kg)	1,940	1,850	1,900
감귤 (원 / 15Kg)	7,000	8,200	5,400
고추 (원 / 600Kg)	3,036	1,930	1,700
마늘 (원 / 3Kg)	4,151	4,500	5,200
양파 (원 / Kg)	96	170	200
참깨 (원 / 4Kg)	23,366	22,600	21,300

주 : 1) 2001년까지의 가격변화 예측은 국제가격과 환율의 변동이 없음을 가정.
자료 : 한국농촌경제연구원, 《농산물시장개방과 파급 영향》, 1993.

16%에서 2001년에는 7.9%로 반감될 것이며, 농가인구의 비중은 1992
년 13.1%에서 2001년 5.1%로 될 것으로 예측된다. 농림수산부의 무역
적자는 1992년 42.6억 달러이던 것이 2001년에 130.3억 달러로 증가할
것으로 평가되고 있으며, 농업성장률은 수입자유화가 시작되는 1995년에
전년대비 1.1%의 성장이 예상되고, 1995~2001년 연평균 0.1%의 저조
한 성장을 할 것으로 예측하고 있다. [1]

품목별 영향

① 쌀

정부는 최소시장접근에 의해 수입되는 쌀은 모두 정부 또는 농수산물
유통공사에서 별도 관리하며, 이를 수출가공용 등의 원자재로 사용하거나

---

1) 농촌경제연구원, UR 타결과 농정의 대응방향에 관한 세미나, 1993.12.28.

〈표 8-244〉 쌀시장개방의 파급 영향(1990년 불변가격기준)

(단위 : 억 원)

구 분	1995	2000	2004	1995~2004
시장접근 허용에 의한 피해	532	1,019	1,950	11,366
국내보조 감축에 의한 피해	95	570	950	5,135
계	627	1,589	2,900	16,501

자료 : 농촌경제연구원, 《농업여건의 변화와 정책전환의 방향》, 1993.

비축물량으로 활용해 국내시장의 쌀값을 떨어뜨리거나 생산농가에 피해를 주는 일이 없도록 한다는 계획을 세우고 있다. 그러나, 쌀시장이 부분적으로 개방된다 하더라도 개방의 여파는 우리 농촌 구석구석에 미칠 것으로 전망된다. 쌀시장이 개방되면 외국의 값싼 쌀이 유입되고 벼농사에 대한 각종 보조금이 감축되기 때문에 국내의 쌀가격이 하락하기 때문에 이에 따른 생산량의 감소·자급률 하락·농가소득 감소 등이 예상된다. 또 쌀과 관련된 전후방산업인 농기계·비료·농약 등의 자재산업과 창고 및 도정업이 위축될 것이다.

② 축 산 물

쇠 고 기

기본적으로 2000년까지 쿼터제도가 유지되기 때문에 개방에 따른 피해는 관세와 부과금의 수준에 의해서 결정될 전망인데 관세와 부과금이 점진적으로 감축되기 때문에 수입육가격이 점차 하락됨에 따라 국내의 소값도 점진적으로 하락할 것으로 전망된다. 다만, 수입육과의 품질격차 등을 감안할 때, 한우고급육은 경쟁이 가능할 것으로 보이나 보통육은 저가의 수입육과의 경쟁에서 큰 피해가 우려된다.

2001년 이후에는 수입이 자유화되기 때문에 그 직전부터 국내 소값의 빠른 하락 및 사육기반 위축 등으로 피해가 증가할 것으로 예상된다.

정부의 수입물량의 관리방안으로는 쿼터로 수입되는 물량은 현재와 같이 축산물유통사업단으로 수입창구를 일원화하고 판매차익금을 축산발전기금에 납입하도록 하여 축산업 경쟁력 제고사업에 지원한다는 것이다.

돼지고기

돼지고기는 1997년 6월까지는 쿼터제도 유지가 가능하고 쿼터량이 국내수요량의 5% 미만이지만 신규수입에 따른 심리적 위축 등 피해가 클 전망이다. 돼지고기시장 개방으로 우리 나라에 수출이 가능한 나라는 대만·덴마크 및 미국 등으로 전망된다.

1997년 7월 1일부터 양허세율 33%를 부과하고 생산비를 절감시켜 나가면 어느 정도 경쟁이 가능할 것으로 보이나 부위별 국내외 가격차가 크게 나는 특정부위(삼겹살·갈비 등)를 중심으로 수입이 예상된다. 현행 관세가 다소 인상되었으나 장기적으로 세율이 점차 낮아져 2004년도에는 25%까지 감축될 것이므로 국산 돼지고기의 경쟁력을 향상시키지 않으면 수입이 증가되고 이로 인한 영향이 클 것으로 예상된다.

수입쿼터는 축협중앙회로 수입창구를 일원화하여 가공용으로 사용하는 방안을 강구하고 있으며, 판매차익금은 축협발전기금에 납입하도록 하여 양돈업 경쟁력 개선사업에 지원하도록 추진할 것으로 예상된다.

닭 고 기

닭고기는 1997년 6월까지는 쿼터제도 유지가 가능하고 쿼터량이 국내수요량의 5% 미만이지만 신규수입에 따른 심리적 위축 등으로 피해가 클 전망이다.

우리 나라에 수출이 가능한 나라는 미국·태국 등이 될 것으로 전망된다. 1997년 7월 1일부터 양허세율 30%로 자유화하되 2004년까지 20%로 감축해 장기적으로 세율이 점차 낮아지므로 국산 닭고기의 경쟁력을 향상시키지 않으면 수입이 증가되고 이로 인한 양계농가의 피해가 클 것으로 전망된다. 또한 미국에서는 닭의 부위 중 몸통을 주로 먹고 다리 부위가 인기가 없자 상대적으로 닭의 다리를 선호하고 있는 국내시장을 쉽게 장악할 수 있을 것이다.

<표 8-245> 축산물시장개방의 파급 영향

구 분	쇠 고 기		돼 지 고 기		닭 고 기	
	1995	2001	1995	2001	1995	2001
소비량 (천 톤)	239.2	286.2	645.6	949.0	232.5	318.6
생산량 (천 톤)	113.2	69.6	628.1	883.2	224.8	314.5
수입량 (천 톤)	126.0	216.6	17.5	65.8	7.7	4.1
생산자 잉여 감소액 (억 원)	2조 1,081억 원		1조 8,036억 원		1,132억 원	

자료 : 한국농촌경제연구원, 《농업여건의 변화와 정책전환의 방향》, 1993.

<표 8-246> 과일류시장개방의 파급 영향 (1990년 불변가격기준)

구 분	감 귤		사 과	
	1995 / 1996	2000	1995 / 1996	2000
생산량 (천 톤)	596	584	727	702
소비량 (천 톤)				
생과용	505	669	676	756
가공용	103	64	62	58
수입량 (천 톤)	18	156	16	117
생산자 잉여 감소액 (억 원)	7,950		5,130	

주 : 금액 단위는 1990년 불변가격.
자료 : 한국농촌경제연구원, 《농업여건의 변화와 정책전환의 방향》, 1993.

③ 과 일 류

감 귤

오렌지의 경우 대부분 미국으로부터 수입될 전망이며, 1997년 7월 1일 자유화하기 이전까지는 쿼터량이 전량 수입되더라도 수입시기를 국산감귤이 생산되지 않는 시기로 조절할 경우 큰 영향은 없을 전망이나 1997년 7월 1일 자유화될 경우 쿼터량 초과물량에 대해 99%의 고율관세를 부과하더라도 쿼터량 이외 상당량이 수입될 것으로 예상되고, 고율관세가 감축(2004년까지 50% 감축)될 경우 수입량은 늘어나 감귤과 일부 소비대체가 이루어질 전망이다.

오렌지를 제외한 신선감귤은 쿼터량이 미미하고 초과물량에 대해서는

〈표 8-247〉 UR 타결이 농산물 내수에 미치는 영향

구 분	변화의 주요 내용	영향평가(경쟁국 고려)	종합

시장개방/
관세 및 관세
상당액 감축
	- 관세 및 관세상당액의 최소 15%,
	  평균 36% 감축
	- 쌀의 양허내용
	  ○10년간 관세유예
	  ○10년간 최소시장접근
	    ·1995~1999 : 1% → 2%
	    ·2000~2004 : 2% → 4%
	- 특별법상 제한품목(보리·콩·
	  감자·고구마 등)
	  ○1995년 관세화방식으로 시장 개
	    방
	- BOP품목
	  ○쇠고기 : 2001년 전면개방
	  ○돼지고기·오렌지 등 : 1997.7.
	    전면개방
	  ○고추 등 : 1995년 전면개방
		- 쌀, 보리, 콩, 쇠고기 등 국제가격
		  보다 3배 이상 가격이 유지되고 있
		  는 국내시장에 외국산품의 수입 허
		  용
		  ○쇠고기, 감귤 등의 자급률 하락 심
		    화
		- 관세 및 관세상당액 감축으로 단기적
		  으로 시장가격 하락
			××

국내보조금
감축
	- 생산과 직접 관련이 없는 보조금
	  제외하고는 감축
		- 쌀, 보리, 콩, 옥수수, 유채 등의
		  경우 보조감축으로 불리함.
			×

수출보조금
감축
	- UR의 수출보조 대상으로 분류되
	  는 보조금의 물량기준 24%, 금
	  액기준 36% 감축
		- 우리 나라에 수입되는 농산품에 적용
		  되는 각국의 수출보조금이 줄기 때문
		  에 수입농산품의 가격이 장기적으로
		  는 상승할 가능성 있음
		- 그러나 우리의 주요 수입국인 미국의
		  수출보조금 감축은 상대적으로 크지
		  않아, 별 영향이 없을 것임
			△

주 : ○○ 매우 유리, ○ 유리, △ 다소 유리, - 중립, ▽ 다소 불리, × 불리, ×× 매우 불리.

고율관세가 부과됨으로써 영향은 거의 없을 것으로 예상된다.

　오렌지주스의 수입쿼터량은 현재 수입량수준이며 국내수요가 늘어나고
있어 그 영향은 적을 것으로 보이나 수입이 자유화되고 관세가 낮아지는
경우 국산가공용 감귤판로에 상당한 영향을 미칠 것으로 예상된다.

대응전략

국내시장의 개방

① 생산지원

시장개방에 대응할 수 있는 작목의 선정이 긴요하며 이는 다음의 두 가지 요건을 충족시킬 수 있어야만 한다. 첫째 품질 또는 가격의 측면에서 외국의 농산물과 경쟁할 수 있는 것이어야 하고, 둘째 국내 또는 국제시장에서 해당 농산물에 대한 수요가 상당히 있는 것이어야 한다. 예를 들어 국내생산 농축산물의 경우 곡물 및 특용작물은 국제가격의 4배수준이며, 과실·채소 및 화훼류는 1~2배(우리 것은 국내 판매가격이고 외국가격은 각종 생산 및 수출보조금이 포함되어 있는 CIF가격이므로 상대적으로 유리함) 수준이므로 원예작물의 생산비를 절감할 때 개방의 대응작물로 가능하다. 또한 호당 경지규모가 1.2헥터에 불과한 영세농업에서 대형농업으로 유도(미국의 호당 경지규모는 150~200헥터수준) 하는 것이 필요하며, 기계영농단의 활성화가 중요하다.

② 기술개발

기계화·자동화·시설농업화를 바탕으로 고품질 신품종 기술개발에 노력하고, 무독성 농약 및 성장촉진제의 기술개발(무공해 건강상품에 대한 관심고조)에 투자를 늘려야 한다. 특히, 대부분 수작업으로 이루어지는 육모·정식·수확작업의 기계화를 위한 연구지원이 강화되어야 하며, 일시 다수확품종개발로 수확작업의 대폭 축소가 요망된다.

농산물 가격, 유통 및 무역정책

① 농산물가격정책의 합리화

국제화와 수입개방하에서의 농산물가격정책은 그 운용의 폭이 지극히

<표 8-248> 수출전략작목 선정사례

구 분	유 별	선정작목
수출증대 및 수입대체 작목	과 실 류	사과 · 배 · 단감 · 감귤 · 매실 · 복숭아 · 포도
	채 소 류	시설채소류 · 양채류 · 채두류 · 노지채소류
	화 훼 류	절화류 · 분화류
	특용작물	인삼 · 양잠 · 버섯류 · 약용작물
	종 자 류	채소종자 · 기타 종자
	기호작물	차
내수충족작목	채 소 류	노지채소류

자료 : 대한무역진흥공사, 《UR협상 타결 이후 농산물 수출지원에 관한 연구》, 1993.

제한될 것임에 유의해야 하는데, 지금까지의 물가안정차원의 대책보다 가격자율화로 인한 농가간 · 산지간 품질차별화를 유도하여 농가소득 증대 목적에 주력해야 할 것이다. 다른 한편으로 유통구조개선으로 품질의 고급화, 고부가가치 작목의 생산, 저장 · 가공산업에서의 농민의 부가가치 확대 등을 도모하는 한편, 농가소득의 증대를 각종 사회복지정책의 강화를 통하여 지원이 강화되어야 한다. UR 이후 계속 생산장려가 필요한 작목에는 중앙정부자금을 지방자치단체 및 생산자단체로 이전하여 계속 간접적인 지원을 확대시키는 방법으로 대응하는 것이 바람직할 것으로 보인다.

② 생산조정 가격안정시스템의 발전

수급을 정확히 예측하여 생산량을 조정하고 안전재고를 유지하는 것이 필요하다. 청과물에 대해서는 정부의 출연과 생산자의 부담금으로 조성된 품목별 「가격안정기금」을 구성, 생산자에게 가격안정보장과 동시에 책임을 부과하는 제도의 도입이 필요하다. 현재 생산하고 있는 작목을 생산감축 작목, 기초식품으로 비교역적 기능(NTC)이 큰 작목 · 내수용 작목 · 수출가능 작목 · 유기 및 무공해농법 작목 등으로 구분하여 선택적 육성을 도모하는 것도 필요할 것으로 보인다.

무역정책의 방향

① 수입정책

주어진 조건하에서 효율적으로 수입개방을 하기 위해서는 수입개방에 따른 국내 피해와 파급효과를 심층적으로 분석하여 수입개방전략을 수립할 필요가 있다. 단기적인 수입급증과 국내농가의 피해를 방지하고, 수출보조금을 통한 덤핑판매 등을 방지하기 위해서는 긴급수입제한조치나 반덤핑·상계관세제도를 합법적으로 시행하여 피해구제를 할 수 있어야 한다. 특히, 국내농산물의 계절적 가격변동을 염두에 두고 계절관세를 적용하여 생산자·소비자를 보호함이 마땅하다. 또한 국민건강과 국내의 동식물위생에 위해요인이 발생할 수 있으므로 동식물 검역과 수입산 축산물의 원산지 및 도축일자표시를 서둘러 강화해야 한다. 개방화가 진전되면서 앞으로 한국이 수입해야 할 농산물에 대한 품목별 수입대책에 관련된 체계적인 조사와 연구도 시급하다.

장기적으로는 선물시장에 참여하고, 농업투자의 여건이 좋은 아르헨티나·호주·중국 등에 대한 해외투자의 확대를 통해 필수농산물의 해외생산기지를 확보하여 현지수출 및 국내로 역수출하는 계획도 추진하는 것이 좋을 듯하다.

② 수출정책

우리 농업이 살 수 있는 길은 경쟁력을 높여 수입대항능력을 기르고 더 나아가 비교우위에 있는 품목을 적극 육성하여 해외에 수출하는 길인데, 기본적인 방법은 고품질의 농산물을 싼 값으로 생산하여 생산된 농산물이 소비될 수 있는 해외시장을 개척하는 것이다. 과거 우리의 수출은 한정된 농산물을 주로 일본시장에 타성적으로 수출해 왔지만 일본의 국내수급사정과 수입정책 변동에 따라 우리의 농산물수출이 크게 영향을 받아왔다. 향후 시장다변화와 해외수입수요 증대를 위해서는 철저한 해외시장조사와

<표 8-249> 국내보조적 성격의 수출지원제도의 개선방향

지원제도	개 선 방 향
농수산물 수출준비자금	− 대출금리를 일반대출금리로 조정하고 수출실적과 연계한 융자 지양 − 장기적으로 무역금융에서 분리하여 농협 등에 의한 일반대출제도로 전환하고 무역어음제도로 기능 보완 − 지원대상품목을 과채류 등 수출유망품목으로 조정 − 수출신용장을 담보물로 인정하고 수출신용보증제도 활용
수출촉진자금	− 지원대상을 농산물의 수매지원으로 확대 − 제도 명칭을 「농산물 수매지원자금(안)」으로 개칭 − 장기적으로 농협 일반대출로 전환검토 − 수출유망품목에 대한 자금 배정확대 − 수출업체별 우대금리 적용, 중소수출업체 우대 − 생산자에 대한 금융지원 병행
과실 봉지대 보조	− 동 제도를 국내보조에서 허용대상정책인 정부서비스정책으로 분류될 수 있도록 정부의 병충해방제지원제도로 통합 운영 − 지원대상을 국내시판용까지 확대 − 수출업자 부담분 70%도 전액 지원
과실저온저장고 건축지원	− 장기적으로 국고지원을 줄이고 농협 등 생산자단체가 건축지원을 담당하도록 유도 − 융자금리를 일반 대출금리수준으로 조정하되 거치기간 연장 − 시범단지 육성자금을 전환검토 − 국내보조 감축시 과실산업육성과 과실수급안정측면에서 동 제도 존속
통조림용 공관 비축 공급자금	− 지원대상을 통조림용 공관 비축으로 확대 − 제도 명칭을 「농산물 통조림용 공관 비축 공급자금(안)」으로 개정 − 농산물의 가공산업육성차원에서 동 제도 존속 − 기금에 의한 융자방식에서 시중은행을 통한 융자방식으로 전환검토
가축계열화사업	− 투자지원을 통한 구조개선의 일환으로 동 제도 계속 시행 − 장기적으로 축협 자체 자금에 의한 융자제도로 전환유도
육가공공장 건축 지원	− 축산업육성을 위해 동 제도 계속 시행 − 축산물가공단지를 지원대상으로 할 수 있도록 제도 개선 − 축협 자체 자금에 의한 융자제도로 전환유도
도축장 설치 지원	− 국민보건 향상 등을 목적으로 제도를 존속 − 유통개선, 축산가공품의 가공기술개발 및 판촉활동 등을 통한 정부의 유통개선정책으로 운영 − 축협의 일반대출제도로 대체 검토

더불어 박람회・시식회 등의 개최와 직판장의 운영・홍보활동의 강화 등이 절실히 요청된다.

<표 8-250> 허용대상제도의 개선방향

지원제도	개 선 방 향
과실류 신규시장 개척자금	- 대상품목 확대 - 기수출시장에 대해서도 지원 - 수출업체들의 해외시장개척 지원 - 생산자단체들과 공동기금 조성
판매전시장 운영, 국제박람회 참가, 시장개척단 파견	- 수출업체 및 생산자(단체)의 참여 확대 - 수출유망품목을 중심으로 선별 지원 - 실질적인 판촉프로그램 개발 - 보험가입요건 완화와 지역별·위험도별 보험요율 차별화
수출보험	- 포괄보험제도 확대 - 농산물의 선적전 위험을 담보하는 보험과목 신설 - 수출신용보증제도 활용

한편, 허용보조금의 효율적인 지원과 관련하여 농촌도로·시장건설·항만시설·용수공급·댐건설 및 환경보전관련지원정책은 허용대상보조금이므로 이들 보조금을 경지정리 및 용수개발에 효율적으로 활용해야 할 것이다. 또한, 수출상사와 생산자단체를 모두 보호하기 위해서는 공산물 수출지원제도에 준한 수출지원과 작물 및 수출보험제도의 조기정착 등의 시책이 뒷받침되어야 한다. 농산물수입으로 잃게 된 국내수요 대신 성장 농산물을 중심으로 수출을 촉진함으로써 해외수요를 창출하는데 정부·생산자단체·농민 등 각 주체들은 합심해야 할 것이다.

부 록

I. 기존의 GATT규정과 UR협정의 비교(GATT조문, 보조금, 상계관세조치, 반덤핑, 기술장벽)

〈부표 I-1〉 GATT조문 GATT 1947과 GATT 1994 규정의 비교

구 분	GATT규정	최종협정문 요약	평 가
제2조 1항 (b) 기타 과세 및 부과금	− 관세양허표에서 정한 조건 및 제한에 따라 동 양허표상에 규정된 관세를 초과하는 통상의 관세는 면제됨. − 또한 본 협정일 현재 부과되고 있거나 본 협정일 현재 수입국에서 발효 중인 법률에 의해 부과될 한도초과 범위의 수입관련된 모든 기타 과세 및 부과금(other duties or charges)은 면제됨.	− 관세양허표상에 기재(1항) ○ 관세양허표로 양허한 관세를 초과하는 통상의 관세는 면제되고 GATT협정 발효일에 발효 중인 법률로서 추가적으로 부과되는「기타 과세 및 부과금」또한 면제된다는 GATT 제2조 1항 (b)의 법률적 권리·의무를 명료하게 하기 위해 거치관세항목(bound trariff items)에 부과되는「기타 과세 및 부과금」은 해당 품목 관세양허표에 기재하도록 함. − 발효일과 적용수준(2항) ○ GATT 제2조 목적을 위해「기타 과세 및 부과금」을 제한 또는 거치시킬 일자는 WTO 설립협정 발효일로 함. ○ 적용수준은 발효일자 당일에 양허표에 기재된 수준 − 대상품목(3항) ○「기타 과세 및 부과금」은 모든 거치관세(all tariff bindings)에 대하여 기록됨. − 이의제기(4항) ○ 이전에 이미 양허된 관세품목에 대한「기타 과세 및 부과금」의 수준은 최초의 양허표에 나타난 수준보다 높을 수 없음. ○ 양허표가 WTO사무총장에 기탁된 후 3년 동안 각 회원국은 최초거치시「기	− 관세양허표에 기타 과세 및 부과금을 기재하도록 하고, 이의적용수준, 대상품목, 이의제기, 분쟁해결절차, 양허표의 수정여부 등에 대한 상세한 규정을 두어 GATT 제2조 내용을 명료하게 함.

구 분	GATT규정	최종협정문 요약	평 가
		타 과세 및 부과금」이 존재하지 않았다던가 또는 그 기록된 수준이 이전에 거치되었던 수준과 다르다던가의 이유를 들어 이의를 제기할 수 있음. －권리·의무(5항) ○「기타 과세 및 부과금」을 양허표상에 기재하는 것은 GATT의 권리·의무사항과 일치함. －분쟁해결절차(6항) ○ 이의가 있을 경우 GATT의 정상적 협의절차 및 분쟁해결절차를 적용함. －양허표 기탁 후 수정(7항) ○ WTO 설립협정 발표 전에는 GATT 상품무역이사회의 사무총장에게, 그 이후는 WTO사무총장에 기탁시 양허표에서 생략된「기타 과세 및 부과금」은 추후 다시 기재될 수 없음. ○ 단, 양허표 기탁 후 6개월 이내에 이의를 제기하는 경우 구제가 가능함.	
제17조 국영무역 기업		－GATT규정의 확인 ○ GATT 제17조는 민간무역업자의 수출입에 영향을 주는 정부조치에 대한 무차별대우의 일반원칙을 따라야 하는 국영무역기업(state trading enterprises)의 활동에 대하여 회원국에 부과하는 의무를 규정하고 있음을 주목함. ○ 또한 국영무역기업에 영향을 주는 정부조처에 대하여 회원국은 GATT 1994 의무를 따라야 함을 주목함.	
	－무차별대우원칙 준수의무(GATT 17.1.a) ○ 각 체약국은 국영기업을 설립하거나, 어떤 기업에게 배타적 또는 특	－통보대상기업의 정의(1항) ○ 국영무역기업활동의 명료성을 보장하기 위해서 그러한 기업은 작업반의 검토를 위해 상품무역이사회에 통보되어야 하며, 동 기업의 정의는 다음과 같음.	－국영무역기업의 범위가 확대됨. ○ 비정부기업도 포함

구 분	GATT규정	최종협정문 요약	평 가
	별한 권한을 부여하는 경우, 동 기업은 무역에서 민간무역업자의 수출입에 영향을 주는 정부조치와 관련 무차별대우의 일반원칙에 따라야 함. −상업적 고려에 의한 거래의무 (GATT 17.1.b) ㅇ 상기의 기업은 가격, 품질, 시장성, 수송, 기타 조건 등 상업적 고려에 의해서만 구매 또는 판매를 해야 하며, 다른 체약국의 기업에 대하여 상기 구매 또는 판매거래에 경쟁적으로 참여할 수 있는 충분한 기회를 관습에 따라 부여해야 함. −예외조항(GATT 17.2) ㅇ 상기 제1항의 규정은 재판매 또는 물품생산용이 아닌, 정부의 최종소비를 위해 물품을 수입할 경우에는 적용하지 않음. −통고의무(GATT 17.4.a~b) ㅇ 체약국은 국영무역기업에 의해 수출입되는 물품을 체약국단에 통고해야 함. ㅇ 상기 제2항의 양허대상이 아닌 물품에 대하여 수입독점을 설정, 유지 또	·마케팅위원회를 포함하여 정부 및 비정부기업으로서, 법적 또는 헌법적으로 통합하여, 배타적 또는 구매과정에서 수출입수준 또는 방향에 영향을 주는 기업 ㅇ 동 통보요건은 판매용 물품의 생산 또는 재판매를 위해서가 아니라 정부 또는 국영무역기업의 최종소비를 위한 물품의 수입에는 적용되지 않음. −통고정책 검토(2항) ㅇ 각 회원국은 상품무역이사회에 제출할 국영무역기업의 통고와 관련된 자국의 정책을 검토해야 함. ㅇ 상기 검토시 각 회원국은 통고대상 국영무역기업의 운영상태 및 그 기업의 운영이 국제무역에 미치는 영향 등을 명확히 파악할 수 있을 정도로 가능한	 −통고에 대한 조항 강화 ㅇ 절차가 명료화됨.

구 분	GATT규정	최종협정문 요약	평 가
	는 승인하는 체약국은 동 물품교역량의 상당비중을 점하는 타체약국의 요청이 있을 경우, 동 물품의 수입차액을, 아니면 당해 물품의 재판매가격을 체약국단에 통고해야 함.	한 최대의 명료성을 확보해야 함. - 통고(3항) ㅇ 통고는 1960년의 국영무역에 관한 질문서 양식을 따르도록 함. - 이의제기 및 역통고(4항) ㅇ 어떤 회원국이든 다른 회원국이 통고의무를 적절히 이행하지 않는다고 믿을 만한 이유가 있을 경우 관련 회원국에 이의를 제기할 수 있음. ㅇ 동 문제가 만족스럽게 해결되지 않는 경우 상품무역이사회에게 역통고하여 작업반으로 하여금 동 문제를 검토하게 할 수 있으며, 이 경우 관련 회원국에게도 동시에 통지해야 함.	
	- 정보제공 요구권한(GATT 17. 4. c) ㅇ 체약국단은 어느 한 체약국의 국영기업 운영으로 악영향을 받고 있다는 근거를 갖고 있는 타체약국의 요청이 있을 경우, 그 체약국에 대하여 본 규정의 실시와 관련된 동 기업운영에 관한 정보를 제출하도록 요구할 수 있음. ㅇ 단, 법령 실시를 방해하고 공공이익에 반하거나, 특정기업의 합법적인 상업상의 이익을 침해할 수 있는 비밀정보는 공개를 요구할 수 없음.	- 작업반(working party)의 구성(5항) ㅇ 작업반은 상품무역이사회를 대신하여 통고 및 역통고를 검토하기 위해 설치됨. ㅇ 상품무역이사회는 동 검토에 비추어, GATT 제17조 4항 (c)에 저촉되지 않는 범위 내에서 통고의 적정성 및 추가정보필요성에 대한 권고를 할 수 있음. ㅇ 작업반은 접수된 통고에 대해 국영무역에 관한 1960년 질문서에 적절히 답하였는지 여부와 통보기업의 정의대로 모두 포괄하였는지 여부를 검토함. ㅇ 작업반은 정부와 기업간의 관계를 예시하는 여러 유형, 제17조의 목적에 합당한 기업활동유형 등을 보여주는 예시적 목록을 개발하도록 함. ㅇ 이러한 작업을 함에 있어서 WTO사무국은 국영무역기업에 관한 배경문서를 작업반에 제공함. ㅇ 작업반의 회원자격은 참가를 희망하는 모든 회원국에 열려 있으며 본 양해가 발효된 지 1년 이내에 작업반을 구성하고, 이 후 매년 최소한 1회 회의를 개최하며, 그 활동을 매년 상품무역이사회에 보고해야 함.	- 통고내용을 충분히 검토하도록 하기 위해 체약국단을 대신하여 작업반을 구성함.

구 분	GATT규정	최종협정문 요약	평 가
제12조/ 18조 B항 국제수지 조항	＊＊ GATT 제12조(국제수지 옹호를 위한 제한) 및 제18조(경제개발에 대한 정부원조) B항의 주요 내용 (일부) ＊ 제12조 2항 A ー체약국은 자국의 대외 재정상황 개선 및 국제수지 옹호를 위하여 해당 GATT규정 준수를 조건으로 수입허가물품의 수량 또는 가격을 제한할 수 있음. ○ 동 수입제한은 다음 목적에 필요한 수준을 초과해서는 안 됨. i) 통화준비(monetary reserve)의 현저한 감소를 저지하기 위한 것, 또는 그 위협을 예방하기 위한 것 ii) 통화준비가 극히 낮은 체약국의 경우 통화준비의 합리적인 증가율을 달성하기 위한 것(GATT 12.2. a) ＊ 18조 B/9항 ー제18조 4항 a(개발도상국)의 범주에 속하는 체약국은 대외재정상태를 개선하고 경제개발계획의 실시에 충	ーGATT 제12조 및 18조 B항과 1979년의 국제수지목적을 위한 무역조치에 관한 선언(1979년 선언)을 더욱 명확히 하기 위해 다음과 같이 결정함. 1. BOP조치의 적용(Application of Measures) ー한시적 철폐시간표(1항) ○ 국제수지목적을 위하여 취해진 수입규제는 한시적이어야 하며, 그 철폐에 대한 시간표는 가급적 공표해야 함. ○ 그러나 철폐시간표는 국제수지상황의 변화에 납득할 만한 이유가 있으면 수정될 수도 있음. 시간표가 공표되지 않는 경우 그 이유가 정당화되어야 함. ー가격에 기초한 조치(2항) ○ 회원국들은 무역에 대해 최소한의 교란효과를 미치는 조치(이하 「가격에 기초한 조치」)를 선호한다고 다짐하는 바, 그러한 BOP조치는 수입부과금, 수입적립금규정 또는 기타 주로 수입품목의 가격에 대해서만 영향을 미치는 무역제한조치를 뜻함. ○ 이 경우 국제수지개선을 목적으로 하는 가격에 기초한 조치는 GATT 제2조상 양허한 관세수준을 초과하게 되는 예외도 인정받을 수 있게 되나 이때는 반드시 통고절차에 따라 거치관세 초과금액을 분명히 그리고 별도로 명기해야 함. ー수량제한조치(3항) ○ 심각한 국제수지상황이거나 가격에 기초한 조치로는 급격히 악화되고 있는 대외수지를 치유할 수 없는 경우에 한하여 수량제한을 허용하되 다음 조건을 지켜야 함.	ー개발도상국의 경우 그동안 사실상 무기한 수입규제를 해왔는데, 철폐시간표를 제시하도록 함. ーBOP 적용을 가격조치에만 국한하여 보다 엄격히 하였음. ー수량제한조치는 GATT정신에 비추어 극히 예외적인 경우에 한하여 아주 엄격한 조건하에서만 가능하도록 함.

구 분	GATT규정	최종협정문 요약	평 가
	분한 수준의 통화준비를 확보하기 위 위해 수입허가물품의 수량 또는 수 입수준을 통제할 수 있음. ○ 단, 다음 목적에 필요한 수준을 초 과할 수 있음. i) 자국통화준비의 현저한 감소를 저 지 또는 그 위협의 예방 ii) 통화준비가 충분하지 못한 경우 적정률의 통화준비증가율 달성	· 가격조치가 국제수지개선에 부적합한 수단이라는 이유를 정당화해야 함. · 후속협의과정에서 수량제한조치가 유발하는 조치와 제한적 효과를 현저 히 감축시키고자 노력한 진전상황을 제출해야 함. · 동일품목에 대하여는 한 가지 이상의 수량제한조치를 취할 수 없음. －수량제한조치의 관리지침(4항) ○ 수입제한조치는 일반적 수입수준 통제에만 적용하도록 하고 필요한 국제수 지 개선 이상의 수준을 넘지 않도록 해야 함. ○ 수입하는 회원국 정부는 수입제한 대상품목 선정에 대한 기준을 명확히 해 야 함. ○ 제12조 3항, 제18조 B항 (10)에서 규정하고 있는 필수물품(essential pro- ducts)을 수입하는 경우, 회원국은 통관 부과금(surcharge)이나 국제수지를 이유로 한 기타 조치의 적용을 배제하거나 제한할 수 있음. · 필수물품이란 기본소비욕구를 충족시키는 물품 또는 국제수지 개선에 기 여하게 될 자본재 또는 원자재를 말함. ○ 수량제한 시행시 재량적 수입허가(discretionary licensing)는 불가피한 경우 에만 사용하고 점진적으로 폐지되어야 함. ○ 수입수량 또는 금액을 허가제로 하는 경우, 이 제도를 도입하게 된 기준에 대하여 정당화시켜야 함. 2. BOP협의절차(Procedures of BOP Consultations) －BOP위원회(5항) ○ BOP위원회(이하「위원회」)는 국제수지목적을 위해 취해진 모든 수입제한 조치를 검토하기 위해 협의해야 함. ○ 동 위원회는 1970년 4월 28일 이사회에서 승인된 BOP목적의 수입제한에	
	＊ 제12조 4항 a, b 및 제18조 B/12 a, b －수입제한의 전반적 수준을 높인 체 약국은 그 직후(또는 직전)에 자국		－BOP조치에 대한 BOP위원 회와의 협의를 활성화하고 정기화함. ○ 개발도상국, 최빈개발도상국

구 분	GATT규정	최종협정문 요약	평 가
	의 국제수지 악화상황, 실행가능한 시정조치, 제한조치가 타체약국에 미칠 영향 등에 관해 체약국단과 협의해야 함(12.4.a, 18.B/12.a). －체약국단은 특정일자에 본 조 규정에 의해 취해지고 있는 모든 제한조치를 심사해야 함. 해당 체약국은 상기의 일자에서 1년이 경과한 후부터 매년 체약국단과 협의해야 함(12.4.b, 18.B/12.b).	관한 협의절차(이하「전면협의절차」)에 따르되 이는 BISD 제18차 보충자료 pp.48~53에 수록되어 있음. －협의요청 및 시기(6항) ○ 새로운 수량제한을 적용하거나 제한조치를 실질적으로 강화하여 기존제한의 전체수준을 높이려고 할 경우 그러한 조치를 취한 지 4개월 이내에 위원회와 협의해야 함. ○ 동 조치를 위한 회원국은 GATT 제12조 4 (a)항 또는 제18조 12 (a)항에 의거 합당한 조항에 근거하여 협의를 요청해야 함. －주기적 협의(7항) ○ 모든 BOP목적의 수입제한조치는 제12조 4 (b)항 또는 제18조 12 (b)항에 의거 주기적으로 검토함. －단순협의절차(8항) ○ 위원회에 제출한 일정표에 따라 자유화노력을 추진하는 개발도상국 또는 최빈개발도상국의 경우 단순화된 절차에 따라 협의할 수 있음. ○ 특정개발도상국의 경우, 무역정책검토(TPRM)가 예정된 해와 협의하기로 정해진 해가 같은 경우에는 약식 합의 가능함. 3. 통고와 자료요청(Notification and Documentation) －통고(9항) ○ 수입제한조치의 도입 및 변경은 총회에 통고해야 함. 단, 중대한 변경은 공표 전이나 또는 공표 후 30일 이전에 통고해야 함. ○ 회원국들이 연간베이스로 조사할 수 있도록 법률, 규정, 정책성명 또는 공표문 등에 관한 모든 변경사항을 종합통고형식으로 WTO사무국에 제출해야 함.	이외의 국가는 BOP협의시 단순협의가 아닌 전면협의절차를 따르도록 함. －중대한 변경의 경우 통고시한을 설정하고 구비서류를 명기함으로써 적용을 엄격화함.

구 분	GATT규정	최종협정문 요약	평 가
		○ 통고대상에는 관세수준, 적용된 조치의 형태, 행정상의 기준, 대상품목 및 이러한 조치에 따라 영향을 받은 무역량 등이 포함됨. − 구비서류(11항) ○ 협의당사국이 준비해야 할 기본서류는 다음과 같음. (a) BOP 현황과 전망에 관한 개관 (b) BOP를 이유로 채택한 조치에 대한 충분한 설명과 그 법적 근거, 부수적인 보호적 효과를 줄이기 위해 취한 조치 등 (c) 위원회의 결론과 관련하여 마지막 협의 이후 수입을 자유화하기 위해 취해진 조치 (d) 잔존제한을 철폐 내지 점진적으로 완화하기 위한 계획 등 ○ 단순화된 협의하에서도 협의당사국은 위의 기본 서류가 포괄하는 필수정보를 수록한 서면서를 제출해야 함. − WTO사무국의 임무(12항) ○ WTO사무국은 협의계획의 여러 측면을 다루는 사실적 배경문서를 작성하여 위원회의 협의를 촉진함. ○ 특히 개발도상국의 경우 사무국은 협의대상 회원국의 BOP 상황 및 전망에 미치는 영향과 관련된 배경과 분석자료를 작성함. ○ 개발도상국의 요청이 있을 경우 사무국은 협의서류 작성을 위한 기술원조를 제공함. 4. BOP협의의 결론(Conclusions of BOP consultations) − 결론 및 보고(13항) ○ 위원회는 총회에 협의에 관해 보고함. ○ 전면협의인 경우	

구 분	GATT규정	최종협정문 요약	평 가
		· 위원회의 보고서에는 사실확인과 이유는 물론 협의계획의 상이한 요소에 관한 위원회의 결론도 지적되어야 함. · 위원회는 GATT 제12조, 제18조 B, 1979년 선언 그리고 본 양해각서 등의 집행을 촉진시키기 위한 건의안을 포함시켜야 함. · BOP를 이유로 한 제한조치 철폐에 대한 시간표가 제시되었을 경우 총회는 회원국이 그러한 시간표를 이행함에 있어 GATT의무를 준수해야 함을 건의할 수 있음. · 총회가 구체적인 건의를 할 때마다 회원국들의 권리·의무를 고려하도록 함. · 총회권고에 대해 구체적인 제안이 없는 경우 위원회 내에서 논의된 여러 이견을 위원회 결론에 기록하도록 함. －단순협의의 경우 보고서에는 위원회에서 논의된 주요 사항에 관한 요약, 전면협의가 필요한지 여부를 결정한 사항 등이 포함되어야 함.	
제24조 지역협정		－서문 ○ 지역협정의 목적은 협정당사국간 무역을 촉진시키되 비협정회원국에 대하여 장벽을 높이지 않는 것이며, 그 결성과 확대의 경우 최대한 여타 회원국의 무역에 대하여 불리한 영향을 미치지 않도록 해야 함을 재확인함. ○ 제24조하에 통고된 협정의 검토를 함에 있어 상품무역이사회는 새로운 또는 확대된 협정의 평가기준 및 절차를 명확히 하고, 제24조 내용을 명확히 함으로써 역할의 효율성을 높일 필요가 있음. 1. 제24조와의 일치 －관세동맹, 자유무역지역 및 그 형성을 위한 잠정협정은 GATT 제24조의 5, 6, 7, 8항 규정을 충족시켜야 함.	

구 분	GATT규정	최종협정문 요약	평 가
	＊ 제24조 5항 a(/b) －관세동맹(/자유무역지대) 결성시, 또는 관세동맹(/자유무역지대) 결성을 위한 잠정협정 체결시 동 동맹(/자유무역지대)의 구성국 또는 동 협정의 당사국이 아닌, 타체약국과의 무역에 적용되는 관세 및 기타의 상업적 제한은 해당 관세동맹(/자유무역지대)의 형성 또는 해당 잠정협정의 체결 전에, 이들 지역에서 적용되어 온 관세 또는 기타의 상업적 제한이 일반적 수준보다 더 높거나 규제적이어서는 안 됨. ＊ 제24조 5항 c －상기 a(/b)에서 규정된 잠정협정에는 적당한 기간 내에 관세동맹 또는 자유무역지대를 설치하기 위한 계획 및 일정표를 포함해야 함. ＊ 제24조 6항 －제5항 a의 요건을 충족할 때에도 어느 한 체약국이 제2조의 규정에 반하여 관세인상을 제안할 때에는 제28조의 절차가 적용됨.	2. 제24조 5항(관세동맹, 자유무역지역 및 그 잠정협정) －관세 및 기타 상업제한의 평가(2항) ○ 제24조 5 a항에 의한 관세동맹 형성 전후에 적용될 관세 및 기타 상업제한의 일반적 수준을 평가함에 있어 가중평균관세율 및 징수관세실적으로 종합 평가함. ○ 동 평가는 관세동맹이 제공한 전기의 대표기간 중의 수입통계, 관세기준, 가격과 수량 등을 WTO의 원산지별로 구분하여 실시함. ○ WTO사무국은 UR 관세협상시 사용하는 방식대로 가중평균관세율과 징수관세실적을 계산해야 함. 이때 관세 및 부과금은 실행관세율이 되며, 기타 상업제한수준을 평가하기 곤란할 때에는 개별조치, 규제, 대상품목 및 그에 영향을 받은 무역량 등을 별도로 요구함. －합리적 기간 ○ 제24조 5 c항에서 규정한 「합리적 기간」은 예외적인 경우에 한해 10년을 초과함. 3. 제24조 6항(제28조와의 관계) －관세율의 인상 또는 수정 ○ 제24조 6항은 관세동맹을 형성하는 회원국이 거치관세율을 올리고자 제안할 때 따라야 할 절차를 규정함. ○ 이와 관련, 관세동맹의 결성 또는 관세동맹 결성을 위한 잠정협정시 관세양	－평가기준을 명료화함.

구 분	GATT규정	최종협정문 요약	평 가
		허를 수정 또는 철회하기 전에 먼저 제28조 절차가 개시되어야 하며, 동절차는 1980년 11월 10일 GATT 1947 체약국단이 채택한 세부지침(27s/26) 및 GATT 1994의 제28조 양해각서에 자세히 설명되어 있음.	
	− 보상적 조정을 결정함에 있어서는 관세동맹의 타 구성국 관세인하에 의해 이미 제공된 보상을 적절히 고려해야 함.	− 보상 ◦ 제24조 6항에서는 보상조정을 결정함에 있어서 관세동맹의 다른 회원국이 취한 관세인하에 대하여 적절한 고려를 하도록 규정하고 있음. ◦ 만일 그러한 관세인하가 필요한 보상조장에 미흡하다면, 관세동맹은 다른 관세대상품목의 관세율을 인하하는 형식으로 보상할 수 있음. ◦ 보상이 충분치 않을 때 협상을 계속할 수 있으나 제28조에서 규정하는 합리적 기간 내에 협상이 안 되면 관세동맹은 관세양허를 수정 또는 철회할 수 있으며, 이로써 영향받은 회원국들도 제28조에 따라 실질적으로 동일한 양허를 철회할 수 있음. −GATT 1994 의무여부 ◦ GATT 1994는 관세동맹 형성 및 이에 대한 잠정협정으로 관세인하 혜택을 받는 회원국들로 하여금 관세동맹회원국에게 보상 조정을 할 의무를 부여하지는 않음.	− 보상적 조정의무에 대한 GATT규정을 보다 구체화하고 합의실패시 이해관계국의 대응조치를 규정함.
	✽ 제24조 7항 a − 관세동맹이나 자유무역지대 또는 이를 위한 잠정협정에 참가하기로 결정한 체약국은 즉시 체약국단에 통고해야 함.	4. 관세동맹과 자유무역지역의 검토 − 작업반에 의한 검토(7항) ◦ 작업반은 GATT의 합당한 조항과 본 결정사항 제1항에 따라 제24조 7 a항에 의거 작성된 모든 통고를 검토함. ◦ 작업반은 상품무역이사회에 검토보고를 제출하며 동 이사회는 필요하다고 생각되는 건의를 회원국들에게 함. − 잠정협정(8, 9항)	− 작업반을 구성하여 검토하도록 구체화함.

구 분	GATT규정	최종협정문 요약	평 가
		○ 잠정협정에 대하여는 작업반이 제시된 일정표, 관세동맹 또는 자유무역지역의 형성을 끝내는데 필요한 기간 및 조치 등에 대해 적절한 건의를 할 수 있음. ○ 잠정협정에 포함된 계획과 일정표가 크게 바뀌었다면 상품무역이사회에 통고되고 검토되어야 함. - 상품무역이사회에 대한 보고(11항) ○ 관세동맹이나 자유무역지역 회원국은 지역협정에 관한 GATT이사회 지시(18s/38)에 따라 당해 협정운영에 관해 정기적으로 상품무역이사회에 보고해야 함. ○ 또한 협정상 중대한 변경은 그 일이 있을 때마다 보고해야 함. 5. 분쟁해결(Dispute Settlement) - GATT의 분쟁해결조항(12항) ○ 관세동맹, 자유무역지역 또는 이를 위한 잠정협정과 관련하여 제24조의 적용으로부터 초래되는 모든 문제는 GATT의 분쟁해결절차 및 규칙에 대한 양해각서를 따르도록 함. 6. GATT 제24조 12항(자국의 지방정부 및 관할기관)	
	✱ 제24조 12항 - 각 체약국은 자국의 지방정부 및 관할기관이 본 협정의 규정을 확실히 준수하도록 가능한 합리적 조치를 취해야 함.	- 지방정부의 GATT의무 준수(13항) ○ 각 회원국은 GATT 1994의 모든 조항을 준수해야 할 책임이 있고 자국영토 내의 지방정부 및 관할기관이 GATT를 준수하도록 적절한 조치를 취해야 함. - 지방정부에 대한 제재(14항) ○ 회원국의 영토 내에 있는 지방정부 및 관할기관에 의한 GATT의무 준수에 영향을 미치는 조치에 대하여는 GATT의 분쟁해결조항을 발동시킴.	- 지방정부의 GATT의무 불이행시 대응조치를 구체화함.

구 분	GATT규정	최종협정문 요약	평 가
		○ 분쟁해결기구가 특정국의 지방정부가 GATT를 준수하지 않았다고 판정하면 해당 회원국은 이를 시정하고 적절한 조치를 취해야 함. ○ 보상조정 및 양허 또는 기타 의무의 정지에 관한 조항은 그러한 GATT 준수가 확보되지 않은 경우에 적용함. －타회원국의 진정 ○ 자국영토 내에서 취해진 GATT의 운영에 영향을 미칠 조치에 대하여 타회원국이 진정한다면 각 체약국은 이러한 협의에 대하여 동정적 고려를 하거나 적절한 기회를 제공하도록 함.	
제25조 5항 웨이버	* 제25조 5항 －본 협정에 달리 규정되지 않은 예외적 상황인 경우 체약국단은 본 협정에 의해 체약국에게 부과하고 있는 의무를 면제할 수 있음. 단, 동 결정은 투표된 표수의 2/3 이상 다수 가결이어야 함과 동시에 체약국단의 과반수를 넘어야 함. 또한 체약국단은 이러한 표결방식으로 다음 사항을 결정할 수 있음. i) 의무의 면제를 위하여 다른 표결 요건이 적용될 예외적 상황의 범위를 규정할 때 ii) 본 항의 적용에 필요한 기준을 정할 때	－웨이버 요청시 필요한 기술(1항) ○ 웨이버 또는 기존 웨이버의 연장을 요청하는 경우, 1) 회원국이 취하고자 하는 조치 2) 회원국이 추구하는 구체적인 정책목표 3) GATT의무와 일치하는 조치에 의한 정책목표를 달성하지 못하는 이유 등을 기술해야 함. －웨이버 종료일 ○ WTO 설립협정 발효시 유효한 웨이버는 WTO 설립협정 9조에 의거 연장되지 않는 한, 의무면제기한일 또는 본 결정일로부터 2년 후 빠른 시점에 종료되어야 함. －웨이버로 인한 GATT이익의 침해 1) 웨이버향유국의 당해 웨이버상 조건 위반 2) 웨이버상의 조건에 합치하는 조치의 적용으로 인해 일반협정상의 이익이 무효화 또는 저해되었다고 간주하는 회원국은 분쟁해결규칙 및 절차에 대한 양해각서를 GATT 1994의 제23조 규정에 원용할 수 있음.	－예외적으로 인정된 동 규정이 영구적으로 사용되지 않도록 웨이버 요청을 검토하여 결정할 경우, 한시적 기한을 설정하고 기존의 웨이버도 정기적으로 재검토하도록 하여 무기한 남용되지 않도록 함.

구 분	GATT규정	최종협정문 요약	평 가
제28조 양허표의 수정	* 제28조 1항 ー 체약국(이하 신청체약국, applicant contracting party)은 i) 양허에 대한 최초협상국이었던 체약국과 ii) 체약국단이 주요 공급국(principal sup-plying interest)으로서의 이해관계를 가졌다고 결정한 타체약국(이상 두 가지 범주의 국가 및 신청체약국을 「주요한 관련 체약국」이라 함)과의 협상 및 합의에 의해, 그리고 체약국단이 동 양허에 대하여 실질적 이해관계가 있다고 결정한 기타 체약국과 협의를 조건으로 하여, 1958년 1월 1일부터 매 3년간의 최초일(또는 전체체약국의 2/3 다수로 가결한 기간의 최초일)에 양허를 수정 또는 철회할 수 있음.	ー 주요 공급국과 협상권(1항) ㅇ 양허의 수정이나 철회시 양허에 의해 영향을 받은 상품의 수출이 당해 국가의 총수출에서 차지하는 비율이 가장 큰 회원국(즉, 양허를 수정 또는 철회한 국가의 시장에 대한 상품수출)은 제28조 1항에 규정된 우선협상권이나, 주요 공급적 이해관계를 가지고 있지 않을 경우 주요 공급국으로서의 이해 관계(principal supplying interest)를 가진 것으로 간주함. ー 주요 공급적 이해관계국의 주장 서면제출(2항) ㅇ 주요 공급적 이해관계국은 양허를 수정 또는 철회하는 회원국과 WTO사무국에 증빙자료를 첨부한 서면으로 주장을 밝혀야 함. ー 자격결정시 기준은 최혜국대우에 기초한 교역(3항) ㅇ 주요 공급적 이해관계국 또는 실질적 이해관계국을 결정할 경우 최혜국대우 기초에 입각한 무역만 고려함. ー 신상품에 대한 협상권 및 보상기준(4항) ㅇ 최근 3년간 무역통계에 나타나지 않은 신상품에 대해서는 동 상품이 현재 분류되어 있거나 과거에 분류되어 있던 품목군에 대해 최초협상권을 가진 나라가 최초협상권을 가진 것으로 간주함. ㅇ 보상기준은 해당 품목의 수출국 생산능력, 투자, 수출성장추정치 및 수입국의 상품수요예측치 등을 고려함. ー 신상품에 대한 주요 공급적 이해관계국 및 실질적 이해관계국 ㅇ 상기 4항에 의해 주요 공급적 및 실질적 이해관계국이 되는 회원국은 증빙자료를 첨부한 서면으로 양허의 수정 또는 철회를 제안한 회원국과 WTO사무국에 권리주장을 제출해야 함.	

구 분	GATT규정	최종협정문 요약	평 가
		− 관세율 쿼터(tariff rate quota) 설정시 보상기준 ○ 관세양허를 관세율쿼터로 대체하는 경우, 보상액은 그 양허의 수정에 의해 실질적으로 영향받은 무역액을 초과해야 하고, 보상의 산정기준은 장래 무역전망액이 쿼터의 수준을 초과하는 금액이어야 함. − 보상양허에 대한 최초협상권 ○ 상기 1항 또는 GATT 제28조 1항에 의거 양허수정 또는 철회시 주요 공급적 이해관계를 가진 회원국은 관련 회원국들에 의해 다른 형태의 보상합의가 없는 한 보상양허에 있어 최초협상권을 가짐.	
제35조 협정의 부적용	− 협정의 부적용(제35조) ○ 양체약국 상호간에 관세교섭을 개시하지 아니한 경우, 또는 양체약국 중 일방이 타체약국에게 협정의 적용을 승락하지 않는 경우, GATT 전체 또는 GATT 제2조(양허협상)는 적용되지 않음. − 체약국단은 체약국의 요청이 있을 때 특수한 경우에 있어서 본 조(35조)의 운용을 검토하고 적당한 권고를 할 수 있음.	− 서문 ○ 양허협상의 비적용에 대한 GATT 제35조 1항의 규정에 주목함. − 회원국과 GATT 가입신청 중인 정부는 GATT 제35조 발동권을 침해하지 않고서 가입신청 중인 정부가 제출한 관세양허표에 대해 협상을 개시할 수 있음.	

〈부표 Ⅰ-2〉 보조금(GATT/MTN Code와 UR협정의 비교)

구 분	GATT / MTN규정	최종협정문 요약	평 가
보조금의 정의 및 특정성	〈공산품 수출보조금〉(MTN 제19조) －원칙적으로 사용금지 ○ 보조금·상계관세협정의 목록에 12개 유형의 보조금 예시목록 제시 〈일차산품 수출보조금〉(MTN 제10조) －원칙적으로 사용 가능하되 해외시장에서 자국의 시장점유율을 부당하게 높이거나, 독점시장에서 타국보다 낮은 가격으로 공급하는 결과를 초래하는 방법으로 사용되어서는 안 됨. 〈국내보조금〉(MTN 제11조) －다른 체약국의 이익을 침해하지 않는 한 사용 가능	가. 보조금의 정의(제9조) －직접적 자금이전(무상지원, 대출, 지분참여 등), 잠재적 자금이전 또는 채무부담(대출보증 등) －정부세입의 포기(세액공제와 같은 조세혜택 등) －정부에 의한 일반 사회간접자본 이외의 재화와 용역의 제공 및 재화의 구매 －정부가 자금공여기관, 또는 민간기관을 활용하여 상기 역할을 대행 나. 특정성(제2조) －금지보조금이나 상계가능보조금 및 상계관세에 관한 규정이 적용되는 특정성의 준거는 다음과 같음. ○ 공여기관 또는 관련 법률이 일부 기업에 대한 보조금 지급을 명확히 제한하는 경우 ○ 공여기관 또는 관련 법률이 보조금의 수혜기준 및 금액에 대하여 객관적 기준과 조건을 명확히 설정하고, 당해 기준 및 조건에 따라 자동적으로 수혜자격이 부여되며 이러한 기준과 조건이 엄격히 준수될 경우는 예외를 인정함. ○ 상기와 같은 원칙상의 특정성이 없다고 하더라도 해당 보조금 지급이 특정적이라고 판단되는 경우 다음과 같은 기타 요건들을 고려할 수 있음. ·소수 특정기업에 국한된 보조금 운용 ·특정기업에 대한 지나치게 거액의 보조금 지급 ·보조금 지급에 있어서 공여기관이 재량권을 행사하는 방식. 단, 상기규정의 적용시 해당국의 경제활동의 다양성 및 보조금제도 운용기간 등이	－기존 GATT규정에는 명확하지 않던 보조금의 정의를 제시

구 분	GATT/MTN규정	최종협정문 요약	평 가
		참작 되어야 함. -특정지역 내에 위치하는 모든 기업에 지급되는 보조금은 공여기관의 성격에 관계없이 특정적인 것으로 간주함. -특정성의 판정은 명시적 증거를 근거로 명백히 입증되어져야 함.	
금지보조금	-별도규정 없음.	가. 금지(제3조) -다음과 같은 보조금 지급은 금지되어야 하며, 회원국은 해당 보조금을 제공하거나 유지할 수 없음. ㅇ 법률상 또는 사실상 수출성과에 따라 공여되는 보조금으로서 수출보조금 예시목록에 게재된 것을 포함 ㅇ 수입품 대신 국내생산품 사용에 대하여 공여되는 보조금 나. 구제조치(제4조) -금지보조금 지급에 따른 피해시정을 위한 조치는 다음과 같은 절차를 따름. ㅇ 이해당사국간의 협의신청(30일) : 협의요청국은 보조금의 존재 및 성격에 대하여 가용한 증거를 제출해야 함. ㅇ GATT보조금위원회 검토(90일) : 상설전문가그룹에 협조요청 가능 ㅇ 금지여부 판정 : 금지보조금의 즉각적 철회권고 ㅇ 보복조치 : 위원회가 정한 기간 내에 권고를 받아들이지 않는 경우 분쟁해결기구는 적절한 대응조치를 취함.	-금지보조금의 정의 및 범위를 명료화함.
상계가능보조금	-별도규정 없음.	가. 무역효과(제5조) -어떤 회원국도 보조금의 지급으로 타회원국의 이익에 불리한 효과를 초래해서는 안 됨. ㅇ 타국의 국내산업에 대한 피해 ㅇ GATT, 특히 제2조 양허에 의하여 타회원국이 직간접적으로 향유하는 혜택	

구 분	GATT / MTN규정	최종협정문 요약	평 가
		의 무효화 또는 손상 ○ 타국의 이익에 대한 심각한 침해 나. 심각한 침해(제6조) ─다음과 같은 경우 심각한 침해가 있는 것으로 간주됨. ○ 보조금 지급이 상품가액의 5%를 초과하는 경우 ○ 어떤 산업에서 발생하는 영업손실을 보전하기 위한 보조금 ○ 어떤 기업에서 발생하는 영업손실을 보전하기 위한 보조금으로서 장기적 해 　결에 필요한 시간을 확보하고 심각한 사회적 문제의 회피를 위하여 지급되 　는 비반복적인 일회적 조치는 제외 ○ 직접적 채무감면, 즉 정부보유채권의 면제 및 채무상환을 위한 무상지원 ─위 규정에도 불구하고 보조금지급국가가 당해 보조금이 다음과 같은 결과를 　초래하지 않았음을 입증할 경우 심각한 침해가 없는 것으로 간주함. ○ 보조금으로 인하여 보조금지급국가의 시장에서 타회원국의 유사상품의 수 　입이 대체 혹은 저해 ○ 보조금으로 인하여 동일시장에서 타회원국의 유사상품과 비교하여 현저한 　가격인하를 초래하거나 타상품의 가격하락, 가격인상 억제, 판매감소 발생 ○ 보조금의 결과 해당 품목의 세계시장점유율이 과거 3년 평균치와 비교하여 　증가하고, 이 같은 증가가 보조금지급기간 중 지속적 추세를 보일 경우 다. 구제조치(제7조) ─상계가능보조금이 타국에 불리한 영향을 주는 경우 다음과 같은 절차를 거 　쳐 보복조치를 취할 수 있음. ○ 이해당사국간의 협의 신청(60일) ○ GATT보조금위원회(12일) : 제10부의 분쟁해결절차 준수	─동경라운드협정에서 단지 언급에 그쳤던 심각한 침해(serious prejudice)에 대해서도 구체적 준거를 마련하고 이에 대한 상계조치를 허용

구 분	GATT / MTN규정	최종협정문 요약	평　가
		○ 위원회 결정 : 보조금의 철회나 불리한 효과의 방지를 위한 조치권고 ○ 보복조치(6개월) : 피해 정도와 성격에 적합한 조치를 취할 수 있는 권한 부여	
허용보조 금	− 별도규정 없음.	가. 허용보조금의 식별(제8조) − 다음의 경우에 해당되면 허용되는 것으로 간주함. ○ 연구개발지원 　·기초산업기술연구의 경우 소요비용의 50%, 응용연구의 경우 25%까지 지원이 가능함(지정된 용도에 한해). ○ 지역개발지원 　·낙후성은 다음 두 요소 중 적어도 하나에 기초한 경제발전지표를 포함해야 함. ① 해당 지역의 일인당 소득, 가구당 소득, 또는 일인당 GDP가 전국 평균의 85% 이하일 것. ② 해당 지역의 실업률이 전국 평균의 110% 이상일 것. − 허용보조금은 시행 전에 보조금위원회에 통보해야 함. − 불리한 효과가 있다고 판단되는 허용보조금일 경우 해당 국가는 타회원국에 대하여 협의를 요청할 수 있음	−3차 의장안에 포함되었던 환경보존이나 구조조정지원은 허용보조금에서 제외하여 보조금 운용의 대폭적 규제를 초래하게 됨.

〈부표 Ⅰ-3〉 상계관세조치(GATT/MTN Code와 UR협정의 비교)

구 분	GATT/MTN규정	최종협정문 요약	평 가
준거규정		− 상계관세의 부과는 GATT 6조(반덤핑 및 상계관세) 및 본 협약의 규정을 준수해야 함.	
조사개시 및 후속 조치	− 피해를 입은 국내산업 또는 그 대리인의 제소에 의해 조사개시 − 보조금과 피해의 존재 및 양자간의 인과관계에 대한 증거(MTN 2WH)	− 피해를 입은 산업으로부터의 서면요청에 의하여 조사개시되며, 요구서는 다음과 같은 조항에 대하여 충분한 증거를 포함해야 함. ○ 보조금의 존재 및 가능하면 그 규모 ○ 국내산업의 피해 ○ 보조금 지급물품의 수입과 추정되는 피해발생과의 인과관계 − 조사의 진행이 통관절차를 방해해서는 안 되며, 조사는 원칙적으로 1년 이내에 종결되어야 함.	
피해판정		− 다음과 같은 항목에 대한 객관적 검토가 이루어져야 함. ○ 보조금 지급물품의 수입규모 및 동종수입물품의 가격에 미친 영향 ○ 동 수입이 관련 국내산업에 미친 영향 − 피해의 위협에 대한 판정은 사실에 근거해야 함.	− 보조금액의 산정에 있어서 수혜자수익기준 채택 ○ 수혜자 수익기준 : 기업이 정부로부터 자금을 조달받는 비용과 시장에서 조달받는 비용 사이의 차이
상계관세 의 부과	− 보조금액 범위 내에서 상계관세 부과여부는 수입당국의 재량(MTN 제4조)	− 수입국의 결정사항이며, 상계관세액은 보조금액을 초과할 수 없음. − 보조금 지급으로 피해를 초래한다고 판정된 모든 국가로부터의 수입에 차별없이 부과되어야 함.	
잠정조치 및 소급 적용	− 관계당국이 조사기간 중 피해방지를 위해 필요하다고 판단되는 경우 예비판정 이후 잠정적으로 산정된 보	− 잠정조치는 잠정적 상계관세형태를 취하며, 현금이나 채권담보형태로 잠정관세를 부과할 수 있음. − 조사개시일로부터 60일 이전에 취할 수 없으며, 실시는 4개월을 넘길 수	

구 분	GATT/MTN규정	최종협정문 요약	평 가
	조금액 범위 내에서 4개월 초과불가 (MTN 제5조)	없음. - 최종판결 이후 상계관세부과는 잠정조치가 취해진 기간에는 소급적용됨.	
확정상계 관세의 우 회방지조 치	- 별도조항 없음.	- 부품형태의 수입물품에도 다음 조건에 해당될 경우 상계관세를 부과할 수 있음. ○ 조립품이나 완성품이 상계관세부과물품과 동종제품일 경우 ○ 수입국에서의 조립이나 완성을 담당하고 있는 업자가 상계관세의 제약을 받는 수출업자나 생산업자와 연관을 갖고 있는 경우 ○ 상계관세부과를 초래할 조사개시 이후 조립 및 부품수입이 급증한 경우 ○ 수입부품가격이 전체조립이나 완성공정에서 필요한 부품가격의 70% 이상을 차지할 경우(단, 해당 부품의 부가가치가 최종제품가격의 25% 이상일 경우는 제외) ○ 수입부품에 대한 상계관세부과가 국내산업에의 피해를 상쇄하거나 방지하는 데 필요하다고 판단되는 경우	
개발도상 국 우대 조치	- 개발도상국 경제개발을 위한 수출보조금을 비롯한 보조금의 필요성 인정(MTN 제14조)	- 최빈개발도상국(소득수준이 천달러 미만인 개발도상국)에 대해서는 수출보조금의 금지를 적용하지 않음. - 여타 개발도상국의 본 협상 종결 후 8년 내에 가급적 점진적으로 수출보조금을 철폐해야 함. - 개발도상국의 특정상품의 연 2년 동안 세계시장점유율이 3.25% 이상 신장되었을 경우는 2년기간 동안에 동 상품에 대한 수출보조금을 철폐해야 함.	- 동경라운드협정은 서명개발도상국에 대해서 경쟁 및 개발필요성에 부합되는 한 수출보조금에 대한 예외를 인정하나 본 협정에서는 수출보조금에 있어서의 개발도상국우대조치를 일부 극빈개발도상국에게만 부여하도록 축소함.

〈부표 Ⅰ-4〉 반덤핑조치(GATT/MTN Code와 UR협정의 비교)

구 분	GATT/MTN규정	최종협정문 요약	평 가
덤핑의 결정	가. 덤핑에 대한 정의(GATT 6.1) -정상적인 가격 이하로 수출하여 상대국 산업에 실질적인 피해를 주거나 또는 그 우려가 있거나 산업확립을 실질적으로 지연시키는 것은 비난받아야 함.	가. 덤핑에 대한 정의 -GATT 6.1, MTN 2.1과 거의 동일	
	나. 정상가격의 인정기준 (GATT 6.1, MTN 2.4) -국내가격이 없을 경우 ○제3국 수출 동종상품의 비교가능 최고가격보다 낮은 경우 ○생산비에 타당한 판매비 및 이윤을 가산한 것보다 낮은 경우 덤핑인정	나. 정상가격의 인정기준(2.2) -수출가격과 정상가격의 비교가 잘 안 될 경우 제3국 내의 비교가능가격 또는 구성가격(수출국 내의 제조원가+판매비+이윤)을 정상가격으로 인정 ○수출국 내 소비용 판매량이 수입국 내 동종물품 판매량의 5% 이상일 경우 수출국 내 판매가격을 정상가격으로 인정	-구성가격의 자의적 적용 제한 -수출국 내 판매가격의 인정 범위를 확대
	다. (-)	다. 원가이하의 판매시 정상가격 인정기준(2.2.1) -원가이하 판매가 상당기간 동안 상당량 계속되고 합리적 기간 내에 총비용을 회수하지 못할 경우 정상가격으로 인정되지 않을 수 있음. ○판매가격(원가이하)이 조사기간 동안의 가중평균 원가를 상회하면 합리적 기간 내에 비용회수 가능하다고 인정 ○회수불능 원가항목 중 미래 및/또는 현재의 생산에 기여하는 경우 및 조사기간 동안의 원가가 생산개시단계로 인한 경우 원가 하향조정	-정상가격 인정범위 확대 -초기시장 확보하기 위한 원가이하 국내판매시 정상가격으로 인정
	라. (-)	라. 구성가격 산정시 이윤산정기준(2.2.2)	-자의적인 기준선 설정

구 분	GATT/MTN규정	최종협정문 요약	평 가
		-판매관리비, 기타 비용과 이윤 등은 조사대상 수출자 혹은 생산자가 정상거래과정에서 실현한 실제자료를 기초로 산정 -실제자료에 근거한 산정이 어려울 경우 다음을 근거로 할 수 있음. ○ 수출국 내 동일부류물품 생산하는 조사대상 생산자가 실현한 평균이윤 ○ 수출국 내 동일부류물품 생산하는 기타 생산자가 실현한 실제금액의 가중평균금액 ○ 기타 합리적인 방법. 단, 이윤은 수출국 내 동일부류물품을 생산하는 기타 수출자나 생산자가 정상적인 영업활동에 의해 실현적 이윤을 초과해서는 안 됨.	○ 예 : 일반관리비와 이윤을 각각 제조원가의 10% 및 8%로 설정 ○ 이윤산정관련 우선순위는 미결정
	마. 수출가격과 정상가격의 비교 (MTN 2.6) -공정한 비교를 위해서 두 가격은 동일한 거래수준, 보통 공장출고가격 (ex-factory level)으로, 또한 동일 시점에서의 판매관점에서 비교 -판매조건, 세금, 기타 가격의 비교가능성에 영향을 주는 차이에 대해 참작, 조정	마. 수출가격과 정상가격의 비교(2.4, 2.4.1, 2.4.2) -공정한 비교를 위해서 두 가격은 동일한 거래수준, 보통 공장출고단계 (ex-factory level) 및 유사한 판매시점에서 비교 -판매조건, 세금, 거래수준, 수량, 물리적 특성, 기타 가격의 비교가능성에 영향을 주는 차이에 대해 참작, 조정 -가격비교시 외화환산이 필요하면 판매일 환율 적용하여 조정 -수출가격과 정상가격을 각각 가중평균치 또는 거래별로 비교하는 것을 원칙으로 함. ○ 그러나 수출가격이 구매자, 지역, 기간별로 상이할 경우 가중평균 정상가격을 거래별 수출가격과 비교	-덤핑마진의 확대산정 방지, (-)의 덤핑마진 가능
	바. 동종물품의 개념(MTN 2.2) -동종물품(like product)이란 해당 물품과 모든 면에서 유사한 물품. 없	바. 동종물품의 개념(2.6) -좌동	-물리적 동일성에 기초를 두어 동종물품의 확대해석 방지

구 분	GATT/MTN규정	최종협정문 요약	평 가
	을 경우엔 매우 유사한 특성을 지닌 물품을 말함.		
피해의 결정	가. 피해판정시 고려요소 (MTN 3. 1~3. 3) －피해결정은 덤핑수입량 및 덤핑이 국내 동종물품의 가격 및 생산자에게 미치는 영향에 대한 긍정적 증거와 명료한 조사에 근거해야 함. －가격에 미치는 영향은 수입국 내 동종물품의 가격이 현저하게 하락 또는 억제되었는지, 예상되었던 가격상승이 현저히 방해받았는지 여부를 고려함. －해당 산업에 미치는 영향의 조사는 생산, 매출, 시장점유율, 이익, 생산성, 투자수익률 또는 가동률의 실질적·잠재적 감소와 같은 관련된 모든 경제요인과 지표에 대한 평가를 포함해야 함. 또한 국내가격에 미치는 요인에 대한 평가, 현금흐름, 재고, 고용, 임금, 성장, 자본, 또는 투자확대능력등에 대한 실질적·잠재적인 (－) 효과에 대한 평	가. 피해판정시 고려요소(3. 1~3. 3) －좌동 －좌동 －좌동	－선진국 주장대로 덤핑수입이 국내가격에 미치는 영향만 고려 －평가 고려요소는 많으나 실질적 피해에 대한 구체적인 기준의 결여로 자의성 개입 우려

구 분	GATT/MTN규정	최종협정문 요약	평 가
	가를 포함해야 함.		
	나. 덤핑수입과 산업피해간의 인과관계(MTN 3.4) －덤핑수입이 야기하는 피해를 조사할 때, 국내산업에 피해를 주고 있는 덤핑 이외의 다른 요소도 고려하여 덤핑수입에 전가시키지 않도록 해야 함.	나. 덤핑수입과 산업피해간의 인과관계 입증(3.4) －좌동 －덤핑 이외에 고려해야 할 요소(3.4조의 주석사항)˙ ○ 덤핑가격하에 판매되지 않는 동 물품의 수량 및 가격, 수요의 감소 또는 소비성향의 변화, 수출입국간 무역제한 관행 및 경쟁, 기술진보 및 국내산업의 수출능력, 생산성 등 모든 요소	－여전히 불명확 ○ 실질적 증거에 의한 입증 필요 ○ 피해판정시 덤핑마진을 고려해야 하나 이를 제외함.
국내산업의 정의	－피해판정시 국내산업이란 동종제품의 국내생산자 전체 또는 물품생산액이 동 물품의 국내총생산액의 상당부분(major proportion)을 차지하는 국내생산자를 말함. －단, 국내생산자가 수출자 또는 수입자와 특수관계가 있는 때, 또는 국내생산자 자신이 덤핑혐의물품의 수입업자일 때, 국내산업은 동 생산자 이외의 나머지 업체를 말함. －예외적 상황에서, 한 당사국의 시장영역은 둘 이상의 경쟁시장으로 구분될 수 있으며, (a) 동 시장 내 생산자들이 당해 제품생산의 전부 또는 거의 전부를 맡고 있을 경우,	－좌동 －좌동 ○ 국내생산자는 다음과 같은 경우 수출자 혹은 수입자와 특수관계가 있는 것으로 간주됨(4.1 주석사항). ·국내생산자와 수출자 또는 수입자 중 일방이 상대방을 직간접으로 통제하는 경우 ·국내생산자와 수출자 또는 수입자 양방이 동일한 제3자에 의해 직간접으로 통제받는 경우 ·국내생산자와 수출자 또는 수입자 양방이 동일한 제3자를 직간접으로 통제하는 경우	－상당부분이라는 표현이 모호, 계량화 필요

구 분	GATT/MTN규정	최종협정문 요약	평 가
	(b) 동 시장 내 수요가 시장영역 밖에 있는 당해 제품 생산자들에 의해 공급되지는 않는 경우 각 시장영역에 있는 생산자들은 별개의 산업으로 간주되어 어느 한 시장영역에 피해가 있을 경우 국내산업 전체의 상당부분이 피해입지 않더라도 피해가 존재하는 것으로 볼 수 있음. －둘 이상의 국가가 GATT 제26조 8항(a)의 규정하에서, 단일하고 통일된 시장 특성을 가질 만한 수준의 통합에 이른 경우, 통합된 전체지역의 산업은 앞서 언급된 국내산업으로 간주됨(이상 MTN 4의 내용).	－좌동 (이상 제4조의 내용)	
조사개시 및 조사	가. 조사개시(MTN 5.1) －덤핑혐의의 존재, 정도 및 영향을 결정하기 위한 조사는 영향받는 국내산업을 대표하여/국내산업에 의해 서면신청으로 개시됨. －동 신청은 (a) 덤핑 (b) GATT 제6조 및 MTN규정상의 해석의 의미에서의 피해 (c) 덤핑수입과 피해혐	가. 조사개시(5.1), 신청서 기재(5.2) 및 당국의 의무(5.3~4) －덤핑혐의의 존재, 정도 및 영향을 결정하기 위한 조사는 상기 4조 1항에서 정의된 국내산업을 대표하여/국내산업에 의해 서면신청으로 개시됨. －좌동 ○ 신청서에 기재할 내용 ·신청자의 신원 및 동종물품 국내생산량 및 금액 ·덤핑혐의 물품, 수출국 또는 원산지국명의 이름, 개별수출자 또는 외국의 생산자 및 문제물품을 수입하고 있는 수입자 명세	－제소자격의 계량화(국내총생산액의 50% 점유) 미흡 →임의적 적용가능성

구 분	GATT/MTN규정	최종협정문 요약	평 가
	의간의 인과관계에 대한 충분한 증거를 포함함.	· 당해 물품의 원산지 또는 수출국 내 소비용 판매가격(또는 제3국에의 수출 가격)에 대한 정보, 그리고 수출가격 또는 수입국 내 구매자에게 최초 재판매될 때의 가격에 대한 정보 · 덤핑혐의 물품의 덤핑수입규모추이, 동 수입이 국내 동종물품의 가격에 미치는 영향 등 - 당국은 조사를 개시할 만큼 충분한 정보가 되는지 여부를 결정하기 위해 신청서 내 증거의 정확성 및 충분성을 검토해야 함. - 국내생산자의 명시적인 지지 또는 반대의 정도에 대한 의사표시를 근거로, 동 신청이 제4조 1항에서 정의된 국내산업을 대표한다고 결정하지 않는 한 당국은 조사를 개시할 수 없음.	- 검토의무 강화, 그러나 제소자의 자료입증책임 명시하지 않음. - 제소자의 대표성여부 중시, 그러나 제4조의 「상당부분」 정의가 모호
	나. 조사의 거절, 중단(MTN 5.3) - 조사실시를 정당화할 만큼 덤핑 또는 그 피해에 대한 충분한 증거가 없는 것으로 인정되는 즉시 조사신청은 거절되고, 조사는 종결되어야 함. - 덤핑마진 또는 덤핑수입량(실제적/잠재적), 또는 그 피해가 무시할만한 경우에는 즉시 종결되어야 함.	나. 조사의 거절, 중단(5.7, 5.8) - 좌동 - 좌동 ○ 즉, 덤핑마진이 2% 미만이거나 특정국으로부터의 덤핑수입량이 수입국 내 동종물품시장에서 3% 미만의 점유율을 차지할 경우 덤핑마진이나 덤핑수입량이 경미한(de minimus) 것으로 봄. 단, 3% 미만의 개별국 덤핑수입량 합계가 7% 이상일 때는 조사를 계속할 수 있음.	- 조사대상 결정의 구체적 기준 설정

구 분	GATT/MTN규정	최종협정문 요약	평 가
	다. 조사의 종결(MTN 5.5) －조사는 특별한 경우가 아니면 개시 후 1년 이내에 종결되어야 함.	다. 조사의 종결(5.9) －조사는 개시 이후 1년 이내에 종결되어야 하며 특별한 경우에라도 18개월을 초과해서는 안 됨.	－조사 장기화에 따른 수출기업 피해방지
증거	가. (－)	가. 표본조사에 의한 조사대상 결정(6.10) －조사대상인 수출자, 생산자, 수입자, 또는 제품의 형태가 숫적으로 많을 때는 조사대상 선정시 이용가능한 정보를 근거로 표본조사하여, 합리적인 수의 이해관계자나 제품으로 제한할 수 있음. －표본조사대상에서 제외되었으나 참고용으로 필요한 정보를 제공한 수출자나 생산자에 대하여는 개별덤핑마진을 부과해야 함.	－대부분의 국가가 필요성을 인정하던 표본조사를 도입 －조사당국의 자의적인 판단 여지 제한
	나. (－)	나. 이해관계자의 범위(6.11, 6.12) －이해관계자 : 조사대상물품의 수출자, 외국생산자, 수입자, 조사대상물품의 생산자, 수출자로 구성된 무역/기업협회, 수출국정부, 수입국 내 동종물품 생산자, 생산자로 구성된 무역/기업협회 －산업상 소비자, 대표적 소비자단체는 조사와 관련된 정보를 제공할 수 있는 기회가 우려됨.	－노동조합, 소비자단체는 이해관계자에 불포함.
잠정조치		가. 잠정조치의 적용기간(7.3, 7.4) －잠정조치는 조사개시일로부터 60일 이전에는 적용 불가. －잠정조치는 4개월을 초과할 수 없으며 수출자의 요청에 따라 조사당국이 결정한 경우에도 6개월을 초과할 수 없음. ○조사당국이 조사과정에서 덤핑마진보다 낮은 관세로 피해를 제거하기에 충분한지 여부를 검토할 경우 동 기간은 각각 6개월, 9개월로 연장 가능	－당국의 자의적 판단가능성
가격인상 약속	－제 7.1~7.6조 내용 생략	－좌동(8.1~8.6) (가격인상약속은 덤핑마진을 초과할 수 없음)	－수량제한 약속 배제규정은 없음.

구 분	GATT/MTN규정	최종협정문 요약	평 가
덤핑관세의 부과 및 징수	가. 반덤핑관세의 부과결정권 (MTN 8.1) －요건이 충족될 경우, 반덤핑관세 부과 여부, 반덤핑관세의 폭에 대한 결정은 수입국 당국이 내림. ○ 반덤핑관세는 덤핑마진보다 작은 것이 바람직함.	가. 반덤핑관세의 부과결정권(9.1)	
	나. 반덤핑관세의 징수(MTN 8.2) －반덤핑관세는 덤핑으로 피해를 준 물품의 수입에 대하여 무차별적으로 각각의 경우마다 적정금액으로 징수되어야 함. －당국은 당해 물품의 공급자 이름을 명시해야 하며, 다수의 공급자가 관련되고 모든 공급자의 이름을 명시하기 어려운 경우 해당 공급국가명을 명시할 수 있음.	나. 반덤핑관세의 징수(9. 2) －좌동 －좌동	
	다. 반덤핑관세의 부과 및 징수 (MTN 8.3) －반덤핑관세액은 제2조에 의한 덤핑마진을 초과해서는 안 됨. －따라서 반덤핑관세 적용 이후, 징수된 관세가 실제 덤핑마진을 초과하	다. 반덤핑관세의 부과 및 징수(9.3.1, 9.3.2) －좌동 －삭제	

구 분	GATT/MTN규정	최종협정문 요약	평 가
	면, 마진 초과액은 즉시 반환되어야 함.		
		−반덤핑관세액이 소급평가될 때 최종납부세액의 결정은 가능한 한 신속히, 즉 통상적으로 반덤핑관세액 최종평가요청일로부터 12개월 이내에 하되 어떤 경우라도 18개월을 초과할 수 없음.	
		−반덤핑관세의 환급은 가능한 한 빠른 시일 내 이루어져야 하며, 관세지급의무의 최종결정일로부터 보통 90일 이내에 이루어져야 함.	
		−반덤핑관세액이 예상 평가될 때 덤핑마진을 초과한 관세의 환급은 즉각 반환되어야 함.	
		−실제 덤핑마진을 초과한 금액의 반환은 당해 수입업자가 정당한 증거에 의해 환급요청한 날로부터 보통 12개월 이내에 하되, 어떤 경우라도 18개월을 초과할 수 없음.	
라. (−)		라. 표본조사 제외기업에 대한 반덤핑관세의 부과(9.4)	
		−표본조사에 제외된 수출자나 생산자로부터 수입된 물품에 대한 반덤핑관세는 다음 수준 초과 못함.	−일률적인 관세부과 배제, 중소수출국의 불이익가능성 감소
		○ 표본조사에 선정된 수출자나 생산자에 대해 설정된 가중평균 덤핑마진	
		○ 미래 정상가격을 기초로 산정된 경우 표본조사에 선정된 수출자/생산자의 가중평균 정상가격과 조사에서 제외된 수출자/생산자의 수출가격과의 차액	
		−가중평균 산정시 zero 또는 최소마진개념 적용	
마. (−)		마. 신규수출자에 대한 반덤핑관세 부과(9.5)	
		−신규수출자가 기존의 반덤핑관세 부과대상 수출자와 관계없음을 증명할 경우 그들의 개별적 덤핑마진 결정 위한 조사를 신속히 수행해야 함.	−신규수출자에 대한 부당한 관세부과가능성 배제
		−신규수출자에 대한 조사진행 중 반덤핑관세 부과 못함.	

구 분	GATT/MTN규정	최종협정문 요약	평 가
소급적용의 요건		− 확정 반덤핑관세는 다음경우에 잠정조치적용일 90일 이전에 수입된 물품에 대해 부과 가능(10.3, 10.4) ㅇ 피해를 야기시킨 덤핑 전력이 있거나 수입자가 수출자의 덤핑사실 및 그 피해가능성을 인식하고 있는 경우 ㅇ 피해가 단기간의 대량 덤핑수입으로 야기되어 덤핑관세의 구제효과가 크게 저해될 경우	− 조사당국의 주관적 판단기준 적용을 어느 정도 배제했으나 구체적 요건은 미흡함.
반덤핑의 지속	가. 반덤핑관세 부과기간 (MTN 9.1, 9.2) − 반덤핑관세는 피해를 야기하는 덤핑에 대응할 정도와 기간만큼만 지속되어야 함. − 조사당국은 스스로의 판단으로 또는 이해관계자의 요청 및 재심필요성을 뒷받침하는 긍정적 정보 제출시 관세부과의 지속 필요성을 검토해야 함.	가. 반덤핑관세 부과기간(11.1, 11.2) − 좌동 − 좌동 ㅇ 재심결과 당국이 반덤핑관세가 더 이상 정당하지 못하다고 결정하면, 동 조치는 즉시 종결되어야 함.	
	나. (−)	나. 소멸시효의 인정여부(11.3, 11.4) − 반덤핑관세의 부과는 조사당국이 재심사과정에서 덤핑수입에 의한 피해 지속/재발의 방지를 위해 그 지속이 필요하다고 결정하지 않는 한 관세부과일(또는 최근의 재심일)로부터 5년 이내에 종결해야 함. − 재심사는 정상적인 경우 재심사 개시일로부터 12개월 이내에 종결되어야 함.	− 소멸시효 명시, 그러나 재심에 의해 연장이 가능함.

〈부표 Ⅰ-5〉 기술장벽(GATT / MTN Code와 UR협정의 비교)

구 분	GATT / MTN규정	최종협정문 요약	평 가
일반규정	− 표준화 및 적합판정 절차에 대한 용어정의 ○ 부속서 1에서 정의된 용어의 의미가 적용됨(동경라운드 TBT협정문 1.1 및 1.2). ○ 기술규정 및 표준의 정의에 제품의 특성은 물론「관련 공정 및 생산방법(Processes and Production Methods : PPMs)」을 포함 ○ 공산품과 농산물을 포함한 모든 상품에 본 협정이 적용됨(1.3).	− 표준화 및 적합판정절차에 대한 용어의 정의는 통상적으로 UN체제와 국제표준기관에서 채택된 것을 따르나 그들의 문맥과 협정상에서의 목적을 고려해야 함. − 그러나 본 협정을 위해서는 부속서 1에서 정의된 용어의 의미가 적용됨. − 공산품과 농산품을 포함한 모든 상품에 본 협정이 적용됨. ○「식품위생 및 동식물검역조치」에 본 협정규정 비적용신설(1.5) ○ 정부기관의 생산 또는 소비를 위하여 정부기관에 의하여 기술규정 또는 표준규격 등으로 작성된 구매명세서는 본 협정규정 비적용(1.4)	− UR 농산물협정에서「식품위생 및 동식물검역조치」에 대해 다루고 있음(GATT 제20조 b항 근거). − 정부조달에 관한 협정에 따름.
기술규정 및 표준	〈중앙정부기관에 의한 기술규정의 준비, 채택 및 적용(제2조)〉 − 가입국은 기술규정과 관련하여 수입되는 상품에 대하여 내국민대우원칙 준수(2.1) − 가입국은 국제무역에 불필요한 장애를 설정할 목적으로 기술규정을 준비, 채택 또는 적용하지 아니할 것	〈중앙정부기관에 의한 기술규정의 준비, 채택 및 적용(제2조)〉 − 좌동(2.1) − 좌동(2.2)	− 기술규정, 표준 또는 적합판정절차가 무역장벽화하지 않도록 규정을 강화하였음.

구 분	GATT / MTN규정	최종협정문 요약	평 가
	을 보장해야 함(2.2).		
	○ 합법적인 기술규정은 ① 국가안보상 요구 ② 기만적 관행의 방지 ③ 인체건강 또는 안전 ④ 동식물의 생명 또는 건강, 또는 환경보호에 관한 것이어야 함.	− 기술규정적용의 한시성(2.3) ○ 상황, 목적의 해제 또는 무역제한효과의 감소 경우 적용을 중단	− 기존의 강제 규정을 철폐시킬 수 있는 핵심규정이 됨.
	− 어떤 기술규정이 필요한 경우 관련 국제표준이 존재하거나 그 완성이 임박한 경우에는 이러한 국제표준 또는 관련 부분을 기술규정의 제정 기초로서 사용해야 함(TBT협정문 2.2)	− 좌동(2.4)	− 국제표준의 채택의무에서 면제되고 있는 회색지대인 강제규정분야는 사실상 국제표준의 채택을 약화시키고 있음.
	− 관련 국제표준이 존재하지 않거나 또는 국제표준의 기술적 내용과 같지 아니하고, 기술규정이 다른 가입국의 무역에 중대한 영향을 줄 우려가 있을 때 가입국은 다음 사항을 이행해야 함(TBT협정문 2.5).	− 가입국의 기술규정 정당성 설명의무(2.5) − 자국기술규정목적에 부합되는 상이한 타국기술규정도 자국과 동등한 것으로 수용할 것을 고려(2.7) − 좌동(2.9)	
	○ 특정한 기술규정을 도입하려고 한다는 사실을 적절한 초기단계에 이해 당사자들이 알 수 있도록 정간물에 공표해야 함(TBT협정문 2.5.1).	○ 좌동(2.9.1)	
	○ GATT사무국을 통하여 여타 가입국	○ 좌동(2.9.2)	

구 분	GATT/MTN규정	최종협정문 요약	평 가
	에게 제안된 기술규정의 목적과 합 리적 근거에 관한 설명과 함께 기술 규정이 적용되는 물품을 통보해야 함(TBT협정문 2.5.2).		
	○ 요청이 있을 경우, 제안된 기술규정 의 상세한 내용 또는 사본을 다른 가입국에게 제공해야 하고, 가능하 면 관련 국산표준과 실제로 차이가 있는 부분을 확인해야 함(TBT협정 문 2.5.3).	○ 좌동(2.9.3)	
	○ 다른 가입국이 서면으로 그들의 의 견을 제시하고 요청이 있는 경우 이 의견들을 토의하며, 또한 토의결과 를 고려할 수 있는 적절한 시간을 차별없이 허용하도록 규정되어 있음 (TBT협정문 2.5.4).	○ 좌동(2.9.4)	
	−어떤 가입국이 안전, 건강, 환경보 호 또는 국가안보상의 긴급한 문제 가 발생하거나 발생할 우려가 있는 경우 상기와 같은 의무이행절차를 생략할 수 있음(TBT협정문 2.6).	−좌동(2. 10)	
	○ 다만, 가입국은 관련 기술규정을 먼 저 채택한 후 긴급한 문제의 성격을	○ 좌동(2.10.1)	

구 분	GATT / MTN규정	최종협정문 요약	평 가
	상기 2.9.2조항과 같이 GATT사무국에 통보해야 하며(TBT협정문 2.6.1).		
	○ 요청이 있을 경우 기술규정의 사본을 제공해야 하며 토의결과를 고려할 수 있는 시간을 허용해야 함(TBT협정문 2.6.2 및 2.6.3).	○ 좌동(2.10.3)	
	○ 14조하의 협의의 결과로서 위원회에 의해 취해진 조치 고려(2.6.4)	○ TBT협정문 2.6.4조항 삭제됨. －가입국은 채택된 기술규정을 이해당사자들이 알 수 있도록 신속하게 공표하거나 입수가능하도록 보장해야 함(2.11). －긴급한 상황의 경우(상기 2.10조항)를 제외하고 가입국은 기술규정의 공표와 그 시행 사이에 적당한 기간을 허용해야 함(2.12).	
	〈지방정부기관에 의한 기술규정 및 표준의 준비, 채택 및 적용(제3조)〉	〈지방정부기관 및 비정부기관에 의한 기술규정의 준비, 채택 및 적용(3조)〉 －가입국은 지방정부기관 및 비정부기관이 제2조 9항 2호 및 제2조 10항 1호에서 언급된 통보업무를 제외한 제2조의 규정을 준수하도록 하기 위한 적절한 조치를 취해야 함(3.1). －중앙정부의 바로 아래에 있는 지방정부의 기술규정이 제2조 9항 2호 및 제2조 10항 1호에 따라 통보되는 것을 보장해야 함(3.3). －가입국은 자국영역 내 지방정부기관 및 비정부기관이 제2조의 제 규정과 일치하지 아니하는 방법으로 행동하는 것을 요구하거나 권장하는 조치를 취해서는 안 되며 이들이 제 규정을 준수하도록 적절한 조치와 제도를 수립하고 시행해야 함(3.4~3.5).	－동경라운드 제3조 및 제4조를 통합하여 구성 －지방정부의 이행의무 강화가 무역장벽화 가능성분야 및 강제성을 띤 표준화분야 등에는 취약하게 규정되어 있어 실효성에는 한계가 있음.

구 분	GATT/MTN규정	최종협정문 요약	평 가
	〈비정부기관에 의한 기술규정 및 표준의 준비, 채택 및 적용(제4조)〉	〈표준의 준비, 채택 및 적용(4조)〉 －부속서 3의 수용, 준수를 보장 ○ 중앙정부, 지방정부, 비정부 표준기관들의 규약준수를 위한 보장, 조치의무 규정(4.1~4.2)	－제3조 기술규정관련조항과 별도로 강제성이 없는 표준관련조항을 신설함.
기술규정 및 표준의 적합	〈중앙정부기관에 의한 기술규정 또는 표준에의 적합판정(제5조)〉	〈중앙정부기관에 의한 적합판정절차(5조)〉 －적합판정절차시 가입국들의 보장사항관련 신설조항 ○ 신속하고도 국내외 물품간의 차별없는 절차의 실시, 완료(5.2.1) ○ 표준처리기간 공표, 요청시 예상처리기간의 통보, 정정조치 가능, 지연시 해명과 진전상황 통보(5.2.2) ○ 정보요구는 적합판정 및 수수료 산정에 필요한 것에 한정(5.2.3) ○ 적합판정 후 물품명세 변경시에는 기술규정, 표준에의 부합여부에 대한 확신 결정 정도의 판정으로 충분함(5.2.7). ○ 절차운영관련 이의신청 검토, 시정의 절차 존재(5.2.8) －국제표준기관에 의한 적합판정절차의 지침 및 권고사항 준비시 가입국은 능력범위 내의 최대한의 역할 수행(5.5) －절차요건공표와 그 시행시기의 적정기간은 적응시간으로 허용함(5.9).	
	〈지방정부기관 및 비정부기관에 의한 기술규정 또는 표준에의 적합판정(제6조)〉	〈중앙정부기관에 의한 적합판정의 인정(6조)〉 －다른 가입국의 적합판정절차가 자국의 절차와 다를지라도 자국절차에 상응하는 기술규정과 표준에 대한 적합보증이 이루어지고 있다고 판단되는 경우는 그 결과를 수용해야 함(6.1). ○ 수출국 내 지정기관에 의하여 작성된 적합판정결과의 수용을 위하여 상호간의 사전협의가 필요함을 인정해야 함. －가입국은 자국의 판정절차가 가능한 한 상기규정을 따르도록 보장해야 하며	

구 분	GATT/MTN규정	최종협정문 요약	평 가
		(6.2).	
		−필요한 경우 서로의 적합 판정절차의 결과를 상호 인정하기 위한 협상이 장려되고 있음(6.3).	
	〈중앙정부기관에 의하여 운용되는 인증제도(제7조)〉	〈지방정부기관에 의한 적합판정절차(7조)〉	−동경라운드의 제6조 기술규정 표준에의 적합판정조항과 제8조 인증제도조항의 재편
		−가입국은 자국 내 지방정부기관 및 비정부기관에 의하여 운영되는 적합판정절차가 관련 규정들을 준수하는 것을 보장하기 위하여 가능한 한 적절한 조치를 취해야 함(7.1, 8.1).	
		−중앙정부의 바로 아래에 있는 지방정부의 적합판정절차에 대한 통보의무가 이행되는 것을 보장해야 함(7.2).	
		−가입국은 지방정부기관 및 비정부기관으로부터의 통보, 정보의 내용, 의견 제시 등에 대하여 중앙정부를 통하여 접촉이 이루어질 수 있도록 요구할 수 있음(7.3).	
		−지방정부기관 및 비정부기관들로 하여금 규정과 일치하지 아니하는 방법으로 행동하는 것을 요구하거나 권장하는 효과를 가진 조치를 취해서는 안 됨(7.4 및 8.1).	
		−중앙정부기관이 아닌 모든 다른 기관도 관련 제 규정을 따르도록 적절한 조치와 제도를 수립하고 시행함(7.5 및 8.2).	
	〈지방정부기관 및 비정부기관에 의하여 운용되는 인증제도(제8조)〉	〈비정부기관에 의한 적합판정절차(8조)〉	
		−상기 「7조」 내용의 8조 해당 사항(8.1~8.2)	
	〈국제 및 지역적 인증제도(제9조)〉	〈국제 및 지역제도(9조)	
	−기술규정 또는 표준과의 적합여부 확인이 필요한 경우 가입국은 가능한 한 적합판정에 대한 국제제도를	−좌동(9.1)	

구 분	GATT / MTN규정	최종협정문 요약	평 가
	채택하여 그 회원국이 되거나 이에 참여하도록 함(9.1). －자국 내의 관련 기관들이 적합판정에 대한 국제제도나 지역제도에 적극적으로 참여하도록 노력함(9.2). －다른 가입국영역 내의 관련 상품수출자에 대한 접근허용, 무차별 조건 적용의 보장(9.3)	－좌동(9.2~9.3) －TBT협정문 9.3조항 삭제	
정보 및 지원	〈기술규정, 표준 및 적합판정절차에 관한 정보(제10조)〉	〈기술규정, 표준 및 적합판정절차에 관한 정보(10조)〉 －각 가입국은 다른 가입국들의 문의에 응답할 수 있고 다음과 같은 관련 서류를 제공할 수 있는 질의처를 설치해야 함(10.1).	
	－중앙, 지방정부기관 또는 법적 권한을 가진 비정부기관에 의하여 채택되거나 제안된 모든 기술규정(10.1.1)	○ 좌동(10.1.1)	
	－중앙 또는 지방정부기관에 의하여 채택되거나 제안된 모든 표준(10.1.2)	○ 좌동(10.1.2)	
	－중앙, 지방정부기관, 또는 권한을 가진 비정부기관에 의하여 운용되고 있거나 제안된 모든 적합판정절차(10.1.3)	○ 좌동(10.1.3)	

구　분	GATT / MTN규정	최종협정문 요약	평　가
	－국제 및 지역표준기관과 적합판정게 도들에의 참가상황, 그리고 본 TBT 협정범위 내의 쌍무 및 다자간관련 사항, 중앙 또는 지방정부기관의 참 가 및 회원자격 등에 관련한 적절한 정보의 제공(10.1.4)	○ 좌동(10.1.4)	
	－한 가입국 내 하나 이상의 질의처가 있는 경우에는 이러한 질의처들 각 각의 정보제공범위에 관하여 정확하 게 알려주어야 함(10.2).	－좌동(10.2)	
	－어떤 국가가 무역에 중대한 영향을 미칠 수 있는 기술규정, 표준 또는 적합판정절차와 관련한 문제에 대하 여 다른 가입국과 어떠한 합의를 하 였을 경우, 관련 가입국들 중 적어 도 한 국가는 합의내용의 간단한 설 명과 함께 합의가 포괄하고 있는 상 품을 GATT사무국에 통보해야 하며 요청이 있을 경우 다른 가입국도 협 의해야 함(10.7).	－좌동(10.7)	
	－GATT사무국은 상기통보의 사본을 모든 가입국 및 이해관계가 있는 국 제 표준기관과 적합판정기관에 배포	－좌동(10.6)	

구　분	GATT／MTN규정	최종협정문 요약	평　가
	해야 함(10.6). ─가입국은 본 협정의 통보절차에 관한 규정을 국가차원에서 시행할 책임이 있는 단일 중앙정부당국을 지정해야 함(10.10). ─법적 또는 행정적 사유로 인하여 통보절차의무가 2개 또는 그 이상의 중앙정부당국들로 분산되어질 경우, 해당 가입국은 여타 가입국들에게 이러한 각 기관들의 책임범위에 관한 완전하고도 명료한 정보를 제공해야 함(10.11). 〈타가입국에 대한 기술지원／개발도상국에 대한 특별 및 차별대우〉 ─다른 개발도상국인 가입국에 대한 기술자원이나 이들의 기술규정, 표준 및 적합판정절차에 대한 특별하며 차별적인 대우를 보장해야 함(11.1.8, 12.1.10).	─좌동(10.10) ─좌동(10.11) 〈타가입국에 대한 기술지원／다. 개발도상국에 대한 특별 및 차별대우(12조)〉 ─좌동(11.1.8, 12.1.10)	
기구, 협의 및 분쟁해결	〈협의와 분쟁해결(14조)〉 ─각 가입국의 대표들로 구성된「무역에 대한 기술장벽위원회」를 설치하여 동 위원회가 본 협정의 적용 및	〈협의와 분쟁해결(14조)〉 ─본 협정의 운영에 영향을 미치는 모든 문제와 관련한 협의와 분쟁해결은「TBT위원회」의 협조하에서 이루어져야 하며 GATT 제22조와 제23조의 규정을 준용함(14.1).	─위원회는 작업단, 기술전문가그룹, 패널 또는 다른 적절한 기구들을 활용함(1년에

구 분	GATT/MTN규정	최종협정문 요약	평 가
	목적의 추진에 관계되는 제반 사항에 관하여 협의할 수 있도록 함(14.1). ─협의(14.1 ~14.2) ─분쟁해결(14.3~14.8) ─기술관련사항(14.9~14.13) ─조사단 절차(14.14~14.18) ─시행(14.19~14.22)		한번씩 회합).
표준의 준비, 채택 및 적용에 대한 공정 관행규약 (부속서 3)	─동경라운드 TBT협정문 부속서 3(조사단)	─GATT무역에 대한 기술장벽협정 가입국영역 내에 소재한 모든 정보는 ISO/IEC정보센터에 직접 또는 ISO/IEC국가회원기관을 통하여 하거나ISONET의 관련 국가회원 및 국제지부를 통하여 이루어짐. ─공정관행규약에 나타나 있는 실질규정들은 다음과 같음. ○ 내국민대우원칙 및 무차별원칙 ○ 무역장벽화의 금지 ○ 국제표준의 최대한 활용 및 채택 ○ 표준의 국제적 조화 및 국제표준화에의 적극 참여 ○ 도안이나 외형적 특성이 아닌 상품성능의 측면에서 표준을 설정 ○ 표준제정시 ISO/IEC에 사전공표 ○ 채택된 표준의 즉시 공표 ○ 협의기회의 부여 등임.	─본 규약은 중앙정부기관, 지방정부기관 또는 비정부기관 그리고 모든 정부의 지역표준기관, 비정부 지역표준기관 등의 모든 표준기관들이 ISO/IEC정보센터를 구심으로 하여「내국민대우 및 무차별원칙」,「무역장벽효과의 배제」,「국제표준 및 관련 부분에로의 국내표준의 합치」,「표준기관들의 국제표준화 노력에의 참여」,「표

구 분	GATT / MTN규정	최종협정문 요약	평 가
			준명시시에 도안·외형보다 성능을 고려」, 「표준화기관의 업무계획공표의무」 등의 공정관행규약들을 자체적으로 설정하여 표준과 관련한 국제적 체계를 정립하려는 움직임들에 대하여 규정하고 있음.

Ⅱ. UR 관세부문 Quad 합의 및 미국·EC간 합의분야에 대한 한국의 참여내용

1. Quad 합의 분야

1) 무세화

(단위 : %, 년)

구 분	HS 번호	품 명	양허 세율	이행 기간	비 고 (1994 세율)
건설장비	8425	도르래 이용 기중기	0	8	8
	8426	크레인	0	5	8
	(8426.91)	도로주행 차량용	0	(10)	(8)
	8428	컨베이어 등 하역기계	0	10	8
	8429	불도저	0	10	8
	8430	광물채굴장비·굴착용 기계	0	5	8
	8431 (8431.20 제외)	도르래 기중기·굴착기계용 부품	0	8	8
	8474	분쇄·혼합·반죽기 등	0	5	8
	8479.10	토목공사용 기계	0	5	8
	8701.30	무한궤도식 트랙터	0	5	8
	8704.10	덤프차(비고속도로용)	0	5	8
의료기기	2844.40	방사성원소	0	5	8
	3822	조제시약	0	5	8
	8419.20	의료용 살균기	0	10	8
	8419.90 일부	의료용 살균기의 부분품	0	10	8
	8419.80 일부	기타 전기기기(전기신경자극기)	0	8	8
	8713	신체장애자용 차량	0	5	8
	8714.20	신체장애자용 차량부품	0	5	8
	9018	의료·수의용 기기	×	–	8
	9019	기계요법용 기기 등	0	10	8
	9021	정형외과용 기기	0	8	8
	9022	엑스선기기	×	–	8
	9025.11 일부	비중계	0	8	8

구 분	HS 번호	품 명	양허 세율	이행 기간	비 고 (1994 세율)
	9402	의료·수의용 가구류	0	10	8
의약품	2934	비타민	× (6.5% 허)	—	8
	2937	호르몬	0	5	0.8
	2939	알칼로이드	0	5	0.8
	2941	항생물질	× (6.5% 허)	—	8
	3001	동물 추출물	0	5	8
	3002	면역혈청	0	5	8
	3003	페니실린 등 의약품	× (미양허)	—	8
	3004	호르몬 등 의약품	〃	—	8
	3005	탈지면·거즈·붕대 등	0	8	8
	3006	기타 의료용품	0	8	8
철 강	7206.10	일차형상의 철	0	10	5
	7207	철의 반제품	0	10	5
	7208~12	철의 평판 압연제품	0	10	8
	7213	철의 봉	0	10	8
	7214~15	철의 기타의 봉	0	10	8
	7216	형강	0	10	8
	7217	철의 선	0	10	8
	7218	스텐레스강	0	10	5
	7219~20	스텐레스강의 평판 압연제품	0	10	8
	7221	철의 봉	0	10	8
	7222	철의 기타의 봉·형강	0	10	8
	7223	철의 선	0	10	8
	7224	기타 합금강	0	10	5
	7225~26	기타 합금강의 평판압연제품	0	10	8
	7227	기타 합금강의 봉	0	10	8
	7228	고속도강의 봉 등	0	10	8
	7229	기타 합금강의 선	0	10	8
	7301	용접된 형강	0	10	8
	7302 (10~20, 40~90)	철도, 선로 등	0	10	8
	7304	철강제의 관 등	0	10	8
	7305~6	철강제의 기타 관	0	10	8

구 분	HS 번호	품 명	양허 세율	이행 기간	비 고 (1994 세율)
	7308.10, 90	철강제 구조물	0	10	8
	7312	철강제 연선·로프 등	0	10	8
	7313	철강제 유자선·대·평선	0	10	8
	7314	철강제 망 등	0	10	8
	7217	철강제의 못, 압정 등	0	10	8
가 구	9401 일부	의자와 그 부분품	0	5	8
	(9401.20, 90	의자와 그 부분품	0	5	8
	제외)				
	9403.10		0	5	8
	20		0	5	8
	30		0	10	8
	40	기타의 가구와 그 부분품	0	10	8
	50		0	10	8
	60		0	5	8
	70		0	5	8
	80		0	5	8
맥주	2203	맥주	×	–	30
증류주	2208.20, 30, 90	증류주(위스키 등)	×	–	30
	일부				
농업장비	8432	농업·원예용 기계	0	8	8
	8433	수확기·탈곡기	0	10	8
	8434	착유기와 낙농기계	0	5	8
	8701.90 일부	농업용, 원예용 트랙터	0	8	8

주 : ×는 불참을 의미함(이하 동일).

2) 관세조화

(단위 : %, 년)

구 분	HS 번호	품 명	양허 세율	이행 기간	비 고 (1994 세율)
관세	28류	무기화합물	5.5	5, 10	0, 8
	29류	유기화합물			
	(2901)	비환식 탄화수소	0	5	5
	(2902.50)	환식 탄화수소	0	10	5

구 분	HS 번호	품 명	양허 세율	이행 기간	비 고 (1994 세율)
	(2902.90)	환식 탄화수소	0	10	5
	2903~2942	할로겐화 유도체 등	5.5	5,10	5,8
			6.5	15	
	30류 (3003, 3004 제외)	의료용품	0	5,10	0,8
	31류	비료	6.5	10	1,8
	32류	염료·안료 등	6.5	10,15	8
	33류	향료·화장품	6.5	10,15	8
	35류(3506, 3507만 해당)	조제글루·효소	6.5	10	8
	36류	화약류	6.5	10,15	8
	37류	필름·인화지	6.5	5,10 15	0,8
	38류	화학공업 생산품	6.5	5,10 15	8
	39류	플라스틱	6.5	5,10	8

주 : 1) 2902(벤젠 등), 3003(페니실린 등), 3004(항암제 등)는 불참
　　　(다만, 2902 중 2902.50, 90은 참여)
　　2) 화학제품의 이행기간 산정기준(Quad간 합의).
　　　1986세율 ┌ 0~10%　　　 : 5년
　　　　　　　├ 10.1~25.0% : 10년
　　　　　　　└ 25.1 이상　　 : 15년

2. 미국·EC간 관세인하 합의분야

(단위 : %, 년)

구 분	HS 번호	품 명	양허 세율	이행 기간	비 고 (1994 세율)
전자	8421	원심분리기	0	5	8
	8424	스프레이, 세척기	0	5	8
	8471 (92, 93, 99)	Input or Output unit	0	10	8

구 분	HS 번호	품 명	양허세율	이행기간	비 고 (1994 세율)
	8514	Furnace, oven	0	5	8
	8541	다이오드	0	5	8
	8542	전자직접회로와 초소형조립회로	0	5	8
	9010	노광기	0	5	8
	9017	제도용 기기	0	5	8
	9031	측정 또는 검사용 기기	0	5	8
비철금속	7401	동의 매트	0	10	2
	7402	정제하지 않은 동	0	10	3
	7404	동 웨이스트	0	10	3
	7412	동제 장치	0	10	8
	7413	동제 연선	0	10	8
	7419.91	동제 기타 물품	0	10	8
	기타 비철금속			5	8
완구	9501	바퀴달린 완구	0	10	8
	9502	사람모양의 인형	0	10	8
	9503	오락형 모형	0	10	8
	9504	유희용구	0	10	8
	9505	오락용품	0	10	8
종이	4701~07	펄프	0	10	2
	4801~23	지와판지	0	10	8
	4908	전사지	0	15	13
	4909	인쇄된 엽서·카드	0	15	13
	4910	캘린더	0	15	16
	4901~4907, 4911	서적 등	0	10	0, 13
과학장비	4015.11	외과용 고무장갑	9	5	8
	8421.19	원심분리기·청정기 등	8	5	8
	8505.9010	전자석	8	5	8
	9001	광섬유 등	8	5	8
	9003	안경테 등	9	5	8
	9004	선글라스 등 안경	8	5	8
	9002(9022.29, 30, 90만 해당)	X선기기	8	5	8
	9023	실물설명용 기기	9	5	8
	9024	재료시험기	8	5	8
	9025	비중계·온도계	8	5	8

구 분	HS 번호	품 명	양허 세율	이행 기간	비 고 (1994 세율)
	(9025.11 제외)				
	9026	액체검사기	8	5	8
	9027	물리·화학분석기	8	5	8
	9028	검사용 계기	9	5	8
	9029	속도계와 회전계	8	5	8
	9030	오실로스코프	13	5	8
	(9030.89 제외)				
	9031	기타 측정·검사기기	8	5	8
	(9031.40 제외)				
	9032	자동조절기기	8	5	8

자료 : 재무부, UR / 공산품 시장접근분야 관세협상, 1993. 12. 16.

Ⅲ. 한국의 UR / 서비스분야 최종양허표

한국은 1991년 1월 최초의 양허계획표(MTN. TNC / W / 61)를 1992년 2월 1차 수정양허계획표(MTN. TNC / W / 61 / Rev. 1), 1993년 8월 2차 수정양허표(MTN. TNC / W / 61 / Rev. 2)의 제출에 이어서 1993년 10월 서비스무역에 관한 최초의 약속으로서 최종양허표의 초안(MTN. TNC / W / 61 / Rev. 3)을 제출한 바 있다. 한국은 최종양허표 초안을 제출한 이후 양자협상과 Scheduling에 대한 논의의 결과를 반영하여 최종양허표(안)를 제출하였다.

본 최종양허표(안)는 사무국 문서「서비스 양허표 작성에 관한 주석」(MTN / GNS / W / 164, 1993. 9. 3)에 따라 작성되었다. 본 양허표(안) 역시 잠정적인 것이었으며, 한국은 서비스협상 완료 전까지 협상참가국들의 자유화 약속수준과 각국의 MFN면제범위 및 정도에 따라 언제라도 수정·축소·철회할 수 있는 권리 및 본 양허표 초안에 있는 기술적인 수정을 가할 수 있는 권리를 가지고 있다.

1. 양허표상의 전분야에 해당되는 제한사항 및 추가약속

시장접근에 대한 제한

상업적 주재

외국인 또는 외국인법인이 기존 국내회사의 주식을 취득하는 것에서

제한된다. 단, 국내주식시장에서 주식을 취득하는 경우에는 상장기업주
식에 한하여 매종목당 외국인 개인별 3% 및 총외국인 10% 내에서 허용
되고 있으나 1994~1995년 중에는 외국인의 주식투자한도를 한층 확대할
것이다.

자연인의 주재

다음과 같이 정의된 자연인의 입국 및 체류에 영향을 미치는 조치 외에
는 Unbound이다.

첫째, 한국 내에 설립된 100% 외국인투자회사, 합작투자회사, 지사에
서 근무하면서 체재기간 중 다음과 같은 직무에 종사하는 자로서 당해 서
비스 공급기업에 1년 이상 고용된 자(인력의 체류기간은 최장 3년으로 제
한되며, 필요하다고 인정되는 경우 체류기간의 갱신이 가능함).

- **임원**(Executive) : 조직 내에서 조직관리를 1차적으로 지휘하며, 의
  사결정에서 광범위한 권한을 행사하고 그 기업의 최고위 임원, 이사
  회, 주주로부터 일반적인 지휘감독만을 받는 자, 임원은 서비스의
  실질적인 공급 또는 조직의 서비스에 관련된 업무는 직접 수행하지
  않는다.

- **상급관리자**(Senior Manager) : 기업 또는 부서단위조직의 목표와 정
  책의 수립 및 시행에 책임을 지고 계획·지휘·감독에 관한 권한과
  직원에 대한 고용 및 해고된 또는 이에 관한 추천권을 가지며, 다른
  감독직·전문직·관리직 종사자의 업무를 결정·감독·통제하거나
  일상업무에 재량권을 행사하는 자. 피감독자가 전문서비스공급자가
  아닌 일선감독자를 포함하지 않으며, 직접적으로 서비스공급행위에
  종사하는 자도 포함하지 않는다.

- **전문가**(Specialist) : 해당 기업의 서비스·연구설비·기술·관리 등
  에 필수적인 고도의 전문적이고 독점적인 경험과 지식을 가진 자

둘째, 임원 및 상급관리자의 범주에 속하는 자로서 한국 내에서의 서비스 제공을 위한 상업적 주재설립의 책임을 맡은 자. 단, 이 자는 일반 대중에게 직접 서비스를 제공하는 업무에 종사하거나 직접서비스를 제공해서는 안 되며, 한국 내에서 서비스공급자의 사무소·지점·자회사 등이 없어야 한다(인력의 체류기간은 최종 90일을 초과할 수 없음).

셋째, 한국의 영토 내에 소재하지 않는 서비스공급자를 대표하며 한국 영토 내에서 보수를 지급받지 않는 사람으로서 동 서비스공급자의 서비스를 판매하기 위한 협상을 목적으로, 또는 서비스판매계약을 체결할 목적으로 일시적으로 입국하고자 하는 사람. 단, 이 자는 대중에게 직접 서비스를 제공하거나 동 서비스를 판매하는 업무에 관여할 수 없다(인력의 체류기간은 최장 90일을 초과할 수 없음). 서비스제공을 위하여 일시적인 입국이 허용된 자는 출입국관리법·노동관계법 등을 준수해야 하며, 인력 이동에 관한 약속은 노사관계에는 적용되지 않는다.

내국민대우에 대한 제한

상업적 주재

외국인의 투자금액은 5,000만 원 이상이어야 한다.

외국환관리법에 따라 지점의 설치는 허가를 받아야 하고 금융분야에 있어서는 사무소 설치도 허가를 받아야 한다.

외국인 토지취득은 다음에 기재된 사항 이외는 unbound[1]이다.

첫째, 외국인 토지법상 외국법인으로 의제되지 않은 국내법인의 토지취득은 허용된다.

둘째, 외국인 토지법상 외국법인의 국내지점과 외국법인으로 의제되는

---

1) unbound란 양허약속을 하지 않는다는 뜻이며, 따라서 향후 어떠한 제재도 할 수 있다. 이하 모든 「unbound」 표시는 모두 마찬가지다.

국내법인의 토지취득이 규정된 절차에 따라 허가를 받거나 신고해야 하며 다음과 같은 실수요범위 내로 제한된다.
  - 직접 서비스업 영위에 필요한 업무용 토지
  - 관련 법령에 의한 임직원용 택지
  - 기타 관련 법령이 정하는 필수불가결한 부대시설 부지
세제상의 혜택을 포함한 보조금 지원은 관련법에 따라 한국 내에서 설립된 법인에 한정되나, R&D 보조금은 unbound이다.

자연인의 주재

외국인 토지취득에 있어 임차권이 허가를 받을 경우에 허용되며, 그 외에는 unbound이다. 세제상의 혜택을 포함한 보조금 지원은 관련 법상 거주자에 한정된다.

추가적 약속

상업적 주재

1994년 중 국내거주자인 증권거래법상 외국인의 주식투자시 내국민대우를 부여할 것이다.

2. 분야 · 업종별 양허내용

사업서비스

분야 또는 업종	시장접근에 대한 제한	내국민대우에 대한 제한
전문 직업 서비스 / 회계서비스[2] (862)	①, ②[1] 없음(감사서비스는 unbound) ③ 공인회계사법에 의하여 자격을 취득한 공인회계사에 의한 개인사무소 · 감사반 · 합동회계사무소 또는 합명회사만 설립 가능 – 감사서비스는 감사반 · 합동회계사무소 또는 합명회사에 가입한 공인회계사만 공급 가능 ④ 전분야에 기재된 제한사항 이외는 unbound	①, ②, ③ 없음 ④ 공인회계사로 활동하기 위하여는 시험합격 후 2년의 실무수습 필요
세무서비스 (863)	①, ② 없음(세무조정서비스, 세무대리서비스는 unbound) ③ 세무사법에 의하여 자격을 취득한 세무사에 의한 개인사무소 · 세무조정반 · 합동세무사무소 또는 합명회사만 설립 가능 – 세무조정서비스는 세무조정반, 합동세무사무소 또는 합명회사에 가입한 세무사만 공급 가능	①, ②, ③ 없음 ④ 세무사로 활동하기 위해서는 시험합격 후 6개월의 실무수습 필요
건축설계서비스[3] (8671)	① 상업적 주재 필요 ②, ③ 없음 ④ 전분야에 기재된 제한사항 이외는 unbound	①, ②, ③, ④ 없음
엔지니어링 서비스(8672)	①, ②, ③ 없음 ④ 전분야에 기재된 제한사항 이외는 unbound	①, ②, ③, ④ 없음
종합엔지니어링(8673)	①, ②, ③ 없음 ④ 전분야에 기재된 제한사항 이외는 unbound	①, ②, ③, ④ 없음
도시계획 및 조경설계서비스(8674)	①, ②, ③ 없음 ④ 전분야에 기재된 제한사항 이외는 unbound	①, ②, ③, ④ 없음
컴퓨터 및 / 컴퓨터 설비 자문서비스 (841)	①, ②, ③ 없음 ④ 전분야에 기재된 제한사항 이외는 unbound	①, ②, ③, ④ 없음

분야 또는 업종		시장접근에 대한 제한	내국민대우에 대한 제한
관련 서비 스	소프트웨어 시행서비스 (842)	①, ②, ③ 없음 ④ 전분야에 기재된 제한사항 이외는 unbound	①, ②, ③, ④ 없음
	DP 서비스 (843)	①, ②, ③ 없음 ④ 전분야에 기재된 제한사항 이외는 unbound	①, ②, ③, ④ 없음
	DB 서비스 (844)	①, ②, ③ 없음 ④ 전분야에 기재된 제한사항 이외는 unbound	①, ②, ③, ④ 없음
	기타 (845, 849)	①, ②, ③ 없음 ④ 전분야에 기재된 제한사항 이외는 unbound	①, ②, ③, ④ 없음
연구 개발 서비 스	인문·사회 과학부문 R&D 서비스 (852)	①, ②, ③ 없음 ④ 전분야에 기재된 제한사항 이외는 unbound	①, ②, ③, ④ 없음
임대 서비 스	선박임대서비 스(83103)	①, ② unbound ③ 없음 ④ 전분야에 기재된 제한사항 이외는 unbound	①, ②, ③, ④ 없음
운전 인력 제외	항공기 임대서비스 (83104)	①, ② unbound ③ 외국인투자비율 50% 이하의 합작투자에 한하 　여 허용 ④ 전분야에 기재된 제한사항 이외는 unbound	①, ②, ③, ④ 없음
	기타 운수장비 임대서비스 (83101, 83105*)	①, ②, ③ 없음 ④ 전분야에 기재된 제한사항 이외는 unbound	①, ②, ③, ④ 없음
	기타 기계장 비임대서비스 (83106, 83108, 83109)	①, ②, ③ 없음 ④ 전분야에 기재된 제한사항 이외는 unbound	①, ②, ③, ④ 없음
	건설기계 및 장비임대 서비스	①, ②, ③ 1996년 1월 1일까지는 unbound, 그 이 　후는 제한없음 ④ 1996년 1월 1일까지는 unbound, 그 이후는 전 　분야에 기재된 제한사항 이외는 unbound	①, ②, ③, ④ 1996년 1월 1일까지는 unbound, 그 이후는 제 한없음
기타 사업 서비 스	광고서비스 (871)	①, ②, ③ 없음 ④ 전분야에 기재된 제한사항 이외는 unbound	①, ②, ③, ④ 없음
	시장조사 및 여론조사 서비스(864)	①, ② unbound ③ 없음 ④ 전분야에 기재된 제한사항 이외는 unbound	①, ②, ③, ④ 없음

분야 또는 업종	시장접근에 대한 제한	내국민대우에 대한 제한
경영컨설팅 서비스(865)	①, ②, ③ 없음 ④ 전분야에 기재된 제한사항 이외는 unbound	①, ②, ③, ④ 없음
사업관리서비 스(86601)	①, ②, ③ 없음 ④ 전분야에 기재된 제한사항 이외는 unbound	①, ②, ③, ④ 없음
성분·순도 검사 및 분석 서비스 (86761*)	①, ② 없음 ③ 상업적 주재의 설립은 경제적 수요 심사에 의함 ④ 전분야에 기재된 제한사항 이외는 unbound	①, ②, ③, ④ 없음
기술적 진단서 비스(86764)	①, ②, ③ 없음 ④ 전분야에 기재된 제한사항 이외는 unbound	①, ②, ③, ④ 없음
농업 및 축산업 관련 자문서비 스(8811*, 8812*)	①, ② unbound ③ 없음 ④ 전분야에 기재된 제한사항 이외는 unbound	①, ②, ③, ④ 없음
임업관련 서비 스, 항공에 의 한 산불진화 및 병해충 방 제서비스는 제외(8814*)	①, ② unbound ③ 없음 ④ 전분야에 기재된 제한사항 이외는 unbound	①, ②, ③, ④ 없음
어업관련 자문 서비스(882*)	①, ② unbound ③ 없음 ④ 전분야에 기재된 제한사항 이외는 unbound	①, ②, ③, ④ 없음
광업관련 자문서비스 (883*)	①, ② unbound ③ 없음 ④ 전분야에 기재된 제한사항 이외는 unbound	①, ②, ③, ④ 없음
과학, 기술관 련 자문서비 스(86751, 86752)	①, ②, ③ 없음 ④ 전분야에 기재된 제한사항 이외는 unbound	①, ②, ③, ④ 없음
장비의 유지 및 수선서비스 (633, 8861, 8862, 8863, 8864, 8865, 8866)	①, ②, ③ 없음 ④ 전분야에 기재된 제한사항 이외는 unbound	①, ②, ③, ④ 없음
사진서비스 (875)	①, ② unbound ③ 없음	①, ②, ③, ④ 없음

분야 또는 업종	시장접근에 대한 제한	내국민대우에 대한 제한
	④ 전분야에 기재된 제한사항 이외는 unbound	
포장서비스 (876)	①, ② unbound ③ 없음 ④ 전분야에 기재된 제한사항 이외는 unbound	①, ②, ③, ④ 없음
인쇄 (88442＊)	①, ②, ③ 없음 ④ 전분야에 기재된 제한사항 이외는 unbound	①, ②, ③, ④ 없음
국제회의용역 서비스 (879098)	①, ②, ③ 없음 ④ 전분야에 기재된 제한사항 이외는 unbound	①, ②, ③, ④ 없음
속기서비스 (87909＊)	①, ②, ③ 없음 ④ 전분야에 기재된 제한사항 이외는 unbound	①, ②, ③, ④ 없음
번역 및 통역 서비스(87905)	①, ②, ③ 없음 ④ 전분야에 기재된 제한사항 이외는 unbound	①, ②, ③, ④ 없음

주 : 1) ① 국경간 공급 ② 해외소비 ③ 상업적 주재 ④ 자연인의 주재
  2) 회계서비스 ①, ②, ③의 추가적 약속
    − 한국회계법인 또는 회계사무소의 국제회계조직에의 회원가입(연회비 납부조건)이 허용됨
    − 국제회계조직의 회원사인 한국회계법인 또는 회계사무소에 대하여는 회원계약을 통하여
      다음의 서비스가 공급될 수 있음
      ○ 외국회계제도 자문, 회계감사자문, 회계사연수, 감사기법전수, 정보교환
    − 회계서비스 ④의 추가적 약속
      ○ 상기 서비스제공을 위한 국제회계법인 소속 회계사의 일시적 입국이 허용됨.
      ○ 동 인력의 체류기간은 최장 1년까지 허용되며, 필요하다고 인정되는 경우 체류기간의
        갱신이 가능함
  3) 건축설계서비스 ①, ②, ④의 추가적 약속
    − 1996년 1월 1일부터 한국건축사와 공동계약에 의한 외국건축사의 건축설계서비스 공급허용
    − 외국건축사 자격을 소지한 자는 6개 건축사 시험과목 중 건축법규와 건축설계에 대한 시
      험만 합격하면 한국건축사 자격취득 가능
  4) ＊ 표시는 다음을 의미함
    − 83105＊ : CPC 83105 중 15인승 이하의 승합차에 한함
    − 86761＊ : CPC 86761 중 대기·물·소음·진동에 대한 측정, 검사 및 분석서비스
    − 88442＊ : CPC 88442 중 스크린 인쇄업, 그라비아 인쇄업·인쇄관련서비스업

커뮤니케이션서비스

분야 또는 업종	시장접근에 대한 제한	내국민대우에 대한 제한
통신 서비	부가가치통신 서비스(온라	①, ②, ③ 없음 ④ 전분야에 기재된 제한사항 이외는 unbound	

분야 또는 업종		시장접근에 대한 제한	내국민대우에 대한 제한
스[1]	인 정보검색/ 자료처리서비 스 포함) - 전기통신사업 법 제 4조의 규정에 따르 며 다음 서비 스들을 포함 ㅇ 전자사서 함, 음성사 서함, 온라 인정보검색, 전자적 데 이터 교환 (EDI), 고도 팩시밀리 (축적 및 전 송과 축적 처리 포함), 코드 및 프 로토콜의변 환, 온라인 정보처리		①, ②, ③, ④ 없음
시청 각서 비스	영화 및 비디오 제작·배급서비 스, 유선방송 프 로그램 공급업 제외(96112*, 96113*)	①, ②, ③ 없음 ④ 전분야에 기재된 제한사항 이외는 unbound	①, ②, ③ 없음
	음반제작·배급 서비스(Sound Recording)	①, ②, ③ 없음 ④ 전분야에 기재된 제한사항 이외는 unbound	①, ②, ③ 없음

주 : 1) 통신서비스의 추가적 약속
- 부가통신사업자로 등록·영업하고 있는 자는 데이터 단순전송서비스를 공급할 수 있음
  ㅇ 부가가치통신서비스 : 기간통신사업자의 통신회선을 이용하여 비실시간으로 이용자가 제
  공하는 정보를 축적하여 전송하거나, 처리하여 전송하는 정보통신역무를 제공하는 사업
  · 그러나 기간통신사업자의 통신회선을 이용하여 이용자가 제공하는 정보를 내용의 변경
  없이 실기간으로 전송하거나 교환하는 서비스(음성서비스·텔렉스·FAX서비스 및 회선

의 단순재판매는 제외됨)에 한함
○ 온라인 정보검색 / 자료처리서비스 : 기간통신사업자의 통신회선을 이용하여 타인의 통신을
  매개하지 않는 정보통신업무를 제공하는 사업

건설서비스

분야 또는 업종	시장접근에 대한 제한	내국민대우에 대한 제한
일반건설(5111, 5112, 5113, 5115, 5166, 512, 5131, 5132, 5133, 5136*, 분야 또는 업종 5137, 5139)	① unbound*(단, CPC 5111은 제한없음) ② 없음 ③ - 지사는 허용되지 않음. 단, 1996년 1월 1일부터 지사가 허용됨 - 면허는 1년마다 발급됨 - 단일계약의 도급한도제도 있음 - 하도급 의무제도가 있음 ④ 전분야에 기재된 제한사항 이외는 unbound	① unbound*(단, CPC 5111은 제한없음) ②, ③, ④ 없음
전문건설(5134, 5135, 5136*, 514, 515, 516, 517)	① unbound* ② 없음 ③ - 국내 기존면허업체와의 합작투자만 허용됨 ○ 100% 외국인투자회사는 1996년 1월 1일부터 허용됨 ○ 지사는 1998년 1월 1일부터 허용됨 - 면허는 1년마다 발급됨 - 단일계약의 도급한도제도 있음	① unbound* ②, ③, ④ 없음

주 : * 표시는 다음을 의미함
  - * 5136 : CPC 5136 중 발전시설공사 제외
  - unbound*는 기술적 실현가능성 희박에 따른 unbound임

유통서비스[1]

분야 또는 업종	시장접근에 대한 제한	내국민대우에 대한 제한
중개서비스(621, 단 62111, 62112, 선물거래 중개 서비스는 제외)	①, ② unbound ③ 없음 ④ 전분야에 기재된 제한사항 이외는 unbound	①, ②, ③, ④ 없음

분야 또는 업종	시장접근에 대한 제한	내국민대우에 대한 제한
도매서비스(622, 단 62211 중 곡물, 62222 중 원유도매업, 62223, 62229 중 곡분 및 홍삼도매업과 62276 중 비료도매업은 제외)	①, ② unbound ③ 다음 서비스업종은 경제적 수요 심사에 의함 ㅇ 매장면적 3,000㎡ 이상의 도매시장 ㅇ 매장면적 3,000㎡ 이상의 대형점 ㅇ 도매센타 ㅇ 중고자동차 도매업 ㅇ 가스 및 관련 제품 도매업 ㅇ 무역업 ④ 전분야에 기재된 제한사항 이외는 unbound	①, ②, ③, ④ 없음
소매서비스(6111, 61130, 61210, 63101, 63104, 632, 단, 63295 중 동물용 사료와 가축 및 동물소매업은 제외)	①, ② unbound ③ - 합작투자 및 100% 외국인투자의 경우 1개사 당 매장면적 3,000㎡ 미만 20개 점포에 한해 허용됨. 1996년 1월 1일부터 동 제한은 폐지 - 지사의 경우 700㎡ 미만 1개 점포에 한해서 허용됨 1996년 1월 1일부터 동 제한은 폐지 - 중고자동차의 매매업 및 가스연료 소매업은 경제적인 수요 심사에 의함 - 백화점, 쇼핑센타의 개설은 외국인투자가 금지됨 ④ 전분야에 기재된 제한사항 이외는 unbound	①, ②, ③, ④ 없음
프랜차이징 (8929*)	①, ② 없음 ③ 합작투자 및 100% 외국인투자의 경우 1개사 당 매장면적 3,000㎡ 미만 20개 점포에 한해 허용됨. 1996년 1월 1일부터 동 제한은 폐지됨 ④ 전분야에 기재된 제한사항 이외는 unbound	①, ②, ③, ④ 없음

주 : 1) 총포·도검·화약류 유통업·골동품 및 예술품 유통업·농수축산물 도매시장의 개설 및 운영은 제외
  2) * 표시는 다음을 의미함
   - * 8929 : 취급품목은 본 양허표의 도매 및 소매서비스에서 허용된 품목에 한함

환경서비스

분야 또는 업종	시장접근에 대한 제한	내국민대우에 대한 제한
폐수수탁처리 서비스(9401*)	① unbound ② 없음 ③ 서비스공급자 수가 총 25개소로 제한됨 ④ 전분야에 기재된 제한사항 이외는 unbound	①, ②, ③, ④ 없음

분야 또는 업종		시장접근에 대한 제한	내국민대우에 대한 제한
산업폐기물 수집·처리서비스 (9402*)		① unbound ② 없음 ③ -상업적주재의 설립은 경제적 수요 심사에 의함 　 -수집운반업의 경우 영업구역 제한이 있음 ④ 전분야에 기재된 제한사항 이외는 unbound	①, ②, ③, ④ 없음
기타	배기가스 정화 및 소음방지 서비스 (9404*, 9405*)	①, ②, ③ 없음 ④ 전분야에 기재된 제한사항 이외는 unbound	①, ②, ③, ④ 없음
	환경영향평가 서비스(9406*, 9409*)	①, ② 없음 ③ 상업적 주재의 설립은 경제적 수요 심사에 의함 ④ 전분야에 기재된 제한사항 이외는 unbound	①, ②, ③, ④ 없음

주 : * 표시는 다음을 의미함
　　-9402* : CPC 9402 중 산업폐기물 수집·운반 및 처리서비스
　　-9404*, 9405* : CPC 9404와 9405 중 시공분야는 제외
　　-9406*, 9409* : CPC 9406과 9409 중 환경영향평가서비스

금융서비스[1]

분야 또는 업종	시장접근에 대한 제한	내국민대우에 대한 제한
양허표상의 모든 금융서비스(보험포함)	①, ②, ③ -국경간 공급 또는 소비 -국경간 공급 또는 소비자 이동을 통한 금융서비스의 공급시 원화로 지급되는 거래는 금지됨 　국내에 상업적인 주재를 설립하여 금융서비스를 공급하는 경우 거주자에 대한 원화로 표시되고 지급되는 거래만 허용되며 별도의 허가를 받은 경우에 한하여 외화로 표시되거나 지급되는 거래 또는 비거주자와의 거래가 허용됨 -금융기관의 비업무용 부동산 취득이 금지되며, 자산운용이 제한됨 -지점자산의 국내보유의무가 있으며, 본점 자본금은 지점의 영업활동기준으로 인정되지 않음 -정책자금 대출과 2년 미만 수신금리(적립식은 3년 미만)가 규제됨	

분야 또는 업종	시장접근에 대한 제한	내국민대우에 대한 제한
	- 신상품 도입에 제한이 있음	

주 : 1) 한국은 본 양허표상의 모든 제한조치에 대해서 1993년 12월 31일자로 동결(standstill)을 약
속함. 본 양허표상의 업종은 사업단위별로 구분되었고 금융기관은 (1) 은행업~(12) 보험계
리업까지 각 업종별로 독립된 사업체로 설립되어야 하며 타업종을 겸업할 수 없음

금융서비스

분야 또는 업종		시장접근에 대한 제한	내국민대우에 대한 제한
은행 업	- 아래에 열 거된 은행 서비스 ○ 예금 및 관련업무1) (81115*, 8116*) ○ 대출 및 관련업무2) (81131*, 81132*) ○ 지급 및 송금업무 (신용카드 업무제외) (81339*) ○ 금융결제 업무3) (81339*) ○ 외환업무4) (81333*) ○ 은행부수 업무 · 상업적 어음매출5) (81339*) · 무역어 음 매출6)	①, ② unbound ③ 은행서비스에 공통적으로 적용되는 사항 - 외국은행의 사무소와 지점만 설립허가되며 지점 　의 경우 사무소 설치 후 1년 이상 경과되어야 함 - 사무소를 제외한 상업적 주재의 설립은 경제적 수 　요 심사에 의함 - 은행의 금융채 발행이 금지됨 - 외환포지션이 구제됨 　○ 외환시장 상황을 고려하여 현물환의 매각초과포 　　지션 한도 조정(1994~1995) - 은행에 대한 동일인 지분제한이 8%로 제한됨 **예금 및 관련업무에 대한 제한** - CD발행은 최고자기자본의 250% 또는 200억 원까 　지 허용되며, 기간은 91~270일로 최소발행단위는 　3,000만 원으로 제한됨 　○ CD발행 한도와 기간을 확대함(1994~1995) - 특정목적의 예금(예 : 주택청약예금)의 경우 취급 　기관이 한정됨(대출 및 관련업무에 대한 제한) - 외화대출에 대한 한도 및 용도가 제한됨 - 중소기업에 대한 대출의무 있음(외환업무에 대한 　제한) - 외환매매시 실수요원칙이 적용됨(신탁업무에 대한 　제한) - 본점이 신탁업을 영위할 수 있어야 하며, 금융통 　화운영위원회와 재무부로부터 각각 겸업인가와 신 　탁업인가를 받아야 함 - 신탁자산 운용에 있어서 통안채 인수의무가 있음 　○ 통안채 인수의무 비율을 축소할 것임(1994~	①, ② unbound ④ 없음

분야 또는 업종		시장접근에 대한 제한	내국민대우에 대한 제한
	(81339*) ·상호부금 (81132*) ·지급보증 및 약정 (8113*) ○ 신탁업무[7] (81192*, 81193*)	1995) ④ 전분야에 기재된 제한사항 이외는 unbound	
신용 카드 업	신용카드 서 비스(81133)	①, ② unbound ③ - 외국신용카드전업사의 사무소, 지점만 설립 허가됨 - 카드론 등 카드회원에 대한 자금융통 한도가 있음 ④ 전분야에 기재된 제한사항 이외는 unbound	①, ② unbound ③, ④ 없음
금융 리스 업	금융리스 서비스	①, ②, ③ unbound ④ 전분야에 기재된 제한사항 이외는 unbound	①, ② unbound ③ 없음 ④ 한국 내에 설립된 영 업조직의 최고책임자는 국내주재의무가 있음
증권 업	- 아래에 열 거된 증권 관련서비스 ○ 자기매매 (81199*) ○ 위탁매매 (81321*) ○ 인수업무 (81322*) ○ 증권저축 업무 (81119*) ○ 신용공여 업무 (81139*)	①, ② unbound ③ - 외국증권회사의 사무소 · 지점 · 합작법인만 설 립 허가되며, 지점의 경우 사무소 설치 후 2년 이상 경과되어야 함 - 합작법인은 주식회사로 설립되어야 하며 외국주 주의 지분은 40% 이상 50% 미만이며, 내국인 주 주자격에 관한 기준이 있음 ○ 합작법인의 외국인 주주가 다수인 경우 그 중 1인지분은 20% 이상이어야 함 - 기존 증권사에 대한 지분참여는 외국증권사당 10% 미만, 총 50% 미만만 허용함 - 상업적 주재의 설립은 경제적 수요 심사에 의함 - 외국인에 대한 위탁매매시 상장주식 외의 유가 증권에 대한 위탁매매가 금지됨 - 증권저축업무, 신용공여업무에 대한 일부 한도 및 취급조건이 제한됨 ④ 전분야에 기재된 제한사항 이외는 unbound	①, ② unbound ③ - 자기매매, 위탁매 매, 인수업무 중 1 개 업무수행시 100 억 원 이상, 2개 업 무수행시 150억 원 이상, 3개 업무수행 시 200억 원 이상의 영업기금이 필요함 - 외국 증권사의 복 수지점 설치는 용되 지 않음 ④ 한국 내에 설립된 영 업조직의 최고책임자 는 국내주재의무가 있 음
증권 투자 신탁	증권투자신탁 서비스 (81193*)	①, ② unbound ③ 외국 투자신탁회사의 사무소만 설립 허가됨 - 기존 투자신탁회사에 대한 지분참여는 외국 투	①, ② unbound ③ 없음 ④ 한국 내에 설립된 영

분야 또는 업종		시장접근에 대한 제한	내국민대우에 대한 제한
업		자 신탁회사 당 5% 이내, 총 10% 이내에서 허용됨 ○ 지분참여범위를 확대할 것임(1995) - 사무소를 제외한 상업적 주재의 설립은 경제적 수요 심사에 의함 ④ 전분야에 기재된 제한사항 이외는 unbound	업조직의 최고책임자는 국내주재의무가 있음
투자 자문 업	투자자문업무 (81332)	①, ② unbound ③ - 외국 투자신탁회사의 사무소만 설립 허가됨 - 기존 투자신탁회사에 대한 지분참여는 외국 투자신탁회사당 5% 이내, 총 10% 이내에서 허용됨 ○ 지분참여범위를 확대할 것임(1995) - 사무소를 제외한 상업적 주재의 설립은 경제적 수요 심사에 의함 ④ 전분야에 기재된 제한사항 이외는 unbound	①, ② unbound ③ 없음 ④ 한국 내에 설립된 영업조직의 최고책임자는 국내주재의무가 있음
생명 보험 업	생명보험 서비스 (81211)	①, ② unbound ③ - 합작사의 경우 외국인 주주는 동일인으로서 그 지분율이 50%를 초과해야 하며, 내국주주 자격에 대한 일정기준이 있음 - 상업적 주재의 설립은 경제적 수요 심사에 의함 - 연간 영업점포 설치 수 제한 - 모집인을 포함하여 보험전문인력에 대한 채용상의 제한이 있음 ④ 전분야에 기재된 제한사항 이외는 unbound	①, ② unbound ③ 없음 ④ 한국 내에 설립된 영업조직의 최고책임자는 국내주재의무가 있음
손해 보험 업	손해보험 서비스 (8129)	① 해상수출적하보험을 제외하고는 unbound ② unbound ③ - 외국 손해보험회사의 사무소, 지점만 설립 허가됨 - 국내 기존 손해보험회사에 대한 외국 손해보험회사의 지분참여가 허용됨 - 상업적 주재의 설립은 경제적 수요 심사에 의함 - 보증보험은 전업회사에 의한 복점임 - 연간 영업점포 설치 수가 제한됨 ④ 전분야에 기재된 제한사항 이외는 unbound	①, ② unbound ③ 해외보험요율 사용에 제한이 있음. 단, 항공기보험은 제한대상에서 제외됨 ④ 한국 내에 설립된 영업조직의 최고책임자는 국내주재의무가 있음
재보 험 및 및 재재 보험 업	재보험 및 재재보험 서비스 (81299*)	①, ② 없음 ③ 손해보험서비스의 ③이 손해보험업을 제한하는 조치가 동일하게 적용됨 ④ 전분야에 기재된 제한사항 이외는 unbound	① 재보험 출재시 한국 내에서 설립된 재보험 사업자에게 우선적으로 출재해야 함. 단, 항공기보험은 제한대상에서 제외됨

분야 또는 업종	시장접근에 대한 제한	내국민대우에 대한 제한
		②, ③ 없음 ④ 한국 내에 설립된 영업조직의 최고책임자는 국내주재의무가 있음
보험 대리 점업	보험대리 서비스 (84401*)	①, ② unbound ③ – 전속대리점 형태의 진출만 허용됨. 단, 손해보험의 경우 2개 보험회사를 위한 대리점(복수대리점) 영업이 허용됨 – 상업적주재의 설립은 경제적 수요심사에 의함 ④ 전분야에 기재된 제한사항 이외는 unbound	①, ② unbound ③ 없음 ④ 한국 내에 설립된 영업조직의 최고책임자는 국내주재의무가 있음
손해 사정 업	손해사정 서비스 (81403*)	①, ②, ③ unbound ④ 전분야에 기재된 제한사항 이외는 unbound	①, ②, ③ 없음 ④ 한국 내에 설립된 영업조직의 최고책임자는 국내주재의무가 있음
보험 계리 업	보험계리 서비스 (81404)	①, ②, ③ unbound ④ 전분야에 기재된 제한사항 이외는 unbound	①, ②, ③ 없음 ④ 한국 내에 설립된 영업조직의 최고책임자는 국내주재의무가 있음

주 : 1) 예금의 수취, 유가증권 또는 기타 채무증서의 발행에 의하여 일반으로부터 채무를 부담하는 업무
2) 자금대출, 어음할인 등 일반에게 이자수취를 목적으로 자금을 융자하는 업무
3) 금융결제원 규약에 따라서 은행이 행하는 어음·수표에 대한 교환·결제업무
4) 외환의 매매, 발행, 추심, 송금업무
5) 상거래에 수반하여 발행된 것에 한함
6) 수출 L/C를 담보로 수출업자가 물품선적전 발행하는 어음
7) 위탁자가 수탁자에게 재산권을 위임하여 수익자를 위하여 관리 처분하게 하는 업무

관광 및 여행관련서비스

분야 또는 업종	시장접근에 대한 제한	내국민대우에 대한 제한
호텔 및 레스토랑 (641, 642)	① unbound* ②, ③ 없음 ④ 전분야에 기재된 제한사항 이외는 unbound	① unbound* ②, ③, ④ 없음
여행알선서비스 (7471)	①, ②, ③ 없음 ④ 전분야에 기재된 제한사항 이외는 unbound	①, ②, ③, ④ 없음

분야 또는 업종	시장접근에 대한 제한	내국민대우에 대한 제한
관광안내서비스 (7472)	①, ② 없음 ③ 여행알선업체만이 관광안내서비스 제공 가능 ④ 전분야에 기재된 제한사항 이외는 unbound	①, ②, ③, ④ 없음

주 : unbound＊는 기술적 실현가능성 희박에 따른 unbound

운송서비스[1]

분야 또는 업종		시장접근에 대한 제한	내국민대우에 대한 제한
해운 서비 스	국제해운, Cabotage 제외(7211＊, 7212＊)	①－정기선화물 : 없음 　－Bulk 등 부정기선 화물 : 철강제품, 원유, 제철 　　원료, 비료원료, 곡물류, 석탄류, 석유화학 공 　　업원료, 액화 가스류 등 8개 지정화물에 대한 국 　　적선 이용제도가 있음 ② 없음 ③ a. 국적선 운영목적의 상업적 주재설립 : 　　　unbound 　 b. 기타 상업적 주재 : 없음 ④ a. 선박승무원 : unbound 　 b. 지상요원 : 전분야에 기재된 제한사항 이외는 　　　unbound	①, ② 없음 ③, ④ a. unbound 　　　　 b. 없음
해운 보조 서비 스	수상화물 취급서비스 (741＊)	① unbound＊ ②, ③ 없음 ④ 전분야에 기재된 제한사항 이외는 unbound	① unbound＊ ②, ③, ④ 없음
	항만 내 창고 업, 농축수산 물창고업 (742＊)	① unbound＊ ②, ③ 없음 ④ 전분야에 기재된 제한사항 이외는 unbound	① unbound＊ ②, ③, ④ 없음
	통관서비스	① unbound＊ ②, ③ 없음 ④ 전분야에 기재된 제한사항 이외는 unbound	① unbound＊ ②, ③, ④ 없음
	해운대리점 (748＊)	①, ② 없음 ③ 합작투자회사 및 100％ 외국인투자회사는 주식회 　사로 설립되어야 함 ④ 전분야에 기재된 제한사항 이외는 unbound	①, ②, ③, ④ 없음

분야 또는 업종		시장접근에 대한 제한	내국민대우에 대한 제한
	컨테이너 스테이션 서비스(741*)	① unbound* ②, ③ 없음 ④ 전분야에 기재된 제한사항 이외는 unbound	① unbound* ②, ③, ④ 없음
	해상화물운송 주선서비스 (748**)	①, ② 없음 ③ 합작투자회사 및 100% 외국인투자회사는 주식회사로 설립되어야 함 ④ 전분야에 기재된 제한사항 이외는 unbound	①, ②, ③, ④ 없음
	해운중개 (748***, 749**)	①, ② 없음 ③ 합작투자회사 및 100% 외국인투자회사는 주식회사로 설립되어야 함 ④ 전분야에 기재된 제한사항 이외는 unbound	①, ②, ③, ④ 없음
	선박유지 및 수선[2]	① unbound* ② 없음 ③ 합작투자회사 및 100% 외국인투자회사는 주식회사로 설립되어야 함 ④ 전분야에 기재된 제한사항 이외는 unbound	① unbound* ②, ③, ④ 없음
항공	컴퓨터예약 서비스[3]	① 공중교환통신망 사용에 의한 서비스 공급에 한하여 허용 ②, ③ 없음 ④ 전분야에 기재된 제한사항 이외는 unbound	①, ②, ③, ④ 없음
	항공서비스판매 [4]	① unbound* ②, ③ 없음 ④ 전분야에 기재된 제한사항 이외는 unbound	① unbound* ②, ③, ④ 없음
육상 운송 서비스	컨테이너 화물운송서비스 Cabotage 제외(71233*)	① unbound ② 없음 ③ 국제해상화물 운송사업자에 한해 허용됨 ④ 전분야에 기재된 제한사항 이외는 unbound	① unbound ② 없음 ③ 운송화물은 수출입 관련 컨테이너화물에 한정 ④ 없음
운송 부수 서비스	항만구역 이외의 창고업, 농축수산물 창고업 제외 (742*)	① unbound* ②, ③ 없음 ④ 전분야에 기재된 제한사항 이외는 unbound	① unbound* ②, ③, ④ 없음
기타 운송 서비스	복합운송 서비스 철도소 운송업[5]	① unbound ② 없음 ③ – 국제해상화물 운송사업자에 한해 허용되며 상업적 주재의 설립은 경제적 수요 심사에 의함	① unbound ② 없음 ③ – 운송화물은 수출입 관련 컨테이너화물

분야 또는 업종	시장접근에 대한 제한	내국민대우에 대한 제한
	−사업지역은 부산지역 및 부곡지역에 한정 ④ 전분야에 기재된 제한사항 이외는 unbound	에 한정 −사업지역 및 사업범위의 제한이 있음 　○ 부산지역 : 운송, 취급, 부수운송 　○ 부곡지역 : 운송, 취급 ④ 없음

주 : 1) 운송서비스의 추가적 약속
 −국제해운업자는 항구에서 이루어지는 이후 아래의 서비스들을 합리적이고 무차별적인 조건으로 이용할 수 있음.
　○도선, 예선, 선식공급, 급유, 급수, 선박청소, 선적배정, 항로표지시설, 통신, 급수, 전기시설, 긴급선박수리, 정박, 부두, 선박접안
2) 해상여객 운송사업, 해상화물 운송사업, 선박대여업을 영위하는 자로부터 선박관리, 선원관리 및 해상보험 등의 업무를 수탁하여 대행하는 사업
3) 항공부속서의 정의에 따름
4) 대한민국 항공법 제2조 34항(항공운송 총대리점업) 및 32항(항공화물 운송대리점업)에 규정된 서비스를 말함
 −항공운송 총대리점업 : 항공운송사업자를 위하여 유상으로 항공기에 의한 여객 또는 화물의 국내운송 계약체결을 대리(여권 또는 사증을 받는 절차 제외)하는 사업
 −항공화물운송 대리점업 : 항공운송사업자 또는 항공운송 총대리점업자를 위하여 유상으로 항공기에 의한 화물의 운송계약 체결을 대행하는 사업
5) 철도소 운송사업은 철도화물 운송의 양단에서 이루어지는 서비스로서 집화 · 철도화물운송을 위한 철도청과의 계약체결, 화차적재, 화차하역, 배달 등을 포함함
6) ＊ 표시는 다음을 의미함
 −748＊ : CPC 748 중 해상여객 운송사업 또는 해상화물 운송사업을 영위하는 자를 위하여 통상 그 사업에 속하는 거래대리를 하는 사업
 −741＊ : CPC 741 중 항만지역에서 제공되는 컨테이너 스테이션 서비스
 −748＊＊ : CPC 748 중 자기명의(계약상의 외국주선인 포함)로 된 선박에 의한 화물의 운송을 주선하는 사업
 −748＊＊＊, 749＊ : CPC 748 및 749 중 해상화물 운송중개, 또는 선박의 대여, 용 · 대선, 매매를 중개하는 사업
 −unbound＊ : 기술적 실현가능성 희박에 따른 unbound

해운서비스에 대한 첨부

① 국제해운, ③, b) :
　국제해운서비스 공급을 위한 기타 상업적인 주재란 다른 회원국의 국제해운서비스 공급자가 고객에게 해운서비스를 공급하기 위해 필요한 국내지사의 설치 및 이에 관련된 활동을 의미함
② 수상화물취급서비스 :
　터미널운영업자를 포함. 하역회사가 수행하는 활동을 의미하나, 항만노동자가 하역회사 혹은 터미널운영회사와는 별개로 조직된 경우에는 항만노무자들의 직접적인 활동은 포함되지 않음. 이

에 포함되는 활동에는 다음 사항의 조직 및 관리를 포함함
  - 선박으로부터 화물의 양하와 선박으로 화물의 적하
  - 화물의 lashing / unlashing
  - 선적전 또는 양하 후 화물인수 / 인도 및 보호
③ 통관서비스
공급자의 주요활동이든 또는 주요활동의 일상적인 보조활동이든지 간에 수출입 또는 화물의 일관
수송과 관련 다른 자의 통관절차를 대신하여 수행하는 활동을 의미함
④ 컨테이너 스테이션 서비스
컨테이너의 적입 / 적출작업과 수리 및 선적에 이용할 목적으로 컨테이너를 항만에 보관하는 활동
을 의미함
⑤ 해운대리점서비스
대리인으로서 다음과 같은 목적으로 일정한 지역 내에서 하나 이상의 해운선사 또는 해운회사의
영업이익을 대표하는 활동을 의미함
  - 견적부터 송장까지 해상운송 및 관련 서비스의 마케팅 및 판매, 회사를 대신하여 선하증권
    발행, 필요한 관련 서비스 취득 및 재판매, 선박의 선적서류 준비 및 사업정보 제공
  - 필요시 화물을 접수하거나 선박기항을 편성하면서 회사를 대신하여 업무수행
⑥ 해운주선서비스
해상운송 및 관련 서비스의 취득, 선적서류 준비 및 상업정보 제공 등을 통해 화주를 대신하여
선적업무를 조직 및 감시하는 활동을 의미함

Ⅳ. 외국인투자개방 5개년계획

구분	1993 하반기	1994	1995	1996	1997	업종 수 합계	개방유보업종
농림 어업 광업	양봉업, 양잠업, 수렵 및 관련 서비스업, 야생임산물 채취업, 무연탄채굴업	말 및 양 사육업, 달리 분류되지 않은 기타 축산업(개·토끼 등), 원예관련서비스업, 달리 분류되지 않은 작물생산관련서비스업(농업계약 노동자 등), 임업관련서비스업	과일생산업	화훼 작물생산업, 음료 및 향신작물생산업, 기타 가금사육업(오리 등)	달리 분류되지 않은 기타 작물생산업(약용작물 등), 채소작물생산업, 종묘생산업, 멜론 및 기타 초본성 과실생산업, 시설작물생산업(콩나물·버섯 등), 낙농업, 양돈업, 양계업, 복합농업(축산+작물생산)	23	보통작물생산업(쌀·보리 등), 육우사육업, 근해어업, 연안어업, 달리 분류되지 않은 일반해면어업, 일반내수면 양식업, 건설용 석재채취업, 건설용 쇄석생산업, 건설용 모래 및 자갈채취업, 공업용 모래 및 자갈채취업, 공업용 모래 채취업
제조업	인삼식품제조업, 담배제·건조업	농업용 기계제조업 중 트랙터 및 콤바인제조업(A)	청주제조업(A)	곡물제분업(A), 기타 출판업(캘린더포스터 등), 옵셋인쇄업	도축업, 가금도살업, 서적출판업, 경인쇄업, 달리 분류되지 않은 상업인쇄업(석판·고무판인쇄 등)	21	곡물도정업(A), 전분 및 전분제품제조업(A), 두부 및 유사식품제조업(A), 주정제조업(A), 소주제조업(A), 담배제품제조업, 신문발행업, 정기간행물 발행업, 생물학적 제재제조업, 화약 및 불꽃제품제조업

구분	1993 하반기	1994	1995	1996	1997	업종 수 합계	개방유보업종
도·소매 및 소비자용품수리업	중고서적 소매업	농약도매업, 채소소매업	곡물 및 종자도매업, 과실 및 채소도매업, 서적 및 기타 인쇄물도매업, 과실소매업, 의약품 및 의료용품소매업, 화장품 및 화장비누소매업, 서적 및 신문소매업, 액체연료소매업, 가스연료소매업	상품 연쇄화사업	차량용가스충전업, 비료도매업, 종합무역업, 농축산물·음식료품 및 담배무역업, 가정용품무역업, 산업용 중간재 및 재생재료무역업, 상업용 기계장비 및 관련용품무역업, 고기소매업	21	주유소 운영업, 고기도매업, 곡물소매업, 예술품 및 골동품소매업
운수·창고 및 통신업	달리 분류되지 않은 비노선 여객육상운송업(인력견인차량 등), 달리 분류되지 않은 기타 운수관련 대리서비스업(가축형량, 하역 등)	달리 분류되지 않은 정기노선여객 육상운송업(케이블카 시내운송여객 등). 달리 분류되지 않은 도로화물운송업(인력견인차량 운영 등), 달리 분류되지 않은 내륙수상운송업(내륙수상 유람선임대 등), 철도운수 유지 서비스업, 유료도로운영업, 주차장운영업, 달리 분류되지 않은 육상운수	달리 분류되지 않은 해상운송업(해상유람선임대업 등) 수로안내(도선업), 항공터미널, 시설운영업, 화물운송대행업, 화물중개 및 대리업	우편물 송달업	전세버스운송업, 일반전국화물자동차운송업, 일반구역 화물자동차운송업, 일반구역 용달화물자동차운송업, 내륙·수상여객운송업, 내륙·수상 화물운송업, 항공기임대사업(조정사 딸린), 화물자동차 터미널시설 운영업, 항공기 지상관리서비스업	23	도시간 철도운송업, 구역 내 철도운송업, 시외버스 운송업, 시내버스운송업, 택시운송업, 정기노선 도로화물운송업, 특수화물자동차운송업, 내항여객운송업, 여객운송업, 내항화물운송업, 외항 화물운송업, 정기항공운송업, 부정기항공 운송업, 여객자동차 터미널시설 운영업, 달리 분

구분	1993 하반기	1994	1995	1996	1997	업종 수 합계	개방유보업종
		유지서비스업(도로운수유지서비스업 등), 부가통신업					류되지 않은 항공운수유지서비스업(비행관세서비스 등), 유선전선·전화업무선전신·전화업, 달리 분류되지 않은 전기통신업(레이더, 통신위성서비스 등)
부동산 임대 및 사업 서비스업	상업적 인문 및 사회과학연구 개발업, 옥외광고업, 달리 분류되지 않은 광고업(광고물 배포 대리 등)	경기 및 오락용품 임대업, 사무관련 대리서비스업(타자, 복사서비스 등)	광고물작성업, 사진촬영업, 사진대리업	건설 및 토목공사용 기계·장비임대업, 공인회계사업, 세무사업, 달리 분류되지 않은 회계관련서비스업(부가서비스 회계기장대리 및 상담 등), 인력공급업, 고용알선업		13	주거용 건물임대업, 비주거용 건물임대업, 달리 분류되지 않은 부동산임대업(토지임대 등), 주거용 건물분양 공급업, 비주거용 건물분양 공급업, 토지개발 공급업, 부동산중개업, 부동산감정업, 부동산관리업, 달리 분류되지 않은 부동산관련 서비스업(부동산 소유권조사 서비스 등), 변호사업, 법무사업, 달리 분류되지 않은 법무

구분	1993 하반기	1994	1995	1996	1997	업종 수 합계	개방유보업종
							관련서비스업(행정대서사무 등), 탐정업, 경호 및 경비업
기타 공공·사회 및 개인서비스업	경기단체 및 경기후원업, 달리 분류되지 않은 경기장운영업(실내수영장 등), 달리 분류되지 않은 기타 서비스업(구두닦기, 포터 등)	일반영화제작업, 영화배급업, 무도장운영업, 운동장운영업, 당구장운영업, 이용업, 미용업, 결혼상담업	광고영화제작업, 공연장운영, 달리 분류되지 않은 기타 공연관련산업(오락사격장 등)	유원지운영업, 개인 간병인 및 유사서비스업, 기타 서비스업	유선방송업, 박물관 및 과학관운영업	19	라디오방송업, 텔레비전방송업, 뉴스제공업, 경마 및 유사경기장운영업, 골프장운영업, 해수욕장운영업, 낚시장운영업, 도박장운영업, 달리 분류되지 않은 기타 오락관련사업(관망탑 운영, 천연동굴 관리 등), 예식장업, 욕탕업, 점술업
건설업		건축업 해체 공사업, 토공사 및 정지공사업, 달리 분류되지 않은 지반조성공사업(채광에 관련된 각종 준비공사 등), 건축물 자영건설업, 주택도급 건설업, 사무 및 상업용 건		산업설비조립 및 설치공사업, 폐기물처리 및 오염방지시설공사업, 파일공사 및 축조관련 기초공사업, 보링 글라우딩 및 우물공사업, 비계 및 형틀공사업, 철골공사업, 철근 및		41	

구분	1993 하반기	1994	1995	1996	1997	업종 수 합계	개방유보업종
		물도급 건설업, 공업용 및 유사산업용 건물도급 건설업, 달리 분류되지 않은 건물종합 건설업(여객 및 화물터미널건설 등), 도로건설 및 포장공사업, 교량·터널 및 철도 건설업, 수로·댐 및 급배수시설 건설업, 달리 분류되지 않은 토목건설업(스타디움 공사 등)		철근콘크리트공사업, 벽돌조적 및 석축공사업, 지붕잇기 및 함석공사업, 잠수 및 수중공사업, 달리 분류되지 않은 건축물 축조관련 전문건설업(건물이전공사 등), 배관 냉·난방 및 관련 공사업, 전기공사업, 통신공사업, 방수공사업, 방수방음 및 내화공사업, 장치용 기계장비설치공사업, 울타리 난간 및 관련 금속구조물설치공사업, 달리 분류되지 않은 건물·설비설치공사업(국기게양대설치공사등), 유리공사업, 창호공사업, 미장 및 타일공사업, 도장공사업, 도매 및 실			

구분	1993 하반기	1994	1995	1996	1997	업종 수 합계	개방유보업종
				내장식공사업, 내장목공사업, 장식 등 금속공작물설치공사업, 달리 분류되지않은 건축마무리공사업(커튼고리부착공사 등), 건설장비임대업(운전사 딸린)			
전기·가스 및 수도사업		달리 분류되지 않은 전기업(송·배전소 등)			발전업	2	수도사업
숙박 및 음식점업		다방업				1	일반유흥주점업, 무도유흥주점업, 한국식 유흥주점업, 극장식 주점업, 외국인전용 유흥주점업, 달리 분류되지 않은 주점업(간이주점 등)
교육·보건 사회복지사업			전문강습소, 일반병원, 치과병원, 한방병원, 달리 분류되지 않은 병원, 일반의원, 치과의원, 한의원, 조산	일반강습소		14	

구분	1993 하반기	1994	1995	1996	1997	업종 수 합계	개방유보업종
			소, 유사의료업(물리요법사, 침구사 등), 병리실험 서비스업, 달리 분류되지 않은 기타 의료업(혈액구급차서비스 등), 수의업				
금융 및 보험업					신용판매금융업 (신용카드업)	1	국내은행, 달리 분류되지 않은 기타 일반금융업(체신예금 등), 상호금융업, 달리 분류되지 않은 기타 여신금융업(단기신용서비스 재할인 개인대출회사등), 투자회사(투자금융, 보험투자 등), 안정기금관리회사, 달리 분류되지 않은 기타 금융업(저당권, 특허권, 저작권 등 구매), 생명보험업, 보증보험업, 의료보험업, 산업재해 및 기타 사회보장보험업,

구분	1993 하반기	1994	1995	1996	1997	업종 수 합계	개방유보업종
							생명보험재보험업, 증권거래업, 상품교환업, 보험대리 및 중개업, 보험감정업, 달리 분류되지 않은 보험 및 연금관련서비스업(보험계리서비스 등), 상해보험업(A), 손해보험업(A)
업종 수 합계	16	39	33	47	35	170	97

<h1 style="text-align:center">참고문헌</h1>

통상관련 참고문헌

경제기획원, 《우루과이라운드 최종협정문》, 1993. 12. 22.
————, 《UR협정과 대응과제》, 1993. 12. 20.
————, 《서비스업종별 현황자료》, 1991. 7.
————, 《UR / 농산물 최종협정문 검토 및 대응방안》, 1992. 1.
————, 《우리 나라의 GATT / TPRM(무역정책검토제도) 실시결과보고서》,
    1992. 8.
대외경제정책연구원, 《UR총점검 : 최종협정의 분야별 평가(증보판)》, 1993. 12.
————, 《UR총점검 : 분야별 평가와 우리의 대응》, 1992. 8.
————, 《EC의 무역장벽》, 1992. 7.
————, 《GATT 및 주요 선진국의 반덤핑제도와 우리 나라 제도의 개선방안》,
    1993. 1.
————, 《UR 비관세협상과 선진국의 수입규제》, 1990. 9.
————, 《기술장벽에·대한 국제적 논의와 대응방안》, 1991. 12.
————, 《무역관련 정책 및 제도의 현황과 개선방향》, 1992. 2.
————, 《미국의 무역장벽》, 1992. 8.
————, 《범유럽경제국 형성의 전망과 영향》, 1992. 7.
————, 《아시아 주요 개발도상국의 비관세장벽》, 1992. 5.
————, 《우루과이라운드》, 1990. 1.
————, 《우리 나라 세이프가드제도의 개선과 활용방안》, 1991. 8.
————, 《우리 나라 시장개방정책의 특징과 효과》, 1993. 12.
————, 《원산지규정》, 1992. 3.
————, 《일본의 기술무역》, 1993. 2.

─────, 《일본의 무역장벽》, 1992. 3.

─────, 《정부조달관련장벽》, 1992. 8.

─────, 《표준 및 검사제도》, 1992. 7.

대한무역진흥공사, 《EC 정부조달시장 및 정책》, 1993. 10.

─────, 《EC · 일본의 보조금제도 조사》, 1993. 3.

─────, 《GATT협정문》, 1989. 5.

─────, 《UR 비관세협상과 선진국의 수입규제》, 1990. 9.

─────, 《UR 진전현황과 전망》, 1991. 9.

─────, 《UR 최종협정문》, 1994. 1.

─────, 《UR과 신국제질서》, 1992. 6.

─────, 《UR의 무역확대효과》, 1991. 12.

─────, 《UR협상 타결 이후 농산물 수출지원에 관한 연구》, 1992. 12.

─────, 《불공정무역보고서》, 일본통산성, 1993.

─────, 《아세안 각국의 수입통관절차 및 제도》, 1993. 6.

─────, 《일본의 ASEAN 진출과 역수입》, 1991. 9.

─────, 《주요 선진국의 무역장벽》, 1991. 9.

─────, 《주요 교역상대국의 비관세장벽》, 1993. 9.

─────, 《중남미 각국의 수입관리제도》, 1993. 6.

대한민국정부, 《GATT 정부조달협정 확장협상을 위한 한국의 양허안》, 1993. 12.

─────, 《UR / 서비스 최종양허표(안)》, 1993. 12.

산업기술정보원, 《2000년까지 산업별 시장예측 자료집》, 1991. 6.

산업연구원, 《2000년 한국무역전망과 장기정책방향》, 1989. 9.

─────, 《UR 이후 저관세율 체제하에서의 관세정책방향》, 1993. 1.

─────, 《UR 타결이 국내산업에 미칠 영향분석》, 1993. 12.

─────, 《국제통상협상의 중요내용과 대책》, 1990. 6.

상공자원부, 《GATT / 정부조달 확장협상 최종협정문》, 1993. 12. 15.

─────, 《UR 참고자료》, 1993. 12. 20.

재무부, 《보조금 · 상계관세협정(안)》, 1992. 1.

─────, 《UR 보조금 · 상계관세협정안 타결과 향후 대응방향》, 1993. 12.

─────, 《UR / 공산품 시장접근분야 관세협상》, 1993. 12.

전국경제인연합회, 《UR협상 최종협정문》, 1993. 12.

한국개발연구원, 《우루과이라운드의 규율분야협상과 산업 · 무역정책의 개선방
    향》, 1992. 6.

한국무역협회, 《EC 통상관계법 해설》, 1987. 12.

———, 《미국의 통상관련법》, 1989. 9.

———, 《일본 반덤핑·상계관세법 해설》, 1989. 9.

———, 《주요국 수입규제법규 요해》, 1993. 3.

———, 《한·미 통상마찰사》, 1991. 10.

OECD, 《*Agricultural Policies, Markets and Trade*》, 1992.

———, 《*Integration of developing countries into the international trading system*》, 1992.

Offices of the United States Trade Representative, 《*1993 National Trade Estimate Report on Foreign Trade Barriers*》, 1993.

Services of the Commission of the European Communities, 《*Report on United States Trade and Investment Barriers*》, 1993.

THE WEFA GROUP, 《*Industrial Analysis Service Monthly Update*》, 1993. 3.

日本貿易振興會, 《불공정무역보고서 1993년판, GATT와 주요국의 무역정책(산업구조심의회 레포트)》, 1993. 5.

日本農業貿易問題研究會, 《どうなる世界の農業貿易》, 1987. 7.

富士總合研究所, 《GATT, ウルグアイ ラウンドのポイント》, 1991. 1.

산업관련 참고문헌

[자동차]

한국자동차공업협회, 《자동차통계월보》, 각 호.

———, 《한국의 자동차산업 1993》, 1993.

Crain Communications Inc., 《*Automotive News*》, 각 호.

IMVP, 《*The Machine That Changed the World*》, 1990.

J. D. Power and Associates, 《*The Power Report*》, 각 호.

[전자]

관세청, 《기본관세율표 1993》, 1993.

———, 《무역통계연보 1992》, 1992.

산업연구원, 《주요 전략상품의 국제경쟁력 비교분석》, 1992. 6.

———, 《전자산업의 경쟁력과 구조변화》, 1990. 3.

———, 《주요 업종별 경쟁력분석 및 대책》, 1990. 5.

한국무역협회, 《주요 선진국의 수입규제총람》, 1993. 4.

714

────, 《통상정보》, 1993. 11.
한국전자공업진흥회, 《1992 전자전기공업통계》, 1993.
────, 《전자산업의 해외투자 현황》, 1993. 1.
────, 《한국의 전자공업 1993》, 1993. 8.
Elsevier, 《*Yearbook of World Electronics Data 1993*》, vol. 1&11.
《*Business Week*》, 1993. 8. 9.

[일반기계]
관세청, 《무역통계연보》, 각 호.
대한무역진흥공사, 《수출활로를 찾아서 ─ 중국의 섬유기계시장》, 1993.
상공자원부, 《주요 업종별 경쟁력실태와 과제》, 1992. 3.
통계청, 《광공업 통계조사보고서》, 각 호.
한국공작기계공업협회, 《공작기계통계요람》, 각 호.
한국기계공업진흥회, 《기계공업무역통계》, 1993.
────, 《기계공업편람》, 각 호.
────, 《내외기계공업 동향》, 각 호.
한국산업은행, 《산업기술》, 1992. 2~3.
────, 《산업동향》, 1993. 4.
────, 《조사월보》, 1993. 2.
────, 《한국의 산업》, 1993.

[섬유]
경제기획원, 《한국통계월보》, 각 호.
국가경쟁력 강화 민간위원회, 《경쟁력실태 및 강화방안》, 1993. 12.
대한무역진흥공사, 《주요 교역상대국의 비관세장벽》, 1993. 9. 30.
대한방직협회, 《방적》, 각 호.
산업연구원, 《섬유산업의 경쟁력변화와 자동화 추진전략》, 1993. 6. 30.
섬유저널사, 《섬유저널》, 1993. 9.
한국관세연구소, 《HS종합편람》, 1993. 1. 28.
한국섬유산업연합회, 《섬유공업통계월보》, 각 호.
────, 《섬유공업편람》, 각 호.
────, 《섬유산업 모니터링 실태조사》, 1993. 11.
한국은행 외환관리부, 《해외투자 현지법인 현황》, 1993. 6.
한국화섬협회, 《한국의 화섬산업 ─ 어제, 오늘과 내일》, 1993. 8. 1.

————, 《화섬》, 각 호.
IBERC, 《*Quota Management Service*》.

[철강]
산업연구원, 《주요 철강제품의 장기수급전망》, 1991.
서울대학교, 《철강산업의 경쟁과 협력》, 1991.
한국고철공업협회, 《고철계》, 각 호.
한국기업평가주식회사, 《1994 산업별 동향과 전망》, 1994.
한국산업은행, 《한국의 산업》, 1993.
한국철강협회, 《철강공업의 중장기발전계획》, 1993.
————, 《철강연감》, 각 호.
————, 《철강연보》, 각 호.
————, 《해외철강동향(주간)》, 각 호.

[화학]
대한화장품공업협회, 《장협회보》, 각 호.
석유화학공업협회, 《석유화학수급통계》, 각 호.
한국농약공업협회, 《농약연감》, 각 호.
한국무역협회, KOTIS.
한국비료공업협회, 《비협회보》, 각 호.
한국산업은행, 《국내유화공업의 구조고도화를 위한 신규진출유망분야(산업기술)》,
　　　　　1993. 8.
————, 《한국의 산업》, 1993.
한국페인트잉크공업협동조합, 《페인트와 잉크》, 각 호.

[음식료]
농축산신문사, 《한국식품연감》, 1993.
월간 식품산업, 《월간 식품산업》, 각 호.
한국산업은행, 《한국의 산업》, 1993.

[조선]
한국조선공업협회, 《조선공업》, 각 호.
————, 《조선자료집》, 각 호.
野村總合硏究所, 《財界觀測》, 1993. 8.

716

[중전기]
대한전기협회, 《전기연감》, 1993.
한국전기공업협동조합, 《전기공업정보》, 1993. 12.

[가구·종이]
경제기획원, 《광공업통계조사보고서》, 각 호.
한국무역협회, KOTIS.
한국제지공업연합회, 《펄프·지류 통계월보》, 각 호.

[금융]
대한손해보험협회, 《금융산업의 환경변화와 손보업계의 대응방안(손해보험)》,
        1993. 9.
보험감독원, 《개방화시대에 대비한 생보경영전략(보험조사월보)》, 1993. 6.
재무부, 《UR 금융협상의 주요 내용 및 대응방안》, 1993. 12.
────, 《신경제 5개년계획─금융개혁부문─》, 1993. 5. 22.
────, 《제3단계 금융자율화 및 개방계획(Blue Print)》, 1993. 6. 30.
증권감독원, 《우리 나라 증권업의 경쟁력 분석 및 제고방안(증권조사월보)》,
        1993. 10.
한국금융연구원, 《UR 금융협상의 현황과 우리의 대응전략》, 1993. 12.
한국은행, 《금융시장개방의 추진경위와 향후 계획(조사통계월보)》, 1993. 10.

[통신]
경제기획원, 《서비스업종별 현황자료》, 1991. 7.
통신개발연구원, 《UR 통신서비스협상 추진현황》, 1992. 7.
────, 《UR/GNS협상과 통신분야 보완대책》, 1991. 12.
통신문제연구회, 《통신시장개방과 정보사회》, 1991. 2.
한국전자통신연구소, 《정보통신산업의 통계집》, 1992. 8.
────, 《정보통신산업 시장예측 자료집》, 1992. 12.
한국정보통신진흥협회, 《정보화사회》.

[건설]
건설부, 《건설산업발달사》, 1992.
국토개발연구원, 《건설경제》, 1993.
대한건설협회, 《건설》, 각 호.

————, 《건설환경변화 대응전략》, 1992. 1.
————, 《일간건설》, 1993. 11. 25.
한국산업은행, 《산업기술》, 1991. 10, 1992. 2.〜3.
해외건설협회, 《해외건설 천 억 불 달성 기념세미나》, 1993. 5. 25.
————, 《해외건설》, 각 호.

[운송]
교통개발연구원, 《교통·관광부문 대외개방대비정책토론회 발표자료》, 1992. 7.
대외경제정책연구원, 《우리 나라 해운산업의 국제화전략》, 1992. 6.
상공자원부, 《UR/서비스협상 교통·관광부문》, 1993. 12.
한국무역협회, 《화물수송관련부문의 경쟁력제고방안수립에 관한 연구》, 1992. 10.
한국선주협회, 《해사연보》, 각 호.

[유통]
경제기획원, 《유통산업 근대화 시행계획》, 1993. 4.
남일총, 《한국의 유통산업》, 1992. 2.
대한상공회의소, 《유통산업개방의 평가의 전망》, 1992. 12.
————, 《유통통계자료집》, 1993. 6.
상공자원부, 《상공백서》, 각 호.
————, 《유통산업의 현황과 정책방향》, 1991. 1.
————, 《유통시장 개방계획 및 보완대책안》, 1993. 1.
신세계백화점, 《제 3 단계 유통시장개방에 따른 유통업계의 예상파급효과 분석》,
        1993. 5.
통계청, 《도·소매업 통계조사보고서》, 각 호.
————, 《총사업체 통계조사보고서》, 1992. 12.
한국은행, 《유통산업의 개방과 과제(조사통계월보)》, 1993. 4.

[농업]
농림수산부, 《농림수산물통상자료》, 1992. 8.
————, 《UR 농산물협정 이행계획과 협상대책》, 1992. 5.
————, 《농림수산주요통계》, 1993.
대한무역진흥공사, 《UR협상 타결 이후 농산물 수출지원에 관한 연구》, 1992.
한국농업의 장래를 연구하는 모임, 《한국농업 이 길로 가야 한다(경실련문고 3)》,
        1991. 9.

한국농촌경제연구원, 《UR 이후 농산물무역정책의 방향》, 1991. 12.
————, 《UR 타결과 농정의 대응방향에 관한 세미나》, 1993. 12. 28.
————, 《지방화시대에 대응한 농정체계 조정방향》, 1991. 3.
佐伯尙美, 《ガットと 日本農業》, 1992. 11.

집 필 진

우루과이라운드와 한국경제

1994년 3월 1일   1판 1쇄
1994년 6월 10일   1판 3쇄

編 著   大宇經濟研究所
發行人   朴 勇 正
發行處   韓國經濟新聞社
서울시 中區 中林洞 441
전 화 안 내 : (360)   4114
직통 : (313) 8293 / (312) 0063
1967년 5월 15일 登錄 第2 — 315號
ISBN   89—475—2092—6

정가 12,000원

强大國의 興亡

폴 케네디 著
李曰洙·全南錫·黃建 共譯
〈신국판 / 627면 / 9,800원〉

역사학자이자 미국 예일대 교수인 저자는 이 책에서 지난 5세기 동안에 전개되었던 강대국들의 흥망성쇠는 그들의 경제력과 군사력의 변화 추이에 의해서 좌우되어 왔다고 진단하면서 앞으로 다가오는 21세기에는 미국·소련·서유럽 등의 쇠퇴와 중국·일본 등 아시아 강국들의 부상을 예언하고 있다.

强大國의 大戰略

폴 케네디 編著
孫一鉉 譯
〈신국판 / 302면 / 6,000원〉

이 책은 주로 유럽 강대국들이 겪어온 경험사례 중 경제·정치·군사적 목표를 달성하기 위하여 사용된 대전략의 성공과 실패에 관한 평가를 심도있게 다루고 있어 미래의 정책방향을 설정하고 국가 안보상의 목표를 위해 장·단기적 국가전략 운영을 어떤 방법으로 슬기롭게 펼칠 것인가 등의 정책대안을 제공해 줄 것이다.

21세기 준비

폴 케네디 著
邊道殷·李曰洙 譯
〈양장 / 500면 / 9,000원〉

우리에게 충격을 던졌던「강대국의 흥망」저자 폴 케네디 교수가 다가올 21세기 문명세계의 각종 위기를 명쾌히 분석·정리한 力著. 이 책은 향후 30년 사이 우리에게 닥칠 도전들과 그 대응방법 그리고 인구폭발, 환경오염, 생물공학, 로봇, 통신수단, 가공할 파워의 양태 등을 특유의 통찰력으로 분석·예견하고 있다.

메가트렌드 2000

J. 나이스비트 외 共著
金弘基 譯
〈신국판 / 366면 / 8,000원〉

90년대는 정치개혁과 경이적인 기술혁신 등으로 지금까지와 전혀 다른 변화양상을 인류에게 줄 것이다. 이 책은 90년대의 변화로 경제호전, 예술의 번영, 시장사회주의의 출현, 복지국가의 쇠퇴 등 과거 어둡고 비관적인 세기말적 변화보다는 밝고 새로운 흐름을 부각시키고 있다.

여성 메가트렌드

J. 나이스비트 외 共著
金弘基 譯
〈신국판 / 550면 / 9,000원〉

정치·경제·사회 여러 부문에서의 실제 사례를 토대로 여성의 역할과 사회적 영향력을 체계적으로 분석한 力著. 오랫동안 독점적인 특권을 누리던 남성들의 권위가 무너지고 강한 목소리를 내기 시작한 여성들이 지향해야 할 것이 무엇인지를 명확히 정리했다. 특히 미래 여성의 사회적 역할까지 제시해 놓았다.

유러퀘이크

D. 버스타인 著
孫一鉉 譯
〈신국판 / 488면 / 9,000원〉

탈냉전을 맞이하여 세계 경제질서의 새로운 구도와 대혁신은 어떻게 변모할 것인가? 이 책은 뉴욕타임즈 등 언론계에서 10년간 종사해온 필자가 수백명의 각국 저명인사와의 인터뷰를 통해 유럽통합으로 새국면을 맞이하고 있는 세계 경제질서의 변화과정과 앞으로의 전망을 심층분석한 力著.

태평양시대와 美·日 주식회사

대니얼 버스타인 著
朴魯雄 譯
〈신국판 / 356면 / 7,000원〉

이 책은 美·日관계의 갈등을 해결할 수 있는 장기적인 비전을 제시하고 있다. 대립의 양상을 보이고 있는 양국 사이의 큰 힘이 같은 방향으로 작용할 경우 세계경제는 어떤 모습으로 변할 것인가? 저자는 이에 대한 청사진과 함께 미국에 유리한「태평양권역 경제공동체」구성과 활용방안을 제시하고 있다.

일본식 經營

李奉珍 著
〈신국판 / 490면 / 8,000원〉

기업이 성장·발전하려면 타기업에 앞서는 시장동태와 시장수요에 대응할 수 있는 경영기법이 요구된다. 이 책은 일본의 소규모 기업이 세계적인 글로벌 비즈니스로 성장하기까지의 기업진화 과정에서 취했던 경영비법과 노하우에 대한 실제적 모습을 저자가 직접 체험을 통해 소개한 일본식 경영 안내서.

韓國式 경영

李奉珍 著
〈신국판 / 382면 / 7,000원〉

우리의 국제경쟁력을 제고하는 최상의 방안은 한국의 문화전통을 기본 축으로 한 경영방식이라고 역설한 力著. 이 책은 우리나라의 문화가 기술과 경제의 교착관계 속에서도 놀라운 적응력을 보여주는 일본과 유사한 점이 많다는 것을 지적,「일본식 경영」과 같은 맥락에서「한국식 경영」을 구체적으로 분석·적시한 기업경영 지침서.

20세기를 움직인 思想家들

기 소르망 著
姜偉錫 譯
〈신국판 / 426면 / 8,000원〉

20세기 사상계에 결정적인 영향을 끼친 사람들은 과연 누구인가? 프랑스의 저명한 경제학자이자 사회학자인 기 소르망이 29명의 생존해 있는 현대 최고의 사상가들과 직접 인터뷰를 통해 그들 자신이 선택한 분야에 전생애를 바친 사상과 사색의 놀라운 통찰을 기록·정리한 「살아있는 도서관」.

제5세대 經營

찰스 새비지 著
高柄國 譯
〈신국판 / 358면 / 8,000원〉

산업시대에서 지식시대로의 전환과정에서 기업이 나아갈 새방향을 재정립한 기업경영 지침서. 미국의 저명한 경영 컨설턴트인 저자는 이 책에서 급변하는 시대에 살아남기 위해서는 산업시대의 사고방식인 계층형 조직을 타파하고 휴먼 네트워킹에 의한 기업의 통합화를 설득력 있게 전개하고 있다.

미래의 經營

로버트 B. 터커 著
金朱洙 譯
〈신국판 / 252면 / 5,000원〉

이 책은 1990년대 기업환경을 결정지을 추세에 대한 예리한 통찰로 가득차 있다. 이 책은 90년대의 대표적 시대 추세를 스피드화, 편의화, 연령층의 변화 물결, 다양화, 생활양식의 변화, 가격할인, 가치부가, 대고객 서비스, 기술우위, 품질중시라는 10대 추세로 대표된다고 지적하고 이들의 예시와 대응방법을 제시하고 있다.

未來企業

피터 F. 드러커 著
高柄國 譯
〈신국판 / 416면 / 8,000원〉

우리 시대의 가장 뛰어난 사회·경영학자이자 미래학자인 드러커의 「변혁시대 기업생존전략 연구서!」이 책은 세계경제가 빠르게 바뀌어 감에 따라 기업의 새로운 생존 경영전략 모델, 즉 기업이 살아남기 위한 5가지 변화조건을 예리하게 분석·고찰했다. 특히 사회·경제학 시각에서 세계경제 흐름을 통찰한 力著.

자본주의 이후의 사회

피터 F. 드러커 著
李在奎 譯
〈양장 / 328면 / 7,000원〉

사회주의권의 급격한 몰락 이후 탈냉전 분위기가 고조되고 있는 시점에서 향후 세계 변화가 주요 관심사로 떠오르고 있다. 저자는 이 책에서 향후 세계는 자본주의적 시장구조와 기구는 그대로 존속되겠지만 주권국가의 통제력은 약화되고 전문지식을 갖춘 지식경영자 중심의 글로벌화 사회가 될 것으로 예측하고 있다.

成長株·成長企業

高聖洙 著
〈신국판 / 398면 / 7,000원〉

증권시장의 개방으로 시장환경은 물론 성장기업이나 성장주의 개념도 크게 바뀌고 있다. 이 책은 기업의 시장변화에 따른 적응전략, 소비형태 및 개방경제하에서의 성장전략 그리고 성장주의 변천과 그 전망을 밀도있게 분석했다. 특히 경기순환상에서 성장기업·成長株의 진단·판별력과 투자기법을 새로운 시각에서 다루었다.

株價추세선의 활용

禹春植 著
〈4×6판 / 170면 / 3,000원〉

성공적인 주식투자를 보장받기 위해서는 주가추세선을 활용하는 과학적 투자기법이 선행되어야 한다. 이 책은 추세선을 활용하는 방법, 추세반전을 예고하는 주가모형, 추세강화를 예고하는 주가모형, 추세선의 기술적 분석 등 주가가 움직이는 방향을 미리 전망하도록 실전투자자를 위한 주식투자 지침서.

자본시장의 투기적 환상

梁奉鎭·崔興植 共著
〈신국판 / 319면 / 7,000원〉

자본시장에서의 정보효율성에 관한 논의는 자본시장의 룰이 공정해야 하고 경기에 참가한 사람들의 사고가 합리적이어야 한다는 전제가 있어야 한다. 이 책은 서유럽 자본시장의 역사를 살펴보고 자본시장을 이끌어온 룰의 역할과 정보효율성의 문제를 고찰하고 우리 시장의 문제점과 개선사항들을 항목별로 열거한 주식투자 지침서.

株式市場 흐름 읽는 법

浦上邦雄 著
朴承源 譯
〈신국판 / 200면 / 4,000원〉

언뜻 보기에 무질서하고 예측이 불가능해 보이는 주식시장도 장기적으로 보면 특정한 네 개의 국면을 반복하고 있다는 것을 알 수 있다. 이 책은 이 네 개의 국면이 어떤 요인에 의해 순환되고 각각의 국면에서 어떤 종목이 활약하는가를 숙지할 수 있는 안목을 제시해주고 주식투자시 리스크를 피하는 방법에 대해서도 설명하고 있다.

끝없는 挑戰

高承濟 著
〈신국판 / 460면 / 8,000원〉

기업은 속성상 부단히 변화하고 현실에 능동적으로 적응하지 않으면 살아남을 수 없다. 이 책은 세계를 주름잡는 대기업들의 오늘이 있기까지 그 성장비결과 企業家 불굴의 인내와 집념 그리고 순간순간의 상황극복을 위한 성장배경·성장과정을 세계 90여 企業·企業家들을 추적 관찰·분석한 力著.

日本經濟의 構想

田中直毅 著
金淳鎬 譯
〈신국판 / 354면 / 7,000원〉

세계적인 냉전체제와 더불어 점차 쇠퇴조짐을 보이고 있는 미국을 대신해 국제무대에서의 주역을 꿈꾸는 일본. 이 책은 20세기 최후의 10년을 분수령으로 보고 21세기를 향해 엔(円)화를 세계 최강의 통화로 부상시키기 위해 새로운 경제구상을 도모하고 있는 일본의 경제전략과 야망을 심층 해부했다.

지구의 위기

도넬라 H. 메도우즈外　共著
黃 建 譯
〈신국판 / 354면 / 7,500원〉

현재와 같은 추세로 인구·산업화·공해·자원고갈 등의 문제가 지속된다면 지구는 돌이킬 수 없는 파국을 맞게 될 것이다. 이 책은 이와 같은 미래전망에 우리가 도전하기만 한다면 물질적·사회적·생태학적으로도 문제가 없는 사회를 이룩할 수 있음을 13개 시나리오로 미래의 지구를 조망한 力著.

複合不況

宮崎義一　著
梁浚容 譯
〈신국판 / 270면 / 5,500원〉

美·日 등 선진국을 중심으로 한 80년대 금융자유화 조치는 금융기관들의 치열한 경쟁을 유발, 버블에 따른 연쇄도산이라는 새유형의 불황을 초래했다. 이 책은 버블경제의 형성, 팽창, 붕괴의 과정 등 선진국에서 동시 다발적으로 일어난 버블현상의 배경과 특히 일본경제의 붕괴 메커니즘을 실증적으로 분석·진단했다.

管理職의 위기

제임스 R. 엠쇼프外　共著
李仁世 譯
〈신국판 / 306면 / 6,000원〉

종업원과 기업의 가치관, 신념, 태도, 기대수준이 바뀌어 이를 정확히 파악하지 못하면 조직에서 살아남기 어렵다. 이 책은 기업조직에서 더욱더 요구하는 경험축적 4가지 유형, 즉 부하관리, 고객관리, 리더십, 리스크관리의 경험법칙을 분석·소개하고 조직의 수평화시대에 맞는 차별화전략을 체계있게 정리한 조직관리자의 필독서.

비밀帝國

자네트 로우 著
李大桓 譯
〈신국판 / 314면 / 6,000원〉

최근들어 국가의 권한을 능가하는 또다른 권위의 주체들이 급부상하고 있다. 이 책은 속칭「비밀帝國」으로 일컬어지는「거대다국적기업」의 가공할 권력의 실체를 추적·분석한 力著. 특히 自社의 확장을 위해 지역·인종·국가를 초월 무차별적인 거대다국적기업군의 행태연구를 통해 세계경제와 기업세계의 판도변화를 예측했다.

장기전략계획

趙東成·李光賢　共著
〈신국판 / 258면 / 5,000원〉

장기전략계획이란 기업이 추구하는 목표를 달성하기 위해 여러 사람이 힘을 합하는 시스템이다. 이 책은 어느 한 개인이 아닌 기업 구성원 모두가 어떤 역할과 과정을 통해 뜻을 모으고 힘을 합쳐 계획을 입안·수립하는 방법론을 제시하고 있다. 특히 장기전략계획의 수립방법에서 절차 및 시행까지 일목요연하게 다룬 기업경영 실무서.

제4 물결

허먼 메이너드 2세
수전 E. 머턴스　共著
韓榮煥 譯
〈양장·4×6판 / 239면 / 5,000원〉

21세기의 범세계적 기업을 위한 낙관적 비전을 제시하고 있는 이 책은 한마디로 앨빈 토플러의《제3물결》을 넘어 장기적 미래의 비전에 집중하고 있다. 지금 우리가 공업화를 상징하는「제2물결」에서 탈공업화적인「제3물결」로 전이하고 있지만, 머지 않은 곳에서 새로운 차원의「제4물결」이 밀려오고 있다고 진단하고 있다.

국제산업스파이

피터 슈바이처 著
黃建 譯
〈신국판 / 420면 / 8,000원〉

脫냉전 종식이후 정치·군사첩보전이 경제·기술첩보전으로 옮겨가면서 기업체의 산업첩보활동이 크게 강조되고 있다. 이 책은 일본·독일·한국·이스라엘 등 세계 각국이 미국 기업체와 연방정부를 상대로 펼친 경제첩보활동을 연대순으로 파헤친 실화물이다. 특히 企業의 첩보부서 설립의 필요성과 기업스파이 활동을 박진감있게 다루었다.

日本財界의 天才와 神

日經벤처 編
金淳鎬 譯
〈신국판 / 398면 / 7,000원〉

일본의 경영자들은 숱한 어려움을 극복하고 세계적인 기업으로 우뚝 서게 한 혼다 소이치로와 마쓰시타 고노스케 두 사람을 존경하면서 자기들이 낳은 국제급 기업인으로 자랑하고 있다. 이 책은 소이치로와 고노스케의 창업을 비롯해서 기업이념·경영관·기술관, 인간성 등등에 이르기까지 이들의 생애와 철학을 다룬 입신 필독서

역사적인 거짓말

한국경제신문사 출판부 編譯
〈신국판 / 630면 / 10,000원〉

프리랜서 저널리스트이자 소설가인 필립 커가 구약성서에서 현대 정치사까지 약 25세기 동안 인류가 남긴「기념비적인 거짓말과 속임수」를 총망라해서 서술하고 있는 이 책은 재미있고 교육적이며 때로는 생소하기까지 한 거짓말에 관한 일화 170가지를 소개했다.

유머人生

韓國經濟新聞社 出版部 編
〈4×6판 / 244면 / 4,500원〉

많은 독자들이 1980년 12월부터 본지에 연재되고 있는「海外유머」를 책으로 출판했으면 어떨지, 그런 계획은 없는지 물어왔다. 이 책은 독자들의 그러한 성원에 보답하자는 취지로 출판되었으며 우스갯소리 가운데서 인생의 묘미도 느끼고 영어공부도 할 수 있게끔 어려운 단어나 語句에는 주석을 달아 독자들의 이해를 돕고자 노력했다.

高温超電導

田中昭二 編著
成台鉉 譯
〈신국판 / 234면 / 5,000원〉

초고속의 자기부상열차, 손실없는 전력저장장치 및 전력송전 등 인간이 꿈에 그리던 일이 현실로 다가서고 있다. 이 책은 초전도연구의 세계적 기관으로 떠오른 일본의「초전도 공학연구소」연구원들이 최신 연구성과를 바탕으로 21세기를 주도할 신비의 물질 고온초전도 전반을 쉽게 설명했다.

數式·圖形의 영어표현

井上章 著
李源鎬 譯
〈신국판 / 212면 / 4,500원〉

기술분야 학자나 관계자가 국제무대에서 수식표현을 제대로 못한다면 어떻게 될까? 수식은 만국 공통이지만 정확히 영어발음을 할 수 있는 사람은 많지 않다. 이 책은 수·기호·수식·도형·그래프 읽는 방법과 벡터·미적분·삼각법·급수·감마함수 등을 다룬 실례를 제시하여 수식과 방정식을 읽는 법을 상세하게 설명했다.

알기 쉬운 精密工學

中澤弘 著
李和樹 譯
〈신국판 / 358면 / 7,000원〉

정밀도의 기계를 실현하는데 필요한 설계의 원리, 가공상의 원리를 체계적으로 정리한 과학기술신서. 어려운 수식보다 그림과 문장을 사용해 알기 쉽게 정리했다. 작업을 수행하는 기술자나 대학·공업고등의 기술교육에 유용한 원리·원칙을 설명함으로써 기술자에게 많은 낭비를 줄여줄 것이라고 밝히고 있다.

美·日 獨 經濟戰爭

제프리 E. 가튼 著
이경일 譯
〈신국판 / 394면 / 8,000원〉

오늘날 세계에서 가장 영향력이 큰 미국·일본·독일 사이의 힘은 변화는 어떠하며 90년대에는 어떻게 변화될 것인가? 이 책은 미·일·독 사이에 새롭게 대두되고 있는 상호관계와 서로 다른 무역전략에 관한 현실적 문제들을 탐구했다. 종래의 이론에서 벗어나 새로운 세계에 대비한 정책을 제시한 저자의 통찰력이 돋보인다.

다이내믹 리엔지니어링

金聖曦 外 共著
〈신국판 / 254면 / 6,000원〉

기업은 하나의 거대한 생명체라는 관점에서 변화 속에서 지속적인 성장을 추구하기 위한 리엔지니어링은 초일류기업으로 가는 첩경이 될 것이다. 이 책은 현시점에서 기업의 위치정립과 프로세스 재설계 그리고 실행과 평가 등 비즈니스 리엔지니어링을 수행하기 위한 최첨단 경영기법을 총정리한 기업 재창조의 전략서이다.

사장님, 원가를 아십니까

鄭明煥 著
〈신국판 / 220면 / 5,000원〉

원가의 개념을 정확히 이해하지 못하고 경영한 결과 장부상으로는 흑자임에도 결손이 나는 등 어려움을 겪는 경우가 흔히 있다. 이 책은 경영자는 물론 회계와 기획담당자를 포함한 기업 관계자들에게 원가의식과 관리회계의 개념을 심어준다는 취지에서 원가에 관련된 제반사항을 소설식으로 알기 쉽게 다룬 力著